Friedrich Creuzer

Symbolik und Mythologie der alten Griechen

Verlag
der
Wissenschaften

Friedrich Creuzer

Symbolik und Mythologie der alten Griechen

ISBN/EAN: 9783957008053

Auflage: 1

Erscheinungsjahr: 2016

Erscheinungsort: Norderstedt, Deutschland

Hergestellt in Europa, USA, Kanada, Australien, Japan
Verlag der Wissenschaften in Hansebooks GmbH, Norderstedt

Cover: Sandro Botticelli "Die Geburt der Venus"

Verlag
der
Wissenschaften

Mythologie

der

alten Völker,

besonders

der Griechen

Friedrich Creuzer,

Doctor der Theologie und Philosophie, Grosherzoglich Badischem Geheimerath und Comthur des Grosherzoglich Badischen Ordens vom Zähringer Löwen, ordentlichem Professor der alten Literatur zu Heidelberg und mehrerer Akademien und anderer gelehrten Gesellschaften Mitglied.

Erster Theil.

Dritte verbesserte Ausgabe.

Leipzig und Darmstadt.

Druck und Verlag von Carl Wilhelm Leske.

1837.

Seiner Königlichen Hoheit

LEOPOLD,

Grosherzog von Baden, Herzog von Zähringen &. &. &.

Seinem gnädigsten Fürsten und Herrn

widmet diese Sammlung seiner Schriften

in tiefster Unterthänigkeit

der Verfasser.

Vorrede.

———•◦×◦•———

Es sind jetzt 25 Jahre, als ich zum erstenmal mit diesem Werke vor das Publicum trat. Dass ich nach so langer Zeit zum drittenmale damit hervortreten würde, hatte ich nicht erwartet und, aufrichtig zu sprechen, nicht einmal gewünscht. Die seitherigen Bewegungen auf dem Gebiete der Mythologie, zum Theil durch dies Buch veranlasst, waren eben nicht geeignet, mir, den sie so sehr betroffen, Lust zu machen, mich noch einmal auf dieses Feld zu begeben. Jedoch der Wunsch meiner Freunde, die wiederholten Mahnungen des Verlegers, hauptsächlich aber auch die Verpflichtungen gegen die Wissenschaft und gegen die Männer, die im Interesse der letzteren dieser Symbolik und Mythologie fortdauernd ihre Aufmerksamkeit geschenkt, haben mich zum entgegengesetzten Entschlusse bestimmt. In der That könnte ich, wäre der alte Gebrauch noch üblich, sogenannte testimonia scriptorum den Büchern vorzusetzen, eine lange Reihe der ersten Gelehrten des In- und Auslandes aufführen, die mich eben dieser Schrift wegen ihres Beifalls gewürdigt. Statt dessen will ich vielmehr die verschiedenen Seiten berühren, an denen dies Buch Anstoss gegeben, und hierbei mit meinen Ueberzeugungen nirgends zurückhalten; wie ich denn der in diesem ersten Heft enthaltenen *Uebersicht alter Religionen* absichtlich den Charakter einer speciellen Monographie gegeben habe, damit die Leser aus lauter concreten Beispielen ersehen können, in welchem Geiste ich diese dritte Ausgabe bearbeiten werde.

Zuerst sollte ich nun der *Antisymbolik* gedenken, — wenn ich sie oder die ihr vorausgegangenen Vossischen Recensionen gelesen hätte. Was unterrichtete Freunde mir von deren Inhalt berichteten, überzeugte mich sofort, dass es hierbei nicht auf wissenschaftliche Verständigung abgesehen sey. Also dachte ich an das: Μὴ κίνει Καμαρίναν, denn ich hatte keine Lust, die gesunde und heitere Lebensluft, die ich athmete, mir durch solche böse Dünste vergiften zu lassen. Eben so wenig fühlte ich mich geneigt, ein neues liber incredibilium über dasjenige zu schreiben, was von derselben Seite in amtlichen Verhältnissen gegen mich versucht worden. Die Einsicht und Kraft der hohen Regierung, der ich seit mehr als dreissig Jahren mit Freude diene, die wirksame Freundschaft meiner verehrten Amtsgenossen und das fortdauernde Vertrauen meiner Zuhörer hatten ja alles dies ganz und gar unschädlich gemacht. Ob Lobeck in Bezug auf mich nur Wissenschaftliches oder auch Persönliches im Schilde führt, danach habe ich niemals fragen mögen. Genug, ich weiss mich ihm gegenüber von allem Persönlichen frei, habe niemals in Briefwechsel mit ihm gestanden, und von keiner seiner Schriften auch nur eine Anzeige gemacht; aber gelesen habe ich sie; und niemand kann williger als ich seine philologische Tüchtigkeit anerkennen. Damit er aber wisse, dass ich gegen ihn, den hoffentlich noch lange lebenden, eben so wenig Menschenfurcht kenne, als ich gegen den lebenden Voss gekannt, der mir mehrmals persönlich gegenüber getreten, so erkläre ich hier gleich vorneherein, dass die Art seiner Beweisführungen nur dazu beigetragen hat, — mich in meiner Betrachtungsweise zu bestärken, und dass die Mythologie und Religionsgeschichte eine erbärmliche Sache wäre, wenn die Culte, Mythen und Symbole des Alterthums in solchen kindischen Mährchen und Possen bestanden hätten, als er uns glauben machen will.

Ein ganz richtiger Instinkt führte bald auch die Neologen oder sogenannten Rationalisten, die ich in dieser Einleitung richtiger benannt zu haben hoffe, den Vossischen Fahnen zu. Sie hatten angefangen wahrzunehmen, dass die Untersuchungen über die alten Religionen zu einem Ergebniss geführt, welches mit ihren Lehren im schneidendsten Widerspruch steht. Sie gehen von dem Satze aus, dass der Mensch von Natur höchst vortrefflich sey, und um zur höchsten Glückseligkeit zu gelangen nur seinen Verstand möglichst zu vervollkommnen habe. Jene Untersuchungen hatten aber gezeigt, dass fast bei allen Völkern der Vorwelt das Bewusstseyn des geistlichen Verderbens und das Verlangen nach einer Versöhnung mit Gott herrschend gewesen, und nur nicht bis zur rechten Heilsordnung, welche durch sittliche Reinheit, durch geistige Aufopferung mit lebendigem Glauben an eine ewige Liebe besteht, hindurchdringen können; welches erst das Christenthum zu leisten im Stande war. Es ist daher natürlich und im richtigen Gefühl der Gefahr für ihr eigenes System gehandelt, wenn die verstandesstolzen Neuerer aus allen Kräften sich dem Studium des religiösen Lebens der alten Völker widersetzen. — Wer nun, wie ich, dieses letztere in allen seinen auch unwürdigen Erscheinungen auffasst und darstellt, von der wahren Religiosität aber mit Wärme spricht, der; muss sich auf die widersprechendsten Vorwürfe gefasst machen wie ich denn von einer Seite habe vernehmen müssen, ich rede dem Aberglauben, dem Fanatismus und den sinnlichsten Orgien das Wort; von einer andern: die Symbolik und Mythologie sey «eine subjectiv-unphilologische Gefühlslehre»; Andere haben des Philologischen zu viel in dem Buche gefunden, und werden in dieser Umarbeitung sich noch mehr darüber zu beklagen haben. Christlichen Sinn und Glauben aber haben die grössten Philologen seit Wiederherstellung der Wissenschaften mit dieser Disciplin sehr verträglich gefunden.

Mein Buch hat auch denen nicht ganz zusagen wollen, welche im Elemente des Schönen und in ästhetischen Sitten

die höchste Vollendung des Menschen suchen, und denen die
religiösen Mythen, Sinnbilder und Allegorien nur in sofern
etwas werth sind, als sich denselben eine ästhetische Seite
abgewinnen lässt, oder sie ihnen als Materialien zu poëtischen
und künstlerischen Darstellungen dienen können. Diesen
Aesthetikern und poëtischen Geistern ist es lästig daran erinnert zu werden, aus welch einem tiefen Gefühl des Verfalls
und der Hülflosigkeit des Menschengeschlechts die edelsten und
tiefsinnigsten Dichtungen und Allegorien der Alten hervorgegangen sind. Nach den letzten Gründen jener Lehren und Dichtungen zu fragen, und sich in der Mythen- und Religionsgeschichte auf die ewig unabweislichen Bedürfnisse der menschlichen Seele einzulassen, heisst jenen Kunstjüngern und Aesthetikern ein Verstoss gegen die gute Lebensart.

Wenn ich nun einerseits jene Nachzügler mit verdientem
Stillschweigen übergehe, welche erst durch Vossens Vorkampf
ermuthigt worden, gegen die Symbolik zu Feld zu ziehen, so wie
jene pedantischen Kleinmeister, die mit grossem Geräusch an
dem mythologischen Kleid hier und da ein Fäserchen abge-
lesen, so begrüsse ich andrerseits mit wahrer Verehrung und
Dankbarkeit jene φῶτας βάντας πανσαγία; von denen ich
als berufene Vorgänger oder Mitarbeiter auf diesem Gebiete
hier nur folgende namhaft machen will, vorerst unsern ehrwürdigen Hug, sodann Schelling, Görres, v. Hammer, Böttiger, Welcker, Völcker, K. O. Müller, E. Gerhard, Th. Panofka und Andere, auch Ausländer, deren Werke schon in
dieser Einleitung angeführt werden.

K. O. Müller hat sich durch genaue Darlegung der Verzweigungen Griechischer Stämme sehr verdient gemacht; aber
wenn man seine Geschichten Hellenischer Stämme aufmerksam
liest, wundert man sich, ihn zum öftern so verfahren zu sehen,
als ob in der Mythologie eben Alles gethan sey, wenn ausge-
mittelt worden, unter welchen äusseren Umständen in Griechenland ein Mythus entstanden und fortgewachsen sey. Es
ist überhaupt der mythologische Stoff zu äusserlich genommen

und behandelt. Dabei zeigt sich in den Grundlehren ein auffallendes Schwanken. Ich muss es dem Capitel über Apollo vorbehalten diesen Satz im Einzelnen zu beweisen. Und dennoch hat Müller schon vor zehn Jahren den Beruf in sich gefühlt, in der Mythologie als Gesetzgeber aufzutreten. Die Sache fordert, dass ich mich darüber ohne Rückhalt erkläre: Keinesweges verkenne ich das viele Gute, was Müllers Prolegomena enthalten, aber, abgesehen von manchen beschränkten und unrichtigen Sätzen, z. B. über die astronomischen Mythen, muss ich das ganze Verfahren verwerfen, wodurch die Mythenerklärung in eine Verstandesoperation verwandelt wird. — Unter solchen obstetricischen Manipulationen müssen, fürchte ich, Mutter und Kind sterben. Es fällt niemand ein zu behaupten, dass es Recepte zu musikalischen Compositionen gebe, und dass Händel seinen Messias oder seine andern Oratorien blos mit Hülfe des Generalbasses gemacht habe. Der Genius erzeugt Compositionen, welche Mit- und Nachwelt ergreifen und erheben. Eben so thut dem Mythologen vor allen Dingen Noth geniale Dichtungskraft, wie dem Kritiker; und wie man es einer genialen Conjectur Bentley's gleich ansieht, dass sie das Ziel getroffen, so sieht man es einer solchen Mythendeutung an, dass sie die wahre ist. Vor allen Dingen muss der Mytholog besitzen was Speusippus [1]) die wissenschaftliche Empfindung (ἐπιστημονικὴ αἴσθησις) nennt; das heisst der Mytholog muss besitzen grosses umfassendes Wissen, wissenschaftlichen Geist, aber auch Sinn und Tact. So ausgerüstet geht er auf den Mythus geradezu los, und erfasst mit Sicherheit und schnellem Geistesblick dessen Bedeutung. Wie die Mythen von den Menschen der Vorwelt nicht erdacht, nicht ergrübelt worden, sondern von selber in schöne Seelen gekommen; also ist der Mythen Deutung nicht jeglichem *gegeben*, und das, worauf es zuletzt ankommt, lässt sich auch nicht lehren. Darum ist nicht jeder Philolog zur Mythologie

---

1) Beim Sextus Empiricus adv. Math. VII. 145 sq.

berufen; ich muss, um mit meiner obigen Vergleichung nicht missverstanden zu werden, hinzusetzen, selbst oft der genialste Kritiker nicht, und trage kein Bedenken zu sagen, dass ich unsern grossen Philologen und Kritiker Gottfried Hermann, so sehr ich ihn verehre, nicht für einen glücklichen Mythologen halten kann. Eben so wenig scheue ich mich zu sagen, dass ich K. O. Müller lieber auf archäologischem als auf mythologischem Felde arbeiten sehe, und ihm oft meinen vollen Beifall nicht versagen kann, wo er mythologische Kenntnisse archäologisch anwendet, z. B. wenn er in seinem trefflichen Handbuch der Archäologie der Kunst Götter- und Heroenbilder unter gegebene mythologische Charaktere subsumirt.

Nach Müller hat sich neuerlich E. Gerhard über das Wesen und die Behandlung der Mythologie ausgesprochen. Nicht weil dieser Gelehrte über die Symbolik ein eben so gerechtes als mildes Urtheil gefällt, [1] sondern weil ich nach meiner Ueberzeugung nicht anders kann, erkläre ich offen, dass mir die Grundsätze und Ansichten dieses Mannes unter allen am meisten zusagen. Hier finde ich Geist, Tiefe und Umsicht. Ihm bleibt das Verdienst, die mythologische Betrachtung erst entschieden von den blossen Dichtermythen abgelenkt, und den Ursprung und Geist der Griechischen und Italischen Religionen durch Hervorhebung, Zusammenstellung und Auslegung der alten Cultusbilder aufgeklärt zu haben. Wenn noch neuerlich ein Philolog [2] die Kunst der Alten zu den *Beiwerken* der Philologie stellt, so hat jener die innige Verbindung der Mythologie und der Archäologie erwiesen, wie nun auch der hochverdiente Eméric David gethan, und beide Disciplinen als Grundlagen aller Alterthumswissenschaft gewürdigt. Von seinen Arbeiten für das archäologische Institut von Rom, wie von seinen übrigen, dürfen wir uns noch ferner die erfreulichsten Früchte versprechen.

---

1) Im Prodromus der antiken Bildwerke I, Vorrede S. XXXVI.

2) Bernhardy in den Grundlinien zur Encyklopädie der Philologie S. 339.

Die Lehren der Symbolik und Mythologie mussten auf die Erklärung der bildlichen Denkmahle ihren Einfluss äussern; und ich darf wohl ohne Anmassung sagen, dass seit der Erscheinung dieses Buchs Vieles mit ganz andern Augen angesehen worden. Welche Missgriffe aber dabei geschehen, und welche Wendung die Kunsterklärung neuerlich genommen, mag, statt meiner, ein grosser Kenner und glücklicher Bearbeiter dieses Faches [1]) angeben: «Souvent les éditeurs ont consulté avec fruit l'ouvrage — du docteur Creuzer sur les religions de l'antiquité; mais, soit qu'ils naient pas compris toute la portée des idées de l'auteur, soit qu'ils naient pas toujours su les appliquer avec discernement, leurs tentatives n'ont guère abouti, qu'à rendre suspecte l'étude même des symboles et de l'antiquité figurée.» Wie wenig ich gesonnen bin mit einigen Erklärern antiker Denkmahle in die Wildniss zu laufen, werden aufmerksame Leser aus den drei archäologischen Monographien [2]) ersehen haben, die ich neuerlich herausgegeben; und die mich näher kennen, wissen, dass mir eine neugewonnene Antike oder Anticaglia, ein neuaufgefundenes Zeugniss eines alten Autors mehr werth ist als eine neue Theorie. Dagegen beneide ich die Beschränktheit derjenigen Archäologen nicht, welche in den antiken Bildwerken nichts weiter gelten lassen als was man eben mit leiblichen Augen sieht, und während Andersdenkende ihre linguistische und kritische Verdienste willig anerkennen, mit einer Unduldsamkeit, wie sie bornirten Menschen eigen ist, alles weitere Forschen nach der höheren Bedeutung antiker Gebilde als Unsinn verschreien. Eine Mythologie und Archäologie nach der Vorstellung solcher Leute könnte füglich schon in den Mittelschulen abgethan werden.

---

1) Th. Panofka in der Introduction zum Musée Blacas pag. 1.

2) Ueber ein alt-Athenisches Gefäss, Leipzig und Darmstadt bei Leske 1832; Zur Geschichte der Römischen Cultur am Oberrhein und Neckar, ebendaselbst 1833; Zur Gemmenkunde, ebendaselbst 1834.

Ueber einen andern Widerspruch gegen mein Verfahren kann ich kürzer seyn. Einige bezüchtigen mich nämlich einer Vermengung der verschiedenen Mythen, Lehrsätze und Culte; Andere wollen von einer Ableitung der Hellenischen und Italischen Religionen aus morgenländischen überhaupt nichts wissen. Diese Differenzen wird die Zeit ausgleichen müssen. Was den ersten Punkt betrifft, so habe ich mich immer bestrebt, und werde mich bei dieser Umarbeitung noch mehr bestreben, das religiöse Leben der Griechen und Italiker, wie es vom Homerus an bis auf Pausanias herab in Schrift- und Bildwerken sich darstellt, in seiner Eigenthümlichkeit aufzufassen und darzulegen, aber auch keinesweges einseitigen Chorizonten zu Gefallen ungesuchte Vergleichungen, die sich darbieten, von der Hand weisen. Die zweite Einrede trifft mich mit vielen der grössten, zum Theil noch lebenden Alterthumsforscher. Was mich angeht, so muss ich, Modificationen abgerechnet, auf meinem Hauptsatze so lange bestehen, bis man den evidenten Beweis geliefert, den man wohl immer schuldig bleiben wird, dass Herodotus in seinen Zeugnissen über den Ursprung der Griechischen Religionen keinen Glauben verdiene. [1]) Bisher habe ich die Genugthuung gehabt, auf jener Trennung hauptsächlich jüngere Deutsche Philologen bestehen zu sehn, während die berühmtesten Orientalisten des In- und Auslandes und Archäologen, welche Griechenland und die Morgenländer gesehen, meine Bestrebungen ihrer Aufmerksamkeit gewürdigt haben.

Noch muss ich der Aufnahme gedenken, welche die Symbolik bei unsern Philosophen gefunden. Sie ist im Ganzen nicht ungünstig gewesen, hat aber vielleicht eben deswegen manche Philologen gegen das Buch ungünstig gestimmt. Schel-

---

1) Fr. Jacobs (Vermischte Schriften III. S. 76): „Dass aber Aegypten seine Götter gleichsam ausgesendet, behauptet Herodotus II. 49 mit Zuversicht; und es möchte schwer seyn, ihm den Glauben zu versagen." Im Verfolg bemerkt derselbe den Phönizischen Ursprung mancher Griechischer Culte und Orakel.

ling hat es mit grosser Achtung behandelt und an mein Buch nirgends, meines Wissens, die Forderung philosophisch - systematischer Methode gemacht. Das gleichmässig betitelte Werk von F. Chr. Baur erschien bald nach der zweiten Ausgabe des meinigen. Es würde mir wenig anstehen die Lobsprüche zu wiederholen, die er ihm besonders in der Vorrede ertheilt, und ich muss selbst den ablehnen, dass es in «ächtphilosophischem Geiste» geschrieben sey (Vorrede S. VIII), hingegen aber auch seine Ausstellungen auf sich beruhen lassen; wobei er mir aber auch verzeihen wird, wenn ich sein aus den Schriften von Karl Ritter und den meinigen über ein Schleiermachersches Fachwerk aufgebautes System zu künstlich finde. Ich habe mich gegen ihn selbst schriftlich gleich damals ohngefähr in der Weise ausgesprochen: So Ihr nicht werdet wie die Kinder (d. i. kindlich, nicht kindisch), werdet Ihr ins Paradies des Mythos nicht eingehen. Ich bin zwar Mitglied einer philosophischen Facultät — aber nicht Philosoph; ich habe nicht eine Philosophie der Mythen, Symbole und Glaubenslehren schreiben wollen oder können, sondern eine philologisch - mythologische Ethnographie. Diese totale Differenz hat mich jedoch nicht verhindert jenem würdigen und gelehrten Theologen meine Achtung mehrmals öffentlich zu bezeigen.

Bei solchem Verzichten auf systematisches Philosophiren konnte ich denn auch auf die neuesten Richtungen der Deutschen Philosophie nicht eingehen, selbst wo sie die Mythologie in ihre Kreise zog, und musste z. B. die Schrift des geistreichen Christ. Herm. Weisse: «über den Begriff und die Behandlung der Griechischen Mythologie» unberücksichtigt lassen. Mit dem Meister der neuesten Schule, mit dem verewigten Hegel, hatte ich keine Mühe mich über diese meine Stellung und Stimmung zu verständigen. Bei seiner Kenntniss und Achtung der Alterthumskunde und bei der grossartigen Weise, Menschen und Dinge zu würdigen, entschuldigte er freundschaftlich das Beschränken meiner Studien auf die Philosophie des Alterthums, und war mir darin förderlich; wie ich hinwieder noch nach seinem Tode aus seinen Vorlesungen über die Religionsphilosophie einige treffende Stellen in dieser Einleitung mitgetheilt habe.

Nach solchen Bekenntnissen wird mir niemand nachsagen können, dass ich mit meinen Ansichten hinter dem Berge gehalten; nach den von mir gemachten Erfahrungen aber wird auch jeder Einsichtige es ganz natürlich finden, wenn ich diese Vorrede mit der Erklärung schliesse: αὐτὰρ ἐγὼ βασεῦμαι ἐμὰν ὁδόν.

Diesen ersten Theil oder die Einleitung habe ich grösstentheils ganz neu ausgearbeitet. Die übrigen Theile werde ich abkürzen, und so das ganze Werk, unbeschadet mehrerer ganz neuer Capitel, auf 3 Bände einschränken. Manches, besonders zur Literatur gehörige, was ich in dieser dritten Ausgabe hinweglassen werde, kann der Leser in dem zweckmässigen Auszuge, den G. H. Moser von der 2. Ausgabe (Leipzig und Darmstadt 1822) von dem Buche geliefert, und noch vervollständigt in der Französischen Bearbeitung von Guigniaut [1]) finden. — Die *Abbildungen* zur ersten und zweiten Ausgabe sind mit dem Texte beider zu sehr verwachsen, als dass der Leser das Bilderheft (Leipzig und Darmstadt 1819) oder den sehr vermehrten Recueil des planches zur Guigniautschen Uebersetzung entbehren könnte. Zur *Erklärung der Abbildungen* werde ich in dieser dritten Ausgabe mehrere Berichtigungen geben und ausserdem ein zweites Bilderheft, welches manche unedirte Bilder enthalten wird.

Heidelberg am Tage Michaelis 1835.

Friedrich Creuzer.

---

1) Religions de l'Antiquité; ouvrage traduit de l'Allemand du Dr. Frederic Creuzer — par J. D. Guigniaut. Paris 1825 — 1835; — eine meisterhafte Uebersetzung, deren Verfasser zugleich viele schätzbare Anmerkungen hinzugefügt hat.

Allgemeiner Theil;

zur

Naturgeschichte Ethnischer Religionen,

besonders

der Griechischen und Italischen.

Allgemeiner Theil;

zur

Naturgeschichte Ethnischer Religionen, besonders der Griechischen und Italischen.

Einen Dienst der Elemente giebt uns ein altchristlicher Schriftsteller als Ursprung und Inhalt mehrerer dieser Culte an; und da meines Bedünkens hieran, auch in Betreff der Griechischen, etwas Wahres ist, so will ich von dieser Ansicht ausgehen, ohne mich vorerst durch ihre Einseitigkeit stören zu lassen. Die Aegyptier, sagt er, haben das Wasser zu ihrem Gott gemacht, die Phrygier die Erde, die Assyrer und einige Völker Afrika's die Luft und die Perser das Feuer.[1] Was nun weiter von Griechischen und Römischen Culten berichtet wird, übergehe ich hier, und wende mich sofort zum Zeugniss eines gelehrteren Kenners der alten Religionen, welcher folgende sieben Quellen der heidnischen Vielgötterei aufzählt: Bewunderung der glänzenden Himmelskörper (daher

---

1) Iul. Firmicus Maternus de errore profanarum religionum cap. 1—5. p. 2—3 ed. Fr. Münter. Der gelehrte Herausgeber erinnert nachträglich (p. 121) an die Babylonier, die (nach Berosus ap. Clement. Alex. Protrept. cap. 5. p. 57 Potter) Feuer *und* Wasser verehrt haben sollen; also doch schon zwei Elemente; — eine etwas weniger einseitige Auffassungsweise.

1 *

der Sonnendienst der Indier, der Mondscult der Phrygier); Dankbarkeit gegen die Erfinder des Ackerbaus; Bewusstseyn eigner Verschuldung und Personification der Leiden und Strafen; Verkörperung und Verehrung der menschlichen Affecte; Personification von Tugenden und Gegenständen der Furcht und Hoffnung; Dichtungen der Poëten und Vergötterung der Wohlthäter der Menschheit. [1]) Eine solche Aufzählung kann für uns nur einen materiellen Werth haben, denn, um jetzt von Alexandrinischen Beschränktheiten dieser Ansicht des christlichen Lehrers zu schweigen, so ist sie doch ganz atomistisch, und ermangelt durchaus jener organischen Entfaltung, jener genetischen Ableitung, die wir, ohne uns vom christlichen Standpunkt in der Religionsgeschichte entfernen zu wollen, doch heut zu Tage billiger Weise in Anspruch nehmen. Zur Lösung dieser Aufgabe wird uns, denk' ich, ein strenger Philosoph vorbereiten. Aristoteles nämlich giebt uns über den Gang der alten Götterlehre einige bemerkenswerthe Winke. Nach der Beweisführung, dass nur Ein Him-

---

1) **Clemens Alex. Protrept. p. 22 Potter.** Der christliche Kirchenlehrer leitet seine Betrachtung mit folgenden Worten ein: Ἔννοιαι δὲ ἡμαρτημέναι καὶ παρηγμέναι τῆς εὐθείας, ὀλέθριαι ὡς ἀληθῶς τὸν οὐράνιον φυτὸν τὸν ἄνθρωπον οὐρανίου ἐξέτρεψαν διαίτης καὶ ἐξετάνυσαν ἐπὶ γῆς, γηΐνοις προςανέχειν ἀναπείσασαι πλάσμασιν. Zu der von Clemens nachgeahmten Homerischen Stelle Iliad. ρ. 58: Βόθρον τ' ἐξέστρεψε καὶ ἐξετάνυσσ' ἐπὶ γαίῃ (vergl. Heynii Obss. VII. p. 302) kommt nun dieses Beispiel der andern Lesart ἐπὶ γαίης, und hinwieder könnte Jemand im Clemens aus Homer zu lesen vorschlagen: ἐξέστρεψαν. Wenn übrigens Clemens an einem andern Ort (Stromm. VI. p. 751) den Homer diesen Vers aus einem Orphischen Gedicht entlehnen lässt, so hat schon Heyne mit Recht seinen Zweifel geäussert, und Lobeck (Aglaopham. p. 554) nimmt vielmehr einen Orphiker für den Nachahmer des Homer. — Uebrigens braucht wohl kaum bemerkt zu werden, dass die obigen Zeugnisse zweier relativ später Schriftsteller nur deswegen von mir an die Spitze der Erörterung gestellt worden, weil sie mit einer gewissen Vollständigkeit von den Religionen der vorzüglichsten Völker der alten Welt Nachricht geben.

ußel sey, fährt er folgendermassen fort:[1] «Es ist aber von
den Altvordern und zwar den sehr alten überliefert, was in
mythischer Gestalt den Nachkommen hinterlassen worden,
dass diese (die Gestirne) Götter sind, und dass das Göttliche
die ganze Natur umfasst. Das Uebrige ist nun schon mythisch hinzugethan worden [2] zur Ueberredung des grossen
Haufens und zum Behuf der Gesetze und des gemeinen Nut-
zens. Denn menschlichgestaltet, sagen sie, seyen jene (die
Götter) und einigen andern von den lebendigen Wesen ähnlich, und was daraus dann weiter folgt und dem Gesagten
gemäss ist. Wenn hiervon einer absondernd nur das Erste
nähme, dass sie (die Alten) glaubten, Götter seyen die ersten
Wesenheiten (οὐσίας), so möchte er dafür halten, das sey
göttlich gesprochen, und es seyen, da dem Anschein nach
eine jegliche Kunst und Wissenschaft (φιλοσοφίας) so weit
möglich oftmals erfunden worden und sie wiederum untergegangen,[3] diese Vorstellungen jener (Altvordern) als Ueberbleibsel bis auf heute gerettet worden. Die Meinung der
Väter also und die bei den ersten (Menschen) bestandene ist
uns nur in so weit offenbar.»

Hieraus ergiebt sich zuvörderst, dass einer der besonnen-
sten Forscher des Alterthums einen der vermenschlichten
Vielgötterei vorausgegangenen Religionscultus kannte und
würdigte; eine Ueberzeugung, die auch sein Schüler Dikäar-
chos [4] in seiner Schilderung der Griechischen Zustände aus-

---

1) Metaphyss. XI. 8. p. 207 Sylburg. p. 254 Brandis.

2) μυθικῶς ἤδη προσῆκται hat Brandis mit Recht gesetzt,
statt προσῆχθαι, wie denn Sylburg aus Bessarios Uebersetzung
vermuthete: προσήχθη (p. 289), eine Lesart, die in der Orleaner
Ausgabe aufgenommen ist.

3) καὶ πάλιν φθειρομένων. Den Vorschlag φθειρομένης
hat Brandis unerwähnt lassen können. — Die Sage selbst von dem
öfteren Untergehen und Wiedererfinden von Künsten und Wissenschaften lassen wir, so beachtungswerth sie ist, hierbei als zu unserm Zweck nicht unmittelbar gehörig zur Seite liegen.

4) Beim Porphyr. de Abstin. III. 2. p. 295 Rhoer; auf welches Zeugniss auch Hugo Grotius de veritate religionis Christ. I.
16. not. 33 hingewiesen.

gesprochen. Wie er, so drückt auch Plato [1]) diese Ueberlieferung in der mythisch-poëtischen Sprache aus, in der sie unter den Griechen nach Aristoteles war fortgepflanzt worden.
«Als eine wahre Gabe von den Göttern an die Menschen,
wofür ich es wenigstens erkenne, ist einst von den Göttern
herabgeworfen worden durch irgend einen Prometheus, zugleich mit einem glanzvollen Feuer, und die Alten besseren
als wir und den Göttern näher wohnenden [2]) haben uns diese
Sage übergeben, aus Einem und Vielem sey Alles» u. s. w.

---

1) Phileb. p. 16. p. 31 ed. Stallbaum, welchem gründlichen
Ausleger das Zeugniss des Dikäarchus nicht entgangen ist, wohl
aber das des Aristoteles.

2) So Schleiermacher, dessen Uebersetzung ich hier folgte;
im Griechischen heisst es: κρείττονες ἡμῶν καὶ ἐγγυτέρω
θεῶν οἰκοῦντες, welches zu übersetzen war: die mit den Göttern
Umgang hatten. Dikäarch a. a. O. bedient sich des etwas verschiedenen Ausdrucks: τοὺς παλαιοὺς καὶ ἐγγὺς θεῶν γεγονότας,
welches sagen will: die zunächst von den Göttern abstammenden.
Den correlaten Ausdruck braucht Herodot II. 144: θεοὺς οἰκέον-
τας ἅμα τοῖσι ἀνθρώποισι, welche Lesart ich niemals hätte bezweifeln sollen (s. Vol. I. p. 816 ed. Baehr.) Die Ausleger des
Philebus (s. Stallbaum a. a. O.) haben die poëtische Quelle dieser
Redensarten nachgewiesen; sie findet sich in einer andern Stelle
des Plato, wo aus der Tragödie Niobe des Aeschylus diese Verse
angeführt werden (de Rep. III. p. 391, E. p. 117 Bekker. p. 233 sq.
C. E. C. Schneider), welche Hermann (Opusc. III. p. 55) so
geordnet:

οἱ θεῶν ἀγχίσποροι,
οἱ Ζηνὸς ἐγγύς, οἷς ἐν Ἰδαίῳ πάγῳ
Διὸς πατρῴου βωμός ἐστ᾽ ἐν αἰθέρι,
κοὔπω σφιν ἐξίτηλον αἷμα δαιμόνων.

Vorstellung und Ausdruck hatte auch hier Aeschylus dem Homer
abgeborgt, wie sich aus dem Folgenden ergeben wird. Man vergleiche die vortreffliche Ausführung von I. G. Huschke in den Analectt. litterarr. p. 322 sqq., worauf wir weiterhin zurückkommen
werden. Den Satz selbst von der Gottähnlichkeit der Menschen der
Vorwelt haben nachfolgende Schriftsteller, zum Theil mit Berufung

Die mythische Gestalt, in welcher, nach Aristoteles, jener
älteste Cult den Nachkommen überliefert worden, lehrt uns
der älteste Zeuge der Vorwelt Homerus kennen. Er wird
uns auch am besten vor dem Irrthume bewahren, solche Urzustände, besonders was Griechenland betrifft, zu hoch zu
nehmen, oder so philosophisch, wie sich Plato und Aristoteles inmitten metaphysischer Erörterungen darüber auszusprec-
chen kein Bedenken trugen. ¹) Wir werden uns vielmehr

---

auf Dikäarch, angenommen: Cicero Tusculann. I. 12: „Antiquitas,
quo propius aberat ab ortu et divina progenie, hoc melius ea fortasse,
quae erant vera, cernebat.“ Varro de r. r. II. 1. Seneca ep. XC.
44: „Aureae aetatis homines alti spiritus fuerunt, et, ut ita dicam,
a diis recentes.“ Pausanias VIII. 2. 2. Hieronymus advers. Iovin.
II. 13.

1) Wollte man einwenden, die Aristotelische Stelle, wovon wir
ausgegangen, gehöre dem 11. Buche an, von dem, wie von einigen andern, behauptet wird, es sey nicht von Aristoteles selbst geschrieben, so hat der Vertheidiger dieser Meinung schon selbst angemerkt, dass was in diesem und den nächsten Capiteln steht, aus
den 4. und 6. Buche der ächten Metaphysik entlehnt sey (Buhle
über die Metaphysik des Aristoteles in Heerens Biblioth. d. alt.
Lit. und Kunst IV. 1. 39). Auch nahm Aristoteles ausser einem
höchsten Weltgeiste noch andere Götter und namentlich den ätherischen Himmel an (Cic. de N. D. I. 13. p. 56 sq. ed. Moser). Mit
vollem Recht hat daher Tennemann (Gesch. d. Philosophie VI.
S. 198) jene Worte unter Aristoteles Namen angeführt. Auch beweisen die angeführten Stellen des Platon und Dikäarch, dass in der
akademischen und in der peripatetischen Schule die Sage von einer
alten einfacheren Götterlehre anerkannt war. Will man in Plato's
Worten einen leichten Anflug von Scherz finden, so ergab sich solche
Farbe des Ausdrucks hier von selbst aus dem Gefühl der disparaten
Lage des Philosophen, der dialektisch in Begriffen und Schlüssen
erringen muss, und jener glücklichen Menschen der Vorwelt, denen
grosse Wahrheiten ohne ihr Zutbun von den Göttern offenbart worden. Wer wird in Abrede stellen, dass Scherz und Ironie in den
Platonischen Dialogen nicht selten das heitere Gewand seines eignen
Zweifelns oder Widerspruchs sind? — Man denke nur an den Kratylos. — Ob aber Plato mit Sagen und Mythen *nur* Kurzweile
treibe, davon wird im Verfolg die Rede seyn.

veranlasst sehen, diesen ältesten Götterglauben, wovon die
Griechen Kunde hatten, als eine

I.

Religion des Magismus,

oder als ein *psychisches Heidenthum* zu bezeichnen.

Auf diese Weise drückt sich nämlich ein tiefer und geistreicher Schriftsteller über diese frühesten Erscheinungen im
Gebiete der Religionen aus, wo er die Idee vorträgt, dass
der Begriff und Name der Pelasger in einem geistigen Sinn
zu nehmen sey, als Andeutung jenes alten psychischen Na-
turverbandes mit dem Meere als dem Element der Tiefe, wie
der Name der Kyklopen (Himmelschauer) als Bezeichnung
einer gleichen Verbindung mit den Gestirnen. [1]) Meines Bedünkens liegt hierin etwas sehr Wahres, und der zweite Satz
nähert sich der Ansicht eines gelehrten und ehrwürdigen Mythologen. [2]) Wenn der erstere aber «das innerste Wesen dieses älteren psychischen Heidenthums in einem Verse aus den
Arimaspischen Gedichten ausgedrückt findet,» so ist ein solches
Zeugniss schon an sich von sehr zweifelhaftem Gewicht; sodann besagen die Worte auch etwas ganz Anderes, als Schlegel vermuthete. [3]) Die Vorstellung selbst hätte er aus der

---

1) Friedr. Schlegel Geschichte der epischen Dichtkunst der
Griechen (Sämmtl. Werke III.) S. 34 f.

2) Hug's Untersuchungen über den Mythos d. ber. Völk. der
alten Welt S. 161 ff., wo die Idee von den Kyklopen, als Beobach-
tern der Sonne oder vielmehr der Mondsscheibe erörtert wird.

3) Ὄμματ᾽ ἐν ἄστροισι, ψυχὴν δ᾽ ἐν πόντῳ ἔχουσιν.
Schlegel führt nur diesen Einen Vers von sechsen an und zwar
ohne Gewährsmann. Sie stehen beim Longinus de Sublim. §. X.
p. 42 Weisk. Hätte er sie im Zusammenhang gelesen, so hätte er
über ihren Sinn nicht irren können. Es wird die Noth eines See-
volks, der Arimaspen, beschrieben, die bei einem Sturme sich in
eben so grosser Lebensgefahr als in leiblichem Ungemach befinden;
wonach jener Vers die Darstellung giebt, wie sie ihre Augen ängst-

Homerischen Schilderung des Atlas rechtfertigen können, als eines Wesens, welches des Meeres Tiefen durchschauet und des Himmels Säulen hält. [1])

Aehnliche Erinnerungen bewahrte das Alterthum an die Atlantiden als glückseeligen und mächtigen Völkern in seegenreichen Westländern; [2]) welche die alte Sage von Attika mit den Schicksalen dieses Landes in Verbindung brachte. Aehnliche Vorstellungen knüpften sich auch an den Tantalus und die Tantaliden. Jenen des Umgangs der Götter gewürdigten aber von ihnen auch schwer bestraften König machte eine Sage zu einem Atlas des Morgenlandes, d. h. zum Träger des Himmels, [3]) und es ist nicht unwahrscheinlich, dass selbst die Namen Atlas und Tantalos von einer und derselben Wurzel abstammen. [4]) Besonderer Gunst der Götter erfreuen sich auch des letzteren Nachkommen, so wie einer vorzüglichen Himmelskunde. Atreus und Thyestes sollten der Sage

---

lich zu den Sternen erheben, während der Abgrund des Meeres jeden Augenblick ihr Leben bedroht (vergl. Ruhnken. und Weiske pag. 295).

1) Odyss. *ά*. 52. Die Vorstellung des Atlas als eines lebenden gewaltigen Wesens bleibt fest stehen, mag man nun mit Herrn Nitzsch (Erkl. Anmerkungen zur Odyssee S. 17 f.) ὀλοόφϱονος lesen, und *allkundigen* verstehen, oder mit Buttmann u. A. (s. S. 323) ὀλοόφϱονος, und *verderblich gesinnten* übersetzen. Ueber diese Vorstellung erklären sich Hug (Mythos S. 214 ff.) und Völcker (Mythologie des Iapetischen Geschlechts S. 53 — 65).

2) S. Völcker a. a. O. S. 313 ff. — Die Athenische Sage beim Plato, Critia. p. 120. p. 172 Bekker, Timae. p. 25. p. 18.

3) Scholiast. Euripid. Orest. 970 — 76. p. 449 Matth. ἀλλ' ἡ μὲν ἱστοϱία λέγει, τὸν Τάνταλον ἀνατεταμέναις χεϱσὶ φέϱειν τὸν οὐϱανόν. Seines Aufenthalts im Olymp, im Himmel bei den Göttern, wegen, oder wegen seines Auftretens auf dem Gipfel des Sipylos scheint ihn Nonnus Dionyss. XVIII. 32 u. XXXV. 295 Τάνταλον ἠεϱοφοίτην zu nennen (Tafel Dilucidd. Pindarr. I. 27 zu Olymp. I. 60 sqq.).

4) Von ταλάω. S. darüber Völcker Mythol. d. Iapet. Geschl. S. 64. 66. 355.

nach zwei Zeichen empfangen haben, von der Gottheit gegeben, das vom goldenen Lamme oder vom Widder und das
von der Aenderung im Auf- und Untergang der Sonne [1]
und der andern Sterne. Demselben Kreise gehört der Mythus
von einem alten Titan oder Titenios (*Τιτᾶνος, Τιτηνίου*) an,
der auf einem Berge der Landschaft von Sikyon gewohnt,
den Wechsel der Jahreszeiten beobachtet so wie den Einfluss der Sonne auf den Wachsthum und auf das Reifen der
Gewächse, und deswegen für einen *Bruder des Sonnengottes*
gehalten worden, ingleichen von einem andern Marathoni-
schen Titanen, welcher allein *nicht gegen die Götter gekämpft
habe.* [2] Nichts bezeuget aber jene Vorstellungen ausdrückli-
cher als die Aeusserung, welche Homer dem König der Phäaken Alkinoos in den Mund legt: [3]

«Immer von Alters her erscheinen ja sichtbare Götter
Uns, wann wir sie ehren mit heiligen Festhekatomben,
Sitzen an unserem Mahl und essen mit uns, wie wir
andern.
Oftmals auch, wann ein Wanderer ihnen begegnet,

---

1) Plato Politic. p. 269, A. p. 272 Bekk. Die genauere Erörterung dieser ganzen Stelle liegt von meinem Zweck entfernt.
Hierher gehört nur die allgemeinere Beziehung auf die Gnade der
Götter und die Himmelskunde, und wir lassen selbst die Deutung
auf sich beruhen, wonach die Sage vom goldnen Widder daher entstanden sey, weil Thyestes zuerst den Widder am Himmel nachgewiesen, Atreus aber die entgegengesetzte Bewegung der Sonne und
der Welt gezeigt, und deswegen das väterliche Reich erhalten habe
(Lucian. de Saltat. cap. 42 und de Astrologia cap. 12). Die ebendort vorkommende Sage von den Erdgebornen (γηγενεῖς) der Vorwelt gehört aber in diese Sagenreihe (vergl. Hesiodi Theogon. 139
und das Orphische Fragment im Etymol. M. p. 231).

2) Pausan. II. 11. 5. vergl. VII. 23. 6 und I. G. Huschke
Analecta litterr. pag. 326 sq. u. p. 336 sqq. Dass ein Titan hier
Bruder des Helios genannt wird, scheint den Satz K. O. Müllers
(Prolegg. zur Mythologie S. 373) „dass alle Spuren göttlicher Ver-
ehrung der Titanen fehlen" nicht zu begünstigen.

3) Odyss. ή. 201 sqq.

Hüllen sie sich in Gestalt; denn wir sind jenen so nahe
Als der Kyklopen Volk und das wilde Geschlecht der
Giganten. »

Zum deutlichen Beweis, wie unfähig oft die späteren Griechen waren, ihren ältesten Sänger zu verstehen, wo er von den früheren Zuständen redet, haben die Ausleger sich lieber den künstlichsten, ja abgeschmacktesten Deutungen hingeben, als sich überreden lassen wollen, dass Kyklopen und Giganten den Göttern eben so verwandt und befreundet seyn sollten wie jene wunderbaren und glückseeligen Phäaken. [1] Dagegen hat der späte Perieget die Homerischen Worte mit Recht als einen Beleg gebraucht, dass wir uns unter diesen Giganten menschliche Wesen zu denken haben. [2] In der That hat der Dichter hier die alte Sage von drei *Urvölkern* aufbewahrt, welche durch mittel- oder unmittelbare Abstammung mit einander verwandt, sich doch in Gaben und Lebensart von einander unterscheiden, und mit Homer und Hesiodos übereinstimmend hatten Lyriker und Logographen theils die Kyklopen, die Giganten, theils die Phäaken aus der vom

---

1) Billig übergehen wir diese gezwungenen Erklärungen, die sich in den Scholien zu dieser Stelle und beim Eustathius finden (s. ed. Lips. p. 272 und dagegen das Richtige bei Nitzsch zu Odyss. VI. 1. S. 73 ff. und zu unsrer Stelle B. II. S. 156 f.). Ich bemerke nur noch, dass der sonst so kritische und umsichtige Fréret sich gleichwohl durch jene Auslegung hat bestechen lassen, da er in seinen Recherches sur l'histoire du Cyclopes, des Dactyles, des Telchines, des Curetes, des Corybantes et des Cabires, in den Oeuvres Paris Tom. XVIII. p. 4 sqq. unsrer Stelle gar nicht gedenkt, sondern aus Odyss. IX. 106 sqq. Homerische Kyklopen als riesenhafte Anthropophagen Siciliens anführt, die er blos für poëtische Wesen, für Geschöpfe der Phantasie, wie in unsern Feenmährchen, nimmt. Diesem sonst so tüchtigen Forscher ging doch eine gewisse Tiefe des Geistes und ein Sinn für das höhere Alterthum ab.

2) Pausanias VIII. 29. 2, wo Clavier und Siebelis mit Recht ergänzt haben: εἶναι τοὺς Φαίακας θεῶν ἐγγὺς ὥσπερ Κύκλωπας καὶ τὸ Γιγάντων ἔθνος.

Blute des Uranos befruchteten Gäa entspringen lassen. [1]) Von
dieser Befreundung mit den Göttern und einem darauf gegründeten Vertrauen zu diesen ist selbst da noch eine Spur übrig,
wo der Mythos die Kyklopen als ungeschlachte Wesen schildert:

«Und an das Land der Kyklopen, der Frevler, wild und
gesetzlos,

Kamen wir, *welche nur den unsterblichen Göttern ver-
trauend,*

Nirgend baun mit Händen, zu Pflanzungen oder zur Feld-
frucht» u. s. w. [2])

Es ist nicht ohne Bedeutung, dass einige Sagen auch jene
wunderlichen Silene Söhne der Erde nennen, und sie aus
dem Blute des Uranos entstehen lassen, und dass jener alte
durch ausserordentliche Sehergabe und Weltkunde ausgezeichnete Silenos von einer Stadt der *Frommen* zu berichten
weiss, die im tiefen Frieden und grossem Ueberfluss lebend
ohne Pflug und Ackerstier die Früchte aus dem Schoosse der
Erde gewinnen. [3])

---

1) Hesiod. Theog. 183; Alcaeus und Acusilaus ap. Scholiast.
Apollon. Rhod. IV. 992 vergl. Acusilai Fragg. X. p. 216 Sturz. und
s. Huschke Analectt. litterr. p. 324 sqq. Was die Verschiedenheit
der Eigenschaften und Lebensweise betrifft, so denke man nur an
die Roheit der Kyklopen, an ihre Beziehung zu den Gestirnen
(s. oben), während sie von Seewesen und Schiffahrt gar nichts verstehen (Odyss. IX. 125 ff.), dagegen an die Cultur der Phäaken,
ihre Ueppigkeit und ihre wunderbare Verbindung mit Meer und
Schiffahrt u. s. w.

2) Odyss. IX. 106 ff. In solche disparate Prädicate haben sich
ältere und neuere Ausleger oft nicht zu finden gewusst (Eustath.
ad h. l. p. 350. vergl. Heyne zum Tischbeinischen Homer in Bildern II. S. 13). In der Lehre von der Vorsehung hat der Alexandriner Philo diese Stelle benutzt (s. Philo Iud. de Provident. Serm.
vers. Armen.-Lat. Venet. p. 104 sq.). So wie die ältesten Götter, ebenso erschienen auch solche Urstämme in dem neueren Hel-
denepos der Griechen in einem ungünstigen Licht.

3) Servius ad Virgil. Eclog. VI. 3. VI. 13. Nonni Dionyss.
XXIX. 260, wo zu bemerken, dass einer der Söhne des Silenos
den Namen Asträos (Sternenmann) führt. Theopompus ap. Aelian.

Dieser letztere Zug bezeichnet jenen primitiven Stand
der Unschuld. Als solchen hebt ihn derselbe Peripatetiker
hervor, dessen Zeugniss wir oben aus einem andern
Schriftsteller angeführt haben; indem er als die höchste und
erste Stufe jenen Naturzustand angiebt, worin die Menschen
nur von solchen Dingen lebten, welche die unverletzte Erde
freiwillig hervorbrachte; oder in der Sprache des Mythos zu
reden, jene Kinder des Himmels und der Erde waren ihren
grossen Eltern so befreundet, dass sie die Mittel zur Erhaltung ihres Lebens als freiwillige Geschenke von ihnen empfingen. [1]) Von den Göttern, ihren Eltern, um in dieser
Sprache fortzureden, war ihnen dann auch Alles was sie
wussten und konnten angeboren, jene Himmels-, Erd-,
Welt- und Meereskunde, jene Gewalt über die Elemente. Es
war ein durch Geburt ererbtes Wissen und Vermögen, nicht
ein erlerntes, erworbenes. Oder, fassen wir lieber diese Ueberlieferung Pelasgischer Urzustände auf unsere Weise auf,
und lesen die einzelnen Merkmale zusammen, die uns die
Griechische Sage von diesen Urstämmen aufbehalten hat, so
werden wir allenthalben einen Charakter von Unmittelbarkeit
ihnen aufgeprägt finden. Es ist als hätten wir nicht mit
Fleisch und Blut geborne Menschen, sondern Elementargei-
ster vor uns, begabt mit einem wunderbaren Einblick in die
Naturen der Dinge, mit einem so zu sagen magnetischarti-
gen Allgefühl. Sie besitzen Kräfte, Feuer, Wasser, Winde

V. II. III. 18 vergl. Theopompi Fragg. ed. Wichers pag. 73: $Το\grave{υ}ς$
$μ\grave{ε}ν$ $ο\grave{υ}ν$ $Ε\grave{υ}σεβε\tilde{ι}ς$ $\grave{ε}ν$ $ε\grave{ι}ρ\acute{η}ν\eta$ $τε$ $δι\acute{α}γειν$ $κα\grave{ι}$ $πλο\acute{υ}τ\varphi$ $βαθε\tilde{ι},$
$κα\grave{ι}$ $λαμβ\acute{α}νειν$ $το\grave{υ}ς$ $καρπο\grave{υ}ς$ $\grave{ε}κ$ $τ\tilde{η}ς$ $γ\tilde{η}ς$ $χωρ\grave{ι}ς$ $\grave{α}ρ\acute{ο}τρων$ $κα\grave{ι}$
$βο\tilde{ω}ν.$

1) Varro de r. r. II. 1. 4. p. 215 Schneider: Necesse est
humanam vitam a summa memoria gradatim descendisse ad hanc
aetatem, ut scribit Dicaearchus: et summum gradum fuisse natura-
lem, cum viverent homines ex iis rebus, quas inviolata ultro ferret
terra etc. Idem I. 1. 5. p. 130: Primum, qui omnes fructus agriculturae coelo et terra continent, Iovem et Tellurem. Itaque *quod
ii parentes magni dicuntur,* Iuppiter *pater* appellatur, Tellus,
terra *mater.*

zu bemeistern. — **Daher** jene Sagen von wunderbaren Metallarbeiten und Schifferkünsten; denn mehr oder weniger wird ihnen, neben einer elementarischen Abkunft, Neigung und Kraft der Zauberei beigelegt. Jeder wird hiebei sich dessen erinnern, was von Daktylen, Kureten, Korybanten, Kabiren, Telchinen u. s. w. gemeldet wird. Besonders in den letzten tritt dieser magische Charakter hervor; sie wurden Söhne des Wassers genannt und sollten aus dem Meere [1]) geboren seyn. Sie hiessen aber auch Söhne des Meeres im schlimmen Sinn, weil sie ihre Zauberkünste zum schädlichen Gebrauch verwendet haben sollten, z. B. sie sollten die Saaten verderbt [2]) und somit ganz andere Gesinnungen bewiesen

---

1) Nicht aus dem stürmischen Meer, wie man nach Schneider, im Lex. unter ζάψ, meinen sollte, welcher übersehen hatte, dass in der von ihm angeführten Stelle des Euphorion ὀλέτειρα als Prädicat dabei steht. *Ζάψ* heisst nach Clemens Stromm. V. p. 674 Potter. (cf. Euphor. p. 57 Meinek.) das Meer, ϑάλασσα, und dieses wird ebendaselbst von Simmias dem Rhodier Mutter der Telchinen genannt, wie ebendaselbst gesagt wird, βέδυ bedeute bald Wasser bald Luft, nämlich im Phrygischen (vergl. Jablonski Opuscull. III. p. 67 nnd Meineke ad Euphorionis fragg., welchem Ausleger Te Water zum Jablouski l. l. mit der Verbesserung *Φιλύλλιος* zuvorgekommen ist).

2) Strabo XIV. p. 601. Nonni Dionyss. XIV. 36 sqq. Vergl. Symbolik III. p. 306. Guigniaut Religions de l'Antiquité II. 1. p. 280 und Lobeck Aglaoph. p. 1191 sq. Wenn Fréret Oeuvr. XVIII. p. 24 sqq. dieses Verderben der Saaten durch Styxwasser und Schwefel aus einem Missverstand zu erklären sucht, indem sie das den Landbauern übliche Mittel gebraucht, die Pflanzen durch bittere Aufgüsse gegen schädliche Insekten zu schützen (Cato de r. r. cap. 95 mit Schneiders Commentar I. 2. p. 151 sq.), so ist hiermit vielmehr das Beispiel einer modern-prosaischen Erklärungsweise gegeben. Wir haben schon oben bemerkt, wie Kyklopen, Giganten u. s. w. im Griechischen Epos in nachtheiligem Lichte erscheinen: hier muss noch bemerkt werden, dass überhaupt in alten Völkersagen solche magische und theurgische Wesen, wie die Telchinen, Kobalen u. s. w. *umschlagen*, d. h. dass sie zweideutiger Natur erscheinen, und bald als Heils- bald als Unheilsdämonen dargestellt werden (Schelling Gottheiten von Samothrake p. 107 ff.).

haben, als wir zuvor von jenen frommen Verehrern der näh-
renden Erdgöttin vernommen.

Unter solchen und verwandten Kennzeichen stellt sich
jener Pelasgercultus dar, den wir eben deswegen als *psychisch-
magisches Heidenthum* bezeichnet haben. Diese Religion ist
noch höchst *einfach* und *unbestimmt*. Denn dieselben zwei Wesen, die man die Väter jener Urvölker nannte, waren ja keine
andern als die ältesten Götter, Himmel und Erde. Das wa-
ren ja die grossen, mächtigen, auch die guten Gottheiten ($\Theta\varepsilon\omicron\grave{\iota}$
$\mu\varepsilon\gamma\acute{\alpha}\lambda\omicron\iota$, $\delta\upsilon\nu\alpha\tau\omicron\acute{\iota}$, $\chi\varrho\eta\sigma\tau\omicron\acute{\iota}$) der ältesten Culte von Samothrake; dieselben, die der Römer als Dü potes in seinen Au-
guralbüchern wiederfand. [1]) — Kabiren ($K\acute{\alpha}\beta\varepsilon\iota\varrho\omicron\iota$) hiessen
sie unter den dortigen Stämmen, sey dieser Name nun mit
dem Dienst selber aus den Morgenländern gekommen, oder
ein blosser Ehrenbeiname gewesen, den ihnen die Griechischen Stämme beigelegt. [2]) Eben so einfach und unbestimmt
mochte auch die älteste Religion der Pelasger um das Thessalische und das Thesprotische Dodona gewesen seyn, hier aber
mit besonders hervortretendem elementarisch‑tellurischem Charakter, wie die dortigen Grundwesen Okeanos, Tethys, Ache-
loos, Dione, Zeus‑Aïdoneus verrathen, und wie die dortige
wunderbare Wasserquelle, $\acute{\alpha}\nu\alpha\pi\alpha\upsilon\acute{\omicron}\mu\varepsilon\nu\omicron\varsigma$ genannt, vermuthen
lässet. [3])

---

1) Varro de L. L. IV. 10. vergl. Eckhel. D. N. V. Vol. V.
pag. 319 sqq.

2) Letzteres Ansichten von K. O. Müller, Welcker (s. Guigniaut
II. 1. p. 287—294 ff. vergl. Müllers Prolegomena zur Mythologie
p. 146 ff.) und Gerhard (Hyperboreisch‑Römische Studien I. S. 82),
die schon Fréret vorgetragen, der auch die Ableitung $K\acute{\alpha}\delta\mu\omicron\varsigma$,
$K\acute{\alpha}\delta\mu\iota\lambda\omicron\varsigma$ von $\varkappa\acute{\alpha}\zeta\omega$, ordnen, schon angenommen (Oeuvr. XVIII.
p. 51—78). Wenn der Letztere bei der Ableitung der Kabirischen
Weihen aus Böotien und Attika, den Pausanias von einer Böotischen
Stadt Kabira berichten lässt, so gab es wohl eine solche im Pontus;
in Böotien aber kennt der Perieget ein $K\alpha\beta\varepsilon\iota\varrho\omega\nu$ $\iota\varepsilon\varrho\acute{\omicron}\nu$, ein $K\alpha$-
$\beta\varepsilon\acute{\iota}\varrho\iota\omicron\nu$ oder Heiligthümer der Kabirischen·Demeter und der Kora
(IX. 22. 5. IX. 25. 5. IX. 26. 1 und 4).

3) Hesiod. Theog. 340. Philochor. Frr. p. 33. Senec. N. Q. III. 16.

Aber eben dort hatte man solche bestimmte Namen der
Gottheiten erst später vernommen. Die ältesten Pelasger hatten sich für die Gegenstände ihrer Verehrung lange mit der
unbestimmten Bezeichnung *Götter* (ϑεοί) beholfen. «Es brachten
aber die Pelasger, so berichtet Herodot, wie ich zu Dodona vernommen, anfänglich unter Gebeten den Göttern Opfer aller Art.
Jedoch legten sie Keinem von jenen einen Beinamen oder
Namen bei, dieweil sie noch niemals dergleichen gehört hatten. Götter benannten sie dieselben, und deshalb, weil sie
alle Dinge in Wohlordnung gesetzet [1]) und alle Eintheilungen
gemacht. Später, nach Ablauf geraumer Zeit, erfuhren sie
die aus Aegypten gekommenen Namen der übrigen Götter,
des Dionysos Namen erfuhren sie aber viel später. Hernach
befragten sie sich dieser Namen wegen zu Dodona; denn dieses Orakel wird für das älteste in Hellas gehalten, und war
dazumal das einzige. Da die Pelasger nun das Orakel befragten, ob sie die von den Barbaren überbrachten Namen aufnehmen sollten, so antwortete die Wahrsagung: sie sollten
sie gebrauchen. Von dieser Zeit opferten sie dann diese Götternamen gebrauchend. Von den Pelasgern aber empfingen
sie nachher die Hellenen.»

Dass diese Gottheiten, zu denen jene alten Pelasger mit
so dunkler Andacht beteten, und denen sie mit so unbestimmten Namen opferten, zuvörderst Himmel und Erde waren,
lässt sich bereits aus dem Bisherigen vermuthen, und Platon

---

1) Herodot II. 52. Θεοὺς δὲ προςωνόμασάν σφεας ἀπὸ
τοῦ τοιούτου, ὅτι κόσμῳ ϑέντες τὰ πάντα πρήγματα καὶ
πάσας νομὰς εἶχον. Also von ϑεῖναι leitet Herodotus den Namen
ab, Plato in einer gleich anzuführenden Stelle von ϑέειν, in Betracht
des Laufs der Gestirne; Andere von ϑεάομαι, ich schaue, wieder
Andere von δέω und δείδω, ich fürchte. — Alle diese Etymologien scheitern an dem durch die meisten Indo-Germanischen Sprachen durchgehenden Namen ϑεός, von dem zur Zeit sich nur sagen
lässt, dass er mit den Ζεύς, Δεύς, Δίς, Deus, Deva, Div, Dew,
Tivi, Teut verwandt seyn möchte, und sich demnach an eine bei
vielen Völkern gebräuchliche Benennung der Gottheit anschliesse
(vergl. Guigniaut II. 1. p. 289 f.).

bezeuget im Grunde dasselbe, nur auf eine etwas bestimmtere
Weise, wenn er sagt: «Die ältesten Bewohner von Hellas
haben, meines Erachtens, die allein für Götter gehalten, welche
auch jetzt noch vielen Barbaren dafür gelten, Sonne, Mond
und Erde, die Gestirne und den Himmel.» [1]) Fragen wir
weiter, was das für neue Götternamen waren, welche zuerst
die Pelasger von den Aegyptiern und von jenen dann die Hellenen angenommen, so denkt sich ein neuer kundiger Archäolog und Mytholog [2]) die Sache so: Diese ältesten Gottheiten
der Pelasger waren die von Herodot und Plato angegebenen
Himmel, Erde, Sonne u. s. w., und jene fragten das Orakel
nur, ob sie die bis jetzt unbekannten *Götternamen* anerkennen
sollten. Da die Pelasger dieselben Götter wie die Aegyptier
gehabt, so hätten sie auch wie diese die Elemente und die
Himmelskörper verehrt. Es habe sich bei jener Orakelbefra-
gung nicht um Vertauschung *genereller Namen mit speciellen,*
sondern um die Vertauschung eigentlicher Namen, wie z. B.
Sonne ($\eta\lambda\iota o\varsigma$), die die Pelasger bisher den Gegenständen
ihrer Verehrung gegeben, mit Namen, welche vernünftige,
mit Macht und Willen begabte Wesen bezeichneten, d. h. mit
symbolischen und mystischen Namen, gehandelt. Diese Er-

---

1) Cratyl. p. 397, D. p. 32 Bekker. vergl. Epinom. p. 982, D. Plato
konnte dabei an die Perser denken, von denen Herodot I. 131 dasselbe berichtet, und von einer Seite auch an die Aegyptier, wir aber an unsere
alten Deutschen Vorfahren, wenn wir die Berichte des Cäsar (de B. G.
VI. 21) und des Tacitus (German. cap. 40) erwägen, und wenn wir
beim Apostel der Deutschen noch aus den Zeiten der Pipine gleich-
lautende Beschreibungen der Deutschen Culte finden (Bonifacii Epi-
stolae p. 170 ed. Würdtwein; vergl. Othlon in vita Bonifacii cap. 27).

2) Eméric David in seinem Werke betitelt Jupiter Paris 1833;
Introduction pag. CXXXI—CXXXIII: „Ce que paroissent vouloir
dire Platon et Hérodote, c'est que les astres et les élémens avoient
des noms qui les qualifioient seulement comme des astres et des élémens, mais qu'ils n'en avoient pas encore reçu comme des êtres in-
telligens, doués de puissance et de volonté, et faisant usage de leur
puissance pour concourir au bonheur des hommes; qu'en un mot ils
n'avoient pas des noms mystiques et symboliques." etc.

klärungsart hängt mit der Grundansicht zusammen, die sich
der würdige Verfasser von dem Wesen der Griechischen Religionen gebildet hat, und wovon ich hier die Hauptsätze mittheilen muss: Die Christen (auf deren Berichte der Verfasser
im Ganzen viel hält) hätten den Heiden gegenüber Recht gehabt zu behaupten: Die Götter der Griechen seyen nichts
Anders als die Gestirne und die Elemente, Sonne, Mond, Aether, Feuer, Luft, Wasser, Erde, und die mythologischen
Götter (les dieux mythologiques), genannt Zeus, Hephästos,
Poseidon u. s. w., seyen die ersonnenen Repräsentanten jener
natürlichen Dinge, [1]) symbolische Personen. So sey auch
der primitive Cult der Griechen eine unmittelbare (direct) Verehrung der Sonne, des Mondes, der Sterne, der Erde und
der Elemente gewesen; womit sich später ein symbolischer
Cultus verbunden habe durch den Einfluss der Fremden, die
auf Griechischem Boden sich eingefunden. [2]) Auch habe sich
jene primitive Verehrung der natürlichen Dinge nach der Entstehung des symbolischen Cultus, aus welchem letzteren man
das Gewand des ersteren gemacht, als das Wesen der Nationalreligion immer erhalten, und diese beiden Culte, der unmittelbare (direct) und der symbolische, hätten von den ältesten Zeiten an bis ins vierte und fünfte Jahrhundert der Christlichen Zeitrechnung immer nebeneinander bestanden. [3])

---

1) Introduction p. X: „— et les dieux mythologiques, nommés
Jupiter, Vulcain, Neptune — etoient des personnages fictifs, symboliques, qui représentoient ces substances naturelles et ces corps cé-
lestes. "

2) Introd. p. CXXXV sq.

3) Introd. p. CXXXIX sqq.: „Cette antique adoration de
l'aether, de la matière organisée, des élémens et des astres ne cessa
point après l'établissement du culte symbolique, dont on en fit le
voile; ce fut là toujours l'essence de la religion nationale. L'établissement du culte symbolique n'y apporta quant au fond aucun chan-
gement. Rien de moins remarqué, mais, si je ne me trompe, rien de
mieux prouvé." etc. — Was diesen letzteren Satz betrifft, so betet
allerdings Sokrates zur Sonne bei ihrem Aufgang (Plato Sympos.
p. 220. p. 403 Bekker). Allein dass solche Privatgebräuche im Na-

So erfreulich mir die Wahrnehmung seyn musste, diesen gelehrten und von mir hochgeachteten Archäologen in wesentlichen Grundsätzen mit mir einstimmig zu finden, so muss ich doch widersprechen, dass dies der wahre Sinn jenes wichtigen Zeugnisses des Herodotus sey. Es kommt hierbei hauptsächlich auf die Worte an: «Nachher aber, nach Verlauf langer Zeit, erfuhren sie die aus Aegypten gekommenen Namen *der übrigen Götter, den des Dionysos erfuhren sie aber viel später.*» [1] Wie hätte sich der Geschichtschreiber so ausdrücken können, wenn hier blos von Vertauschung der eigentlichen Pelasgischen Götternamen, als z. B. Himmel ($o\dot{v}\varrho\alpha\nu\acute{o}\varsigma$), Erde ($\gamma\tilde{\eta}$), mit symbolisch-Aegyptischen Namen die Rede wäre? Vielmehr geht aus diesem ganzen Zeugniss folgender Thatbestand hervor: Jene alten Pelasger hatten bisher in dumpfer tiefer Unterwürfigkeit zu grossen Mächten gebetet, und ihnen allerlei geopfert; vermuthlich nur sehr wenigen, vielleicht nur zweien, dem Himmel, dessen blaues unermessliches Gewölbe ihre erstaunten Blicke auf sich zog, und der ausgebreiteten Erde, wie noch das alte Beiwort $\varepsilon\dot{v}\varrho\acute{v}\sigma\tau\varepsilon\varrho\nu o\varsigma$ zu erkennen giebt, nebst dem unermesslichen wogenden Meere, und hatten sie in ihrer armen Sprache Götter ($\vartheta\varepsilon o\acute{\iota}$) ganz unbestimmt genannt. Bestimmte Namen dafür hatten sie von den Aegyp-

---

tionalbewusstseyn des öffentlichen Cultus doch schon damals sehr in den Hintergrund getreten waren, beweist die angeführte Platonische Stelle im Kratylos, wo der Philosoph sonst hätte sagen müssen: „die ältesten Bewohner von Hellas haben die allein für Götter gehalten, welche uns Hellenen auch noch dafür gelten, Sonne u. s. w.", anstatt dass er jetzt sagt: „welche auch heute noch *vielen Barbaren* dafür gelten."

1) $\dot{\varepsilon}\pi\varepsilon\iota\tau\varepsilon\nu$ $\delta\dot{\varepsilon}$, $\chi\varrho\acute{o}\nu ov$ $\pi o\lambda\lambda o\tilde{v}$ $\delta\iota\varepsilon\xi\varepsilon\lambda\vartheta\acute{o}\nu\tau o\varsigma$, $\dot{\varepsilon}\pi\acute{v}\vartheta o\nu\tau o$ $\dot{\varepsilon}\varkappa$ $\tau\tilde{\eta}\varsigma$ $A\dot{\iota}\gamma\acute{v}\pi\tau ov$ $\dot{\alpha}\pi\iota\varkappa\acute{o}\mu\varepsilon\nu\alpha$ $\tau\dot{\alpha}$ $o\dot{v}\nu\acute{v}\mu\alpha\tau\alpha$ $\tau\tilde{\omega}\nu$ $\vartheta\varepsilon\tilde{\omega}\nu$ $\tau\tilde{\omega}\nu$ $\dot{\alpha}\lambda\lambda\omega\nu$, $\varDelta\iota o\nu\acute{v}\sigma ov$ $\delta\dot{\varepsilon}$ $\dot{v}\sigma\tau\varepsilon\varrho o\nu$ $\pi o\lambda\lambda\tilde{\omega}$ $\dot{\varepsilon}\pi\acute{v}\vartheta o\nu\tau o$, Schweighäuser statt aliorum deorum nomina hätte übersetzen sollen: *reliquorum d. n.* Denn der Zusatz über den Dionysos zeigt hinlänglich, dass Herodotos hier, nachdem er von den wenigen Göttern der Pelasger geredet, nun die übrigen meint, die zu seiner Zeit Gegenstände des Griechischen Nationalcultus waren.

tischen Ankömmlingen gelernt. Aber von ebendenselben hatten sie auch Kunde der übrigen Götter erhalten, welche, seitdem das Orakel sie dazu ermuthiget, nun ebenmässig von ihnen verehrt wurden. Also nicht blos neue Namen, sondern auch neue Götter mit ihren Namen hatten ihnen diese Fremdlinge gebracht, und ebendeswegen hatten die Pelasger nicht ohne Ermächtigung des Götterspruchs diese neue Wesen mit ihren nie gehörten Namen annehmen wollen. Waren es fremde, Aegyptische Namen? Dies scheint Herodotus zu sagen; [1]) aber wollte man auch den, wie man sagt, [2]) eigentlich Gott überhaupt bedeutenden Namen Phthas ($\Phi\vartheta\acute{a}\varsigma$) mit dem altgriechischen $\Sigma\vartheta\epsilon\acute{v}\varsigma$ ($\varDelta\epsilon\acute{v}\varsigma$, $Z\epsilon\acute{v}\varsigma$) zusammenstellen, und sich der Vermuthung hingeben, dass Athena ($'A\vartheta\eta\nu\tilde{a}$) durch Umstellung aus Neitha entstanden sey, d. h. auf sehr schwachen, schwankenden Grundlagen fussen, so haben doch die übrigen althellenischen Götternamen, wie z. B. der von Herodot selbst genannte des Dionysos, ganz und gar nichts mit den Aegyptischen gemein, und der Geschichtschreiber hatte ja zuvor schon angemerkt, dass mehrere Gottheiten, Poseidon, Hera, Hestia, Themis, die Chariten gar nicht aus Aegypten herstammten. [3]) Auch hätten sie den Pelasgern unverständliche Laute vorgesprochen, hätten sie selbst für Aegyptische Gottheiten auch Aegyptische Namen mitbringen wollen. Diese Dodonäer wohnten auch schon lange genug unter den Pelasgern, um aus dem obwohl geringen Vorrath der Pelasgischen Sprache die wenigen Benennungen, die sie für die paar alten und für die mehreren neuern Götter nöthig hatten, auszulesen, und den Begriff der Wesen, die sie im Pharaonenlande unter andern Namen kannten, ihren Lehrlingen verständlich zu

---

1) Auch Huschke Analectt. literr. p. 331 hat diese Ansicht: „Erant enim haec nomina a summa antiquitate propagata, peregrina, ex Aegypto, ut Herodotus scribit II. 52, translata et a Pelasgis quasi per manus tradita Hellenibus."

2) Silvestre de Sacy Lettre sur l'inscription de Rosette p. 22. Schelling Gotth. von Samothrace S. 68.

3) II. 50.

machen. [1] — Woraus sich dann von selbst ergiebt, dass hier
von Seiten der Priesterschaften ein Anbequemen an den engen
Vorstellungskreis der Landesbewohner und ein Uebertragen
fremder Götternamen in einheimische Statt gefunden; welches,
Klima, Land und Lebensweise, denen sie sich auch unterwerfen
mussten, hinzugenommen, schon bei der Einführung fremder
Culte unter diesen halbwilden Pelasgerstämmen, in den Lehren und Gebräuchen selber bedeutende Veränderungen herbeiführen musste.

Das waren *hieratische* Namen, welche die Pelasger obwohl aus ihrer eignen Sprache von den ausländischen Lehrern angenommen; d. h. Götternamen, die sich wohl grösstentheils aus dem Cultus selbst gebildet, indem sie grossentheils aus Gebetformeln und Litaneyen entsprungen seyn mochten. [2] Indem ich mich hiermit zur Betrachtung dieser früheren
Aeusserungen religiöser Gefühle und Vorstellungen bei den
Griechen wende, begnüge ich mich, was die Gebete betrifft, um bei diesem Dodonäercult stehen zu bleiben, an den
allbekannten aber sehr alterthümlichen Anruf [3] des Achilles
an den Pelasgisch-Dodonäischen Zeus zu erinnern, und in
Betreff der

II.

Hieratischen Poësie

einige Bruchstücke hervorzuheben, welche mit unserer Erörterung organisch zusammenhängen, indem sie sich auf den-

---

1) II. 52 von dem alten Bestand dieses damals in Hellas noch
einzigen Orakels, vergl. II. 57, welche letztere Stelle ja deutlich
besagt, wie Anfangs die Sprache der Dodonäischen Priesterinnen
den Pelasgern unverständlich gewesen, bis jene angefangen, sich ihrer eignen, Pelasgischen Sprache zu bedienen.

2) F. G. Welcker im Nachtrag zu C. Schwencks Etymologisch-
mythologischen Andeutungen S. 338, worin von S. 253 an über die
alten Götternamen ein Mehreres bemerkt und mit Beispielen belegt ist.

3) Iliad. XVI. 233 ff.

selben Elementendienst beziehen, den wir als Cultus von Urvölkern aus Homer und andern Autoren nachgewiesen haben.
Hiermit werden sich einige Beispiele ältester Cultusbilder von
selbst verknüpfen.

Ein in der Religionsgeschichte seiner Griechischen Landsleute wohl bewanderter Schriftsteller vergleicht in einer beach-
tungswerthen Stelle ganz vom Standpunkte der Volksreligion
ältere hieratische Sänger mit dem Homerus: «Den Orpheus,
sagt Philostratus, [1]) hat Homeros in vielen die Theologie betreffenden Stücken übertroffen, den Musäos aber in den Gesängen der Göttersprüche. Ja wenn auch Pamphos ($Πάμ$-
$φως$) sich zwar einsichtsvoll den Zeus als dasjenige gedacht
hat, was die Lebendigen erzeuget, und durch welches alle
Erdgewächse hervorkommen, so hat er dies jedoch etwas
albern ausgedrückt, und auf eine sehr gemeine Weise von
Zeus gesungen (denn Folgendes sind Verse des Pamphos):
«Zeus, hehrester, grösster der Götter, eingewickelt
in Mist von Schafen, Rossen und Mäulern.»
Wie unsicher auf diesem Gebiete die Sage mit der Angabe
von Dichternamen ist, erhellet schon daraus, dass dieselben
Verse von Andern dem Orpheus beigelegt werden, [2]) denn
Orphisch nannte man alles, was alttheologisch war, und alt
und ungeschlacht ist diese Vorstellung gewiss. Es ist von
mir und von Andern schon das Aethiopisch-Aegyptische Symbol
bemerkt worden, unter welchem dieser alte Sänger seinen
Zeus sich vorgestellt, [3]) nämlich der Käfer (Scarabäus) als

---

1) Heroic. p. 98 ed. Boisson.

2) Was Schöll (in der Histoire de la Littérature Grecque pro-
fane Vol. I. p. 33 sq.) übersehen, wie ich schon in dem Bericht
über dieses Werk (in den Wiener Jahrbb. der Literatur B. LXI.
S. 178) bemerkt habe; aus welcher Kritik ich Einiges in dieses
Kapitel über die hieratische Poësie der Griechen herübernehme,
und mit einigen Zusätzen vermehre. Dort habe ich schon, diese
Verse betreffend, die Orphica Nro. XXX. p. 489 ed. Hermann.
angeführt.

3) S. Schöll a. a. O. und Thiersch Epochen der bildenden
Kunst unter den Griechen S. 83. 2. Ausgabe.

Bezeichnung der aus sich selbst alles Lebendige hervorbrin-
genden Gottheit. Wollte man gerade darauf, dass dieses an
Aegyptischen Tempeln und Mumien so häufig vorkommende
Sinnbild hier zur Bezeichnung eines Griechischen Gottes gebraucht werde, den Verdacht gründen, dass irgend ein Alexandrinischer Poët, welcher solche Gebilde täglich vor Augen
hatte, jene zwei Verse unter eines alten Sängers Namen abgefasst haben möchte, so dient zur Antwort, ob diese Verse
ursprünglich so gelautet, lassen wir dahin gestellt seyn. Dass
aber Bild und Sache uralt sind, dafür leistet uns der Homerische Hymnus auf die Ceres Bürgschaft, der auf ein anderes
Bild Gewicht legt, welches in einem demselben Pamphos beigelegten Gesange vom Raube der Proserpina sehr bedeutsam
hervorgehoben war. [1] Und sind denn, entgegnen wir weiter, unter den Griechischen und Etrurischen Gemmen die Kä-
fersteine als hieratische Typen, nicht gerade die ältesten?
Zeigen nicht diese durchlöcherten Scarabäen ganz deutlich an,
dass Etrusker und Griechen sie als Amulete getragen? Der
Käfer, dieses Sinnbild der Leben gebenden Gottheit, mit den
auf seiner flachen Seite eingegrabenen religiösen Bildern, sollte
ihnen als Schutzmittel ihres Lebens dienen. Gerade der ma
gische Charakter solcher Vorstellungen spricht für ihr Alter.
Denn solches Gepräge hatten, wie wir bereits gesehen, die
ältesten Religionen, auch die der Griechen.

Hier ist also Zeus als Käfer das ohne weibliches Zuthun
alles Lebendige erzeugende Leben. Die Vorstellung bildet
sich organisch fort, und der Juppiter Eines Geschlechts muss
beide Geschlechter in sich aufnehmen. So stellt ihn ein Orphisches Gedicht dar: [2] .

---

1) Nämlich auf die täuschende Zauberblume Narkissos (Pausan. IX. 31. fin. vergl. Ruhnkenius ad Homeri h. in Cerer. vs. 8,
welcher Ausleger darauf aufmerksam macht, dass dieser Homeride
sich hierbei an den alten Griechischen Volksglauben angeschlossen; —
eine Vorstellung, woraus, wie Pausanias andeutet, der spätere Thes-
pische Mythus von der Verwandlung des schönen Jünglings in diese
Todesblume sich gebildet hatte).

2) Beim Proclus in Platonis Tim. II. p. 95, beim Stobaeus
Eclogg. physs. et eth. I. nr. 23. p. 40 sq. Heer.; Pseudo-Aristoteles

«Zeus wurde der erste, Zeus der letzte Herrscher des
Blitzes;

Zeus das Haupt, Zeus die Mitte; aus Zeus ist Alles bereitet;

Zeus ward Mann und Zeus ward unsterbliche Jungfrau.

Zeus der Erde Wurzel und des gestirneten Himmels,

Zeus das Wesen der Winde, Zeus die Kraft des unverlöschlichen Feuers,

Zeus des Meeres Wurzel, und Zeus der Mond und die
Sonne,

Zeus der König, Zeus der selber Alles geboren» u. s. w. [1])

Hier ist die Ahnung der göttlichen Einheit in dem Bild
eines körperlichen Ganzen, eines Riesenkörpers, ausgeprägt;
und, von der Fassung und Sprache der Verse abgesehen, ist
das Alterthümliche der Vorstellung in der *androgynischen* Natur
dieses Juppiter nicht zu verkennen; indem es keines Beweises
bedarf, dass in den meisten heidnischen Religionen der Vorwelt die *ältesten* Gottheiten *mannweiblich* vorgestellt wurden.

Die Trennung der Geschlechter, so dass dem Zeus ein
weibliches Wesen untergeordnet ist, zeigt nun den ersten
Uebergang zum Anthropismus, oder vielmehr nur erst eine
Ankündigung einer später sich entwickelnden Vermenschli-
chung dieser Gottheit. Davon zeigte sich noch keine Spur

---

oder Chrysippus (s. Fr. Osann's Beiträge zur Griech. u. Röm. Litte-
raturgeschichte I. p. 143 ff.) und daraus Appuleius de Mundo cap. 7.
Die Orphica liefern dasselbe pag. 457 ed. Hermann.

1) Dass eine gewisse pantheistische Vorstellung von der Gottheit bei den Griechen althergebracht war, beweist die Art, wie
Platon (de Legg. IV. p. 715, D) auf die Orphischen Verse: $Z\varepsilon\dot{v}\varsigma$
$\dot{\alpha}\varrho\chi\dot{\eta}$, $Z\varepsilon\dot{v}\varsigma\ \mu\acute{\varepsilon}\sigma\sigma\alpha$, $\Delta\iota\dot{o}\varsigma\ \delta'\ \dot{\varepsilon}\varkappa\ \pi\acute{\alpha}\nu\tau\alpha\ \tau\acute{\varepsilon}\tau\upsilon\varkappa\tau\alpha\iota$ anspielt, indem
er sie mit der Formel $\dot{o}\ \pi\alpha\lambda\alpha\iota\dot{o}\varsigma\ \lambda\acute{o}\gamma o\varsigma$ einführt. Im Aglaopha-
mus pag. 529 sqq. ist darüber Mehreres zusammengestellt. — Das
Anhäufen so vieler Prädicate auf Ein Subject, so wie die Viel-
namigkeit ($\pi o\lambda\upsilon\omega\nu\upsilon\mu\acute{\iota}\alpha$) der Gottheiten in solchen Orphischen Gesängen bezeichnet eine Ahnung des Unendlichen, wo der religiösge-
sinnte Mensch jede einzelne Bezeichnung der Gottheit ungenügend
findet.

in jenem Käfer-Zeus des Pamphos, in welchem mystisch die *in der Erde* waltende und *aus der Erde* Lebendiges hervorbringende Kraft, wie Philostratus sie richtig genommen (a. a. 0. ὅτι Ζεὺς εἴη τὸ ζωογονοῦν, καὶ δι' οὗ ἀνίσταται τὰ ἐκ τῆς γῆς πάντα), angedeutet war. *Die Erde neben dem Zeus* tritt nun schon, wiewohl noch unbestimmt genug, in zwei Versen hervor, die man den Peleiaden beilegte. Das waren jene Wahrsagerinnen zu Dodona, wo Pelasger und Hellenen unter der heiligen Eiche Belehrungen über Juppiters Rathschluss einholten. Sie wurden nicht Sibyllen von den Menschen, sondern Peleiaden genannt, und ihre räthselhaften Aussprüche bedurften der Dolmetsche, die sie in verständlicherer Rede dem Volke ausdeuteten. Jene waren unter den Frauen die ersten gewesen, die sich über den Pelasgischen Gott in folgenden Versen vernehmen liessen:

«Zeus war, Zeus wird seyn, o grosser Zeus! — Die Erd' bringt Früchte hervor, drum preiset die Mutter Erde.» [1])

Wollte man im ersten Verse die Momente: «war, ist und seyn wird» metaphysisch nehmen, so würden sie freilich einem so naiven Liede Pelasgischer Wahrsagerinnen nicht angehören können. Sehen wir aber von den Worten ab, und fassen die Sache ins Auge, so ist damit nichts Anderes gesagt, als was der Volksmythus in genealogischer Weise so ausdrückte: Zeus hat die Horen gezeuget; [2]) d. h. das Leben der Natur entwickelt sich in den cyklisch wiederkehrenden drei Jahreszeiten, nach der Eintheilung der alten Völker; und wenn [3])

---

1) Pausan. X. 12. 5. Dass die Lesart des Camerarius Γᾶ καρποὺς ἀνίει über allen Zweifel erhoben ist, habe ich durch Zusammenstellung mit des Philostratus Erklärung der Worte des Pamphos, wie ich hoffe, noch mehr bestätigt. — Juppiters Rathschluss (Odyss. XIV. 327 sqq.) Διὸς βουλή. Die Peleiaden (Πελειάδες) Herodot. II. 56. Pausan. a. a. O. — Die Dolmetsche der Göttersprüche (ὑποφῆται) Iliad. XVI. 233 sq.

2) Apollodor. I. 3. 2. 3.

3) Philostratus a. a. O.

Homer selbst dem in finstere Wolken gehüllten Zeus den
Aether zur Wohnung giebt, und ihn alles Lebendige unter
dem Himmel hervorbringen lässt, so kann dies entweder in
einzelnen jährlich wiederkehrenden Momenten aufgefasst werden, wie z. B. Virgilius thut, wenn er des Himmels Feuerkraft mit befruchtendem Regen (foecundis imbribus aether) im
Frühling mit dem Riesenleibe der Erde sich vermischen lässt
(magnus alit magno commixtus corpore foetus), [1]) oder allge-

---

1) Virgil. Georg. II. 324 sqq. vergl. Lucret. I. 251:
Postremo pereunt imbres, ubi eos *pater Aether*
In gremium *matris Terrai* praecipitavit.
— Beide Stellen gehören zu den vielen Nachahmungen älterer Dar-
stellungen dessen, was in der Cultussprache die heilige Vermählung
(ἱερὸς γάμος) genannt wurde; eine Idee, welche von Griechischen
Philosophen, Stoikern besonders und Platonikern bis zum Porphy-
rius hinab, nach ihren Ansichten ausgelegt, und von Kirchenvätern
besprochen wird. Das dichterische Vorbild für die nachfolgenden
Poëten waren die Worte des Aeschylus in den Danaïden (ap. Athen.
XIII. p. 600, A. vergl. Aeschyli Fragg. nr. 36. p. 39 ed. Schütz).
Aphrodite spricht:

ἐρᾷ μὲν ἁγνὸς οὐρανὸς τρῶσαι χϑόνα,
ἔρως δὲ γαῖαν λαμβάνει γάμου τυχεῖν,
ὄμβρος δ᾽ ἀπ᾽ εὐνάοντος οὐρανοῦ πεσὼν
ἔκυσε γαῖαν· ἡ δὲ τίκτεται βροτοῖς
μήλων τε βοσκὰς καὶ βίον Δημήτριον κ. τ. λ.

(nach Hermanns Verbesserungen, de Aeschyli Danaidibus, Opuscull.
II. p. 334). Wie von der gesammten Theogonie sich doppelte Meinungen gebildet hatten, entweder dass man sie physisch erklärte,
oder dass man sie als Verschleierung der unanständigen Götterver-
bindungen betrachtete; welche letztere besonders die Christlichen
Väter verfochten, um ihre Glaubensgenossen von den Gräueln des
Heidenthums abzuschrecken (s. Tib. Hemsterhuys Annott. in Hesiod.
Theog. Tom. IV. der Poëtae Graeci minores ed. Gaisford, pag. 544),
so wurde auch dieser ἱερὸς γάμος in diesem doppelten Sinne ausgelegt. Im Aglaophamus ist diese Meinung vorgetragen (p. 609. vergl.
p. 650 sqq.): „Haec autem allegorica delinimenta non a Stoicis de-
mum sed iam multo prius ascita reor non solum *ad excusandas poe-*
tarum fabulas, qui Iovis et Iunonis, Cereris et Iasionis, Ariadnae

meiner nach alttheologischer Weise, nach welcher in den Kosmogonien viel von Mischungen der Elemente die Rede war. Daher auch die Alten einige Beschreibungen des Homer, z. B. die, wo Apollon (die Sonne) mit Poseidon (dem Meere) oder wo Hephästos (Feuerskraft) mit dem Skamandros (Wasser) rangen, und sich gegenseitig zu zerstören trachteten, in Orphischer, d. h. in alttheologischer Weise, gedacht und dargestellt finden wollten. [1]) Denn von *Kräften* und *Mischungen* zu singen war *Orphisch*, von *Personen* und *Handlungen*, *Homerisch*.

Jene Orphische, oder alttheologische, bildliche Sätze empfing späterhin die beginnende Philosophie, und suchte nach und nach sie in Begriffen auszuprägen, doch je näher ihrer theologischen Quelle, desto bildlicher und mythischer noch selbst. Um bei dem vorliegenden Gegenstande zu bleiben, so

---

et Liberi, Adonidis et Veneris, aliorumque deorum atque heroum amores et nuptias quasi ex composito celebrarunt, sed etiam *ad commendationem solemnium publicorum et privatorum*, quibus idem argumentum subiectum erat." Ganz anders F. G. Welcker (zu Schwencks etymol.-mythol. Andeutt. S. 268: „Meiner Ueberzeugung nach ist es nicht Erfindung eines theogonischen Dichters, dass Himmel und Erde alle Götter erzeugten: diesem Satz liegt vielmehr alte Mystik, ein ἱερὸς γάμος von Himmel und Erde zu Grund. Einen älteren Schriftsteller, der ihn ausdrücklich bezeichnete, als Aeschylus in den Danaiden, wüsste ich zwar nicht anzuführen" u. s. w. — Wir werden sogleich sehen, dass diese Vorstellung von einem ἱερὸς γάμος, wie Welcker vermuthete, wirklich noch älter als Aeschylus ist, indem der frühere Pherekydes sie schon vorgetragen, und dass sie aus der ältesten Volksreligion der Griechen sich nothwendig herausbilden musste, ergiebt sich aus der bisherigen Erörterung: Wenn Himmel und Erde die ältesten Gottheiten der Griechen waren, so war nach ihrer Auffassungsweise die Entstehung aller übrigen Wesen und kosmischen Dinge ohne eheliche Verbindung dieser Grundwesen und ohne Zeugung nicht denkbar, und die Dichter und Philosophen können mit ihrem ἱερὸς γάμος nichts Anderes gemeint haben als dies Verhältniss der *physischen* Urpotenzen der allgemeinen Volksreligion.

1) Philostrat. a. a. O. pag. 100.

hatte einer der frühesten Philosophen, einer von denen, die Aristoteles [1]) in einem andern Sinn, als das Wort so eben gebraucht worden, zu den gemischten ($\mu\varepsilon\mu\iota\gamma\mu\acute{\varepsilon}\nu o\iota$) d. h. zu denjenigen zählt, die nicht mehr Alles auf mythische Weise auszusprechen pflegten, sondern sich einigermassen der üblichen Schreibart annäherten, Pherekydes von Syros den alten Naturgott Zeus (Juppiter) an die Spitze seines Systems gestellt, und sein Buch über die Theologie mit folgendem Satze eröffnet: [2]) «Zeus und Chronos war für immerdar und Chthon; Chthonia empfing aber den Namen Erde ($\Gamma\tilde{\eta}$), nachdem ihr Zeus die Würde verliehen.» Das heisst: von jeher, von und in Ewigkeit, sind die beiden Grundwesen: das Alles erzeugende Urbeste ($\tau\grave{o}$ $\gamma\varepsilon\nu\nu\tilde{\eta}\sigma\alpha\nu$ $\pi\varrho\tilde{\omega}\tau o\nu$ $\check{\alpha}\varrho\iota\sigma\tau o\nu$, wie Aristoteles a. a. O. den Zeus des Pherekydes bezeichnet), daneben Chthon, $X\vartheta\acute{\omega}\nu$, der unbegränzte, unbestimmte Grund und Boden (der weite Abgrund, mit dem Begriffe der Materie). [3]) Jenes We-

---

1) Aristotel. Metaphys. XIV. 4. p. 301 ed. Brandis.

2) Diogen. Laert. I. 119 (vergl. Pherecydea ed. alter. Sturz. p. 40): $Z\varepsilon\grave{v}\varsigma$ $\mu\grave{\varepsilon}\nu$ $\varkappa\alpha\grave{\iota}$ $X\varrho\acute{o}\nu o\varsigma$ $\varepsilon\grave{\iota}\varsigma$ $\grave{\alpha}\varepsilon\grave{\iota}$ $\varkappa\alpha\grave{\iota}$ $X\vartheta\grave{\omega}\nu$ $\tilde{\eta}\nu$. $X\vartheta o\nu\acute{\iota}\eta$ $\delta\grave{\varepsilon}$ $\check{o}\nu o\mu\alpha$ $\grave{\varepsilon}\gamma\acute{\varepsilon}\nu\varepsilon\tau o$ $\Gamma\tilde{\eta}$, $\grave{\varepsilon}\pi\varepsilon\iota\delta\grave{\eta}$ $\alpha\grave{v}\tau\tilde{\eta}$ $Z\varepsilon\grave{v}\varsigma$ $\gamma\acute{\varepsilon}\varrho\alpha\varsigma$ $\delta\iota\delta o\tilde{\iota}$. Vergl. Damascius de Principiis p. 384 ed. Kopp und Pherecyd. ed. Sturz p. 42. Da keiner dieser Texte ganz rein ist, so setze ich die Worte hierher, wie sie zu verbessern sind: $\Phi\varepsilon\varrho\varepsilon\varkappa\acute{v}\delta\eta\varsigma$ o $\Sigma\acute{v}\varrho\iota o\varsigma$ $Z\tilde{\eta}\nu\alpha$ $\mu\grave{\varepsilon}\nu$ $\varepsilon\tilde{\iota}\nu\alpha\iota$ $\grave{\alpha}\varepsilon\grave{\iota}$ $\varkappa\alpha\grave{\iota}$ $X\varrho\acute{o}\nu o\nu$ (statt $\chi\vartheta\acute{o}\nu o\nu$, beides fehlt bei Sturz; bei Kopp, der die Sturzische Ausgabe nicht anführt, steht $X\vartheta\acute{o}\nu o\nu$) $\varkappa\alpha\grave{\iota}$ $X\vartheta o\nu\acute{\iota}\alpha\nu$ $\tau\grave{\alpha}\varsigma$ $\tau\varrho\varepsilon\tilde{\iota}\varsigma$ $\pi\varrho\acute{\omega}\tau\alpha\varsigma$ $\grave{\alpha}\varrho\chi\acute{\alpha}\varsigma$, $\varkappa.$ $\tau.$ $\lambda.$

3) $\chi\vartheta\acute{\omega}\nu$, $\grave{\eta}$ $\gamma\tilde{\eta}$ $\varepsilon\grave{\iota}\varsigma$ $\mu\acute{\varepsilon}\gamma\varepsilon\vartheta o\varsigma$ $\varkappa\varepsilon\chi\upsilon\mu\acute{\varepsilon}\nu\eta$, cf. Hesych. II. 1553. Etymol. M. p. 733 Lips. und tellus, mit dem Nebenbegriff der finsteren Unterwelt; $\gamma\tilde{\eta}$, terra cultu subacta et polita (vergl. Valckenaer Scholl. in N. T. Vol. I. p. 332). — Eméric David (Introd. p. CCXXIX und Jupiter pag. 79) berührt diese Principienlehre des Pherekydes, und bemerkt an der letztern Stelle: „L'Aether et la Matière de Phérécyde ne sont évidemment autre chose que l'Esprit et le Chaos, ou le dieu Phtha et la deesse Athor des Egyptiens. Phérécyde donnoit à L'Aether le nom de Zeus, à la matière celui de Chthòn: nous remarquons tout à l'heure que le nom de Zeus est le nom véritable du dieu suprême de la Grèce, reproduction du dieu Aether de l'Egypte; celui de Chthòn signifioit la terre. Phérécyde intro-

sen ist männlich, dieses weiblich; daher im zweiten Satze
Χθονία von diesem letztern gebraucht wird. In der Zeit hat
nun Zeus der Chthonia die Würde gegeben, d. h. die Würde
seiner Gattin, und so ist sie die fruchtbare Erde (*Γῆ*) geworden. Es bedarf nun keines weiteren Beweises, dass wir hier
dieselben Momente haben, die in den obigen Versen der Priesterinnen des Zeus enthalten sind; nur bei Pherecydes mit
Beifügung der ursächlichen Verbindung, da es im Liede der
Peleiaden einfach hiess: Zeus war, ist, und wird seyn, und:
preiset die Alles gebährende Mutter Erde. D. h.: Zeus, Zeit
und das unbestimmte, chthonische Wesen, das, durch des
Zeus Umarmung befruchtet, Mutter Erde wird, und im Jahreslauf Alles hervorbringt, — das sind die Principien der
Dinge. — Auf diese Weise nahm auf dem Scheidepunkte Hellenischer Geistescultur die *Philosophie* ihre Lehrsätze aus dem
theologischen Gesang, und entfernte sich immer weiter von
der mythischen Sprache desselben, um sich allmählig ange-
messenere Formen zum Ausdruck ihrer Ideen anzubilden. —
Ehe wir nun überblicken, welche neue Wege die Poësie schon
früher eingeschlagen, müssen wir uns um die andere Aeusserung des religiösen Cultus, um die älteste Bildnerei beküm-
mern. Dass die

III.

Hieratische Bildnerei

auch bei den Griechen ursprünglich ganz symbolisch gewesen,
d. h. dass der religiöse Geist auch hier sich, auf seiner un-

---

duisoit dans la creation un troisième agent, qui étoit *Chronos*, ou
le *Temps:* c'étoit là un mélange de la théogonie phénicienne avec
le Système égyptien." — In wie weit diese Ansicht, der Erklärung
der Sätze nach, mit der meinigen übereinkommt, wird man aus der
obigen Darstellung ersehen. — Die Ableitung aus Aegyptischem und
Phönicischem Göttersysteme lasse ich vorjetzt auf sich beruhen, und
bemerke nur, dass, da der Pherecydeische Schlangengott (Ophioneus,
'Οφιονεύς) der Weltordnung des Kronos widerstrebend dargestellt
wird, ein solches Bild noch andere als Aegyptisch-Phönicische, vielleicht Persische, Elemente dieser halbmythischen Philosophie verräth.

tersten Stufe, gewagte und sonderbare Verbindungen der Idee vom göttlichen Wesen mit äusseren sinnlichen Gegenständen erlaubte, ja dass er kein Bedenken trug, aus den untersten Thierklassen eine Gattung zum Zeichen und Stellvertreter der Leben gebenden Gottheit zu machen, haben wir aus dem Beispiel des Käfer-Zeus (Iuppiter-Scarabaeus) ersehen, zugleich eben daraus schon, wie die Bildnerei ein so rohes Natursymbol in ihr Gebiet herübergenommen, und es erst plastisch in weicheren Massen und weiterhin glyptisch in Steinarten zu einer hieratisch-magischen Bildform ausgeprägt. — Hier befinden wir uns auf dem Gebiete *des Thierdienstes*, einer Cultusweise, wozu wohl alle Naturvölker Anlässe und Neigungen haben. Das im Thiere sich kundgebende Leben, verbunden mit etwas Geheimnissvollem seiner Natur, musste dazu veranlassen, es mit einer Art von Ehrfurcht zu betrachten; von wo der Schritt zur wirklichen Verehrung nicht entfernt war. [1]) — Aber auch, nachdem die Griechen einem so fetischartigen Cultus sich längst entwunden hatten, wirkten jene in religiöser Naturanschauung gegründeten Motive im öffentlichen wie im Privatdienste noch fort, aber es

---

1) Was Fr. Richter in der Levanna II. S. 297 bildlich ausdrückte: „Der Mensch sieht in der Thierform den seltsamen Isisschleier einer Gottheit," hat Hegel (in den Vorlesungen über die Philosophie der Religion I. S. 235 f.) deutlicher und richtiger dargethan, wenn er unter Anderm sagt: „Das Thier hat diese stille Selbständigkeit, Lebendigkeit, die sich nicht preisgibt, die diess und jenes vornimmt; es hat zufällige willkührliche Bewegung, es ist nicht zu verstehen, hat etwas Geheimes in seinen Wirkungsweisen, seinen Aeusserungen; es ist lebendig, aber nicht verständlich, wie der Mensch dem Menschen. Diess Geheimnissvolle macht das Wunderbare für den Menschen aus, so dass er die thierische Lebendigkeit für höher anseln kann, als seine eigene. Noch bei den Griechen sind die Schlangen verehrt worden" u. s. w. Denn man muss die ganze Entwickelung durchdenken. — K. O. Müller bemerkt (im Handbuch zur Archäologie der Kunst S. 17. 2. Ausg.) richtig: „Solcher Art sind die Thiersymbole Griechischer Götter; nur der von dem bestimmten Gefühl und Glauben Durchdrungene sieht das göttliche Leben in dem Thiere."

traten noch andere hinzu, welche die Schonung und Pflege
gewisser Thiere zur Religionspflicht machten, und den Künstlern die Verbindlichkeit auflegten, gewisse Thierattribute manchen Götterbildern beizugeben; wie z. B. die Schlange bei
einigen Darstellungen der Pallas und der Heilgötter ständig
geblieben. Hinwiederum genoss der Storch, der Schlangen
natürlicher Feind, in einem Griechischen Lande Ehre und
schonende Pflege. [1]) Hier war nun schon die Reflexion eingetreten, und hatte gewissen Thieren wegen ihrer Nutzbar-
keit Schutz und Verehrung zugesichert. Hinwieder gab die
Schädlichkeit gewisser Thiere der religiösen Scheu Anlass,
Abwendungsbilder von ihnen aufzustellen. Namentlich waren
es astronomische Thierbilder, die der Griechische Himmel in
Bezug auf Jahrszeiten und die Einflüsse auf Menschen, Thiere
und Pflanzen darbot, und die als Abwendungszeichen mit magischen Absichten geweihet wurden. [2])

---

1) Plin. H. N. X. 31: „Honos ciconiis serpentium (serpentum)
exitio tantus, ut in Thessalia capitale fuerit occidisse; eademque
legibus poena, quae in homicidam.“ vergl. Plutarch. de Iside et
Osirid. p. 380, F. und was Wyttenbach (Animadvv. p. 260) dazu
angemerkt hat. — Keinen andern Grund als das Bewusstseyn der
Nützlichkeit oder Unentbehrlichkeit gewisser Thiere hatten die sonderbaren Gebräuche der Buphonien (βουφόνια) an gewissen Zeus-
festen (Diipolien) zu Athen. (S. Symbolik IV. S. 122 ff.)

2) Hierzu liefern zwei astronomisch - hieratische Bildwerke der
Insel Ceos recht evidente Belege. Da sie erst neuerlich ihre Deutung gefunden und mit der Religion des *Zeus*, woran ich hauptsächlich diese Grundzüge einer Naturgeschichte der Griechischen und
Italischen Culte anknüpfe, in Verbindung stehen, so gebe ich aus den
Wiener Jahrbb. der Literatur den abgekürzten Bericht darüber, den
ich in den Heidelb. Jahrbb. 1826. Nr. 45 und 46 ausführlicher abgestattet hatte. Nämlich Bröndsted hat in seinen Reisen und Untersuchungen in Griechenland I. tab. 11 die Abbildung eines aus dem
Felsen gehauenen Löwen auf der Insel Keos mitgetheilt, aus einem
Bruchstück des Heraclides Ponticus vortrefflich erklärt, jedoch die
astronomisch - mythische Deutung dieses Weihebildes hinzuzufügen
unterlassen; welche Lücke ich zu ergänzen versucht habe. Ich
schicke das Bruchstück des Heraklides (de rebus publicis cap. IX)

Diese hieratische Bildnerei ist noch ganz unmittelbar, indem sie auf Erden die Abbilder von den Thieren aufstellte,

---

in Deutscher Sprache mit nöthigen Bemerkungen voraus, weise die
Anwendung nach, die Bröndsted davon gemacht, und füge endlich
meine nachträgliche Erklärung hinzu: „Die Insel Keos, fängt dieses schätzbare Fragment des Geschichtschreibers an, ward Hydrussa
genannt." (*So muss geschrieben werden*: Ὑδροῦσσα, und so hat
Koray drucken lassen; man vergl. dessen Σημειώσεις p. 354.) „Man
sagt, die Nymphen haben sie früher bewohnt, weil aber ein Löwe
diese in Schrecken gesetzt, so seyen sie nach Karystos hinüberge-
gangen." (Dies ist die Stelle, woraus Bröndsted S. 31 ff. — vergl.
S. 77—79 — das Kolossalbild des Löwen bei Zea so glücklich
erklärt hat. Er bemerkt auch die Sage von einem früheren Zusammenhang der Insel Keos mit Euböa, nach Plin. H. N. II. 92. IV.
20.) Heraklides fährt fort: „Daher wird auch ein Vorgebirge der
Löwe (Λέων) genannt. Keos aber, der von Naupaktos herüberge-
kommen, baute die Insel an, und nach ihm nannten sie sie" (ὠνό-
μασαν, so hat schon Koray. Es folgt eine Lücke im Heraklidei-
schen Text. Der Lindenbrochische Scholiast zu Virgil. Georg. I.
14 ergänzt sie zum Theil, dessen Worte aber so verbessert werden
müssen: Cea insula Aegei maris est quae *primo* dicitur Nymphis
habitari; ideoque et *Idrussam (Hydrussam)* dictam, postea *a Ceo
Naupactiorum Ceam* appellatam; in *quam* Aristaeus ex Arcadia ve-
nisse fertur [et] responso patris Apollinis monitus, qui ex pecoribus
usum lactis invenit, et mellis studium apium solertiam (solertia ed.
Burmann.) consecutus est. — Wenn Herr Bröndsted klagt, dass
Griechische Schriftsteller sonst von diesem Stammvater Keos schweigen, so habe ich aus dem Etym. M. p. 507 Heidelb. p. 460 Lips.
nachgewiesen, dass dies nicht der Fall ist, indem wir erfahren:
„Keos ist eine Insel. Sie hat ihren Namen von Keos *dem Sohne
Apollon's und der Nymphe Rhodoessa*," wodurch der zweite Ansiedler eben so hoch gestellt wird als der erste, Aristäos, der ebenfalls
ein Sohn Apollon's heisst, und eben so wie dieser letztere in die
Wörter - und Handbücher der Mythologie aufgenommen zu werden
verdient. Hiermit ist zugleich bewiesen, dass auch die zweite Colonie den Apollodienst mit nach dieser Insel gebracht, und fast nicht
zu zweifeln, dass, wie Br. vermuthet, auch der Stammheld Keos
daselbst Gegenstand eines Cultus gewesen.). Heraklides erzählt weiter: „Aristäos aber, sagen sie, habe von (Korcssischen) Nymphen die

welche die Einbildungskraft alter Völker in den Sterngruppen
am Firmamente zu sehen gewohnt war; gerade so wie die

Schaf- und Rindviehzucht, von den Briseïschen aber die Bienenzucht gelernt." (So füllt Br. theils aus Vermuthung, theils aus Handschriften die lückenhafte Stelle aus. Ich schreibe aber nicht mit
ihm und Lennep μελιτουργίαν, sondern mit Köler und Koray με-
λιττουργίαν, denn das erstere ist das Geschäft der Bienen, das
zweite, das des Bienenpflegers. — Nachträglich bemerke ich jetzt,
dass es mir doch misslich scheint dass Welcker zu Schwenck S. 342
diesem klaren Zeugniss des Heraklides zu widersprechen genöthigt
ist, um Biene und Bienenzucht aus ihrem natürlichen Kreise in
den Cerealischen zu versetzen, und seine Ableitung von βριτὺ, süss
in der Bedeutung segensreich zu retten.) Heraklides: „Da aber ein
Verderben die Pflanzen und Thiere befiel, weil die etesischen Winde
nicht weheten" (διὰ τὸ μὴ πνεῖν ἐτησίας). Aus Cic. de Divinat. I.
57. Varro Atacinus ap. Probum in Virgil. Georg. I. 14 und Clemens Stromm. VI. 753 wird diese Lücke weiter ausgefüllt, und wir
vernehmen: Einst seyen die etesischen — die nördlichen- Passat-
Winde ausgeblieben; nun sey Aristäos auf Geheiss seines Vaters
Apollo nach Keos gekommen, habe einen Altar gebaut, dem *Zeus
Ikmäos* (Ἰκμαῖος) geopfert, dadurch die kühlenden Winde wieder
zurückgeführt, und der Alles versengenden Hitze ein Ende gemacht;
wodurch dann Aristäos der Erretter nicht allein zur göttlichen Ehre
gelangte, sondern auch die Sitte der Keïer begründet ward, dass
sie aus der Beobachtung des Sirius für jedes Jahr Prognostiken stellten. Daher denn auch, wie Br. richtig bemerkt, auf den Münzen
von Keos das Bild eines Sterns (des Sirius) und eines Hundes so
häufig ist.

Da ich mich wundern musste, dass Herr Br. diese mythische
Culturgeschichte von Keos oder die physisch-astronomischen Symbole
und Sagen dieser Insel nun nicht auch *mit dem Bilde des kolossalen Löwen daselbst* in Verbindung gebracht, so habe ich in meinem ersten Bericht diesen mythischen Organismus zu vollenden gesucht. Ausgehend von den Worten des Horatius (Od. III. 29.
18 sqq.) — „Iam Procyon furit, Et *stella vesani leonis, Sole dies
referente siccos*; Iam pastor umbras cum grege languido Rivumque
fessus quaerit"; ingleichen von der Stelle des Caesar Germanicus in
Arati Phaenomm. 149 sqq.: „Hunc (leonem) ubi contigerit *Phoebi
videntior axis*, Accensa in Cancro iam, *tum geminabitur aestus*;

alten Päonier ihren Sonnendienst an die Sonnenscheibe rich-
teten, die sie auf einer Stange aufgerichtet hatten (Max. Tyr.

Hinc lymphae tenues; hinc est tristissima tellus“; ferner gestützt auf
den Satz, *dass mit dem Heliakalaufgang des Hundssternes, wenn
die Sonne in das Zeichen des Löwen eingetreten war, die Hunds-
tage begannen* (die Opora anfing — s. Theophrast. de causs. plantarr.
I. 14. 13. Olympiodor. in Aristotel. Meteor. II. 5. Plin. H. N. II.
27. Io. Laur. Lyd. de Ostentis p. 196 ed. Hase); — weiter die
mythische Erzählung benützend, dass Apollo einst am Thessalischen
Berge Pelion die Nymphe Kyrene waffenlos mit einem Löwen ringen gesehen, d. h. *dieselbe Nymphe*, mit der dieser Sonnengott nachher den ersten Ansiedler und Erretter der Insel Keos Aristäos erzeugt hatte (Pindar. Pyth. IX. 45. Callimach. h. in Apoll. vs. 90
sqq. Schol. Apollonii II. vs. 500 sqq.; IV. 1561); endlich an den
Ausdruck der Araber erinnernd, welche noch heut zu Tage die
grösste Hitze und dürreste Jahreszeit den *brüllenden Löwen* nennen — dem Allen gemäss habe ich die Sage von Keos so aufgefasst
und auszudeuten gesucht: Zuerst haben auf diesem Wassereiland
('Υδροῦσσα) die *Nymphen* gewohnt; aber ein *Löwe* hat sie verjagt.
Das heisst: die *Nymphae fugaces* sind jene *lymphae tenues*, die vor
dem Löwen entflohenen Nymphen sind nichts anders als die in der
heissen Jahrzeit verschwundenen Wasserquellen; und wenn darauf,
wie die Keïsche Sage weiter erzählt, jene Inselbewohner, nachdem
der Noth abgeholfen worden, ihrem Erretter göttliche Ehre erwiesen, und den besänftigten *Hund* und seinen Stern auf ihren Münzen
verewigten, nicht minder aber ein Vorgebirge von Keos nach dem
schrecklichen *Löwen* benannten; — dann darf man doch wohl glauben, dass jener Löwenkoloss nichts anderes sey als ein *Abwendungs-
bild* (εἴδωλον ἀποτρόπαιον), welches, nach den Wünschen jener
alten Naturmenschen, eine *magische Schutzwehr* seyn sollte *gegen
den heissen wüthenden Löwen am Himmel.* — Jetzt will ich aber,
zum Beweis dass solche hieratische Ausdrücke, Mythen und Bilder
ganz verschiedene Bedeutungen, ja völlig entgegengesetzte haben können, und dass man also *hierbei Land, Zeit, Cult und Denkart sorgfältig zu unterscheiden habe*, Folgendes hinzufügen (Plutarch. de
Isid. et Osirid. p. 670, C): „Den Löwen verehren die Aegyptier,
und verzieren mit Löwenrachen die Tempelthüren (oder auch die
Tempelschlüssel, Schol. in Arat. Phaenomm. 351), weil der Nil austritt,
wenn die Sonne zuerst mit dem Löwen zusammenkommt.“ Daher

VIII. p. 142 Reiske); nicht anders wie die Strahlenscheibe des alten Sunna-Odin im Heiligthume zu Upsala hinter dem Bilde des neuen Odin hervorglänzte. Gleichwie dorten die Asen des neuen Cultus sich vor die androgynischen Sonnenwesen des alten stellen, also mussten sich hier die alten Elementarmächte in der Folge von den ganz vermenschlichten Olympiern allmählig verdecken lassen. Jedoch viel früher schon hatte die dem Menschengeiste angeborne *Personification* ihre Rechte geltend gemacht, wie wir oben aus alten Priestergesängen in ihrer Entfaltung bis zu einem theologischen Philosophen ersehen haben. Waren doch die ältesten Namen der natürlichen Götterwesen ganz in diesem personificirenden Sinne gebildet. Da hören wir von einem dreigestalteten Geryon oder Geryoneus (Γηρυονεύς), dem Alten, der als Jahreszeit, als Zeit selbst oder auch als Winter in der Sage geht; von einer Demeter Helegerys (ἐλήγηρυς) als Mutter der alternden falben Aehre; und wenn ein alter König Iberiens Arganthonios (Ἀργανθώνιος), der weissblühende, genannt wird, ähnlich einem mit Schnee bedeckten Berge (Ἀργανθών), so haben wir hier in der Sprache die Verbindung zwischen einem menschlichen Individuum und einem Naturtheil. [1])

---

auch die Löwenköpfe an den Mündungen der Brunnen und Regenröhren (Plutarch. Sympos. p. 366, A. vergl. Wyttenbach zur ersteren Stelle Animadvv. p. 224). Hier erscheint also der astronomische Löwe ganz im entgegengesetzten Sinn als ein Jahres- und Kalenderbild des Heils und der Erquickung. Daher der Löwe auch ein Sinnbild von Labetrank und Weihewasser für die Todten und auf Mumiendecken erscheinend (Böttiger Archäologie der Malerei I. S. 75 ff.). Daher ferner als ein Zeichen der Reinigung in die Leontica der Mithrasweihen aufgenommen. Andererseits ein Bild der Stärke und unwiderstehlichen Königsmacht, an den Thronen morgenländischer Monarchen; — ferner des Heldenmuthes, daher auf den Gräbern des Hektor, des Leonidas (Ptolem. Hephaest. cap. 2. p. 15 mit der Anmerkung von Roulez pag. 67 sq. vergl. K. O. Müllers Handb. der Archäologie der Kunst S. 699. 2. Ausg.), und in diesem Sinn von der neueren Kunst aufgenommen — bis auf das Löwenbild von Schwyz und von Waterloo.

1) Briefe über Homer und Hesiod an und von Hermann S. 178.

Hierher gehört auch der Berg Argäos in Kappadocien, der, nach dem Ausdruck eines geistreichen Schriftstellers, für die Landesbewohner Gott, Schwur und Bild zugleich war. [1]) Es ist schon in der zweiten Ausgabe dieses Buchs von mir bemerkt worden, dass nach einer früheren Ansicht die Griechen eine ähnliche Vorstellung von ihrem Olympos gehabt. [2]) Nach solchen Vorstellungen werden heilige Berge zum lebendigen und Leben gebenden Gotte selber. In der Sternenschrift des Himmels ist das erste Gesetz gegeben. Themis und die Horen bewahren es, versammeln die Götter und weisen zuerst sie hin auf die siderische Satzung. Das zweite Gesetz wird gegeben auf dem Gipfel des Olympos. Seine lichte Höhe ist für die Menschen in Wolken gehüllt, in seine Untiefen dringt kein sterblicher Fuss. Juppiters Winken ist des Gesetzes Ausdruck. Aber dieses Bewegen seines Hauptes erschüttert die Olympische Burg und unter Donner und Blitz werden seine Gesetze verkündigt. Wenn aber Moses den Israeliten vom Gesetzesberge Sinai steinerne Tafeln bringt, so werden dem Hellenischen Volke Olympische Rollen aufgeschlagen, bereitet von der Haut der Ziege Amalthea, die mit ihrer Milch den Gott der Gesetze genähret. Was diese Rollen in ihren vielen Falten enthalten — das Gesetz der Natur und des Geistes — das ist $\Delta\iota\grave{o}\varsigma$ $\pi o\lambda\upsilon\pi\tau\upsilon\chi\acute{\iota}\alpha$ [3]) und wunderbaren, oft räthselhaften Inhalts.

---

1) Maximus Tyr. VIII. 8. p. 144 Reisk.: $\check{o}\varrho o\varsigma$ $K\alpha\pi\pi\alpha\delta\acute{o}$-$\varkappa\alpha\iota\varsigma$, $\varkappa\alpha\grave{\iota}$ $\vartheta\varepsilon\grave{o}\varsigma$ $\varkappa\alpha\grave{\iota}$ $\check{o}\varrho\varkappa o\varsigma$ $\varkappa\alpha\grave{\iota}$ $\check{\alpha}\gamma\alpha\lambda\mu\alpha$. Er setzt hinzu „und den Mäoten der See und der Tanais den Massageten" — also Berg- und Wasserdienst. — Daher auch das Bild des Berges Argäus erscheint auf Kappadokischen Münzen (Eckhel D. N. V. III. p. 189).

2) Symbolik II. S. 535 f.

3) Fulgentius I. 2. p. 631 beruft sich bei einem kosmisch-mysteriösen Mythus auf ein Buch des Logographen Hellanikos, Dios *polytychia* betitelt: Man hatte versucht: $\pi o\lambda\upsilon\tau\varepsilon\chi\nu\acute{\iota}\alpha$, ja sogar $\varphi\iota\lambda o\lambda o\gamma\acute{\iota}\alpha$, bis der Herausgeber (Sturz ad Hellanici fragg. p. 75) vorschlug die Lesart beizubehalten und dabei an eine Schrift vom vielfachen Geschick des Zeus zu denken. Allein dieses Substantiv ermangelt aller Auctorität. Ich vermuthete daher $\pi o\lambda\upsilon\pi\tau\upsilon\chi\acute{\iota}\alpha$ im

Ich hätte aber auch an eherne Gesetztafeln erinnern sollen, die, einem wunderlichen Mythus nach, die Kreter von einem siderischen Wesen empfangen hatten. Da diese Sage auf demselben *Uebergangspuncte des directen Naturdienstes zur Personification* steht, und zugleich Natur und Geist in Einer Anschauung verbindet, folglich mit unserer Erörterung in organischem Zusammenhang erscheint, so will ich dessen Grundzüge hervorheben. Talos ($T\acute{\alpha}\lambda\omega\varsigma$), so lautet die Sage, war ein eherner Gigant, der als Wächter von Kreta dreimal täglich diese Insel umkreisete. [1]) Mit Recht nennt Heyne diesen Mythus sehr alt, und fügt die im Ganzen eben so richtige Bemerkung hinzu, je widersinniger eine Fabel sey, für desto älter sey sie zu halten; wenn er die vorliegende aber zu den aus Denkmahlen entstandenen zählet, und ihren Ursprung aus einer Phönizischen Schiffersage von einem auf Kreta gestandenen kolossalen Erzbilde herleitet, so dürfte, sollte diese Ansicht gelten, nur an einen Sonnenkoloss zu denken seyn. Jedoch möchte der Mythus vielmehr zu denen physischen Ursprungs gehören. Denn, was der hochverdiente

---

oben erklärten Sinn, und dieses Wort wird in den Glossen durch conglobatio erklärt. — Jetzt sehe ich, dass auch Heyne (Obss. in Iliad. XV. 17. p. 7. Vol. VII) an jenem Titel $\varDelta\iota\grave{o}\varsigma\ \pi o\lambda\nu\tau\nu\chi\acute{\iota}\alpha$ Anstoss genommen; was aber bedeutender ist, dass der Uebergang der eigentlichen Bedeutung von $\pi\tau\nu\chi\alpha\acute{\iota}$ (Thäler, Schluchten) zur uneigentlichen (Verborgenheiten der Dichtung und Satzung) aus Griechischen Dichtern sich rechtfertigen lässt, wenn man nämlich die Worte Pindars (Olymp. I. vs. 105) $\varkappa\lambda\nu\tau\alpha\tilde{\iota}\sigma\iota\ \acute{\nu}\mu\nu\omega\nu\ \pi\tau\nu\chi\alpha\tilde{\iota}\varsigma$ richtig erklärt, nämlich mit Dissen so: „Mihi potius ad *fabulae* supra lectae propositam *interiorem rationem* respicere et hoc dicere videtur Pindarus, insigniorem se neminem *reconditis poesios recessibus* ornaturum. $\pi\tau\nu\chi\alpha\acute{\iota}$ enim sunt valles et recessus, veluti *aetheris*, cf. Elmsley ad Eurip. Med. 1264 ($\alpha\acute{\iota}\vartheta\acute{e}\varrho o\varsigma\ \pi\tau\nu\chi\alpha\acute{\iota}$), inprimis vero montium, ut Olympi, Pindi, Pelii, Parnassi, Idae, quod notissimum." (Vergl. z. B. Pyth. VI. 18. IX. 28. Nem. II. 33.)

1) Apollon. Arg. IV. 1637 mit den Scholien; Apollodor I. 9. 26 mit Heyne Obscrvv. p. 89 ed. alter. Catull. LV. 23 mit Muret und Is. Vossius.

Erklärer hierbei nicht mit in Rechnung gebracht, Talos war
ein alter Name der Sonne; [1]) sodann ward eben in Kreta ein
Zeus Talaios verehrt. [2]) Das war ein Sonnen-Zeus, mit dem
Begriffe des Wachsthums und Gedeihens, welches die wär-
menden Sonnenstrahlen befördern. [3]) An solche natürliche
Wohlthaten dachten die Kreter ohne Zweifel auch, wenn sie
von einem Wächter ihrer Insel Talos erzählten. In jener alten Bildersprache konnte die Sonne ein eherner Gigant genannt
werden, der dreimal täglich die Rundwache um die Insel hält;
und, wie der Anfang dieser Erörterungen gezeigt, schliesst
der Beiname Gigant an sich den Begriff des wohlthätigen Ge-
stirnes nicht aus. — Jedoch wenn die Sonne ihre schädlichen
Einflüsse äussert und mit ihrer Gluth Saaten versengt, Menschen und Thiere erkranken macht, kann sie auch Gigant
im schlimmen Sinne heissen. Dass im Kretischen Sonnendienst auch diese Seite hervorgetreten, geht aus einer Erzählung des Simonides hervor, wonach der vom Hephästos ge-
fertigte lebendige Wächter der Insel Talos die derselben na-
henden Fremdlinge in seinen durch Feuer glühend gemachten
Armen verbrannte, gleich jenem greulichen Moloch der Phö-

---

1) $T\acute{\alpha}\lambda\omega\varsigma\cdot\ \acute{o}\ \mathring{\eta}\lambda\iota o\varsigma$ Hesych. II. p. 1343 Albert. Der Codex
Marc. bei Schow p. 723 giebt vielmehr: $T\alpha\lambda\tilde{\omega}\varsigma$, welches weder
Tittmann zum Zonaras L. Gr. 1707 berücksichtigt hat, noch Koray
$\H{A}\tau\alpha\varkappa\tau\alpha$ I. p. 164. II. p. 124, wo das neugriechische $\grave{\epsilon}\nu\tau\alpha\lambda\acute{o}\nu\epsilon\iota\nu$
(allucinari, abbagliare, éblouir, blenden) davon hergeleitet wird.

2) Hesych. p. 1342. $T\alpha\lambda\alpha\iota\acute{o}\varsigma\cdot\ \acute{v}\ Z\epsilon\grave{v}\varsigma\ \grave{\epsilon}\nu\ K\varrho\acute{\eta}\tau\eta$. Dorville ad
Chariton. p. 492. p. 500 Lips. bessert $T\alpha\lambda\alpha\tilde{\iota}o\varsigma$ oder $T\alpha\lambda\lambda\alpha\tilde{\iota}o\varsigma$,
denn der Name kommt auch mit der Reduplication vor. Aus einer
Inschrift mit einem Vertrag zweier Kretischer Städte ist ersichtlich,
dass dieser Zeus Talaios *neben* dem Zeus Kretageues dorten verehrt
ward. Jenem ward ein gymnischer Agon, $T\alpha\lambda\alpha\iota\delta\acute{\iota}\tau\eta\varsigma$ oder $T\alpha\lambda\alpha\iota-$
$\delta\acute{v}\tau\eta\varsigma$ genannt, gefeiert. (Hesych. l. l. mit den Auslegern.)

3) Doederlein Comment. de vocabulo $\tau\eta\lambda\acute{v}\gamma\epsilon\tau o\varsigma$ Erlang. 1825.
p. 11 erklärt diesen Zeus $T\alpha\lambda\alpha\iota o\varsigma$: vel Iuppiter vel Sol *almus*,
von $\tau\acute{\alpha}\lambda\lambda\omega$, $\vartheta\acute{\alpha}\lambda\lambda\omega$, $\grave{\alpha}\tau\acute{\alpha}\lambda\lambda\omega$, welches Zeitwort fast überall und
auch beim Pindar Olymp. III. 40 Nahrung geben, wachsen machen
bedeute.

nizier, Karthager und Sarder, dessen der Geschichtschreiber
Klitarchus wirklich gedenkt, indem er von solchen Menschen-
opfern der beiden ersteren Völker berichtet. [1]) Nach aller
Analogie und nach den Attischen Sagen von Minotauros u. s. w.
dürfen wir nicht zweifeln, dass auch die ältesten Kreter an
cyklisch wiederkehrenden Festtagen in heisser Jahreszeit
ihrem Sonnen-Moloch Talos dergleichen Opfer dargebracht
haben.

Gleichwie aber in solchen Naturculten die zum Unheil
umschlagenden Gottheiten durch finstere Gebräuche und grau-
same Abwendungsopfer versöhnt zu werden pflegen, so erhei-
tern sie sich hinwieder, und können, bei zunehmender Sittigung und vermehrter Erkenntniss, in den Mythen eines und
desselben Volkes wohl auch selbst in einem höheren Sinn und
veredelten Charakter erscheinen. Auf diese Weise tritt wirk-

---

1) Der das krampfhafte Lachen ($\Sigma\alpha\varrho\delta\acute{o}\nu\iota\sigma\varsigma$ $\gamma\acute{\epsilon}\lambda\omega\varsigma$) von jenen
sterbenden Schlachtopfern herleitete, während Andere andere Her-
leitungen angaben und zum Theil $\Sigma\alpha\varrho\delta\acute{\alpha}\nu\iota\sigma\varsigma$ $\gamma.$ schrieben (s. den
Demon, Timäus, Klitarch, Simonides u. A. bei Eustath. in Odyss.
XX. 302. vergl. die Scholl. dazu p. 527 ed. Buttmann. Apollonii Lex.
Homer. p. 593 sq. Tollii und besonders die Scholl. zu Plato Republ.
p. 144 sq. Ruhnken. p. 396 Bekk. Snidas p. 3262 sqq. ed. Gaisford.
Anecdott. Grr. I. 361 ed. Bachmann.). Nach dem Platonischen Scholiasten hatte Sophokles übereinstimmend mit Simonides den Mythus
vom Kretischen Talos behandelt, aber nicht: $\dot{\epsilon}\nu$ $T\acute{\alpha}\lambda\omega$, wie der
Scholiast des Apollonius IV. 1638 citirt, sondern wie der Platoni-
sche: $\dot{\epsilon}\nu$ $\varDelta\alpha\iota\delta\acute{\alpha}\lambda\omega$, wie Brunck ad Sophoclis Fragg. p. 25 ed.
Oxon. aus diesem letztern schon längst verbessert; was in der Schä-
ferischen Ausgabe der ersteren Scholien unbemerkt geblieben. Dadurch hebt sich der von Heyne in richtigem Gefühl geäusserte Zweifel (ad Apollodor. p. 89): „Etsi assequi vix licet, qua arte scenae
accommodata fuerit haec fabula“ nämlich das Drama Talos; in seinem *Dädalos* aber hatte Sophokles ihrer gelegentlich gedenken können. — Ueber jene Menschen- besonders Kinderopfer im Baals-
Kronosdienst der Punischen Völker, auch der Sardinier hat Fr. Münter in der Religion der Karthager S. 18 — 31. 2. Ausg. ausführlich
gesprochen; auch Böttiger in den Ideen zur Kunstmythologie S.
355 ff.

ich jener Kretische Talos in einem unter den Platonischen be-
findlichen Dialoge auf. [1]) Wie nach der ersten Vorstellung
jener solarische Talos täglich dreimal als Wächter um das
Eiland gehet, so umwandelt er es in dieser Ansicht jährlich
dreimal mit den ehernen Gesetzestafeln als Wächter und Aufseher der geheiligten Satzungen des Minos. Man hat in dieser Wendung des Mythos die Neuerung eines Sophisten nachzuweisen gesucht, der sich die Freiheit genommen aus einem
alten Ungethüm einen guten Mann zu machen. [2]) Heyne (a.
a. O.) hat sich mit der Bemerkung begnügt: hier sey dem
Mythus eine ethische Auslegung gegeben. Dass der Kretische
Cultus diesen solarischen Wesen wirklich ihre freundliche
Seite abgewonnen, lässt sich schon aus der Natur solcher
Religionen vermuthen; dass es in der That geschehen, beweiset der Begriff des Kretischen Zeus Talaios. Dass ferner
dorten nicht blos blutige Opfer einem unholden Moloch dargebracht worden, lässt der dem Juppiter - Taläus gefeierte gym-
nische Wettstreit nicht im geringsten zweifelhaft; ja dass auch
jener eherne Umwandler der Insel Kreta selber, nach gemil-
derter Sitte, auf bedeutsam freundliche Weise von den Einwohnern verehret worden, lässt ein pantomimischer Tanz
vermuthen, worin jener Umwandler dargestellt wurde. [3])
Hatten die alten Völker einmal gelernt, den Auf- und Untergang und den Mittagsstand der Sonne, so wie ihren Jahreslauf als eine natürliche Satzung und Ordnung zu betrachten;

---

1) Im Minos p. 320. p. 266 Bekk. ὁ γὰρ Τάλως (Τάλλως
mehrere Codd. bei Bekker, und so hat auch Ficino gelesen, woraus
die obige Form Ταλλαῖος sich erklärt. Die Lesart Ταλῶς kommt
übrigens bei keinem der angeführten Schriftsteller vor) τρὶς περιήει
τοῦ ἐνιαυτοῦ κατὰ τὰς κώμας, φυλάττων τοὺς νόμους ἐν
αὐταῖς, ἐν χαλκοῖς γραμματείοις ἔχων γεγραμμένους τοὺς νόμους, ὅθεν χαλκοῦς ἐκλήθη.

2) Boeckh in Platonis Minoem p. 21.

3) Unter den Gegenständen, welche die Kretersage der Tanz-
kunst darbiete, führt Lucian (de Saltat. 49. p. 296 Hemsterh.) neben
dem Seher Polyidos auch den Talos an: Τὸν Τάλω, τὸν χαλ-
κοῦν τῆς Κρήτης περίπολον.

so konnte die Anwendung auf Ordnung auf Erden, auf Eintheilung und Einrichtung der Stämme, auf Sitte und Gesetz
überhaupt nicht ausbleiben. Mit andern Worten, die politisch-
ethische Satzung und Ordnung wird demzufolge als Abbild
der Gesetze der Natur und der siderischen Ordnung betrachtet.
So werden die solarischen Wesen Talos und Zeus Taläos zu den
himmlischen Gesetzgebern, deren Majestät die Völker in cyk-
lischen Jahresfesten in gymnischen Wettkämpfen und in mi-
mischen Tänzen verehren; und der Gesetzgeber auf Erden,
der die göttliche Ordnung ins Menschenleben einführt, nimmt
an der Herrlichkeit und an den Namen der Götter Theil, so
dass man am Ende nicht mehr weiss, ob Minos, Talos Götter
oder Sterbliche sind. Wenn daher Hesiodos von den vielen
dem Zeus dienenden Wächtern über die sterblichen Menschen
singt, welche die Rechte und deren Uebertretungen beobachten sollen, und die Gerechtigkeit (Dike) die jungfräuliche
Tochter des Zeus nennt, die ungerechte Gesinnung der Sterblichen am Throne ihres Vaters laut anklagt; [1] wie denn auch
Sophokles die Gerechtigkeit als des Zeus Beisitzerin nach alten Satzungen bezeichnet, [2] so dürfen wir wohl an jenen
alten Gesetzeswächter des Kretischen Sonnen- und Zeuscul-
tus denken. Wenn ferner Plato in seinen Büchern von den
Gesetzen sich so vernehmen lässt: «Ja der Gott, wie auch
die alte Sage meldet, Anfang, Ende und Mitte aller Dinge
enthaltend, vollstrecket gerades Weges, der Natur gemäss
umwandelnd; ihm aber folget immerdar die Gerechtigkeit,
Rächerin derer, die das göttliche Gesetz nicht erfüllen», [3] so haben wir, ausser der Erwähnung *alter Sage*, in

1) Ἔργ. 250 sqq. Τρὶς γὰρ μύριοι εἰσὶν — ἀθάνατοι Ζηνὸς φύλακες θνητῶν ἀνθρώπων, οἵ ῥα φυλάσσουσιν τε
δίκας καὶ σχέτλια ἔργα κ. τ. λ. vergl. Orph. hymn. LXII.
(61) init.

2) Oedip. Colon. 1357: Δίκη ξύνεδρος Ζηνὸς ἀρχαίοις νόμοις.

3) Ὁ μὲν δὴ θεός, ὥσπερ καὶ ὁ παλαιὸς λόγος, ἀρχήν
τε καὶ τελευτὴν καὶ μέσα τῶν ὄντων ἁπάντων ἔχων, εὐθείᾳ
περαίνει κατὰ φύσιν περιπορευόμενος· τῷ δ' ἀεὶ

Worten und Ausdruck Hindeutung auf jene im Namen des
umwandelnden Sonnenzeus auf Erden umgehenden und stra-
fenden Gesetzeswächter. Wenn endlich im Eingange zu
demselben Werke der Philosoph den Kreter Klinias sagen lässt: Von Gott kommen die Gesetze, und dieser Gott
sey Zeus nach der Landessage; und wenn darauf, nach des
Athenischen Gastfreundes Vorschlag, die Gespräche über die
Gesetze auf dem Wege von Knosos bis zur Grotte und zum
Tempel des Zeus fortgeführt werden, so haben wir die philosophische Entfaltung altkretischer Theologumena, [1]) wodurch
der höchste Gott Hellenischer Volksreligion als die Quelle alles Rechts dargestellt — oder vielmehr als göttlicher Rechts-
körper selbst aufgefasst wird. Diese Sätze bildeten nachher
die Stoiker, in ihrer Betrachtungsart der Nationalreligion,
folgerecht weiter aus. Sie redeten von einer Vernunft am
Himmel und im Weltgebäude. [2]) Sie nannten das ursprüngliche, das untrügliche Gesetz die untrügliche Vernunft des Juppiter; ja sie nannten die Kraft des immer bestehenden ewigen
Gesetzes Juppiter selbst. [3]) Ich habe gesagt in der *Stoischen*
Betrachtungsart der Griechischen Religionen; denn in dieser
war nun Zeus als Feueräther zur physisch-geistigen Weltseele gesteigert worden; ohne jedoch zu verkennen, dass ihren ethisch-politischen Deductionen von Gesetz und Recht
altreligiöse Anschauungen von der siderischen Ordnung zum
Grunde lagen. Ueberhaupt sollte, wo von Philosophemen die
Rede ist, die mit Anwendung von Götternamen des Volks-

ξυνέπεται δίκη τῶν ἀπολειπομένων τοῦ θείου νόμου τιμωρός.
De Legg. IV. 716, A. p. 354 Bekk.

1) Plato de Legg. I. p. 625. p. 180 sq. Bekk. vergl. Cicer. de
Legg. I. 5. 15.

2) Ratio et mens in caelo mundoque Cic. Legg. II. 7. 16.

3) Cic. de Legg. II. 4 extrem. de N. D. I. 15: Idemque (Chrysippus) etiam legis perpetuae et aeternae vim, quae quasi dux vitae
et magistra officiorum sit, Iovem dicit esse. Derselbe Chrysippos
sagt beim Plutarch de Stoicorr. repugn. p. 1035, C. p. 218 Wyttenb. Οὐ γάρ ἐστιν εὑρεῖν τῆς δικαιοσύνης ἄλλην ἀρχὴν οὐδὲ
ἄλλην γένεσιν, ἢ τὴν ἐκ τοῦ Διὸς καὶ τὴν ἐκ τῆς κοινῆς
φύσεως. Man vergl. Chrysippea ed. Baguet p. 113. 207. 333 sqq.

cultus oder mit Berufung auf alte Sage vorgetragen werden, unter Vernünftigen es sich von selbst verstehen, dass damit nicht gemeint seyn kann, die Philosopheme selbst den alten Völkern, die an diese Götter glaubten und sie durch symbolische Gebräuche und Bilder verehrten, nun sofort beizulegen. [1])

In dieser Uebersicht althieratischer Bilder wenden wir uns von dem dreimal umwandelnden Talos und vom Kretischen Zeus Talaios zu dem dreiäugigen Zeus von Argolis. In der Beschreibung der Merkwürdigkeiten auf der Burg Larissa von Argos erzählt Pausanias vom Tempel der Athena: «Dorten befindet sich unter andern Weihgeschenken auch Zeus, ein Schnitzbild, welches zwei Augen an der natürlichen Stelle hat, ein drittes aber auf der Stirne.» Nachdem er darauf berichtet, wie dasselbe aus dem Hofe des Priamos unter der Trojanischen Kriegsbeute in den Besitz des Sthenelos gekommen, fährt er fort: «Dass dieser Gott aber drei Augen hat, darüber könnte man diese Vermuthung haben:

---

1) Plato und die Platoniker z. B. drückten die Thätigkeit des Geistes und sein Beziehen auf sich selbst durch die Kreisbewegung aus, verglichen den Geist mit einem Kreise, die Sinnlichkeit mit einer Linie, redeten von einem Umlauf des Geistes ($\tau o \tilde{v}$ $\nu o \tilde{v}$ $\pi \varepsilon$-$\varrho \iota \delta \delta_{\eta}$), sagten der Geist bewegt sich im Kreise ($\dot{o}$ $\nu o \tilde{v} \varsigma$ $\varkappa \dot{v} \varkappa \lambda \omega$ $\varkappa \iota$-$\nu \varepsilon \tilde{\iota} \tau \alpha \iota$); ja bezeichneten denselben sogar als einen umlaufenden ($\dot{o}$ $\nu o \tilde{v} \varsigma$ $\pi \varepsilon \varrho \iota \vartheta \dot{\varepsilon} \omega \nu$. Plato de Legg. X. 898, A. p. 204 Bekk. Plotin. V. 1. 7. V. 5. 1), sprachen endlich von einem Sehen des Geistes ($\pi \varepsilon \varrho \grave{\iota}$ $\tau \tilde{\eta} \varsigma$ $\tau o \tilde{v}$ $\nu o \tilde{v}$ $\dot{o} \varrho \dot{\alpha} \sigma \varepsilon \omega \varsigma$) und sagten der Geist siehet ($\dot{o}$ $\nu o \tilde{v} \varsigma$ $\dot{o} \varrho \tilde{\alpha}$. Plotin. III. 8. 10. V. 3. 8 u. s. w.). — Wenn ich nun behauptete, diese Ausdrucksweise haben diese Philosophen aus jenen Kretischen Mythen und Bildern von einem umwandelnden und umschauenden Talos entlehnt; oder wenn ich andrerseits vermeinte, jene alten Kreter haben unter ihrem Umwandeler ($\pi \varepsilon \varrho \dot{\iota} \pi o \lambda o \varsigma$) Talos die Selbstthätigkeit und die auf sich selbst Beziehung des Geistes ($\nu o \tilde{\iota}$) verstanden — so würde solcher Unsinn nur Lachen verdienen — und dennoch ist in Deutschland ein Mytholog, der etwas tiefer in das Wesen alter Religionen eingeht, nicht sicher so missverstanden oder auch wohl absichtlich so missdeutet zu werden. — Das habe ich an meinem Buche selbst erfahren.

dass Zeus im Himmel regiere, ist die gemeine Meinung aller
Menschen; von dem man aber sagt, er herrsche unter der
Erde, den nennet ein Vers des Homeros ebenfalls Zeus: «Der
unterirdische Zeus und die schreckliche Persephoneia.»
Aeschylos des Euphorion Sohn nennt Zeus auch den (Gott)
im Meere. Darum hat wer ihn auch gefertigt ihn mit drei
Augen sehend vorgestellt, sintemal in den drei sogenannten
Loostheilen (der Welt) ein und derselbe Gott regieret.» [1])
Diese natürliche Ausdeutung des Periegeten bedarf keiner
Rechtfertigung. [2]) Was aber bemerkt werden muss, dass
durch solch hieratisches Bildwerk, wie durch solche Ausdrücke
und Namen der beiden grossen Nationaldichter Homerus und
Aeschylus, jene Orphischen Vorstellungen vom Zeus als einem
kosmischen Universalgotte gerechtfertigt werden; dass Plato
ganz in dem ächt und alttheologischen Geiste redet, wie er
denn dabei alte Lehre ausdrücklich nennt, wenn er den Zeus
als den Gott bezeichnet, der Anfang, Mitte und Ende in sich

---

1) Pausan. II. 24. 5, wo er der väterliche Erbgott ($\pi\alpha\tau\varrho\tilde{\omega}o\varsigma$)
des Priamos genannt wird; in einer andern Stelle wird von demsel-
ben Schnitzbilde als dem des Zeus des Burg- und Hofraums ($\varDelta\iota\grave{o}\varsigma$
$\acute{\varepsilon}\varrho\varkappa\varepsilon\acute{\iota}o\nu$) geredet (VIII. 46. 2); welches sich wohl vereinigen lässt.
Die Homerische Stelle ist aus Iliad. IX. 457.

2) K. O. Müller im Handb. der Archäol. d. Kunst S. 493.
2. Ausg. sagt von dieser Erklärung, sie sey gewiss richtig, und fügt
hinzu: „Der Triopas, der so bedeutungsvoll im Cultus der Chthonischen Götter vorkommt, ist wahrscheinlich eben dieser Zeus."
Ueber letzteren und dessen ganze Classe vergl. man Spanhem. ad
Callimach. Cer. vs. 31. Sturz ad Hellanic. p. 73 sq. und Jacobs ad
Antholog. Gr. IX. p. 370 sq. Treffend bemerkt auch Gerhard zu
seinen antiken Bildwerken I. S. 19 Anmerk. 21: „Den Meerzeus
bezeugt auch das Homerische Beiwort der Flüsse als entsprungen
vom Zeus ($\delta\iota\iota\pi\varepsilon\tau\varepsilon\tilde{\iota}\varsigma$), daher Schwencks (Andeutungen S. 184) Zweifel über etwaige Neptunische Beiwörter des Zeus ($\Pi\varepsilon\lambda\lambda\acute{\alpha}\nu\iota o\varsigma$, der
Dunkle, für Poseidon, $\Pi\varepsilon\lambda\iota\nu\nu\alpha\tilde{\iota}o\varsigma$ für Zeus, beides bei Hesychius)
ungegründet. In Korinth (Pausan. II. 2. 7) war der Erdzeus ($\chi\vartheta\acute{o}$-
$\nu\iota o\varsigma$) vom höchsten ($\H{\upsilon}\psi\iota\sigma\tau o\varsigma$) Gott gleichen Namens getrennt, ein
dritter namenloser aber, der die Gemeinschaft beider ausdrücken
mochte, ihnen verbunden."

begreift; [1]) dass in demselben Geiste Krates, Chrysippus, Posidonius [2]) und Andere den Nationalgott der Hellenen als die das Universum verbindende, durchdringende, belebende Einheit genommen; dass es endlich nur im Sinne des Platonismus aufgefasste und ausgesprochene Auslegung altgriechischer Religionsgefühle und theologischer Lehren ist, wenn ein späterer Platoniker in einer Erörterung über die weltordnende Dreiheit und Einheit ($\delta\eta\mu\iota\upsilon\varrho\gamma\iota\varkappa\tilde{\eta}\varsigma$ $\tau\varrho\iota\acute{\alpha}\delta\upsilon\varsigma$ $\varkappa\alpha\grave{\iota}$ $\mu\upsilon\nu\acute{\alpha}\delta\upsilon\varsigma$) sich folgendermassen erklärt: «Und er ist der oberste unter den Dreien und gleichnamig dem quellmässigen, und mit ihm vereinigt, und wird in der Einheit ($\mu\upsilon\nu\alpha\delta\iota\varkappa\tilde{\omega}\varsigma$) Zeus genannt; der zweite wird aber in der Zweiheit ($\delta\upsilon\alpha\delta\iota\varkappa\tilde{\omega}\varsigma$) genannt Meer-Zeus ($Z\epsilon\grave{\upsilon}\varsigma$ $\dot{\epsilon}\nu\acute{\alpha}\lambda\iota\upsilon\varsigma$) und Poseidon; der dritte endlich in der Dreiheit ($\tau\varrho\iota\alpha\delta\iota\varkappa\tilde{\omega}\varsigma$) unterirdischer Zeus ($Z.$ $\varkappa\alpha\tau\alpha\chi\vartheta\acute{\omega}\nu\iota\upsilon\varsigma$) und Pluton und Hades ($\dot{A}\ddot{\iota}\delta\eta\varsigma$).» [3]) In der philosophischen Kunstsprache und in Begriffen haben wir hier ganz dasselbe, was der alte Pelasger und der frühere Hellene beim Anblick jener Schnitzbilder und beim Anhören solcher Lieder fühlte und sich dunkel vorstellte. Denn in diesen Tempelbildern und Gesängen sprach sich aus eine Ahnung, ein Gefühl oder eine lebendige Einbildung von der Einen, allwirksamen Kraft, die Alles, was ist und lebt, hervorbringt, hält und einiget; eine uralte Anschauung von einer kosmischen Trias, einer Dreieinheit, so zu sprechen, die hernach auseinanderfährt, und der Erde, dem Meer, dem Himmel einen Juppiter liefert. Diese Hellenische Trimurti, um diesen Indischen Ausdruck zu brauchen, musste untergehen, als im Homerischen Epos die Griechische Religion sich ganz vermenschlicht und

---

1) De Legg. IV. p. 716, A. Die Originalworte sind oben in einer Anmerk. zu lesen.

2) Apud Io. Laur. Lydum de Mensib. vett. Romm. IV. 5. p. 224 sq. ed. Roether. vergl. meine Anmerk. zu Cic. de N. D. III. 21. p. 584.

3) Proclus in Platonis Cratylum §. 147. pa. 88 ed. Boissonad. Von einer zwiefachen Ansicht des Zeus ist im Kratylos selbst die Rede p. 396, A. und in einer andern Betrachtungsart unterscheidet auch Plotin zwei Zeus (Enn. IV. lib. 4. cap. 10. p. 404, A).

die Kunst sich bis zu der Höhe gehoben hatte, dass Phidias seinen Zeus als Hellenenkönig zu Olympia darstellen konnte.

Dass dieser plastisch vollendete Zeus die älteste Bildvorstellung dieses Gottes gewesen, wagt Niemand zu behaupten, dass man aber nur von Homerus zu lernen habe, wie die Griechen ihre Götter sich zuerst gedacht — behaupten Viele. Wir müssen eine solche Lehre eine verkehrte nennen, und unsrerseits dabei bleiben, dass die Hellenische Götterlehre sich aus dem Gefühl der *Einheit* in die Meinung der Vielheit verirret, nachher aber durch dichtende und denkende Weise (Tragiker und Philosophen) zur Einheit wieder zurückgeleitet worden.

Dass nun dem dreifachen Zeus auch eine dreifache Here zur Seite stehen müsse, kann demjenigen keinen Augenblick zweifelhaft seyn, der sich auf den naturgemässen Organismus alter Religionen versteht. Doch wird es um Anderer willen nicht überflüssig seyn, dieses bestimmter nachzuweisen, oder vielmehr hier von der Nachweisung eines andern Forschers Gebrauch zu machen. Als ich nämlich in der zweiten Ausgabe dieses Buches aus Plutarch und Porphyrius die Sätze von einer himmlischen oder Olympischen Erde entwickelte, [1]) konnte ich nicht erwarten, dass diese Entwickelung in der hieratischen Bildnerei so bald ihre Bestätigung finden würde. Aber freilich bedurfte es dazu auch eines Archäologen, der nicht blos Augen für die antiken Kunstwerke hat, sondern auch Sinn für den Geist der alten Religionen. Ich lasse ihn also selber sprechen, und füge unter dem Text einige Anmerkungen bei. Zuvörderst berichtet er: [2]) «Im Attischen Gräberwerk des Baron von Stackelberg befindet sich eine Terra-

---

1) Plutarch. de fac. in orb. lun. p. 942, D. p. 815 Wyttenb. Porphyr. ap. Euseb. P. E. III. p. 115, D. vergl. Symbolik IV. S. 220 f. 2. Ausg. Ueber die erste Hera und ihre mehrfache Beziehung zum Zeus unter verschiedenen Namen vergl. man jetzt den Proklos zum Kratylos 168. p. 98 sqq. ed. Boisson.

2) E. Gerhard zu seinen antiken Bildwerken I. S. 19 Anmerk. 20.

cotta, welche im Style vollendeter Kunst das Haupt eines
Zeus zur Rechten einer, durch Mondscheibe und Medusen-
flügel als unterirdisch bezeichneten Göttin, zeigt, etwa Zeus
und Gäa. Aehnlich ist ein Italisches Götterpaar mit Blitz und
Mondscheibe auf den Familienmünzen der Egnatia (Creuzer
Symbolik II. 546).» «Die Olympische Gäa, [1]) deren gleich-
bedeutende Bezeichnung als himmlischer Mond der Plutar-
chischen Gewähr [2]) (von Siebelis zu Pausan. doppelt falsch
citirt) nun kaum noch bedarf, hatte ein Heiligthum zu Athen,
das Pausanias a. a. O. neben dem Tempelgehege des Zeus,
nahe am Tempel des Kronos und der Rhea, nachweist. Der
Text jener Stelle (des Pausanias) gab sonst $\tau\acute{\epsilon}\mu\epsilon\nu o\varsigma$ $\tau\grave{\eta}\nu$ $\grave{\epsilon}\pi\acute{\iota}$-
$\varkappa\lambda\eta\sigma\iota\nu$ $'O\lambda\upsilon\mu\pi\acute{\iota}\alpha\varsigma$; statt das sprachwidrige $\tau\grave{\eta}\nu$ zu streichen,
hätte man $\Gamma\tilde{\eta}\varsigma$ darin suchen können.» «Der Verein [3]) von
Zeus und Gäa ist im Dodonischen Orakel bei Pausanias X.
12. 5 angedeutet und aus Athenischem Tempeldienst kurz vorher (Anm. 70) bestätigt worden. — Aber auch die Thurm-
krone einer Zeusgemahlin (Here auf Münzen von Aegium:
CCCIX. 3 aus Khell append. II. 1. 3. vergl. Mus. Flor. II. 14. 2)
kann beweisen, wie nahe ihm eine Erdgöttin verwandt sey:
eine Olympische nämlich, jener Juno vergleichbar, deren Tempel sich schliesst, wenn das Haus der Eleusinischen Unter-
weltsgöttin sich öffnet (Servius zu Aen. IV. 58. vergl. Tafel II.
Anm. 96).» «Aber auch in der Anschauung des Elementaren
selbst, [4]) das wir bei dem fast durchgängig ungetrübten Na-
turcharakter alter Gottheiten vorzüglich scharf ins Auge fassen müssen, blieb jene Doppelgestaltung nicht aus. Keine
Naturmächte sind augenfälliger als Himmel und Erde, Zeus
und Here, wie wir mit alten Götterbenennungen sagen kön-

---

1) Gerhard ebendaselbst S. 30 Anmerk. 70.

2) Theseo XXVI. 4. p. 67 Leopold mit dessen Note p. 67 sq.;
vergl. Pausan. I. 18. 7, wo das Verfahren von Siebelis und seine
unrichtigen zwei Citate der obige Tadel trifft.

3) Ebendas. S. 35 Anmerk. 90.

4) Derselbe in den Grundzügen der Archäologie, in den Hy-
perboreisch-Römischen Studien I. S. 61.

nen. Der Himmel aber, als umschliessendes Befruchtungs-
princip der Natur gedacht, [1]) kann bald als höheres Himmelsgewölbe gefasst werden, bald als eine untere Hemisphäre,
welche die Erde mit Odem durchdringt, bald mit dem letzteren Begriff verschmolzen oder von ihm getrennt als das feuchte
Leben in Mitten der bewohnten Natur; diese Unterscheidun-
gen zerspalten mehr in dichterischem als theologischem Gebrauch [2]) den dreifachen Zeus der ältesten Götterlehre in einen
Olympusbeherrscher Zeus, in einen feuchten Herrn der Gewässer und Quellen, Poseidon, und in einen Erdbeherrscher,
Dionysos–Hades. Jeder von diesen Dreien findet sich mit der
Erde, sey es Gäa oder die Erdmutter Demeter, vermählt;
aber auch die Erde leidet eine dreifache Anschauung, in so
fern sie nicht blos die bewohnte und bepflügte Erdscheibe,
sondern die Materie alles schöpferischen Lebens ist. Nur
in solcher Beziehung konnte die Gemahlin des Dodonischen
Zeus Gäa heissen, [3]) als dreifache Schöpfungsmaterie nämlich,

---

1) Euripides apud Macrob. Saturn. I. 23 (Fragg. nr. 178).
Καὶ Γαῖα μῆτερ· Ἑστίαν δέ σ᾿ οἱ σοφοὶ
Βροτῶν καλοῦσιν, ἡμένην ἐν αἰθέρι.
wozu Valckenaer (Diatrib. Eurip. VI. p. 50) die Anmerkung macht:
„In Aethere sedentem dixit terram, quam pater Aether circumiectus
περιεῖχε amplectebatur: τοῦ χθον᾿ ἐγκυκλουμένου Αἰθέρος me-
minit in Bacchabus vs. 292.“ Vorher hatte derselbe Ausleger schon
bemerkt, dass Zeus (Juppiter), οὐρανὸς (Himmel) und Aether in
solchen Dichterstellen synonym sind (pag. 47). Creuzer.

2) Ausser wo die Dichter ältere Theologumene und darauf ge-
gründete Philosopheme aussprechen, wie z. B. Euripides Anaxagorei-
sche in der angeführten und vielen andern Stellen. Cr.

3) Prodromus Taf. I. Anmerk. 90. II. Anm. 231. In der letztern Stelle sagt der Verf. unter Anderm: „Weil aber die Erkenntniss der Götterlehre wesentliche Grundlagen von der Kunsterklärung
entnehmen muss, so sehen wir uns nach der unmittelbarsten Erklärung einiger Bildwerke zu einem Versuche veranlasst und befähigt,
den Zusammenhang alter Götterbilder zugleich mit dem Zusammenhang der ältesten Göttersysteme zu überschauen. Für das Götterpaar
unsrer ersten Tafel musste es uns genügen, aus Abbildern und Zeugnissen
ähnlicher Götterpaare alten Tempeldienstes *der poetischen Götter ledig*

als Athene, Demeter, und Kora, wie jener Zeus in den Olym-
pier, in Poseidon und in Dionysos-Hades zerfällt. In solchem Begriff war sie allerdings die sichtbar hervorbringende
Mutter Erde, Demeter; aber auch alle andere Schöpfungs-
kraft zwischen Erde und Himmel konnte Gäa heissen, selbst
der reine Aether, in dessen Höhe der Quell alles Lebens vorausgesetzt wird, und dessen Verkörperung als Athene demnach für eine Olympische Erde oder ätherische Mondkraft, im
Gegensatz des Olympischen Zeus und eines tellurischen Mondes, gelten durfte. Auch der Mond nämlich war ein Theil
jener Schöpfungsmaterie, in Bezug auf seine Nähe an Sonne
und Aether eine himmlische, in Bezug auf die Erde, die er
bethaut, eine irdische, [1]) im Inbegriff seiner ganzen Empfänglichkeit eine wechselnde, deren Verkörperung in natürlicher
Schlussfolge auch alle wechselnde Schöpfung der tellurischen
Erde, in Verknüpfung einer elementaren und einer ethischen
Ansicht, den Wechsel des Samenkorns und die Wanderung
der Abgeschiedenen, in sich begreift. Diese wechselnde Mond-
und Erdkraft, der ätherischen Olympuskraft Athenens und der
tellurischen von Demeter gleich nahe und mit beiden unter
dem gemeinsamen Namen einer Gäa begriffen, hiess Persephone. »

Im Verfolg erklärt sich unser Verfasser, nachdem er
einerseits zur Erklärung der alten Götterlehre die Unzuläng-
lichkeit der blossen Sprachforschung und die Vernachlässigung
der Deutung aus Kunstwerken (wodurch doch allein die Stel-

---

*zu werden, die uns das Verständniss der wirklich angebeteten ver-
dunkeln.*"

1) In diesen theologischen Kreis gehört die Vorstellung auf
einem Etrurischen Spiegel bei Inghirami (Monumenti Etruschi II. 1.
Ser. 2. tav. XXXIII), welche uns zwischen den Büsten von Sonne
und Mond, jene durch einen Stern über dem Scheitel, dieser durch
eine Mondscheibe bezeichnet, die in vier Segmente getheilte Welt
oder Erde sehen lässt, mit Blumen und Laubwerk um das Ganze
und dazwischen, zur Bezeichnung der Vegetationskraft; daneben die
Namen: Aplun (Apollo) und Lala oder Lara (vergl. den Text
p. 355—371). Cr.

lung der Götter des Cultus im Göttersystem und die Bedeutung
ihrer Symbole dargethan werden könne) berührt hatte, — auf
folgende Weise. [1] — «Wir erfahren aus ähnlichen Vergleichungen zusammengestellter Götterbilder, dass Gäa einen Ehrenplatz zwischen den Erdgöttinnen Demeter und Kora einnahm, und müssen uns bei solcher Nachricht wohl entscheiden, jene Gäa, die mit dem Beinamen der Olympischen bezeichnet wird, [2] für etwas Höheres zu halten als die offenbare
Kraft des Erdbodens. Bildwerke finden sich vor, jenem beschriebenen einer zwischen den stehenden Göttinnen Demeter
und Kora sitzenden Gäa ähnlich, auf ihrer Brust das befremdende Symbol einer Medusa. Aus alter Ueberlieferung und
durch gründliche Betrachtung der alten Religionssymbole wissen wir, dass die Medusa das Symbol des Mondgesichts ist;
andrerseits ist es ein Attribut, das man nur an der Athene
kennt, und wiederum erinnern wir uns, dass die Athene Polias zugleich mit den beiden Thesmophoriengöttinnen angerufen wurde, so dass sich Pausanias wohl etwa versehen haben
und zwischen Demeter und Kora irrig die Gäa genannt haben
mag, wo er nach Massgabe unserer Bildwerke die Athene
hätte anführen sollen. Solche Krittelei liegt nahe; sie findet

---

1) Hyperbor.-Röm. Studien I. S. 83 f.

2) Wie sehr, ohngeachtet jener altgriechischen Verehrung einer
Olympischen Gäa und ohngeachtet diese Lehre von Philosophen und
philosophirenden Tragikern fortgepflanzt worden, die Vorstellung
einer himmlischen Erde dem Volksbewusstseyn entschwunden war,
beweist eine Aeusserung des Plotinus, wo er in einer Erörterung
den volksthümlichen Einwurf macht (II. 1. 6. p. 101. p. 189 ed.
Oxon.): „Aber die Erde in den Himmel zu erheben, wird man
einwenden, sey gegen die Natur und ihren Ordnungen schnurstraks
zuwider" und im Verfolg, nachdem er Plato's Ansichten berührt
hat: (p. 102, A. p. 190) „Wir aber, gewohnt das Irdische in einem
schlimmern Sinn zu nehmen, benennen *Erde* nur Eins, da doch Platon verschiedene Qualitäten der Erde feststellt." Man vergl. Platon's Timaeus p. 31. 43. 51 sqq.; und bei dieser Gelegenheit auch
über die Platonische Lehre von der Demeter und Erde Tim. p. 40
mit Proclus in Tim. p. 282 und Plotin. p. 419, C. 423, C.   Cr.

ihr Ende in der bei solchem Material möglich gewordenen
philosophischen Schlussbetrachtung, dass Athene mit Gäa,
nämlich einer Olympischen, einem Raume der obersten Schöpf-
fung eines und dasselbe seyn konnte, dass beide eben so füglich in einer Gottheit *früher universeller Anschauung* als Gäa
und Beisitzerin des Zeus zusammengefasst seyn konnten, dass
Athene die Medusa als Mondgöttin trägt und auch die Beisitzerin des Zeus auf einer Attischen Terracotta die Mondscheibe führt, endlich dass der Begriff eines himmlischen Mondes, einer über alle tellurische Einflüsse erhabenen Materie der
Schöpfung, nicht blos der Athene bezeugt wird, sondern auch,
was in solchem Zusammenhang *ein Orphisches Zeugniss* mehr
zu Ehren bringt als für den gegenwärtigen Zweck nothwendig macht, der Olympischen Gäa. »

Ich war selbst im Vorgehenden in dem Fall Orphische
Stellen als ächte Ausdrucksweisen uralter Götterlehre anerkennen zu müssen; und wenn, wie wohl nicht geleugnet werden kann, ein grosser Theil der Orphika von Pythagoreern
gedichtet sind, so muss man diesen in solchen nicht seltenen
Fällen in soweit eine gründliche Erkenntniss in den früheren
vaterländischen Religionen zuerkennen; nicht minder dem Platon und den Platonikern (von welchen letzteren wohl auch
manche Orphische Verse herrühren mögen). Aber auch wo
letztere, frei von Orphischen Formen und Redeweisen, der
altgriechischen Culte und Gottheiten gedenken, verdient nicht
allein Platon selber (davon hat diese Erörterung schon mehrere Belege geliefert) sondern auch die besseren der Alexandrinischen Platoniker, wegen einer tiefern Einsicht in das
Wesen der vorhomerischen und vom Einfluss der Dichter auch
nachher unabhängig gebliebenen Stammreligionen Griechenlan-
des, grössere Aufmerksamkeit als ihnen bisher zu Theil geworden. Dafür möchte auch die Wahrnehmung sprechen,
dass geistreiche und tiefe Mythologen, wie unser Verfasser
ist, ohne es selbst zu wissen auf halbem Wege oder auf
demselben Standpunkte mit solchen Platonikern zusammentreffen. [1] — Ich habe mit gutem Vorbedacht gesagt: die *bes-*

---

1) Man lese z. B. was Gerhard in den Hyperb.-Röm. Studien

4*

seren unter den Neuplatonikern; denn vor allen Dingen ist unter ihnen wohl zu unterscheiden, und sind Jamblichos, Olympiodoros und Hermias als Erklärer von Griechischen Mythen und Symbolen nicht auf gleiche Linie zu stellen mit Plotinos, Porphyrios und Proklos. ¹) Aber auch bei diesen besseren, zumal beim Porphyrius müssen wir auf der Hut seyn, wenn sie, im Gedräng der Polemik gegen die christlichen Lehren, den Mythen, Gebräuchen und Symbolen des wankenden Heidenthums durch gezwungene Deutung der letzteren eine Stütze unterzulegen beflissen sind. In solchen Fällen hatten manche

---

I. S. 43 vom Samothrakischen Hermes als Symbol der stets regsamen Sonnenkraft sagt, und vergl. damit Plotin. p. 321 sq., wo von demselben Hermes die Rede ist. Eben dort ist auch in der Erörterung des Gegensatzes von den Gallen der Kybele die Rede; denn an die ἄγονοι muss dabei gedacht werden, nicht wie Ficin diese Stelle missverstanden hat. Nicht minder verdient was Gerhard ebendaselbst S. 56 über den Samothrakischen Ursprung des Homerischen Mährchens von Ares und Aphrodite vermuthet mit den Auslegungen der Philosophen und namentlich Platonischer verglichen zu werden. (Man lese den Eustathius zu der Stelle Odyss. VIII. 266 sqq. und vergleiche Iuliani Orat. IV. p. 150.) — Was die Orphischen Hymnen betrifft, so ist es vielleicht ein wenig zu allgemein behauptet, aber im Ganzen doch gewiss richtig, was ein mit ächt antikem Sinn begabter Schriftsteller (der Herzog von Luynes in den Annali del Instituto archeologico Vol. V. p. 246) darüber sagt: „Au reste, celui qui autrefois composa les hymnes Orphiques, a certainement voulu y exprimer toutes les idées religieuses les plus antiques, et par consequent, nous a laissé des notions tres importantes sur la première theologie de la Grèce."

1) Das ist mit ersterem im Aglaophamus pag. 109 geschehen; aber wie? Man lese: „Mythorum interpretationes allegoricas rarissime nec ultra Platonis exemplum affectavit (Plotinus), hoc uno nomine reprehendendus quod quae ille per iocum animique causa dixit, in serium vertit." Ich will dem gelehrten Verfasser nicht die Behauptung unterschieben, als habe Platon mit der Allegorie überhaupt nur seine Kurzweil getrieben, weil im Kratylos und anderwärts ironische Aeusserungen darüber vorkommen, denn wer, der die Bücher vom Staate und die Rede des Sokrates im Gastmahl durchdacht hat —

Kirchenväter Recht, wenn sie über gewungene Lehrweise [1]) Klage führten. Im Allgemeinen aber ist bei ihren Auslegungen der Mythen und Symbole ein gewisser Alexandrinischer Spiritualismus, womit sie die altmythologischen Elemente auffassen, von diesen selbst zu unterscheiden. Sie nehmen manchmal aus volksthümlicher Denkart und Sprache natürlich erwachsene Allegorien zu abstrakt, zu metaphysisch — aber darum sind ihre Auslegungen nicht geradezu als falsch zu bezeichnen. [2]) Richtiger hat ganz neuerlich Cousin [3]) diese Seite der Neuplatoniker betrachtet, auch richtiger den sehr verschiedenen Werth dieser mehrere Jahrhunderte von einander entfernt gestandenen Philosophen unterschieden; denn nachdem er eine allerdings sehr verunglückte Ausdeutung, die Olympiodorus von sogenannten kosmischen Herrschaften ($\beta\alpha\sigma\iota\lambda\epsilon\tilde{\iota}\alpha\iota$) der Orphiker gegeben, vorgetragen und erläutert hatte, schliesst er mit folgendem unstreitig eben so gerechten als billigen Urtheil. [4]) — Da ich jedoch erwarten muss, man

---

könnte so etwas behaupten wollen? Aber auch wer die Enneaden studirt, und überhaupt aus dem nicht Wenigen, welches wir von Plotinus wissen, sich mit dem Geiste dieses geistreichen und oft witzigen Philosophen bekannt gemacht hat — wer, sage ich, möchte ihn wohl für einen solchen $\epsilon\dot{\upsilon}\dot{\eta}\vartheta\eta\varsigma$ halten, dass er nicht zu unterscheiden verstanden, wo Platon im Ernste oder im Scherze gesprochen?

1) *$K\alpha\tau\eta\nu\alpha\gamma\varkappa\alpha\sigma\mu\dot{\epsilon}\nu\eta$ $\dot{\alpha}\pi\dot{\delta}\delta\sigma\iota\varsigma$.*

2) Wie doch der würdige Eméric David (Introduction zum Jupiter I. XVI) thut: „Les explications que les Néoplatoniciens donnoient des allegories religieuses étoient plus metaphysiques, plus abstraites que celles des autres mythologues, et on peut dire qu'elles étoient fausses." (?) Daher es auch (pag. LVIII) dem Fréret zum Vorwurf gemacht wird, dass er sich dem Neuplatonismus zu sehr ergeben. — Ich möchte eher sagen, zuweilen zu sehr der blos verstandesmässigen Reflexion.

3) Im Journal des Savans 1834, Juillet p. 428 sq.: „Sans doute on peut trouver dans les philosophes d'Alexandrie quelques lumières rares et douteuses sur les anciens religions de la Grèce, mais ce n'est pas là ce qu'il y faut chercher" etc.

4) a. a. O. p. 430 sq.: „Assurement il y aurait un ridicule

werde mich von mehreren Seiten im Verdacht einer gewissen
Vorliebe zu Schriftstellern haben, denen ich mehrere Jahre
hindurch meine Studien gewidmet, und ihnen demzufolge auch
als Zeugen in Betreff der alten Religionen ein grösseres Zutrauen schenken, als sie verdienen, so will ich zum Schlusse
dieser Episode einen der gründlichsten Archäologen und Mythologen statt meiner sprechen lassen, der sich gerade in die-

---

extrême à donner cette interpretation pour l'expression de l'ancien
paganisme; mais c'est un exemple, dont la manière des Alexandrins
s'y prenaient pour tirer quelque moralité des mythes populaires, et
*je conviens bien volontières que cet exemple est un des moins heu-
reux, mais il ne faut pas oublier que nous sommes ici au
VIe siècle.*" — Doch das Zeitalter allein macht hier den Unterschied nicht aus. Denn welch ein ganz anderer Mann ist noch im
5. Jahrhundert der Platoniker Proclus? Er verband mit seltener
Originalität ausgebreitete Kenntnisse, und suchte in seinen Auslegungen den Pflichten der Kritik Genüge zu leisten. Dies rühmt
Henri Valois, selbst ein grosser Kritiker, von ihm (H. Valesii de Cri-
tica I. 20): „Suppetunt etiam alia argumenta, ut Proclum philoso-
phum in Criticis exercitatum fuisse credamus" und nachdem er auf
dessen Commentare über Platons Timäus und Republik verwiesen,
und bemerkt hat, wie Proclus zwar die Enthüllung des innern (ana-
gogischen) Sinnes der Platonischen Schriften für die Hauptsache
halte, fährt er fort: „Idem tamen sensum illum verborum exponit
diligentissime, tametsi illum spernere videatur, ac prae altero nihili
ducere; et quoties aliqua vox occurrit obscurior, quae lectorem anti-
quitatis ignarum possit morari, eam studiose explicat." — Auch sind
ja die noch vorhandenen Scholien über Platon grösstentheils aus den
Commentarien des Proclus entnommen. Die Griechen schreiben diesen Namen: Πρόχλος (Πρόχυλος, auch wohl Πρόχουλος, s. Dio-
nis Excerpta in Scriptorr. Vett. nova Collect. Vatic. ed. Angel. Mai.
II. pag. 198), die Lateiner Proculus und Proclus. Letztere Schreibung missbilligt Lobeck (Aglaopham. pag. 115). Wenn ich sie dennoch fortführe, so leitet mich dabei die hergebrachte Sitte, der auch
Valesius folgte, aber auch was ich im Prooemium ad Procl. in Platon. Alcib. pr. p. XIV über diesen Namen beigebracht, und, ausser
den von Gruter (Thes. Inscr. II. p. CCXLV des Index) gegebenen
Belegen, sind mir neuerlich mehrere Römische Inschriften mit beiden Schreibungen Proculus und Proclus vorgekommen.

sem Punkte zu Gunsten dieser Platoniker noch viel stärker erklärt, als ich selbst gethan, und mit einer ordentlichen Anklage gegen die Neueren wegen Vernachlässigung dieser Autoren hervortritt. [1])

Ich kehre zur hieratischen Bildnerei zurück, und füge zum Beweise, dass aus denselben alten Vorstellungen die Gewohnheit, Gottheiten als doppel- oder mehrgestaltet zu bilden, sich auf mehrere Cultusidole ausgedehnt habe, und zwar bei verschiedenen Völkern, noch einige Beispiele hinzu. Hier begegnet uns zuvörderst ein vierhändiger Apollon; [2]) ein zweiköpfiger Silenos auf Münzen von Thasos; ein zweiköpfiges Weib auf denen von Syrakusä; [3]) ein dreiköpfiger Hermes zu Ankyle, ein vierköpfiger im Keramikus zu Athen. [4]) —

---

1) Zoëga in seinen handschriftlichen Anmerkungen zu Saintecroix Recherches sur les mysteres Paris 1784; welchen Auszug ich einer gütigen Mittheilung des Herrn K. Schwenck, Professors am Gymnasium zu Frankfurt a. M. verdanke: „Se Saintecroix avesse letto Proclo in luogo di citarlo dopo Meursio, avrebbe pensato molto piu chiaro sopra questo e simili oggetti. I nostri moderni si divertono a screditare i Neoplatonici, non sò se per risparmiarsi la fatica d'intenderli, o forse per devolvere al volgo quel lume, che essi ed essi soli ci danno sopra il vero senso dell' antica sacra mitologia."

2) Libanius in Antioch. I. p. 340 ed. Reiske: Οἷον ἐν Ἀπόλλωνος τετράχειρος ἀγάλματι.

3) Eckhel D. N. V. II. pag. 54. I. p. 246.

4) Harpocration p. 334 Gronov. Hesych. I. p. 1439 Alb. Photii Lex. Gr. p. 15 ed. Porson. Lips. vergl. Philochori fragg. p. 45 sq. mit Siebelis und K. O. Müllers Handb. der Archäol. S. 46. 2. Ausg. — Früher als die eigentlichen Hermen vertraten Steine die Stelle der Cultusbilder, worüber das ausdrückliche Zeugniss des Pausanias vorliegt (VII. 22. 3 von den 30 viereckten Steinen zu Pharae, jeder nach einem Gotte genannt; unverkennbare Bezeichnung von 30 Kalendergöttern der Monatstage); vom Himmel gefallene Steine, gesalbte Steine, Lanzen, Holzpfähle, sodann mit Anfügung von Köpfen, Armen, Phallen; somit eigentliche Hermen, zum Theil als Träger von Räthseln, von Sittensprüchen (Hipparch. unter den Platonischen Dialogen p. 228 sq. p. 238 sq. Bekker; O. Sluiter Lectt. Andocidd. p. 37 sqq. vergl. Symbolik I. S. 24. 77. 176 ff. 2. Ausg. u. K. O. Müller a. a. O. S. 44 ff.).

Die eine Inschrift auf dem Athenischen Hermes bei Plato (am
unten angeführten Orte), dass er sage: er stehe zwischen
Stadt und Landgau in der Mitte, sowie das Zeugniss des
Harpokration (a. a. O.), dass ein dreiköpfiger Hermes in seinen Aufschriften den Wanderern Bescheid über die Wege
gebe, erinnert ganz natürlich an den mit dem Hermes verwandten Italischen Gott Janus. Diejenige Seite dieses wunderlichen Wesens als eines Pfortengottes oder als eines personificirten Ein-, Durch- und Ausganges hat ein scharfsinni-
ger Alterthumsforscher [1] sehr lehrreich und richtig, obwohl
einseitig entwickelt; und vor ihm schon hatte ein Veteran der
Archäologen, ohne diese Seite zu übersehen, in einem rei-
cheren Ueberblick auch die solarische und kalendarische Bedeutungen dieses Janus oder Dijanus genügend nachgewiesen,
und dabei den Satz aufgestellt, dass er ein aus dem Orient
eingewanderter Gott sey. [2] Weil meines Bedünkens diese
Abstammung sich in ihren verschiedenen Gliedern nachweisen lässt, und dieses Gebilde unsere Beispielsammlung hieratischer Bildnerei in ihren grösstentheils morgenländischen
Entstehungen deutlich vor Augen stellt, so will ich eine Betrachtung darüber hier niederlegen. [3]

Grosse Schwierigkeit hat der sonderbar gestaltete Janus
auf einer Goldmünze [4] des Kaisers Gallienus, mit der Umschrift: «Dem Vater Janus.» Dieser mit einem bärtigen und

---

1) Buttmann über den Janus, jetzt in dessen Mythologus II.
S. 70 ff.

2) Böttiger in den Ideen zur Kunst-Mythologie, früher theil-
weise vorgetragen und zuerst zusammengestellt in diesem Bande I.
Dresden 1826, S. 247 ff.

3) Aus meinem Aufsatz: Zur Kritik der Römischen Kaiserge-
schichte in den Wiener Jahrbb. der Literatur B. LXII, Anhang,
p. 55 f.; hier mit einigen Aenderungen und Zusätzen.

4) Bei Pellerin Melang. I. p. 166 mit pl. V. nr. 9. vergl. Eckhel D. N. V. VII. p. 396 sq. Hier die Beschreibung: „*Iáno Patri*. Ianus biceps vultu uno barbato, altero imberbi, stans togatus,
dextrà pateram, sinistra sceptrum." Eine andere Kaisermünze mit
einem stehenden vierköpfigen Janus hat Böttiger a. a. O. Tafel II.

mit einem unbärtigen Doppelhaupte versehene Gott setzte auch unsern grossen Deutschen Numismatiker in Verlegenheit. Er hatte früher den Satz aufgestellt, der Römische Janus sey immer mit zwei bärtigen Gesichtern abgebildet worden. [1]) Nun aber gestand der treffliche Mann ehrlich zu, dass diese Münze der Meinung derer ein neues Gewicht gebe, welche behaupten, Janus komme auch mit bärtigem und unbärtigem Antlitz vor. Endlich blieb er aber doch bei seinem früher behaupteten Ausspruch, und schloss mit der Bemerkung, entweder sey bei der Abbildung in Pellerin's Werk ein Fehler vorgegangen, oder man müsse annehmen, in der Gestalt des Janus sey in diesem Zeitalter eine Aenderung der alten Darstellungsweise gemacht worden. Dagegen erkennt ein anderer Archäolog aus Anlass derselben Münze das hohe Alterthum dieser Verschiedenheit der zwei Janusgesichter an, und bemerkt dabei, dafür legten auch in Campanien geprägte Münzen ein Zeugniss ab. [2]) Beiden Gelehrten scheint die treffliche Erörterung E. Q. Visconti's über die in antiken Bildwerken vorkommenden doppel- und vielköpfigen Wesen unbekannt geblieben zu seyn. [3]) Der berühmte Italienische Archäolog leitete mit Recht alle diese Wesen aus den morgenländischen Religionen ab, woraus sie in die altgriechische Theologie übergegangen, und handelt dabei auch vom Janus, der keineswegs der Italischen Religion ausschliessend angehörig, sondern mit jenen zwei-, drei-, vierköpfigen oder vieläugigen Gestalten der altgriechischen Symbolik, wie Phanes, Dionysos, Hermes, identisch und aus derselben Quelle herkömm-

---

fig. 1 geliefert; man vergl. dazu die Beilage über die Bildwerke in Beziehung auf Janus S. 257 ff.

1) Eckhel D. N. V. I. p. 201. vergl. Tom. V. p. 213 sqq.

2) Stieglitz in der Distributio numorum familiarum Romm. ad typos accomm. Lips. 1830, p. 30. Ich hätte gewünscht, diese Campanischen Münzen wären namhaft gemacht worden. Früher hielt Stieglitz mit Eckhel diese Abbildung des Janus für eine Neuerung (s. dessen Versuch e. Einrichtung antiker Münzsammlungen, S. 149).

3) Dem umsichtigen und allbelesenen Böttiger nicht (vergl. a. a. O. S. 256 ff.).

lich sey; wobei Visconti auch die doppelköpfigen Figuren auf
Griechischen Münzen von Kamarina in Sicilien, von Tenedos
und von Athen betrachtet; endlich auch zeigt, wie Hermes
zu dieser Doppelgestalt gekommen, und wie man daher den
Janus mit dem Hute (Petasos) auf Bronzen der Latiner eben
so wohl einen Janus mit dem Hermeshute nennen könne, als
einen Hermes (Mercurius) mit zwei Gesichtern. [1]) Weiter
ist dieser Gelehrte auch geneigt, das unbärtige Gesicht an
jenen Janusköpfen für ein weibliches zu halten, mit Andeutung der alten Vorstellung vom Doppelgeschlechte des Janus,
welches letztere beim Phanes auch durch doppelte Geschlechts-
theile dargestellt worden. [2]) — Ich kann in diesem allgemeinen Theile ins Einzelne nicht eingehen, sondern will nur, mit
Beibringung der nöthigen Hülfssätze, in einer gedrängten
Argumentation die Schlussfolgerung auf den Ursprung und
die Wanderungen und Metamorphosen dieses sonderbaren
Wesens ziehen. Da auf Etrurischen Münzen, namentlich auf
den Dupondien von Volterra, Janus auf der einen Seite und
der Delphin auf der andern erscheint; [3]) da auf Römischen

1) Im Museo Pio-Clement. Vol. VI. p. 12 sq. und Tom. VI.
pag. 67 sqq. der Mailänder Französischen Ausgabe, mit der Supple-
menttafel B. III. Die Münze von Tenedos ist sehr deutlich abgebildet im Appendix zu Laur. Begeri Observv. et Coniectt. in numismm.
antiqq. p. 61. In der Doppelgestalt auf der Münze von Kamarina
mit dem Ei in ihren Händen, mit dem Bacchusstiere menschlichen
Antlitzes (Hebon) darunter ist Phanes anzuerkennen. Das mannweibliche Doppelhaupt auf den zwei Münzen von Athen nenne ich
Kekrops, und zwar in der Bedeutung, die vermuthlich der Geschichtschreiber Theopompos davon angegeben (Iustin. II. 6: Quem Ce-
cropem, ut omnis antiquitas fabulosa est, biformem tradidere, quia
primus marem femineo matrimonio iunxerit. Vergl. meine Vorrede
zu Ephori fragg. ed. Marx. p. IX).

2) Hierbei müssen auch die Hermen mit drei Köpfen und drei
Geschlechtstheilen in den antiken Bildwerken von Gerhard Cent. I.
Heft 3, Tafel XLI. Nr 1—5 berücksichtigt werden, die der Her-
ausgeber als Samothrakische Gottheiten bezeichnet.

3) S. z. B. Inghirami, Monumenti Etruschi Tom. III, tav. I. V.
Ich mache hierbei noch auf den Widderkopf neben Janus und Del-

Assen die Vorderseite den Doppelkopf des Janus zeigt, die
Kehrseite das Vordertheil eines Schiffes; da die Sage den
Janus mit einer Frau Kamasena zu Schiff nach Italien kommen lässt, da er immer mit dem Wasser in Verbindung gesetzt wird, *καμασῆνες* aber in Phönizischer Sprache Fische
bedeutete; [1] da nach Chaldäischen Sagen Xisuthros mit seiner Frau und Tochter und mit dem Steuermanne seines Schiffs
unter die Götter versetzt worden; [2] da unter den Avatara's
der Indischen Theologie eine ausführlich erzählt wird, wie der
Gott Vischnu als Fisch die verlornen Veda's aus der Tiefe
des Meeres wieder heraufgeholt, und dadurch den Menschen
das Gesetz aufs Neue offenbart habe; da wir endlich in den
von Berosus und Apollodor aufbewahrten Mythen der Babylonier vernehmen: «Und im ersten Jahre sey aus dem rothen
Meere an der Babylonischen Küste ein ungeschlachtes Thier,
Namens Oannes (*Ὠάννης*) heraufgestiegen, welches ganz
und gar den Leib eines Fisches gehabt; jedoch habe es unter dem Fischkopfe noch einen andern Kopf getragen und
unten Füsse gleich denen der Menschen und eine menschliche
Sprache; [3] und dieses Thier habe am Tage im Umgang mit

phin aufmerksam; und so wird es wohl keinem Zweifel unterliegen,
dass hier der kalendarische Sonnengott im alten Jahresanfang, im
Uebergang vom Zeichen der Fische in das des Widders zu denken
ist, wie denn im Italischen Sonnen- und Mondcultus dieser Djanus
neben der Djana (Janus neben Diana-Luna) seinen Platz hatte. —
Ich will doch bei dieser Gelegenheit bemerken, dass ganz neuerlich
hier zu Lande auf einmal eine ganze Anzahl solcher Dupondien in
den Handel gekommen; d. h. man hat mit nachgegossenen auf die
Kauflust numismatischer Dilettanten speculirt.

1) Symbolik II. S. 895 ff. 2. Ausg.

2) Fr. Münters Relig. der Babylonier S. 21.

3) Eusebii Chron. ex Armen. edd. A. Mai et Zohrab. I. p. 6—10;
Syncellus p. 39, B. vergl. Apollodori Fragg. ed. Heyne p. 409 und
Berosi Historiae ed. Richter p. 48 sq., p. 57. — Eine mit einer
Fischhaut überzogene Figur auf einer Gemme und in einem Relief
des Wiener Antiken-Cabinets wird wohl auch diesen Babylonischen
Oannes vorstellen (vergl. K. O. Müllers Handb. d. Archäol. d. Kunst
S. 629 Anmerk. 5).

den Menschen gelebt, ohne jedoch Nahrung zu sich zu nehmen, und habe sie Schrift und Wissenschaften, Städte- und
Tempelbau, Gesetzgebung, Abmarkung der Gränzen und das
Einsammeln der Früchte gelehrt;» — da alle diese Angaben
mit den mythischen Ueberlieferungen und Bildern von Janus
zusammentreffen, so möchte es, irre ich nicht, auszusprechen
erlaubt seyn: Janus ist Oannes, und Janus, der Gott mit dem
Doppelhaupte, mit seinem Fischweibe Kamasene ($Καμασήνη$),
ist der aus Einem Leibe in zwei Leiber decomponirte Oannes;
das heisst: Janus ist der durch das Medium Chaldäisch-Phö-
nizischer Anschauungen durchgegangene Vischnu in derjenigen von dieses Indischen Gottes Wandelungen, wo er als
Fisch die Gesetzbücher und mit ihnen die Sittigung bringt;
Janus mit Einem Wort ein Indisch-Chaldäisch-Phönizisch-
Italisches Gebilde und Wesen.

Dieser amphibische Wasser- und Landgott, dieser Fisch-
Mensch und Androgyn Oannes-Janus könnte ein Telchini-
scher Gott genannt werden, da wir oben gesehen haben, in
welcher Verbindung in den Rhodischen und andern Sagen
jener östlichen Küstenländer die Telchinen einerseits mit dem
Meere, andrerseits aber auch mit dem Lande und seiner Cul-
tur erscheinen. Zugleich bemerken wir hierbei, wie in jener
Vorstellung von einem Käfer-Zeus Spuren eines alten Syrisch-
Phönizisch-Pelasgischen Thierdienstes sich zeigten; so im
Telchinischen Mythenkreise nun aber auch schon Spuren des
Uebergangs vom Thier- zum Bilderdienste sichtbar werden.
Denn es heisst ja von denselben Telchinen, sie haben den
Apis erschlagen und sich gegen den Stier- und Schlangen-
gott Zagreus-Dionysos aufgelehnt; [1]) und wie sie dem Posei-
don seinen Dreizack gefertigt, so haben sie auch der Telchi-
nischen Athena ($Ἀθηνᾷ\ Τελχινίᾳ$) ein Standbild aufgerich-
tet; [2]) ja da sie überhaupt die ersten Götterbilder verfertigt,

---

1) Apollodor. I. 7. 6. II. 1. 6. Himerii Orat. IX. 4. p. 560
Wernsdorf.

2) Callimach. h. in Del. vs. 30. cf. Valckenaer in Callimachi
Elegg. Fragg. p. 146. Nicol. Damasc. Fragg. p. 146 Orell. Bergler.
ad Alciphron. I. p. 75. Iacobs. ad Anthol. Gr. II. 2. p. 177.

und als solche *Θεοποιοί* genannt werden, [1]) so wären wir vielleicht berechtigt, alle ältesten Idole *Telchinische* zu nennen,
sowie wir jetzt die ältesten Bauwerke in vorderasiatischen,
Griechischen und Italischen Ländern *Cyklopische* benennen.
Doch hierzu veranlassen uns bestimmtere Zeugnisse der Alten,
welche solche Gebäude über und unter der Erde, sonst auch
wohl Ogygische (d. i. uralte) oder Pelasgische genannt, ausdrücklich als Kyklopische bezeichnen, indem sie einer Volkssage gedenken, welche jene gewaltige Steinbauten nicht von
Menschen- sondern von Cyklopenhänden gefertigt glaubte. [2])
Da es, wie bisher erwiesen worden, in dieser Pelasgischen Bildnerei überall aufs Bedeutsame abgesehen war; da
diese aus Pelasgischer Königs- und Priesterperiode herrüh-
renden Schatzhäuser (*θησαυροί*), Tempel und Grabmäler zum
Theil in ihrer Construction etwas Domartiges und zum Theil
Kellerähnliches haben; da sie, wie manche dieser Königshäu-
ser, an den inneren Wänden mit Erz bekleidet gewesen; [3])

---

1) Diodor. V. 55. p. 374 Wessel. vergl. Io. Frid. Gronov. ad
Statii Theb. IX. 582. Die Telchinen werden zuweilen mit den
Kyklopen in Verbindung genannt (Valckenaer a. a. O. p. 145). Die
Identität der Telchinen mit den Kureten, Lelegern, Karern, My-
siern und Mäoniern hat Clavier (Histoire des premiers temps de la
Grèce) zu erweisen gesucht. Man s. W. G. Soldan Ueber die Ka-
rer und Leleger in Welcker's und Näke's Rhein. Museum für Phi-
lologie III. 1. S. 92 ff.

2) *Τίρυνθα δοκεῖ Προῖτος τειχίσαι διὰ Κυκλώπων.* Darauf
wird von ihrer Siebenzahl geredet und ihr alter Name *χειρογάστο-*
ρες oder *γαστερόχειρες* angeführt (Strabo VIII. p. 230 Tzsch. vergl.
Pausanias in dem Bericht von den Mauern und Thoren des alten
Mycenä, II. 16. 4 und Hecataeus Miles. in Historr. Graecc. antiquiss. fragg. p. 71 sq. Apollodor. II. 2. 3 mit Heyne p. 110).

3) K. O. Müller in den Wiener Jahrbb. der Lit. B. XXXVI. S.
186. vergl. dessen Handbuch d. A. d. K. S. 30—32 und Thiersch
Epochen d. bild. Kunst unter den Griechen S. 15 f. 2. Ausg. Abbildungen Kyklopischer Gebäude (*Κυκλώπεια*) bei Will. Gell in
d. Itinerary of Greece, besonders in der Abtheilung Argolis London
1810, und aus mehreren Griech. und Italischen Landen: Dodwell
Views and Description of Cyclop or Pelasgic Remains London 1834,

da ferner, wie wir gesehen, in diesen Pelasgischen Culten die Anbetung des Himmels und der Erde die hervortretenden Grundgedanken waren; da in ein unterirdisches ehernes Haus Zeus sich im goldenen Regen aus dem Himmel zur Danae herabgelassen haben soll; [1]) da wir in der Kyklopischen Burg von Argos, welche nach ihrem Sohne die Burg des Eurymedon, d. i. des Perseus, [2]) benannt war, jenes so zu sagen Kyklopische Zeusbild mit drei Augen angetroffen haben; — so wäre es, meines Bedünkens, dem Organismus des alterthümlichen Denkens und Bildens ganz angemessen, wenn wir vermutheten, dass auch jene primitive Architektur einen symbolischen Charakter gehabt, und dass jene Pelasgischen Baumeister in jenen Domen unter und über der Erde das Gewölbe des Himmels und vielleicht auch die Wölbung der Chthonischen Tiefe, den Schoos der Mutter Erde, haben nachahmen wollen, und dass sie bei den mit Erz bekleideten, oder ehernen Häusern ihrer Könige [3]) an das eherne, Olympische Haus ihres Zeus gedacht haben.

Den Beschluss dieser Beispielsammlung hieratischer Bildnerei mache ich mit Winkelmanns [4]) Worten, um so mehr, da er dasselbe Schnitzbild des Zeus Herkeios und Patroos anführt: «Die ältesten Künstler der Griechen entwarfen ihre

---

und der Bruchstücke der Bekleidung jener Gebäude im Britischen Museum bei Donaldson pl. 4 und 5.

1) S. den Mythus beim Pherecydes ap. Scholiast. Apollonii IV. 1091. vergl. Pherecyd. Fragg. p. 77 ed. Sturz.

2) Etymol. M. p. 687. 6. — τὴν Εὐρυμέδοντος πόλιν. τουτέστι τὸ Ἄργος. Εὐρυμέδων δὲ ὁ Περσεὺς ἐκαλεῖτο. vergl. Euphorionis Fragg. p. 68 ed. Meineke. Auf des Perseus Befehl sollten nach einer andern Sage die Kyklopen die Mycenäische Burg erbaut haben (Huschke Analecta litter. p. 339). Dass die Kyklopen als Himmelanschauer zu nehmen sind, ist im ersten Abschnitte bereits bemerkt worden.

3) χάλκεοι οἶκοι Hesiodi Theog. vs. 149. χαλκοβατὲς δῶ (δῶμα) Διός, Iliad. I. 426. XIV. 173.

4) Versuch einer Allegorie besonders für die Kunst (Werke II. S. 450 f. neuest. Dresdn. Ausg.).

Bilder mehr nach der Deutung als wechselsweise, das ist,
die Begriffe der Schönheit wurden den symbolischen Vorstellungen an denselben nachgesetzet, zu der Zeit, da die Schönheit noch nicht der höchste Endzweck ihrer Künstler war.
Von dieser Art Allegorie war die Furcht mit einem Löwen-
Kopfe auf dem Kasten des Cypselus zu Elis, und ein Jupiter
aus Holz, welchen Sthenelus sollte aus Troja entführet haben»
u. s. w. Also die ältesten Götterbilder waren noch blosse
symbolische Zeichen, und nur Nothbehelfe, um den Ahnungen,
Gefühlen und Vorstellungen, die sich jene Pelasgischen Stämme
von der Gottheit in ihren verschiedenen Beziehungen gebildet
hatten, als sinnliche Anhaltspunkte zu dienen.

Von den ältesten Römern versichert ein vollgültiger
Zeuge, [1]) sie hätten über hundert und siebenzig Jahre lang

---

1) Varro ap. Augustin. de Civ. Dei IV. 31: „Antiquos Roma-
nos plus annos centum septuaginta deos sine simulacro coluisse." Plutarch in Numa VIII. p. 116 Coray. sagt von diesem König: Οὗτός
τε διεκώλυσεν ἀνθρωποειδῆ καὶ ζωόμορφον εἰκόνα Θεοῦ
Ῥωμαίους νομίζειν. Wenn Plutarch den Anachronismus begeht,
diese reinere Religionsbegriffe des Numa aus seiner Bekanntschaft
mit der Pythagoreischen Philosophie zu erklären, so berechtigt dies
noch nicht diesen bilderlosen Götterdienst des Numa und seiner Römer mit Heyne (Opuscc. Academm. II. 71) für die irrige Vorstellung, die sich ein späterer Philosoph von diesem König eingeredet,
zu erklären. Vielmehr ist Folgendes gewiss die richtigere Ansicht,
die Böttiger (Kunst-Mythologie I. S. 251) so ausspricht: „Es ist schon
öfter bemerkt worden, dass Numa, dem Asiatischen Sonnen- und
Monddienst huldigend, und einem reinern Feuerdienst und Magismus zugethan, (weswegen seine Schriften auch später verbrannt wurden, weil sie der Staatsreligion widersprachen) eigentlich ein Sonnendiener war, und dem Feuer, als Repräsentanten des allerzeugen-
den Lichtprincips, im Vestadienst bildlose Tempel und unblutige Altäre weihete." Da nun die angegebenen 170 Jahre mit der Regierung Tarquinius des Alten (d. h. wohl mit der Etruscisch-Griechi-
schen Tarquinierherrschaft über Rom, K. O. Müller Etrusker I.
S. 120. 383) zusammenfallen (Zoëga de Obeliscis pag. 224 sq.) —
so dürfen wir wohl annehmen, dass durch diese Einflüsse damals
zuerst die Dii fictiles Etruscorum, d. h. Etruscisch-Griechische

ihre Gottheiten ohne Bilder verehrt, und ein anderer leitet diesen bildlosen Cult sogar von dem Verbote des Gesetzgebers und Königs Numa her, dessen reine Begriffe von dem Wesen der Gottheit jede Abbildung derselben in menschlicher oder thierischer Gestalt für unwürdig gehalten haben. Für die Griechen spricht, meines Wissens, kein ähnliches Zeugniss. — Spuren von altpelasgischem Thierdienst, fortgepflanzt in den lebendigen oder nachgebildeten Attributen Hellenischer Tempelgottheiten, haben wir bereits angetroffen, und ganz allgemeinen Bilderdienst bezeugt Platon in einer bemerkenswerthen Stelle, wo er sagt: «In Betreff der Götter bestehen bei Allen doppelte Gewohnheiten und Gesetze; denn einige Götter verehren wir offenbar, da wir sie sehen, von andern stellen wir Bilder zur Verehrung auf, und wenn wir diesen huldigen, obwohl sie seelenlos sind, glauben wir, jene lebendigen Götter erwiesen uns deshalb Wohlwollen und Dankbarkeit.» [1]) Der Verehrung der erstern Götterclasse gedenkt

---

Thonbilder der Gottheiten unter den Römern Eingang gefunden haben.

1) De Legg. XI. 930 sq. p. 264 sq. Bekker. Νόμοι περὶ θεοὺς ἀρχαῖοι κεῖνται παρὰ πᾶσι διχῆ. τοὺς μὲν γὰρ τῶν θεῶν ὁρῶντες σαφῶς τιμῶμεν, τῶν δ' εἰκόνας ἀγάλματα ἱδρυσάμενοι, οὓς ἡμῖν ἀγάλλουσι καίπερ ἀψύχους ὄντας ἐκείνους ἡγούμεθα τοὺς ἐμψύχους θεοὺς πολλὴν διὰ ταῦτ' εὔνοιαν καὶ χάριν ἔχειν. Man könnte diese Stelle für verdorben halten, und Ficin hat sich wirklich eine Freiheit erlaubt, indem er übersetzt hat: easque (nämlich imagines), so dass man ἃς statt οὓς erwarten sollte, wogegen das gleich folgende ὄντας spricht. Auch zeigt sich nirgends eine Variante, und der Grund, warum Plato dieses Pronomen, statt es auf das nähere εἰκόνας zu beziehen, auf das entferntere θεοὺς bezog, und οὓς — ὄντας schrieb, ergiebt sich von selbst aus dem gleich folgenden Gegensatz: ἐκείνους τοὺς ἐμψύχους θεούς. (Man vergl. über ähnliche Constructionen Heindorf zum Hipp. maior pag. 169 und zum Protagoras p. 687.) — Uebrigens hat Plutarch Vit. Alexandr. 21 fin. (p. 31) dieselbe Zusammenstellung: ἀψύχους εἰκόνας ἀγαλμάτων, und Wyttenbach hat davon mehrere Beispiele selbst aus Platons Schriften gesammelt, im Index zum Plutarch unter ἀγάλματος εἰκών. Dass Platon, wenn er von

Platon im zunächst vorhergehenden Buche der Gesetze, wo
er von den Griechen und Barbaren spricht, die in Freud' und
Leid beim Auf- und Untergange der Sonne und des Mondes
fussfällig und mit zu Boden hingeworfenen Körpern zu ihnen
beten; wie er denn auch den Alcibiades erzählen lässt, dass
Sokrates selbst beim Aufgang der Sonne an diese sein Gebet
verrichtet. [1])

In diesen zwei Classen von Gottheiten, wie Plato sie hier
sondert, haben wir also den ganzen Inbegriff der altgriechischen Nationalreligion. Die sichtbaren Götter wie die Bilder-
götter waren Elementargötter, und der ursprüngliche Inhalt
der ganzen Götterlehre, so wie der Gegenstand der Pelas-
gisch-Hellenischen Culte, war nichts anderes als *Physiologie.*
In demselben Sinne haben gelehrte Griechen [2]) selbst diesen

---

Allen spricht, hier doch zunächst an die Griechen denkt, zeigt das
gleich folgende: *verehren wir.*

1) De Legg. X. p. 887, E. p. 182 Bekk. Sympos. pag. 220.
p. 463 Bekk. Hätte Herr Eméric David (Introd. zum Jupiter p.
CLXI sq.) sich dieser letzteren Stelle erinnert, wo Sokrates eine
tiefe Meditation, die ihn nicht bemerken liess was um ihn her vor-
ging, mit einem Gebet an die Sonne beendigt, so hätte er dem
Dacier, der die Stelle in Plato's Apologie p. 26 für eine ironische
Aeusserung des Sokrates erklärte, so viel nicht zugestanden, als er
gethan. Uebrigens hat ersterer ebendaselbst den altvolksmässigen
Sonnendienst der Griechen gut nachgewiesen.

2) Plutarch. ap. Euseb. P. E. III. 1. p. 83 ed. Colon. Ἡ πα-
λαιὰ φυσιολογία καὶ παρ᾽ Ἕλλησι καὶ παρὰ βαρβάροις
λόγος ἦν φυσικὸς ἐγκεκαλυμμένος μύθοις. — Um auch gleich
die folgenden Bezeichnungen, deren ich mich zuweilen bedienen
werde, zu rechtfertigen, so sagt Io. Diaconus (p. 229 Heins. p.
448 sq. Gaisford.) von der Theogonie des Hesiodus: ἥντινα δὴ
βίβλον φυσιογονίαν οἶμαι καλεῖν δέον, ὅτι περὶ φυσικῶν
τινῶν γενέσεων διαλαμβάνει. (Man vergl. das ungemein fleissig
ausgearbeitete Werk von *W. J. C. Mützell* de emendatione Theogoniae Hesiodeae libri tres. Lips. 1833. pag. 355 sq.) Auch Theopöien
nannte man solche Theogonien. Isidor. Pelus. Epist. I. 21. p. 7
ed. Paris. Τὰς Ἑλλήνων θεοποιΐας, καὶ ἃς καλοῦσι θεο-
γονίας, Ὀρφεύς τε καὶ Ὅμηρος καὶ Ἡσίοδος καὶ ὅσοι

Namen gebraucht; und da es vortheilhaft ist, für die verschiedenen Entwickelungen und Wendungen der Religionslehre
und Theologie bestimmte Benennungen zu haben, so trage ich
kein Bedenken diesen, und für die folgenden Epochen der
Griechisch-Italischen Religionsgeschichte noch einige andere,
gleichfalls den Griechischen Schriftstellern abgeborgte Namen
einzuführen, ohne sie deswegen Andern aufdringen zu wollen. Dass das Grundwesen der Griechischen und Italischen
Religionen in der Verehrung der körperlichen Natur bestanden, habe ich als Ergebniss der Untersuchungen über die
einzelnen Gottheiten und Culte schon in den ersten Ausgaben
dieses Werkes anerkennen müssen, und diese meine Ansicht
namentlich in der Schlussbetrachtung am Ende der zweiten [1])
bestimmt ausgesprochen. Wie sehr nun der Französische
Verfasser des gehaltreichen Werks über Juppiter hierin mit
mir übereinstimmt, ist bereits im ersten Abschnitte dieser Erörterung, wo die Zeugnisse über die primitiven Pelasgerculte
zu Dodona u. s. w. erwogen wurden, bemerkt worden. [2])

κατ' ἐκείνους ἐδίδαξαν. Gelegentlich bemerkt, wenn Einige von
der Verfertigung der Götterbilder den Ausdruck ϑεοποιΐα brauch-
ten, so missbilligt Pollux I. 13. p. 11 Hemsterh. diesen Ausdruck
als hart; welches in den Lexicis unbemerkt geblieben. Theodoret
nennt jene dichterische Behandlung der Götterlehre: ϑεολογία ποιη-
τική (de Provident. I. 11. pag. 424 ed. Schulze). Man bezeichnete
auch wohl eine solche Behandlung der Theologie (Ammonius in
Aristotel. περὶ Ἑρμ. vergl. Hemsterh. in Poëtt. Grr. minorr. ed.
Gaisford. Tom. IV. p. 544) so: διὰ μυϑολογίας παραδοῦναι
τὴν ϑεολογίαν.

1) Symbolik und Mythologie IV. S. 551 ff. 2. Ausg.

2) In der Einleitung zu diesem Werke nennt Eméric David
jene elementaren und Zeitgötter die *reellen*, diejenigen hingegen,
welche durch Personification, Poësie und Bildnerei eine bestimmte
Individualität erhalten haben und als Personalitäten mit Bewusstseyn
und Willen handelnd vorgestellt werden, die *symbolischen*. Ebendaselbst hat er (p. CXLI—CLXI) über jene reellen (natürlichen)
Gegenstände der Griechischen Culte im Einzelnen die Zeugnisse der
Alten gesammelt: über den Aether, Chaos (Nacht, Urnacht, Jah-
resnacht, Tagesnacht), Wasser (Urwasser, Okeanos, gemeines Was-

Hier will ich nur noch beifügen, dass die Stoiker *in soweit* mit ihren Erklärungen der Griechischen Götterlehre auf dem rechten Wege waren; [1]) obschon sie dem allgemeinen Fehler aller systematischen Philosophen unterlagen, diesen richtigen Grundansichten zu viel aus ihrer Physik und Ethik (z. B. dass sie den Zeus zu einseitig als feurige Weltseele und universelle Providenz nahmen) beizumischen. Doch möchten wir mit den alten Philosophen lieber in solcher und anderer Weise fehlen, als mit einem der neuesten in der seinigen, welcher in folgenden Sätzen das was Wurzel und Hauptsache der Griechischen Religion war, zu einem Seitensprössling und zur Nebensache macht: «Die Götter waren diesen Griechen (es ist von der öffentlichen Gottesverehrung die Rede) von der ethischen Seite die Stammväter ihrer Heldengeschlechter, die Gründer und Beschützer ihrer Staaten und der sittlichen Ordnung in ihnen, die Wächter über ihr Haus; nur wenig schimmerte ein allgemeinerer Gesichtspunkt hindurch, der im Zeus auch wohl den allgemeinen Versorger erblicken liess, und andere Götter als Wohlthäter der ganzen Menschheit bezeichnete. *Dabei fehlte auch die physische Seite nicht*, indem die Griechen in allen Naturerscheinungen göttliche Kräfte regsam erblickten, und ein tiefes Gefühl der Nothwendigkeit, nach welcher Alles in der Welt göttlichen Gesetzen gemäss sich gestaltet, in ihnen nicht vermisst wird.» [2]) Zwar ist vom Ver-

---

ser, fliessendes, ausdünstendes), die Erde (in ihrem Verhältniss zum Himmel, als Nährmutter; als Empfängerin und wiederbelebende Kraft für alle in ihren Schoos versenkten Leiber, als Mann (Tellumo) und als Weib (Tellus); die Sonne, den Mond und endlich über die andern Gestirne. — In wiefern ich mich von dem Verfasser in der Ansicht trennen muss, dass er das deutliche Bewusstseyn und den lebhaften Gedanken an das ursprünglich Elementare der Götter bei den Griechischen Völkern zu lange fortdauern lässt, davon wird im Verfolg bei der Homerischen Götterlehre die Rede seyn.

1) Cicero de N. D. I. 15 berichtet darüber im Allgemeinen die Ansicht dieser Philosophen: *ipsasque res* utiles et salutares *deorum* esse vocabulis nuncupatas. Man vergl. was ich zu einer der folgenden Stellen (p. 68 ed. Moser et Cr.) bemerkt habe.

2) Geschichte der Philosophie von H. Ritter I. S. 142 f.

fasser im zunächst Vorhergehenden die Abkunft «der ersten
Linien der Mythologie aus Asien» (blos aus Asien?) und die
allmählige Umbildung derselben in die anthropisch-Homerische
bemerkt worden; aber jene primitive Gestalt, die sie in Griechischen Landen selbst hatte, jenes Einfühlen in die Natur
jenes physisch-magischen Wesens der Pelasgischen Culte ist
unbemerkt geblieben; und dann ist jene physisch-elementare
Grundlage der gesammten Griechenreligion nicht zur Sprache
gekommen; eine Grundlage, worauf die Philosophen in verschiedener Weise fortgebaut haben, und welche daher in
einer Geschichte der Philosophie als ein Hauptmoment althel-
lenischer Naturphilosophie hätte hervorgehoben werden sollen.

IV.

Physiogonie;

Orphische und Hesiodeische Theogonie.

Mit dem ersteren Namen können wir nach dem Vorgang
Griechischer Erklärer die *entfaltete Physiologie* bezeichnen.
Aus den obigen Andeutungen hieratischer Poësie hat sich
nämlich ergeben, dass in Orphischen Gesängen, obwohl nach
Fassung und Form späteren Zeiten und zum Theil der Pytha-
goreischen Schule angehörig, wenn wir auf dasjenige sehen,
was ihr Inhalt alterthümlich-Beglaubigtes hat, die physiolo-
gisch-elementare Vorstellung von den Göttern noch vorherrschend war. Wir lassen die genauere Betrachtung dieses
Inhalts, welche ihre eigentliche Stelle bei den Dionysischen
Religionen hat, vorjetzt zur Seite liegen, und bemerken nur,
dass, da die *Orphische Theogonie*, den Anführungen der alten
Schriftsteller zufolge, den grössten Theil der Griechischen
Mythenkreise umfasst haben muss, und da die christlichen
Väter den Orpheus allgemein als den Urheber und Verbreiter
der heidnisch-Hellenischen Superstitionen bezeichnen, [1]) in
diesem Gedicht die später hinzugekommenen Anthropismen

---

1) Lobeck Aglapham. p. 465 sq.

von den älteren physisch-elementaren Vorstellungen abgesondert werden müssen.

Auch in Betreff des *Hesiodos* werde ich mich kurz fassen, und mich auf folgende Bemerkungen über seine *Theogonie* beschränken können: Angenommen, was die Mehrheit der Philologen annimmt, dass sie nachhomerisch sey — wird doch auf dem jetzigen Standpunkte der Alterthumskunde niemand sich leicht mehr überreden lassen, dass sie zum Theil auch aus dem Homer geschöpft und mit eigenen vielen Zusätzen des Sängers vermehrt worden sey. [1]) Eben so wenig möchte die Annahme zulässig seyn, dass Hesiodus, dessen Gedichte allenthalben eine Verbindung der vermenschlichten Götter mit den natürlich-elementaren beurkunden, es darauf angelegt habe, uns das Geheimniss dieser Anthropismen errathen zu lassen. [2]) Was man, meines Erachtens, mit Grund sagen kann, ist dass in der Hesiodischen Theologie schon ein bestimmteres Hervortreten von göttlichen Persönlichkeiten bemerkbar ist. Götter, als mit Verstand, Leidenschaft und Willen begabte Wesen und die ihres Gleichen zeugen, also Göttergeschlechter, bilden den Hauptinhalt seines theologischen Gesangs, der eben deswegen Theogonie ist und heisst. Weil aber der Anthropismus noch viel elementarisch-Unbestimmtes enthält, und erst noch auf dem Wege ist, sich vollends zu gestalten, könnte sich selbst die Meinung geltend machen wollen, als ob eben deswegen Hesiodus ein Vorläufer des Homer gewesen, wenn nicht andrerseits der physisch-theologische und mitunter fast mystische Inhalt jene Unbestimmtheit und Halbheit des Hesiodeischen Anthropismus im Vergleich mit dem Homerischen auf eine befriedigende Weise erklärte. Was aber die Frage betrifft, ob und in wieweit dieser Dich-

---

1) T. Hemsterhus. Annott. in Hesiod. (Vol. IV der Poëtae Graeci minorr. ed. Gaisford.) p. 544: „Quae Homerus sparsim habet Hesiodus in fasciculum collegit, ac plurima de suo addidit.“

2) Eméric David Introduction zum Jupiter p. CLXIV: „Il semble que ce poëte ait voulu nous mettre à même de deviner le secret de ses symbolisations.“

ter der Theogonie von der Natur der Gottheit, die er uns vorführt, Kenntniss gehabt, und in den inneren Sinn der Mythen und ihrer Verknüpfungen untereinander eingedrungen sey, so möchte ich mich jetzt der bestimmten Negative eines berühmten Kritikers anschliessen, so wenig ich auch jetzt noch den geradesten Widerspruch gegen dessen Erklärungen dieser Theogonie zu wiederholen unterlassen kann. [1]) — Ueberhaupt möchte wohl folgende Vorstellung von diesem Gedicht die richtigste seyn: Hesiodus unternahm es in diesem Poëm zuerst eine Masse von überlieferten Theologumenen und im Munde des Volks und der Volkssänger allmählig mehr und mehr anthropisirter Mythen, so gut es gehen wollte, in eine Art von poëtischem System zu bringen, und leistete darin viel, gewann auch durch eine ihm eigene Lieblichkeit der Sprache und Darstellung den Beifall der Mit- und der Nachwelt. Das war sein Streben und sein wohlverdienter Lohn; um den wahren Sinn der Göttergeschichten war er unbekümmert, [2]) und von dem ursprünglichen Geiste seiner Religion hatte er unklare Erkenntniss; dieser war dem jugendlich volksmässigen Verstand und Gemüth schon lange fremd geworden; und wenn er in seinem Gedichte Asiatische, Phönizische und

---

1) G. Hermann De mythologia Graecorum antiquissima p. II. vergl. dessen Briefe über Homer und Hesiod an mich; ingleichen dessen Schrift Ueber das Wesen und die Behandlung der Gr. Mythologie.

2) I. G. Huschke Analecta Litterarr. pag. 330. — Erst nach Beendigung dieses ersten Theils meines Buchs sind mir zwei neue Beiträge zur Hesiodeischen Literatur zugekommen: Hesiodi Ἔργα μεγάλα. Commentatio ed. I. L. Hug. Friburgi Brisgoviae 1835 und: De la Theogonie d'Hésiode. Dissertation de philosophie ancienne, par J. D. Guigniaut. Paris 1835. Der Verfasser der letzteren Abhandlung hat den Versuch gemacht, die primitive Einheit und Abfassung der Hesiodeischen Götterlehre darzulegen, denn seine Meinung ist diese (p. 17): „Nous pensons qu'il y a, dans la *Theogonie*, organisme vivant pour le fond comme pour la forme, non pas compilation morte et sans idée" und diesen Organismus nachzuweisen ist die Absicht dieser philosophischen Analyse des Verfassers, deren Gang und Ergebniss ich hier auf sich beruhen lasse.

Aegyptische Bestandtheile mit Griechischen vermischte, so
wusste er das Ausländische von dem Einheimischen eben so
wenig zu unterscheiden, als seine Landsleute, denen er die
Geschlechter und Geschichten ihrer Götter sang. Mit Einem
Worte, Hesiodus ist einem Künstler zu vergleichen, der nach
einer in seinem eignen Geist entworfenen Zeichnung aus verschiedenen Steinarten und Glasflüssen ein künstliches Mosaiko
zusammenfügt, ohne zu wissen, ob das Stück, was er so eben
unter den Händen hat, Aegyptischer, Tyrischer, Karischer
oder Phrygischer Marmor ist, und ob dieser oder jener Glas-
stift aus Phönizien gekommen; viel weniger dass er diese seine
Materialien mineralogisch zu bestimmen vermag. Dieses Gleichniss passt leider auch auf den jetzigen Zustand dieses Werkes: der Zahn der Zeit, die Einflüsse des Bodens und der
Witterung, insbesondere aber die muthwillige Zerstörungssucht
der Menschen hatten in der schönen Steinmalerei manche
Lücken verursacht; um so geschäftiger sind Andere gewesen
diese Lücken zu ergänzen, und, so wie im Laufe der Zeit
neue Beschädigungen sichtbar geworden, sie immer wieder
auszubessern. Auf diese Weise sind nach und nach nicht
etwa blos einzelne Stifte und Würfel eingesetzt worden, sondern man hat ganze Felder und oft nach einem ganz neu
ausgesonnenen Muster hineingelegt. Ohne Vergleichung zu
reden, so kann heut zu Tage, nach wiederholten sorgfältigen Untersuchungen, nur denjenigen Mythen der Hesiodeischen Theogonie eine alterthümliche Auctorität beigelegt werden, die in unzweideutigen Zeugnissen bewährter alter Schriftsteller Bestätigung finden, und sich durch genaue Uebereinstimmung mit dem Inhalte der letzteren rechtfertigen. Unter
diesen Umständen ist überhaupt der mythologische Gebrauch,
den wir von dieser Theogonie machen können, schwierig, und
das Gewicht derselben in der Geschichte der Griechischen
Religionen nicht so hoch anzuschlagen, als bisher geschehen.[1] — Zum Schlusse sey nur noch bemerkt, dass, wie ich

---

[1] S. Mützell De emendatione Theogoniae Hesiodeae, Prae-
fatio pag. XVII sq.

zu Anfang dieses Abschnitts die Orphische und Hesiodeische Theogonie mit dem Ausdruck *entfaltete* Physiologie zu bezeichnen versuchte, die alten Philosophen von diesem genealogischen Geschäft das Zeitwort *ableiten* ($\pi\alpha\varrho\acute{\alpha}\gamma\varepsilon\iota\nu$) gebrauchen, [1])

---

1) Proclus in Cratyl. §. 140. p. 84 ed. Boissonad.: Ὅτι ἡ τοῦ Ἡσιόδου θεολογία (vielleicht: θεογονία) ἐκ μονάδος τῆς Ῥέας παράγει — τὴν Ἑστίαν — τὴν Δήμητρα. Nachdem er die Orphische Lehre damit verglichen, schliesst er: Καὶ γὰρ τὰ παραγόμενα (so muss man mit Werfer lesen, statt παραγενόμενα) ὁμοιά εἰσιν τοῖς παράγουσι καὶ σχεδὸν τὰ αὐτά. Wobei zu bemerken ist, dass diese Philosophen auch das Hervorbringen, Zeugen παράγειν nennen (Procl. Institut. Theolog. VII. p. 10 vergl. cap. 157. 160). Derselbe denkt an die Theogonien, wenn er sagt: Die Theologen, welche ihre Sätze in Geheimnisse einkleiden, ersinnen Heirathen und Geburten der Gottheiten (in Platon. Tim. V. p. 315. καὶ τοὺς μὲν θεολόγους ἐν ἀπορρήτοις λέγοντας ἃ λέγουσι γάμους τε καὶ τόκους ἐπινοεῖν θεῶν)—und zwar an Hesiodeische sowohl wie an die Orphische; wie er dann in andern Stellen unter den Orphischen Theogonien die Hesiodeischen mitbegreift, und beide aus Einer Quelle ableitet, obschon er bemerkt, dass Hesiodos sich mehr an die bekannteren Mythen der Hellenen angeschlossen, und demzufolge nicht den Phanes und die Nacht (Φάνητα καὶ Νύκτα) sondern den Himmel und die Erde (Οὐρανὸν καὶ Γῆν) als erste Götterkönige (θεῶν βασιλέας) aufgestellt habe (Mützell pag. 323 sq.). — Der Form und Auffassungsart nach ist die Orphische Theogonie nicht weniger mythisch als die Hesiodeische, weil eine wie die andere nach Zeitfolgen die Gegenstände ihrer Lehrsätze eintheilen, und die Dinge, die, obwohl nach Ordnung und Kräften verschieden, doch als gleichzeitig bestehen, von einander trennen, — Vor- und Darstellungsweisen, die eben das Wesen der Mythen ausmachen. Plotin. (p. 299 Basil. p. 543 Oxon. B. C.) Δεῖ δὲ τοὺς μύθους, εἴπερ τοῦτο ἔσονται, καὶ μερίζειν χρόνοις ἃ λέγουσι, καὶ διαιρεῖν ἀπ᾿ ἀλλήλων πολλὰ τῶν ὄντων, ὁμοῦ μὲν ὄντα, τάξει δὲ ἢ δυνάμεσι διεστῶτα, ὅπου καὶ οἱ λόγοι καὶ γενέσεις τῶν ἀγεννήτων ποιοῦσι, καὶ τὰ ὁμοῦ ὄντα καὶ αὐτοὶ διαιροῦσι· καὶ διδάξαντες ὡς δύνανται τῷ νοήσαντι ἤδη συγχωροῦσι συναιρεῖν. Nach der Kantisch-kritischen Philosophie würde das heissen: Zeit und Raum sind nothwendige Formen des

und in derselben Bedeutung Participia, Verbalia u. s. w. bilden.

V.

Vollendeter Anthropismus;

Episch - Homerische Götter.

«Das Geschlecht (die Herkunft) aber eines jeglichen Gottes und ob sie immer gewesen, und von welcher Gestalt sie sind, das wissen die Hellenen erst, so zu sagen, seit gestern und vorgestern. Denn Hesiodos und Homeros sind, wie ich denke, nur vierhundert Jahr älter denn ich und nicht mehr. Und diese haben den Hellenen ihr Göttergeschlecht gebildet [1]) und haben den Göttern ihre Beinamen gegeben, und

---

Mythus. Ohne Zweifel hat hier Plotinus einen Gedanken des Plato (im Staatsmann p. 269. p. 272 Bekk.) glücklich und deutlich ausgeführt. Zeitliche Theilung ($\mu\epsilon\rho\iota\sigma\mu\dot{o}\varsigma$) und Trennung ($\delta\iota\alpha\iota\rho\epsilon\sigma\iota\varsigma$) ist Sache des Mythus, und Verbindung des Getrennten ($\sigma\upsilon\nu\alpha\iota\rho\epsilon\sigma\iota\varsigma$) Sache des vernünftigen Denkens. Aber auch der philosophische Lehrvortrag ($o\dot{\iota}\,\lambda\dot{o}\gamma o\iota$) bedient sich öfters dieser Formen, und spricht von Zeugungen und Geschlechtern ($\gamma\epsilon\nu\acute{\epsilon}\sigma\epsilon\iota\varsigma$) bei Objecten, die mit Zeugen und Gezeugtwerden nichts zu thun haben. Es bedarf wohl kaum der Bemerkung, dass Plotin hierbei die Lehrweise der alten Griechischen Philosophen und des Plato selbst vor Augen hat; denn er macht diese allgemeine Bemerkung bei Gelegenheit eines im Platonischen Symposion vorkommenden Mythus. Plato bedient sich bald der physisch - Orphischen Weise, d. h. er hat es mit Kräften und Mischungen zu thun, wie im Timäus, bald der theogonisch-Orphischen und Hesiodeischen, das heisst, er redet von Götterehen, von Zeugungen und von Geschlechtern (Proclus in Tim. a. a. O. und p. 291 und in Theolog. Platon. pag. 188).

1) Herodot. II. 53. So übersetzt Fr. Lange richtig die Worte: $o\mathring{\upsilon}\tau o\iota\,\delta\acute{\epsilon}\,\epsilon\mathring{\iota}\sigma\iota\,o\dot{\iota}\,\pi o\iota\acute{\eta}\sigma\alpha\nu\tau\epsilon\varsigma\,\vartheta\epsilon o\gamma o\nu\acute{\iota}\eta\nu\,\mathrm{E}\lambda\lambda\eta\sigma\iota.$ Der Dativ beim Zeitwort in dieser und ähnlichen Stellen ist sehr zu beachten. In solcher Stellung ist an eine Zweideutigkeit des Ausdrucks, den Baur (Symbolik und Mythologie I. S. 340) hier finden will, nicht zu denken. Beide Dichter werden von Herodot rein als Schöpfer

die Ehren und Künste ausgetheilet und ihre Gestalt angedeutet. Und die Dichter, die vor diesen Männern sollen gelebt haben, haben meines Erachtens nach ihnen gelebt. Jenes, das erste sagen die Priesterinnen zu Dodona, das letzte aber, über den Hesiodos und Homeros nämlich, sag' ich.» Wie konnte Herodotus vermuthen Hesiod und Homer seyen die Erfinder der Theogonie, da der ganze Gang der Griechischen Götterlehre, wie bereits die obige Betrachtung der hieratischen Poësie gezeigt, das Gegentheil errathen lässt, da nicht ein oder zwei Poëten, zumal so gebildete, wie Homerus und Hesiodus, die Mythen erfunden, sondern der Griechische Geist selber, wie denn Griechenland treffend der Mythen Mutter ($\mu\upsilon\vartheta o\tau\acute{o}\varkappa o\varsigma$ Ἑλλάς) von Griechen selbst genannt worden? Wo von Götterehen, Göttergeschlechtern, von göttlichen Personalitäten, durch Beinamen, Ehren und Verrichtungen unterschieden, die Rede ist, da lassen sich auch die Mythen vernehmen. Und führt nicht Homer selbst Sänger an, welche Götter- und Heroengeschichten vortragen? Es genüge hier an zwei Stellen zu erinnern, worin der erzürnte Zeus die Here an eine Geschichte erinnert, und ihr mit einer ähnli-

---

der Theogonie bezeichnet, versteht sich aber zugleich als Sänger ihrer Dichtungen, und in soweit ist die Bezeichnung des Tib. Hemsterhuys (ad Hesiod. Theog. Vol. IV. p. 514 ed. Gaisford.) richtig: „Primi Theogoniam Homerus et Hesiodus ediseruere." vergl. Alberti de Jongh De Herodoti philosophia disquisitio pag. 24 sq. Bemerkenswerth ist, dass der Geschichtschreiber den Hesiodus nicht nur dem Homer gleichzeitig setzt, sondern auch zweimal dessen Namen dem des letzteren voranschickt. Vermuthlich leitete ihn dabei sein Gefühl des mehr alterthümlichen Geistes und Tones der Hesiodeischen Gesänge. Dass Herodot übrigens mit dem letzten Satze das wirklich vorhomerische und vorhesiodeische Alter nicht leugnen, sondern nur damit zu erkennen geben will, Gedichte die zu seiner Zeit unter Orpheus, Linus u. A. Namen im Umlauf waren, seyen später als Homer und Hesiod, habe ich schon anderwärts bemerkt (s. jetzt die Anmerkungen zu Herodot. ed. Baehr p. 609—611). Besonders dachte er hier wohl an die Orphische Theogonie, welche denn in Fassung und Form (keineswegs in ihrem ganzen Inhalt) ihre nachhomerische Entstehung verräth.

chen Bestrafung droht, wie sie vormals von ihm erlitten. [1] —
Dieser Mythus hatte schon in einer Heraklee gestanden, und
die Strafe war durch eine arglistige Verfolgung, die Here
sich gegen Herakles zu Schulden kommen lassen, motivirt
worden; sie war schon eine epische Handlung vor Homerus
gewesen, und dieser letztere hatte nur das Verdienst, sie mit
der Trojanischen Kriegsgeschichte verflochten, und sie durch
den Hass der Göttin gegen die Trojaner motivirt zu haben.
Herodots sonderbare Meinung ist leicht zu erklären, und gewissermassen zu entschuldigen. Dieser Geschichtschreiber
war ein sehr religiöser Hellene, der es sich angelegen seyn
liess, in den Schicksalen der Fürsten, Völker und der Fami-
lien das Walten der Gottheit und eine ausgleichende göttliche
Gerechtigkeit nachzuweisen. Aber seine Begriffe von der
Gottheit sind unbestimmt und schwankend, wie schon die verschiedenen Namen zu erkennen geben, womit er jene höhere
Macht oder Mächte bezeichnet; indem er sie bald $\delta\alpha i\mu o\nu\alpha\varsigma$,
bald $\vartheta\varepsilon o\grave{\upsilon}\varsigma$, bald $\tau\grave{o}\nu$ $\vartheta\varepsilon\grave{o}\nu$, endlich noch unbestimmter $\tau\grave{o}$ $\vartheta\varepsilon\tilde{i}o\nu$
zu nennen pflegt. Obschon er sich nun hierin den zeitver-
wandten Tragikern Sophokles und Euripides anschliesst, auch
nirgends von jenen fabelhaften Göttergeschichten Gebrauch
macht, so ist er doch hin und wieder im Glauben an Vielgötterei befangen; ja er stellt sich, wie Homer selbst, die Göt-
ter unter menschlichen Gestalten ($\dot{\alpha}\nu\vartheta\rho\omega\pi o\varphi\upsilon\acute{\varepsilon}\varsigma$) vor; und
in den Vorstellungen von ihrer Macht, Selbständigkeit und
moralischen Würde schwankt dieser ganz Homerische Mann
($'O\mu\eta\rho\iota\varkappa\acute{\omega}\tau\alpha\tau o\varsigma$) wie ihn die Alten nannten zwischen dem
Glauben unbedingter Freiheit dieser Götter und ihrer Unter-

---

1) Iliad. XIV. 249 sqq. XV. 18 sqq. mit den Scholien p. 408
Bekk. und Eustath. p. 248 sq. ed. Lips. vergl. Heynii Observatt.
in Iliad. Vol. VII. pag. 7 sq. Ein alt-hieratisches Symbol kosmischen Inhalts, den Zusammenhang des Aethers mit der Atmosphäre
und den unteren Elementen vorstellend, war vor jenem älteren He-
rakleendichter bereits in einen Mythus umgedeutet und von ihm mit
den Leiden und Ebentheuern des Herakles in Verbindung gebracht
worden, ohne dass er selbst schon etwas vom ursprünglichen Sinne
dieses Mythus ahnen mochte.

würfigkeit unter ein blindes Fatum. Nun liess aber sein religiöser Sinn und das ethische Problem, welches er im Lauf der Weltbegebenheiten fand, ihm keine Ruhe. Er wollte wissen, was es mit der Nationalreligion für eine Bewandtniss habe. Diese Untersuchung unternimmt er aber nicht auf dem Wege des Begriffes oder der Speculation, sondern auf dem der Erfahrung. So sucht er z. B. die Frage über den Herakles als ein einfaches Factum historisch zu lösen, und die Vorstellung und den Cultus seiner Landsleute zu berichtigen; [1]) während er andrerseits nirgends auszusprechen wagt, dass jene Göttergeschichten beim Homer und Hesiodus unwahr seyen. Ja er macht sich über diese seine Nachforschungen selbst Gewissensscrupel, und zeigt in solchen Fragen ganz die religiöse Scheu des Griechischen gemeinen Volkes; weswegen er am Ende auch zu gar keiner Entscheidung gelangt. [2])

Kann es uns wundern, dass einem so kindlichen philosophisch-beschränkten Forscher auch die Fähigkeit abging, den Gang der geistigen Entwickelung der Griechischen Stämme consequent zu verfolgen, und die Durchgangspunkte der religiösen Cultur von jenen dunkelen Ahnungen an durch die Pelasgisch-hieratischen Perioden bis zur Feststellung der ganz episch-menschlichen Götterlehre vor Augen zu stellen? Dazu kamen noch besondere Umstände. Die Umtriebe von Leuten, welche altreligiösen Glaubenslehren durch Gedichte Eingang verschaffen wollten, die von ihnen oder ihren Zeitgenossen redigirt, *so wie sie waren* für Werke alter Priestersänger, des Orpheus, Linus u. s. w. gelten sollten; ja der nicht sehr lang vor seiner Zeit wirklich entdeckte Betrug, den sich Onomakritus mit Liedern des sogenannten Musäos erlaubt hatte [3]) —

---

1) Herodot. II. 45.

2) IX. 65. vergl. meine Schrift Die historische Kunst der Griechen S. 151 ff. und de Jongh de Herodoti philosophia p. 23 bis 26.

3) Herodot. IX. 6. vergl. Baur a. a. O. und die Anmerkungen in der Bähr'schen Ausgabe.

mussten einen so redlichen Forscher misstrauisch machen, seinen Blick verdunkeln, dass ihm die mythischen Fäden entgingen, die von Alters her naturgemäss fortgesponnen worden, die theogonischen Reihenfolgen, welche lange vor Homer und Hesiodus schon mancher Dichter von seinen Vorgängern aufgenommen und den Nachfolgern übergeben hatte.

Wie kommt es, ist die weitere Frage, dass Herodot in seiner Vermuthung über die Erfindung der Theogonie zwischen Homerus und Hesiodus gar keinen Unterschied macht? Das frage ich um so mehr, da ich selbst in der zweiten Bearbeitung dieses Buchs ihn noch nicht gehörig gemacht habe. Das was Herodotus, heisst es dorten, in der berühmten Stelle (II. 53) sagt, Homeros und Hesiodos seyen die Erfinder der Hellenischen Theogonie gewesen, hat, meines Erachtens, folgenden Sinn: Sie fanden das Mittel, in einem neuen Rittergesange, für Alle passend, Allen zu singen zur Genüge, indem sie das Geheimniss entdeckten, die Götter rein menschlich zu behandeln, zu anthropomorphosiren; d. h. indem sie es nicht nur verstanden, einem allgemeinen Grundtriebe der menschlichen Natur gemäss, den Göttern sinnliche Eigenschaften, Kräfte und Neigungen zu verleihen, sondern sie auch in einen solchen Kreis von Handlungen zu versetzen, den die Einbildungskraft des Griechischen Volkes zu umfassen vermochte; *womit also die Personification der Gottheiten ganz volksthümlich vollendet war.* [1]) So richtig dies in Betreff des Homerus ist, so kann es doch vom Hesiodus nur mit grosser Einschränkung gelten. Freilich werden in den mehr heroischen Gesängen, die Hesiods Namen trugen, namentlich im Kataloge der Frauen (γυναικῶν καταλόγῳ) mythische Erzählungen von Beinamen, Ehren, Gestalten und Künsten der Götter vorgekommen seyn; aber in Hesiods Theogonie, und von dieser ist doch beim Herodot hauptsächlich die Rede, findet sich äusserst wenig von genauen Angaben der Götterbeinamen, wenig von Beschreibung ihrer Gestalten und Verrichtungen; die Schilderung der Ehren ist aber mehr angekündigt als ange-

---

1) Symbolik u. Mythologie II. S. 451 f.

fangen. Es wäre demnach die Frage, ob der Geschichtschreiber nicht etwa eine Theogonie des Hesiodus vor sich
hatte, die wenigstens in der Angabe der göttlichen Ehrenäm-
ter vollständiger war. [1] Eine solche Annahme wird durch
das was im vorigen Abschnitt über die Schicksale dieses Hesiodeischen Gedichts bemerkt worden hinlänglich gerechtfertigt; aber im Allgemeinen wird diesem Dichter der Göttergeschlechter nicht eine *so epische Entfaltung* eigen gewesen seyn
wie dem Homerus, es werden auch in der vollständigsten
Fassung dieser Theogonie nicht so viele mythische Handlungen beschrieben worden seyn, wie wir sie in den Homerischen Gedichten finden. Andrerseits haben Homers Gesänge,
abgesehen von einigen Hymnen, gar nichts Theogonisches.
In der Iliade wie in der Odyssee werden die Götter nicht gezeugt und geboren, sondern sie sind auf der Welt; ihr Daseyn ist ein Factum, welches durch die göttliche Herkunft der
Heroen erwiesen ist, so wie durch ihre Thaten, die Alles
überbieten, was Menschen wie sie in des Sängers Tagen lebten zu leisten im Stande sind. Solche Heroen stehen durch
Geburt und durch das Vertrauen der Götter das sie geniessen
wie nicht minder durch ihre Lebensweise den letzteren nahe
und werden als ἀγχίθεοι bezeichnet. [2] Aus diesem Grunde
tadelt Plato den Homer und andere Dichter wegen ihrer Vorstellung heroischer Charaktere, indem er den Satz aufstellt,
es sey unmoralisch und für die Jugend verderblich, wenn die
Heroen, die ihrer Abkunft nach den Göttern so nahe stehen,
nicht besser als die Menschen gedacht würden. [3] Dies ist

---

1) S. Mützell de emendatione Theogon. Hesiod. p. 358; welcher
seine Bemerkungen mit folgendem Bedenken schliesst: „Tamen vi-
dendum erit, ne Herodotus Theogoniam usurpaverit saltem honorum
descriptione aliqua ex parte ditiorem. Certe non elevant dubitatio-
nem quae protulit Heynius Comment. Soc. Gotting. ann. 1779. T. II.
p. 131.“

2) Vergl. Huschke Analecta litter. pag. 331. vergl. p. 328.

3) De Republ. III. p. 391, D, E. p. 117 Bekk. p. 233 ed.
C. E. C. Schneider.

ein Folgesatz aus der früher von demselben gegen die Poëten eingebrachten Anklage, wo er den Sokrates sagen lässt: Die von Hesiodos, Homeros und von den Dichtern überhaupt erzählten ärgerlichen Göttergeschichten, wenn sie auch wahr wären, was doch nicht der Fall sey, sollten entweder ganz unterdrückt, oder doch nur von sehr Wenigen durch geheime Mittheilungen gehört werden; auch sollte den von Homeros besungenen Kämpfen der Götter unter sich ($\vartheta \varepsilon o \mu \alpha \chi i \alpha \varsigma$) keine Aufnahme in den Staat gestattet werden, sey es, dass sie auf allegorische Weise gedichtet seyen, oder ohne Allegorie; denn der junge Mensch sey nicht im Stande zu beurtheilen, was Allegorie sey und was nicht. [1]) Zur richtigen Beurthei-

---

1) De Republ. II. p. 378, A—D. p. 95—97 Bekk. p. 186 bis 189 Schneid.: $o \dot{v} \tau$ $\dot{\varepsilon} \nu$ $\dot{v} \pi o \nu o i \alpha \iota \varsigma$ $\pi \varepsilon \pi o \iota \eta \mu \dot{\varepsilon} \nu \alpha \varsigma$ $o \ddot{v} \tau$ $\ddot{\alpha} \nu \varepsilon v$ $\dot{v} \pi o$-$\nu o \iota \tilde{\omega} \nu$· $\dot{o}$ $\gamma \dot{\alpha} \varrho$ $\nu \dot{\varepsilon} o \varsigma$ $o \dot{v} \chi$ $o \tilde{l} \dot{o} \varsigma$ $\tau \varepsilon$ $\varkappa \varrho \dot{\iota} \nu \varepsilon \iota \nu$ $\ddot{o}$ $\tau \dot{\iota}$ $\tau \varepsilon$ $\dot{v} \pi \dot{o} \nu o \iota \alpha$ $\varkappa \alpha \dot{\iota}$ $\ddot{o}$ $\mu \dot{\eta}$. Die ältere Bezeichnung der Allegorie war nämlich $\dot{v} \pi \dot{o} \nu o \iota \alpha$, und der Name $\dot{\alpha} \lambda \lambda \eta \gamma o \varrho i \alpha$ kommt selbst beim Aristoteles noch nicht vor. Jenes scheint bei den älteren Schriftstellern sowohl von der rhetorischen Figur der fortgesetzten Metapher als besonders auch von der allegorischen Auslegung der Dichtermythen gebraucht worden zu seyn (s. Wyttenbach ad Plutarch. de aud. poëtis p. 208). Jedoch der Ausdruck $\dot{\alpha} \lambda \lambda \eta \gamma o \varrho i \alpha$ und $\dot{\alpha} \lambda \lambda \eta \gamma o \varrho i \alpha \iota$ ist so neuen Ursprungs nicht als ihn Manche haben machen wollen, indem er schon bei Cicero (Orator. 27. ad Attic. II. 20) vorkommt (vergl. F. A. Wolf Liter. Analect. II. p. 526). Zeitwörtlich sind $\dot{v} \pi o v o \varepsilon \tilde{\iota} \nu$ und $\dot{v} \pi o \gamma \varrho \dot{\alpha} \varphi \varepsilon \sigma \vartheta \alpha \iota$ Bezeichnungen correlater Begriffe (Iamblich. de Myster. VII. 1) und letzteres Verbum wurde von symbolischer und allegorischer Dichtungs- und Vortragsweise gebraucht. Die allegorische Auslegung war bei den Alten dreifacher Art, die physische, die ethische und die historische. Ueber den frühen Gebrauch derselben unter den Griechen, so wie über die Ausbildung der verschiedenen Arten hat neuerlich Mützell (de Emendat. Theogon. Hesiod. p. 350—352) eine gute und gedrängte Uebersicht gegeben. — Uebrigens möchten die Worte des Platon a. a. O.: $\delta \iota'$ $\dot{\alpha} \pi o \varrho \varrho \dot{\eta} \tau \omega \nu$ $\dot{\alpha} \varkappa o \dot{v} \varepsilon \iota \nu$ $\dot{\omega} \varsigma$ $\dot{o} \lambda \iota \gamma i \sigma \tau o v \varsigma$, $\vartheta v \sigma \alpha \mu \dot{\varepsilon} \nu o v \varsigma$ $o \dot{v}$ $\chi o \tilde{\iota} \varrho o \nu$, $\dot{\alpha} \lambda \lambda \dot{\alpha}$ $\tau \iota$ $\mu \dot{\varepsilon} \gamma \alpha$ $\varkappa \alpha \dot{\iota}$ $\ddot{\alpha} \pi o \varrho o \nu$ (so hat auch Proclus in dieser Stelle gelesen, in Politiam pag. 371; welches der neueste Herausgeber nicht bemerkt hat) die Vorstellung begünstigen, dass in den Mysterien der Grie-

lung des Homer enthält diese Stelle, meines Erachtens, den
wichtigen Satz, dass man zu Platons Zeit schon zwischen
mythischen Gedichten den Unterschied machte, sie seyen doppelter Art: allegorische, und solche, welche keinen verborgenen Sinn hätten, sondern buchstäblich zu nehmen und darauf

---

chen wenigstens eine kleine Zahl von Gebildeten über den Sinn der
Volksmythen und Volksgesänge Unterricht und Aufklärung empfangen habe. — Die Anklage selbst, womit Platon auf seinem ethisch-
politischen Standpunkt vollkommen Recht hatte, traf ursprünglich
die Volksmythen selbst und den Homer und Hesiodus nur in soweit,
als sie ihnen durch die Auctorität ihrer Gesänge ein noch grösseres
und bleibendes Ansehn verliehen. Die Liebeshändel, deren Zeus
sich gegen Here selber rühmt (Iliad. XIV. 317 ff.) konnten nun
vielen Leidenschaften zur Entschuldigung dienen und zum Vorbild
der nachfolgenden Dichter, welche Plato ohne Zweifel bei dieser
Anklage ebenfalls vor Augen hatte. Folgendes Beispiel wird beweisen, wie viel diese dem Griechischen Volke zumutheten und zumuthen durften. Homer a. a. O. hatte auch seine Liebe zur Danae
und die Geburt des Perseus kürzlich erwähnt. Die nachfolgenden
kyklischen Poëten erzählten, wie Akrisios seine Tochter mit ihrem
Kinde zum Hausaltare des Zeus führt, und sie im Angesicht des
Gottes nach dem Vater befragt (Pherecydes ap. Scholiast. Apollonii
IV. 1091: Δανάην δὲ κατάγει σὺν τῷ παιδὶ εἰς τὸν ὑπὸ τὸ
ἕρκιον τοῦ Διὸς βωμόν. s. Commentt. Herodott. p. 232. 238. Es
muss aber noch ἑρκίον gebessert werden, s. die Grammatiker beim
Eustathius zu Iliad. II. vs. 339). *Sie nennt den Zeus am Altar
des Zeus*, der als Beschützer des Hauses und der häuslichen Zucht
und Ehre angebetet und angerufen wurde. Akrisios glaubt es nicht
und giebt Mutter und Kind in einen Kasten eingeschlossen den Mee-
reswellen Preis. Und doch war Zeus der Vater. An solchen Erzählungen nahm das Griechische Volk nicht den geringsten Anstoss,
und die Dichter nahmen sich das Reinmenschliche heraus, um solche
Situationen als Motive pathetischer Empfindungen und tragischer Scenen zu benutzen; wie in diesem Fall der Lyriker Simonides von
Keos in seinem naiv-rührenden Liede gethan (Antholog. Gr. I. p.
58 nr. VII ed. Jacobs). Je grösseren Einfluss die Dichtkunst auf
den Volksgeist ausübte, um so mehr mussten sich die Philosophen
und Plato selbst im Interesse der öffentlichen Moral und Volkserzie-
hung gegen sie erklären.

angelegt seyen, dass sie alles Volk verstehen könne. Plato
macht bei seiner Anklage keinen Unterschied, ob Homers Göttermythen einen allegorischen Sinn hatten oder nicht, und
brauchte ihn nicht zu machen. Aber wir müssen fragen,
welche Vorstellungen der Dichter von den Gottheiten hatte,
ob er über oder nur eben auf der Linie des gemeinen Volksglaubens stand. Der mehrmals angeführte Archäolog [1]) beruft sich auf das Zeugniss eines Kirchenlehrers, wonach Homer das Daseyn eines höchsten Wesens erkannt, und die
übrigen erdichteten Götter mit klarem Bewusstseyn, dass sie
ihrem Wesen nach nichts als Personificationen der physischen
und elementaren Dinge seyen, in die Handlung des Trojanischen Kriegs und seiner Folgen eingeführt, und der Verfasser selbst ist der Meinung dass diejenigen sich eines grossen
Genusses berauben, welche sich weigern anzuerkennen, was
das Entzücken seiner Griechischen Zuhörer und Leser gewesen, dass den Gemälden dieses Dichters Räthsel und Allegorien zu Grunde liegen. — Ich lasse es dahingestellt seyn,
unter welcher Betrachtungsart die Homerischen Gedichte grösseren oder geringeren Genuss gewähren, und wende mich
zur Sache selbst. Nun hat uns aber die bisherige Erörterung
schon gezeigt, wie die Neigung die angebeteten Naturwesen
zu vermenschlichen den Griechen so zu sagen angeboren war,
wie früh die Göttermythen ihren physisch-elementaren Gehalt
zu verlieren angefangen, und wie viele Dichter vor Homer
schon auf ganz menschliche Weise die Gottheiten vorgestellt
und sie in die epischen Handlungen eingeführt hatten. Hier-

---

1) Eméric David Jupiter Introd. CCXVII—CCXIX und daselbst Cyrillus contra Iulian. I. p. 26. 27. Der Verfasser sagt:
„Ceux qui ont refusé de reconnoitre des énigmes et des allégories
dans les tableaux de ce poëte me semblent avoir été bien ennemis
de leurs propres jouissances“ und weiterhin: „Et combien l'impres-
sion sera-t-elle encore plus vive, si nous reconnoissons que sous les
dehors symboliques ce sont les astres et les élémens qui se heurtent,
se froissent les uns contre les autres, *si nous voyons la nature entière qui se soulève et se bouleverse, pour prendre part au combat
que la Grèce livre à l'Asie.*"

nach ist kaum zu glauben, dass die Zeitgenossen Homers in
den Kampfscenen um Troja, wenn der Dichter die Götter als
Theilnehmer einführte, bei diesen letzteren noch an Gestirne
und Elemente gedacht; ahnen mochten sie wohl noch hie und
dort etwas bei solchen Schilderungen, wo das Physisch-elementare bemerklicher hindurchschimmerte, z. B. wo der Feuergott mit dem Flussgotte kämpfte, Schilderungen welche gelehrte Griechen eben deswegen Orphisch fanden. Homers eigne
Vorstellungen von den Göttern betreffend, so war er entweder selbst in dem nun schon längst eingewurzelten volksmässigen Anthropismus so befangen, dass seine Ansichten von
denen des Volks gar nicht verschieden waren; oder was er
auch an besserer Einsicht vor dem gemeinen Manne seiner
Zeit voraus haben mochte, war beim Dichten seiner Helden-
gesänge so gut wie gänzlich vergessen, weil er sich alsdann
seinem plastischen Bildungstriebe blindlings hingab, und im
Gefühl seines Berufs als Ritter- und Volkssänger, nur einzig den Eingebungen seines Genius (seiner Muse) folgend,
sich mit dem sensorium commune d. h. mit der Sinnes- und
Empfindungsart der grossen Masse seiner Zeitgenossen, so
zu sagen, identificirte.

Das Schwanken des Homerus zwischen der Freiheit und
dem fatalistischen Gebundenseyn der Götter wurde schon oben
bemerkt. Eben so unbestimmt ist die Vorstellung ihrer Unsterblichkeit, [1]) die sie auch durch äusserliche Mittel den
Sterblichen mittheilen können. [2]) Das Götterleben ist ein ge-
steigertes Menschenleben, und der Olympische Tag verläuft
unter denselben Abwechselungen von Ernst und Spiel wie der
Tag der Achäischen Könige und Edlen auf ihren Burgen. [3])

---

1) Man denke nur an ἀθάνατον κακόν von der Skylla gebraucht Odyss. XII. 118.

2) Vergl. Buttmann's Lexilogus I. 34. p. 132 sq. über ἄμβρο-
τος, ἀμβρόσιος, ἀμβροσίη. Aehnliche Vorstellung der Indier
von einem die Unsterblichkeit erhaltenden Mischtrank der Gottheiten
in Bhagawat-Geta; s. Pougens Tresor des Origines de la langue
Franc. p. 71 sqq.

3), Heyne Excurs. VIII ad Iliad. I. 494.

Sie sind stärker, schneller und grösser als die Menschen;
auch den letzteren gewöhnlich unsichtbar; oft ist selbst das
Sehen einer Gottheit den Menschen verderblich, und willkühr-
lich zeigen sie sich einem Menschen, ja selbst Thieren, während sie dem andern unsichtbar bleiben, und machen auch
ihre Lieblinge sichtbar und unsichtbar nach Gefallen. [1]) Mit
Einem Worte, die Homerischen Götter sind völlig poëtische
Individuen geworden, aber dabei riesenhaft und zum öfteren
geisterhaft. Aber Homer hat es, zumal in den zwei grösseren Gedichten, mehr mit den Heroen zu thun als mit den
Gottheiten. Woher sie stammen und welche Geschlechter wieder von ihnen herstammen, wie sie empfinden, was sie thun
und leiden, das ist es was diesen Sänger hauptsächlich beschäftigt; und sie stehen in seinen Vorstellungen in gewissem
Sinne höher als die Götter selbst. [2])

So war demnach der Anthropismus vollendet, oder vielmehr auf dem Weg bald vollendet zu werden. Denn, wenn,
wie bemerkt, die Göttergestalten und Götterhandlungen beim
Homer noch etwas Gigantisches und Geisterhaftes an sich ha-

---

1) Iliad. III. 380. IV. 75. V. 859 sq. XX. 131. XXI. 405 sqq.
Odyss. V. 51. XVI. 158 sqq. mit Eustathius p. 599 sq. vergl. Heyne
Excurs. I ad Iliad. I (Vol. IV. p. 168 sqq.).

2) Hegel (Vorlesungen über die Philosophie der Religion II.
S. 94 f.) sagt vortrefflich: „So ist die geistige Individualität der Heroen höher als die der Götter selbst; sie sind was die Götter an
sich sind, wirklich die Bethätigung des Ansich, und wenn sie auch
in der Arbeit ringen müssen, so ist dies eine Abarbeitung der Na-
türlichkeit, welche die Götter noch an sich haben. Die Götter kommen von der Naturmacht her; die Heroen aber von den Göttern.
Indem so die geistigen Götter das Resultat durch Ueberwindung der
Naturmacht, aber nur erst durch diese sind, so haben sie ihr Wesen an ihnen selbst, und zeigen sich als konkrete Einheit. Die
Naturmächte sind in ihnen als ihre Grundlage erhalten, aber sie
haben dies ihr Ansich verklärt. In den Göttern somit ist dieser
Nachklang der Naturelemente; aber die Hauptsache ist ihre geistige
Bestimmtheit;" womit verbunden werden muss was er über das We-
sen der Griechischen Religion überhaupt sagt (II. S. 86 — 107).

6*

ben, so treten bei ihm auch die Gestalten und Thaten der Heroen noch nicht in ganz plastischer Bestimmtheit hervor; welche zu erreichen erst den zunächst nachfolgenden Dichtern vorbehalten war. Aber in einer übermenschlichen Schönheit zeigt uns Homerus schon die Götter und Heroen; [1]) und nachdem die Griechen in naturgemässer Entwickelung zum selbständigen Bewusstseyn ihrer selbst gelangt waren, da musste ihnen der Menschenkörper als das nothwendige Correlat des Geistes, als der natürliche und einzige Ausdruck dafür erscheinen, [2]) und die Bewohner jener von einem glücklich gemässigten Klima begünstigten Griechischen Lande durften von sich rühmen, was sie in Götterlehre und in andern Zweigen der Sittigung von den Barbaren empfangen haben, das bringen sie im Elemente der Schönheit zur Vollendung. [3])

Nun konnte sich auch die Bildnerei allmählig der hieratischen Fesseln entledigen; allmählig sage ich, und zaghaft; denn die Autorität der Priester hielt noch lange streng auf die alten Vorstellungen, und das Volk selbst hatte eine heilige Scheu vor den herkömmlichen und durch die Andacht der Väter sanctionirten Cultusbildern. War auch eine künstlerische Neuerung bei dem einen gestattet, so war sie bei dem andern, wie das Volk meinte, von der Gottheit selbst verweigert. [4])

---

1) Iliad. III. 396. IV. 75. Odyss. XVI. 158. Hymn. in Cer. 275. περί τ' ἀμφί τε κάλλος ἄητο. Es ist selbst wohl bei Philosophen in dieser Beziehung von einem οὐράνιον σῶμα die Rede, und Heroen wie Herakles wird ein θεῖον καὶ καθαρώτατον σῶμα beigelegt (Iuliani Orat. VII. 219, D. Spanhem.).

2) K. O. Müller im Handb. der Archäologie der Kunst S. 444. 2. Ausg. vergl. 43.

3) Plato Epinom. p. 987, D. p. 366 Bekker. — Λάβωμεν δὲ ὡς ὅ τι περ ἂν Ἕλληνες βαρβάρων παραλάβωσι, κάλλιον τοῦτο εἰς τέλος ἀπεργάζονται.

4) Pausan. III. 16. 1, wo eine Priesterin der Leukippiden in Sparta, die das eine Gesicht einer dieser Göttinnen nach besserer Kunstart geändert hatte, im Traume gewarnt wird, es nicht auch mit dem andern zu versuchen.

Charakteristisch ist in diesem Betracht was dem Aeginetischen Künstler Onatas zu Phigalia in Arkadien begegnete. Die Einwohner dieser Stadt hatten versäumt an die Stelle eines alten Schnitzbildes der sogenannten schwarzen (Μελαίνης) Demeter, welches durch Feuer vernichtet worden, ein anderes machen zu lassen, und überhaupt deren Cult unterlassen; in Folge eingetretener Unfruchtbarkeit wollten sie, auf Geheiss des Orakels, Bild und Cult wiederherstellen. Dies that Onatas, und goss ihnen ein ehernes Ceresbild entweder nach einer Zeichnung oder nach einer Copie des alten Schnitzbildes, mehrentheils jedoch, wie man sagte, nach Traumgesichten. [1])

Nach solchem Vorgange konnten schon die nächstfolgenden Künstler einen grossen Schritt weiter gehen, und vom

---

1) — τὰ πλείω τοῦδε, ὡς λέγεται, καὶ κατὰ ὀνειράτων ὄψιν ποιήσας κ. τ. λ. Pausan. VIII. 42. 4. Ich schliesse aus diesen Worten, dass der Künstler sich viele Abweichungen vom alten Schnitzbilde erlaubt hatte, und die Gewissensscrupel der Phigalier durch das Vorgeben beschwichtigte, die Göttin sey ihm so, wie er sie dargestellt, mehrmals im Traume erschienen, und weiche in dieser Ansicht von K. O. Müller ab (s. dessen Aegineticor. lib. p. 97 sq. vergl. dessen Handb. d. A. S. 62), welcher in dieser Erzählung einen besonderen Beweis finden will, dass die Aeginetischen Künstler hartnäckig an den alten heiligen Normen gehangen. Da Pausanias sagt, *das Meiste* habe Onatas nach den Traumgesichten gebildet, und da die Aeginetischen Bildner eigentlich zuerst die Fesseln der priesterlichen Satzung gesprengt, und naturgetreu gebildet haben, wenn sie gleich in Auffassung des Angesichts noch steifhieratisch blieben, so wird Onatas wohl das mystisch-priesterliche Bild dieser schwarzen Ceres in wesentlichen Theilen gemildert, und sich nicht soweit überwunden haben, um es, wie das alte, mit einem Pferdekopf, aus dem Drachen und andere Thiere hervorwuchsen, wohl aber mit Delphin und Taube und mit dem Attribut eines Rosses an einer schicklichern Stelle vorzustellen. Es wird im Ganzen noch hieratisch genug und sehr verschieden gewesen seyn von dem schönen Gemmenbild, das uns die Ceres zeigt mit der Sichel in der einen Hand, mit der andern ein wunderschönes Pferd am Zügel führend, unter welchem eine Schlange sich aufrichtet (bei Winckelmann Descr. d. cab. de Stosch. nr. 231, bei Schlichtegroll I. nr. 37).

Zwange, den ihnen die religiöse Furcht des Volkes und die
Machtgebote der Priester auflegten, an die Autorität der Dichter appelliren. Schon Polygnotos der Maler, obwohl in Behandlung der Gestalten besonders der Götter wie in den Stellungen noch halb-hieratisch, wählte doch nicht blos vorzugsweise Homerisch-epische Gegenstände, sondern seine Gemälde hatten schon durchaus einen poëtisch-epischen Charakter. In Darstellung der Personen durchbrach er schon die
Schranken der Wirklichkeit, malte sie veredelt, und verstand
schon die Charaktere aufzufassen und die Seelenzustände vor
Augen zu stellen. ¹) Vom Phidias aber ging die Sage, er
habe das Kolossalbild seines Zeus zu Olympia nach einigen
Homerischen Versen gemacht, und einem Dichter sich hingegeben, von dem die Griechen urtheilten: er habe allein die
Gestalten der Götter entweder gesehen, oder sie allein gezeigt ²) — Sagen und Urtheile, die sprechende Beweise sind,
dass die Volksreligion vom poëtischen Geiste allmählig ganz
durchdrungen worden. — Denkende Männer der Nation wussten einerseits die geistigen Bedingungen, unter welchen Mei-
sterwerke der Kunst zu Stande gebracht werden, und die
Kluft, welche zwischen dem Wesen der Gottheit und dessen
poëtischer und plastischer Auffassung liegt, besser zu würdigen. Mehr als eine allgemeine Geistesanregung, mehr als
den zündenden Funken der Begeisterung konnte der Bildner
dem Dichter nicht zu verdanken haben. Das grossartige Got-
tesbild musste er aus den Tiefen seines Geistes selbst schöpfen. ³) Sie wussten die schöpferische Kraft der Phantasie

---

1) Aristotel. Poëtic. 2. VI. 15. Aelian V. H. IV. 3 mit Winckelmann (Werke VIII. S. 326 neue Dresdn. Ausg.) und Böttigers Ideen
zur Archäologie der Malerei S. 330 ff.

2) Strabo VIII. 354. p. 131 sq. ed. Tzsch. mit Eustath. I. p.
118 ed. Lips., Heyne's Obss. in Iliad. I. 528 sqq. (Vol. IV. p. 139)
und C. O. Müller de Phidiae vita p. 63.

3) Plotin. de intelligibili pulcritudine cap. 1. p. 542, E: Ἐπλα
σεν ὁ Φειδίας τὸν Δία, πρὸς οὐδὲν αἰσθητὸν ποιήσας, ἀλλὰ
νῷ οἷος ἂν γένοιτο, εἰ ἡμῖν ὁ Ζεὺς δι᾽ ὀμμάτων ἐθέλοι φα-
νῆναι. So wird man diese Stelle wohl mit T. Hemsterhuys (ad

von dem Talente der Nachahmung wohl zu unterscheiden, und machten diesen Unterschied besonders bei Beurtheilung der plastischen Werke des Phidias und des Praxiteles geltend. [1]) Die Nachahmung, sagten sie, wird künstlerisch bilden nur was sie gesehen, die Einbildungskraft aber auch was sie nicht gesehen. Den religiösen Standpunkt, worauf wir einen Mann wie Phidias zu denken haben, der, wie sein Gönner Perikles, mit Philosophen der Ionischen Schule und mit Sokrates selbst verkehren konnte, werden wir wohl nicht zu niedrig setzen müssen. Für ihn selbst wird die Einheit und Geistigkeit des höchsten Wesens wohl kein Geheimniss mehr gewesen seyn, so wenig wie für den Zeitgenossen Euripides, dessen Tragödien und Bruchstücke allenthalben solche philosophische Andeutungen enthalten. Aber sein Beruf, den öffentlichen Cultus zu verherrlichen, das Gefühl der Bedürfnisse und der Forderungen der Volksreligion, und seine Einsicht in das Wesen der Künste schrieben ihm andere Gesetze vor. Niemand hat diese Stellung des grossen Bildners unter seinen

---

Luciani Somn. 8. p. 11. p. 9 Bip.) lesen müssen, obschon keine Handschrift die Lesart bestätigt hat. Die philosophische Ansicht gehört dem Plato selbst an (s. Timae. p. 29, A) und ist auch von Cicero de Orat. II. 8. 9, von Seneca Controvers. V. 36 und von Andern angenommen worden.

1) Philostrat. de Vita Apollon. VI. 19. p. 256 Olear.: Οἱ Φειδίαι δὲ, εἶπεν, καὶ οἱ Πραξιτέλεις μῶν ἀνελθόντες εἰς οὐρανὸν (so muss aus der Schellersheimischen Handschrift gelesen werden, statt οἱ Πραξιτέλαι μὲν — ἐς τὸν οὐρανόν, und so als Frage hätte Olearius schon ohne Handschrift bessern können, wenn er das bekannte Epigramm des Philippos von Thessalonich auf den Phidias (Antholog. Gr. II. 48. II. pag. 208 Iacobs.) benutzt hätte) — καὶ ἀπομαξάμενοι τὰ τῶν θεῶν εἴδη τέχνην αὐτὰ ἐποιοῦντο; ἢ τι ἕτερον ἦν, ὃ ἐφίστη αὐτοὺς τῷ πλάττειν; Ἕτερον, ἔφη, καὶ μεστόν γε σοφίας πρᾶγμα. Ποῖον, εἶπεν; οὐ γὰρ ἄν τι παρὰ τὴν μίμησιν εἴποις. Φαντασία, ἔφη, ταῦτα εἰργάσατο, σοφωτέρα μιμήσεως δημιουργός· μίμησις μὲν γὰρ μόνον δημιουργήσει ὃ εἶδε, φαντασία δὲ καὶ ὃ μὴ εἶδε, ὑποθήσεται γὰρ αὐτὸ πρὸς τὴν ἀναφορὰν τοῦ ὄντος.

Griechischen Zeitgenossen treffender ausgesprochen als der
vortreffliche Dion Chrysostomos in seiner Olympischen Rede.
Er lässt ihn von aufgeklärten Hellenen zur Rede stellen;
welche ihm einen zweiten Ehrensold versprechen, wenn er
den Beweis führen könne, dass er die Gottheit würdig dargestellt habe. Indem er nun seine Sache selbst vertritt, wirft
er zuvörderst einen Blick auf die Gegenstände der alten Hellenischen Culte, Sonne, Mond u. s. w., zeigt wie diese gar
keiner bildlichen Darstellung bedurft und noch bedürften, oder
wie dieselbe ganz einfach und kunstlos sey. Darauf fährt er
fort, auf die geistige Natur der Götter, als ihr eigentliches
Wesen, übergehend: «Den Geist aber und Verstand ist kein
Bildner ($\pi\lambda\acute{\alpha}\sigma\tau\eta\varsigma$) und kein Maler ($\gamma\rho\alpha\varphi\epsilon\acute{\upsilon}\varsigma$) abzubilden fähig.
Denn von solchen Gegenständen haben alle schlechterdings
keine Anschauung und keine Kunde. Zu jenem aber, worin
Geist und Vernunft gegeben und vorhanden ist, nehmen wir,
nicht als blos Vermuthende sondern als Wissende unsere Zu-
flucht, indem wir den menschlichen Körper als das Gefäss der
Vernunft und des Denkens!) dem Gotte anlegen, und aus
Abgang eines Musterbildes in der Verlegenheit durch das Au-
genfällige und Bildbare das Unsichtbare und bildlich nicht
Darstellbare vor Augen zu stellen trachten; wobei wir unsere
Künstler-Kraft zü Rath ziehen, besser als einige Barbaren,
von denen man sagt, dass sie die Gottheit aus kleinlichen

---

1) Dio Chrysostom. Orat. XII. p. 211. p. 404 Reisk. In der
vorhergehenden Anrede an den Phidias liest jetzt Emperius (Obser-
vationes in Dionem Chrysostomum Lips. 1830. p. 28 sq.) richtiger:
$\dot{\upsilon}\lambda\eta$ $\tau\epsilon$ $\dot{\epsilon}\pi\iota\tau\epsilon\rho\pi\epsilon\tilde{\iota}$ $\chi\rho\eta\sigma\acute{\alpha}\mu\epsilon\nu\circ\varsigma$, $\dot{\alpha}\nu\delta\rho\acute{o}\varsigma$ $\tau\epsilon$ $\pi\circ\iota\acute{\eta}\sigma\alpha\varsigma$ $\mu\circ\rho\varphi\acute{\eta}\nu$
$\dot{\upsilon}\pi\epsilon\rho\varphi\upsilon\tilde{\eta}$ $\tau\grave{o}$ $\varkappa\acute{\alpha}\lambda\lambda\circ\varsigma$ $\varkappa\alpha\grave{\iota}$ $\tau\grave{o}$ $\mu\acute{\epsilon}\gamma\epsilon\vartheta\circ\varsigma$, $\pi\lambda\grave{\eta}\nu$ $\dot{\alpha}\nu\delta\rho\grave{o}\varsigma$ (d. i. aber
doch immer eines Menschen), $\varkappa\alpha\grave{\iota}$ $\tau\check{\alpha}\lambda\lambda\alpha$ $\pi\circ\iota\acute{\eta}\sigma\alpha\varsigma$, $\dot{\omega}\varsigma$ $\dot{\epsilon}\pi\circ\acute{\iota}\eta\sigma\alpha\varsigma$,
$\sigma\varkappa\circ\pi\circ\tilde{\upsilon}\mu\epsilon\nu$ $\tau\alpha\nu\tilde{\upsilon}\nu$. Wo der Kritiker das erstemal zwischen $\pi\circ\iota\acute{\eta}$-
$\sigma\alpha\varsigma$ und $\pi\lambda\acute{\alpha}\sigma\alpha\varsigma$ schwankte. Für letzteres spricht die angeführte
Stelle des Plotinus nach des Hemsterhuys Verbesserung; für erste-
res Eustath. ad Iliad. I. pag. 118 sq. ed. Lips. und Quintilian. Inst.
Orator. XII. 10. p. 610 ed. Spalding, wo dieser Herausgeber auch
die Lesart: Phidias tamen diis quam hominibus *efficiendis* melior
artifex etc. gegen den Vorschlag *effingendis* vertheidigt hat.

und unpassenden Anlässen den Thieren ähnlich abbilden.» Zuletzt entschuldigt der Meister das Verlangen der Menschen, dass sie sich nicht begnügen die am Firmamente strahlenden göttlichen Sterne und die in·der Natur wirksamen Kräfte als Götter von ferne zu verehren, mit der Schwachheit und der Sehnsucht der Sterblichen, die Wesen, zu denen sie sich aus Dankbarkeit hingezogen fühlen, leibhaftig in ihrer Nähe zu haben, ihre Kniee zu umfassen, und ihnen ihre Opfergaben darzubringen. Solchen Bedürfnissen und Wünschen der Hellenen musste der Hellenische Künstler nachgeben, und Phidias hatte sie über alle Erwartung befriedigt. Er hatte in seinem Gewährung winkenden Zeus (*Ζεὺς ἐπινεύων*) dem allgemeinen Verlangen der Nation Gewährung geleistet; ja es schien als habe er durch die Grossheit und Schönheit seines Olympischen Bildwerks der von den Vätern überlieferten Religion sogar einen Zuwachs gegeben. [1]) Auf diesen Punkt war nun die Griechische Götterlehre gelangt, dass Künstler sie vermehren, sie mit neuen Gedanken und Anschauungen bereichern konnten. Diese Götterbilder waren keine symbolische Zeichen mehr, die an das unbekannte Wesen der·Gottheit erinnern sollten; es waren ikonische Abbildungen (Porträte) von den Göttern selbst. Von nun an durften die Künstler es auch wagen, durch Schönheit ausgezeichnete Individuen ihrer Zeit als Musterbilder zu gebrauchen, wonach sie, mit Hinweglassung des Individuellen oder minder Vollkommnen, ihre Götterbilder formten; wie sie z. B. mit dem schönen Alkibiades gethan, der ihnen zum Vorbilde des Hermes diente. [2]) Zur Steigerung über das blos Ikonische musste der geniale Künstler bei seiner schöpferischen Phantasie die Mit-

---

1) Quintilian. Inst. Or. XII. 10. 9. — „Vel si (Phidias) nihil nisi Minervam Athenis, aut Olympium in Elide Iovem, fecisset: cuius pulchritudo adiecisse aliquid etiam receptae religioni videtur; adeo maiestas operis deum aequavit."

2) Athen. XII. p. 534., Proclus in Alcib. pr. cap. 38. Es war Volksglaube, dass Künstlern, denen es gelungen, eine Gottheit schön und herrlich darzustellen, dieselbe sich in ihrer wirklichen Gestalt offenbart habe (s. Jacobs ad Anthol. Gr. Vol. IX. p. 112).

tel suchen. Schönheit des Leibes war unter den Griechen so hoch geachtet und, so zu sagen, so heilig gehalten, dass es Fälle gab, wo sich die Bewunderung bis zu einem wirklichen Cultus steigerte; wie die Segestäer mit dem Krotoniaten Philippos gethan, dem sie als dem schönsten der Hellenen ihrer Zeit auf seinem Grabe ein Heroon errichtet und wie einem Halbgotte Opfer dargebracht hatten. [1]) Dürfen wir uns nun wundern, wenn Stammheroen selbst von den Griechen mit den Gottheiten vermengt, wenn das Wesen der Götter gleichsam auf ihre Personen übergetragen wurde? Davon zunächst. Jetzt fassen wir die bisherige Erörterung in dem Satze zusammen: *Der religiöse Anthropismus war nun poëtisch und plastisch vollendet.*

VI.

Vermischung des Anthropismus und der Apotheose, des Götter- und Heroenwesens.

Für diesen und den nächstfolgenden Abschnitt giebt uns eine Stelle des Pausanias die beste Anleitung. Dieser Perieget äussert sich am Schlusse der Erzählung von Zeus und Lykaon auf folgende Weise: [2]) «Denn es waren die damaligen Menschen Gastfreunde und Tischgenossen der Götter wegen ihrer Gerechtigkeit und Frömmigkeit; und ihnen widerfuhr augenscheinlich Ehre von Seiten der Götter, wenn sie gut waren, hatten sie aber ungerecht gehandelt, gleichmässig Zorn; sintemal damals sogar Götter aus Menschen wurden, welche die Ehren bis anjetzo noch geniessen, wie Aristäos

---

1) Herodot. V. 47. Eustath. ad Iliad. III. 64. p. 311 ed. Lips. ὅτι δὲ καὶ τὸ κάλλος οὐκ ἀπόβλητον ἀλλὰ τίμιον ἦν, δηλοῖ οὐ μόνον τὰ τῶν ἐρώτων ἀγάλματα, οἷς ἐνέπρεπον οἱ Ἑλληνικοὶ γραφεῖς, ἀλλὰ καὶ τὰ τῶν καλῶν ἡρῷα. Es folgt die Erzählung von jenem Philippus; vergl. auch Wachsmuth's Hellenische Alterthumskunde II. 2. S. 314 f.

2) Pausan. VIII. 2. 2.

und die Kretische Britomartis, und *Herakles der Alkmene Sohn* und Amphiaraos, der des Oikles, und ausser ihnen Polydeukes und Kastor. — Zu meiner Zeit aber (dieweil ja die Bosheit aufs Höchste gestiegen, und über die ganze Erde und alle Städte um sich gegriffen) wurde auch nicht Einer mehr Gott aus einem Menschen, ausser in wieweit das Gerede und die Schmeichelei sich versteiget.» Dies ist eine von den Stellen, die, neben der an Superstition gränzenden Frömmigkeit dieses Schriftstellers, zugleich den gesunden Sinn beurkundet, welcher jene heroischen Götter der ehrwürdigen Vorzeit von den neugeschaffenen Cäsarengöttern [1]) seiner entarteten Mitwelt recht gut zu unterscheiden verstand.

---

1) Io. Laurentius Lydus nennt den Octavianus Augustus treffend einen eingeschalteten Gott, θεὸς ἐπεμβόλιμος (deus intercalatus), de magistratt. Romm. II. 3. p. 96; welches Wort nur aus einem Glossar citirt wird, und also den Wörterbüchern beizufügen ist. — Ob man solche Götter, wie Herakles, Romulus u. s. w. novensiles nennen solle oder indigetes, darüber konnten sich die Römischen Gelehrten selbst nicht vereinigen (Arnobius advers. gent. III. 38 sq. p. 131 sq. ed. Orelli. Servius in Aeneid. XII. 794, in Georgic. I. 498. Macrob. in Somn. Scip. I. 9, womit jetzt die Mythographi Vaticani III. 2 und III. 20. p. 157. 185 ed. Bode zu vergleichen sind), so wenig wie über den Begriff der dii medioxumi. Einige Griechen wollten vergötterte Menschen als θεοὶ πάρεδροι bezeichnen, und diese Paredri von den Dii potes (δυνατοὶ, δυναμηροί) unterscheiden. Allgemeiner angenommen waren diese Classen der Gottheiten: θεοὶ οὐράνιοι, αἰθέριοι, ἐπίγειοι, χθόνιοι, θαλάττιοι (Salmas. ad Spartiani Adrian. XIV. pag. 138 sqq.). Natürlich machten die Philosophen noch andere Unterschiede. Im Allgemeinen nimmt Proclus in Alcib. pr. pag. 196 ed. Paris. p. 73 sqq. ed. Francof. folgende von Sokrates und Plato festgestellte Ordnung an: Götter, Dämonen, Heroen, Menschen. Ebendaselbst beleuchtet dieser Neuplatoniker das Wesen der Dämonen; wie er denn auch (ibid. I. 31) und Olympiodor (in Alcib. pr. pag. 17—20 sqq.) die Classen der Dämonen zu sondern suchen. — Ob die Menschen einen oder zwei Genien haben, war eine Frage, welche die Philosophen beschäftigte (Plutarch. de animi tranquill. p. 474 sqq. p. 932 sqq. Wyttenb.); die Volksmeinung hing in der Regel der letzten Mei-

Zur Lösung der Aufgabe, die uns hier beschäftigt, wähle ich, um, wie bisher, ganz concret zu verfahren, mit Uebergehung der übrigen Halbgötter, den *Herakles* aus.

Der religiös-treuherzige Herodotus ward an diesem Wesen irre, als er in den Morgenländern und zunächst in Aegypten einem Gotte zweiter Ordnung hohe göttliche Ehre erweisen sah, den man ihm, obwohl er dorten mehrere andre Namen führte, als Herakles bezeichnete, da der Hellenische Mythus und Cultus unter diesem Namen im Allgemeinen nur einen Halbgott kannte und ihm als solchem Todtenopfer darbrachte. Nach einer eigens angestellten Erkundigung über den Aegyptischen, Tyrischen und Thasischen Herakles gelangte er zu einem Ergebniss, welches er in folgenden Worten mittheilt: «Diese Forschungen nun beweisen es ganz klar, dass Herakles ein uralter Gott ist. Und ich glaube, Hellenen, welche sich zweierlei Tempel des Herakles erbauet, thun ganz Recht; nämlich dem einen opfern sie als einem Unsterblichen und der heisset der Olympische, dem andern aber üben sie Todtenfeier wie einem Heros.» [1])

nung an, besonders auch bei den Etruskern und andern Italischen Stämmen; wie sie denn auch oft in Unterscheidung von Dämonen und Heroen schwankte, und von bösen und guten Heroen nicht weniger wissen wollte, wie von bösen und guten Dämonen. Ich muss mich desfalls der Kürze wegen auf die Erörterung im 3. Bande der Symbolik S. 20 ff. 2. Ausg. vorläufig beziehen.

1) Herodot. II. 44. vergl. 42—45. Ich werde was von Andern und von mir in den Anmerkungen zur Bährischen Ausgabe über diese Stellen bemerkt ist hier unberührt lassen. — Mit diesem Doppelcultus einiger Hellenen hängt zusammen was derselbe Geschichtschreiber II. 145 sagt: „Bei den Hellenen nun gelten für die jüngsten *Götter Herakles*, Dionysos und Pan.“ Die Mehrheit von Wesen mit dem Namen Herakles und die Verschiedenheit seiner Genealogie und Verehrungsweise gaben späterhin den Philosophen, besonders den Akademikern, zu manchen Zweifeln und Einwürfen gegen die Nationalreligion Anlass, wie man aus Cicero d. N. D. III. 16 ersieht. — Ueber den Tyrischen, Thasischen und Aegyptischen Herakles, und über die Namen die er dorten führte muss man Münter's Religion der Karthager unter dem Artikel Melkarth (S. 36 ff.

Ich halte diese Ansicht des Herodotus im Ganzen für richtig, besonders auch des letzten Umstands wegen, dass einige Griechen schon damals dem Herakles einen zwiefachen Cultus, und zwar auch einen göttlichen, gewidmet haben. Da nun demselbigen Zeugnisse nach im Lande der Pharaonen dasselbe Wesen unter den Gottheiten von Alters her verehrt wurde, so dürfen wir annehmen, dass eine ganz ägyptisirende Kosmogonie, die des Hieronymos und Hellanikos Namen an der Stirne trägt, wirklich auf Aegyptischer Priesterlehre beruht. «Ein drittes Princip, heisst es dort, ist aus den beiden ersten (Wasser und Erde) hervorgegangen, eine Schlange ist es mit angewachsenen Köpfen von Stier und Löwe, in der Mitte mit dem Angesicht eines Gottes, auf dem Rücken Flügel tragend; sie heisst die nie alternde Zeit und zugleich Herakles. [1]) Mit ihm ist verbunden die Nothwendigkeit, die Natur seyend, und dieselbe ist die körperlose Adrastea» u. s. w. Hier haben wir also einen Schlangengott Herakles, mit einer Naturseele Adrastea verbunden, in einer Hieroglyphe, und die Sculpturen und Malereien in der Thebais lassen an dem Alter solcher hieratischen Bilder nicht im Geringsten zweifeln. Jenes Bild stellte den Herakles als ewig sich erneuende Zeit dar, verbunden mit der Natur in ihrer ursachlichen Nothwendigkeit; wie denn die alte Bildersprache die fatalistische Verknüpfung der Dinge als Herakleïschen Knoten zu bezeichnen pflegte. Vermittler der Zeit auf Erden ist der Sonnengott; er ist Zeitmesser und Lichtbringer durchs Jahr, durch den Jahres- oder Thierkreis vom Widder an. An einem Tage des Jahres, am Feste des Zeus-Amun (des Juppiter-Ammon) schlachteten die Thebäer einen Widder, zogen ihm die Haut ab, bekleideten das Bild des Zeus damit, und trugen sodann

2. Ausg.) nachlesen. Auffallend ist was Herodot (II. 43) sagt, die Griechen hätten den *Namen* des Herakles von den Aegyptiern empfangen.

1) Damascius de principiis p. 254 ed. I. Chr. Wolf. p. 381 ed. Kopp: — ὠνομάσθαι δὲ χρόνον ἀγήρατον καὶ Ἡρακλῆα τὸν αὐτόν. — συνεῖναι δὲ αὐτῷ τὴν ἀνάγκην, φύσιν οὖσαν, τὴν αὐτὴν καὶ Ἀδράστειαν ἀσώματον κ. τ. λ.

ein Bild des Herakles zu ihm hin. [1]) Hier ist die Beziehung
des Herakles, als des Gottes zweiter Ordnung, zum Zeus-
Amun dem Sonnengotte im Widderzeichen durch eine dramatische Scene, durch eine hieratische Cultushandlung dargestellt; und derjenige Gesang, der diese Conjunction des Herakles im Zeichen des Widders mit dem Sonnengotte erster
Ordnung Zeus-Ammon zum Inhalte gehabt hätte, wäre die
älteste priesterliche Heraklee gewesen. Es folgten andere
Herakleen. Hercules tritt allen Sonnenzeichen gegenüber,
durchläuft als Incarnation der Sonne alle Sonnenhäuser; er
kämpft mit allen Thieren des Sonnenkreises, bis er im letzten
ermattet, und im Steinbocke untergeht. Dies war der Inhalt
der physisch-astronomischen Herakleen gewesen. [2]) So war
Herakles schon als kämpfender Sonnenheld mit Kraft und
Willen in der Personification vollendet. Es war nur noch
ein Schritt zu der ganz menschlichen Vorstellung seines Wesens zu thun. Er ward gethan, und die national-Hellenischen
Herakleen stellten den Herakles nun als ein Musterbild eines
kämpfenden, leidenden, siegreichen, aber endlich doch, seinem
sterblichen Theile nach, untergehenden Heroen dar; als die
heroische Tugend im Aufgang, im Gipfelpunkt ihrer siegreichen Herrlichkeit und in ihrem eben so herrlichen Untergang.
Diese letzte Vorstellung hatte sich im allgemein-Hellenischen
Mythus und Cultus längst befestigt, als Herodotus, verwun-
dert von einem uralten Gotte Herakles im Morgenlande zu

---

1) Herodot. II. 42.

2) In dieser physisch-astronomischen Auffassung ward er auch
mit dem Planeten Mars identificirt. Plin. H. N. II. 6: „Tertium Mar-
tis, quod quidam Herculis vocant, igni, ardentis a solis vicinitate
(sidus)." Mythographus Vaticanus III. 8. p. 250 ed. Bode: „ — vel
quod secundum pontificalem ritum idem est Hercules qui et Mars;
nam stellam unam habere dicuntur." Spätere Deutelei machte den
Hercules gar zum Astronomen. Ibid. p. 248. Nam quum plura fe-
cerit, tamen XII tantum ei assignantur (labores) propter anni XII
signa. Docuit enim Atlas Herculem astronomiam etc. — Erinnerungen aus astronomischen Herakleen, mit historisch-pragmatischen Ansichten vermengt.

'hören, den wenigen seiner Landsleute Beifall zollte, bei denen
das Andenken an die göttliche Natur des Herakles sich in
stiller Verehrung noch erhalten hatte. Im allgemeinen Mythus und Cultus war die reingöttliche Natur des Herakles
wo nicht gänzlich untergegangen, doch so verdunkelt, dass
man ihm Alkmene, eine sterbliche Frau, zur Mutter gab. Ein
durch seine Thaten und Schicksale in der Sage gefeierter
Griechischer Stammfürst, von dem die ersten Herzoge und
selbst das Königshaus der Spartaner ihre Abkunft herleiteten,
hatte alle Herrlichkeit des alten Gottes in Schatten gestellt;
und es war nun eine allgemeine Angelegenheit der Poëten
und Historiker, seinen Hellenischen Ursprung genealogisch
zu begründen. Herodotus selbst geht nach seiner Weise in
der Stammgeschichte der Herakliendynastie von Sparta in
diese Untersuchung ein; [1]) und viele nachfolgende Verfasser

---

1) Da ich durch meine Ansichten keine abweichenden verdrän-
gen will, so verweise ich selbst auf den Artikel über Herakles in
K. O. Müllers Werk, Die Dorier I. p. 411—458; auf die Schrift
von J. G. Diek: Hercules secundum Graecorum poëtas et historicos
antiquiores descriptus et illustratus. Halae Sax. 1830; auf E. A. Ha-
gen de Herculis laboribus. Regiomont. 1827, und führe aus Butt-
manns Abhandlung über den Mythos des Herakles (im Mythologus I.
S. 246 ff. worin dieser Mythus als eine rein philosophische Dichtung
dargestellt wird) in Betreff jener genealogischen Untersuchung des
Herodot um so mehr eine Stelle an, als sie in den Anmerkungen
der neuesten Ausgabe unbenutzt geblieben: „Dass die älteste Dichtung die Erzeugung des Herakles durch Zeus blos geistig verstanden
wissen wollte, und dass die ältesten Hörer dies auch thaten, beweist
die so gangbar gebliebene Benennung des Herakles Ἀμφιτρυωνιά-
δης. Natürlich ergriffen dies späterhin die Historiker; und merkwürdig ist, wie ruhig-historisch Herodot den Unterschied zwischen
der göttlichen Geburt des Herakles von der der übrigen Göttersöhne
auffasst. Im 6. Buche (Cap. 93) lehrt er dass die Heraklidischen
Herrscher der Dorier anerkannt Griechischer Abkunft seyen bis auf
Perseus hinauf: also durch Herakles und Amphitryon ohne weiters
hindurch: aber weiter hinauf könne er dies nicht darlegen, ὅτι
οὐκ ἔπεστι ἐπωνυμίη Περσέι οὐδεμίη πατρὸς θνητοῦ, ὥσπερ
Ἡρακλέι Ἀμφιτρύων. Der Sinn ist offenbar der: „„Wenn ein

allgemeiner Hellenischer oder besonderer Lakedämonischer Geschichten machten solche Untersuchungen zu einer Angelegenheit. Seit jene Verschmelzung des physischen Sonnenhel-
den mit dem Hellenisch - Dorischen Stammfürsten vorgegangen, war auch von den Dichtern die historisch - menschliche
Seite vorzüglich hervorgehoben und in einer Menge von Geschichten dargelegt worden. Der Grundzug seines Wesens
war die thätige Tugend ($\pi\rho\alpha\varkappa\tau\iota\varkappa\dot{\eta}$ $\dot{\alpha}\rho\epsilon\tau\dot{\eta}$), und mehrere seiner Beinamen, wie z. B. Uebelabwender ($\dot{\alpha}\lambda\epsilon\xi\dot{\iota}\varkappa\alpha\varkappa\circ\varsigma$), bezeichneten ihn als einen Menschenfreund, der zum Hülfeleisten
sich vor allem Andern berufen fühlte. Hatte ihn schon die
Hesiodeische Theogonie (V. 536) als Befreier jenes leidenden
Wohlthäters der Menschen des Prometheus genommen, so

Göttersohn neben dem Gotte noch einen Vater hat — quem nuptiae
demonstrant — so versteht es sich dass man seine Griechische Abkunft durch diesen hindurch weiter hinauf zu verfolgen hat; kommt
man aber an einen, dessen Mutter neben dem Gotte keinen Mann
gehabt, so hören mit diesem die historischen Nachforschungen über
dessen männliche Ascendenz auf, und man kann nur noch etwas von
dessen Mutter und deren Abstammung vielleicht sagen. Perseus also
wird in dieser Griechischen Ueberlieferung wohl von väterlicher
Seite her ein Grieche gewesen seyn; aber wir wissen weiter nichts
davon; seine Mutter Danae hingegen und deren Vorfahren Akrisios
u. s. w. waren Aegyptischer Abkunft."" — Aus einer Aeusserung
im Platonischen Alkibiades dem ersten (p. 120, E. p. 339 Bekker.),
dass die Abkunft des Herakles und die des Persischen Achämenes
sich auf denselben Stammvater Perseus des Zeus Sohn zurückführen
lasse, nehmen die Scholiasten (p. 75 Ruhnk. p. 388 Bekker.) An-
lass eine Stammtafel des Herakles zu geben; worin $\dot{}A\lambda\varkappa\alpha\iota\circ\varsigma$ statt
$\dot{}A\gamma\varkappa\alpha\iota\circ\varsigma$ zu ändern ist, wie im Commentar des Olympiodor steht,
woraus dieses Register genommen ist (XVII. p. 156). Derselbe
Platoniker sucht daraus die zwiefache Abkunft des Herakles vom Zeus
zu beweisen von väterlicher und mütterlicher Seite, durch Amphitryon
und Alkmene, schliesst mit dem Satze: $\Delta\iota\dot{o}$ $\dot{}H\rho\alpha\varkappa\lambda\tilde{\eta}\varsigma$ $\dot{\epsilon}\varkappa\alpha\tau\dot{\epsilon}\rho\omega\vartheta\epsilon\nu$
$\Delta\ddot{\iota}\circ\varsigma$, $\varkappa\alpha\dot{\iota}$ $\gamma\dot{\alpha}\rho$ $\dot{\epsilon}\varkappa$ $\pi\alpha\tau\rho\dot{o}\varsigma$ $\pi\circ\lambda\dot{v}$ $\tau\dot{o}$ $\Delta\tilde{\iota}\circ\nu$ $\epsilon\tilde{\iota}\chi\epsilon$ $\varkappa\alpha\dot{\iota}$ $\tau\dot{o}$ $\gamma\dot{o}\nu\iota\mu\circ\nu$,
und berührt zuletzt den Anstand des Proklos, warum der Verfasser
des Dialogs die Abkunft der Lakedämonischen Könige durch den
Perseus statt durch den Herakles darzuthun vorgezogen habe.

wurden diese und andere Dienste in dem Prometheischen Dra-
menkreise weiter ausgeführt. ¹) Deswegen sollte ihm die
Pythia selbst statt des Namens Alkides oder Alkaios, welchen˙
er als der Starke hatte, den neuen Herakles beigelegt haben,
weil er wegen des Guten und Angenehmen, das er den Menschen gebracht, einen unverwelklichen Ruhm davontragen
werde. ²) Er rottete nicht allein die Bestien und die schädli-

---

1) S. Welckers Aeschyleische Trilogie Prometheus S. 44 ff.
2) Apollodor. II. 4. 12 mit Heyne's Observv. p. 140 sqq. Tzetz.
in Lycophr. **vs.** 662 sq. p. 726 sqq. mit Chr. Gottfr. Müller p. 726:
Ἀλκείδης, Ἀλκαῖος. Nun aber nannte ihn Apollo Herakles:

Ἡρακλείην δέ σε Φοῖβος ἐπώνυμον ἐξονομάζει·
Ἥρα γὰρ ἀνθρώποισι φέρων, κλέος ἄφθιτον ἕξεις.

Mit vollem Rechte konnte auf diesem menschlichen Standpunkt Herakles als *Ruhmerwerber* genommen werden, wie Gottfr. Hermann
(in den Briefen über Homer und Hesiodus S. 20) den Namen erklärt: „So erschien, was wahrscheinlich eine der ältesten Allegorien war, die Tugend als der Ruhmerwerber, Ἡρακλῆς, ὃς ἥρατο
κλέος. Die Tugend ist unsterblich, aber die Person geht unter.“ —
Diese Lichtseite und Menschenfreundlichkeit des Herakles wird von
Philostratus (de Vita Apollonii VIII. 9. p. 341 Olear.) betrachtet;
wo es unter Anderm heisst: — ἐκάθηρέ ποτε λοιμοῦ τὴν Ἦλιν,
τὰς ἀναθυμιάσεις ἀποκλύσας, ἃς παρεῖχεν ἡ γῆ, κατ' Αὐ-
γείαν (Αὐγέαν cod. Schellersh. — der Prosa gemässer, s. Heyne
ad Apollodor. p. 173 und Siebelis ad Pausan. V. 1. 7. p. 182) ἐπιὼν
τυραννεύοντα. τίς ἂν οὖν σοι, βασιλεῦ, δοκῇ, φιλοτιμούμενος
γόης φαίνεσθαι, θεῷ ἀναθεῖναι ὃ αὐτὸς εἶργα; (εἴργασε cod.
Sch. Olearius citirt in der Note ohne ein Wort zu sagen so, als ob
im Text εἴργασται stünde. Die Corruption erweist sich aber aus
der Lesart dieses Codex. Eben so wenig sagen Biel und Schleus-
ner über die Alexandrinischen Formen dieses Verbum, worüber jetzt
Stephani Thes. p. 3798 Londin. und Buttmann in der ausführl. Gr.
Sprachlehre I. S. 402 nachzusehen. Im Philostratus möchten sie
nicht zu dulden seyn.) — Sodann wird Herakles als ein reiner und
den Menschen wohlwollender Heros bezeichnet, und die Hülfe gerühmt, die er zur Vertreibung eines Plagegeistes geleistet: Λαμίας
γάρ τι φάσμα κακεῖ (Δ. γ. τ. κακεῖ φάσμα cod. Schell.). Zuletzt schliesst der Erzähler mit den Worten: — μὴ ἄχθου, βασι-

chen Menschen aus, sondern er zähmte auch die der Bezäh-
mung fähigen Thiere, bändigte z. B. den Kretischen Stier,
und machte ihn als Pflugstier den Menschen nützlich. Er heisst
darum der Ochsenanspanner ($Ἡρακλῆς\ βουζύγης$), wird als einer
der Stifter der agrarischen Cultur genannt, und in diesen und
andern Bemühungen um die Sittigung und Wohlfahrt wilder
Stämme dem Gesetzgeber Minos zugesellt. Aber der Ackerstier muss ihm auch zur Nahrung dienen. Er ist der Stier-
schlächter ($βουφόνος$) und der Ochsenfleischesser ($βουφάγος$,
$βουθοίνης$, $βουθοίνας$); und wie von seiner Riesenstärke, so
wurde von seiner grossen Esslust Vieles erzählt, und ihm der
Name Vielesser ($πολυφάγος$) angehängt. — Schon von dieser Seite fiel er den Satyrdramen der Griechen anheim; Scenen welche von der Bildnerei und Malerei auf mannigfaltige
Weise aufgefasst wurden. [1]) Es wäre im höchsten Grade
überflüssig, noch mehrere Züge zusammenzustellen, um zu
zeigen, dass Herakles in den volksmässigen Herakleen, im
Guten wie im Bösen, nun ganz auf die Linie der Menschheit
gestellt war; und ich habe deswegen auch nur einige Zeugnisse beigebracht, über welche ich gelegentlich philologisch-
kritisch etwas zu bemerken hatte. Es kommt jetzt darauf an,
den Hauptsatz festzuhalten, dass nicht nur in Stammgedich-
ten der Dorier und in den Herakleen, wie in den hieraus ent-
nommenen Attischen Dramen, sondern auch im allgemeinen
Volksglauben der Hellenen Herakles für einen von einer sterblichen Mutter gebornen Halbgott gehalten wurde, der sich
durch seine Thaten *die göttliche Würde verdient hatte*, und
dass der gemeine Cultus, weil er auf dem Oeta gestorben,
ihm Todtenopfer darbrachte; so dass jene Göttlichkeit auf
Apotheose beruhte.

λεῦ, τὰ Ἡρακλέους (τοῦ Ἡρακλ. cod. Schell.) ἀκούων· ἔμελε
γὰρ αὐτοῦ τῇ Ἀθηνᾷ, ἐπειδὴ χρηστὸς καὶ σωτήριος τοῖς
ἀνθρώποις.

1) Belege finden sich in meiner Abhandlung: De vasculo Er-
bacensi Herculem-Buzygen Minoemque exhibente, in den Annali
del Instituto archeologico Vol. VII. pag. 92 sqq.; andere in Welckers
Nachtrag zu der Schrift über die Aeschyleische Trilogie S. 311 ff.

Aber andererseits ist dennoch auch die ganz heroische Heraklee von elementaren und physischen Bestandtheilen durchdrungen, und die ursprüngliche chronisch - solarische Natur
des Gottes schimmert allenthalben durch. Um diesen Satz in
allen Punkten zu erweisen, wäre nichts weniger als eine Darlegung des ganzen Herakles-Mythos erforderlich, welche die
Gränzen dieses allgemeinen Theils bei weitem überschreiten
würde. Ich werde mich daher auf wenige Züge einschränken,
und dabei wieder einige Anmerkungen machen. Jenes physische Wesen im Herakles wird schon von der Verspätung seiner Geburt durch die Himmelskönigin Hera beurkundet, und
von der Bestimmung seines Lebensgeschicks durch diese ele-
mentarisch-launenhafte Göttin, bis er sie durch seine Thaten
versöhnt, und von ihrem Ruhme seinen neuen Namen sich erworben hatte. [1]) Die übrigen physisch-göttlichen Spuren in

---

1) Ἡρακλῆς von Ἥρας κλέος nach einer andern Etymologie
dieses Namens. Proclus in Cratylum §. 79. p. 42 ed. Boisson. Τὸν
γοῦν Ἡρακλέα, φασίν, Ἀλκείδην προςαγορευόμενον ἀπὸ τῶν
θνητῶν πατέρων ἡ Πυθία κέκληκεν Ἡρακλέα, (s. oben) διὰ
τὴν πρὸς τὴν Ἡράκλειον (man bessere: Ἡραίαν) τάξιν καὶ
θεότητα συγγένειαν· θεὸς γὰρ ὀνόματος ἀνθρώπῳ μεταδι-
δοὺς εἰς τὴν ὅλην αὐτοῦ σειρὰν καὶ τὴν ζωὴν ἣν προβέβλη-
ται βλέπων τὴν πρέπουσαν τίθησιν ἐπωνυμίαν. Hier wird
Herakles als Halbgott betrachtet, der unter die Heraïsche (Junoni-
sche) Ordnung gehöre, wie andere Halbgötter oder Hülfsgötter höheren
Gottheiten untergeordnet sind. Vorher heisst es: Οὕτω γὰρ ἄν, οἶμαι,
καὶ Διόνυσοι, καὶ Ἀσκληπιοί, καὶ Ἑρμαῖ, καὶ Ἡρακλέες (vergl.
Theodosii Canones p. 980. l. 17 Bekkeri) ὁμώνυμοι τοῖς ἐφόροις
αὐτῶν θεοῖς κ. τ. λ. Hieraus muss eine andere Stelle desselben
Proklos (in Alcib. pr. p. 186 Paris. p. 69 Francof.) verbessert werden, wo die Theorie der von Gottheiten abhängigen und nach ihnen
genannten Dämonen vorgetragen wird, und wo es heisst: Ἀπόλλω-
νες γὰρ καὶ Δίες καὶ Δίερμαι καλούμενοι χαίρουσιν, ἄτε δὴ
καὶ τὴν ἰδιότητα τῶν οἰκείων θεῶν ἀποτυπούμενοι. Man
schreibe καὶ Διόνυσοι καὶ Ἑρμαῖ. Dieselbe Theorie trägt
Plutarchus vor (de oracull. defect. p. 421. p. 724 sq. Wyttenb.),
der darauf auch von menschlichen Namen, die nach Götternamen
gebildet sind, spricht: καὶ γὰρ ἡμῶν ὁ μέν τις ἐστι Δίιος, ὁ

7*

der menschlichen Heraklee, die ich beispielsweise auswähle, zeigen sich nun in folgenden Mythen und Bildern, von den Schlangen, die Herakles als Säugling erwürgte (der fatalistische Knoten als Vorbild seines schicksalvollen Lebens); von dem Knaben Herakles, der als Daphnephoros zu Theben die Sonnen- und Mondskugel und andere Jahresembleme getragen; ¹) von dem Dreifussraub des Herakles, und mehreren andern Beziehungen zum Apollon; von der Zwölfzahl seiner hauptsächlichsten Arbeiten (ἄϑλοι) — in Bezug auf die Sonnenhäuser — (s. oben); vom Herakles mit drei Aepfeln; ²) von seinem Umtreiben der Iberischen Rinder; ³) von seinem

---

δὲ Ἀϑηναῖος, ὁ δὲ Ἀπολλώνιος, ἡ Διονύσιος, ἡ Ἑρμαῖος. — Um solcher Historiker willen, die heutiges Tags gar nichts von Sage und Mythus wissen wollen, sondern den Anfang der alten Völkergeschichten auf die Schriftdenkmähler beschränken, setze ich eine Bemerkung aus der Einleitung zur Deutschen Mythologie unseres trefflichen *Jacob Grimm* hierher. „Sage und Geschichte, heisst es dorten S. III, sind jedwedes eine eigene Macht, deren Gebiete auf der Grenze in einander sich verlaufen, aber auch ihren gesonderten, unberührten Grund haben. *Aller* Sage Grund ist nun Mythus, d. h. Götterglaube, wie er von Volk zu Volk in unendlicher Abstufung wurzelt: ein viel allgemeineres, unstäteres Element als das historische, aber an Umfang gewinnend was ihm an Festigkeit abgeht. Ohne solche mythische Unterlage lässt sich die Sage nicht fassen, so wenig als ohne geschehne Dinge die Geschichte.“ — Worte, die ich meinen Lesern hier besonders zur Erwägung empfehle.

1) Pausan. IX. 10. 4. Die Beschreibung dieses sinnbildlichen Geräthes (κωπώ genannt) bei Proclus (Chrest. ap. Phot. p. 987 u. p. 386 sq. ed. Gaisf.), vergl. K. O. Müllers Dorier I. 330 und vorher und weiterhin.

2) Diodor. I. 11. 12. 26. Io. Laur. Lyd. de mensib. p. 92; obwohl es auch andere Deutungen des Ἡρακλῆς μήλων und εὐμηλος gab (s. jetzt Mythogr. Vatic. III. 13. 5. p. 248 ed. Bode). Jene Erklärung ging auf die drei Jahrszeiten der Alten.

3) Iamblich. de vit. Pythag. IX. 50. p. 101 sq. Kiessl. Εἶϑ' οὕτως ἐπὶ πᾶσιν εἶπεν, ὅτι τὴν πόλιν αὐτῶν οἰκεῖσϑαι συμβέβηκεν Ἡρακλέα (nach meinen besten Handschriften muss man lesen und ergänzen:

Wirken auf die Natur, wenn er z. B. warme Quellen hervorbringt, fruchtbaren Regen sendet, wenn er Tischgott (ἐπιτρα-
πέζιος, mensalis) genannt, und als solcher mit Trankopfern
verehrt, ja in dieser Beziehung neben andern Gottheiten und
Zeus selber angerufen und ausdrücklich *die Kraft der Natur*
genannt wird. [1]) Ja er wird, wie Zeus selbst, zum öfteren

οἰκίσαι συμβέβηκεν, ὡς λέγουσιν, Ἡρακλέα), ὅτε τὰς βοῦς
διὰ τῆς Ἰταλίας ἤλαυνεν, ὑπὸ Λακινίου μὲν ἀδικηθέντος, Κρό-
τωνα δὲ βοηθοῦντα τῆς νυκτὸς παρὰ τὴν ἄγνοιαν, ὡς ὄντα
τῶν πολεμίων, διαφθείραντος, καὶ μετὰ ταῦτα ἐπαγγειλαμέ-
νου περὶ τὸ μνῆμα συνώνυμον ἐκείνῳ κατοικισθήσεσθαι (so haben zum Theil meine Handschriften, wie Kiessling wollte) πόλιν, ἄνπερ
αὐτὸς μετάσχῃ τῆς ἀθανασίας. Wenn Kiessl. durchaus mit Hol-
stenius Λακίνου will, so beharren dagegen alle meine codd. auf
der ersten Schreibart. Auch hat sie Diodor. IV. 25. p. 270 ohne
Variante, und Wesseling hat sie ohne Bemerkung beibehalten. So
steht sie auch ohne Abweichung in den Scholien der Tzetzes zum
Lycophron vs. 1006. p. 905 ed. Müller. Bei Servius ad Aeneid.
III. 552 kommt auch mehrmals Lacinius vor; doch einmal mit der
Variante Lacinus. — Im Verfolg ist in der Erzählung des Iambli-
chus wieder das Verhältniss des Herakles zur *Hera* Lacinia und zum
Apollon zu bemerken. Jene Stiftungslegende von Kroton wird durch
die Münzen dieser Stadt bemerklich, die ihn nicht allein οἰκίστας
(Erbauer) nennen, sondern ihn auch in verschiedenen Lagen zeigen:
als Säugling und Schlangenwürger; im Kampf mit der Lernäischen
Hydra; mit dem Sonnenbecher und als Trinker (bibax); am Altar
der Lacinischen Hera opfernd (Eckhel D. N. V. I. p. 170 sqq.;
Mionnet II. p. 190 sqq. und Suppl. I. p. 340 sqq.).

1) Iamblich. de vit. Pythag. XXVIII. 155. p. 326 Kiessl.
Σπένδειν δὲ πρὸ τραπέζης παρακαλεῖ Διὸς Σωτῆρος καὶ
Ἡρακλέους καὶ Διοσκούρων (Διοσκόρων mehrere schätzbare von
meinen Handschriften), τῆς τροφῆς ὑμνοῦντας τὸν ἀρχηγὸν καὶ
τὸν ταύτης ἡγεμόνα Δία· καὶ τὸν Ἡρακλέα, τὴν δύναμιν τῆς
φύσεως· καὶ τοὺς Διοσκούρους (Διοσκόρους dieselben Codd.),
τὴν συμφωνίαν τῶν ἁπάντων. Einige meiner Codd. haben vor τὴν
δύναμιν τῆς φύσεως den Zusatz καὶ, welche Lesart dem neuesten Herausgeber unbekannt war, sowie Lobeck (Aglaopham. p.
1172), der sie aber wohl selbst nicht gut heissen würde, obschon

als Retter (σωτήρ) bezeichnet. Er erscheint als ein Freund des Lichtes und des Tages, und wird als der Held mit dem Sternenkleide ('Αστροχίτων. Nonni Dionyss. XL. 369) bezeichnet. Aber auch die Nacht und Finsterniss gehört zum Gebiete seines Wirkens; und er begehrt von seinen Priestern, dass sie ihm Morgens und Abends opfern sollen. [1] — Aber sein Wille und sein Beruf geht auf Licht und Leben. Er kämpft mit dem König der Todten Hades, [2] befreit die Al-

---

Herakles dadurch die auffallende Bezeichnung als *Kraft der Natur* verlöre. — Auf dem Revers vortrefflicher Silbermünzen von Thasos erscheint der knieende Herakles, bedeckt mit dem Löwenfell, einen Bogen abschiessend, vor ihm eine Lyra, worauf er den Bogen stützt (Eckhel D. N. V. II. p. 53. Mionnet I. p. 433 und dazu Recueil pl. LV. nr. 5) — Apollinisch-Herakleische Symbole (wie Payne-Knight Symbol. Lang. p. 101 sie richtig erkannte), welche des Herakles Verbindung mit Apollo, der Sonne, und die Kraft der Natur im Einklang mit dem All bezeichnen.

1) Mythogr. III. Vat. (Albricus) III. 13. 7. p. 249 ed. Bode: „Qumque (Hercules) de suo armento ad sua sacrificia dedisset, duobus senibus Pinario et Potitio, qualiter se coli vellet, ostendit, et mane sibi ac vespere sacrificari iussit.“ — Nach einer andern Italischen Sage hatte Hercules statt der Menschenopfer Lichteropfer eingesetzt. Der solarische Jahreskreis schimmert durch die Italischen Heraklesmythen ebenfalls durch. Das eben angeführte war eine Milderung des grausamen ver sacrum. — Was uns Macer beim Macrobius Saturn. I. 10 (vergl. Gell. VI. 7. Augustin. d. Civ. Dei VI. 7), Verrius beim Lactantius Inst. div. I. 20. Plutarch. in Romul. p. 19, F. und Quaest. Romm. XXXV. p. 116 ed. Wyttenb. von der Verbindung des Hercules mit der Acca Larentia berichten, ist nichts anderes als ein aus einer Italischen Herbstfeier entstandener Mythus, dessen Elemente sind: Hercules, die Sonnenkraft, Acca-Larentia, die von den Herbstregen getränkte Erde, welche aus ihrem Schoose neue Saaten hervorbringt, wenn gewisse Tage des Calenders wieder gewonnen sind.

2) Iliad. V. 395 sqq. mit Heyne. vergl. Pindar. Ol. IX. 43 sqq. (31 sq.) mit Tafel und Dissen, und die bildliche Darstellung in den Monumenti inediti del Instituto archeol. tav. 20.

kestis und den Theseus aus der Unterwelt; [1]) und er selber befindet sich, nachdem er auf dem Oeta sich dem Flammentode geweiht, nur als Schattenbild in dem Todtenreiche, seinem wahren Selbst nach aber im Olympos, der ewigen Jugend, Hebe, zugesellt. [2])

So waren also *Menschen* durch ihre ausserordentlichen Eigenschaften, durch ihre Thaten und Verdienste zum Range von Göttern gelangt (*Apotheose*). Die *eigentlichen Gottheiten* der Griechen waren verkörperte, mit menschlichen Gesinnungen und Leidenschaften in Handlung gesetzte, in mythisch-sagenhafter Weise aufgefasste Naturtheile und Naturkräfte, elementare Wesen, wie Zeus, Hera, Poseidon, Demeter u. s. w. (*Anthropismus*).

Die Thaten und Begebenheiten jener wirklichen Stammfürsten und Heroen, jener Halb - oder Menschengötter, wur-

---

1) Apollodor. I. 9. 15 extr. Plutarch. Thes. cap. 20.

2) Odyss. XI. 601 ff. Wenn Onomakritos, wie Einige sagen, diese Verse dem Homer untergelegt hatte, so war dies im Sinn der Pythagoreer, und solcher Griechen geschehen, die, wie Herodot erzählt, die göttliche und menschliche Natur des Herakles anerkannten. Andere Philosophen stiessen sich daran (s. Cicero de N. D. III. 16); die Platoniker, besonders die der Alexandrinischen Schule, erklärten die Göttlichkeit des Herakles im Geiste der älteren Religion (vergl. die Anmerkk. zu Cic. a. a. O. p. 551 ed. Cr. et Moser und jetzt Cic. de Republ. III. 28. p. 278 der neuen Ausg. von A. Mai, wo die Lesart *de* terra, statt *e* terra nicht bemerkt worden. s. dagegen p. 392 ed. Moser. und dessen Note). Im Sinne der Platonischen Philosophie bemerkt Ficino (in Comment. in Plotin. IV. 3 extr.) ganz richtig, Herakles sey in vier Sphären zu denken, in der Unterwelt, auf Erden, im Himmel und in der intelligiblen Welt. — Zu den Vergötterungsscenen des Herakles (worüber Böttigers Hercules in bivio p. 37 nachzulesen) haben wir seit Kurzem treffliche Beiträge an antiken Bildern gewonnen, besonders in Vasengemälden (s. Gerhards antike Bildwerke Cent. I. tab. 31. Annali del Instituto archeol. Vol. III. p. 151 sq., und Raoul-Rochette Monumens inédits Vol. I. p. 271), welche theils die Auffahrt des Herakles vom Oeta in Begleitung von Gottheiten, theils dessen Empfang im Olymp, sowie dessen Vermählung mit Hebe darstellen.

den im Griechischen Mythos und Epos mehrentheils so vorgestellt, als ob letztere Naturgötter seyen; d. h. sie wurden
grossentheils elementarisch aufgefasst, in einem physischen
Lichte vorgezeigt, geschildert, und geschen, und dies aus
dem Grunde, weil diese Menschengötter bei andern Völkern,
aus deren Religionen sich Zweige nach Griechenland verpflanzt und dorten Wurzel gefasst hatten, wie bei den Phöni-
ziern, Phrygiern und Aegyptiern, wirkliche Götter (*Naturgötter*) waren, und in älteren theologischen Gesängen und
hieratischen Bildern von den Griechen selbst auch so genommen
worden — wie z. B. Herakles als kämpfende Sonnenkraft [1]) —
und weil erst nach und nach die Stammreligion der Hellenen
die siderische Herrlichkeit der Naturgötter auf die irdische
Geschichte der menschlichen Stammhelden aufgepfropft hatte, [2])

---

1) Macrobius Saturn. I. 20. p. 320 Zeun. Hercules ea est solis potestas, quae humano generi virtutem ad similitudinem praestat
deorum.

2) In Wahrheit bietet sich scharfsichtigen Alterthumsfreunden
in diesem mythischen Revier der Hellenischen Heroenwelt derselbe
Anblick dar, wie dorten den Gästen des Soklaros in dieses Griechen Gärten am Kephissos. Da befanden wir uns, wird beim Plutarch erzählt (Symposs. Quaest. II. 6. 1. p. 596 Wyttenb.) unter
Bäumen, die durch allerhand Inoculationen ein sehr buntes Gebüsche
bildeten; da sahen wir einen Mastixbaum, aus welchem Oelzweige
hervorsprossten, Granatapfelsprossen aus einem Myrtenstamme; da
waren Eichen, die gute Birnäste trugen, Platanen, die Aepfelzweige,
und Feigenbäume, welche von Maulbeerstämmen Pfropfreiser in sich
aufgenommen hatten u. s. w. — Herakles, den die mythische Sprache
der Alten des Zeus Auge (Διὸς ὀφθαλμός) nannte — wie er in
den Herakleen erscheint — ist ein solcher ἐνοφθαλμισμός, ein
solcher auf Griechischen Stamm eingeäugter, inoculirter Zweig, ein
Phönizischer Setzling, eingepfropft auf eine Pelasgische Eiche; und
alle Hellenische Heroen, welche in ähnliche Elemente aufgelöst,
von ähnlichen siderischen Lichtkreisen umstrahlt erscheinen, sind
solche Pfropfreiser (ἐμβολάδες, wie es beim Plutarch heisst, vergl.
Aristoteles apud Athen. XIV. p. 378 Schwgh. und ap. Harpocration.
p. 146 Gronov.) — aber keine θεοὶ ἐπεμβόλιμοι, keine eingeschalteten Götter, wie zu Anfange dieses Abschnittes der Lydier Johan-

z. B. auf den glorreichen Thatenkreis des menschlichen Herakles den siderischen Thierkreis, den die Sonne durchläuft. [1])
— Hinwieder wurden die Handlungen und Begebenheiten der
physischen Götter so erzählt und besungen, dass sie ganz
das Ansehn von menschlichen Thaten und Begebenheiten er-
hielten, z. B. das Meiste was Zeus beim Homerus thut und
leidet, wenn er die Hera wegen ihrer Partheilichkeit für die
Achäer anführt, wenn er seinen Sohn Sarpedon am Leben erhalten möchte, und da er es nicht kann, ihn kläglich bejam-
mert, und ihn im Tode ehrt —; so dass man kaum noch ge-
wahr wird, Zeus sey ursprünglich Naturkraft und Weltregent,
wenn er nicht zuweilen donnerte und blitzte.

So reichten sich in der Homerisch-Griechischen Volksreligion Anthropismus und Apotheose einander die Hände; und
beim sorglosen Vermeiden alles Grübelns nach den Gründen
der natürlichen Dinge und beim gänzlichen Verzichten auf
alle Metaphysik war es dem Dichter gelungen, ein heiteres
und ganz menschliches, aber herrlicheres, Olympisches, Götterhaus so recht mitten in den Bereich des ganzen Volkes
hinzustellen.

VII.

Exanthropismus, Euemerismus.

Ich habe mich jenes nach der Analogie gebildeten Namens bedienen müssen, weil die nun zu betrachtende Richtung des menschlichen Geistes auf dem Gebiete der Religionen

---

nes Laurentius jene vergötterten Cäsaren nannte; d. h. mit andern
Worten, die Hellenisch-heroische Apotheose ist nicht von Menschen
mit einem Schlage gemacht, sondern sie ist aus der Verzweigung
orientalischer Religionen mit Hellenischen von selbst allmählig her-
vorgewachsen.

1) Es war der Künstelei der alles Sinnes für die alten Religionen ermangelnden späteren Mythographen vorbehalten, den Herakles zu einem Astronomen auszuprägen, wie Albricus thut III. 13.
4. p. 248 ed. Bode.

mit der Bennennung Rationalismus auf eine ganz unangemessene Weise bezeichnet würde, und weil das Verbum, wonach jenes Substantiv geformt worden, wirklich in dieser Beziehung bei den Alten vorkommt. [1])

---

1) Plutarch. (de Isid. et Osirid. p. 360, A. p. 475 Wyttenb.) nennt Leute, die dem gottlosen Haufen Thür und Thore öffnen, und göttliche Dinge und Wesen vermenschlichen, $\dot{\varepsilon}\xi\alpha\nu\vartheta\rho\omega\pi\dot{\iota}$-$\zeta o\nu\tau\alpha\varsigma$ $\tau\dot{\alpha}$ $\vartheta\varepsilon\tilde{\iota}\alpha$. In einer andern Stelle, wo er von dem Vornehmthun des Pietismus und der Superstition redet (de genio Socratis p. 579, F. p. 338 Wytt.), bezeichnet er Leute von der entgegengesetzten Richtung so: $o\dot{\iota}$ $\delta\dot{\varepsilon}$, $\dot{\omega}\varsigma$ $\vartheta\varepsilon o\varphi\iota\lambda\varepsilon\tilde{\iota}\varsigma$ $\varkappa\alpha\dot{\iota}$ $\pi\varepsilon\rho\iota\tau\tau o\dot{\iota}$ $\tau\iota\nu\varepsilon\varsigma$ $\varepsilon\tilde{\iota}\nu\alpha\iota$ $\delta o\varkappa o\tilde{\iota}\varepsilon\nu$, $\dot{\varepsilon}\pi\iota\vartheta\varepsilon\iota\dot{\alpha}\zeta o\upsilon\sigma\iota$ $\tau\dot{\alpha}\varsigma$ $\pi\rho\dot{\alpha}\xi\varepsilon\iota\varsigma$, Andere aber, um für Lieblinge der Götter und ganz besondere Menschen gehalten zu werden, überkleiden mit Göttlichem ihre Handlungen (geben ihren Handlungen ein göttliches Ansehn). Es werden darauf Staatsmänner einigermassen entschuldigt, wenn sie einem rohen zügellosen Haufen gegenüber die religiösen und selbst superstitiösen Vorstellungen des Volks als Mittel gebrauchen, um es zu seinem eignen Besten hinzulenken; keinesweges aber die Philosophen, wenn sie, ohne auf den Grund der menschlichen Handlungen zu gehen, sofort die Motive derselben in göttlichen Einflüssen suchen: $\varphi\iota\lambda o\sigma o\varphi\dot{\iota}\alpha\varsigma$ $\delta\dot{\varepsilon}$ $o\dot{\upsilon}$ $\mu\dot{o}\nu o\nu$ $\dot{\varepsilon}o\iota\varkappa\varepsilon\nu$ $\dot{\alpha}\sigma\chi\dot{\eta}\mu\omega\nu$ $\dot{o}$ $\tau o\iota o\tilde{\upsilon}\tau o\varsigma$ $\varepsilon\tilde{\iota}\nu\alpha\iota$ $\sigma\chi\eta\mu\alpha\tau\iota\sigma\mu\dot{o}\varsigma$, $\dot{\alpha}\lambda\lambda\dot{\alpha}$ $\varkappa\alpha\dot{\iota}$ $\pi\rho\dot{o}\varsigma$ $\tau\dot{\eta}\nu$ $\dot{\varepsilon}\pi\alpha\gamma\gamma\varepsilon\lambda\dot{\iota}\alpha\nu$ $\dot{\varepsilon}\nu\alpha\nu\tau\dot{\iota}o\varsigma$, $\varepsilon\dot{\iota}$ $\pi\tilde{\alpha}\nu$ $\dot{\varepsilon}\pi\alpha\gamma\gamma\varepsilon\iota\lambda\alpha\mu\dot{\varepsilon}\nu\eta$ $\lambda\dot{o}\gamma\omega$ $\tau\dot{\alpha}\gamma\alpha\vartheta\dot{o}\nu$ $\varkappa\alpha\dot{\iota}$ $\tau\dot{o}$ $\sigma\upsilon\mu\varphi\dot{\varepsilon}\rho o\nu$ $\delta\iota\delta\dot{\alpha}\sigma\varkappa\varepsilon\iota\nu$, $\varepsilon\dot{\iota}\varsigma$ $\vartheta\varepsilon o\dot{\upsilon}\varsigma$ $\dot{\varepsilon}\pi\alpha\nu\alpha\chi\omega\rho\varepsilon\tilde{\iota}$ $\tau\tilde{\eta}\varsigma$ $\tau\tilde{\omega}\nu$ $\pi\rho\dot{\alpha}\xi\varepsilon\omega\nu$ $\dot{\alpha}\rho\chi\tilde{\eta}\varsigma$, $\dot{\omega}\varsigma$ $\tau o\tilde{\upsilon}$ $\lambda\dot{o}\gamma o\upsilon$ $\varkappa\alpha\tau\alpha\varphi\rho o\nu o\tilde{\upsilon}\sigma\alpha$, $\varkappa\alpha\dot{\iota}$ $\tau\dot{\eta}\nu$ $\dot{\alpha}\pi\dot{o}\delta\varepsilon\iota\xi\iota\nu$, $\tilde{\eta}$ $\delta o\varkappa\varepsilon\tilde{\iota}$ $\delta\iota\alpha\varphi\dot{\varepsilon}\rho\varepsilon\iota\nu$, $\dot{\alpha}\tau\iota\mu\dot{\alpha}\sigma\alpha\sigma\alpha$, $\pi\rho\dot{o}\varsigma$ $\mu\alpha\nu\tau\varepsilon\dot{\upsilon}$-$\mu\alpha\tau\alpha$ $\tau\rho\dot{\varepsilon}\pi\varepsilon\tau\alpha\iota$ $\varkappa\alpha\dot{\iota}$ $\dot{o}\nu\varepsilon\iota\rho\dot{\alpha}\tau\omega\nu$ $\ddot{o}\psi\varepsilon\iota\varsigma$. Den ersten Theil dieser Stelle hat Wyttenbach zum Theil aus Handschriften verbessert, den letzteren versteht er so: „deinde ab hoc actionum initio se ad deos refert, veluti spernens rationem" und führt auch im Index (I. p. 614) aus dieser Stelle an: $\dot{\varepsilon}\pi\alpha\nu\alpha\chi\omega\rho\dot{\varepsilon}\omega$ $\tau\iota\nu\dot{o}\varsigma$ $\varepsilon\dot{\iota}\varsigma$ $\tau\iota$. Aber in keiner Stelle steht dies Verbum so mit dem Genitiv (s. Thucyd. IV. 44. Aristid. Tom. I. p. 734 Iebb. und Suidas in $\dot{\alpha}\pi\dot{\varepsilon}\delta\rho\alpha\nu$, I. p. 437 Gaisford.). Es muss wohl geändert werden: $\varepsilon\dot{\iota}\varsigma$ $\tau o\dot{\upsilon}\varsigma$ $\vartheta\varepsilon o\dot{\upsilon}\varsigma$ $\dot{\varepsilon}\pi\alpha\nu\alpha\chi\omega\rho\varepsilon\tilde{\iota}$ $\dot{\omega}\varsigma$ $\tau\dot{\eta}\nu$ $\tau\tilde{\omega}\nu$ $\pi\rho\dot{\alpha}\xi\varepsilon\omega\nu$ $\dot{\alpha}\rho\chi\dot{\eta}\nu$, $\tau o\tilde{\upsilon}$ $\lambda\dot{o}\gamma o\upsilon$ $\varkappa\alpha\tau\alpha$-$\varphi\rho o\nu o\tilde{\upsilon}\sigma\alpha$ $\varkappa$. τ. λ. Wenn die Philosophie, nachdem sie so grosse Versprechungen gemacht, sofort zu den Göttern als dem Princip der (menschlichen) Handlungen ihre Zuflucht nimmt; mit Hintansetzung der Vernunft und der Demonstration, worauf doch ihr eigentlicher

Was nun die Sache selbst, die Vergötterung von Menschen, betrifft, so müssen hierbei sehr verschiedene Erscheinungen mit ihren Anlässen genau unterschieden werden. Wenn die Aegyptier, welche nach verschiedenen Nomen und Städten verschiedene heilige Thiere hatten, in einer derselben, zu Anabis, einem lebenden Menschen göttliche Ehre erwiesen und ihm Thier- und andere Opfer darbrachten, so war dies eine dieser ganzen Religion eigenthümliche Consequenz, es war eine nothwendige organische Ergänzung des gesammten Thierdienstes,[1]) dessen Grundwesen als eine Vergötterung des

---

Vorzug beruht u. s. w. Man wird hieraus ersehen, dass der sonst von religiösen Vorurtheilen nicht ganz freie Plutarch hier zum Wenigsten die richtige Mitte hält, und dem Vernunftglauben und den Rechten der Philosophie nichts vergeben wissen will. Uns gehen die von ihm gebrauchten Ausdrücke an, und wenn gleich sonst bei den Griechen das Wort ἐπιθειασμός zunächst göttliche Eingebung und Begeisterung bezeichnet (Pollux I. §. 16), so wird doch, nach dem Gebrauch, den hier Plutarch vom Zeitwort ἐπιθειάζειν gemacht, auch jede schwärmerische und mit pietistischer Vornehmthuerei hervortretende Stimmung und Lehrweise füglich *Epitheiasmus* genannt werden können. Andrerseits möchte die Bezeichnung *Exanthropismus* auch für christlich-theologische Verhandlungen um so mehr zu empfehlen seyn, da ein Griechischer Kirchenlehrer in der Frage über die Gottheit Christi sich jenes Plutarcheischen Zeitworts bedient (Gregorius Nyssenus Orat. IV. p. 534, B: μή τις υἱὸν ἀκούσας ἐξανθρωπίσῃ τὸ θεῖον δι᾽ ἐμπαθοῦς ὑπολήψεως); wogegen der ehrwürdige Name *Rationalismus* jenem mit dem Supernaturalismus gar nicht unverträglichen Verfahren vorbehalten bliebe, das von dem Grundsatz ausgeht, die Vernunft als die höchste Kraft des menschlichen Geistes überall geltend zu machen, ihre Gesetze auf alle Gegenstände der Erfahrung anzuwenden, und sie als Norm zur Prüfung derselben zu gebrauchen.

1) Diesen Zusammenhang scheint Porphyrius in der Hauptstelle (de Abstinentia ab esu animall. IV. 9. p. 325 Rhoer) selbst geahnet zu haben, denn nachdem er von andern Cultusgegenständen der Aegyptier gehandelt, fährt er fort: „Nächstdem verehren sie alle Thiere, auch noch einen Menschen im Flecken Anabis, allwo man demselben auch Opfer bringt, und auf den Altären die Opferthiere verbrennt. "

Lebens wir in einem früheren Abschnitte bereits betrachtet haben. Wenn ferner dieselben Aegyptier einem animalischen Individuum, einem Normalthiere, dem Stier Apis, göttliche Ehre erzeigten, und bei seinem periodischen Abgang nach gewissen hieratischen Zeichen einen andern Repräsentanten aus derselben Thiergattung an dessen Stelle setzten, so verehrten sie zwar zunächst auch darin den Lebensgrund aller Leiber, der ihnen Gott und zwar Osiris war; wenn sie aber den Apis auch deswegen göttlich zu verehren vorgaben, weil *des Osiris Seele* in ihn gefahren, und periodisch in ihm wohne, d. h. des Gottes, der in seiner Erscheinung auf Erden einst dem Volke der Pharaonen und anderen Nationen Wohlthäter gewesen, so zeigt sich hierin eine nahe Verwandtschaft mit den Religionen des Buddha und namentlich mit dem Lamaismus, dessen Wesen es ist, im Dalāi-Lama einen verkörperten Gott zu verehren, der nicht stirbt, wie die Anhänger dieser Culte glauben, sondern, nach dem Gesetz der Seelenwanderung, nur dieses menschliche Individuum verlässt, um in ein anderes überzugehen, welches von den Lama-Priestern nach gewissen, nur ihnen bekannten Zeichen bestimmt wird. [1]) — Ob jener Philippos von Kroton der Sohn des Butakides mit den Buddhaïsten von Tibet und Indien stammverwandt gewesen, [2]) wollen wir nicht fragen; was aber die Egestäer diesem schönsten seiner Zeitgenossen, dem die Götter zu Olympia den Sieg verliehen, nach seinem *Tode* erwiesen, indem sie auf seinem Grabe ein Heroon errichteten, und dem schönen Todten Sühnopfer brachten, das hat mit jener Buddhaïstischen Verehrung eines im Fleisch erscheinenden Gottes keine Verwandtschaft, so wenig wie der populär-Griechische

---

1) Der Zusammenhang dieses Glaubens und Dienstes mit der Indischen Lehre, wonach ein Mensch durch Busse, Gebet und Entsagungen aller Art die Schranken der irdischen Natur durchbrechend, Gott selbst werden könne, und als solcher, in wiederholten Incarnationen Wohlthäter und Erretter der Welt, ist schon von Andern vermuthet worden.

2) Wie K. Ritter in der Vorhalle zu vermuthen gewagt S. 351. vergl. S. 324 und Herodot. V. 49.

Heroendienst, den man dem Herakles und andern Heroen zu
widmen pflegte. Jener Cult des Philippos gehört dieser Reli-
giön der Schönheit an, die, nachdem sie poëtisch durchgebil-
det war, das Göttliche vorzüglich im Elemente des Schönen
anzuschauen pflegte, und in vorzüglich damit begabten Personen einen Abglanz der Gottheit zu erblicken glaubte. Wir
dürfen uns daher nicht wundern, dass unter den Griechen
dieses Wohlgefallen an der Schönheit, zumal wenn sie mit
andern grossen Eigenschaften verbunden war, nicht beim He-
roencultus stehen blieb, sondern sich, zumal nach dem Tode
solcher Helden, bis zur Vergötterung steigerte, wie z. B.
Achilles in den Pontischen und andern Griechischen Landen
wirklich göttliche Ehre genoss. Aber auch die wirkliche Apotheose, wie die des Herakles, hatte mit jenen orientalischen
Incarnationen gar nichts gemein; und wenn auch die Athener
in ihrem Theseus einen zweiten Herakles erkannten und verehrten, so fiel es ihnen doch so wenig als andern Hellenen
ein, seinen Körper für das Gefäss des Herakleischen Geistes
zu halten, oder überhaupt in dem Volksglauben von periodi-
schen Umkörperungen ($\mu \varepsilon \tau \varepsilon \nu \sigma \omega \mu \alpha \tau \dot{\omega} \sigma \varepsilon \sigma \iota$) in verschiedene
sterbliche Leiber zu sprechen. Andrerseits konnten die Grie-
chen nach ihrem feinen Schönheitssinne sehr wohlgestaltete
Personen mit Gottheiten vergleichen, oder die Künstler im
Entzücken über die Schönheit eines ihrer Zeitgenossen eine
solche Mustergestalt zu Studien wählen, um von einem solchen Ausgangspunkte aus sich zum Hervorbringen eines Göt-
terbildes zu erheben, wie mit Alkibiades geschehen seyn soll,
um einen Hermes zu fertigen. Aber erst spätere Irreligiosität
und Schmeichelei konnte dahin verfallen, einer sterblichen
Königstochter Tempel und Bildniss unter dem Namen einer
Göttin zu weihen; [1]) und wenn Praxiteles in künstlerischer

---

1) Wie Adimantos zu Ehren der Tochter des Demetrios Polior-
ketes gethan. Sie hiess Phila, und er widmete ihr Tempel und
Bild mit der Inschrift der Aphrodite - Phila ($\Phi i\lambda\alpha\varsigma$ - $\dot{A}\varphi\varrho o\delta i\tau\eta\varsigma$.
s. Athenaeus VI. p. 255, C. p. 478 Schwgh. mit den Auslegern
Vol. III. p. 512 sq.). Dodwell (Classical and topogr. turn through

Begeisterung wohl manchmal eine irdische Aphrodite zu sehen glauben mochte, so hat er darum den Koërn und den Knidiern nicht ein ikonisches Bild (Porträtbild) jener berühmten Hetäre in ihre Tempel gesetzt; dies war einem Römischen Maler Namens Arellius kurz vor dem Anfang der Monarchie vorbehalten, der sich nicht scheute, die Porträtfiguren seiner Buhlerinnen in Olympischen Umgebungen als Göttinnen darzustellen; dafür aber von einem ernsthaften Geschichtschreiber [1]) dem Tadel der Nachwelt ausgestellt worden ist.

Wie man auch von jenen kosmogonisch-theologischen Fragmenten des Sanchuniathon, die wir nach den Griechischen Auszügen des Philo von Byblos aus der dritten oder vierten Hand besitzen, denken mag, [2]) immer wird es auffal-

---

Greece II. p. 170) hat die Nische zwar ohne Bild aber mit der Inschrift aufgefunden.

1) Plinius XXXV. 10: Fuit et Arellius Romae celeber paullo ante Divum Augustum, *nisi flagitio insigni corrupisset artem.* Vergl. Schorn über die Studien der Griech. Künstler S. 316.

2) Ich wiederhole jetzt nicht, was ich in diesem Werke II. S. 16 f. 2. Ausgabe zusammengestellt, und bemerke nur nachträglich, dass es in einem Zusatz zum Suidas (II. p. 3241 ed. Gaisford.) von ihm heisst: $\Sigma\alpha\gamma\chi\omega\nu\iota\acute{\alpha}\vartheta\eta\varsigma$ $\acute{\alpha}\overline{\iota}\delta\acute{\omega}\nu\iota\sigma\varsigma$ $\sigma\sigma\varphi\grave{\sigma}\varsigma$ $\tau\sigma\overline{\iota}\varsigma$ $\chi\varrho\acute{\sigma}\nu\sigma\iota\varsigma$ $\varkappa\alpha\tau\grave{\alpha}$ $\Sigma\epsilon\mu\acute{\iota}\varrho\alpha\mu\iota\nu$· $\acute{\epsilon}\gamma\varrho\alpha\psi\epsilon$ $\tau\tilde{\eta}$ $\Phi\sigma\iota\nu\acute{\iota}\varkappa\omega\nu$ $\delta\iota\alpha\lambda\acute{\epsilon}\varkappa\tau\omega$ $\varphi\nu\sigma\iota\sigma\lambda\sigma\gamma\acute{\iota}\alpha\nu$ $\varkappa\alpha\grave{\iota}$ $\acute{\alpha}\lambda\lambda\alpha$ $\tau\iota\nu\acute{\alpha}$. Es ist wohl zu schreiben: $\Sigma\alpha\gamma\chi\omega\nu\iota\acute{\alpha}\vartheta\omega\nu$ $\Sigma\iota\delta\acute{\omega}\nu\iota\sigma\varsigma$ $\varphi\iota\lambda\sigma\sigma$.; denn wenn ihn Suidas einen Tyrier, Andere einen Berytier nennen, so konnte eine andere Quelle ihm auch wohl Sidon zum Vaterland geben. Ferner von dem Mochos ($M\tilde{\omega}\chi\sigma\varsigma$), den Athenäus neben Sanchuniathon anführt (III. 37. p. 126), kommt auch bei Damascius de Principiis (p. 385 ed. Kopp.) ein Stück Phönizischer Kosmogonie vor. Für Anerkennung alt-orientalischer Grundlagen in jenen Bruchstücken sind Beck, Heyne, Meiners u. A. (s. Böttigers Ideen zur Kunstmythologie I. S. 220. 375 und jetzt Sanchoniathonis Fragmenta ed. Io. Conr. Orellius p. IV sq. vergl. p. 4 sqq., welche Gelehrte selbst auf jene Seite treten). Gänzlich verworfen werden diese Fragmente von Hissmann u. A., denen neuerlich Lobeck (Aglaopham. p. 1265 sqq.) durch neue Beleuchtung derselben ganz entschieden beipflichtete. Polemische Zwecke hatte schon Philo mit diesen Griechischen Auszügen, und zwar gegen den

lend bleiben, in jenem Phönizischen Zeitgenossen der Semiramis so zu sagen einen Atheisten zu erblicken, denn ihm zufolge wäre das ganze Punische Pantheon mit lauter gewesenen Menschen bevölkert gewesen; und wenn auch unter den Angaben, die uns unter seinem Namen überliefert werden, manche ein so alt-morgenländisches Gepräge haben, dass sie kaum von Späteren erdichtet seyn können, so müssen uns doch die verschiedenen polemischen Absichten, die bei den wiederholten Mittheilungen sichtbarlich vorwalten, gegen jenen Satz, die Phönizischen Gottheiten seyen Könige und Königinnen gewesen, im höchsten Grade misstrauisch machen. In diesem Sinne möchte der von einem religiösen Griechen ausgeführte Satz, dass keiner unter den Barbaren ein Gottesleugner gewesen, [1]) eine grosse Wahrheit enthalten; wenn man nämlich an das Widersinnige der Annahme denkt, als hätten sich ganze Völker des alten Morgenlandes vermittelst listig veranstalteter Apotheose Fürsten und Fürstinnen als Götter und Göttinnen aufdringen lassen. Mit jenen aus einem allgemein verbreiteten Glauben an Seelenwanderung hervorgegangenen Buddha-Göttern hat es eine andere Bewandtniss.

Unter den Griechen erklärten zuerst die Sophisten die Griechischen Nationalgottheiten theils auf realistische Weise, theils lehnten sie sich entschieden gegen den Hellenischen Polytheismus auf. [2]) Sie fanden Gönner und Freunde unter

---

Josephus (nach Böttiger; alsdann müsste man Philo's Zeitalter später als Nero's Regierung setzen), Porphyrius gegen die Christen, und hinwieder Eusebius und andere Kirchenlehrer gegen die Heiden, gegen welche ihnen so uralte Nachrichten von der Nichtigkeit der ethnischen Religionen eine erwünschte Waffe waren.

1) Ὅτι μηδεὶς τῶν βαρβάρων ἄθεος. So lautet die Ueberschrift eines Kapitels des Aelianus, das jetzt unter den vermischten Geschichten steht (V. H. II. 31), das aber vielleicht aus desselben Schriftstellers Büchern von der Vorsehung (περὶ προνοίας) als ein Bruchstück in jene andere Sammlung verpflanzt worden; wenigstens ist in diesem Kapitelchen von der Vorsehung der Götter auch die Rede.

2) Prodikos von Ceos (Cic. de N. D. I. 41); Protagoras von

Staatsmännern, und Widersacher an den Sokratikern. [1]) Unter jenen suchte Kritias, einer der dreissig Tyrannen, den man deswegen auch den Sophisten nannte, einem noch kühneren Systeme durch poëtische Darstellungen Eingang zu verschaffen. [2]) Er und seine Anhänger gingen von zwei Sätzen aus. Zuvörderst behaupteten sie als ursprünglichen Zustand der Menschheit eine bis zur Anthropophagie versunkene Bestialität; sodann, dass Priester und Gesetzgeber, um die so rohen Menschen auch vom heimlichen Uebertreten ihrer strengen Gesetze abzuhalten, und sich des Gehorsams ihrer Untergebenen durch knechtische Furcht zu versichern, die Lehre von Göttern und von einem Leben nach dem Tode absichtlich erdichtet hätten. [3])

In der Cyrenaischen Schule nahm die Skepsis in Sachen der Nationalreligion ohngefähr denselben Gang. «Aristippos hatte wahrscheinlich mit Vielen seiner Zeit die Vorstellung und Verehrung der Volksgötter für Aberglauben gehalten, und wusste nur ein höheres Wesen von seinem System aus nicht zu gewinnen. Theodor aber scheint in späterer Zeit dies unverholen ausgesprochen zu haben; daher er als Atheist im Alterthume berüchtigt war. Aber leicht ist zu sehen, dass dieser Atheismus nicht blos die Volksgötter betrifft, sondern ein Missverstand alles Heiligen und Unvergänglichen ist; wie denn auch Plutarch von ihm sagt (advers. Stoicos cap. 31), dass er etwas Ewiges und Göttliches geleugnet habe. Und in der

That zeigt sich durch ihn das Cyrenaische System schon auf der Spitze der Unsittlichkeit.» [1]

Mit diesem Theodoros oder mit andern Gottesleugnern oder auch nur Bestreitern der Volksgötterschaar wird nun in vielen Anführungen der Alten Euemeros von Messana in Sicilien zusammen- oder vielmehr gewöhnlich an ihre Spitze gestellt. [2] Und er verdiente diese traurige Ehre. Denn

---

1) Auszug von A. **Wendt** aus seiner gehaltreichen Schrift De philosophia Cyrenaica in den Götting. gelehrt. Anzeigg. 1835. S. 796. Ich füge hinzu, Theodoros muss es mit seinen Aeusserungen sehr weit getrieben haben; sonst hätte er wohl nicht zu entfliehen und in Athen zum Schutz des Demetrios von Phaleron gegen den Areopag seine Zuflucht zu nehmen brauchen. Wenigstens war die Nationalreligion durch scheinbar äusserliche Anerkennung leicht zu bestechen, und in der Regel konnte sich ein Freidenker unter den Griechen unglaublich viel erlauben, wenn er nur nach dem Herkommen den öffentlichen Gebräuchen sich einigermassen bequemte (Sext. Empir. IX. 49: — κατὰ μὲν τὰ πάτρια ἔθη καὶ τοὺς νόμους λέγων εἶναι θεοὺς, καὶ πᾶν τὸ εἰς τούτων θρησκείαν καὶ εὐσέβειαν συντεῖνον ποιῶν).

2) **Theodoretus** Therapeut. III. p. 760 ed. Schulze: Οὐκ ἂν μόνοι γε ἄθεοι Διαγόρας ὁ Μιλήσιος καὶ Θεόδωρος ὁ Κυρηναῖος, καὶ Εὐήμερος ὁ Τεγεάτης καὶ οἱ τούτοις ἠκολουθηκότες, παντάπασι φάντες μὴ εἶναι θεοὺς, ὡς ὁ Πλούταρχος ἔφη. Nämlich Pseudoplutarch De placitis philosoph. I. 7 (vergl. C. D. Beck daselbst p. XV sqq. und p. 149). Es hätte in dieser neuesten Ausgabe des Theodoret, wo selbst Handschriften vorangingen, ὁ Μήλιος an die Stelle von ὁ Μιλήσιος gesetzt werden sollen. Auch war Euemeros nicht aus Tegea in Arkadien, auch nicht aus Agrigent in Sicilien (wie Arnobius IV. 29 sagt), sondern Μεσσήνιος, d. i. aus Messana in Sicilien. Aelian. V. H. II. 31. Οὐδεὶς γοῦν ἔννοιαν ἔλαβε τοιαύτην, οἵαν ὁ Εὐήμερος ὁ Μεσσήνιος (Coray p. 295 löscht den ersten Artikel aus, den cod. Heidelb. nr. 155 doch auch hat. Jedoch wird man ihn entfernen oder οἵαν ἢ Εὐήμ. lesen müssen.) ἢ Διογένης ὁ Φρὺξ, ἢ Ἵππων, ἢ Σωσίας, ἢ Ἐπίκουρος κ. τ. λ. (Dem Σωσίας hat man Ἱππίας oder Γοργίας unterstellen wollen. Jedoch hat unser Cod. und der alte, welchen Eustath. in Odyss. III. vs. 381. p. 134 ed. Lips. ge-

wenn jene destructiven Sätze der Sophisten, der Cyrenaiker und Skeptiker an sich schon gefährlich und verderblich genug

---

brauchte, ebenfalls Σωσίας.) — Wenn in dem vortrefflichen Abschnitt über Euemeros in Böttigers Kunst-Mythologie S. 186 ff. zuerst von Logographen die Rede ist, welche die Mythen durch blosse geschichtliche Thatsachen zu erklären und aus den Göttern selbst blosse Feldherrn, Könige, Gesetzgeber herauszudemonstriren gesucht haben sollen, so wird unter diesen Schriftstellern Charax von Lampsakos angeführt, und in der That hat Eustathius (in Odyss. IV. p. 176 Lips.) Χάραξ. Es sind also die Hellenica des Charax (Suidas II. p. 3878 Gaisf.) mit dem eben so betitelten Buch des Charon von Lampsakos verwechselt worden. Charax gehört der Römischen Kaiserzeit nach Nero an. Aus den folgenden Belehrungen theile ich Einiges auszugsweise mit. Böttiger fährt fort: „Wir wissen aus der merkwürdigen Stelle beim Eusebius in der Praep. Ev. II. 4, dass ihm (dem Euemeros) der Macedonische König Cassander eine Mission über die Meerenge von Babel-el-Mandel hinaus gab. Auf dieser Seereise besuchte er ohnstreitig nicht nur die Küsten des alten Arabiens (das alte Ophir), sondern auch die Inseln diesseits und jenseits des Vorgebirgs Comorin, wahrscheinlich auch Ceylon oder Taprobane. Nach seiner Rückkehr schrieb er ein Werk in vier Büchern, ἱερὰ ἀναγραφή (das Tempelarchiv) betitelt. Es enthielt den ausführlichen Commentar zu einem Tempelregister, das er summarisch (κεφαλαιωδῶς sagt Diodor. Tom. II. p. 633 und Eusebios) auf einer goldenen Säule im Tempel des Zeus Triphylios, in Panchäischen Buchstaben, d. h. in Hieroglyphen eingegraben fand. Der Tempel war im Mittelpunkt einer paradiesischen Insel [Totaque turiferis Panchaia pinguis arenis Virg. Georg. II. 139 mit Heyne. Cr.] auf einem hohen Berge (dem Adamsberge bei Candy?). Schon der Titel des Werks ist eine Art von Parodie auf die ἀναγραφὰς oder Tempelregister, dergleichen wir aus Eusebios Chronikon von den Priesterinnen zu Argos und den Priestern zu Sikyon kennen. — Das Werk begann mit der Titauendynastie unter Kronos, und zeigte dann, wie Zeus, sein Nachfolger, in Kreta, nach und nach sich alle Völker unterthänig machte, sie durch Ackerbau und Religionssatzungen entwilderte, und nach einer fünfmaligen Reise um den Erdkreis (terram quinquies circuivit beim Lactantius I. 11) mit seinen Kureten sich einen heiligen Priesterstaat in Osten auf der reichen Insel Panchäa stiftete, und endlich auf Knossos auf Kreta be-

waren, so kamen sie jedoch, in theoretischen Werken vorgetragen, nicht sofort ins grosse Publikum und unter das Volk,

---

graben wurde. (Ueberhaupt weiss er fast allen Göttern ihre Begräb-
nissplätze nach den Provinzen nachzuweisen, sepulcra per provincias
monstrat sagt Minucius Felix p. 22 ed. Ouzel.)" Ich füge aus
einem neuerlich gewonnenen Erklärer der Gedichte des Gregor von
Nazianz (im Catalog. Manuscriptorum Clarkii in biblioth. Bodleiana
ed. Gaisford. p. 49) bei: Κουρῆτες δέ εἰσι δαίμονες τινὲς ἐνο-
πλοι μαινόμενοι. Πυρρικην (leg. Πυῤῥίχην) γὰρ ὄρχησιν ταύτην καλοῦσιν. Ἕλληνες μὲν θεὸν τὸν διὰ φη (leg. τὸν Δία
φασί), Γρηγόριος δέ φησιν ὁ θεῖος ὅτι Κρητῶν τύραννος ἦν
ἄνθρωπος γόης (fort. ἦν ἢ ἄ. γ.). Οἱ δὲ τούτου ὑπασπισταὶ
κολακεύοντες αὐτὸν θεὸν ἀνηγόρευσαν. Τούτου ὁ τάφος ἐν
Κρήτῃ· καὶ ἐπίγραμμα ἔχει ὅτι αὐτόθι κεῖται, εἰς ἔλεγχον
τῶν οἰομένων αὐτὸν εἶναι θεόν· φασὶ δὲ καὶ σκηπτωθέντα
τοῦτον ἀναιρεθῆναι. Also noch obendrein vom Blitz muss dieser
Zeus erschlagen werden, wie Tullus Hostilius der stolze Römerkö-
nig, wie Salmoneus der König von Elis, die den Donnerer Zeus
nachahmen wollten. Man sieht, wie diese pragmatische Ausdeutung
der eifrigen Kirchenväter noch weiter ging als Euemeros, der doch
den Zeus in patriarchalischer Behaglichkeit sterben lässt. Denn
dies nannte man pragmatisch (τραγματικῶς) auslegen (vergl. meine
Meletemm. I. pag. 43 sq.). — Zuletzt muss ich noch eine Stelle
des Basilius (des späteren, in den von Boissonade herausgegebenen
Scholien über Gregorius von Nazianz, in den Notices et Extraits
des Mss. de la Biblioth. du Roi Tom. XI. 2. pag. 78) berühren.
Dort heisst es: Μὴ εἶναι δὲ πρόνοιαν καὶ θεὸν οἱ περὶ Πυ
θαγόραν καὶ Ἀριστοτέλην καὶ Δημόκριτον καὶ Ἐπίκουρον
ἐδόξαζον καὶ οἱ κατ' αὐτοὺς κ. τ. λ. Mit Recht bemerkt Boissonade in der Note: „Basile réunit fort ridiculement, à mon avis,
dans cette accusation d'athéisme, Aristote et Pythagore avec Démo-
crite et Epicure." — Allein, frage ich, sollte denn selbst ein Schriftsteller des zehnten Jahrhunderts so unwissend gewesen seyn, den
Pythagoras unter die Atheisten zu stellen, da er fast in jedem Kir-
chenvater Verzeichnisse von Gottesleugnern unter den Griechischen
Philosophen finden konnte? Ich kann mich nicht davon überzeugen,
und glaube, Basilius hat geschrieben οἱ περὶ Πρωταγόραν.
Denn Protagoras, obwohl nur Skeptiker in dieser Frage, wurde doch
von Einigen zu den Gottesleugnern gezählt (Sext. Empir. adv.

8*

und die wissenschaftlich Gebildeten hatten dagegen Waffen
in der Hand, die ihnen eine klare Einsicht in das Wesen der
menschlichen Natur und eine gesunde Logik lieferte. In diesem Geiste bemerkt zum Theil ein scharfer Kritiker der verschiedenen dogmatischen Systeme mit offenbarer Hinsicht auf
Euemeros treffend: [1] «Die aber behaupten jene ersten Beherrscher unter den Menschen und welche Verweser der allgemeinen Angelegenheiten gewesen, hätten sich eine grössere
Macht beigelegt und eine höhere Ehre, damit ihnen ihre Untergebenen Gehorsam geleistet, und jene seyen nach ihrem
Tode mit der Zeit für Götter gehalten worden, diese verstehen wiederum nicht was in Frage kommt. Denn eben jene
Leute selbst, welche sie unter die Götter erhuben, wie kamen
sie doch zum Begriff von Göttern, worunter sie jene einreihe-
ten? Dieses eben, was gerade einer Demonstration bedarf,
übergeht man. Ausserdem ist aber auch das Behauptete unwahrscheinlich. Denn was von Regenten geschiehet, besonders wenn es lügenhaft ist, hält sich mit den Regierenden
nur so lange sie leben, wird aber, so wie sie das Zeitliche
verlassen, wieder abgeschafft.» — Wenn aber Euemeros, gerade weil er die Empfänglichkeit seiner Landsleute für wunderbare Geschichten kannte, nun mit einem Reisebericht von
fernen Ländern und von einer Wunderinsel, nach der Logographen Weise, aber wie ein umgekehrter Herodot, vor einem
gemischten Publikum auftritt, um auch dem gemeinsten Manne
den Glauben seiner Väter zu entreissen, ohne etwas Besseres
an die Stelle zu setzen, und ohne sich überhaupt um die sittliche Wirkung seiner Erzählungen im Geringsten zu beküm-
mern; dann möchte die doch fast allgemeine Entrüstung, die

Math. IX. 55. p. 564). Statt ᾿Αριστοτέλην könnte man auch ᾿Αρι-
σταγόραν vorschlagen, denn Aristagoras von Melos wurde zu den
Atheisten gezählt (s. Fabricius zum Sext. Emp. pag. 561). — Aber
Aristoteles galt bei Andern für einen halben oder ganzen Atheisten.
(Man s. die andere Hauptstelle des Sextus Pyrrhon. Hypotyp. III.
218. p. 182, und vergl. Cic. de N. D. I. 13 post init.)

1) Sextus Empir. advers. Mathemm. IX. 34. p. 557 ed. Fabric.

ihn von Seiten seiner Zeitgenossen, und die Verachtung, die ihn von den ersten Männern der Nation traf, nicht blos hinlänglich zu erklären und vollkommen zu rechtfertigen, sondern auch höchlich zu loben seyn. [1])

Es ist in mehr als einer Hinsicht merkwürdig zu sehen, welche Aufnahme ein solches Popularsystem auf die Lehrer des Christenthums hervorgebracht, und welchen Gebrauch sie davon gemacht haben, und weil ein gelehrter Alterthumsforscher gerade bei dieser Gelegenheit die Bemerkung macht, [2]) dass die Stellen der Griechischen Apologeten hier noch einer besonderen Sichtung bedürfen, so will ich dazu einen ganz kleinen Beitrag geben: In den früheren Zeiten des Christenthums, als die apostolischen Väter und ersten Vertheidiger des neuen Glaubens, zum Theil selbst geborne Griechen, noch einen gewissen Gemeinsinn für das was unter Hellenen ziemlich sey und eine besorgliche Liebe zu ihren heidnischen

---

1) Eratosthenes nannte den Euemeros einen Bergäer ($B\varepsilon\varrho\gamma\alpha\tilde{\imath}o\nu$) d. h. er nannte ihn einen Lügner, der eben so unverschämt sey als jener aus Bergä gebürtige Antiphanes (Polyb. XXXIV. 5. vergl. XXXIII. 12), und Polybios selbst verglich ihn mit dem Mährchenerzähler Pytheas (vergl. Eratosthenica ed. Bernhardy p. XV u. p. 12). Plutarchos aber (de Isid. et Osirid. p. 360, A. p. 475 Wyttenb.) giebt ihm die Entweihung alles Heiligen auf den Kopf Schuld, und sagt er habe durch seine erlogenen fabelhaften Erzählungen die ganze Masse der Gottlosigkeit über die Welt verbreitet ($\pi\tilde{\alpha}\sigma\alpha\nu$ $\dot{\alpha}\vartheta\varepsilon\dot{o}\tau\eta\tau\alpha$ $\varkappa\alpha\tau\alpha\sigma\chi\varepsilon\delta\dot{\alpha}\nu\nu\nu\sigma\iota$ $\tau\tilde{\eta}\varsigma$ $o\dot{\imath}\varkappa o\nu\mu\dot{\varepsilon}\nu\eta\varsigma$). — Ich möchte daher den Grund dieser allgemeinen Verwünschungen der Griechen nicht sowohl mit Lobeck (Aglaoph. p. 989 sq.) darin suchen, dass Euemeros zuerst die ganze Götterlehre erschüttert und den Juppiter selber als gewesenen Menschen zu nichte gemacht, als vielmehr in der ungeheuren Wirkung, die sein destruirendes Werk durch die populäre und angenehme Einkleidung auf alle Classen der Gesellschaft hervorgebracht hatte. — Bekannt ist auch die Entrüstung des Kallimachos über die Antastung der Gottheit des höchsten Nationalgottes (Callimach. Hymn. in Iov. vs. 8 mit dem Scholion; vergl. Pauli Epist. ad Tit. XV. 12 mit den Auslegern).

2) Böttiger in der Kunst-Mythologie I. S. 190.

Landsleuten bewahrt hatten, verletzte sie ein so frivoles Lü-
genwerk nicht minder als die übrigen fromm und sittlich lebenden Griechen. In diesem naiven Volksgefühl drückt sich
einer der ältesten Kirchenväter über Euemeros selbst noch
stärker aus als der fromme aber heidnische Plutarchos. «Ueber den höchst gottlosen (ἀθεοτάτου sagt Theophilos von
Antiochien) Euemeros scheint uns überflüssig nur zu reden.
Denn nachdem er sich erfrecht, von den Göttern Vieles auszusprechen, will er am Ende und überhaupt behaupten, es
seyen gar keine Götter, sondern Alles in der Welt werde
vom Zufall (αὐτοματισμῷ) regiert.» [1] — Aber schon im
nächsten Zeitalter glaubten die Kirchenväter von diesem Ro-
man des Euemeros viel grösseren Gewinn zu ziehen, als von
jener Kosmogonie des Sanchuniathon. Das waren doch immer
nur Vermenschlichungen alter Asiatischer Götter. Hier aber
hatte ein Grieche selbst, ein Freund von Königen, ein welt-
erfahrner gelehrter Philosoph, die Nichtigkeit des ganzen Hellenischen Olympus aus Tempelarchiven urkundlich vor allem
Volke erwiesen. Einen solchen Mann konnten sie brauchen;
unbekümmert dass die ersten Männer der Nation ihn mit Spott
einen Lügenmund, mit Abscheu einen Gottesleugner genannt,
Empfindungen die vormals mancher fromme Christ, so wie
Theophilus, mit ihnen getheilt haben mochte — entblödeten
sie sich nicht in diesem Krieg gegen die Griechischen Götter
Parthei für ihn zu nehmen, und ihn und seine Genossen mit
Lobeserhebungen zu überhäufen. [2] — Ob diese Benutzung
eines offenbaren Lügensystems dem Christenthum im Ganzen
wahren Vortheil gebracht, lasse ich auf sich beruhen; dass
aber ein solches Verfahren nicht redlich war, stellt sich jedem
Unpartheiischen von selber dar. [3] Ihr Eifer mochte noch durch

1) Theophilus ad Autolycum III. p. 121 ed. Colon.
2) Wie z. B. Clemens von Alexandria im Protrepticus pag. 20 Potter. thut.
3) In diesem richtigen Gefühl erklärt sich auch der wackere Schoell darüber in der Histoire de la Litterature Grecque III. p. 251: „Les Pères de l'Eglise (nicht alle, wie wir gesehen haben)

das Gedränge zu entschuldigen seyn, worin sie sich oftmals den heidnischen Philosophen gegenüber befanden; aber womit könnten wir Theologen und Geschichtschreiber der christlichen Kirche (ihre Namen wollen wir aus Achtung gegen ihre übrigen Verdienste unterdrücken) entschuldigen, die noch heut zu Tage kein Bedenken tragen, sich der stumpfen und verrosteten Waffen aus der Euemerischen Rüstkammer gegen die Religionen der alten Griechen und Römer zu bedienen?

Aber eben unter den Römern selbst hatte der Euemerismus zeitig Glück gemacht, seitdem Ennius [1]) das heilige Verzeichniss (ἱερὰ ἀναγραφή) jenes Griechen bearbeitet hatte; ein deutlicher Beweis, dass damals schon, als die Römer erst auf dem Wege zur Weltherrschaft waren, der Boden, worin der altitalische Glaube gewurzelt, ziemlich aufgelockert und empfänglich genug war, alle mögliche Glaubensweisen in sich aufzunehmen und politisch zu verarbeiten. Ueberhaupt darf uns die fast allgemeine Gleichheit der Gottheiten, die Griechen und Römer verehrten, nicht verleiten, darum auch eine

---

au contraire, qui ne voyoient dans ce philosophe qu'un antagoniste de l'idololàtrie, lui ont souvent fait un honneur qu'il ne méritoit pas. Nous ne pouvons voir en ce pretendu sage qu'un insensé, qui a voulu renverser les institutions de son pays, et un fourbe qui a étaye son système sur le mensonge.

1) Cic. de N. D. I. 42. p. 190 ed. Moser. Quae ratio maxime tractata ab Euhemero est, quem noster et *interpretatus* et secutus est praeter ceteros Ennius. Ab Euhemero autem et mortes et sepulturae demonstrantur deorum. Aus dem *interpretatus* est möchte ich mit Böttiger (Kunst-Mythologie I. S. 190) nicht schliessen, dass es mehr als eine Uebersetzung gewesen. Auch sagt der Nachtreter des Alexandriners Clemens Arnobius IV. 29: „Et possumus quidem hoc in loco omnes istos nobis quos inducitis, atque appellatis Deos, homines fuisse monstrare, vel Agragantino Euhemero replicato, cuius libellos Ennius, clarum ut fieret cunctis, *sermonem in Italum transtulit*.“ — Aber merkwürdig ist das *secutus est*, welches beweist, dass schon in der zweiten Hälfte des sechsten Jahrhunderts der Stadt sich Männer wie Ennius einem solchen Systeme hingeben konnten.

Gleichheit der religiösen Denkart beider Völker anzunehmen. Die Verschiedenheit ist zu einleuchtend. Die Griechischen Götter waren Naturmächte, die ein schönes heiteres Leben führen, getheilt unter Lust und That, den Stammkönigen der Hellenen gleich, ohne einen ernsten weithinausgesteckten Plan, und die Verehrung, die ihnen die Menschen erzeigten, war ein Gemisch von kindlicher Furcht und Freude. Ein so heiteres Götterhaus bot der dichtenden wie der bildenden Kunst eine sinnliche Mannigfaltigkeit von Gestalten, Charakteren und Scenen dar, die der empfängliche Geist der Griechen mit einem Glück, wie kein anderes Volk der Welt, zur vollendet schönen Erscheinung brachte. Diese sorglose Unbefangenheit und spielende Geistesfreiheit war nicht das Erbtheil des Römers geworden. Ackerbau und Hauswesen, Krieg und Staat erfüllten ihn ganz, und beschäftigten ihn mit Verfolgung ernsthafter Zwecke. «Der Zweck des Menschen und der göttliche ist Einer, aber ein der Idee äusserlicher Zweck; so gelten die menschlichen Zwecke für göttliche Zwecke, damit für göttliche Mächte. — Da haben wir diese vielen besonderen höchst prosaischen Gottheiten.» Der Charakter des Römischen Cultus ist dieser: «Es wird Gott gedient um eines Zweckes willen, und dieser Zweck ist ein menschlicher; der Inhalt fängt so zu sagen nicht von Gott an; es ist nicht der Inhalt dessen, was seine Natur ist, sondern er fängt vom Menschen an, von dem was menschlicher Zweck ist.» [1])

---

1) Hegel Vorlesungen über die Philosophie der Religion II. S. 136 f. und 141. Man lese Cic. de N. D. III. 24. „Sed eo iam, unde huc digressi sumus, revertamur (gelegentlich bemerkt, eine dem Plato abgeborgte Uebergangsformel). — Nam mentem, fidem, spem, *virtutem*, honorem, victoriam, salutem, concordiam ceteraque eiusmodi rerum vim habere videmus, non deorum." D. h. es sind ethisch-politische Begriffe, keine Gottheiten. Zum Beispiel jene virtus oder männliche Tugend war für den Römer der Hebel zu Allem was er im öffentlichen Leben für gross und herrlich hielt; sie legte ihm Anstrengungen und Opfer aller Art auf, um als Bürger das zu seyn und zu werden was zu seyn und zu werden sein Stolz war, aber eben darum war sie eine Eigenschaft des Menschen,

Aber darum möchte es doch zu überlegen seyn, ob wir nun auch die Römische Religion als eine Religion des *weltlichen Zweckes*, als die *der Realisirung der Weltherrschaft* überhaupt bezeichnen dürfen. Es ist wahr, schon in den älteren Zeiten, wo sie grossentheils als ein Kind der Etrurischen betrachtet werden muss, beruhte das ganze Römische Staatsgebäude auf einem Systeme sogenannter Offenbarungslehren, deren Theorie und Praxis in der sogenannten disciplina Etrusca enthalten war. Aber eben diese gedankenvollen Etrusker, von denen solche Satzungen ausgingen, waren doch einerseits Schüler morgenländischer Theologie (wir erinnern an die obigen Betrachtungen über den Janus), andrerseits war ihr Geist und Sinn ganz auf das wunderbare Walten der Natur gerichtet, und die Grundlage der Etruskerdisciplin war so zu sagen eine theologische Physik. Nun ist zwar nicht zu leugnen, dass eben diese Naturlehre von Roms Königen und Patriciern ganz und gar politisch angewendet ward, und durchaus den Staatszwecken der regierenden Caste dienen musste; aber im Wesentlichen war und blieb sie doch Naturreligion. Selbst der neue vollständige Verein der Römischen Zwölf-Götter war ein personificirtes Calenderjahr. Man lese nur die Fasti des Ovidius, so weit wir sie übrig haben, oder das Büchlein des Johannes aus Lydien über die Monate der alten Römer; wofür auch bildliche Darstellungen dieser Gottheiten sprechen, namentlich die zu Gabii gefundene Ara oder

nicht der Götter, welche nach Griechischen Religionsbegriffen als *wesentliche Mächte* durch sich selbst sind, was die Menschen erstreben müssen (vergl. Eméric David Introduction zum Jupiter p. CXCIX). — Aber zu jenen mehr Römischen Vorstellungen hatte früher schon Prodikos durch seine Personification der Tugend (ἀρετή) und späterhin die mehr und mehr reflectirende Religion der Griechen selbst Anlass gegeben. Man denke nur, um beim vorliegenden Begriffe stehen zu bleiben, an das berühmte Skolion des Aristoteles an Hermias, und an die bildliche Darstellung Ἑλλὰς καὶ Ἀρετή (Graecia et Virtus) des Euphranor (Plin. H. N. XXXV. 8. 19, wo jedoch jetzt Sillig aus Codd. berichtigt hat et Virtutem egregiam, statt Virtutem et Graeciam).

Vase, [1]) welche uns die im Kreise geordneten Köpfe der
Zwölf-Götter und ihre Attribute, als Monatszeichen mit Zodia-
kalgestirnen combinirt, vor Augen stellt. Auch war ja der
Sinn der Römer, so lange sie ihrer alten Sitte getreu eifrige
Landwirthe waren, der lebendigen Haushaltung der Natur
und den von den Naturmächten, den Göttern, abhängigen Bedingungen des Landbaus und der Viehzucht zugewendet. In
einem Jahrescyclus von Opfern und Gebräuchen aller Art, in
einer Menge von Formeln, Gebeten und Liedern der Salier
und der Arval-Brüder waren Hirtenleben und Ackerbau in
religiösen Sanctionen dem ganzen Römervolke eingeprägt.
Das alte Mondenjahr in seinem Verlaufe war in der wunderbaren, jugendlichen Wassernymphe wie in der alten Brod
spendenden Anna Perenna verkörpert, der man an den Iden
des März im Freien am Flusse ein geniales (festum geniale)
Lauberhüttenfest feierte. Noch im gebildeten Zeitalter war ja
beobachtenden Griechischen Philosophen der einfache rustike
Charakter Römischen Volkslebens und Volkscultus achtungs-
werth. [2]) Auch war jener fromme Geist Latinischer Hausre-
ligion in jener bedeutsamen Verehrung von Laren, Penaten [3])

---

1) Jetzt im Louvre. s. Mon. Gab. nr. 16 und 17. vergl. Description des Antiques du Musée Royal par Visconti et Mr. le comte
de Clarac nr. 381. p. 162 und die Abbildung in den Bilderheften
des Grafen von Clarac pl. 171. Man s. auch K. O. Müllers Handb.
der Archäol. d. K. S. 491. 2. Ausg.

2) Posidonius ap. Athen. VI. p. 274. p. 548 sqq. Schwgh. vergl.
Posidonii Rhodii Reliqq. ed. I. Bake p. 169 sqq. Es ist dort freilich von älterer Zeit die Rede, auch wird die Römische Sparsam-
keit in Cultusmitteln und Opfergaben nicht verschwiegen. Aber dass
noch späterhin auf dem Lande viele Spuren des alten frommen Rö-
mersinnes übrig geblieben, bezeugen die Schriftsteller vom Landbau,
ingleichen Virgil, Horaz, Persius und andere Dichter.

3) Hegel Grundlinien der Philosophie des Rechts §. 163. S.
170: „Die Identificirung der Persönlichkeiten, wodurch die Familie Eine Person ist und die Glieder derselben Accidenzen, ist der
sittliche Geist der (für sich abgestreift von der mannigfaltigen Aeusserlichkeit, die er in seinem Daseyn, als in diesen Individuen und

und in Todtenfeiern und Familien- und Versöhnungsfesten (Charistia) noch immer im Leben erhalten. Auch beurkundet sich der religiöse Geist Römischer Naturreligion zuweilen in einer gewissen Grossartigkeit; wie denn z. B. der Römer beim Erdbeben zu keinem bestimmten oder überhaupt bekannten Gotte, sondern zu den dunkelwaltenden Naturkräften überhaupt zu beten pflegte. [1]

Bei einer solchen Nation wird man wohl auch die politisch-indifferente Toleranz und Aufklärerei der Vornehmen von der religiösen Denkart des grossen Volkes gehörig zu unterscheiden haben. Mochten auch jene Optimaten sich beeilen, die neue Weisheit eines Euemerus sich anzueignen, die ihnen ein mit den ersten Häusern Roms vertrauter gelehrter Poët wie Ennius so bequem zurecht gemacht hatte: sie durften sich solcher Entdeckungen doch nur im Stillen freuen; der gesunde Sinn des Volks würde sie ausgestossen haben.

Da ich gerne concret zu Werke gehe, so will ich dies an einem Beispiel zeigen: Das Sternbild der Ziege war schon in den Localculten Griechenlands von Bedeutung, und Pausanias berichtet, wie die Phliasier auf ihrem Marktplatz dem vergoldeten Erzbilde derselben Ehre erwiesen, damit die Ziege im Aufgang ihren Weinstöcken nicht schaden möge. [2] Die Ziege mit dem Fischschweife war im Römischen Bildercalender das tropische Zeichen des nun wieder aufwärts steigen-

---

den in der Zeit und auf mancherley Weisen bestimmten Interessen der Erscheinung hat) — als eine Gestalt für die Vorstellung herausgehoben, *als die Penaten* u. s. f. verehrt worden ist, und überhaupt das ausmacht, worin der religiöse Charakter der Ehe und Familie, die Pietät liegt." — Wie in den Streitigkeiten der Plebejer mit den sie vom Connubium ausschliessenden Patriciern der gesunde religiös sittliche Sinn der Gemeinen gegen die schroffe Abgeschlossenheit der regierenden Caste sich geltend zu machen wusste, bezeugt die charakteristische Geschichte von der Pudicitia patricia und plebeia beim Livius (X. 23).

1) Gellii N. A. II. 28.
2) Pausan. II. 13. 4.

den Sonnenlaufs. ¹) Der Steinbock mit dem Fischschwanz
kommt auf vielen Städtemünzen der Römischen Kaiserzeit vor,
besonders auch über Wellen schwebend als Cohortenzeichen
der 18. und 22. Legion. ²) Der Steinbock (capricornus) war
das Geburtshoroskop des Kaisers Augustus, der es als ein
glückliches Vorzeichen seines Aufsteigens zur Weltherrschaft
auf Münzen prägen liess; und auf der berühmten Wiener Ca-
mee (gemma Augusta), welche den feierlichen Verein der Kai-
serlichen Familie darstellt, sehen wir dieses Zeichen über
dem Haupte des Kaisers schweben. ³) Auf einer Ara ist neben Mercurius mit dem in einen Fisch auslaufenden Steinbock
und einem Hahne die Inschrift zu lesen: Deo sancto Mercu-
rio August. Sacrum. ⁴) Aus Eratosthenes erhalten wir das
Bruchstück einer Titanomachie, wonach Aegipan oder Capricornus den Titanen zuerst panischen Schrecken eingejagt,
weil er Seemuscheln auf sie aus der Höhe herabgeschleudert
habe. ⁵) Auf einem neuerlich bei Wiesbaden gefundenen bron-
zenen Cohortenzeichen, worüber ich diese mythologische Bemerkungen zu machen veranlasst war, erscheint dieser fisch-
geschwänzte Steinbock mit einem grossen Pectinit (Kamm-
muschel) im Maule, mit drei Myrtenzweigen verziert. Die
Myrte, als der Baum der Venus, weist auf die gens Iulia,

---

1) Mythograph. Vatic. III. 12. p. 207 Bode.

2) Rasche Lex. univ. rei numar. Suppl. I. p. 1635. Eckhel D.
N. V. VII. p. 403. vergl. Wiener de legione Romana XXII. p.
79 sq.

3) Sueton. Octavian. cap. 94. Eckhel Choix de pierres gravées
du Cabinet imperial pl. I. vergl. Mongez Mémoires de l'Acad. des
Inscript. Paris 1827. Vol. VIII. p. 392.

4) Bei Doni Inscriptt. Cl. I. tab. 4. nr. 1. Ueber den *Mercurius Augustus* lese man nach Fr. Münter bei Orelli Inscriptt. Latin.
II. p. 440.

5) ap. Hygin. P. Astronom. II. 28 in Capricornus p. 480 ed.
Staver. vergl. Eratosthenica p. 162 ed. Bernhardy. — Hac etiam de
causa eius (Capricorni) inferiorem partem piscis esse formationem,
quod muricibus [id est marinis conchyliis] sit iaculatus pro lapidum
iactatione.

auf das Geschlecht der Julier hin, welche ihre mythische Abkunft von der Venus herleiteten. — So war also ein altes ca-
lendarisches Zeichen mit seiner aus dem Volksmythus entlehnten Bedeutung zum Kriegspanier Römischer Heere geworden,
die sich denn auch das Attribut der göttlichen Stammmutter
des ersten Kaiserhauses als Anhang gefallen liessen. [1]) Aber
nimmermehr hätte das Römervolk und das Römerheer sich
dies Zeichen gefallen lassen, wenn man ihm aus Euemerus
erzählt hätte: Pan hatte die Aega zur Frau; von Juppiter
geschwängert giebt sie ihren Sohn für das Kind des Pan aus.
Daher ward er Aegipan genannt, und Juppiter: Aegiochus;
der diesen seinen Sohn, weil er ihn sehr lieb hatte, im Zeichen der Ziege zum ewigen Andenken unter die Sterne versetzte. [2])

Wer aber etwa zweifeln wollte, dass noch in später Kaiserzeit das Elementare und Physische in den religiösen Vorstellungen der Menge vorgewaltet, den darf man nur, um ihn
eines Andern zu belehren, an den Eifer erinnern, womit die Römischen Heere sich den Naturculten fremder Völker ergaben, und
z. B. Gallische und Germanische Berge, Haine, Quellen und Flüsse
mit latinisirten Namen zu Göttern ausprägten, ihnen Gelübde
darbrachten, Altäre und Bilder weihten. [3]) — Es ist auch

---

1) Wie sie sich denn auch einen Mercurius Augustus gefallen
liessen.

2) Euhemerus ap. Hygin. P. Astr. XIII. p. 449 sq. Staver. —
Noch beim Nonnus (Diouyss. I. vs. 396 sqq.) leuchten im Mythus vom
Kadmos und Harmonia ganz deutlich Elemente einer Samothracischen
Kosmologie hervor. — Euemeros dagegen hatte im dritten Buche
seiner sauberen heiligen Geschichte erzählt, vorgeblich aus dem Be-
richt der Sidonier, Kadmos, des Dionysos Grossvater, sey Koch ihres
Königs gewesen, und habe sich mit einer Flötenspielerin Namens
Harmonia nach Böotien geflüchtet (Athen. XIV. p. 658, E. F. p.
398 Schwgh.).

3) Man denke nur an, den Deus Penninus in den Alpenländern,
an den D. Vogesus in den Vogesen, an die Diana Abnoba und D. Si-
rona in den Rheinländern, sowie sie in Italien ihren Tiberis, ihre
Albunea u. s. w. göttlich verehrten. Ich habe in der Schrift Zur

bemerkenswerth, mit welcher Zweifelsucht sich noch Cicero über den Gott der Römischen Sage Romulus-Quirinus erklärt; [1] und dennoch müsste er selbst erleben, wie einer seiner Zeitgenossen, dessen weitaussehenden Planen er sich oft mit gleichgesinnten Staatsmännern erfolgreich widersetzt, wie der grosse und glückliche Julius Cäsar nach seinem Tode unter die Götter der Nation versetzt ward. Und dies war nur der Anfang einer ganzen Reihe von Vergötterungen, worin die Schmeichelei der Senatoren in den nächstfolgenden Jahrhunderten wetteiferte, und worüber christliche Schriftsteller ihren Unwillen auslassen. [2] — In diesem Falle mit vollem Recht;

Geschichte der Römischen Cultur am Oberrhein und Neckar S. 50 f. u. S. 101 einen auf Römersteinen unserer Gegend vorkommenden Deus Visucius auf ein Flüsschen Weschnitz in der Bergstrasse bezogen; welches ich zurücknehme (obschon der hochverdiente Jacob Grimm in seiner Deutschen Mythologie S. 340 sich darauf berufen), da auf mehreren im Württembergischen gefundenen Steinen ein Mercurius Visucius, eine D. Visucia und anderwärts ein Deus Visons und eine Dea Visunna vorkommen; woraus sich ergiebt, dass diese Gottheiten Römisch-Gallische sind und den Visucii in der Gegend des heutigen Besançon angehören (s. Martin la Religion des Gaulois I. p. 376). Herr Stälin wird in den Württembergischen Jahrbüchern noch in diesem Jahrgang weitere Erläuterungen darüber geben.

1) De Re Publica II. 10. p. 237 ed. Moser.

2) Z. B. Tertullianus im Apologet. cap. 34 fin.: „Si non de mendacio erubescit adulatio eiusmodi, hominem deum appellans, timeat saltem de infausto" etc. mit Heraldus und Haverkamp. Ueber die Feierlichkeiten und Gebräuche dabei ausführlich: Herodianus IV. 2. p. 806 sqq. Irmisch. — Isaak Casaubon zu Suetoii. Caes. cap. 88. p. 226 ed. Wolf. scheint geneigt, den Ursprung dieser öffentlichen Apotheose aus den sacris privatis der Römer abzuleiten, wonach es Sitte gewesen, dass Kinder ihren Eltern nicht allein einen Todtendienst erwiesen, sondern auch eine Art von göttlicher Ehre; welches sodann auf die Kaiser als Väter des Vaterlandes übergetragen worden. Darauf bemerkt er aus Labeo beim Servius, diese Götter seyen Seelengötter (dii animales) genannt worden, weil sie aus abgeschiedenen Seelen entstehen. Man vergl. hiermit Cic. de N. D. II. 24, wo der Seele oder des Geistes des vergötterten Romulus ge-

und wir selbst heute noch werden solche Empfindungen theilen müssen, wenn wir anders politische Religionen und Völ-
kerglauben, wie sich gebührt, unterscheiden wollen. Jene
Religionen sind Kinder zeitlicher Zwecke, und altern vor der
Zeit, sie sind Gebilde der Macht und der Staatsgewalt, und
fallen mit ihr unter der Staaten Trümmern; ja sie verlieren
oft mit einem blossen Regierungswechsel ihre Gültigkeit; diese
sind aus der heimathlichen Erde gewachsen, an der Brust des

---

dacht wird. Sollen wir dem Mythographus Vatic. III. 9. p. 219 ed.
Bode glauben, so war dabei eine ähnliche Vorstellung wie beim
Hercules herrschend: „Haec enim simulacra etiam eorum esse dicta
sunt, qui per ἀποθέωσιν dii facti sunt", nämlich dass man glaubte,
blos das Schattenbild solcher Menschen verweile in der Unterwelt,
da der Geist Gott geworden. Indessen scheint denn doch die Verehrung der Vorfahren mehr ein Heroendienst gewesen zu seyn, wie
die von Raoul-Rochette in den Monumens inédits gesammelten Beweise aus Denkmahlen vermuthen lassen, wo die abgeschiedenen
Seelen häufig als ἥρωες vorkommen, und ihre Grabmähler ἡρῷα
genannt werden. Auch möchte wohl die Sucht, Römische Kaiser
zu vergöttern, hauptsächlich aus der Vergötterung Griechischer Könige seit Alexander des Gr. Zeit abzuleiten seyn; worin besonders
die Aegyptier ausschweifend waren, welche z. B. einerseits dem
Sonnengott Phre Namen und Attribute ihres Pharao Rhamses beilegten, und andrerseits den König Ptolemäus Epiphanes bei seinen Lebzeiten einen Gott wie Horus nannten, und Göttliches und Menschliches auf diese Weise untereinander mischten. Mit solchen Apotheo-
sen verband sich der Gebrauch des unter die Sterne Versetzens;
womit die Alexandriner auch vorausgegangen waren. Denn nachdem
der Astronom Konon das Haar der Berenice, Ptolemäus des Euer-
geten Gemahlin, an den Himmel versetzt und Kallimachos das neue
Sternbild poëtisch verherrlicht hatte (Hygin. P. A. II. 24. p. 476
Staver. Valckenaer ad Callimachi Elegiar. Fragg. p. 36 sq.), durfte
man sich nicht wundern, dass man in Rom bei den Leichenspielen
des Julius Cäsar ein Iulium sidus am Himmel glänzen sah (Heyne
ad Virgil. Georg. I. 32 sqq.), ja man durfte sich nicht wundern,
wenn späterhin Kaiser, wie Caius Domitianus, Aurelianus und Carinus
(Spanheim de U. et Pr. Num. p. 418 sq.), bei ihren Lebzeiten auf
den Namen von Göttern Anspruch machten.

Mutterlands gesäugt und haben daher oft eine über das Leben der Völker weithinausreichende Dauer. Jene Divi Iulii,
Claudii, Flavii u. s. w. existiren nur noch in Stein und in Metall, in Aufschriften und in Kaisermünzen; das Iulium sidus
hat seinen Namen verloren, und der Calender bewahrt noch
die Erinnerung an Julius und Augustus, sowie die Haarlocken
der Berenice nur durch die Wissenschaft der Astronomie ihre
siderische Existenz behaupten; während die Stämme Nubiens
und Aegyptens nach Jahrtausenden, durch mannigfachen
Wechsel von Religionen und Regierungen hindurch, mit religiöser Ehrfurcht von ihrem Osiris-Nilus sprachen, und selbst
in Bildern und Sprüchen der Koptischen Christen der Nilkrug
und das frische Wasser des Landesstromes ein geistliches
Sinnbild von den Erquickungen der Seele im andern Leben
geblieben.

Und dennoch bietet keine Religion dem Euemerismus mehr
Blössen dar als gerade die Aegyptische. Ein Cultus, der,
bei allen provinciellen Verschiedenheiten und neben mehreren
heiteren Seiten, sich doch am Ende in einen grossen Todtendienst, als das letzte Geheimniss, und in eine allgemeine Lan-
destrauer auflöste, musste zum Exanthropiziren auffordern,
d. h. es musste die Beobachter der verschiedenen Glaubens-
und Cultusformen auf den Gedanken bringen, als beruhe die
Religion Aegyptens auf der Vergötterung von Pharaonen.
Schon frühe nahmen die heiteren und an heitere Götterdienste
gewöhnten Griechen an diesem lugubren Charakter des Aegyptischen Cultus Anstoss, und äusserten sich darüber unverholen; [1] und ein Platonischer Redner der Kaiserzeit stellt
eine Vergleichung der Hellenischen und Aegyptischen Culte
an, und bemerkt von letzteren: «Bei den Aegyptiern aber
empfängt die Gottheit gleiche Huldigung durch Ehrenbezeigung
wie durch Thränen.» [2] Wär es daher zu verwundern, dass

---

[1] Solche Aeusserungen legt man dem Philosophen Xenophanes
aber auch andern in den Mund (Plutarch. Amator. p. 763. Clemens
Alex. Protrept. p. 21 Potter. mit den Auslegern).

[2] Παρὰ δὲ Αἰγυπτίοις ἰσοτιμίαν ἔχει τὸ θεῖον τιμῆς καὶ

die euemerisirenden Kirchenväter, um die Nichtigkeit des ganzen Heidenthums zu zeigen, mit Triumph hauptsächlich auch auf jenen Dienst im Lande des Fleisches hinwiesen, zumal da sie die Autorität berühmter Römer für diese Meinung anführen konnten? [1]) — Es gelang aber erst der gründlichen Kenntniss der alten Literatur und insbesondere des Aegyptischen Alterthums eines Zoëga, einem solchen Systeme einen hohen Grad von Schein zu geben, und andere Alterthumsforscher dadurch zu blenden.

Da ganz neuerlich wieder ein Deutscher Kritiker mit der trocknen Behauptung hervorgetreten, dass eben dies das Wahre, und die Sache durch Zoëga ein- für allemal abgethan sey, so wird es, denk' ich, niemand überflüssig finden, wenn ich hier nochmals in möglichster Kürze Thesis und Antithesis einander gegenüberstelle. Zoëga glaubt nämlich [2]) in einer Stelle des Herodotus, wo er von den Pyramiden des Hirten Philition (ποιμένος Φιλιτίωνος), der dorten einst seine Heerden geweidet, erzählt, den Grund des ganzen Osiris-Mythus gefunden zu haben. Hiernach wäre dieser Mythus nichts weiter als ein historisches Ereigniss in der Geschichte Aegyptens, und Osiris ein um Aegypten hochverdienter und darum nach seinem Tode vergötterter König des Landes. Aegypten nämlich empfing, nach Zoëga's Annahme, seine Be-

---

δακρύων Maxim. Tyr. Diss. VIII. 5. p. 137 sq. Reisk. — Den düstern Cultus bezeichnet der Römische Dichter Lucanus treffend in den zwei Versen IX. 158 sq.:

Evolvam busto iam numen gentibus Isin
Et tectum lino spargam per volgus Osirin.

1) So führt Augustinus (de Civ. Dei XVIII. 5) eine boshafte Aeusserung des Varro an, Harpokrates werde mit dem Finger an der Lippe deswegen vorgestellt, um die Aegyptier zu erinnern, dass sie verschweigen sollten, Isis und Serapis seyen Menschen gewesen (vergl. Chr. Saxe de Dea Angerona). Stellen der Griechischen Kirchenväter hat Jer. Markland zum Maximus a. a. O. ausgezogen. Den Satz selbst schreibt auch Arnobius IV. 29 fin. nach.

2) De obeliscis p. 577 sqq. vergl. p. 389. — Die Stelle des Herodotus steht II. 128.

wohner theils aus Arabien und Syrien, Hirten- und Nomaden-Stamme, roh und uncultivirt, theils aus Aethiopien oder Meroe, wo schon vorher ein vollkommen ausgebildeter Priesterstaat blühte. Letztere, ackerbauende gesittete Stämme, verbreite-ten sich von der Thebais aus immer weiter nach Norden hin-unter längs dem Nilthal, und so mussten sie mit den von Norden hereindringenden Hirtenvölkern in Kampf gerathen, in langwierige Kriege, die mit abwechselndem Glücke geführt wurden. Osiris nun, nachdem er von Aethiopien aus in Ober-ägypten Cultur verbreitet, und als Vater seiner Völker schon bei Lebzeiten sich allgemeine Liebe erworben, fällt endlich im Kampfe fürs Vaterland, von dem Hirtenkönig Baby-Typhon erschlagen. Sein Tod verbreitet über den ganzen hierokrati-schen Staat eine grosse Trauer. Man bestattete diesen edlen Pharao, balsamirte seinen Leichnam, baute ihm Todten-städte, und feierte sein Andenken durch Bilder, Lieder und Feste. Auf diese Weise ward der gute König Osiris zum guten Gotte. Später als es den Ackervölkern gelang, die Hirten aus Mittel- und Unterägypten wieder zu vertreiben, und ganz Aegypten in Besitz zu nehmen, errichteten sie dem guten in Vertheidigung des Vaterlandes gefallenen König Obe-lisken und Pyramiden, und jene Pyramiden des Hirten Phili-tion sind nichts anders als die Todten- und Ehrensäulen des Pharao Osiris von Philä, einer oberägyptischen Insel, der wie ein Hirte der Völker ($\pi o\iota\mu\grave{\eta}\nu$ $\lambda a\tilde{\omega}\nu$) im Leben seine Ae-gyptier milde regierte, und nun im Todtenreiche als ein guter König über ihre Seelen herrscht.

Dies sind die wesentlichen Sätze des Zoëga'schen Systems. Ich übergehe hier die philologischen Schwierigkeiten, die es drücken,[1]) und will hier die Antithese auf einen allgemeinen

[1]) Z. B. dass $\Phi\iota\lambda\iota\tau\iota\omega\nu$ nicht einen aus Philä bezeichnen kann, dass es Aegyptisch unerhört war, einen Pharao als Hirten zu bezeichnen u. s. w.; worüber man meine Commentationes Herodo-teae p. 192 sqq. oder den Auszug daraus im Excurs Vol. III. p. 800—802 des Bährschen Herodot, oder die Symbolik I. S. 300 ff. nachlesen möge.

Standpunkt stellen, und zugleich die Anlässe zeigen, welche eine solche Ansicht haben begünstigen können.

Ursprünglich wurzelt der Aegyptische Religionsdienst in einem Fetischismus, der zum Theil noch heute über einen Theil von Afrika verbreitet ist, im Alterthum aber noch weit verbreiteter war, von den heiligen Schlangen auf der Küste von Guinea bis zu den Hundes-Kolossen (so zu sagen petrificirten Hundssternen) Nubiens und bis zu angebeteten Ibissen und Lotusblumen von Aegypten. Dieses Landes Religion war älter als der Pharaonstaat. Viele Menschengeschlechter hatten zur Sonne und Mond und zu den Sternen gebetet, ehe Priester den Himmel beobachteten und den Calender ordneten; wie der Canadische Gefährte des Carver im Wasserfall des Niagara den grossen Geist verehrte, so hatten die Anwohner des Nil in seinen brausenden Katarrakten eines Gottes Stimme zu hören geglaubt, ehe Pharaonen und Arpedonapten (Könige und Priester) kamen, die den Nil als Landesgott heiligten. — Aus den Elementen physischer Stammculte ward Aegyptens Götterwelt geschaffen; auf dem Grunde natürlicher Anschauungen, Bedürfnisse und Befriedigungen erhob sich das systematische Gebäude des Pharonischen Völkerglaubens. Aegyptens Könige und Priester wurden die Verwalter der grossen Haushaltung der Natur auf Erden, wie am Himmel. Auf Erden: sie leiteten, sie dämmten den Landesstrom; sie bauten Dämme, Schleussen und Kanäle, sie brachten Saatkorn, lehrten es pflanzen, ernten und verarbeiten; sie vertilgten schädliche Thiere, zähmten und gebrauchten die nützlichen, schufen ein grosses Ackergesetz und Ackersystem; sammelten die Heilkräuter, bereiteten die Arzneien; schrieben den Einwohnern des heissen Tropenlandes eine nationale Diät als Religionssatzung vor. — Am Himmel: sie beobachteten gewisse Sterne, den Lauf des Mondes und der Sonne, ordneten die Zeiten; auf dass der Hirte wusste, wann er seine Heerden in die Felsenhöhlen oder in die auf Dämmen gebauten Dörfer bergen, und wann er sie herausführen, — der Nilschiffer, zu welchen Zeiten er auf- oder abwärts fahren, — der Ackermann, wann er säen und pflanzen sollte. Sie verfassten den Calender. Die Calender der Vorwelt waren ein Cultusjahr, ein Cärimo-

nicnkreis. Bilder waren solcher Calender Buchstaben: der
Hund, die Gazelle, Schlange, Krokodil, Lotus, der Nilkrug
u. s. w. Alle sind Götter. — Ja Tage, Wochen, Monate,
das Jahr, Jahreszeiten, Wind und Wetter, physische Erscheinungen und Wechselbeziehungen sind Götter und göttliche Dinge. Tage werden lang und kurz; die Sonne steigt,
culminirt und sinkt; der Nil wächst, fällt; d. h. sie leben auf,
sie sterben — lauter Anlässe zu Freudenfesten, Jubelscenen,
Leidens- und Sterbensgeschichten von Gottheiten. — In einem
Kreise von Festen, von des Junius Ende bis zum nächsten
Eintritt der Sonne in das Zeichen des Löwen, wird das Alles
begangen und gefeiert; Prozessionen, Opferhandlungen füllen
diese Feiertage aus; Götterhochzeiten, Göttergeburten und
Götterbeerdigungen reichen in jenem Cyklus einander die Hand;
damit der Mensch solcher Wunder gedenke, damit er in der
Ordnung der Natur verharre, und sie verehre. Verrichtet er
den heiligen Dienst, so thut er was die Natur thut. Der Nil
ist der Mimus der Sonne; die Erde schmückt sich mit Lotusblumen, wenn ihr Gemahl der Nilus kommt, und sie befruchtet. An solchen Festtagen stellen in Cultusscenen die Könige
und die Priester die Gottheiten vor. In solchem religiösen
Drama ist der Pharao jetzt der Nil, ein andermal die Sonne; [1])
die Königin, Erde (Aegyptenland) und Mond; der Priester —
jetzt Sirius — oder Hermes der Ministrant, der jetzt die kos-
mische Laterne — ein andermal den Nilkrug trägt, und das
erquickende Wasser ausgiesst. — So muss es kommen, dass
in der Anschauung der Nation und in der Erinnerung, die in
den Landes-Königen und Priestern die Stifter dieser ganzen
Satzung und die Urheber seiner Sittigung erblickt — *Priester
und Könige zu Göttern werden.*

---

1) Von der hieratischen Weihe der Pharaonen sagt Plato (Politic. p. 290. p. 319 Bekker.): „So dass in Aegypten kein König
ohne Priesterweihe ($\chi\omega\varrho\grave{\iota}\varsigma\ \iota\varepsilon\varrho\alpha\tau\iota\varkappa\tilde{\eta}\varsigma$) regieren darf; sondern, wenn
auch etwa einer aus einem andern Geschlecht die Herrschaft gewalt-
sam an sich gerissen, muss er doch nothwendig nachher noch auf-
genommen werden ($\varepsilon\grave{\iota}\varsigma\tau\varepsilon\lambda\varepsilon\tilde{\iota}\sigma\vartheta\alpha\iota$).“

Das Ergebniss der Antithese ist: Osiris, Isis, Anubis-Hermes u. s. w. sind ursprünglich elementare physische Potenzen; [1]) d. h. nicht sterbliche Könige und Priester sind zu Göttern gemacht worden; sondern die natürlichen Dinge sind die Gottheiten gewesen; die Völker aber haben ihre Könige und Priester, von welchen sie zur Kenntniss der Natur und zur Cultur erzogen worden, und welche bei den Festgebräuchen als Stellvertreter der Götter ihnen wirklich vor Augen traten, mit Ehrennamen belegt, ihnen Attribute beigegeben, ihnen Handlungen zugeschrieben, die aus der physischen Theologie entlehnt waren. Es ist nicht eine ersonnene, gemachte, sondern eine natürliche, aus der hieratischen Repräsentation erwachsene Vergötterung, deren Sinn niemand verborgen blieb. — Damit soll nicht geleugnet werden, dass vielleicht mehr als ein Pharao in den Kriegen mit den Hirtenvölkern den Tod gefunden, dass er von Mit- und Nachwelt als ein *zweiter* Landesheiland dankbar verehrt worden; aber das wird geleugnet, dass es jemals einem Aegyptier in den Sinn gekommen den Sonnengott Phre, den Nilusgott Osiris mit einem solchen gestorbenen Pharao zu verwechseln.

Wenn ich auf diese Weise dem Eucmerismus entgegentrete, und geradezu behaupte, dass es dem Geiste des Alterthums widerspricht anzunehmen, die Völker der Vorwelt hätten sich von Priestern und Herrschern in politischem Einverständniss gemachte Gottheiten aufdringen lassen, so besorge ich jetzt im Ganzen nicht so viel Einrede, — als von andern Seiten wegen meiner Zustimmung zu dem Satze, dass das Religionssystem der Aegyptier nicht nur, sondern fast aller alten Völker (die Ebräer, versteht sich, vorweg ausgenommen)

---

1) Das haben schon unbefangene Forscher unter den Alten gesehen. Plutarch (Symposiaca VIII. prooem. p. 960 Wyttenb.) bemerkt: „Die Aegyptier setzen das Wesen der Götter in Luft, Winde, in gewisse feuchte und warme Qualitäten (τὰς οὐσίας τῶν θεῶν ἐν ἀέρι καὶ πνεύμασι καὶ τισὶ θερμότησι καὶ ὑγρότησι τίθεσθαι).“ Derselbe (de Isid. et Osiride p. 503 Wyttenb.): „Isis sey die Substanz der Erde und des Wassers (Ἶσις, οὐσία γῆς καὶ ὕδατος).“

seinem Wesen nach Naturreligion sey oder ganz und gar auf
physisch-elementarem Grunde beruhe. Diese letztere Einrede
erwarte ich besonders von einigen Französischen Gelehrten,
die sich neuerlich in einem recht edlen Geiste mit den Religionen des Alterthums beschäftigt haben. Ich stelle einige
Hauptsätze von zweien derselben, die auch im Vorhergehenden mehrmals genannt worden sind, in der untergesetzten
Anmerkung ¹) zusammen, und theile sodann meine Epikrise
im Texte mit.

---

1) Cousin im Journal des Savans, Mars 1835. p. 136 sq.: „Le
principe avoué du système mythologique des Alexandrins est le symbolisme. Or, le symbolisme répose sur cette supposition, que dans
toute croyance religieuse il y a deux sens, l'un matériel et apparent,
l'autre superieur et caché, qui est le vrai. Ce double sens de toute
croyance religieuse est le fondement du système d'interpretation physique des Joniens et des Stoiciens, qui fait des divinités populaires
autant des phénomènes de la nature, et du système d'interpretation
historique d'Evhémère, qui concevoit ces mêmes divinités comme des
symboles d'êtres humains divinisés. Et il est très évident en effet
que la plupart des divinités antiques sont explicables par la nature
et par l'histoire. Mais plus d'une divinité échappe à ce deux modes
d'interpretation. On ne voit pas par exemple, de quel phénomène
naturelle la Pallas Athenienne est la représentation, ou à quel fait
historique elle se rapporte. — Il y a telle qualité, telle vertu de
l'ame qui considerée abstractivement et en elle même, parait si utile
et si admirable, qu'on la rapporte à une origine divine, qu'on la di-
vinise; et *la sagesse* est de ce nombre. *De là peut-être la Pallas
Athenienne.* — *Ce symbolisme moral et metaphysique et historique,
et, reuni aux deux autres, il forme avec eux un système complet
d'interpretation mythologique.*"
Eméric David Introduction zum Jupiter (p. CCXXVII und
CCXXXIX): „Le dieu suprême des Grecs étoit une substance
materielle; et il ne sauroit par consequence être confondu avec un
dieu par esprit; mais il n'étoit pas moins, dans les croyances religieuses de la Grèce, le créateur, le moteur, le maitre de toute
chose. C'étoit là le premier dogme de la religion." — „Malgré
l'expression *d'immortels*, tous les dieux, hors *Jupiter*, *sa pensée*
(nämlich Pallas-Athene) *l'Ame du monde et la Matière,* sont des

Was den ersten Satz Cousin's betrifft, so waren nicht allein die Ionischen und die Stoischen Philosophen der physikalischen Erklärung der Hellenischen Götterlehre zugethan, sondern viele andere, selbst solche, die sehr oft gegen die Stoiker Parthei nahmen, z. B. Plutarchus, wie wir kurz zuvor gesehen haben; ja das war keine blosse Erklärungsweise der Philosophen, sondern es war vielmehr die Ansicht der Völker selbst, namentlich der Griechen und Römer, welche, obschon nicht aus Reflexion und mit consequenter Dialektik, doch im allgemein religiösen Gefühl und Glauben in ihren Göttern im Grunde die Mächte der Natur verehrten, nur mit dem Unterschied, dass die orientalischen Völker, wie z. B. die Indier in ihrem Brahma, Siwa oder Vischnu die Natur ihres Landes im Ganzen verehrten, wie die Aegyptier in ihrem Osiris und ihrer Isis; die Griechen und Italier, nachdem ihre Culte ausgebildet waren, mehr die einzelnen Theile und Erscheinungen ihrer Landesnatur. Hierin ist ein organischer Zusammenhang, und es wird daraus klar, wie selbst der höchste Gott der Griechen in den Religionen der Griechischen Stämme aus ganz örtlichen Bedingungen erklärt, und so zu sagen aus den Bergen, Wäldern, Flüssen von Dodona, Kreta, Arkadien [1]) u. s. w. hervorgezogen ward. — Die zweite

_____

êtres crées et par consequent périsables, suivant la theologie d'Hesiode."

1) Hier ein Beispiel: Herr v. Stackelberg in seinem Werke (der Apollotempel zu Bassae in Arkadien, S. 9) sagt in der Ortsbeschreibung: „Die Nymphe dieses ansehnlichsten unter den Bergströmen der Gegend (der Neda am Berge Elaios), die geehrteste von allen Nymphen, war der Sage nach *die Säugamme des Zeus* (nämlich nach dem verbesserten Texte des Cicero de N. D. III. 21: „Iam Musae primae quattuor, natae Iove altero et *Neda*, Thelxinoe, Aoede, Arche, Melete" und Pausanias VIII. 33. 2. VIII. 47. 2) und in Bezug auf den melodischen Fall der Gewässer (Isidor. Origg. 3), auf das verborgene Wirken und Leben der Quellen und die ihnen beigelegte Kraft der Begeisterung scheint es, dass man sie auch als die Mutter der Arkadischen Musen kannte, der ersten Musen oder Nymphen des Gesangs und Töchter dieses Gottes."

Annahme, dass einige Gottheiten, d. i. wirkliche Volksgotthei-
ten, auf historische Weise, im Sinne des Euemerus erklärt
werden könnten, leugne ich gänzlich, und es ist überflüssig
nach allem Bisherigen darüber etwas weiter zu sagen. In
der Ansicht von der Pallas-Athene verrathen beide achtungs-
werthe Gelehrte ihre Französische Nationalität; d. h. sie können sich nicht ganz in das naive Wesen der antiken Religionen finden. Was zuvörderst Cousin's Satz über diese Göttin
betrifft; welcher Grieche hat sie denn rein als *Seelenwesen*
genommen, und welcher Aegyptier seine Neith? Heisst es
denn nicht schon in der vollständigen Inschrift auf die Neith-
Isis zu Saïs: [1] «Und die Frucht, die ich geboren, ist Sonne
geworden» (ὅν ἐγὼ καρπὸν ἔτεκον ἥλιος ἐγένετο)? und haben
denn nicht die Athener ihre Pallas-Athene einmal als Olympische Nacht und ätherisches Licht, sodann als Mond genommen, welche den Apollon Patroos geboren? Kann denn
die *Seele* Mutter der Sonne, des Horos-Apollon seyn? [2]
— Richtiger also Eméric David in der ersten Stelle; aber er
bleibt sich nicht gleich, wenn er in der zweiten die Pallas-
Athene als den *Gedanken* des Zeus (*la pensée* de Jupiter) bezeichnet, und sie, wie ihn, ewig nennt. Ewig freilich war
der Aether-Zeus und sein Lichtkern Pallas; ewig auch die
Weltseele, nämlich für diejenigen, welche, wie die Stoiker,
einen unzerstörbaren Feueräther und eine in ihm sich immer

---

1) Wie sie Proclus giebt im Commentar zu Platons Timäos
pag. 30. vergl. Wyttenb. zum Plutarch. de Isid. et Osir. pag. 453.

2) Ich muss hier einige Worte aus der Symbolik II. S. 802
wiederholen: „Cudworth hätte das Aergerniss verhindern können,
wenn er den einfachen und ewig wahren Satz vorausgeschickt hätte,
dass die Körper- und die Geisterwelt an der grossen Minerva gleichen Antheil haben. Die Idee von der Minerva ist freilich ein Beweis, dass in den Priesterlehren der Vorwelt ein Spiritualismus im
Keime lag; aber auch nur im Keime. Mit andern Worten, Minerva
ist ihrem Wesen nach bestimmt, ein allwirksamer, selbstständiger
Vernunftbegriff zu werden, aber der gewaltige Naturgeist des Morgenlandes liess sie nicht los. Sie ist und bleibt im Gebiete der Religionen eine grosse Anschauung orientalischer Priester. "

wiedererzeugende ewige Welt statuirten. Wenn ferner die
Materie ewig genannt wird, so wären auch Rhea und Demeter ewig. Der religiöse Volksglaube machte solche Bestimmungen und Unterschiede unter den Göttern nicht. Der Grieche
war kein Metaphysiker als Anbeter seiner Götter, und seine
Religion war nicht Philosophie. — Es ist auch in einem früheren Abschnitt schon bemerkt worden, dass die Alexandri-
nisch-Platonischen Philosophen bei aller religiösen Tiefe ihrer
Ideen, dennoch darin fehlten, dass sie die Griechische Götterlehre und die Volksreligion nicht naiv genug, sondern zu spi-
rituell auffassten.

VIII.

Nekrolatrie, Metensomatose.

Wie der *Todtendienst* bei allen Völkern von den Vorstellungen abhängig ist, die sie sich über die menschliche Seele,
besonders der Abgeschiedenen gebildet, so hängt auch die
auffallende Erscheinung, dass das ganze grosse Volk der
Aegyptier sich jenem Cultus so sehr hingegeben hatte, mit
ihrem Glauben an die *Seelenwanderung* (oder an das wechselnde Einwohnen der Seele in verschiedenen Körpern) zusammen. Ich will hier eine neue Uebersicht der verschiedenen Stufen, die diese Lehre durchlaufen, in möglichster Kürze
versuchen, theils um des Vorhergehenden willen, nämlich um
wiederum an einem concreten Beispiele zu zeigen, wie man
allenthalben Volksglauben von der Religion der Gebildeten
wohl zu unterscheiden habe, theils wegen des Nächstfolgenden, weil die Geheimlehre und der Geheimdienst der Griechen
auf dem Glauben an chthonische Gottheiten und an die
Fortdauer der menschlichen Seelen beruht.

Treten wir zuerst auf die niedrigste Stufe, so ersehen
wir schon aus der Homerischen Seelenlehre die grosse Schwierigkeit für den sinnlichen oder rohen Menschen, sich den Geist
vom Leibe unabhängig zu denken, und jenen von körperlichen
Eigenschaften zu entkleiden. [1]) Unter den unteren Casten der

---

1) Zusammenstellungen aus den Homerischen Gedichten bei

Aegyptier haben nun folgende Ursachen das Aufbewahren der
Leichname und alle jene Cärimonien eines geheiligten Todtendienstes veranlasst: zuvörderst die herrschende Furcht, die
Seele möchte nach Verwesung des Körpers sich sofort einen
andern zur Wohnung suchen; das Bewusstseyn der im irdischen Leben geschehenen Verunreinigung der Seele ·durch
den Körper, der selbstverschuldeten Sündhaftigkeit, und der
darauf zu erwartenden Busse und Strafe; die Vergleichung
der verschiedenen Erniedrigungen und Befleckungen der Seele
mit analogen Eigenschaften der Thiere (z. B. der.Unmässig-
keit und Unreinlichkeit mit dem Schweine, der Raubsucht mit
dem Schakal u. s. w.). Daher die bange Erwartung, das
Schicksal solcher Thiere zu erleiden, wenn die Seele mit ihren Makeln in das ihrem Wesen homogene Thier fahre, z. B.
als das den Aegyptiern für unrein geltende Schwein behandelt, geopfert, und als Thierseele in dem langen Kreislauf
einer ganzen Sothisperiode (κυνικὸς κύκλος) von dreitausend
Jahren [1] umgetrieben zu werden. Bei solchen Vorstellungen
musste die von den Priestern getroffene Vorsorge der Erhaltung des Leichnams von dem Volke als eine grosse Wohl-
that anerkannt, und die Mumie als ein dauerhaftes herme-
tisch versiegeltes Haus der abgeschiedenen Seele betrachtet
werden. [2] — Auf diese Anstalt gründete sich nämlich die

Halbkart de psychologia Homerica und bei Heyne Observv. in Iliad.
XXIII. vs. 65 und 104 sqq. Tom. VIII. p. 368—378 sqq.

1) Herodot. II. 123 mit den Anmerkk. p. 766 ed. Bachr.
2) Servius in Virgil. Aeneid. III. 68: Unde Aegyptii, periti
sapientia, condita diutius reservant cadavera; scilicet ut anima multo
tempore perduret, et corpori sit obnoxia, nec cito ad alios (al. alias,
alia) transeat. Romani contra faciebant, comburentes cadavera, ut
statim anima in generalitatem, id est, in snam naturam rediret. Dicit
ergo (Virgilius) nunc sacrificiis quibusdam elicitam animam et se-
pulchro conditam obnoxiamque factam corpori: quod ante horrebat,
quasi per vim extorta. Ideo autem Stoicos medium sequi diximus, quia
Plato perpetuam dicit animam, et ad diversa corpora transitum facere
statim, pro meritis vitae prioris. Pythagoras vero non μετεμψύχω-
σιν, sed παλιγγενεσίαν esse dicit, hoc est, redire, sed post tem-
pus. — Ich habe gleich die ganze Stelle hierhergesetzt, weil ich im

Hoffnung, dass die Seele in ihrem menschlichen Leibe, durch die Büssungen und Reinigungen, die man im Todtenreiche (Amenthes) erwartete, sich fähig machen könne, nach Ablauf jener Busszeit, ohne in den fatalistischen Kreislauf (κύκλος ἀνάγκης) hereingezogen zu werden, dem Vater der Götter und der Seelen von ihrem Thun und Lassen im Leben Rechenschaft abzulegen. [1])

Nun aber giebt es hohe Geister, starke Seelen, die von der Gottheit, wenn sie ganz rein und makellos im irdischen, wie im unterirdischen Leben sich erhalten haben, als Vorbilder für Andere, als Lehrer und Retter der Völker, drei- und mehrmals auf Erden ins Fleisch zurückgesendet werden, um nachher denn auch zu höherer Würde und Herrlichkeit erhoben zu werden. [2])

«Doch welche dreimal bestanden,
Sich in den beiden Heimathen im Gemüthe vor dem Frevel
ganz

Verfolg einigemal darauf zurückkommen muss. Von den Stoikern hatte er im Vorhergehenden gemeldet, sie behaupteten: tamdiu durare animam quamdiu durat et corpus. Was Servius μετεμψύχωσις nennt, bezeichneten Andere richtiger durch μετενσωμάτωσις, nämlich die Seelenwanderung oder das periodische Umwandern der Seele in verschiedenen Leibern.

1) Tertullianus de anima cap. 33. p. 288 ed. Rigalt. Quod et Mercurius Aegyptius novit, dicens, animam digressam a corpore non refundi in animam mundi, sed manere determinatam, uti rationem, inquit, patri reddat eorum, quae in corpore gesserit.

2) Pindar. Olymp. II. vs. (123 sqq.) 68 sqq. nach Thiersch. Dass Pherecydes von Syros oder Pythagoras diese Lehre von den Aegyptiern entlehnt, hat Herodotus II. 123 mit schonender Zurückhaltung angedeutet, wie schon Wesseling gesehen, und wie ich in den Commentt. Herodott. p. 168 weiter erwiesen (man vergl. jetzt die Anmerkk. zu jener Stelle Vol. I. p. 762, 767 ed. Baehr.). Dass ferner Pindarus aus Orphischen Gedichten und Pythagorischen Lehren diese Vorstellungen entlehnt, ist schon von den Auslegern, namentlich neuerlich von Böckh, Tafel und Dissen bemerkt worden; welcher letztere wohl mit Recht auch epische Gedichte der Orphiker als Pindars Quelle annimmt.

Zu wahren, die wandelten den Weg des Zeus nach Kronos
Burg, [1]) wo von dem Meer
Um der Seligen Gefild
Sanft athmet das Gesäusel, Blumen wie von Gold leuchten,
hier
Am Strand nieder von erhabener Gezweige Höh,
Der Quell andre weidet,
Mit deren Kränzen sie die Händ' umflechten samt dem
‚Gelock,« u. s. w.

Solche edle Geister sind Vorbilder für die übrigen Menschen, eben weil sie Abbilder von Göttern sind, wie Her-
mes der dreimalgrösste ($\tau\varrho\grave{\iota}\varsigma$ $\mu\acute{\epsilon}\gamma\iota\sigma\tau o\varsigma$), wie Pythagoras-
Apollon. [2]) — Im Hermes musste also der Geist, als das Salz

---

1) Der Weg des Zeus, Kronos Burg, die Inseln der Seligen
ebenfalls Orphische Vorstellungen (s. Böckh und Dissen). Thiersch
erinnert gut an die poëtische Iuschrift auf dem Denkmahl der Re-
gilla, wo Kronos auch in die Inseln der Seligen versetzt wird,
ingleichen, nach Visconti, an das 8. Gemälde im Grabmahl
der Nasonen, wo vom Mercurius eine Seele vor den sitzenden Kronos gebracht wird. Man vergl. besonders Böttigers Kunst-
Mythologie S. 243. — Ein Aegyptier würde statt des Kronos den
Phthas-Hephästos (Jablonski Panth. Aegypt. I. p. 140 sq. 203) oder
auch den Kneph-Agathodämon und später den Serapis genannt haben; denn. im Gebete des Taricheuten, das uns der Pythagoreer
Euphantos (ap. Porphyr. de Abstin. IV. 10. p. 330 Rhoer.) aufbehalten, wird im Namen der abgeschiedenen Seele der Wunsch aus-
gesprochen, zu den ewigen *Göttern* ($\dot{\alpha}\ddot{\iota}\delta\acute{\iota}o\iota\varsigma$ $\vartheta\epsilon o\tilde{\iota}\varsigma$) zurückkehren
zu dürfen. — Die Zahl der Wanderungs- und Prüfungsjahre wird
verschieden angegeben, selbst vom Pindar (s. Dissen p. 36).

2) Welcher in mehreren Personalitäten auf Erden erschienen
war (s. Pherecyd. LXXIII. p. 222 sq. Sturz. vergl. die Note zu
G. Ios. Bekkeri Specim. Philostrat. p. 2 sqq.). Hermes sollte nach
einer Ansicht deswegen Trismegistus heissen, weil er in irdischer
Gestalt dreimal untadelhaft auf Erden gewandelt (Hermias in Platonis Phaedr. cap. 29. p. 152). In dieser letztern Vorstellung wird
wohl Niemand Euemerismus finden wollen; vielleicht aber im Pythagoras-Apollon. Er ist weder hier noch dort zu suchen und zu
finden. Den wahren Aufschluss geben die Indischen Religionen in

der Erde, die Seelenwesen ins Irdische durch die Körper bis
zur Unterwelt hinabgeleiten. — Osiris aber als Ausfluss ewiger Götter und ewiger Gott selbst musste, um die in Gottes
Geist gedachte Welt zu verwirklichen, aus den höchsten Sphären in die Sonnen- und Mondsbahn und auf Erden in die Nil-
bahn herab, und als Lebensprincip aller Körper (als anima
animans) musste er in unzähligen Formen sich bewegen, und,
in die Materie aufgenommen, auch selbst das Loos der Materie
auf sich nehmen, und jährlichen Tod in der Zeit erleiden. [1] —

dem Verhältniss des Brahma zum Vischnu; von welchen Gottheiten
der erstere in gewissen Wanderungen ganz menschlich, selbst sünd-
haft erscheint, der letztere dagegen in den Avataras als reiner, ret-
tender Gottesgeist. Mehr kann hier nicht gesagt werden. Andeutungen liegen in den obigen Bemerkungen über den Janus. Nur
soviel noch, dass ähnliche Vorstellungen auch den Aegyptiern nicht
ganz fremd gewesen. — Aber auch von dem zunächst hier Folgenden kann Mehreres erst in dem Abschnitt von der Aegyptischen Religion seine befriedigende Lösung finden.

1) Es wäre im Widerspruch gegen das bisher, besonders am
Schluss des nächstvorhergehenden Abschnitts Vorgetragene, wenn
man diesen Gegensatz von Hermes als Geist und Osiris, als Leib
und Leibesseele so verstehen wollte, als ob ich ihn peremtorisch
oder absolut statuirte. Wenn Osiris so eben der höchste Gott selber genannt wurde, so muss er auch Geist seyn, wenn er ferner
gleich im Verfolg als Erzieher der Seelen im Hades, als Richter
ihrer Handlungen vorgestellt wird, so muss er doch auch wohl ein
denkender, prüfender und leitender Geist seyn, wie er denn in Aegyptischer Religion dies Alles wirklich war und hiess. Hinwiederum
Hermes erscheint ja in Aegyptischen und selbst in Griechischen Mythen, Bildern und Lehrsätzen leiblich genug, z. B. als Befruchter,
als Erzeuger. Ich beziehe mich in der Kürze auf Cicero de N. D.
III. 22 und was ich dort ausführlich in den Anmerkungen (p. 603
bis 608) auseinandergesetzt habe. Das Meiste muss sich jedoch im
besonderen Theil über die Aegyptische und über die Griechische
Religion ergeben. — Hier muss ich nur den Hauptsatz wieder in
Erinnerung bringen, dass der Götterlehre des Alterthums die scharfe
Sonderung von Ideell und Reell, von Materie und Geist unbekannt
ist, und dass, wer solche Distinctionen hier geltend machen will,
auf dem geraden Wege ist — jene Lehre gänzlich misszuverstehen.

Jedoch ist und bleibt er der edle und gute, wie er unter den
Göttern vorzugsweise genannt wird, [1]) der trotz alles Wechsels und Wandels das Gesetz und die Ordnung der Götter
selbst im Fleische bewahrt, und das Leben durch Tod und
Verderbniss erhält. Darum ist er *Vorbild der Pharaonen* auf
Erden, der gesegnete und segenbringende König Aegyptens,
und, im Tode, indem er als Busiris alles Fleisch zu sich nimmt,
waltet er im Amenthes über den Lebensfunken der Seele, damit diese nicht in die Irrbahn gerathe. Er ist König, Richter
und Erzieher derer, die in der Unterwelt weilen. Er bewahrt
und beherrscht Leiber und Seelen, und erhält das naturgemässe
Gleichgewicht zwischen leiblichem Wesen und Seelenwesen.
Er bestimmt das Verbleiben in Menschenkörpern, das Verwei-
len im Amenthes, und das ein- oder mehrmalige Umwandern
in Thierleibern. Die Menschenseele ist ein bestimmtes zu-
rechn   fähiges Wesen, und muss von ihrem Thun und Lassen   Vater der Seelen Rechenschaft geben. [2])

     ...er tritt die Lehre auf die höhere Stufe mit folgenden
Sätzen: Es sind die einzelnen Menschenseelen Partikeln der
allgemeinen Seele, die im Osiris gegeben ist, und alle Leiber
Theile von Osiris Leib. In den Menschen wie in den Thieren
und Pflanzen lebt und stirbt Osiris, und lebt wieder auf.
Und wie in Osiris gegeben ist die Totalität aller Leiber in
der Zeit, so ist in demselben gegeben die Totalität aller Seelen in der Zeit; und im Hermes, als dem Rathgeber und Führer von Osiris und Isis, ist gegeben das personificirte Gesetz
für Leiber und Seelen. Hermes leitet die belebende Seele,
den Osiris, die Sonnen- und die Wasserkraft durch die Ster-
nen- und Mondssphäre auf Erden herab und setzt sie in
gesetzmässige Wirksamkeit. Er begleitet den Osiris im Le-
ben, er bestattet ihn als Taricheute ($\dot{\varepsilon}\nu\tau\alpha\varphi\iota\alpha\sigma\tau\dot{\eta}\varsigma$); er führt ihn

---

1) Aegyptisch $\pi i\varrho\omega\mu\iota\varsigma$, welches dem Herodot (II. 143) als
$\chi\alpha\lambda\dot{o}\varsigma$ $\chi\dot{\alpha}\gamma\alpha\vartheta\dot{o}\varsigma$ erklärt ward, und ein Ehrentitel derjenigen Pharaonen war, die im Todtengericht bewährt befunden worden.

2) Tertullian. de anima cap. 33: — animam manere determinatam, ut patri rationem reddat eorum, quae in corpore gesserit.

(als Seelenbegleiter, ψυχοπομπός, νεκροπομπός) in den Amenthes hinab, er führt in ihm die beseelende allgemeine Seele
wieder in die höheren Sphären zurück. — Auf diesem Standpunkt ist nun die Erkenntniss der *Palingenesie* (παλιγγενεσίας)
erreicht; deren Unterschied von der groben Umkörperung
(μετενσωμάτωσις) darin besteht, dass letztere alle einzelnen
Seelen (animae individuae) von Körpern zu Körpern herum-
wandern lässt, während erstere nur annimmt, dass die allgemeine oder die Weltseele, zufolge eines unaufhörlichen Wechsels in allen Erscheinungen der Körperwelt wirksam, und
eben deswegen das allgemeine Lebensprincip (anima animans)
sey, ohne welches die ganze Reihenfolge zerreissen, und die
Kraft, immer neue Körper hervorzubringen, erlöschen würde.

Jene Metensomatose musste bei Gebildeten frühe Anstoss
geben, und eine, wenn auch scherzhafte Aeusserung des Sokrates [1]) giebt schon zu erkennen, wie nahe hier der Anlass
zu einer allegorischen Auffassung jener Lehre lag. Sie ward
späterhin ziemlich allgemein beliebt, in dem Sinne, dass man,
mit Beseitigung der wirklichen Seelenumkörperung, annahm,
die Charaktere der Menschen seyen in ihren sinnlichen und
leidenschaftlichen Aeusserungen Abbilder von Thiercharakteren,
und dass man, bei der gleichmässigen Annahme, dass die
freien Handlungen des Menschen zurechnungsfähig seyen, behauptete, solche sinnliche und sündhafte Seelen hätten, ohne
wirklich durch Thierleiber zu wandern, im Hades gleichwohl
Büssungen und Reinigungen zu erwarten, die sie durch die
Herabwürdigung ihres unsterblichen und gottverwandten Geistes verdient. — Wenn in der oben angeführten Stelle des
Servius [2]) Plato's Lehre als die der Metempsychose von der
des Pythagoras als einer Lehre der Palingenesie unterschieden
wird, so kann, was auch der Sinn solcher Unterscheidung

---

1) Beim Xenophon Memorabb. I. 3. 7; nämlich dass des Odys-
seus Gefährten von der Kirke in Schweine verwandelt worden seyn
sollten, weil sie sich im viehischen Genuss köstlicher Speisen und
Getränke übersättigt.

2) Ad Aeneid. III. 68.

sey, dies doch unmöglich die Bedeutung haben, als ob Plato
gröbere Vorstellungen von der Natur und dem Schicksal der
Seele gehabt hätte. Wenn ferner angenommen wird, Platon
und die älteren Platoniker, Plotinus inbegriffen, hätten eine
wirkliche Metensomatose oder Umwanderung der Menschenseelen durch verschiedene Körper gelehrt, [1]) so hat Plotinus in
seinen späteren Jahren sich sehr skeptisch und mit grosser
Zurückhaltung darüber geäussert, [2]) d. h. zu einer Zeit, wo
er in den Geist von Plato's Werken am tiefsten eingedrungen.
Eben deswegen, und wegen der Incongruenz einer solchen
Lehre mit einem Geiste, wie Plato war, möchte ich auch
bezweifeln, dass er wenigstens als gereifter Philosoph im
Ernste so etwas behauptet habe.

Obschon nun aber in der Lehre von der Seelenwanderung die
Aegyptier mit den Indiern übereinstimmten, so mussten sich
diese Völker dennoch in den Vorstellungen des Seelenzustan-
des nach dem Tode wesentlich von einander trennen. Das
zeigt die ganz verschiedene Todtenbestattung. Die Aegyptier,
bemüht durch alle mögliche Mittel den Leichnam in seiner
Hauptgestaltung zu erhalten, hatten dabei, wie bemerkt, die
Ueberzeugung, dass die Individualität der Seele perennirend
sey, und dass sie als moralische Person von ihrem sittlichen
Zustande Rechenschaft zu geben habe. Wenn hingegen die
Indier ihre Todten verbrannten, so hängt dies mit einer pantheistischen Ansicht zusammen, der zufolge sie, neben einer
sicherlich auch verschiedenen Seelenwanderungslehre, eine
Zurücknahme (Resorbtion) und Decomposition der Menschen-
seele in die allgemeine Weltseele statuirten. [3]) In anderer
Hinsicht, nämlich in Bezug auf den kosmischen Ursprung der

---

1) S. Wyttenbach ad Platonis Phaedon. p. 210 sqq.

2) S. meine Anmerkk. zu Plotinus I. 11. pag. 5 ed. Oxon.
vergl. p. 162.

3) Tertullian. l. l. bezeichnet diese Verschiedenheit gut durch
das animam digressam a corpore *refundi in animam universi* und
dessen Gegensatz: animam *manere determinatam*, uti rationem patri
reddat eorum quae in corpore gesserit.

Natur aus verschiedenen Urelementen, Wasser oder Feuer,
trennten sich auch Philosophen; wenigstens wollten die beiden
Stifter der altionischen und der neuionischen Schule, Thales
und Herakleitos, ausschliessend nur eine von beiden Bestattungsarten für religiös anerkennen. [1] — Davon abgesehen
und abgesehen von der oben besprochenen eigenthümlichen
Aegyptersitte, stellt das Begraben oder das Verbrennen der
Leichname zwei ganz verschiedene religiöse Volksansichten
dar; und in dieser Differenz liegt ein Hauptkriterium der Völ-
kerabkunft und der Verschiedenheit der Stämme bei grösseren
Nationen. Nach einer von den Alten selbst angenommenen
Meinung war das Beerdigen der ältere Gebrauch gewesen. [2]
Wenn Griechen und Römer von der Sitte des Beerdigens zu
der des Verbrennens übergingen, so hatte dies in Veränderungen religiöser Vorstellungen seinen Grund, und musste
hinwiederum manche Modificationen in dem Todtendienste hervorbringen. Doch musste die Sitte des Verbrennens der Leichname schon früh in Gebrauch gekommen seyn, wie die hiero-
glyphische Sage vom Vogel Phönix vermuthen lässt, besonders wenn sie aus Phönizischen Verbrennungs - Cärimonien
entstanden seyn sollte. Wie gesagt, die zwei Bestattungsarten mochten im Alterthum oft an verschiedenen Orten neben
einander bestehen. Man denke nur an die Homerischen Lei-
chenfeiern und andererseits an die Sage von den in einem

---

1) Servius in Aeneid. XI. 186. Quia apud varias gentes diversa
fuerunt genera sepulturae, inde est, quod alii obruuntur: alii exu-
runtur. — Et perite has varietates Virgilius posuit; namque Hera-
clitus, qui omnia vult ex igne constare, dicit, debere corpora in
ignem resolvi. Thales vero, qui confirmat omnia ex humore procreari,
dicit, obruenda corpora, ut possint in humorem resolvi.

2) Cic. de Legg. II. 22. p. 326 sq. ed. Moser. Die sacra
privata zeigen Spuren dieser älteren Sitte; z. B. dass die Mitglieder
der gens Cornelia noch bis gegen das Ende des Freistaats sich beerdigen liessen (ibid. p. 328 sqq. — wo man überhaupt bis cap. 27.
p. 368, mit dem was die Ausleger beigebracht haben, über die Tod-
tenbestattungen, Gräber und Todtenculte der Griechen und Römer
das Nöthige beisammen findet).

Sarge gefundenen und von Tegea nach Sparta gebrachten und ihrer Grösse wegen bewunderten Gebeinen des Orestes. [1]) Nachdem bei den Griechischen und Italischen Völkern das Verbrennen der Todten allgemeiner Gebrauch geworden, behielt die Architektur derselben sowohl in der Wirklichkeit als in Abbildungen die Heroenmahle nach Homerischem Typus in der Regel getreulich bei, und die erhöhte Brandstätte ($\pi v \varrho \acute{\alpha}$, bustum) ward die Grundform für Mausoleen bis zu Römischen Grabmählern herab; wie dies die Ueberreste und die Abbildungen, nämentlich auf Vasengemälden vor Augen stellen. [2]) Für unsere Erörterung ist die Hauptsache die Idee. welche die Alten mit der Todtenverbrennung verbanden, nämlich dass die Seele alsobald in das Universum, [3]) d. h. in ihre Natur zurückkehren könne. Was dieses ursprüngliche Wesen

---

1) Herodot. I. 68. Ich wiederhole nicht was dorten von Andern und von mir (p. 174 sqq. ed. Baehr.) über ähnliche Sagen von Riesenkörpern bemerkt worden; und will hier nur auf die Unterschiede in den Grabesstätten der Griechen aufmerksam machen. An die allgemeinen Benennungen $\nu \varepsilon \kappa \varrho o \delta o \chi \varepsilon \tilde{\iota} \alpha$ und $\sigma \omega \mu \alpha \tau o \varphi v \lambda \acute{\alpha} \kappa \iota \alpha$ reihen sich an die Namen $\mathring{\eta} \varrho \acute{\iota} \alpha$, $\tau \acute{v} \mu \beta o \iota$, $\tau \acute{\alpha} \varphi o \iota$ für gemeine Graber, woneben dann $\chi \acute{\omega} \mu \alpha \tau \alpha$, $\sigma \tau \tilde{\eta} \lambda \alpha \iota$, $\pi v \varrho \alpha \mu \acute{\iota} \delta \varepsilon \varsigma$ genannt werden. Das gewöhnliche Grab oder der niedrige Grabhügel ($\mathring{\eta} \varrho \acute{\iota} o \nu$) wurde von dem Heroon ($\mathring{\eta} \varrho \tilde{\omega} o \nu$) oder dem stattlichen hohen Grabdenkmahl ($\alpha \grave{\iota} \pi \grave{v}$ $\sigma \tilde{\alpha} \mu \alpha$ Theocrit. Idyll. I. 125 mit Valckenaer) unterschieden; welches letztere auch manchmal ein Grabgebäude mit einer oder mehreren Kammern war (Apollonii Lexic. Homer. p. 335 Toll. Pausan. II. 16. 5 und besonders Lucian. in der Hauptstelle, Charon. 22. p. 518 ed. Wetsten.).

2) S. Raoul - Rochette Monumens inédits (Orestéide) pag. 152 sq. Ueber die Structur der antiken Grabmähler s. Zoëga de obeliscc. p. 338 sq. Minutoli Nachtrag zu seiner Reise p. 193 und meinen Excurs zu Herodot. I. 93. p. 924 sq. ed. Baehr. Die Verbrennungsscene mit dem ausgelöschten Scheiterhaufen und der Rettung des Lydischen Königs Krösos (Herodot. I. 87) stellt uns jetzt ein merkwürdiges Vasenbild von Vulci lebhaft vor Augen (s. Monumenti inediti del Instituto Archeologico di Roma).

3) Servius ad Aeneid. III. 68: — *ut statim anima in generalitatem, id est, in suam naturam rediret.*

der Seele sey, und dass die Alten dabei an kein reingeistiges himmlisches Daseyn im Sinne der Christen gedacht, beweist der treffende Ausdruck eines andern Schriftstellers: «damit die Körper samt der Seele in Aether verflüchtigt werden können»; [1]) dahingegen christliche Väter die alte ehrwürdige Sitte des Begrabens empfahlen, [2]) ohne Zweifel in der Absicht, um jene pantheistischen Vorstellungen von der Auflösung der Menschenseele in die Weltseele zu beseitigen, und den Gedanken an die personelle Fortdauer der Menschenseele und ihre Verantwortlichkeit vor Gott, dem Weltrichter, festzustellen. — Jedoch hatten die Griechen und Römer die Vorstellung von Reinigung und Läuterung der Seele bei dieser Bestattungsart; ja die Nachgelassenen hegten wohl auch die Hoffnung oder doch den Wunsch einer Art von Apotheose; wie es denn eine Sage gab, dass diese Sitte von der Verbrennung des Nationalheros Herakles auf dem Oeta herstamme. [3])

Von beiden Bestattungsarten hat die Griechische, besonders die Athenische Mysterienlehre Bilder, Gebräuche, Mythen und Dogmen entlehnt. Zum Beschluss dieser *allgemeinen*

---

1) Io. Laur. Lydus de menss. III. 27. p. 124 Roether.: Ὅτι τὰ τῶν νεκρῶν σώματα ἔκαιον οἱ παλαιοὶ, συνεξαιθεροῦντες αὐτὰ τῇ ψυχῇ. So sagt Plutarch (de fac. in luna p. 922) von der Luft: ὑπὸ τοῦ πυρὸς ἐξαιθερωθείς. Das Verbrennen war schon zu Macrobius Zeit ausser Gewohnheit gekommen (Saturnal. VII. 7).

2) Minucius Felix Octav. XXXIV. 11. Nec, ut creditis, ullum damnum sepulturae timemus, sed et veterem et meliorem consuetudinem humandi frequentamus.

3) Nämlich nach einer geistigen Deutung glaubte man, das Göttliche im Menschen steige im Feuer als seinem Vehikel (ὀχήματι) aufwärts. — Vorstellungen von Reinigung der unreinen Todten bei Eustath. in Iliad. I. p. 32. Auf dem Römischen Denkmahle von Igel bei Trier bildet die Vorstellung von der Auffahrt des Hercules durch die Sonnenbahn die Schlussscene. Daher auch die Granate (balaustium), ein Sinnbild der Sonne, zugleich ein auf Grabmahlen vorkommendes Trosteszeichen war (Spanhem. d. U. et Pr. Numismm. I. p. 318. Raoul-Rochette a. a. O. pag. 153).

Uebersicht der heidnischen Religionen muss ich noch einen
Blick auf diese Seite der Griechischen Götterlehre und Cultusformen werfen; mich aber auf eine Andeutung von Grundlehren der Attischen Thesmophorien beschränken.

IX.

Telestik, Grundzüge der Thesmopho-rien-Lehre.

Mit jenen Ahnungen und Vorstellungen von Seelenfort-
dauer, mit jenen Gewissensregungen über begangene Fehler
stellte sich frühe das Bedürfniss von Sühnmitteln ein. Andererseits mussten die wechselnden Scenen von Geburt, Tod
und Grab, der Wechsel der Jahreszeiten u. s. w. bei den Geschäften des Landbaus und der Schifffahrt, selbst dem gemeinen Manne seine Abhängigkeit von der Natur fühlbar machen,
ihn zu Fragen nach den Wundern veranlassen, die er täglich vor
Augen sah, ihn aber auch mit Gefühlen des Dankes gegen die
grossen Wohlthaten erfüllen, die er den Herrn der Natur und den
Stiftern des Ackerbaus und des gesicherten häuslichen Lebens schuldete. So entstanden Sühnopfer (piacula) und Incu-
nabel- oder Stiftungsfeste (initia) in Samothrake und an andern Orten Griechenlands und Italiens. Mysterien in diesem
weitern Sinn knüpften sich bei Griechischen und Italischen
Stämmen an die Culte fast aller Landesgottheiten und Stammheroen; in Attika zunächst und in Athen selbst hauptsächlich
an die Verehrung des Zeus Herkeios, der Athene, des Hephästos, Hermes und Apollon, der Heroen: Kekrops, Erechtheus, Erichthonios, der Kekropiden, Erechthiden, des Butes
und der Eteobutaden u. s. w. [1]) Diese gehören zu den ein-

1) Iliad. II. 549 sqq. Odyss. VII. 81. Plato Euthydem. p. 302,
D. (᾿Απόλλων πατρῷος, Ζεὺς ἑρκειος καὶ φράτριος, ᾿Αθηνᾶ
(᾿Αθηναίη) φρατρία) mit Heindf. p. 404 sq. und meinen Com-
mentatt. Herodott. p. 232. Apollodor. III. 14. 6 mit Heyne. Pausan.
I. 26 und Stuarts und Revetts Alterthümer von Athen I. p. 471 ff. der
Deutschen Uebersetzung mit den Erläuterungen der Englischen u. Deut-

heimischen Gottheiten und Heroen, deren altherkömmliche Verehrung schon vor Solon durch ausdrückliche Satzung bestätigt ward. [1]) Aber das grosse hieratische Drama der Hellenischen Sittigung und Heilsordnung bewegte sich, neben der
Pallas-Athene, hauptsächlich um die drei Gottheiten Demeter,
Persephone und Dionysos. In diesen Culten wurde, so weit
sie im Heidenthum möglich war, eine Verschmelzung und Vergeistigung aller Griechischen Religionselemente zu Stande
gebracht. Von jenen drei Gottheiten wurden Demeter und
Persephone vorzugsweise die zwei grossen Göttinnen genannt. [2]) — Obschon ich nun den Eleusinischen Mythus vom

---

schen Bearbeiter, und jetzt die neuern Abbildungen und Erklärungen der hierher gehörigen bildlichen Denkmähler, z. B. des Basreliefs, den Kekrops und seine Töchter darstellend, im Museum Wors-
leyanum I. 9, der Metopenbilder vom Parthenon mit Bröndsteds
Deutungen in Reisen und Untersuchungen in Griechenland II. (der
Geburt des Erichthonios und der Weihe des Butes pag. 301; der
Terracotta mit Pallas-Athena, Hephästos und Eris oder Eros p. 302,
318 sq.). — Denn ich bin allerdings der Meinung der gelehrten
Forscher Gerhard und Panofka (s. Annali del Instit. archeol. Vol. II.
p. 184), dass die religiösen und selbst mysteriösen *Lehren* auf die
Erklärung der Kunstdenkmahle angewendet werden sollen, sowie
jene von diesen hinwieder Licht erhalten.

1) Draco ap. Porphyr. de Abstin. sub fin. p. 380 Rhoer. Θε-
σμὸς αἰώνιος τοῖς Ἀτθίδα νεμομένοις, κύριος τὸν ἅπαντα
χρόνον· Θεοὺς τιμᾶν καὶ ἥρωας ἐγχωρίους ἐν κοινῷ ἑπομέ-
νους (vel ἑπομένως) νόμοις πατρίοις, ἰδίᾳ τε κατὰ δύναμιν
(vergl. Wesseling ad Petit. Legg. Attice. p. 69. Wyttenbach ad Plutarchi Moral. p. 760). — Θεσμός eigentlich altes Herkommen und
Satzung, νόμος geschriebenes Gesetz (Wyttenb. p. 874). Ueber
die älteren, mit dem Dienste der Pallas-Athene verbundenen agrarischen Culte wiederhole ich nicht, was ich neulich in den Annali
del Institut. archeolog. VII. p. 102 sqq. bemerkt habe.

2) Pausan. VIII. 31. 4. vergl. IV. 1. 4 und 5. Einige alte
Schriftsteller wollten bei den Worten des Sophokles Oedip. Colon.
vs. 679 (683) μεγάλαιν θεαῖν an die Furien gedacht, und der
Scholiast deswegen μεγαλᾶν θεᾶν gelesen wissen. Allein der Dualis steht fest, und zeigt, ausser dem ausdrücklichen Zeugniss des

Raube der Proserpina hier füglich übergehen könnte, so will
ich doch aus zwei neugewonnenen Urkunden, weil sie einiges
Charakteristische haben, das Wesentliche hier beifügen:

Pausanias, hinlänglich, dass die zwei Göttinnen Ceres und Proserpina diesen Namen führten (s. Musgrave und Hermann zum Sophocl.
a. a. O.). Auch kommt Demeter allein unter dem Namen μεγάλη
θεά vor, nach Kuhns und Lenneps Verbesserung des Dichters in
der zweiten Stelle des Pausanias (s. Jacobs Paralipomm. ad Antholog. Gr. p. 774 sq. und Antholog. Palatin. II. p. 818). Dagegen wurden die Furien in der Cultussprache der Athener die ehrwürdigen Göttinnen (σεμναὶ θεαὶ) genannt, in der der Sikyonier:
Eumeniden (Εὐμενίδες s. Siebelis ad Pausan. II. 11. 4. p. 190).
In dem Briefe des Menander an die Glykera beim Alciphron II. 3
init. kommen die Worte vor: Ἐγὼ μὰ τὰς Ἐλευσινίας (Ἐλευσίνας Cod. Heidelb. nr. 132, wovon im Verfolg) θεὰς, μὰ τὰ μυστήρια αὐτῶν, und weiterhin (p. 299. lin. 62 ed. Wagner.): τὰς
σεμνὰς θεὰς, τὰ μυστήρια (welche Worte unsere bessere Handschrift nr. 155 auch hat, wie sie aus einer andern schon Dorville
zum Chariton p. 473 Lips. richtig ausgefüllt). In solchem Zusammenhang war es erklärbar, wie Wagner die σεμναὶ θεαὶ für die
Mysterien-Göttinnen Demeter und Persephone nehmen konnte. Auch
war ihm Jacobs (Attisch. Museum III. 2. p. 251) gefolgt. Bast
aber (Lettre Critique p. 68) hatte widersprochen; wogegen ich (Symbolik IV. S. 327—330) mit guten Gründen, wie ich meinte, auf-
getreten war. Jetzt haben mich aber Meineke's Bemerkungen (ad
Menandr. p. 346 und 579) eines Bessern belehrt, und ich trage
eben so wenig Bedenken dies offen zu bekennen, als der ehrwürdige
Jacobs es seinerseits gethan hat (man s. Dessen Vermischte Schriften IV. S. 507). Ich freue mich im Stande zu seyn, durch einige
Beiträge meinen ungegründeten Widerspruch wieder gut zu machen.
In dieser officiell-religiösen Benennung war die Wortstellung unab-
änderlich. Grammaticus mscr. cod. Darmstad.: Οἷον, εἴ τις τὰς
σεμνὰς θεὰς, θεὰς σεμνὰς λέγει· καὶ τὸ θεῖον ἄπυρον, ἄπυρον θεῖον. ἡ γὰρ καθωμιλημένη συνήθεια ἐν ἐκείνῳ μὲν τὸ
σεμνὰς προτάττει· ἐν δὲ τούτοις (f. τούτῳ) τὸ θεῖον. Hiernach sind die Lexica zu ändern, welche aus der Materia medica
des Dioskorides (ὑλ. ἰατρ. V. 124) anführen: ἄπυρον θεῖον (ge-
diegenen Schwefel), da der Autor doch sagt: Θεῖον δὲ ἄριστον
ἡγητέον τὸ ἄπυρον. — Clemens Alex. Protrept. p. 41 Potter.:

«Ceres quum raptam a Plutone Proserpinam diu quaesisset, tandem aliquando eam esse apud inferos comperit. Pro qua re quum Iovis implorasset auxilium, ille respondit, posse eam re-

---

Μὴ ἀμφιβάλλετε, εἰ τῶν Σεμνῶν Ἀθήνῃσιν καλουμένων θεῶν τὰς μὲν δύο Σκοπᾶς ἐποίησεν ἐκ τοῦ καλουμένου λυχνέως λίθου, Κάλως δὲ, ἣν μέσην αὐταῖν ἱστοροῦνται ἔχουσαι, Πολέμωνα δεικνύναι ἐν τῇ τετάρτῃ τῶν πρὸς Τίμαιον. Nicht Calus, wie Sylburg meinte, kommt beim Plinius (XXXIV. 8. 19) - und beim Quintilian (XII. 10. 7. p. 608 Spalding.) vor, sondern Callon (so, und nicht Calon, hat auch der unvergleichlich schöne Codex *Hug's*; s. Dessen Bemerkungen über die Aeginetischen Bildwerke. Freiburg 1835. S. 7), und Sillig (im Catalog. Artiff. p. 134) sagt mit Recht, Calus komme allein in dieser Stelle des Clemens vor, aber weder er noch Siebelis (zum Pausan. I. 26. 6) wissen von einer Variante. Aus Anlass der Redner führen die Lexikographen und Grammatiker die *σεμναὶ θεαί* zu Athen an (Hesychius, Suidas, Harpocration p. 162 ed. Lips. Photius p. 437 ed. Dobr. Lips. das Lexicon rhetoricum bei Bekker Anecd. p. 303). Aber keiner hat die Notiz, die uns ein Scholiast zu den Worten des Aeschines adv. Timarch. (p. 178 ed. Reisk. — *εὐχὰς ὑπὲρ τῆς πόλεως ταῖς Σεμναῖς θεαῖς*) giebt (ibid. p. 747): *τρεῖς ἦσαν αὗται αἱ λεγόμεναι σεμναὶ θεαί, ἢ Εὐμενίδες, ἢ Ἐρινύες. ὧν τὰς μὲν δύο* (*τὰς ἑκατέρωθεν* supplirt gut der Pariser Codex, dessen Apographum vor mir liegt) *Σκοπᾶς ὁ Πάριος πεποίηκεν* (*ἐποίησεν* Apogr. Paris.) *ἐκ τοῦ λυχνίτου λίθου, τὴν δὲ μέσην Κάλαμις.* Statt dessen hat das Apogr. Paris. *ἐκ τῆς λίχνιτου* λ. fehlerhaft. Besser der Scholiast. Mead. *ἐκ τῆς λυχνίτιδος* λ. aber darum nicht ganz richtig. Der Lychnit, woraus Skopas die Furien gemacht hatte, war Parischer Marmor, woraus er gewöhnlich arbeitete (Photii Lex. Gr. p. 207 Dobr. Lips. u. Fischer im Index zum Aeschines Socrat. unter *λυχνίτης λίθος*), also kein edler Stein, richtiger ist also hier das Masculin, wie auch Clemens hat: *ὁ λιχνεύς.* Hieraus ergiebt sich 1) dass in der Stelle des Clemens *Κάλαμις* gelesen werden muss; auch deswegen, weil Pausanias (I. 28. 6) von jenen Bildsäulen der Furien zu Athen sagt, sie hätten nichts Furchtbares oder sonst den chthonischen Gottheiten Eigenthümliches, was auf den Meise des Kalamis und nicht auf den des älteren Aegineten Kallon schliessen lässt; 2) dass mithin jener *Κάλως* (Calus) aus dem Verzeichniss der Griechischen Künstler zu tilgen ist. — Hierbei gelegentlich

verti, si nihil apud inferos gustasset. Illa autem punici mali
in Elysio grana gustaverat. Quam rem Ascalaphus, Stygis
filius, prodidit. Ideo Proserpina ad superos remeare non po-
tuit. Sane Ceres postea meruisse dicitur, ut Proserpina sex
esset cum matre mensibus, sex cum marito.» — —

«Eleusis civitas est Atticae provinciae, haud longe ab
Athenis. In qua quum regnaret Celeus, et Cererem, quaeren-
tem filiam, liberalissime suscepisset hospitio, illa pro remune-
ratione ostendit ei omne genus agriculturae; filium etiam eius
Triptolemum, recens natum, per noctem igne fovit, per diem
divino lacte nutrivit; et cum, alatis serpentibus superpositum,
per totum orbem misit ad usum frumentorum hominibus indi-
candum.» [1]) — «Proserpinam autem, id est Persephonem,
raptam a Dite patre, quum Ceres, incensis facibus, per orbem
terrarum requireret, per trivia perque quadrivia vocabat cla-

---

noch einige Worte über den Maler Kalates oder Kalakes. Der
Scholiast zu den Gedichten des Gregorius Naz. (im Cod. Bodlei. p.
38 ed. Gaisford.), der die Beschreibung des Lucianus in Zeux. cap. 3.
p. 840 sq. mit den Worten dieses Autors excerpirt, nämlich von
des Zeuxis Gemälde, eine Zwillinge säugende Centaurin darstellend,
hat da wo die Worte Lucians stehen: πλὴν ἀλλὰ τὴν εἰκόνα
τῆς εἰκόνος εἶδον Folgendes: μόλις δὲ γράφουσι Καλλίμαχος
καὶ Καλαισης (sic) τὴν εἰκόνα τῆς εἰκόνος οὕτως. Aus
ΚΑΛΑΙCΗC lässt sich leicht ΚΑΛΑΚΗC bilden, und dies ist
die Schreibung dieses Malernamens beim Plinius XXXV. 10. 37
(s. Sillig Catalog. Artiff. p. 120). Schreibe man nun aber Calaces
oder Calates, so ist vielleicht doch eine Lücke im Texte des Lucian aus jenem Scholion zu ergänzen.

1) Mythographus Vaticanus primus cap. 7 et 8. vergl. Mythograph.
II. 100 et cf. II. 97 und Mythograph. III. 7. 2 mit den Not. critt.
von Bode. In den Observatt. in Mythogr. I. p. 173 sq. hat Bode
die Hauptquellen des Mythus angezeigt, und wegen der Verschiedenheiten in dieser Erzählung auf die Ausleger des Homerischen
Hymnus auf Demeter, auf Welckers Zeitschrift für die alte Kunst I.
1. p. 1 — 95 und auf die Symbolik IV. S. 169. 198 hingewiesen;
womit man noch Bröndsteds Reisen und Untersuchungen in Griechenland II. pag. 211 ff. verbinde.

moribus. Unde permansit in eius sacris, ut cunctis diebus per compita a matronis clamor exerceatur.» [1]) — Wir sehen hier, wie der Festgebrauch des Klagerufs der Frauen aus dem Mythus seine Erklärung erhält; wie denn bei allen Festen der alten Völker Cultus und Mythus in gegenseitiger Beziehung erscheinen, ohne dass man oft bestimmen kann, was als Ursache und was als Wirkung zu nehmen ist. Die Feste der Demeter waren aber Demetrien, Thesmophorien, Eleusinien; die der Persephone-Kora, namentlich in Sicilien Theogamien und Anthesphorien. [2]) — Wir handeln hier, wie gesagt, nur

---

1) Mythographus Vatic. II. cap. 94 mit den Not. Critt. von Bode pag. 92 sq.

2) Pollux I. 37. p. 25 Hemsterh. Δήμητρος, Δημήτρια, καὶ Θεσμοφόρια, καὶ Ἐλευσίνια. Κύρης δὲ παρὰ Σικελιώταις, Θεογάμια καὶ Ἀνθεσφόρια. Nach Bröndsted (a brief Description of ancient Greek painted vases p. 88 sqq.) wären auch Thallophorien mit den Thesmophorien verbunden gewesen. Dafür fehlen aber die Beweise, ja θαλλοφόρια als Bezeichnung einer eignen Handlung scheint gar nicht vorzukommen. Schöne alte Männer, vielleicht auch Frauen, scheinen an den Panathenäen Oelzweige zu Ehren der Pallas-Athene getragen zu haben (Xenoph. Sympos. IV. 17. Dicaearch. ap. Schol. Aristoph. Vesp. 542. vergl. Philochori Fragg. p. 25 mit Siebelis). In dem Spruch des Epicharmos von den alten Männern beim Aelian. (V. H. II. 34) Ὥστε ὥρα πᾶσιν ἡμῖν τὴν ταχίστην ἀνάγεσθαι, πρὸ τοῦ τινος καὶ ἀπολαῦσαι κακοῦ πρεσβυτιδίου hat sich Koray begnügt πρεσβυτικοῦ zu schreiben, und ausserdem πρεσβυτιαίου zu vermuthen (Σημειωσ. p. 296). In der Darmst. Schulzeitung (1830 p. 431) wird gar ἀπολαῦσαι in ἀποκλεῖσαι verändert. Unsere Pfälzer Handschrift bleibt beim Alten, und mit Recht. Der Ton liegt auf dem ἀνάγεσθαι, und der Spruch will besagen: Es ist Zeit für uns Alte, sämtlich baldmöglichst abzusegeln (nämlich um in die Inseln der Seligen zu gelangen), bevor wir auch noch ein Uebel (oder eine Schwäche) des Alters an uns zu erfahren haben. — Dies gelegentlich. Dieselben Feste nennt mit Beifügung des Mythus der neulich erst bekannt gemachte Scholiast zu den Gedichten des Gregor von Nazianz (p. 48 ed. Gaisf.). Ich theile die ganze Stelle mit, weil sie einiges Eigene hat: Τελεταὶ εἰσι κρυπταὶ Ἐλευσῖνος· αὗται αἱ κατὰ τὸν Κελεὸν καὶ Τριπτόλεμον· ἡ γὰρ Δήμητρα εἶχε θυγατέρα τὴν Περσεφόνην·

von dem zweiten dieser Feste, dessen Feier ein anderer
Scholiast ¹) uns kürzlich so beschreibt: «Es hatten die Athe-

---

ταύτην ἥρπασεν ὁ Πλούτων· ζητοῦσα δὲ αὐτὴν ἡ μήτηρ ἦλθε
εἰς τὴν Ἀττικὴν χώραν ἐν κώμῃ Ἐλευσίνῃ (Mythograph. Vatic.
II. 96. p. 107 Bod. „Ceres quum Proserpinam raptam quaerere non
desisteret, venit ad *Eleusinam* civitatem ad Celeum“ etc. vergl.
Heyne ad Virg. Georg. I. 163. Davies, Heindf. und Moser ad Cic.
de N. D. I. 42. p. 192, wo aus Handschriften Eleusinam hergestellt
ist. Antimachus ap. Strabon. VIII. p. 186 Tzsch. vergl. Antimachi
reliqq. LV. p. 94: Δήμητρος Ἐλευσίνης ἱερῇ ὄψ. — So wollte
Salmasius ad Spartian. Hadrian. p. 118 verbessert wissen, welches
weder die Herausgeber des Strabo noch Schellenberg bemerkt haben. Die Lateiner zumal, bemerkt Saumaise, hätten die Stadt oft
Eleusinum und Eleusina, die Göttin Eleusina Ceres, und die Weihen Eleusina statt Eleusinia genannt — s. ad Scriptorr. Hist. August.
p. 907. vergl. die Ausleger des Arnobius Tom. III. p. 354 Orell. u.
Muncker ad Hygin. p. 256 ed. Stav. Hiernach ist denn auch die
oben angeführte Lesart des Heidelb. Codex Alciphrou. II. 3. μὰ τὰς
Ἐλευσίνας θεὰς zu würdigen.) παρὰ Τριπτολέμῳ τινὶ, ὃς αὐτὴν ἔστησε τῆς πλάνης, ἀγγείλας αὐτῇ τὸν Πλούτωνα ταύτην
ἡρπακέναι. ὑπὲρ ταύτης οὖν τῆς εὐεργεσίας δίδωσι τῷ Τριπτολέμῳ τὰ σπέρματα, σῖτον καὶ λοιπά, ἐντειλαμένη παρελ-
θεῖν καὶ σκορπίσαι τὰ σπέρματα πανταχοῦ· οὐ γὰρ πρὶν
ἴσθιον (leg. ἤσθιον) πλὴν βαλάνων οἱ ἄνθρωποι, καρπὸν φή-
γου, ὅθεν καὶ φαγεῖν προσηγορεί'θη. συμπαραλαβὼν οὖν τὸν
Κελεὸν ἐπὶ ὄχημα τῶν δρακόντων πτερωτῶν ὁ Τριπτόλεμος
τὰ σπέρματα δίδωσι πανταχοῦ, καὶ γεωργεῖν ἐκδιδάσκει, καὶ
θεσμὸν δὲ μαθὼν παρὰ τῆς Δήμητρος ἀθεσμον ἐξεδίδαξεν,
ὃν τελοῦνται ἀλλη (fort. ἄλλως, wie Philostratus de Vit. Apollon.
V. 26. p. 208. ὅλλως χραίνοιτο μὲν τὰ ἱερά, s. G. Ios. Bekkeri
Specim. Philostrat. pag. 105, temere; so dass der christliche Erkla-
rer des christlichen Dichters sagte: Und nachdem Triptolemos die
gesetzlose (frevelhafte) Satzung von der Demeter gelernt, lehrte er
sie Andern, worin sie sich unüberlegt einweihen lassen), Δημήτρια
λέγοντες καὶ Ἐλευσίνια τὴν ἑορτήν. (Aus der obigen Stelle des
Pollux und daraus dass der Scholiast so eben von der Satzung (θε
σμός) gesprochen, wird man sich leicht überzeugen, dass nach λέγοντες die Worte: καὶ Θεσμοφόρια ausgefallen sind.)

1) Schol. ad Theocrit. IV. vs. 25, nach der ergänzten und ver-

ner die Sitte alljährlich die Thesmophorien zu feiern. Es bestehen aber die Thesmophorien in Folgendem: jungfräuliche und in ihrem Lebenswandel ehrwürdige Frauen legten am Tage der Weihe die gesetzlichen und heiligen Bücher auf ihre Häupter, und gleichwie Flehende gingen sie nach Eleusis.»

Also ein Frauenfest, zu Ehren der Satzungbringerin Demeter begangen. Diese Göttin hatte als solche die Namen Θεσμοφόρος und Θεσμία.[1]) Von der Beziehung dieser Satzungen auf die Demeter und auf die neben ihr verehrten agrarischen Gottheiten geben uns mehrere neuerlich bekannt gemachte Bildwerke anschauliche Vorstellungen; namentlich das Bild auf der zwanzigsten Metope an der südlichen Seite des Parthenon. «Das Bild zeigt uns zwei weibliche, wie Hierophanten ganz bekleidete Figuren, von welchen die eine von dem Tische oder dem, wie eine Console aus der Wand hervortretenden Vorsprung, auf welchem einige Schriftrollen liegen, eine derselben emporhebt, aufrollt und genau betrachtet, während die andere Figur, die ihr den Rücken zukehrt, eine ähnliche Schriftrolle schon empfangen hat, und sich langsam damit hinwegzubegeben scheint.»[2])

___

besserten Lesart des cod. Laurent. (s. Warton ad Scholia Theocrit. p. 79 ed. Gaisford. und Kiessling zu denselben Scholien p. 876). — Bekanntlich enthalten die Thesmophoriazusen des Aristophanes eine Menge, aber komisch aufgefasste, Züge dieser Festfeier. — Dass nach dieser die Thesmophoriazusen mit den Gesetzrollen nach Eleusis ziehen, deutet schon auf das Zeitalter hin, da die Athenischen und die Eleusinischen Culte mit einander verschmolzen waren, worüber ich in den Annali del Instituto Archeolog. VII. pag. 192 sqq. Nachweisungen gegeben habe.

1) Dieser zweite Name ist seit Wyttenbachs (zu Plutarch. Moral. VI. 2. p. 877), von Porson, Clavier und Siebelis (zum Pausan. VIII. 15. 1) gebilligter Verbesserung keinem Zweifel unterworfen.

2) Bröndsted Reisen und Unters. in Griechenland zu Taf. LI. nr. 20, wo dieses Bild nach Carrey's Zeichnung gegeben ist, S. 240. Ueber die andern bildlichen Vorstellungen bemerkt derselbe in einer Anmerkung: „Man s. oben S. 212 f. Ausser den dort erwähnten Denkmälern vergleiche man die Vase in der Tischbein'schen Samm-

Hiermit treten wir auf den Standpunkt dieses Theils der Griechischen Religionen. Es ist der Ackerbau mit seinen, den Menschen unbegreiflichen, jedoch natürlichen Bedingungen, mit seinen Wohlthaten, mit seinen Bürgschaften für gesichertes Leben, und mit seinen linden Erziehungsmitteln. Die uralten mythologischen Elemente liegen in hieratischer Ueberlieferung und Dichtung, [1]) in den Sätzen von der finsteren, wüsten, ungesegneten Erde ($X\vartheta ov ia$), von der unter dem Himmel ausgebreiteten, und seiner bedürfenden Erde ($\Gamma a \tilde{\imath} a$), von der nach des Zeus, des Himmels, der Sonne, des befruchtenden Regens Kräften lechzenden Erde, [2]) von der Erdmutter ($\Gamma \tilde{\eta} \ M \acute{\eta} \tau \eta \varrho$), wie schon die Alten die Demeter ($\varDelta \eta \mu \acute{\eta} \tau \eta \varrho$)

---

lung (Peintures de vases antiques IV. pl. 36), wo Bakchos vor der sitzenden Demeter steht, welche ihm mit der rechten Hand eine Schriftrolle zeigt (als Thesmophoros), während sie auch (als Sitò, Rharias oder Aktaea) in ihrem Gewande das Saatkorn hält. Dass das in ihrem Schoose Aufgehobene, andere ähnliche Schriftrollen (Gesetzbücher, Satzungsrollen; vergl. Creuzer Symbolik IV. S. 444) seyn sollte, glaube ich deswegen nicht, *weil beide Symbole, der Säerin und der Gesetzgeberin gewöhnlich vereint erscheinen, sowohl auf Monumenten der Kunst als in den historischen Nachrichten von den der Demeter gefeierten Festen.* So hat auch auf bekannten Münzen des Demetrios Soter (s. Visconti Iconogr. Gr. pl. XLVI. nr. 25. 26, im Texte p. 323 sq.) die sitzende Demeter ein Füllhorn im linken Arme, während sie einen *Stylos* in der rechten Hand hält. Dieses Zeichen (das Werkzeug um Gesetze einzugraben) mit der Schriftrolle ganz gleichbedeutend, bezieht sich auf ihre Eigenschaft als Gesetzgeberin ($\Theta \varepsilon \sigma \mu o \varphi \acute{o} \varrho o \varsigma$)." Da ich mir hatte angelegen seyn lassen, die Identität der *agrarischen* Demeter mit der *gesetzgebenden* ins Licht zu setzen, so wäre mir das *Saatkorn* im Gewande der Demeter gewiss um so leichter bemerklich gewesen, wenn es in der verkleinerten Abbildung bei Millin (Gal. mythol. pl. XLIX. nr. 276) überhaupt zu erblicken wäre. Diese hatte ich aber allein vor mir.

1) S. oben den Abschnitt von der *hieratischen Poësie*, besonders gegen das Ende.

2) Pausanias I. 24. 3. $\Gamma \tilde{\eta} \varsigma \ \mathring{a} \gamma a \lambda \mu a \ i \varkappa \varepsilon \tau \varepsilon v o \acute{v} \sigma \eta \varsigma \ \tilde{v} \sigma a i \ o \mathring{\iota} \ \tau \grave{o} v$ $\varDelta i a$. Hieraus erklärt Lenormant eine Statuette der Gäa (Erd-

nahmen, d. h. von der Ceres, die mit der Seele die mütterliche Liebe gewonnen, die Mutterliebe zu ihrer Leibesfrucht Proserpina, und zu den sterblichen Menschen, die sich mit der Frucht der Ceres ernähren; [1]) endlich von der sich der Jahresordnung fügenden, [2]) ja der Ordnung und Satzung überhaupt sich unterwerfenden Erde.

Die organische Verbindung der Vorstellungen von Erde, Ackerland und Ackerbau, Nahrung, Gesetz und Ordnung begegnet uns in den Urkunden mehrerer Völker des Alterthums. Ich erinnere nur an das gesetzesdurstige Land Aricme der Zendbücher, [3]) an Stellen der Samaritanischen Fragmente, [4]) wie folgende: «Die Brosamen der verborgenen Welt sind die Tafeln des Gesetzes; die Nahrung unseres Lebens, die in Ewigkeit nicht gebricht, sind die Tafeln des Gesetzes (Bundes)»; ingleichen an Aussprüche Jüdischer Schriftsteller, wie z. B. folgenden: «Da sie fragten, was es sey, das die Seele nähret, so wussten sie es nicht. Sie fanden aber, da sie belehret wurden, es sey das Wort Gottes und die göttliche Rede. Diese ist die himmlische Nahrung. — Siehe ich lasse euch Brode aus dem Himmel regnen. Denn in Wahrheit, die äthe-

---

göttin) in den Annali del Instituto Archeolog. Tom. IV. p. 60 sqq. vergl. die Monuments inédits dazu pl. XLIV. a. b.

1) Iliad. XIII. 322: Ὃς θνητός τ᾽ εἴη καὶ ἔδοι Δημήτερος ἀκτήν. vergl. XI. 630. XXI. 76. d. i. des gemahlenen Kerns der Cerealien. Odyss. II. 355 — μυληφάτου ἀλφίτου ἀκτῆς, vergl. die Scholien dazu pag. 76 ed. Buttmann.

2) So kommt die Gäa (Erde) auf einer Gemme (bei Lippert Supplem. nr. 66) als eine an einen Globus gelehnte Figur vor; sie hat das Füllhorn und die vier Horen des Jahres (Jahreszeiten) ziehen vorüber.

3) Oder des Meder- und Persergesetzes, wie es im Buch Esther (I. 19) genannt wird. S. v. Hammer in den Wiener Jahrbüchern der Lit. Band IX. S. 32.

4) S. Gesenius de Samaritanorum Theologia ex fontibus ineditis Commentatio, Halae 1822.

rische Weisheit lässet Gott in wohlgeartete und der Betrachtung ergebene Seelen aus der Höhe herniederthauen.» [1]

Hieraus ergiebt sich von selbst, wie die Verbindung der
Vorstellungen von Ackerbau und Nahrung, Lehre und Satzung
bei mehreren alten Völkern eine organische und ganz natürliche war, und noch Xenophon bezeichnet die Erde und Be-
bauung derselben · als willige und menschenfreundliche Leh-
rerinnen der Gerechtigkeit. [2]

Aber nicht blos Ueberfluss und Wohlfahrt für dieses Leben, sondern auch frohe Hoffnungen für das andere leiteten
die Alten von diesen Attischen Weihen im Culte der Ceres
her. «Als Demeter, sagt ein Attischer Redner, in unser Land
gekommen, [3] da sie umherirrte, weil Kore geraubt worden,

---

1) Philo de Profugis p. 566 Mang. Vol. IV. p. 284 Pfeiffer.
vergl. die Bibelstellen Exod. XVI. 4 und 17; vergl. auch de Mundi
opificio pag. 108 und die von Hugo Grotius angeführte Stelle desselben Philo Leg. Allegorr. Τὸ γὰρ φαγεῖν σύμβολόν ἐστι τροφῆς φυσικῆς (s. Grotii Annott. in Evang. Matth. XXVI. 26 und
in Ioann. VI. 27, wo dergleichen Philonische Stellen mit Aussprüchen
Christi verglichen werden).

2) Oeconom. V. 12. vergl. XIX. 17 — 19.

3) Isocrates in Panegyr. cap. VI. Ich vermuthe nämlich, dass
man mit Koray (Σημειωσ. p. 34) ἀφικομένης, statt ἀφικνουμένης,
zu lesen berechtigt ist. Ich bin diesmal von der umschreibenden
Uebersetzung Wielands im Attischen Museum abgegangen, und habe
mich an den grossartig einfacheren Text gehalten. Bekanntlich hat
Cicero (de Legg. II. 14. 36) die Isokratische Stelle vor Augen gehabt, sowie der Athenische Redner vielleicht die Stellen des Homerischen Hymnus auf Demeter vs. 485 ff. und des Sophokles (ap. Plutarch. de audiend. poëtt. p. 21, F. p. 81 Wyttenb.). Die in Lucia-
nisch-frivolem Geiste geschriebene Anmerkung Wielands (Att. Mus.
I. S. 78) übergehe ich auch diesmal mit verdientem Stillschweigen;
bedaure aber die Mühe und den Fleiss, den der Verfasser des Aglaophamus pag. 70 aufgewendet, um so sonnenklare Aussprüche ins
Zwielicht zu stellen. Nur dies Eine will ich bemerken: Jeder Unbefangene muss einsehen, dass von diesen Attischen Mysterien *leib-
liche und geistliche Wohlthaten* hergeleitet werden, welche die übrigen Culte und die frömmste Verehrung der übrigen Gottheiten nicht

und gegen unsere Voreltern wohlwollend gesinnt war, in Folge der Wohlthaten [die sie von ihnen empfangen], welche Andern als den Eingeweiheten zu hören unmöglich ist, und da sie ihnen doppelte Gaben geschenkt, welche die grössten sind, einmal die Früchte, welche Ursache geworden sind, dass wir nicht ein thierisches Leben führen, sodann die Weihe, welcher theilhaftig Gewordene sowohl über den Ausgang des Lebens, als auch über die ganze Ewigkeit die froheren Hoffnungen haben.» In diesen Sätzen sind die zwei Grundlehren der Thesmophorien enthalten. Das waren die Anfänge des gesitteten und sittlichen Zustandes der Attischen Menschheit gewesen, oder jene Initia, von denen Cicero (a. a. O.) treffend sagt: «Initiaque ut appellantur, ita re vera principia vitae cognovimus: neque solum cum laetitia vivendi rationem accepimus, sed etiam cum spe meliore moriendi.» Diese Incunabel-Geschichte der Griechischen und Italischen Menschheit war aber eine Geschichte in Bildern, in Liedern, Formeln, Gebräuchen und in Mythen. Die Personen des Athenisch-Eleusinischen Mythus sind hauptsächlich Deo—Demeter ($\varDelta\eta\acute{\omega}$, $\varDelta\eta\mu\acute{\eta}\tau\eta\varrho$), die ihre Tochter (Kora—Proserpina) liebende, verlierende und suchende Erdmutter; Hades—Pluton ($A\ddot{\iota}\delta\eta\varsigma$, $'A\ddot{\iota}\delta\omega\nu\epsilon\acute{\nu}\varsigma$, $\Pi o\lambda\nu\delta\acute{\epsilon}\gamma\mu\omega\nu$, $\Pi o\lambda\nu\delta\acute{\epsilon}\varkappa\tau\eta\varsigma$), [1]) der König des Schattenreichs oder des unterirdischen Raumes, der Allempfänger,

---

gewähren können. Auf einem neuerlich bekannt gemachten Basrelief (s. Annali del Instituto archeolog. I. tav. C. nr. 1. vergl. E. Gerhard daselbst p. 132—134) sehen wir auf einer Anhöhe neben einem Baume eine Göttin ohne Namen (Hekate-Artemis); darunter eine weibliche Figur mit einer Schale in den Händen, darunter $E\dot{v}\vartheta\eta\nu\acute{\iota}\alpha$ (Segen, Ueberfluss); gegenüber eine andere auf einem Armsessel (woran das Bild einer Sphinx erscheint) sitzende matronenartige Figur, und daneben der Name $T\epsilon\lambda\epsilon\tau\acute{\eta}$ (Weihe); auf dem Hintertheil des Sessels, worauf ihr Arm ruht, liest man das Wort $'E\pi\acute{\iota}\varkappa\tau\eta\sigma\iota\varsigma$ (neuer Erwerb, Zuwachs an Besitzthum); womit ganz deutlich zu erkennen gegeben wird, dass wer der *Weihe* theilhaftig wird, nicht allein *Ueberfluss* gewinnt, sondern auch einen *Zuwachs* an allerlei, auch geistigen Gütern.

1) Nach Homers Hymnus in Cerer. und Apollodor. I. 5.

der alle Saamenkörner und alle Seelen aus der Oberwelt zu
sich hinabnimmt; Persephone (*Περσεφόνεια, Περσεφόνη*), die
in die Finsterniss der Erde hinabgesenkte Saatfrucht, das der
Verwesung anheimfallende Saatkorn, das dem Tode zum Raub
fallende Leben, aber auch die aus der Verwesung hervor-
gehende neue grünende Saat. [1]) Sodann die menschlichen
Personen: Keleus (*Κελεός*), [2]) in dessen Hause Demeter un-
erkannt aufgenommen wird; dessen Gattin Metanira (*Μετά-
νειρα*, die Unmännliche); und deren, von der Demeter genähr-
ter, aber auch im Feuer geläuterter Sohn Demophon (*Δημο-
φῶν*). [3])

Demeter muss ihre liebliche aber zu einem wunderbaren
Geschickswechsel bestimmte Tochter Persephone an den König der Unterwelt Hades verlieren. Er hatte sie geraubt in
der Frühlingszeit, und sie muss seine Gattin werden. [4]) Aber

---

1) Scholia in Hesiodi Theogon. vs. 913 sq. p. 442 ed. Gaisf.:
*Τὸ ζωτικὸν ἐν τοῖς σπέρμασι καταβάλλει ἡ Δημήτηρ. Περ-
σεφόνειαν δὲ λέγει τοὺς καρποὺς, διὰ τὸ περισσῶς φονεύεσθαι,
οἳ καλυπτόμενοι τῇ γῇ διὰ τοῦ ἡλίου ἀναβλαστάνουσιν. —
Τοῦτο περὶ τῆς σήψεως τῶν σπερμάτων λέγει· ὅτι ἐὰν οὐ*
(wo nach 1 Corinth. XIII. 35 besser *ἐὰν μὴ* geschrieben würde,
s. die Anmerk.) *κάτω ἀποθάνῃ, ἄνω οὐ ζωογονεῖται.* — Zu
vs. 914 *ἥρπασεν*] *Τοῦτο δὲ λέγει ὅτι οὐχ ἑκοῦσα ἡ γῆ δέχε-
ται τὰ σπέρματα.* vergl. Bode Observatt. in Mythogr. Vat. I. 7.
pag. 175.

2) König zu Eleusis; sey es nun, dass in diesem Namen die
Bedeutung Befehlshaber, Herrscher, oder Opferer liegt (Schwenck
und Welcker in den etymologisch-mythologischen Andeutungen S.
114 und S. 305). — Auf Etymologien lasse ich mich jetzt nicht ein,
und übergehe daher auch vorjetzt die von mir selbst vorgetragenen.

3) Von *δῆμος* und *φάω* nach Schwenck a. a. O. S. 115; also
der im Volke hervorleuchtende, wenn ich recht verstehe. Dass im
Homerischen Hymnus und bei Apollodorus, statt des Triptolemos,
Demophon hervorgehoben wird, darin vermuthet Bröndsted (Reisen
II. S. 211) eine ziemlich früh entstandene *Athenische* Version des
Mythus, weil die Sage den einen von den zwei Söhnen des Theseus
Demophon nenne.

4) Homer. h. in Cerer. vs. 8. Pausan. IX. 31. Das war die

durch die Verfügung des Zeus wird endlich bestimmt, dass Persephone nur einen Theil des Jahres bei ihrem Gemahl in der Unterwelt verbleiben, zwei Theile aber bei der Mutter auf der Oberwelt und im Olymp zubringen soll; und nun führt Demeter ihre Tochter selber dem Gemahle wieder zu. [1])

Diese Natur- und Heilsordnung ward nun in den Thesmophorien gefeiert, und war der Inhalt von Gebräuchen, Gesängen und Lehren: Ein solches Saatkorn ist des Menschen Leib, der mit der Frucht der Erde sich nährt; was Persephone erlitten, was dem Saatkorne widerfährt, das erfahren im Tode auch wir. «Die Erde hat den Leib, die Seele der Mond, die Sonne den Geist dem Menschen bei der Geburt gegeben, wie dem Monde das Licht. — Von dem (doppelten) Tode, den wir sterben, macht der eine den Menschen aus dreien zu zwei; [2])

Blumenlese (ἀνϑολογία). Daher das Fest der Anthesphoria (Ἀνϑεσφόρια), aber auch das der Götterhochzeit (Θεογάμια) der Persephone bei den Siciliern. — Daher die Frühlings-Hore mit Blumen auf dem Vasenbilde Poniatowski (s. das Bilderheft zur Symbolik tab. XIII) und Rosen oder andere Blumen auf dem wunderschönen Vasenbilde Hope (in Millingens ancient unedited Monuments. London 1822. Ser. I. pl. XVI).

1) Im Apollodor. I. 5. 3 hatte Toussaint auf dem Rande meines Exemplars der Commelinischen Ausgabe in den Worten: ἵνα μὴ πολὺν χρόνον παρὰ τῇ μητρὶ καταμείνῃ, corrigirt πάντα χρ. wofür jetzt der 373. Vers des Homer. Hymnus ἵνα μὴ μένῃ ἤματα πάντα spricht. — Daher die hinabführende Demeter (Δ. κατάγουσα) in einer Gruppe des Praxiteles und in einem Gemälde des Nikomachos; nach Millingens Vermuthung (a. a. O. pag. 44) Vorbilder des Hopeschen Vasengemäldes; welches nicht, wie alle andere Denkmähler, den gewaltsamen Raub der Proserpina, sondern die willige Rückkehr zum Pluto und den zärtlichen Abschied von der Mutter Ceres darstellt.

2) Plutarch. de fac. in orbe lunae p. 943, A. B. p. 818 Wyttenbach. nach dessen Ergänzung: Καὶ ὁ μέν ἐστι ἐν τῇ τῆς Δήμητρος μοίρᾳ· ὅϑεν τὸ μυεῖσϑαι, παρωνύμως τῷ τελευτᾶν ἐν αὐτῇ, τέλειν, καὶ τοὺς νεκροὺς Ἀϑηναῖοι Δημητρείους ὠνόμαζον τὸ παλαιόν. Es folgen die Sätze vom Tode im Gebiete der Persephone, welche den Geist langsam und sanft von der

und dieses ist der Tod in dem Gebiete der Demeter; daher geweihet werden und sterben verwandte Benennungen sind, und die Todten nannten die Athener vor Alters Demetreer.» Also die Todten sind Unterthanen im Reiche der Demeter, dem Leibe nach; der Leib ist von der Erde gegeben, und muss wieder Erde werden; — der Seele nach; die Menschenseele, da sie sich mit der Materie verbunden, muss durch Wandlungen und Reinigungen der irdischen Stoffe und Triebe ledig werden. Das Wiedererscheinen des Saatkorns aus dem dunkelen Schoose der Erde, als neue grüne Pflanzung, ist den Menschen ein Vorbild, dass auch ihre Seelen nicht im Reiche des Hades bleiben, sondern in einem anderen Körper zu den unsterblichen Göttern zurückkehren sollen. Die Gabe der Ceres, die Frucht der Erde, giebt uns Belehrung und Hoffnung. Darum sollen die Menschen nicht verzagen, sondern männlichen Muth fassen; selbst heroischen Muth sollen sie fassen, dass sie nicht wie Metanira am sinnlichen Augenschein und am Leibesleben haften, und dadurch der Unsterblichkeit verlustig werden, sondern, wie die Heroen Perseus, Herakles, Theseus und andere, thun, die, unbekümmert um ihr leibliches Leben, im Kampfe gegen das Unlautere und Böse ein Olympisches und göttliches Ziel erreicht haben. [1]) — Auch scheinen

---

Seele löset, und aus dem Menschen Eins (den Geist) macht. — Auf einem ebenfalls neuerlich publicirten Vasenbilde (in Raoul-Rochette's Monumens inédits II. pl. XLV. 2) erscheinen der Genius der *Weihe* und der Genius des *Todes*.

[1]) In den Weihescenen wurden solche Gegensätze vorgestellt: die Heroen, Herakles u. s. w. andrerseits Narkissos, der in der Anschauung seiner Leibesschönheit untergegangene Jüngling. Daher auch im Hymnus des alten Sängers Pamphos die Narcisse beim Raube der Kora so bedeutend hervorgehoben worden (Ruhnken. ad Homeri h. in Cer. vs. 8. Ein Mehreres in der Praeparat. ad Plotin. de pulcrit. p. XLV sqq.). Ein anderes Warnungsbild in solchen Scenen war der vergeblich arbeitende Oknos, eine Aegyptische Vorstellung (nach Diodor. I. 97. p. 109 Wesseling.). In des Polygnotos Gemälde der Unterwelt war Oknos dargestellt worden (Pausanias X. 29. 2 mit Siebelis). Endlich waren auch die Danaïden zur War-

die Wanderungen der ihre Tochter suchenden Ceres als Vorbilder der Wanderungen der Menschenseelen in den Weihescenen dargestellt worden zu seyn; und folgende Gedanken scheinen solche Darstellungen motivirt zu haben: Die Seelen der Menschen sind Abbilder der Erdseele (der Demeter); sie sind auch Seelen in einem irdischen Leibe, und in sofern sie vom Irdischen geblendet und in der Sinnenwelt berauscht werden, verlieren sie den Richtweg aus dem Hades zurück auf die Oberwelt; sie müssen manche Umwege und Körper durchwandern, bis sie wieder zum oberen Lichte und zum Schauen der Olympischen Herrlichkeit gelangen. Pindarus spielt darauf an:

«Selig, wer jenes erblickend durch des Erdgrunds
Klüfte hinunter gelangt. Er kennt das Ziel des Lebens
Und kennet den göttlichen Ursprung.» [1]

und Plato giebt an mehreren Orten und besonders im Phädon über solche Lehren und Darstellungen Winke. [2]

---

nung dargestellt worden. Sie sind neben Oknos auf einem Basrelief einer Ara der Vaticanischen Sammlung zu sehen (im Museo Pio-Clem. Tom. IV. tav. XXXVI; wozu E. Q. Visconti p. 264 sqq. ed. de Milan.). Ein Vasenbild zeigt uns einen jungen Eingeweiheten, welcher die Danaïden betrachtet, wie sie mit ihren Krügen Wasser in ein grosses Gefäss tragen. Auf einem andern Vasenbilde zeigt ein alter Pädagog einem jungen Initiirten die merkwürdigen Scenen der Unterwelt, wobei die Gottheiten der Samothrakischen Weihen dargestellt sind (s. Musée Blacas I. pl. VII—IX mit den Erläuterungen des Herausgebers Th. Panofka pag. 23 sqq.).

1) Pindari Fragg. CXVI. 128 nach Thiersch. Lobeck Aglaoph. pag. 69 hat mit Recht die Aenderung $\alpha\ddot{\imath}\gamma\lambda\alpha\nu$, statt $\dot{\alpha}\varrho\chi\dot{\alpha}\nu$, verworfen, und bemerkt, dass Pindar auf die Seelenwanderung anspiele.

2) Platon. Phaedo p. 108. p. 107 Bekk., zu welcher Stelle unter Anderm Olympiodorus (in Wyttenbachs Annot. p. 294) anmerkt: $\dot{\alpha}\varsigma\ \tau\dot{\epsilon}\lambda\eta\ \pi o\iota o\tilde{\nu}\tau\alpha\iota\ \alpha\dot{\iota}\ \dot{o}\delta o\iota\pi o\varrho o\tilde{\nu}\sigma\alpha\iota\ \psi\nu\chi\alpha\dot{\iota}\ —\ \dot{\eta}\ \delta\iota\dot{\alpha}\ \tau\dot{\alpha}\varsigma\ \varDelta\dot{\eta}\mu\eta\tau\varrho o\varsigma\ \pi\lambda\dot{\alpha}\nu\alpha\varsigma\cdot\ \dot{\omega}\varsigma\ \gamma\dot{\alpha}\varrho\ \delta\iota\alpha\varphi\dot{o}\varrho\omega\nu\ o\dot{\nu}\sigma\tilde{\omega}\nu\ \tau\omega\nu\ \dot{o}\delta\tilde{\omega}\nu\ \dot{\epsilon}\pi\lambda\alpha\nu\dot{\eta}\vartheta\eta.$ Aus einem zweiten Commentar desselben Erklärers zum Phädon hat neulich Cousin (im Journal des Savans Mars 1835. p. 139 sqq. u. s. w.) Auszüge gegeben; woraus ich hier nur, auch zur Bestäti-

X.

Gebrechen und Verfall der Naturreligion; der Christianismus.

Es lagen also in diesen agrarisch-religiösen Weihen unstreitig zwei Grundlehren: die der Sündhaftigkeit des Menschen und die der Unsterblichkeit seiner Seele, und die Vorstellung, dass die *grossen* Göttinnen (s. oben) Demeter und Persephone, oder vielmehr die *guten* Götter [1]) den Willen und die Kraft besitzen, die ursprüngliche Reinheit der Seelen wieder herzustellen. — Aber eben hierin zeigt sich schon die Beschränktheit der Volksreligion und dieses mysteriösen Cultus, und der Grund, warum die edelsten unter den Griechischen Philosophen auf jene Mysterien nicht viel hielten, und es nöthig fanden, durch andere Mittel und Wege die sittliche Besserung ihrer Zeitgenossen und Nachkommen zu bewerkstelligen. „*Alles Göttliche*, sagt im entgegengesetzten Sinn ein Philosoph, *ist seiner Substanz nach gut*" und: «Kein Gott

---

gung der mit Unrecht angefochtenen Lesart im Pindar a. a. O., folgende Stelle über den Zweck der Mysterien aushebe (pag. 144): Ὅτι σκοπὸς τῶν τελετῶν ἐστιν εἰς τέλος ἀναγαγεῖν τὰς ψυχὰς ἐκεῖνο, ἀφ᾽ οὗ τὴν πρώτην ἐποιήσαντο κάθοδον ὡς ἀπ᾽ ἀρχῆς κ. τ. λ.

1) Die Boni Dii, θεοὶ χρηστοί, waren jene beiden Göttinnen nebst Dionysos Chthonios oder Hades-Pluton. Dass sie vorzugsweise als gute Gottheiten, nicht nur wegen der agrarischen Wohlthaten, die man ihnen zuschrieb, sondern auch wegen ihrer Leitung und Reinigung der abgeschiedenen Seelen bezeichnet waren, geht nicht nur aus Platon's Phädon p. 40 hervor, wo Ἅιδης ein ἀγαθὸς und φρόνιμος θεός genannt wird, sondern auch daraus, dass die Dii Boni mit den Dii Manes im Italischen Cult oft identisch vorkommen; endlich daraus, dass die Verstorbenen χρηστοί genannt wurden (s. Plutarch. Quaest. Romm. p. 277, A; Wyttenbach ad Quaest. Graece. p. 292, B; vergl. meine Anmerk. zu Cic. de N. D. III. 35. p. 673 und Inghirami Monumenti Etruschi, zu den Spechi mistici tab. II. p. 31).

ist übelwollend gegen die Menschen;[1]) und die Reinigungskraft unter den Göttern gewährt aus Güte ($\delta\iota'\ \dot{\alpha}\gamma\alpha\vartheta\acute{o}\tau\eta\tau\alpha$) dem Unvollkommenen die Reinigung ($\tau\dot{\eta}\nu\ \varkappa\acute{\alpha}\vartheta\alpha\varrho\sigma\iota\nu$).» — Und in der That waren die Mysterien mehrentheils nicht geeignet den moralischen Zustand der Griechischen und Italischen Völker gründlich zu verbessern; vielmehr mussten sie oftmals Sittenverfall und Aberglauben zur Folge haben. Man denke nur an die Mängel, womit sie behaftet waren, z. B. an die Bildersprache und Mythen, worein die hier vorkommenden Lehren eingekleidet waren; an das Ritual, an die grossentheils nächtliche Feier; an die zum Theil sehr sinnlichen Scenen, worin hier die agrarischen Gottheiten als handelnde Personen dargestellt wurden; so dass was auch über den Sinn solcher Bilder, Mythen und Scenen vorgetragen wurde gegen das, was die Sinne und die Einbildungskraft so mächtig erregte, in den Hintergrund zurücktreten musste. Ueberhaupt ging diesen classischen Völkern des Alterthums ein über alle Mitglieder der bürgerlichen Gesellschaft sich erstreckender klarer und gründlicher Unterricht in dem Sinne ab, wie wir neuere Europäer und wir Deutsche zumal dieses Wort zu verstehen gewohnt sind. Dieser Satz liesse sich durch alle Artikel des Griechischen Volksglaubens im Gegensatze mit der Religionslehre der religiösgesinnten Philosophen beweisen. Hier nur Einiges; und um gleich bei der Einsicht in das Bedürfniss einer richtigen Gotteserkenntniss stehen zu bleiben: wie viele Bürger einer Griechischen oder Italischen Volksgemeinde hatten eine solche? — Erst Philosophen mussten es den Frauen oder andern Personen von religiöser Stimmung einprägen,

---

1) **Proclus** in Alcib. prior. p. 228 sq. ed. Francof. $\ddot{o}\tau\iota\ o\dot{v}\varsigma\varepsilon\dot{\iota}\varsigma$ $\vartheta\varepsilon\dot{o}\varsigma\ \delta\acute{v}\varsigma\nu o\nu\varsigma\ \dot{\alpha}\nu\vartheta\varrho\acute{\omega}\pi o\iota\varsigma$, Anspielung auf die Aeusserung des Sokrates in Platon's Theaet. (p. 151, C. p. 312 Hndf.), womit er wegen der Schmerzen, die er durch seine geistliche Hebammenkunst den Seelen verursachen müsse, sich auf die durchaus und ohne Ausnahme guten Götter berief, die den Menschen zu ihrem eignen Heil auch Unangenehmes erwiesen. Proklos hat dies nun näher auf den Reinigungsprozess bezogen; vergl. denselben in Platon. Alcib. pr. pag. 318.

dass den Göttern Opfer und andere Huldigungen nicht ange-
nehmer seyen als eine richtige Erkenntniss von ihrem Wesen. [1] — Fast in allen einzelnen Religionslehren offenbaren

---

1) Plutarch. de Isid. et Osiride XI. p. 355, C. p. 457, wo er
die Klea anredet: — τοῦ δὲ ἀληϑῆ δόξαν ἔχειν περὶ ϑεῶν μη-
δὲν οἰομένη μᾶλλον μήτε ϑύσειν μήτε ποιήσειν αὐτοῖς κεχα-
ρισμένον, οὐδὲν ἔλαττον ἀποφεύξοιο κακὸν ἀϑεότητος δεισι-
δαιμονίαν. — Also Aberglaube ist ein eben so grosses Uebel als
Unglaube. Wyttenbach im Commentar (p. 184) hat mehrere Stellen
der Philosophen über diese ihre erste Forderung einer richtigen
Gotteserkenntniss zusammengestellt. Geistreich vergleicht Plutarch
an einem andern Orte desselben Buchs den Aberglauben mit einem
Sumpf, den Unglauben mit einem jähen Abgrund (pag. 378); worüber
man denselben Ausleger zu Plutarchs Schrift vom Aberglauben nachlesen kann (nämlich de superstitione p. 164, E und p. 171, E).
Und dennoch kleiden die Philosophen ihre Aussprüche über die
höhere Erkenntniss der menschlichen und der göttlichen Natur, wegen des grossen Ansehns, worin die Mysterien beim Volke standen,
in deren Sprache ein. Bemerkenswerth ist in diesem Betracht die
Anrede eines Epikureers Metrodoros, welche Philosophenschule sonst
in den Mysterien nicht wohl gelitten war, weswegen auch der Be-
richterstatter (Clemens Alex. Stromm. V. p. 732 Potter.) seine Worte
mit Folgendem einführt: Μητροδώρου τε, καίτοι Ἐπικου-
ρείου γενομένου (obschon er ein Epikureer war), ταῦτά γε εἰ-
ρηκότος. (Es ist aber diese Stelle vom Clemens mit Aussprüchen
des Plato wunderlich durchwebt, s. Wyttenbach Philomath. III. pag.
106, und alles Folgende gehört nicht diesem Epikureer, sondern
dem Plato an.) Ἑπόμενοι μετὰ μὲν Διὸς ἡμεῖς (daraus hätte
ich im Olympiodor in Platon. Alcib. pr. IX. p. 87 die Worte μετὰ
μὲν δὴ Διός εἶμι verbessern sollen und so weiter die aus den Mysterien entlehnten Worte im Phädros (p. 250, B. C. p. 262 Hndf.);
woraus sich auch ergiebt, dass in den folgenden Worten zwei Ver-
muthungen Sylburgs durchaus unzulässig sind: ὁλόκληρα δὲ καὶ
ἀτρεμῆ (Sylburg ἀτρεκῆ, — keinesweges. Jenes haben die Platoniker häufig, s. ad Plotin. I. 6. 5. p. 47 ed. Oxon.) φάσματα
μυούμενοί τε καὶ ἐποπτεύοντες ἐν αὐγῇ καϑαρᾷ, καϑαροὶ καὶ
ἀσήμαντοι τούτου (Sylburg: ἀπήμαντοι, eben so unzulässig), ὃ
νῦν σῶμα περιφέροντες ὀνομάζομεν. Eher möchte in der Stelle
des Clemens einiges aus Platons Worten zu ergänzen seyn; welches

sich solche Gegensätze und auf Seiten des Volksglaubens oft die auffallendsten Widersprüche. Z. B. Herodotos war ein denkender Grieche, ein Mann, der mit eben so grosser Anhänglichkeit an den Glauben seiner Väter als mit einem gewissen Prüfungsgeiste dessen Inhalt zu erforschen suchte; und doch konnte er bei Betrachtung des Weltlaufs sich von der Vorstellung eines Neides der Gottheit nicht ganz frei machen. Vielleicht wollte Platon mit seinem herrlichen Satze: [1]) «Der Neid stehet ausgeschlossen vom Chore der Götter» solche durch das Ansehn dieses populären Geschichtschreibers noch mehr verbreitete Irrthümer bekämpfen. — So lesen wir auch Manches bei den Alten vom Zorne der Götter und von ihrer schwierigen Versöhnlichkeit; wohingegen die philosophische Lehre den Satz behauptete, dass die Menschen durch ihre eigene Schuld und Sündhaftigkeit sich von der Gottheit entfremdeten. [2]) Hinwiederum werden dieselben Götter als durch Opfer, Gelübde und Gebete leicht umwendbar geschildert; wogegen

---

Heindorf vielleicht versucht haben würde, wäre ihm die Stelle des Kirchenvaters bekannt gewesen. Ast im neuen Commentar (p. 443) hat sie gekannt, bemerkt aber nichts über das verwerfliche $\dot{\alpha}\pi\dot{\eta}$-$\mu\alpha\nu\tau o\iota.$). — Ueber jene mysteriöse Ausdrücke habe ich Einiges zum Proclus in Alcib. pr. p. 61 bemerkt. Man vergleiche jetzt noch Baguets Anmerk. zum Dio Chrysostomus pag. 143.

1) Plato in Phaedr. p. 247, A. — (Auffallend ist es, dass Plato, so viele Anlässe er dazu hatte, doch des Herodotus niemals Erwähnung thut.) Dieser Satz wurde von den Platonikern aufgenommen und bis auf die späteren fortgepflanzt (s. Plotin. p. 216, B und vergl. meine Anmerk. zu Herodot. I. 32 und Bähr's Commentat. de vita et scriptis Herodoti Vol. IV. p. 408 sqq.).

2) Odyss. III. 145. Spanheim ad Callimach. h. in Cerer. vs. 32 hat mehrere Stellen der Dichter und der Philosophen gegeneinander gestellt. Iamblichus de myster. I. 13 bemerkt, solche Volksmeinungen bestreitend: $\alpha\H{v}\tau\eta$ $\tau o\acute{\iota}\nu\upsilon\nu$ $o\grave{v}\chi,$ $\dot{\omega}\varsigma$ $\delta o\varkappa\epsilon\H{\iota}$ $\tau\iota\sigma\iota,$ $\pi\alpha\lambda\alpha\iota\acute{\alpha}$ $\tau\iota\varsigma$ $\dot{\epsilon}\sigma\tau\iota$ $\varkappa\alpha\grave{\iota}$ $\dot{\epsilon}\mu\mu o\nu o\varsigma$ $\dot{o}\varrho\gamma\grave{\eta},$ $\dot{\alpha}\lambda\lambda\grave{\alpha}$ $\tau\H{\eta}\varsigma$ $\dot{\alpha}\gamma\alpha\vartheta o\epsilon\varrho\gamma o\H{v}$ $\varkappa\eta\delta\epsilon\mu o\nu\acute{\iota}\alpha\varsigma$ $[\pi\epsilon\varrho\grave{\iota}]$ $\vartheta\epsilon\tilde{\omega}\nu$ $\dot{\alpha}\pi o\sigma\tau\varrho o\varphi\H{\eta},$ $\H{\eta}\nu$ $\alpha\dot{v}\tau o\grave{\iota}$ $\dot{\epsilon}\alpha\upsilon\tau o\H{\iota}\varsigma$ (vielmehr $\dot{\epsilon}\alpha\upsilon\tau o\grave{v}\varsigma$ nach meinen Handschriften) $\dot{\alpha}\pi o\sigma\tau\varrho\acute{\epsilon}\psi o\nu\tau\epsilon\varsigma,$ $\H{\omega}\sigma\pi\epsilon\varrho$ $\dot{\epsilon}\nu$ $\mu\epsilon\sigma\eta\mu$-$\beta\varrho\acute{\iota}\alpha$ $\varphi\omega\tau\grave{o}\varsigma$ $\varkappa\alpha\tau\alpha\varkappa\alpha\lambda\upsilon\psi\acute{\alpha}\mu\epsilon\nu o\iota,$ $\sigma\varkappa\acute{o}\tau o\varsigma$ $\dot{\epsilon}\alpha\upsilon\tau o\H{\iota}\varsigma$ $\dot{\epsilon}\pi\eta\gamma\acute{\alpha}\gamma o\mu\epsilon\nu,$ $\varkappa\alpha\grave{\iota}$ $\dot{\alpha}\pi\epsilon\sigma\tau\eta\varrho\acute{\eta}\sigma\alpha\mu\epsilon\nu$ $\dot{\epsilon}\alpha\upsilon\tau o\grave{v}\varsigma$ $\tau\H{\eta}\varsigma$ $\tau\tilde{\omega}\nu$ $\vartheta\epsilon\tilde{\omega}\nu$ $\dot{\alpha}\gamma\alpha\vartheta\H{\eta}\varsigma$ $\delta\acute{o}\sigma\epsilon\omega\varsigma.$

die Philosophen lehrten, die Götter würden nicht durch Gebete u. dergl. bestimmt dem Menschen Gutes zu erweisen; [1]) sondern sie ermuntern uns aus eigener Bewegung zum Guten, und wenn wir in dieser durch die Gottheit bewirkten Richtung unserer Gedanken sie anrufen, so geben sie uns das Gute aus freier Güte ihres Wesens.

Endlich, um zu den chthonischen Gottheiten, von denen wir ausgegangen waren, zurückzukehren, so zeigt sich das Schwanken der alten Volksreligionen gerade bei diesen am auffallendsten, indem es unter Griechen und Italiern eine herrschende, durch Dichter und selbst durch Gesetzgeber begünstigte Volksmeinung war, jene Götter, die man, wie bemerkt, vorzugsweise die guten nannte, seyen unheimlich, ja zuweilen furchtbar und schrecklich. [2]) So kam Demeter in einer alten Arkadischen Sage unter dem Namen Erinnys [3]) vor, und ward als solche zu Thelpusa verehrt. So lässt es sich auch erklären, warum Römische Grammatiker die Cerriti, die mit Irrwahn Behafteten, von dem Zorne der Ceres Getroffene nannten. [4]) — Hier wird Ceres mit Hekate verwandt, ja oft

---

1) Iliad. IX. 493; worüber Plato sich missbilligend äussert (Republ. II. p. 364) und in jenem religiösen Sinne äussert sich Iamblichos de myster. I. 13, dessen Theorie vom Gebet Eustathius ad Odyss. l. l. p. 118 ed. Lips. vor Augen hat: ὡς τοῦ βασιλέως μακρόθυμον τὸ θεῖον ἡγησαμένου καὶ ῥαδίως παλίντροπον, ὅπερ οὐδὲ Ἰάμβλιχος παραδέχεται ὅπου περὶ εὐχῆς φιλοσοφεῖ.

2) Plutarch. de Iside et Osir. p. 370, C und dazu Wyttenbach p. 237. — Ich bemerke noch, dass die Vorstellung des *Dämonischen* mit diesen Gottheiten verbunden wurde. In dem der Lex sacrata bei Errichtung des Tribunats beigefügten Gebet, oder Bekräftigungsformel, heisst es (beim Dionysius Halic. VI. 89. p. 1248 Reisk.) τοῖς μὲν ἐμπεδοῦσι τοὺς θεοὺς τοὺς οὐρανίους ἵλεως εἶναι, καὶ δαίμονας τοὺς καταχθονίους.

3) Δημήτηρ Ἐριννύς, die zornige, vom Arkadischen ἐρινύειν d. i. ὀργίζεσθαι. Etymol. M. p. 374 (338). Unter diesem Namen führen sie auch Antimachos und Kallimachos an (s. Pausan. VIII. 25. 3 und 5 mit Siebelis p. 276 sq.).

4) Nonius I. 213: „Cerriti et larvati, male sani aut Cereris

zur Hekate selber. Ceres, Proserpina und Hekate kommen
schon im Homerischen Hymnus auf Demeter in Verbindung
vor, und auf dem Vasenbilde Hope sehen wir die Fackelträgerin Hekate den Rossen des Hades-Pluto vorleuchten, um
die Persephone wieder in die Unterwelt hinabzuführen. — Auf
diesem düsteren Boden des Cultus der Hekate erwuchsen denn
auch jene magischen Künste, womit die Alten, nachdem die
Griechischen Religionen sich aufs neue mit ausländischen vermischt hatten, die Götter herbeizuziehen und zu ihrem Willen
zu lenken hofften. ¹) «Ja ich höre sagen, berichtet Synesios,

---

ira aut larvarum incursatione animo vexati.“ Vergl. Lobeck Aglaoph.
p. 241. Wenn Heindorf zu Horat. Satir. II. 3. 278 sagt: „Ob der
Ausdruck von der Ceres hergeleitet sey (eigentlich cereritus), etwa
durch eine Verwechselung der Δημήτηρ mit der Phrygischen Cybele, deren *sacra enthusiastica* bekannt sind, lassen wir dahingestellt seyn. “ — so ist dies-ganz verfehlt, und dient zum Beweise,
wie selbst geschickte Philologen ohne gehörige Kenntniss der Mythologie und Religionen fehlgreifen. Es muss diese ganze Italische
Volksmeinung aus der Verwandtschaft, ja in gewisser Beziehung Identität der Ceres mit der Luna-Hekate oder demjenigen Wesen erklärt werden, welches Leibes- und Geisteskrankheiten verursachen
kann. Die Cerriti kommen auch beim Arzte Serenus Samonicus VII.
vs. 97 vor, wo man den Keuchen p. 24 ed. Ackermann. nachlese. —
Selbst wenn die andere Meinung geltend gemacht wird, dass die
Cerriti durch Gespenster (larvae) geisteskrank geworden sind, haben
Ceres-Hekate daran Antheil, weil sie die Gespenster aus der Unterwelt sendeten, wie der Aberglaube der Alten wähnte.

1) Synesius im Encomium Calvitii X. 73, C. p. 15 ed. Krabinger. — Dieser Zauberkreisel wurde Ἑκατικός, auch Ἑκατινὸς
στρόφος und στρόφαλος genannt. Man s. Krabinger zu obiger
Stelle p. 163. Wenn U. Kopp in der Palaeographia crit. III. p. 404
die Fertigung der Amulete damit in Verbindung brachte, so wird
dies dadurch wahrscheinlicher, weil jene Operation mit dem Zauberkreisel auf geschnittenen Steinen vorzukommen scheint; wenigstens
hat Lippert (in der Daktyliothek Mill. I. sect. V. nr. 283) eine sonderbare Vorstellung auf einer antiken Gemme sehr befriedigend so
erklärt. Jene Gemme wurde ohne Zweifel als magisches Amulet
getragen.

der Aegyptier habe ein Mittel gegen die Götter und gewisse
Zauberkreisel, so dass er, so oft er will, einige halbbarbari-
sche Worte murmelnd, alles Göttliche, welches geeignet ist
gewissen Zügen zu folgen, an sich zieht.»

Obschon nun in der allgemeinen Volksmeinung hauptsächlich nur die chthonischen Götter etwas Finsteres und Schreckhaftes hatten, so gab es doch auch unter den Olympischen
Götterwesen nicht leicht eines, von dem der Griechische und
Italische Mythus nicht Aeusserungen von Zorn und andern
Leidenschaften und schädliches Verfahren gegen die Menschen
zu berichten gehabt hätte. — Alle Gottheiten waren umschla-
gend (παλίντροποι). Aber das störte den alten Griechen
nicht; er feierte gleichwohl ihnen zu Ehren Jahr aus Jahr
ein heitere Feste. — Solche Inconsequenzen hatten etwas
Naives, Unschuldiges, ja Liebenswürdiges, so lange sie mit
dem Volke selbst so zu sagen aus seinem vaterländischen Boden, neben dem gesunden tüchtigen Volkssinn, als Wucher-
pflanzen aufgeschossen waren. Als aber jene Religionen, in
fremdes Land versetzt, in Weltstädten wie Alexandria, Antiochien, Rom künstlich fortgeübt wurden; als Römische Cäsaren zu allen Orakeln wallfahrteten, sich in alle Mysterien
einweihen liessen; als die lüsternen Augen der Römer sich
an der Griechengötter Schönheit weideten ohne Gefühl der
religiösen Begeisterung, welche solche Gebilde aus der Seele
der Künstler hervorgerufen; als die sittliche Kraft in den ab-
gelebten Halbrömern erstorben war, da war die Religion zur
Medusa umgewandelt, in deren veredelter Form der Contrast
der verführerisch-üppigen Leibesschöne mit der Verzweiflung
des zerrütteten Geistes verkörpert erscheint, da erfüllte Ge-
witterschwüle den Griechischen Olymp, das Römische Pantheon
— wie später das Skandinavische Asgard, und der Mund der
Götter verstummte. [1]) In dem allgemeinen Elende der Welt
musste die Sehnsucht endlich sich wo anders hinwenden.

---

1) Von diesem allgemeinen Gefühl des absterbenden Heidenthums enthält der von Kirchenvätern u. A. erzählte, freilich von
Christen selbst später gedichtete Delphische Orakelspruch an den

Es kann meine Absicht nicht seyn, das Christenthum mit dem ganzen Reichthume seiner geistigen Güter dem Heidenthume gegenüberzustellen; aber da wir doch, nach meiner Ansicht, die Griechische und Italische Götterschaar als *vergötterte Natur* betrachten müssen, so mögen zum Schluss einige Sätze folgen über das ganz verschiedene Verhältniss, worin sich der Heide und der Christ der Gottheit gegenüber befindet. Selbst der heiterste Grieche musste vor jedem seiner Götter eine geheime Furcht empfinden; in ihrem Wesen lag etwas Dämonisches. Jede Epiphanie einer ethnischen Gottheit hatte etwas Unheimliches, und die empfundene Götternähe, selbst an den fröhlichsten Festen, etwas Schreckhaftes. Immer fühlte sich der Mensch einer dunkelen unberechenbaren Naturmacht gegenüber. — Wer will sagen, was der Gott gegen die ihm unterworfenen schwachen Sterblichen verhängen kann? Wie der Quell und der Fluss die Luft erfrischt, Pflanzen, Thiere und Menschen erquickt, aber auch als reissender Strom brausend über seine Ufer tritt, Saaten verwüstet, Menschen und Thiere mit sich fortreisst, so kann sich die ungemessene Göttermacht jeden Augenblick in ihren schrecklichsten Ausbrüchen äussern. — Selbst wenn der Grieche seinen Zeus, der Italier seinen Janus *Vater* nannte, war mehr die Vorstellung eines physischen Erzeugers dabei; mit andern Worten: es drückte dieser Name bei Griechen und Römern mehr einen genealogischen Begriff aus, indem man diese Gottheiten als den letzten Ring einer Kette von Göttergeschlechtern dachte; und der so schöne Begriff von

---

Kaiser Augustus den richtigen Ausdruck (s. Suidas I. p. 377 Kust. p. 650 Gaisford. vergl. Is. Casaubon. Exercitt. in Baronii Annall. I. 12. p. 84):

Ἑβραῖος κέλεταί με Θεὸς μακάρεσσιν ἀνάσσων
Τόνδε δόμον προλιπεῖν, καὶ ὁδὸν πάλιν αὖθις ἱκέσθαι.

Weissagung aber und mantische Befragung der Götter waren neben den Opfern die wesentlichen Theile der Griechischen Religion (Platon. Sympos. pag. 188. vergl. Wachsmuth Hellenische Alterthumskunde II. 2. S. 222). Wenn also die Orakel schwiegen, war ein Haupttheil des religiösen Lebens vernichtet.

Mütterlichkeit, mit dem Namen und Mythus der Ceres verbunden, schloss doch selbst in den Eleusinischen Sagen die Gefühle des Fremdartigen, Verborgenen, Nächtlichschreckhaften und Zornigen nicht aus.

Wenn der Christ seinen Gott *Vater* nennt, so ist es ungetheiltes Vertrauen, was ihm dieses Wort eingiebt. Der Christ *kennt* seinen Gott. Was er als Mensch von ihm wissen kann, und zu wissen nöthig hat, das *weiss* er. Der Christen Gott hat Sonne, Mond und Sterne gemacht, hat die alten Berge in ihren Festen gegründet, hat die Ströme ausgegossen. Sturm, Donner und Blitz verkündigen seine Allmacht. — Wie furchtbar und zerstörend diese Naturkräfte auch wirken, und uns selbst betreffen mögen; — Gott ist bei uns; und wir sind ihm, wenn wir nicht *gottlos* seyn *wollen,* mit unserm Wissen und Wünschen nahe; und selbst als gewaltiger Gott will er unser Geistesleben nicht bewältigen oder zernichten, sondern es erwecken und stärken. Freundlich ist der Christen Gott. — Auf die Natur und auf die Naturmächte kann sich der Mensch nicht verlassen, aber auf den Einen Schöpfer und Herrn der Natur kann er sich verlassen.

Blicken wir nun auf unsere Uebersicht der Religionen zurück, und erwägen wir, was sich einem Jeden darstellt, dass unter den Künsten die Architektur der in grössten Massen wirkende und daher sprechendste Ausdruck der Culte und Glaubensformen ist, so möchte es nicht unpassend seyn diese ganze Erörterung mit folgenden Gedanken über die religiöse Baukunst zu beschliessen. [1]) — Die hieratische Architektur, oder die Tempelbaukunst, in ihrer Vollendung betrachtet, möchte überhaupt drei wesentlich verschiedene Charaktere darstellen, von drei verschiedenen Principien ausgehend, die ich kürzlich hier im Umrisse andeuten will. Der *Orientalismus,* wenn ich diese Art so nennen darf, oder auch *Hylozoismus* und Pantheismus der hieratischen Baukunst hat die Materie zum

---

1) Aus meiner Kritik von Thiersch Epochen der bildenden Kunst unter den Griechen zweiter Ausgabe in den Wiener Jahrbüchern der Literatur Band LII. S. 58 f.

Princip. — So wie der Cultus des alten Morgenlandes die Natur im Ganzen verkörpert, und, so zu sagen, zu einem Götterleibe umgestaltet, so ist auch die Architektur schrankenlos und doch beschränkt, und mithin wunderlich in ihrem Bestreben; auf nichts Anderes gerichtet, als die materielle Welt räumlich und zeitlich zu verkörpern. In diesem Sinne wurden jene Indischen Grottentempel ausgehöhlt und ausgemeiselt. Am deutlichsten zeigt dies aber die Bauart der Aegyptier in ihren Nekropolen und Tempeln: unter der Erde die Wohnungen der Todten und der sie beherrschenden Gottheiten; oberhalb das Firmament mit allen heiligen Sternthieren; den Säulenfuss umspielen in Zickzacklinien die Fluthen des göttlichen Landesstroms, den Kopf der Säule verziert eine Lotus- oder eine Palmen-Krone; und der seltsam ausgedehnte Körper der Isis längs den oberen Tempelwänden bezeichnet in ganz materieller Weise die, alle Dinge am Himmel und auf Erden umfassende Natur. Diesem Hylozoismus mit seinem blinden, ungenügsamen Triebe und mit seinem überladenen Wesen steht die besonnene Selbstbeschränkung des *Hellenismus* entgegen. Wie dorten die Materie, so ist hier die Form vorherrschend. Wie die Religion der Griechen in ihrer volksthümlichen Gestalt ganz vermenschlicht geworden; die wichtigsten Wahrheiten, die den Geist beschäftigen und befriedigen, in ein mysteriöses Dunkel zurückgetreten waren, und wie der Gebrauch die Volksgemeinde an den Opferfesten vom Innern der Tempel in die Vorhöfe und Haine verwies, so waren auch die Griechischen Tempel klein, eng, gedrückt und dunkelnd im Innern. Desto mehr ward auf die äusserliche Herrlichkeit verwendet, und die Architektur, würdigen und reinen Formen nachstrebend, ward von der Sculptur unterstützt, um durch Bildwerke aller Art in Thon, Marmor und Erz eine Wohnung hinzustellen, die den Hinzutretenden würdig schien, den menschlich gedachten Göttern zum Aufenthalte zu dienen. Die Griechische Tempelbaukunst auf ihrer Höhe hatte sich in dem edelsten *Formalismus* entfaltet. — Als endlich die Form der zu heidnischen Zwecken eingerichteten Basiliken verlassen war, da vollendete sich das christliche Princip heiliger Baukunst im Dome oder Münster, und dieser *Christianismus* der Architektur verkündigte sich als ein ganz neues, höheres Streben des menschlichen Geistes und als eine andere Sehnsucht der von neuen Empfindungen bewegten Seele. Sie erhob sich mit den strebenden Säulen und hohen Spitzgewölben himmelwärts; und die ganze christliche Gemeine, hell und klar in neugewonnener Erkenntniss und Zuversicht, versammelte sich in den weiten Räumen des Tempels, der in seiner ganzen Architektur von innen und von aussen, in Bildwerken und Malereien, an Säulen, Fenstern und Altären das grosse Werk der Vorsehung in der ganzen Menschengeschichte, von der Schöpfung und vom Sündenfalle bis zum jüngsten Gericht, vor Augen stellte.

Inhalt des allgemeinen Theils.

		Seite
Eingang		3
I.	Religion des Magismus; psychisches Heidenthum.	8
II.	Hieratische Poësie.	21
III.	Hieratische Bildnerei.	29
IV.	Physiogonie; Orphische und Hesiodeische Theogonie.	68
V.	Vollendeter Anthropismus; episch-Homerische Götter.	73
VI.	Vermischung des Anthropismus und der Apotheose, des Götter- und Heroenwesens.	90
VII.	Exanthropismus, Euemerismus.	105
VIII.	Nekrolatrie, Metensomatose.	137
IX.	Telestik, Grundzüge der Thesmophorien-Lehre.	148
X.	Gebrechen und Verfall des Heidenthums; der Christianismus.	164

Besonderer Theil.

Ethnographische Betrachtung

der

alten heidnischen Religionen.

Erstes Capitel.

Arienische Religion,

oder

Baktrisch – Medisch – Persische Lehre und Cultus.

§. 1.

Einleitung.

Wenn wir hier von Persien reden, so verstehen wir darunter nicht blos die alte Landschaft Persis oder das heutige
Farsistan, das Stammland der Kajaniden und einiger späteren
Beherrscher Asiens, sondern es schliesst dieser Name die
ganze grosse Masse der Kaukasischen und Nordindischen
Länder ein, welche auch durch den Namen *Iran* (womit zugleich der Gegensatz *Turan* gegeben ist) bezeichnet wird,
und deren Religion auch wohl den Namen der *Iranischen* trägt.
Es hat diese Iranische oder alt-Persische Religion vielleicht
ihren Sitz in einem Urstaate genommen, den Manche für den
Mutterstaat der nachherigen Indischen und Persischen Reiche
halten, der die Provinzen Balk[1]) oder Baktrien, Ariana, Su-

---

1) *v. Hammer* in der Geschichte der schönen Redekünste Persiens,
Wien 1818, lässt aus Bamian, als einem frühen Cultursitze, Indische Weis-
heit und Kunst ins benachbarte Balk (Balch) übergehen, und berührt die
Vorstellungsart, wonach einigen Zendbüchern (Sendbüchern) Indische
Quellen zum Grunde liegen. — S. hierüber die *Nachträge* zu dieser
dritten Ausgabe und zwar Nachtrag I zu diesem Capitel.

siana, Aderbidschan, Mazanderan und andere in sich begriffen, und dessen Herrscher, die Pischdadier, auch Indien, Medien, Baktrien, Assyrien und Mesopotamien unter ihrem Scepter vereinigt haben sollen. — Zunächst aber ist es jene Gebirgskette, die dieses Reich im Norden begränzt und von Westen nach Osten an demselben sich hinzieht, wo der Ursprung einer zweifachen Religion zu suchen ist, die sich von hier aus nach Osten und Westen verbreitete, die eine, die Indische, die andere, deren Vaterland die nach Westen sich hinziehenden Verzweigungen jenes Gebirges sind, die Iranische oder alt-Persische, welche uns nunmehr beschäftigen wird. Diese Religion der *Parsen*, entstanden auf jenen Gebirgen, ist in ihrem Grunde eine einfache, naive Anschauung der Natur — daher auch von mehreren Alten eine Hirtenreligion genannt, wiewohl sie sich von der materielleren Hirtenreligion Aegyptens, die mehr fetischistisch war, merklich unterscheidet. Sie besteht in der einfachen Verehrung der *Naturelemente*, des *Feuers*, *Wassers*, der *Erde*, *Luft*, der *Winde* und des *Sternenhimmels*, vorzüglich der zwei grössten Lichter desselben, *Sonne* und *Mond* (s. Herodot. I. 131. Brissonius de reg. Princip. Pers. p. 357). Auch die *Flüsse* waren ihnen heilig (s. Brisson. a. a. O. p. 366). *Tempel* hatten sie nicht, sondern auf *Bergen* dienten sie ihren Göttern, und opferten hier denselben blos das *Leben* der Thiere (s. Brisson. a. a. O. p. 369). Mit dieser einfachen Naturreligion der Persischen Stämme erscheinen nun aber ein Religionssystem und eine Gesetzgebung in der engsten Verbindung, welche den Charakter eines mehr metaphysischen Denkens an sich tragen, von einem andern Stamme aus Medien oder Baktrien her den edleren Casten des Persischen Volkes mitgetheilt worden, und somit herrschende Religion des Reiches geworden sind. Jenes naive Urelement, amalgamirt mit diesen höheren Erkenntnissen einer gebildeteren Menschheit, bildet demnach das Medisch-Persische Religionssystem oder den Magismus, den wir jetzt zu betrachten haben.

§. 2.
Quellen und Literatur.

Die *Quellen* zerfallen in zwei Classen, zuvörderst *schrift-liche*, die Nachrichten der inländischen und der fremden Schrift-steller, namentlich der Griechischen, über Persiens Religion, von den ältern Zeiten bis auf die späteren — sodann *Denk-male der bildenden Kunst* an den Ueberresten der Paläste und Tempel zu Persepolis und anderwärts, deren Trümmer sich, trotz der wiederholten Verwüstungen und Zerstörungen der Araber, Mogolen, Türken und anderer Völker, erhalten haben.

Was die schriftlichen Quellen betrifft, so müssen hier vor-erst die *biblischen Urkunden* in Anschlag gebracht werden, na-mentlich die Bücher, deren Verfasser in irgend einer näheren Beziehung und Berührung mit Persien standen, und welche eben darum zum Theil für die Religion Persiens Hauptquellen sind. Dies sind besonders die *Schriften der Propheten*, eines *Daniel*, der, wie es scheint, mit dem Persischen Lichtdienste nicht unbekannt war, eines *Ezechiel*, dessen Visionen äusserst viel Persisches aus der Lehre der Magier enthalten; ferner die Bücher *Esra*, *Nehemia* und andere, worunter das Buch *Esther* in so weit besonders merkwürdig ist, als es uns in das Innere des Persischen Hofes blicken lässt und ein getreues Bild der Persischen Sitten liefert.

Unter den Griechen giebt uns über Persien (so wie über Indien) *Herodotus* die ersten Nachrichten, welche mit ziemlich vieler Kenntniss dieser Länder niedergeschrieben sind. Wich-tiger jedoch wäre *Ktesias*, ein Zeitgenosse *Xenophons* (dessen Anabasis und Cyropädie hier auch in Betracht kommen), der als Leibarzt des Königs Artaxerxes Mnemon sich lange in Persien an dessen Hofe aufhielt, und die Reichsarchive benu-tzen durfte, dessen Schriften aber, einige Excerpte bei Photius, Athenäus und Andern ausgenommen, untergegangen sind. Ihm ist auch *Diodorus* in seinen Nachrichten über Persien, Medien, Baktrien und andere Asiatische Länder hauptsächlich gefolgt, und theils ganze Abschnitte, theils einzelne Capitel sind offenbar aus jenem entnommen. Ausserdem enthalten *Strabo*, *Arrianus*, *Philostratus* (im Leben des Apollonius), der ebenfalls den Ktesias, wenn er ihn gleich nicht anführt, sehr benutzt zu haben scheint, *Diogenes Laërtius*, *Clemens von Alexandrien*, *Eusebius* in der Praeparatio Evangelica, *Damascius* de principiis, manche schätzenswerthe Nachrichten. Am wichtigsten für unsern Zweck ist aber *Plutarchus*, eben dadurch, dass er nicht, wie die meisten übrigen Griechen, uns über das Exoterische der Persischen Religion belehrt, sondern uns auch in den Stand setzt, in das Innere oder Esoterische der Religion der Magier wenigstens einige tiefe Blicke zu thun, und durch Hülfe einiger Hauptstellen, die er aus Aelteren mittheilt, uns dem Mittelpunkte des Magiersystems mehr zu nähern.

Auch bei den Römern findet sich Manches, namentlich bei *Plinius* in der Historia naturalis, bei *Curtius* und den *scriptores historiae August.*[1]

Alle Nachrichten der Alten über Persische Einrichtungen, Sitten und dergl., die in den genannten Schriftstellern zum Theil zerstreut sind, hat mit einem lobenswerthen Fleiss ziemlich vollständig gesammelt *Barnabas Brissonius* in dem sehr brauchbaren Werke de regio Persarum principatu libri III, am besten mit Sylburg's Anmerkungen und vollständigen Registern herausgegeben von Lederlin, Strasburg (Argentorati) 1710. Auch das Werk des Engländer *Hyde* de religione vett.

[1] Eine Sammlung und Erklärung dessen, was Griechen und Römer über Magismus, Persische Religionslehren u. s. w. berichten, hat unter dem Titel Περσικά *Kleuker* geliefert im Anh. z. Zendavesta, in des zweiten Bandes drittem Theil. Diese Sammlung des gelehrten Mannes liesse sich jedoch, wie sich dies nicht anders erwarten lässt, durch mehrere Zeugnisse vervollständigen.

Persarum, Oxoniae 1700. 4. ist sehr schätzbar, wiewohl nicht immer zuverlässig. Andere Hülfsmittel sind von *Beck* in der Anleit. zur allg. Weltgesch. I. 1. p. 634 ff., von *Heeren* in den Ideen I. 1. dritte Ausg. und von *C. F. C. Hoeck* Veteris Mediae et Persiae Monumenta, Gotting. 1818 nachgewiesen. Ich bemerke nur noch, dass die morgenländischen Traditionen nach dem Schahnameh des Ferdusi (wovon unten) sowohl in *Muradgea d' Ohsson's* Geschichte der ältesten Persischen Monarchie, übersetzt von Dr. *F. Th. Rink*, Danzig 1806 als in *Malcolm's* History of Persia, London 1815 in Auszügen zu finden sind. Sehr belehrend und inhaltsreich ist auch: *Ayeen Akbery* or the institutes of the emperor Akbar, translated from the original Persian by *Francis Gladwin*, London 1800. Endlich mache ich meine Leser auf *v. Hammer's* Geschichte der schönen Redekünste, 1818. 4. aufmerksam.

Jedoch für die Religionsgeschichte und Mythologie der alten Perser muss jetzt unstreitig unter den Quellen dem *Zendavesta* ein vorzüglicher Rang eingeräumt werden, d. h. jener Sammlung von Religionsurkunden, welche *Anquetil du Perron* zuerst entdeckte, sammelte und aus mehreren Handschriften zu Paris 1771 unter dem Titel *Zendavesta — traduit en François par Anquetil du Perron* herausgab. Vorzüglich empfehlenswerth ist die Deutsche Bearbeitung von *J. F. Kleuker* (der *Zendavesta, übersetzt von J. F. Kleuker*, Riga 1776. drei Theile 4. und *dessen Anhang dazu*, zwei Bände, Riga 1783. 4.), welcher auf eine höchst verdienstvolle Weise die Zweifel, welche mehrere Gelehrte, vorzüglich *Meiners*, gegen die Aechtheit dieser Bücher geäussert hatten, vollkommen gelöst, und gezeigt hat, wie diese Urkunden Nichts enthalten, was mit der Bibel oder den Griechen in Widerspruch stehe, und woraus sich ihre spätere Abfassung beweisen liesse, so dass, wie auch *Heeren* (Ideen u. s. w. I. 1. pag. 458 der dritten Ausg.) bemerkt, die *Aechtheit der Hauptschriften*, vorzüglich des *Vendidad* und des *Izeschne*, als *alter Persischer Religionsschriften*, gegenwärtig erwiesen ist. Auch *Viscount Valencia*, der noch neulich, in den Jahren 1802—1806, an Ort und Stelle Erkundigungen eingezogen (siehe dessen Voyages and Travels to India etc.), zweifelt weder an der Aechtheit des Zendavesta, noch an der Treue von Anquetil's Uebersetzung. Auch bemerkt er, dass Sir William Jones noch vor seinem Tode seine früheren Ausfälle dawider als irrig zurückgenommen habe (s. Götting. Anzeig. 1812. nr. 79). Da mein Freund *F. G. Welcker* in den Nachträgen zu *Zoëga's* Abhandlungen, Götting. 1817. p. 413 ff. die wichtigsten Sprecher für und gegen in dieser Sache bereits aufgeführt hat, so begnüge ich mich, den Leser dorthin zu verweisen. Gleichfalls haben die neuesten Untersuchungen von *Rhode* (über Alter und Werth einiger morgenländischen Urkunden u. s. w. Breslau 1817) einige nützliche Bestätigungen beigebracht, dass der Aechtheit der Zendschriften, als der Schriften, welche vor der Eroberung Persiens durch Alexander von den Persern als heilig verehrt und dem Zoroaster zugeschrieben wurden, durchaus kein *innerer* noch *äusserer* Grund entgegenstehe; s. besonders p. 17. 18. 19 a. a. O. [1])

Ein grosser Name wird auch diesen Offenbarungen und Urkunden vorgesetzt. Er heisst *Zoroaster*, im Persischen auch *Zeraduscht*, und im Zend *Zeretoschtro* (s. Wahl Gesch. der morgenländischen Literatur pag. 266) genannt, d. i. *Gold-Stern, Stern des Glanzes* (s. Zendavesta von Kleuker Theil III. pag. 4. vergl. mit Rhode über Alter und Werth u. s. w. pag. 42). Es herrscht zwar ein Streit über seine Person, indem Einige *zwei Zoroaster* annehmen, wovon der erste unter Gustasp (Cyaxares I. von Medien), der zweite unter Darius Hystaspis gekommen sey; Andere dagegen nur von *einem* wissen wollen, der im sechsten Jahrhundert vor Christi Geburt gelebt habe. [2])

---

1) S. *Nachtrag* II.

2) Die früheren Untersuchungen über Zoroaster betreffend, verweise ich auf die Zusammenstellungen von Kleuker im dritten Bd. des Zendavesta

Vom Propheten *Zoroaster*, durch dessen Erscheinung Gustasp Regierung verherrlicht ward, wäre nicht wenig zu erzählen, wenn man alle Sagen von ihm zusammenstellen wollte. Hier nur einige Worte darüber: Gleich seine Geburt musste auf ihn die Aufmerksamkeit lenken. Nachher besucht er den Himmel, und empfängt dort das heilige Feuer und das

---

p. 3 ff. und auf Beck Anleitung zur Weltg. I. 1. pag. 647 ff. Hier mögen nur einige Nachträge folgen: Zuvörderst wird immer die Stelle im Platonischen Alcibiades I. pag. 122. pag. 341 Bekker. grosse Aufmerksamkeit verdienen, wenn auch Plato nicht selbst Verfasser dieses Dialogs seyn sollte, wo von einer *Magie Zoroasters, des Sohnes des Oromazes* (μαγείαν — τὴν Ζωροάστρου τοῦ Ὠρομάζου), die Rede ist. Man vergleiche dort die Ausleger und Davisius zum Cicero de Divin. I. 41. Unter dem Namen *Zaratas* (Ζαράτας), auch wohl *Zaratus* (Ζάρατος vergl. *Thom. Reinesii* Observv. in Suidam ed. *Ch. G. Müller* pag. 103 sq.), scheinen andere Griechische Schriftsteller denselben Persischen Gesetzgeber zu verstehen. Er kommt z. B. bei Plutarchus de anim. gen. in Tim. pag. 1012. pag. 124 Wyttenb. vor, und man denkt dabei an Zoroaster (vergl. Zoëgn's Abhandll. p. 109). Ausser der oben angegebenen *Bedeutung des Namens* kommen auch andere vor. Der Scholiast zur Stelle des Plato (p. 78 Ruhnken.) will einen *Sterndiener* (ἀστροθύτην) darin finden; welche Erklärung auch etymologisch aus dem Namen Zoroaster selbst genommen ward (s. Toup Epist. ad Suid. p. 137 Lips. und Reinesius a. a. O.). Den Gewährsmann für diese Erklärung lernen wir aus Diogenes Laërtius Prooem. §. 8 kennen. Es ist *Dinon* im fünften Buche der Historien. Andere wollen blos einen allgemeinen Königsnamen, einen *Besitzer der Herrschaft*, darin sehen. Dies hängt mit der Frage nach dem *Vaterlande* des Zoroaster zusammen. Wenn manche Schriftsteller ihn weitschichtig einen *Magier* oder einen *Chaldäer* nennen, so kann dadurch nichts bestimmt werden. Einen *Meder* nennen ihn viele Schriftsteller. Andere neigen sich mehr zu der Meinung hin, dass er aus *Baktrien* herstamme. So neuerlich Zoëga und Norberg (s. Zoëga's Abhandll. p. 108 mit Welcker's Anmerk.). Ueber sein Zeitalter herrscht nicht grössere Einstimmung. Der Scholiast zur angeführten Platonischen Stelle (p. 77) lässt ihn sechstausend Jahre vor Plato auftreten. Für sehr bedeutend muss die Angabe eines alten Griechischen Logographen, *Xanthus* des Lydiers, gehalten werden, wonach Zoroaster sechshundert Jahre vor Xerxes Griechischem

Wort des Lebens. Darauf fährt er selbst zur Hölle nieder. Endlich, nachdem er seine Bestimmung erfüllt, zieht er sich auf das Gebirge Elburz zurück, und widmet sich daselbst ganz der Betrachtung und Andacht. [1]

In der ältesten Zeit waren die Menschen rein und unschuldig, bewusstlos das Gesetz erfüllend; so in der Periode der Pischdadier, [2] wo es keiner schriftlichen Gesetzgebung bedurfte, und glückseelig in der Fülle der Zeiten über Iran

---

Feldzuge zu setzen wäre (Diog. Laërt. Prooem. §. 3). Wäre freilich ein späterer Xanthus hier der Gewährsmann (vgl. meine Anmerkk. zu den Fragmm. Historr. Graecc. antiquiss. p. 225 und Marx zu Ephori Fragmm. p. 76 sq.), so würde dieses Zeugniss sehr viel an seinem Gewichte verlieren. Nicht blos jene chronologischen Abweichungen, sondern auch andere Gründe haben die Meinung von zwei oder mehreren Zoroastern erzeugt; worüber sich noch neuerlich mehrere Forscher in verschiedenem Sinne erklärt haben (s. Zoëga a. a. O. mit Welcker's Anmerkk. und p. 114 und Wait's Abhandlung über diesen Gegenstand in the classical Journal Vol. VII. p. 220 sqq.). Was meine Meinung angeht, so verweise ich die Leser auf die Bemerkungen über die mehreren *Hermes* der Aegyptier. In demselben Sinne glaube ich auch ein *ideelles Fortleben* des Namens Zoroaster mit der Fortdauer seiner *Lehre* annehmen zu müssen.

1) S. die Auszüge bei Malcolm I. p. 58. besonders p. 192 f.

2) *E. Burnouf* bemerkt im Commentaire sur le Yaçna (s. die folgende Anmerk.) p. 569: „Ce qu'il est peut-être encore permis d'en coclure, c'est que ces hommes de la première loi, ces Pichdadiens fameux, si célèbres dans les traditions persanes, sont les ancêtres communs des Ariens de la Bactriane et des Ariens de l'Inde. On n'a pas encore, il est vrai, trouvé de trace de Pichdadiens dans les livres brahmaniques; mais, si, d'un côté les analogies de plus en plus nombreuses que l'on remarque entre le zend et le plus ancien sanscrit, conduisent nécessairement à admettre que les Brahmanes et les Ariens appartient à la même origine, et si de l'autre le système religieux du Zend-Avesta a dû être, pendant quelque siècles et antérieurement à la chute de l'empire persan, contemporain et rival du système brahmanique, il est assez vraisemblable, que les hommes regardés par les Ariens de la Bactriane comme les ancêtres de leur propre race sont aussi ceux des Brahmanes."

der grosse Dschemschid herrschte. Unter ihm erweckte Ormuzd den grossen Propheten *Hom* oder *Homanes* (Ὠμάνης). Dies war der grosse Baum (*Hom*), der Lebensbaum, als Quell alles Segens und Gedeihens (s. Anhang zum Zendavesta Bd. II. Th. 1. p. 90. 95. 83. 88 und was wir weiter unten bemerken werden). Er ist, was der Hermes Aegyptens, der Buddha der Indier ist; er offenbart zuerst das Wort, er bringt zuerst Gesetze, er ist der Stifter des *Magismus*, und seitdem hatte man Schriftgelehrte und Propheten, die Bewahrer und Verwalter des von Hom geoffenbarten Gesetzes, die *Magier*, welche Herodotus (I. 101), der älteste Erzähler, als einen eigenen Stamm der Medischen Nation aufführt, so wie die Leviten bei den Israeliten und die Chaldäer bei den Assyriern.[1]) Sie waren eingetheilt in drei Classen nach ihrem Range und ihren Kenntnissen; die erste umfasste die *Herbeds* oder *Lehrlinge*, die zweite die *Mobeds* oder *Meister*, die dritte die *Destur - Mobeds*, die *Altmeister* oder die *vollendeten Meister*. Sie bildeten eine Priestercaste, die den ersten Stand des Reiches ausmachte, die einzige Inhaberin aller Kenntnisse und Wissen-

---

1) S. Clemens Alexandr. Stromat. I. p. 305. A. Jedoch werden häufig, und zwar schon frühe, *Chaldäer* und *Magier* mit einander verwechselt, und beide Classen unter der gemeinschaftlichen Benennung der *Magier* begriffen; s. Tib. Hemsterhuis ad Lucian. Necyom. T. III. p. 339 Bip. und Heeren Ideen I. 2. p. 176 d. dritten Ausg. Spricht ja sogar Pausanias in den Messeniacis (IV) cap. 32. p. 360 Kühn. von *Indischen Magiern*, denen er die Lehre von der Seelen Unsterblichkeit zuschreibt. Auch heisst *Mag* oder *Mog* (woher die μάγοι der Griechen und die magi der Römer) im Pehlvi überhaupt *Priester;* s. Anhang zum Zendavesta, zweiten Bandes dritter Theil p. 17 nebst Muradgea d' Ohsson's Gesch. der ältesten Pers. Monarch. p. 60. Uebrigens vergleiche man über die Magier überhaupt noch die Nachweisungen bei Beck Anleit. zur Kenntniss der Weltgesch. I. 1. p. 646 und Heeren Ideen I. 1. p. 479. — In einer neuerlich bekannt gemachten Inschrift heisst es: „Der gute und göttliche Ormuzd hat gegeben den vortrefflichen *Homa* (den Baum des Lebens)." S. *Eug. Burnouf* Memoire sur deux inscriptions d'Hamadan (s. den vollständigern Titel in der folgenden Anmerk.) p. 49 sqq. p. 89.

schaften war, und deren Einfluss sich nicht blos in den Privatverhältnissen aller Unterthanen zeigte, besonders in so fern sie hier als Weissager, Zeichendeuter und Traumdeuter hervortraten, sondern auch bei allen politischen und öffentlichen Unternehmungen mehr oder weniger bedeutend war. Die Magier erzogen den König, sie umgaben stets seinen Hof, sie waren die königlichen Richter, sie sassen im königlichen Rathe, und übten so zuweilen den entschiedensten Einfluss auf die Regierung aus, wiewohl sie die Regierung selbst keineswegs in Händen hatten, wie dies in Aegypten, bei der dort herrschenden Hierarchie, gewissermassen der Fall war, sondern ihr Antheil nur Rath gebend blieb. Aber der Monarch in Persien, freier von der Priesterherrschaft, war jedoch in Ausübung willkührlicher und despotischer Handlungen eben von Seiten der Magier durch die Macht des Gesetzes und der Religion oft gehemmt und gehindert. Sodann hatten sie ausschliesslich die ganze Besorgung des Gottesdienstes, und schränkten vermuthlich, wie dies ausser dem Judenthum im ganzen Orient gebräuchlich war, die höhere Religionserkenntniss auf den Hof und die herrschenden Stämme ein, während vom Ritual Vieles dem ganzen Volke mitgetheilt ward. Sie hatten die Auslegung der heiligen Religionsbücher; sie beobachteten den Lauf der Sterne, lasen in ihnen die Zukunft, und bestimmten hiernach das Schicksal eines Jeden gleich nach seiner Geburt. Ein solcher Magier trat zur Zeit Cyaxares des Ersten oder des Gustasp auf,[1]) der Prophet *Zoroaster,*

---

1) Malcolm Hist. of Persia I. p. 191 not. will im Neupersischen Gustasp vielmehr den Darius Hystaspis erkennen, und als Vater des Darius kommt Gochtâspa in einer Zend-Inschrift vor. In der Zend-Sprache und Schrift heisst er eigentlich Vistacpa, welches dem Hystaspes der Griechen näher kommt, und einen bezeichnet der Pferde erworben hat; oder dessen Beschäftigung und Erwerb Pferde sind. (S. Commentaire sur le Yaçna par *Eugène Burnouf,* Paris 1833. Notes p. CV sqq.; *Desselben* Mémoire sur deux inscriptions cunéiformes trouvès près Hamadan, Paris 1836. p. 9 sqq. und *Chr. Lassen* Die altpersischen Keilinschriften

das geschriebene Gesetz bringend, welchem nun Alles das beigelegt wird, was jene Priesterschaft seit Jahrtausenden gedacht hatte, so dass dieser Name die ganze Periode der Entwickelung der Persischen oder Magischen Religion durch eine Priesterschaft im Laufe von Jahrhunderten bezeichnet.

Diese Religion der Magier, welche an die Stelle der alten, einfachen Naturreligion der Perser getreten ist, oder sie vielmehr veredelt hat,[1]) und über deren Lehre wir wenige Nachrichten bei Griechen und Römern finden, ist uns nun in jenen heiligen Religionsurkunden, den *Zendbüchern*, ziemlich vollständig mitgetheilt.

---

von Persepolis. Bonn 1836. p. 42 ff.) Hiernach müssen diese und ähnliche Angaben der zweiten Ausgabe dieser Symbolik berichtigt werden.

1) Ueber die *Vereinigung der alten Perserreligion* mit diesem *gebildeteren Magismus* haben wir ein merkwürdiges Zeugniss bei Xenoph. Cyrop. VIII. 1. 23, wo von Cyrus erzählt wird, dass unter ihm zuerst die Magier eingeführt worden seyen, und Cyrus von nun an den Göttern nach der Weise geopfert und gedient habe, welche ihm von den Magiern angegeben worden, und dass dieses Beispiel hierauf die übrigen Perser nachgeahmt hätten. Es kann aber diese Stelle als historisches Zeugniss gelten wegen des Zusatzes (§. 24), dass diese damals getroffene Einrichtung und dieses Gesetz noch bis jetzt bei dem jedesmaligen Könige gelte. — Jedoch scheint bei dieser Annahme der Medischen oder Magischen Religion von Seiten der Perser daneben noch die *Verehrung der väterlichen Götter* (*ϑεοὶ πατρῷοι*) beibehalten worden zu seyn, wie dies die von Brissonius de reg. princip. Pers. p. 347 angeführten Stellen beweisen; und nur der herrschende Stamm, die Pasargaden, nicht die gesammte Persernation, nahm vermuthlich die neue Religion an. Vgl. auch Anhang zum Zendavesta Bd. II. Th. 3. p. 34. nr. 71. — Zoëga in seinen Abhandll. verbreitet sich besonders auch über das Verhältniss des älteren Persischen Dienstes zum eigentlichen Magismus. Eine genaue Erörterung darüber muss ich meinen Herodoteischen Abhandlungen zur Hauptstelle (Herodot. I. 131) vorbehalten. Hier beschränke ich mich auf einige Aeusserungen, worin sich die Vorstellungsart des genannten Gelehrten kund giebt: „Der älteste Cultus der Perser (sagt er p. 99 f.) war unbezweifelt, wie unter dem grössten Theile der Völker, um nicht zu sagen unter

Was nun noch die sogenannten *Magischen Orakel des Zo-*
roaster betrifft, die wir in Griechischer Sprache übrig haben
(am besten in folgender Ausgabe: *Sibyllina Oracula; accedunt*
Oracula Magica Zoroastris etc. ed. *Gallaeus*, Amstelod. 1689. 4.
vergl. mit *Tiedemann: Quaestio, quae fuerit artium magicarum*
origo, Marburg. 1787. 4.), so mag man wohl früherhin, vor
Entdeckung der Zendbücher, mit Recht ein Misstrauen gegen
ihre Aechtheit gehegt haben, und darum auch bewogen worden seyn, sie für ein Neuplatonisches Machwerk auszugeben.
Allein man muss hierbei wohl die äussere Form von dem Wesen und vom Gedanken unterscheiden. Woraus dann folgt,
dass, wenn auch erstere neuer seyn sollte, doch der in diese
Form eingekleidete Inhalt uralt seyn kann, und wir hieraus
jetzt, durch Vergleichung der Zendbücher, sehen können, wie
sich dieselben Gedanken fortgeerbt haben, und so freilich in
veränderter Gestalt vor uns treten.

---

allen, der Amuletismus oder Fetischismus, den ich mit angemessenerem
Ausdruck Adiakritolatrie nennen würde, verbunden, wie sie zu seyn
pflegt, mit der Nekrodulie." Darauf erinnert er an die Heiligkeit des
Hundes und einiger andern Thiere, wie auch an die künstlichen Talismane
in der Religion der heutigen Parsen. Dazu fügt er im Verfolg noch die
Hestiolatrie oder die Verehrung des häuslichen und dann auch des städti-
schen Feuerheerdes, woraus nachher erst der Feuerdienst entstanden sey.
In Betreff des Todtendienstes bringt Malcolm (Tom. I. p. 15 sq.) Persische und Tatarische Sagen bei, wonach dieser aus einer grossen Pest
seinen Ursprung genommen, und hinwieder zur Idololatrie überhaupt
Anlass gegeben haben soll. — Soll ich meine Meinung sagen, so wird
der Leser schon aus dem Obigen vermuthen, dass ich den Todtendienst
nicht für die alleinige Ursache der Idololatrie halten kann, so weit verbreitet er auch allerdings erscheint. — Ueberhaupt schadet, um von
Malcolm nicht zu sprechen, dem würdigen Zoëga allenthalben jenes atomistische Verfahren, welches, der Einheit einer tieferen Anschauung er-
mangelnd, überall die Religionen des Alterthums aus einzelnen getrennten
und, so zu sagen, leblosen Theilen zusammensetzen will. Diese Ansicht
zeigt sich besonders in folgender Stelle (ebendaselbst p. 106): „Die Magier — ergaben sich, nach einem fehlgeschlagenen Versuche, sich des

Auch waren die Perser reich an *gnomischer Weisheit.* Sie
hatten so gut wie die Indier ihren *Apolog* und, dass wir so
sprechen, ihre *Hitopadesa;* ja beide sind wahrscheinlich aus
einer gemeinschaftlichen Quelle geflossen. Einen Meister in
dieser Gattung nennen zwar fast alle morgenländischen Schriftsteller, einen *Habaschi*, d. h. Abessynier. Weil er jedoch in
den Poesien der Perser besonders auch gepriesen wird, so
will ich kürzlich seiner in dieser literarischen Skizze gedenken. Es ist der weise *Locman*, dessen Gnomen in Arabischer
Sprache noch vorhanden sind, und am besten zu Amsterdam
1676 in 4. mit einer Lateinischen Uebersetzung und Anmerkungen herausgekommen sind (vergl. über ihn Herbelot Bibliotheque orientale Vol. II. pag. 485. ed. de la Haye 1777. 4.).
Sehr viel wissen die Morgenländer von *Locman* zu erzählen.
Er soll zur Zeit Davids geboren seyn, bis zur Zeit des Propheten Jonas gelebt, und also gegen das Jahr der Welt 2928
geblühet haben. Mit dem ersteren setzt ihn eine morgenländische Sage in Verbindung, und giebt ihm Ramah bei Jerusalem zum Aufenthaltsort und zur Grabesstätte. Auch die Perser
reden von ihm und kennen ihn als einen *schwarzen Sklaven*
von *hoher Weisheit*, dessen Loos jedoch das eines Knechts
blieb, ja sie nennen ihn sogar einen Aethiopier; kurz, sie reden
ganz so von ihm, wie die Griechen vom *Aesopus*, der jedoch,
nach eben denselben, Zeitgenosse des Solon, Crösus und
Cyrus war, und also zwischen die Jahre 3350 — 3390 fällt.

Thrones zu bemächtigen, der sie in der öffentlichen Meinung herabsetzen
musste, ohne sie jedoch des mit ihrem Dienste verknüpften Ansehens zu
berauben, um, was sie an Credit verloren haben mochten, wieder zu
gewinnen, dem speculativen Leben, und bemüht, die Natur der Gottheit
und den Ursprung der Dinge zu erforschen, fanden sie eine lange Kette
von Göttern und Dämonen auf, *und endigten mit der Aufstellung von
dem berüchtigten System des Dualismus.*" Eben als wenn die Idee von
Liebe und Hass nicht in allen Religionen an der Spitze stände. Man
denke nur an die Theogonie des Hesiodus. Und dachte denn der gelehrte
Verfasser gar nicht an die Versuchungsgeschichte in der *Genesis?*

Und offenbar haben die Griechen viele alt-morgenländische Spruchweisheit ihrem Aesopus beigelegt, wie hinwieder die Morgenländer manches Griechische (Aesopische) ihrem Locman beilegen. [1]) Auch der Name Aesopus deutet darauf hin, in so fern nämlich *Aἴσωπος* gebildet ist von *αἴϑω* und *ὤψ*, *der mit dem gebrannten Gesicht, der Aethiopier*, oder auch von *αἶσα* und *ὤψ*, *der Seher des Schicksals*, der seinen Blick vor- und rückwärts, in Vergangenheit und Zukunft, hinwendet, und eines Jeden Schicksal (*αἶσα*) sieht. Man sehe nur die Hauptstelle des Herodotus II. 134. Es wird demnach nichts Anderes hier gegeben seyn, als eine neue Personification jener uralten Naturweisheit, welche sich in Indien als Wischnu-Sarma [2]) durch die Hitopadesa, anderwärts und auch bei den späteren Persern als Locman, in Lydien und Griechenland als Aesopus, kund that; wenn wir gleich damit keinesweges die wahrhafte Existenz mehrerer Gnomiker des Morgenlandes läugnen wollen.

Endlich müssen wir noch mit Einigem des grossen Epos der Perser, des *Schahnameh*, gedenken. Unter der Regierung des Mahmud Ben Sebekteghin, Stifters der Gazneviden-Dynastie, etwa 1020 nach Christi Geburt, trat in Persien ein grosser Sänger auf, *Ferdusi*, aus Thus im Lande Khorasan, zwar von armen, niedrigen Eltern geboren, allein mit wundersamen Geistesgaben ausgerüstet. Er kam an den Hof des Mahmud, und erhielt von ihm den Auftrag, die Geschichte und Thaten seiner Vorfahren, von der Stiftung der Monarchie an bis auf seine Zeit, in einem grossen Nationalgedichte zu sammeln. Und dies vollendete er meisterhaft in einem grossen

---

1) So kommt auch im Koran ein *Locman al Hakim* vor, von dem Mahomed Gott sagen lässt: *wir haben dem Locman Weisheit verliehen.*

2) Man sehe über Pilpai (Bidpai, wie v. Hammer in der Geschichte der Redekünste Persiens schreibt, wo er bemerkt, dass unter Cosru Nushirvan die Fabeln Bidpai's nebst dem Schachspiele durch den Arzt Barsuje aus Indien nach Persien gebracht worden) das folgende Cap. II §. 3.

Epos von sechzigtausend Strophen, *Schahnameh, das Buch der Könige,* überschrieben, wodurch er sich unsterblichen Ruhm erwarb, so dass noch jetzt sein Name im ganzen Orient hochgefeiert ist. Der Orient erkennt ihm einstimmig den Preis in dieser Dichtungsart zu, und die Europäer nennen ihn den *Homer des Orients.* Dieses Gedicht, wiewohl in späteren Zeiten abgefasst, ist für die Kenntniss Persiens von grosser, auch historischer Wichtigkeit, indem es gewiss einestheils aus uralten, von Griechen und Römern unbeachtet gebliebenen Traditionen, anderntheils aus handschriftlichen alten Urkunden geschöpft ist.

§. 8.

Lehre und Cultus.

Die Grundidee der Arienischen Lehren und Culte, die wir hier festzuhalten haben, ist die eines Dualismus von Licht und Finsterniss und eines Kampfes zwischen beiden, der sich mit der Niederlage der Finsterniss endigen wird. Diese zwei obersten Principien sind nun als zwei Wesen gedacht, Ormuzd, das reinste Licht und das gute Wesen, Ahriman, die Finsterniss und das Böse, zwar ursprünglich auch gut, allein alsobald mit Neid erfüllt, und daraus seine Verdunkelung und Anfeindung des Ormuzd.

Das Ewige nämlich ist seinem Wesen nach Wort;[1]) vom Throne des Guten ist gegeben das Wort, Honover (s. Izeschne, Ha. XIX. in Kleuker's Zendav. Th. I. pag. 107), das vortreffliche, reine, heilige, schnellwirkende, das da war, ehe der Himmel war und irgend ein Geschaffenes. Aus diesem und durch dieses Wort ist das *Urlicht*, das *Urwasser* und *Urfeuer* (d. h. ein unkörperliches, intellectuelles, gleichsam eine Art von Präformation der Elemente), und durch dieses dann das Licht, das Wasser und das Feuer, das wir sehen — folglich Alles geworden. Dieses gute Wort ist Ormuzd. Er ist aus dem unendlichen Saamen des Ewigen erzeugt, Erstgeborner aller Wesen, Glanzbild und Gefäss der Unendlichkeit, fort und fort Licht, unermesslich in Breite, Höhe und Tiefe, sein Wille unbegränzt heilig bis auf die Wurzel des Wesens (s. Zendavesta Th. I. pag. 4. 5). Er kam hervor aus der Mischung von Urfeuer und Urwasser (Eulma Eslam). Er heisst *Ehore Mezdao*, d. i. grosser König, schimmernd in Lichtherrlichkeit, allvollkommen, allrein, allmächtig, allweise, Körper der Körper, süss duftend, heilig über Alles, dessen Gedanke rein gut ist,

---

1) S. Zendavesta von Kleuker Th. I. p. 3.

allnährend u. s. w. (s. Izeschne I. p. 80 und XII. Ha.) Er
ist Himmlischer der Himmlischen, Grund und Mitte aller Wesen, Allkraft, reiner Grundkeim, abgemessene Weisheit, *Wissenschaft* und Geber der Wissenschaft, Weitseher, *das Wort
von Allem* u. s. w. (s. Jescht-Ormuzd LXXX. p. 188 im
zweiten Theile bei Kleuker). Ihn hat die Zeit ohne Gränzen
zum König bestellt, begränzt durch den Zeitraum von zwölf-
tausend Jahren, und sie behauptet ihre Herrschaft über ihn. [1]

Dem Ormuzd tritt gegenüber *Ahriman*, der Quell, Grund
und die Wurzel alles Unreinen, Argen und Bösen. Sein Abfall *kam jedoch nicht vom Ewigen*, sondern *aus ihm* und *durch
ihn* ward die Finsterniss geboren, und so weit diese reicht,
reicht auch sein Reich.

Allein bei diesem Dualismus ohne anderes höheres Princip
ist gewiss die Persische Lehre, wie doch Viele früherhin der
Meinung waren, nicht stehen geblieben, sondern ohne Zweifel
erkannte auch sie ein Urprincip jener Zweiheit an, die Zeit
ohne Gränzen, Zeruane Akerene, den Schöpfer von Ormuzd
und Ahriman. Durch sie ist von Anfang die Wurzel aller
Dinge gegeben, sie hat gemacht, gebaut, gebildet, Zeruane,
die *lange Zeit*, das grosse Weltjahr von zwölf Jahrtausenden
bis zur Auferstehung. In dieser (in Zeruane) ist das All der
übrigen Wesen, sie selbst aber ist geschaffen. Hingegen die

---

1) Vgl. Görres Mythengesch. I. p. 219 ff. — Bemerkenswerth ist die
Stelle in dem Anhang zum Jesaias (Cap. XLV. vs. 7); wo in den An-
reden an Cyrus vom Jehovah gesagt wird, er habe *Licht und Finsterniss* geschaffen; und worin eine missbilligende Anspielung auf diesen
Persischen Dualismus zu liegen scheint. — Eine gute Uebersicht der ver-
schiedenen neueren Auffassungen des Zoroastrischen Systems hat Herr
Guigniaut zur Französischen Bearbeitung dieser Symbolik gegeben (s. Reli-
gions de l'Antiquité I. 2. Notes et Eclaircissemens p. 693 sqq.). — Ich
werde in einem der folgenden *Nachträge* statt dessen einige urkundliche
Auszüge liefern, besonders aus der vortrefflichen Bearbeitung des Izeschne
(Yaçna) des Herrn E. Burnouf, welche am besten geeignet sind einen
Einblick in den Ton und Geist der Zoroastrischen Lehre zu verschaffen.

Ewigkeit hat nichts über sich, sie hat keine Wurzel, ist immer gewesen und wird immer seyn. S. den Fargard XIX. (nicht IX. wie bei Kleuker falsch gedruckt ist) des Vendidad, in Kleuker's Zendavesta Th. 2. p. 376 und Görres Mythengesch. I. p. 219. Dass diese Darstellung nicht nur alt-*Persisch*, sondern auch allgemein, unter Höheren und Niederen, Gebildeteren und Ungebildeteren, herrschend gewesen sey, möchte, unserer Meinung nach, wohl das Wahrscheinlichere seyn; Letzteres insbesondere, nämlich die Allgemeinheit dieser Ansicht, gegen Kleuker's Vermuthung, welcher zwar die Aechtheit dieser Lehre, als einer wahrhaft Zoroastrischen, anerkennt, jedoch glaubt, dass sie nur eine den *Gebildeteren* mitgetheilte Religionsidee gewesen sey, und man dem Volke in den Liturgien und dergl. nichts von dieser *Einheit* habe sagen können (s. Anhang zum Zendavesta Bd. 1. Th. 2. pag. 287). Allein, wenn es gleich anjetzt nicht leicht ist zu sagen, was die *alten* Perser *insgesammt* geglaubt haben oder nicht, so will mir doch scheinen, dass, nach einer inneren Forderung der menschlichen Natur, bei den nur einigermassen Nachdenkenden die Frage nach dem Verbindungsgrunde jener zwei Wesen nicht lange ausbleiben konnte. Sodann war ja jene Einheit in jenen physischen Anlässen der Perserreligion, die wir oben nach Herder angedeutet haben, schon gegeben. Im weiten Raume, der sich vor den Augen des Iraniers auf seinen Bergen ausdehnte, zog Tag und Nacht herauf, und der Gegensatz von Licht und Finsterniss ergiebt sich in der Zeit von selber. Für diese Annahme spricht auch der Umstand, dass die Magier, nach dem ausdrücklichen Bericht eines Schriftstellers, sich in ihrer intellectuellen Erörterung jener Einheit gerade dieser empirischen Ausdrücke: Ort (Raum) und Zeit bedient haben.[1]) Wie dem aber auch sey, jene Einheit erkennt nicht nur der ganze Bundehesch an, sondern wir haben auch dafür mehrere Zeugnisse der Griechen. So

---

1) S. *Nachtrag* III.

sagt Aristoteles (Metaphys. XIV. 4), es hätten die Magier als oberstes Princip das *Urgute*, *welches Alles erzeugt hat* (τὸ πρῶτον γεννῆσαν ἄριστον) statuirt.[1]) Aehnliche Angaben finden sich bei andern Schriftstellern (s. Kleuker Anhang zum Zendavesta Bd. II. Th. 3. nr. 339 f. p. 173 ff.). Aus Herodotus dürfen wir über das Innere des Magismus weder für noch gegen einen Schluss machen, eben so wenig wie aus Xenophon; und so möchte es denn scheinen, dass die schreibenden Griechen erst gegen Alexanders des Grossen Zeit, nachdem lange zuvor schon ächt magische Elemente von Vorderasien her in die Religion ihrer Väter geflossen waren, eine systematische Uebersicht des Ganzen erhalten haben. Auch Pythagoras soll seine Lehre von der *vollkommenen Monas*, als Mutter aller Dinge, und der von jener *erzeugten Dyas*, aus jener Zoroastrischen Idee hergenommen haben, und die Neuplatoniker bekannten sich gleichfalls zu dieser Lehre, welche sie vom Zoroaster herleiteten; vergl. Foucher im Anhang zum Zendavesta Bd. I. Th. 2. pag. 289. (vergl. p. 132.) Was den Pythagoras betrifft, so hatte Zaratas (Ζαράτας), der Meister des Magismus, oder Zoroaster, wie Viele ihn erklären — s. Fabricii Bibl. Graec. I. p. 305 Harles.[2]) — den Pythagoras gelehrt, dass Zwei der Zahlen Mutter, das Eine aber deren Vater sey, und dass die besseren Zahlen der Monas gleichen. S. Plutarch. de anim. generat. in Tim. p. 1012 Fr. Vol. IX. p. 124 ed. Wyttenb.[3])

---

1) Vgl. Kleuker Anh. zum Zendavesta Bd. II. Th. 3. p. 46 und 4⁸. nr. 97. 105. 106.

2) Vgl. Foucher a. a. O. p. 111. 174.

3) Zoëga (in den Abhandll. p. 113 ff.) ordnet sich die verschiedenen Vorstellungsarten so: In der Annahme zweier entgegengesetzter Götter als zwei letzter Principien seyen alle Magier einig gewesen. Aber in drei Umständen seyen ihre Secten verschieden. Einige, vermuthlich die ältesten, betrachteten die beiden Principien *als absolut letzte und gleich in Macht und Dauer*, und erwiesen beiden Verehrung. Andere, viel-

leicht die wahren Schüler des Zoroaster, des Zeitgenossen vom Darius Hystaspis, schrieben dem Ahriman eine der des Ormuzd sehr untergeordnete Macht zu. Die dritte und vermuthlich *neueste* Secte setzte vor Ahriman und Ormuzd ein *gemeinschaftliches* und *allgemeines Princip, die Zeit,* oder, nach Andern, *den Raum.* — So weit Zoëga — und in der That war er durch die Stelle des Damascius schon berechtigt, *verschiedene magische Systeme anzunehmen.* — Aber für unsere Leser braucht es wohl nicht vieler Worte, um zu zeigen, wie wenig im Geiste des Orients es gedacht ist, dass Religionssysteme so nach und nach *ausgebessert* werden: erst zwei absolute Verschiedenheiten, dann halb und halb vermittelt — endlich ganz Eins. — Es ist zu bedauern, dass ein so gelehrter Forscher so wenig im Stande war, sich von der *Reflexion* loszumachen.

§. 4.
Höhere Ansicht des Magiersystems.

Fragen wir nun, wie die höhere Lehre der Magier das Problem der Welt (der Entäusserung Gottes) aufgefasst habe, so müssen wir allerdings antworten:[1] nicht geschlechtlich, durch Liebe, wie die Indier — sondern durch den Gegensatz von Licht und Finsterniss, von gut und böse. Schon das Bisherige hat das Durchgreifende dieses ethischen Gegensatzes im Persischen Systeme gezeigt. Es herrscht in den Elementen (z. B. in dem Wasser — das böse Wasser entspringt im Zeichen des Steinbocks, das Goldwasser in der Wage), in den Körpern, im Kraut und Unkraut, in den Thieren u. s. w. Daher denn die Grundlehre der Magier: Alle Dinge bestehen in der Mischung des Gegensatzes; oder: Das Endliche hat sich durch ethischen Kampf der beiden unendlichen Principien in Gott gesetzt. Zwiespalt giebt den Dingen Daseyn; wie dieser aufhört, d. h. wie die Gegensätze sich in ihre Quelle auflösen, hören auch die endlichen Dinge auf. In diesen Theorien des Magismus haben wir wohl eine Quelle von dem bekannten Lehrsatze des Ionischen Philosophen *Heraklitus:* «der Krieg ist der Vater aller Dinge» ($\pi\acute{o}\lambda\varepsilon\mu o\varsigma$ $\acute{\alpha}\pi\acute{\alpha}\nu\tau\omega\nu$ $\pi\alpha\tau\acute{\eta}\rho$) und von dem Systeme des *Empedokles,* welcher das Entstehen und Bestehen aller Dinge in die Verbindung oder Vereinigung des Streites ($\nu\varepsilon\~i\kappa o\varsigma$) und der Freundschaft ($\varphi\iota\lambda\acute{\iota}\alpha$) setzte.[2] Charakteristisch sind die Worte desselben Heraklitus, welche Plato im Gastmahl cap. 14. p. 30 Ast. (p. 187. a.) anführt: «denn das Eine, indem es sich von

---

1) S. Görres Mythengesch. II. p. 635 ff.

2) Empedokles vs. 29. 136 ed. Sturz. Die angeführten Worte Heraklits giebt Lucianus de conscrib. hist. §. 2. Tom. IV. pag. 161 Bip. Man vergleiche damit Plutarch. de Isid. et Osirid. p. 370. p. 517 Wyttenb. — Ich werde im zweiten Bande auf diese Sätze zurückkommen müssen.

sich trennt, einigt sich mit sich» ($\tau\grave{o}\ \gamma\grave{\alpha}\varrho\ \grave{\epsilon}\nu\ \varphi\eta\sigma\iota\ \delta\iota\alpha\varphi\epsilon\varrho\acute{o}$-$\mu\epsilon\nu\sigma\nu\ \alpha\grave{v}\tau\grave{o}\ \alpha\grave{v}\tau\tilde{\omega}\ \xi\nu\mu\varphi\acute{\epsilon}\varrho\epsilon\sigma\vartheta\alpha\iota$).

Was aber ist der Grund der Mischung des Lichtes mit dem Dunkel, und was ist Grund der Befreiung des Lichtes von der Finsterniss? *Zeruane Akerene, Gott, vor* den beiden Principien und *Eins in sich*, hat zuerst gesetzt das *Licht*. Mit dem *Satz* ist gegeben nothwendig *Gegensatz*. *Finsterniss*, als Gegensatz des Lichtes, folgt auf dieses letztere, und zwar nicht aus Intention Gottes, sondern zufällig, wie der Schatten der Person. Nicht gewollt hat Gott die Finsterniss, aber er hat sie zugelassen. Aber warum hat Gott dieses Letztere gethan? Aus ethischer Begeisterung. Dem Bösen, dem Finstern, ist Raum gegeben worden, damit sein Gegensatz (Licht, Gutes), von ihm beschränkt und bekämpft, die Schranke breche und entgegenkämpfe, damit die *ethische Kraft* sich im Kampfe verherrliche. Das Böse ist, wie ein finsteres Verhängniss, aufgenommen in das Gute, und der helle, klare Wille tritt ihm im Drama der Weltgeschichte entgegen. Endlich wird die Schranke gebrochen, oder vielmehr in das Gute selbst aufgenommen, der lange Zwist wird in *Licht* und *Liebe* ausgesöhnt, und es beginnt ein ewiges Reich des Lichtes ohne Schatten und ohne Makel. (Die weitere Ausführung s. im folgenden §.)

§. 5.

Dämonologie, Kosmogonie und Eschatologie.

Jeder der zwei höchsten Geister, Ormuzd und Ahriman, hat sein Reich. Ormuzd Reich ist gross und theilt sich in himmlische und irdische Wesen in verschiedenen Abstufungen. Drei Abstufungen hat das Geisterreich, zuerst die sieben Amshaspands, unsterbliche Geister, dann die acht und zwanzig Izeds und endlich unzählige Feruers.[1]) Ormuzd, Herr der Welt, ist oberster der sechs Amshaspands und auch ihr Schöpfer, nach Plutarch. de Isid. et Osirid. cap. 47. p. 369. p. 514 Wyttenb. Dort heisst es: «Oromazes (Ormuzd), sagen die Perser, sey aus dem reinsten Lichte geboren, Arimanius aus der Finsterniss. Beide führten Krieg mit einander. Oromazes habe sechs Götter geschaffen, den ersten des Wohlwollens, den zweiten der Wahrheit, den dritten der Gesetzlichkeit, die übrigen die der Weisheit, des Reichthums und den Schöpfer der Freude, die aus der Tugend quillt. Hernach habe sich Oromazes verdreifacht, habe sich von der Sonne so weit entfernt, als diese von der Erde entfernt ist, habe den Himmel mit Sternen ausgeziert, und über diese zum Wächter

---

1) S. Zendavesta von Kleuker I. p. 16. vgl. Görres Mythengesch. I. p. 227 ff. — Beschreibung einer Sassanidischen Münze von Staatsrath Frähn in Petersburg:

Sie ist von Narses dem siebenten König aus der Dynastie der Sassaniden. Die *Inschrift* in alten Pehlewy-Charakteren lautet:

„Der Diener des Ormuzd, der herrliche Narschi, der König der Könige von Iran, der Sprössling der Götter des Himmels."

Revers: Eine einfache Säule, worauf das *heilige Feuer brennt.* Links davon eine kleine Figur, wahrscheinlich der Feruer des Königs; rechts ein Gefäss; wahrscheinlich der *Dschemschidsbecher.* Randinschrift rechts: *Narschi;* links: *der Göttliche.*

Leipz. Lit. Zeit. April 1829. p. 645.

und Aufseher den Sirius bestimmt, habe darauf andere vier
und zwanzig (soll wohl heissen acht und zwanzig) Götter
geschaffen, und sie in ein Ey niedergelegt. Aber vier und
zwanzig andere, vom Arimanius geschaffen, haben das Ey
durchbohrt. Daher die Mischung des Guten und Bösen in
der Welt. Es nahe aber die Zeit des Schicksals, wann Arimanius Pest und Hunger bringe. Dann aber gehe Arimanius
ganz und gar unter, dann werde die Erde gleich und eben.
Ein Leben, Ein Staat, Eine Sprache vereinige dann die Gesammtheit der glückseeligen Menschen.»

Nach den Zendbüchern gestaltet sich dieses System von
Geistern so: Ormuzd ist der erste Amshaspand, der zweite
ist Bahman, der Vorsteher und Beschützer der übrigen, König des Lichtes, der dritte Ardibehescht, der Feuergeist, welcher Feuer und Leben giebt (s. Görres a. a. O. p. 228), der
vierte Schahriver, König der Metalle (ib. p. 231), ferner
Sapandomad, Ormuzd's Tochter, von welcher Meschia und
Meschiane, die ersten Menschen, gebildet sind (ib. p. 233),
dann Khordad, König der Jahre, Monate, Tage und Zeiten,
welcher den Reinen reines Wasser verleiht (ib. p. 230), Amerdad, Schöpfer und Schutzgeist der Bäume, des Getreides,
der Heerden (ib. p. 231). Vgl. Zendavesta von Kleuker I. p. 16.

Die acht und zwanzig Izeds oder niederen Genien sind
von Ormuzd geschaffen zum Segen der Welt, zu Richtern,
Schutzaugen des reinen Volkes. Alle Monate und Tage stehen unter dem Schutze der Amshaspands und Izeds, ja selbst
die Tageszeiten (Gahs) stehen unter besonderen Izeds. Sie
sind Wächter der Elemente. Jeder Amshaspand hat sein Gefolge von Izeds, die ihm so dienen, wie die Amshaspands dem
Ormuzd. Die Izeds selber sind theils weiblich, theils männlich. [1]) Unter den in den Zendbüchern genannten Izeds kommt

---

1) Hierüber, so wie über das Folgende, vgl. Zendavesta von Kleuker I. p. 16 ff.

auch Mithra (oder Meher[1])) vor, welcher der Erde Licht und Sonne giebt; ausserdem Khorschid, die Sonne.

Die dritte Ordnung der Geister sind die unzählbaren Feruers.[2]) Unter ihnen werden gedacht die Ideen, die Prototypen, die Vorbilder aller Wesen, abgeprägt aus dem Wesen von Ormuzd, die reinsten Ausflüsse seines Wesens. Sie sind durch und durch aus dem lebendigen Worte des Schöpfers, daher unsterblich und ganz Leben, stets wirkend und belebend. Durch sie lebt Eins und Alles in der Natur. Im Himmel halten sie Wache wider Ahriman, und bringen die Gebete der Frommen zum Ormuzd, schützen sie und reinigen sie von allem Bösen. Auf der Erde an Körper gebunden, vermindern sie die Uneinigkeit, und streiten wider die bösen Geister. Sie sind den Stufen und der Zahl nach so vielfach, als die Wesen selbst. Ormuzd selbst hat einen Feruer, weil der ewig Selbstständige sich selbst denkt im allmächtigen Wort, und dieser Abdruck des unergründbaren Wesens ist Ormuzd's Feruer. Das Gesetz (Wort) hat seinen Feruer, es ist des Gesetzes Geist und Lebenskraft, das Lebendige im Worte, das Wort, wie es Gott denkt. Zerduscht's Feruer ist eins der schönsten Ideale nach Ormuzd's Würdigung, weil Zerduscht das Gesetz verbreitet hat. Mit der Classe der Feruer ist also die ideale Welt gegeben; Alles übrige ist die geschaffene Welt (s. Zendavesta I. p. 15). Hier ist also der *Idealismus* der Parsenlehre recht sichtbar. Aber hierbei übersehe man auch nicht die ethische Wichtigkeit dieser Lehre von den Feruern. Jeder Parse hat sein Prototyp oder reines Urbild, das er im Realen ausdrücken, ein Ebenbild Gottes, dem er nachstreben soll, das ihn in allen seinen Handlungen leiten und führen, sein beständiger Leitstern auf Erden seyn soll, der ihn von jeglichem Bösen abhalte und schütze.[3])

---

1) Ich werde weiter unten die ganze Persische Lehre vom Mithra im Zusammenhang erörtern.

2) S. Zendavesta von Kleuker I. p. 12 f.

3) S. *Nachtrag* IV.

Auf ähnliche Weise organisirt, wie das Reich des Ormuzd, ist das des Ahriman.[1]) Auch hier finden wir sieben Erzdews, Ahriman mitgerechnet, und unzählige niedere Dews (über zehntausend mal tausend, so wie im Lichtreich auch). Sie sind von Ahriman nach seinem Abfall hervorgebracht, und nach dessen Bilde gemacht zur Zerstörung des Reiches von Ormuzd. Ahriman nämlich kam, als Ormuzd seine Lichtwelt schuf, von Süden, mischte sich in die Planeten, drang durch den Fixstern hindurch, schuf den Erzdew Eschem, den Dämon des Neides und Widersacher des Serosch (des Ormuzd als irdischen Königs; vgl. Zendavesta I. p. 18. 22), ausgerüstet mit sieben Köpfen. Und nun beginnt der Kampf, und wie auf Erden Thier gegen Thier kämpfet, so kämpfet unter den Geistern Geist gegen Geist. So hat jeder von den sieben Erzdews seinen besonderen Widersacher unter den sieben Amshaspands; sie kommen von Norden, und sind an die sieben Planeten gekettet; sie sind männlichen und weiblichen Geschlechts, und jeder ist der Urheber besonderer Uebel. Sie werden von den unteren Dews, wie die Amshaspands von den Izeds, bedient. Sie nehmen Thiergestalten an von Schlange, Wolf, Fliege und dergl., ja selbst menschliche. Bei dem endlichen Siege Ormuzd's werden sie alle zernichtet, nach Einigen mit ihnen auch Ahriman, nach Andern aber lebt dieser fort, doch ohne Herrschaft. — Wie sich jener Dualismus nun auch ethisch in der *Heroengeschichte* fortpflanzt, davon wollen wir in der nachfolgenden Uebersicht der Persermoral noch einige Beispiele geben.

———

Was die Kosmogonie der Perser betrifft,[2]) so tritt auch hier Ormuzd als Lichtschöpfer hervor. Er regte sich zuerst, und sprach das *Wort, Honover,* durch welches alle Wesen

———

1) S. Zendavesta I. p. 21 ff.

2) S. Zendavesta I. p. 3. 5 ff. vgl. Görres Mythengesch. I. p. 224 f.

geschaffen worden, und .welches noch jetzt sein Mund in aller seiner Weite.fort und fort spricht. Vom *unbeweglichen Himmel*, Sakhter, aus, den er bewohnt, schuf er den *umkreisenden Himmel*, Peiraman, in fünf und vierzig Tagen; in der Welt-mitte, unter der Wohnung des Ormuzd, ist die Sonne, Khorschid, gegründet, ihre Sphäre der Khorschidpai. Dann schuf er den Mond, der im eigenen Lichte glänzt, und durch den Mahpai (Mondgau) Grüne giebt, Wärme, Geist und Frieden. Ueber ihm aber ordnete sich der Fixsternhimmel, *Satterpai*, nach zwölf Thierzeichen. Dann schuf er die mächtigen höheren Geister, die sieben Amshaspands, und die Izeds, denen aber entgegen Ahriman, der nun hereinbrach, eben so viele andere Geister, die Erzdews und die Dews, als deren Widersacher, schuf, welche mit einander einen beständigen Kampf bestehen. In fünf und siebzig Tagen war die Schöpfung des Menschen vollendet, und in dreihundert fünf und sechzig Tagen ist ge-schaffen von Ormuzd und Ahriman Alles, was ist; und es ist vertheilt die lange Zeit unter den lichtglänzenden Ormuzd und den lasterverschlungenen Darudj. Wie in Streit und Kampf Alles geworden, so soll auch das Leben selbst eine Fortsetzung des alten Kampfes der zwei Principien seyn. Darum soll der Mensch stets gewaffnet zum Kampfe stehen, und auf die Seite der himmlischen Izeds sich ordnen, durch Befolgung des Gesetzes u. s. w. stets kämpfen mit den Dews, sie vernichtend, wie das Ungeziefer (Zendavesta I. p. 16. vgl. Görres a. a. O. I. p. 234 f.).

Der Tod ist von Ahriman durch des ersten Menschen Sünde in die Welt gekommen; der Tod erlöset aber auch den Parsen seines Streitdienstes gegen das Böse, er verheisst dem Gerechten eine Brücke zur Ruhe (s. Zendavesta I. p. 24 f.). Das Schicksal der Seele selber nach dem Tode ist ein Mittelzustand, und zwar ein gedoppelter für den Guten und für den Bösen. Ist der Mensch nämlich gestorben, so eilen sogleich die Dews herbei und suchen sich der Seele zu bemächtigen, die ihnen auch zum Raube wird, wenn sie böse

war; war sie hingegen gerecht und rein, so sind die Izeds
zu ihrem Schutze bereit. Nun kommt die Seele vor die grosse
Brücke Tschinevad, die Scheidewand zwischen dieser und der
andern Welt. Hier wartet ihrer der grosse Richter aller
Menschen und Thaten, Ormuzd, mit Bahman, und nach seinem
Urtheilssproche wird die gute Seele von den heiligen Izeds
über die Brücke in ein Land der Freuden geführt, und wartet
der fröhlichen Auferstehung. Die Bösen aber werden nicht
über die Brücke gelassen, sondern müssen an den Ort, den
ihre Thaten verdienen.

Endlich, wenn in dem Streite mit dem Bösen die Zeit,
welche Zeruane diesem zugemessen hat, abgelaufen ist, soll
die Auferstehung beginnen. Gute und Böse sollen auferstehen,
die himmlische Erde wird die Gebeine wiedergeben, und Alles wird in der Reihe, wie es zuerst bei der Schöpfung hervorgegangen, wieder hervorgehen. Die Gerechten werden
zu den Guten, die Bösen zu den Bösen sich gesellen. Ahriman wird in die Finsterniss stürzen, und fliessend Erz wird
ihn ausbrennen. Die ganze Natur soll so neu werden, wie
der Mensch nach Leib und Seele. Die Erde wird wie krank
werden, grosse und kleine Berge werden mit Metallen zer-
fliessen; durch ihre Feuerströme muss die Seele gehen, um
so durch die letzte Reinigung völlig geläutert zu werden,
worauf sie dann einer endlosen Seeligkeit theilhaftig wird.

Die ganze Natur ist verjüngt, die Hölle ist nicht mehr,
Ahrimans Reich ist untergegangen, und Ormuzd allein herrscht.
Alles ist ein Lichtreich. Ormuzd mit seinen sieben Amshaspands
und Ahriman mit seinen sieben Dews bringen zuletzt dem Ewigen, der unbegränzten Zeit, ein gemeinschaftliches Opfer, und
damit ist aller Dinge Schluss. [1])

---

1) So nach dem Zendavesta von Kleuker Bd. I. p. 24 f. und Görres
Mythengesch. I. p. 235. Vgl. auch Anhang z. Zendavesta Bd. I. Th. 1.
p. 276 — 286.

Davon aber wissen auch die Griechen. Man vergleiche
nur die schon oben von uns angeführte Stelle des Plutarchus
de Isid. et Osirid. cap. 47. p. 369 sqq. p. 514 sqq. Wyttenb.,
wo es heisst: «dann gehe Ahriman ganz und gar unter, dann
werde die Erde gleich und eben. Ein Leben, Ein Staat, Eine
Sprache vereinige dann die Gesammtheit der glückseeligen
Menschen.» Hierauf fügt er das Zeugniss des Theopompus
bei, dass nach der Magier Meinung in abwechselnden Perioden von dreitausend Jahren der eine Gott siege, der andere
unterliege, dann kriegten sie wieder dreitausend Jahre mit
einander, und einer zerstöre des andern Werke. Endlich
schwinde der Hades ($\dot{\alpha}\pi o\lambda\epsilon\dot{\iota}\pi\epsilon\sigma\vartheta\alpha\iota$ $\tau\dot{o}\nu$ $\ddot{\alpha}\delta\eta\nu$), und alsdann
würden die Menschen glücklich seyn, sie würden keine Nah-
rung nöthig haben, und keinen Schatten machen. Hiermit
vergleiche man nun die Urkunden der Parsen, z. B. Izeschne
Ha XXX. p. 118[1]) und den Anhang zum Zendavesta Bd. I.
Th. 1. p. 139 und Bd. II. Th. 3. p. 85. nr. 182 und Foucher
ebendaselbst Bd. I. Th. 2. p. 338 ff.

---

1) „Wenn der Stier, der Erstgeschaffene der Geschaffenen, zur
Erde wiederkehrt, so wird die Erde nichts verlieren: und beim Einbruche
des Weltendes wird selbst der Grundärgste aller Darvands rein, herrlich
und himmlisch werden." Vgl. Ha XXXI. p. 120: „Dieser Ungerechte, Unreine, der nur Dew ist in seinen Gedanken, dieser stockfinstere König
der Darvands, der nur Böses fasst — am Ende — zur Auferstehung —
wird er Aveste sprechen, Ormuzd's Gesetz üben, und es selbst in die
Wohnungen der Darvands einführen. "

§. 6.
Ethik, Liturgie und religiöse Ansicht des Lebens.

Da Mithras, wie wir weiter unten sehen werden, gleich
dem Osiris, jedes Parsen Vorbild und die Gottheit in menschlicher Anschauung ist, da sein Wesen Licht und, im höheren
Sinne genommen, intelligibles, himmlisches Licht und Feuer
ist, so ergiebt sich daraus für jeden Perser eine Verklärungs-
lehre zum Licht und im Licht, und der Zweck der ganzen
Religion ist *Lichtwerdung*,[1]) Verklärung der Finsterniss in
Licht, oder Sieg des Guten durch die ganze Natur, im Leibe,
Geiste, Hause und Staate. Daher sind Religion, Liturgik,
Ethik, Politik, Oekonomie, *ein einziges organisches Ganze* und
durch und durch verbunden. Das Urwort, Honover, Enohe
verihe, d. i. ich bin, oder fiat, es sey, es ist, der ewige reine
Wille, brachte die gute Welt hervor, und besiegte das Böse,
den Ahriman. Die ganze Welt, in so fern sie gut ist, ist
Ormuzd's Wort.[2]) Dieses Wort wird von Augenblick zu Au-
genblick ewig gesprochen, von Ormuzd zu den Izeds des
Himmels, von den Amshaspands, von den Feruern, von allen
Geistern durch die ganze Natur. Das Wort ist, so zu sagen,
das Geheimniss, wodurch die ganze Ideenwelt und alles Gute
besteht. Es ist Quell alles Guten und alles Lebens, es ist
Schutz gegen alles Böse. Also das ewige Wort (Denken,
Wollen) ist Grund alles Daseyns, alles Bleibens und alles
Segens, und Zoroasters Gesetz ist der Leib jenes Urwortes
von Ormuzd, und jenes heisst selbst Zendavesta, lebendiges
Wort (s. Zendavesta I. p. 36).

Mit dieser Idee von dem lebendigen Worte hängt aber
die von der unwiderstehlichen Macht des Gebetes eng zusam-

1) S. Zendavesta von Kleuker I. p. 25 f. besonders p. 32 f.
2) Man lese nur Izeschne, Ha XIX. im Zendavesta von Kleuker I. p. 107.

men; daher das immer lebendige Wort Grundprincip dieser Liturgik, und die beständige Abwechselung und Ablösung im immer unterhaltenen Gebete bei den Magiern; daher die Anordnung, dass in den Tempeln nach den verschiedenen Sonnenständen und Tagen des Monats beständige Horen angeordnet waren, welche die Magier abwechselnd lesen mussten. Es ist gleichsam das auf Erden nachgebetete Wort, welches nicht verhallen darf, und welches, unterlassen, die Vernichtung der Welt mit sich bringen würde. Somit also ist der Hauptinhalt von Zoroaster's Liturgik und Ethik: Ormuzd, den König der Welt, erkennen in Reinigkeit seines Herzens, seine Schöpfung hochachten, Zoroaster für den Propheten Gottes halten, und Ahrimans Reich zerstören (Zendavesta I. p. 39).

Hierdurch bestimmen sich die einzelnen Vorschriften. Sie gehen a) auf Ordnung im Himmel und auf Erden.[1]) Wie dort ein grosses System von Abstufungen ist, wie jedes Element, jede Zeit, jeder Naturkörper seinen Vorsteher hat, Alles abgestuft und gemeinsam, Nichts allein ist, so soll es auch auf Erden seyn. Daher durfte, wie Herodotus (I. 129. 130) erzählt, kein Perser allein opfern, sondern blos in der Gesammtheit. Daher ist ferner die ganze Einrichtung und Haushaltung der Iranischen Monarchie ein Abbild jener himmlischen, und daher denn auch hier ein grosses System von Abstufungen, in welchem Nichts allein steht, sondern Alles eng verbunden erscheint; so die Casten, deren sieben gewesen zu seyn scheinen, der Reflex der sieben Amshaspands, daher die sieben verschiedenfarbigen Mauern von Ekbatana, daher die von Dschemschid angeordnete Eintheilung der Nation in vier Classen nach den vier Elementen[2]) u. s. f. Es würde uns zu weit führen, wenn wir im Einzelnen zeigen wollten, wie diese Grundidee in allen Einrichtungen, Aemtern u. s. w. der gros-

---

1) S. Zendavesta I. p. 39 f. vgl. Herder's Vorwelt p. 239. 240 f.

2) S. Muradgea d'Ohsson's Gesch. der ältesten Persischen Monarchie p. 24.

sen Persischen Monarchie durchgeführt ist, und wir müssen,
was diesen Punkt betrifft, auf die Zendbücher selbst und auf
das schon oben angeführte Werk des Brissonius de regio
Persarum principatu (ed. Lederlin, Argentorati 1710. 8.) verweisen; vgl. auch Heeren Ideen I. 1. p. 477 der dritten Ausg.
und Anhang z. Zendavesta Bd. II. Th. 3. p. 34. Sodann b)
gehen die Religionsgebote auf Reinheit, und zwar des Leibes
und der Seele (des Gedankens, des Wortes — Wahrhaftigkeit),
Reinheit des Leibes an sich und gegen Andere. Dazu gab es ein
grosses Ritual von Verfügungen. Auch der Leib an sich soll
rein gehalten werden, daher muss der Parse Reinigungen und
Waschungen vornehmen. [1] Die Elemente, Wasser, Feuer,
Erde, Luft, muss er gleichfalls rein halten und darf sie nicht
verunreinigen; daher das Penom, der Vorhang des Mundes,
damit das Feuer nicht durch den Odem verunreinigt werde
(vgl. Zendavesta II. p. 202 mit dem Kupfer des Parsen, der
ein gewisses Gebet, das Kosti, verrichtet; vgl. Muradgea
d' Ohsson Geschichte u. s. w. p. 58), und wer mit dem Munde
das Feuer ausbläst, verdient den Tod. *Pars* oder *Pares* war
ja selbst das *Lichtland*, die *helle* und *reine* Provinz, und Parsi
selbst heisst der *Klare*, so wie Zoroaster der Goldstrahlende.
Wie sehr aber diese Idee der *Reinheit* als ein Hauptgedanke,
der die ganze Persische Religion durchdringt, hervortritt,
beweisen viele Stellen des Zendavesta, wie z. B. Izeschne,
Ha V. VI. im Zendavesta von Kleuker I. p. 88. vgl. Ha IV.
ebendas. p. 86. Hiermit hängt zusammen die *Verehrung* der
Elemente, wofür uns Herodotus I. 131 ein wichtiges Zeugniss
liefert: «Die Perser, sagt er, opfern der Sonne, dem Monde,

---

1) So hatten die Perser eine Initiationstaufe, welche zur Proselytentaufe der Juden Anlass gegeben haben kann. S. Bengel über das Alter
der Jüdischen Proselytentaufe p. 32. p. 116 und die daselbst angeführten:
Kleuker Anhang zum Zendavesta II. 3. p. 105 und Tychsen de relig.
Zoroastr. ap. exterr. gentt. vestigia, in den Commentt. Soc. Reg. Gotting. T. XII. p. 14.

der Erde, dem Feuer, dem Wasser, den Winden, diesen allein opfern sie von Alters her. [1]) Nachher haben sie auch gelernt der Urania zu opfern» u. s. w. Hier zeigt sich also *Sabäismus* und *Elementendienst* (vgl. Kleuker Περσικά nr. 19. Anhang zum Zendavesta Bd. II. Th. 3. p. 13), und darunter besonders *Wasser-* und *Feuerdienst*, bei welchem letztern gewiss der örtliche Anlass, den die Naphthaquellen in Aderbidschan gaben, wovon wir bereits oben geredet, nicht übersehen werden darf. Es unterschied aber der Perser zwischen *Feuer* als *Materie* und zwischen *Urfeuer*, von welchem jenes ein Bild und aus diesem geworden ist. [2]) Letzteres ist das Band der Einigung zwischen Ormuzd und der Zeit ohne Gränzen, und der Saame, woraus Ormuzd alle Wesen geschaffen hat. Es ist der Antrieb aller grossen Thaten der Vorwelt, der Heldenthaten des Dschemschid u. s. w. Alles Gedeihen in der Natur entspringt aus Feuer und Wasser; jenes ist männlich, dieses weiblich, und aus beiden ist das Licht entstanden (s. Zendavesta von Kleuker I. p. 143 — 157. vgl. Anhang dazu Bd. II. Th. 2. p. 51) — daher also *Feuerdienst*. Darum brannte Feuer zum Dienste des Urfeuers, als des Ausflusses von der Kraft des Ormuzd und als seines Symbols, in allen Häusern, auf allen Bergen; daher wurde vor dem Könige das heilige Feuer vorausgetragen; daher errichtete man heilige Feuerheerde oder Tempel zur Feuerverehrung, *Dadgahs*, und daher rührte jene so viel umfassende *Feuerliturgik*. [3]) Der höhere Sinn dieses Feuerdienstes ist (s. Zendavesta I. p. 47) darum

---

1) Payne Knight Inq. into the symbol. lang. §. 92. p. 69 nennt die Perser in Betracht dieser Einfachheit ihres alten Religionsdienstes gut: *die Puritaner des Heidenthums* (The Persians, wo were the primitists or puritans of Heathenism etc.). Er redet dort von dem fanatischen Verfahren des Kambyses gegen die Aegyptischen Religionsanstalten.

2) S. Zendavesta von Kleuker I. p. 44 f. und Anhang II. 1. p. 127.

3) Hiervon giebt das Grabmal des Darius Hystaspis in seiner obersten Abtheilung eine anschauliche Vorstellung; s. unsere Tafel XXXII.

14 *

also nur symbolisch. Denn nicht das materielle Feuer wird verehrt, sondern das Princip desselben, das immaterielle, intellectuelle Feuer, das Urfeuer, Ormuzd in seiner Gotteskraft. — Endlich c) gingen jene liturgisch-politisch-ethischen Vorschriften auf Fleiss. Es liegt hier ein System der Landescultur unter Bildern von Licht und Finsterniss. Ormuzd ist der Hervorbringer alles Segens (Lichtes). Alle Nahrung und alles Gedeihen ist durch sein Wort. Sein Stellvertreter aber auf Erden ist der Ormuzddiener. Folglich soll er die Schlangen — die Bilder des Ahriman — und andere schädliche Thiere, Ungeziefer und Unkraut, durch Fleiss ausrotten, Reinheit, wie in allem Uebrigen, so auch auf seinen Aeckern, hervorbringen und erhalten. *Dschem*, der erste Cultivirer von Persien, ward daher im Mythus symbolisirt als *Spiegel der Sonne*, oder als das *Sonnenjahr* selbst, das ja eben mit dem agrarischen Systeme zusammenhängt. Dschem hat zuerst mit dem Sonnendolche, mit dem goldenen Dolche, die Erde gespaltet; daher auch die Vorstellung von Iran, als dem Abbilde des Lichtreiches von Ormuzd, dem Lande des Gustasp, dem Lande des Fleisses und der Agricultur, und die von Turan, als dem Lande der schweifenden Nomaden, dem sichtbaren Bilde von Ahrimans Reiche, dem Lande des Afrasiab, wo Unordnung und Unheil herrscht. Daher auch die *Paradiese* der Perser, worin der Regent eine Lichtschöpfung darstellte, und gleichsam ein Abbild von dem im Gesetzbuch idealisirten Iran lieferte. Eine Hauptstelle der Zendurkunden (*Vendidad* I Fargard. Zendavesta Th. II. p. 299) drückt diese Ideen so aus: «Ormuzd sprach zu Sapetman Zoroaster: Ich habe, o Sapetman Zoroaster, einen Ort der Annehmlichkeiten und des Ueberflusses geschaffen; Niemand vermag einen gleichen zu machen. Käme diese Lustgegend nicht von mir, o Sapetman Zoroaster, kein Wesen hätte sie schaffen können. Sie heisst *Eeriené Veedjo*, und war schöner als die ganze Welt, so weit sie ist. Nichts glich der *Anmuth* dieser Lustgegend, die ich geschaffen habe. — Die erste Wohnstatt des Segens und Ueberflusses, die ich, der ich Ormuzd bin, ohne alle Unreinigkeit schuf, war Eeriene Veedjo.» — Daher die Persischen Könige und Grossen sich auch wohl der Cultur des Bodens persönlich widmeten. Xenophon (Oeconomic. IV. 24) führt ein solches Beispiel an: Cyrus der Jüngere schwört in seinem Garten oder παράδεισος¹) dem über den Fleiss des Prinzen verwunderten Lysander beim Mithras, dass er nie zu Mittag speise, ohne in seinem Garten selbst gearbeitet zu haben. So ward im ganzen Magiersysteme der fleissige Landmann als die Quelle des Segens betrachtet (s. Herder's Vorwelt p. 233).

Zu diesem Cultursystem war nun das *ganze Dogma* beförderlich. Bestimmte Genien standen der Erde und ihren Producten vor. Wer die Erde bauete, der verehrte eben dadurch die Sapandomad (s. oben p. 202); Khordad liess ihm Wasserbäche fliessen, undAmerdad schützte seine Bäume und Pflanzen. Sodann war die Pflichtenlehre auch gebaut auf den *ganzen Kalender*.²) Es hatten nämlich die Perser ein Sonnenjahr oder Dschem-

---

1) Ueber dieses ursprünglich Persische Wort, welches auch in den späteren Schriften des alten Testaments vorkommt, und einen *Baum-Thiergarten*, *Park*, bedeutet, vergleiche man Heeren's Ideen I. 1. p. 504. Gesenius Hebräisches Wörterbuch p. 941 unter dem Worte פַּרְדֵּס (Pardes). Xenophon Oeconom. IV. 13. Pollux IX. 13 und was sonst noch Sturz anführt im Lexic. Xenophont. III. p. 417; ferner Biel im thesaur. philolog. V. T. III. p. 19. 20. Suidas s. v. Zonaras Lex. Graec. s. v. p. 1501 sqq. ibiq. Tittmann. Auch haben von diesem Worte, sowohl in jener, als in seinen andern verschiedenen Bedeutungen, Wetstein, Wolf und andere Ausleger des N. T. zu Lucas XXIII. 43 (σήμερον μετ᾽ ἐμοῦ ἔσῃ ἐν τῷ παραδείσῳ) ausführlich gehandelt. S. Kuinoel Commentarr. in N. T. Tom. II. p. 671 sq.

Der in obiger Stelle des Vendidad so sehr hervorgehobene Begriff der *Anmuth* und *Lust* erinnert an das Ebräische *Eden*, welches dasselbe bedeutet; vgl. Rosenmüller altes und neues Morgenl. I. p. 7 f. (zu Genes. II. 8), der über Letzteres weitere Erörterungen giebt.

2) Ein alter *Persischer Kalender* steht bei *Hyde* Relig. vett. Perss. cap. 9—16. — Ueber *Dschemschid's Kalender* vgl. Muradgea d'Ohsson Gesch. der ä. P. M. p. 27. 32 ff.

schid's Jahr von 360 Tagen und 5 Schalttagen, und die Grundidee dieses Jahres war eine *fortdauernd sich entwickelnde Schöpfung* (s. Herder's Vorwelt p. 220 f.). Es wurde eingetheilt in sechs *Gahanbars* (Jahreszeiten) und in kleinere Abschnitte. Der Tag war gleichfalls eingetheilt in *Gahs* (Zeiten), und jeder Abschnitt, des Jahres wie des Tages, hatte seinen himmlischen Vorsteher unter den Amshaspands und Izeds, zu welchem man betete, dessen Fest man feierte u. s. w. In den fünf Schalttagen verehrte man die Feruers, die jenen vorstanden, ein *Fest aller Seelen* (s. Mur. d'Ohsson Gesch. u. s. w. p. 45 f.). Das ganze Ritual und der ganze heilige Dienst der Magier hing an diesem Kalender, und man kann alle Vorschriften des Zendavesta als nach diesem Kalender angeordnet betrachten. Mit diesem Allem hängt nun zusammen die Vorschrift der *Wachsamkeit* und *Streitfertigkeit*. Gleichwie Ormuzd den Ahriman besiegt, und stets gegen alle Werke der Finsterniss wachsam und gerüstet ist, also ist auch *Wachen* und *Wehren* ein Hauptgebot der ganzen Perserreligion.[1])

Wir sehen also hier ein Religionssystem und einen Cultus, welche beide, *ursprünglich* ausgegangen von der Vorstellung *der lebendigen Haushaltung der Natur*, späterhin, wiewohl schon frühe nach unserer so jungen Geschichte, der *Staatsordnung* und *Abstufung* in einem *monarchischen, orientalischen Reiche* zum Vorbilde gedient haben, so dass der Ordnung der grossen Fürsten und der übrigen Staatsdiener von Iran die Ordnung der Geister als beständiges Musterbild vorschwebte.

Vergleichen wir nun noch kürzlich die Persische Religion und ihre Wirkungen mit der Indischen, so finden wir in Indien jenen Dualismus, der sich mehr oder weniger in allen Religionen zeigt, in dem ganz national gewordenen Glauben *von der seeligen Vereinigung mit Gott* diesseits und jenseits, wo nicht ganz untergegangen, doch sehr besänftigt; keinen Dua-

---

1) *Vendidad*, ein heiliges Buch, ein Theil des Zendavesta, heisst ja selbst: *Kampf mit dem Ahriman.*

lismus der Ansicht und des Cultus, sondern eine seelige Einigung mit Gott. Daher der ganze Cultus auf Ruhe gerichtet ist, und das Leben nur im Untergange des abgesonderten Lebens, in der Beschaulichkeit, besteht, d. h. in der Aufopferung des Individuums und seinem Versinken in die Universalität. Der Mensch soll sich contemplirend in einen solchen Zustand versetzen, dass er das Bewusstseyn dieses abgesonderten Daseyns aufgiebt, und seine Individualität durch Beschaulichkeit versenkt in den Schooss des Ewigen. Ganz anders bei den Persern; hier ein Dualismus, der diesseits keine Ruhe gestattet; hier Aufregung der Kraft, Widerstand und Thätigkeit; darum aber auch das Parsenvolk lebendig und rührig, wie die Elemente, die es anbetete; und darum musste es ihm, so lange es diesem Charakter getreu blieb, vorzüglich auch gelingen, seine Herrschaft über ganz Asien auszubreiten, und lange Zeit im alleinigen, ungestörten Besitze derselben zu verbleiben.

§. 7.

Charakter der Symbolik und Mythik.

Der *Geist ihrer Mythen* ergiebt sich theils aus der obigen Darstellung ihrer Religion, theils aus den Exempeln ihrer *Symbolik*, welche nun folgen sollen. Betrachten wir zuvörderst den Charakter ihrer Symbolik, so konnte einer eigentlichen Kunstallegorie, im reinen Sinne gefasst, die Persische Religion nicht günstig seyn.. Denn sie war *Natur - und reiner Elementendienst*, verbunden mit *Gestirndienst* oder *Sabäismus*, wiewohl auch dieser ursprünglich, wenn wir auf den Geist der Lehre sehen, sehr rein war. Es war und blieb die Idee von *Urlicht*, *Urfeuer*, *Urwasser*, herrschend, deren Symbole aber hauptsächlich (denn es gab auch noch andere, wie wir unten sehen werden) das *materielle Feuer* und *Wasser* selbst waren, und nicht sowohl menschlich gedachte und gebildete Götter. Herodotus I. 131 bemerkt auch (nach Kleuker's Auslegung[1]): er glaube nicht, dass die Perser nach Art der

---

1) S. Anhang zum Zendavesta Bd. II. Th. 3. p. 5 und 13. Ueber das Verbot der *Tempel*, *Altäre* und *Götterbilder* bei den Persern vergleiche man Winckelmann's Gesch. der Kunst I. p. 156 der neuesten Ausg. mit den Einschränkungen von Fea in den Anmerkungen p. 376 f. — Gibbon (History of the decl. of Rom. emp. VIII. 1. Bd. II. S. 14 f. der Deutsch. Ausg.) führt zum Beweise der philosophischen Einfalt des Persischen Gottesdienstes die Stelle Herodot. I. 131 an, und fügt sodann bei: „Dennoch beschuldigt sie eben dieser Schriftsteller, im ächten Geist eines Anhängers der Vielgötterey, dass sie Erde, Wasser, Feuer, die Winde und Sonne und Mond anbeteten. Allein die Perser haben jederzeit dergleichen Beschuldigungen widersprochen, und sich über die zweideutigen Aeusserungen erklärt, welche denselben einen Anstrich von Wahrscheinlichkeit geben konnten. Die Elemente und besonders das Feuer, das Licht und die Sonne, welche sie Mithra nannten, waren die Gegenstände ihrer religiösen Verehrung, weil sie dieselben als die reinsten Sinnbilder, die edelsten Erzeugnisse und die mächtigsten Wirkungsmittel der göttlichen

Griechen *Götter* erkennen, die ehemals *Menschen gewesen.*
Ausserdem bezeugt derselbe, und mit ihm grösstentheils übereinstimmend Strabo, Xenophon und andere, dass die Perser
keine Bilder, Tempel und *Altäre* errichtet; und wird diese
Stelle im Sinne der Griechen gehörig erklärt, so hat sie ihre
historische Wahrheit. Alles dieses aber ist der eigentlichen
Kunstsymbolik hinderlich. Allein man würde doch äusserst
fehlschliessen, wenn man deswegen glauben wollte, als habe
es den alten Persern an Symbolen gefehlt; im Gegentheil, sie
hatten, wie wir zum Theil schon gesehen haben, und noch
sehen werden, deren viele, und waren in mannigfacher Rücksicht auch hierin reich (vgl. auch Kleuker im Anhang zum
Zendavesta Bd. II. Th. 2. pag. 87. not. 33). Um den anschei-
nenden Widerspruch zwischen den Zeugnissen von der *Einfalt des alt-Persischen Elementendienstes* und dem *Reichthum*
ihrer Mythik und Symbolik nach andern Nachrichten zu verstehen und zu heben, muss man nicht ausser Acht lassen, dass
die Volksmasse, die geringeren Casten von Parsis oder Farsistan im engeren Sinne, von jeher immer einer höchst einfachen Naturreligion und Elementenverehrung zugethan waren
und blieben, dass aber das ideen- und cärimonien- auch bil-
derreiche Ritualgesetz der Medisch-Baktrischen Religion von
Hom [und Zoroaster frühzeitig von den höheren Persischen
Casten und Königen mit ihrem Hofe aufgenommen und beibehalten ward, dass mithin dieses vielleicht eben so alt als jenes
ist, und nicht nur die Zeugnisse der Griechen seit Ktesias und
Theopompus, sondern auch die der Zendbücher und der historischen Sagen bis auf den Schahnameh für sich hat. Vgl.
oben p. 189. not. 1.
Nach diesen Vorerinnerungen mögen nun einige Beispiele
Persischer Symbolik folgen, wobei wir jedoch bemerken,

Kraft und Natur betrachteten (Hyde de relig. Pers. cap. 8)." Hierauf
gedenkt er der ungerechten Verachtung, der ihre Unterdrücker, die Mo-
hamedaner, als abgöttische Feueranbeter sie Preis geben.

dass einige der bedeutendsten Persischen Bilder, wie z. B. der Stier, der Hund, in den folgenden §§. ihre Erklärung finden werden.

Zuvörderst waren die verschiedenen himmlischen Wesen oder *Geister*, die Amshaspands, Izeds und Feruers, durch *Thiere* symbolisirt,[1]) und es war die Thierwelt ein Abbild der Geisterwelt. Wie dort Ahriman mit seinen bösen, von ihm geschaffenen Dews (der Nachtschöpfung) dem Ormuzd und seinen guten Geistern (der Lichtschöpfung) entgegen steht, so auch stehen, von dem Augenblick, als Ahriman in die sichtbare Lichtschöpfung eingedrungen, wie eine irdische Licht- und Nachtschöpfung, gleichermassen zwei Körper- oder Thierwelten einander gegenüber, in unabsehbarer Feindschaft und Kampf mit einander begriffen, so dass alle Thiere entweder reine, d. i. Thiere des Ormuzd (nützliche), oder unreine, d. i. Thiere des Ahriman (schädliche) sind.[2]) Und wie die ideellen Licht- und Nachtreiche ihre Oberhäupter haben, Ormuzd und Ahriman, so haben auch die Licht- und Nachtreiche der Thierwelt ihre Oberhäupter, Vorsteher und Beschützer, welche die Phantasie auf die sonderbarste Weise bildete, indem sie ihnen geistige und körperliche Kräfte, welche weit über die des Menschen hinausreichten, beilegte, ohne ihnen jedoch die Thierform zu nehmen, die man vielmehr aus verschiedenen Theilen der guten oder der bösen Thiere zusammensetzte.[3]) Dies sind jene Wundergestalten und Fabelthiere des Orients, die wir noch jetzt an den Mauern der Paläste von Persepolis sehen, und deren Abbildungen mit den

---

1) S. Kleuker Anhang zum Zendav. Bd. II. Th. 1. p. 87. not. 33.

2) Vgl. Plut. de Isid. et Osirid. p. 369 F. p. 514 Wyttenb.: „*Auch von Thieren, glauben sie, gehörten die einen, als Hunde, Vögel, Landigel, dem guten Wesen an, andere, wie die Wasserigel, dem bösen.*" Vgl. dazu Kleuker's Bemerkungen im Anhang zum Zendavesta Bd. II. Th. 3. p. 84 und Anquetil du Perron ebendas. Bd. I. Th. 1. p. 124.

3) S. über das Bisherige besonders *Rhode* über Alter und Werth einiger morgenländ. Urkunden p. 83 f.

Beschreibungen der Zendbücher und des eben darum zwar oft verschrieenen und getadelten Ktesias, aus welchem auch andere Griechen sie liefern, übereinstimmen. So war das *Einhorn* (oder der *wilde Esel* des Ktesias, s. dessen Indic. cap. 25) ein Symbol der ganzen *reinen Thierwelt*, und darauf bezogen sich alle die verschiedenen Attribute, die ihm beigelegt waren, so wie seine Gestalt aus Theilen der nützlichsten und reinsten Thiere zusammengesetzt war, als Ochs, Pferd, Esel (s. Heeren Ideen I. 1. p. 275 und Tychsen ebendas. p. 615 f. der dritten Ausg. und Rhode über Alter und Werth einiger morgenländ. Urkunden p. 86 f. 89 f.). Ihm steht gleichsam entgegen als Oberhaupt der Ahrimanischen Thierschöpfung das von Ktesias (Indic. cap. 7) und nach ihm von Aelianus (H. A. IV. 21) beschriebene und mit dem Namen *Martichoras* oder *Menschenwürger*[1]) bezeichnete Thier, dessen Gestalt aufs

---

[1]) Dass diese Uebersetzung des Ktesias richtig sey, hat Tychsen zu Heeren's Ideen I. 1. p. 611 gezeigt. — Μαρτιχόρας. Ueber die verschiedene Schreibung dieses Namens s. Jacobs ad Aelian. Hist. Animall. IV. 21. p. 143, welcher auch die verschiedenen Meinungen der Neuern über dieses Fabelthier zusammengestellt hat, mit Verweisung auf Baehr ad Ctesiae Fragg. p. 280 sqq. und p. 354. — *Aber in der Vergleichung der bildlichen Monumente mit den Nachrichten der Alten ist hierbei Manches sehr schwankend*, und namentlich scheint mir folgende Bemerkung des Herrn Guigniaut (Notes et Eclairciss. p. 720) sehr richtig: „Nous ne connaissons pas non plus, pour notre compte, de figure de ce genre qui, par la tête humaine, puisse être complétement identifiée avec le *Martichoras* dont parlent les anciens. Ce qu'il y a de plus sûr, c'est que l'une de figures décrites (pl. XXIV. 122, nämlich der Kupfertafeln seines Werks) est le type antique du fameux griffon que nous fait connaître Elien (H. A. IV. 26) dapres Ctésias [vid. Fragmm. p. 300 sq. ed. Baehr.] et que Mr. de Hammer (Heidelbh. Jahrbb. d. Lit. 1823. p. 92) veut retrouver aussi dans le *Rock* des modernes orientaux. Il n'est pas également certain que les *Devs* soient représentés par des griffons, car le Zendavesta n'en fait aucune mention. Au moins les griffons sont-ils des animaux ahrimaniens, ce qui revient a peu près au même." Auf jene aus Ker-Potter entlehnte Abbildung bei Guigniaut (pl. XXIV. 122) so wie auf mehrere Kampfvorstellungen

**wunderbarste aus Menschen-, Löwen- und Scorpionstheilen [1])
zusammengesetzt ist.**

---

der oberasiatischen Denkmale habe ich neulich hingewiesen bei Erklärung
eines unedirten Gemmenbildes, welches die Erlegung eines geflügelten Un-
thiers durch einen mit der Persischen Tiare bedeckten Helden vorstellt (s. *Zur
Gemmenkunde* S. 101; zu nr. 26 der dort beschriebenen geschnittenen Steine
am Sarg der h. Elisabeth in Marburg). — Den von mir früher als Martichoras
bezeichneten geflügelten Stier mit dem Menschenhaupte und Diadem auf
einer andern Gemme (Bilderheft zur Symbolik 2. Ausg. Tafel I. nr. 14)
und das gleiche Bild in einem Basrelief von Persepolis (s. die Titelvig-
nette zu Heeren's Ideen I. Thl. 1. Abtheil. 4. Ausg. und pl. XXIII. nr.
119 bei Guigniaut) hält dieser letztere Gelehrte vielmehr für die Vorstellung des *Abudad-Kaiomorts,* d. h. für die verbundene Figur des Urstiers
mit dem Urmenschen; wobei ich zugleich aber auch auf die von diesem Gebilde vermuthlich herzuleitende Abstammung der auf Griechischen Münzen so häufigen Stierbilder mit Menschenköpfen aufmerksam
mache. v. Hammer (Wiener Jahrbb. Bd. LXXIV. S. 80) vergleicht damit
das Thier, das Ezechiel (I. 10. X. 4) am Chobar (Choaspes) gesehen,
nennt es den Persischen, hernach Ebräischen *Cherub,* und bezeichnet es
als ein symbolisches Thiergebilde mit Menschenhaupt, Adlerflügeln und
Stierhufen, so wie es dort am Eingang der Ruinen von Persepolis stehe.

1) *Scorpione* und *Schlangen* als Symbole überhaupt von schädlichen,
verderblichen Dingen, besonders aber von *schlauen, gefährlichen Gegnern,* kommen auch in den Christlichen Religionsurkunden vor; so z. B.
Luc. X. 19, wo man vergleiche Kuinoel Commentt. in N. T. Tom. II. p.
449, welcher die nöthigen Nachweisungen hierüber in der Kürze giebt.
So werden auch in der Apokalypse IX. 3. 5. 10 die Verderben bringenden
Heuschrecken vorgestellt mit *Scorpionstheilen,* oder überhaupt den *Scor-
pionen ähnlich.*

Es erinnern uns diese merkwürdigen Thiercompositionen von Lö-
wenleib, Flügel, Menschengesicht, Diadem u. s. w. wegen ihrer grossen
Aehnlichkeit an die Aegyptische Sphinx, der man eine ähnliche Bedeutung
gab; s. Cap. III. §. 21. Es liesse sich vielleicht hiermit die Nachricht des
Diodorus (I. 46) vereinigen, dass die von Kambyses bei der Eroberung Aegyptens von dort weggeführten Künstler die Gebäude zu Persepolis erbaut
hätten. Doch erklären Wesseling und St. Croix diese Stelle so, dass die
Aegyptischen Künstler diese Paläste blos ausgeschmückt hätten; s. Fea zu
Winckelmann's Gesch. der Kunst I. p. 378 der neuest. Ausg. Auf Denkmalen

Ferner waren die *wachsamen* und *scharfsehenden* Geister durch *Vögel* symbolisirt. Sie gehörten der reineren Schöpfung an, und waren Feinde des Ahriman und seiner Schöpfung; daher Ormuzd durch den *Habicht* oder auch durch den *Adler*[1]) versinnlicht ward. Auch sie hatten ihr Haupt, den Vogel *Eorosch*, vielleicht ein Bild der *Zeruane Akerene*, der *Zeit*

---

kommt jedoch zuweilen *Aegyptische* und *Persische* Art *vermischt* vor, wie die Beispiele, welche Caylus Recueil d' Antiqq. Tom. I. pl. 18. p. 55. 56 und Tom. III. pl. 12 giebt, beweisen, welches auch aus der Herrschaft der Perser über Aegypten erklärbar ist; s. Fea ebendas. p. 378. — Auch die Wunderthiere, die in der Offenbarung Johannis beschrieben werden, haben viele Aehnlichkeit mit diesen Persischen Thiercompositionen. Man vergleiche nur XIII. 1 und daselbst Eichhorn (Tom. II. p. 109), der mit Recht an diese Persischen Wundergestalten und Ungeheuer erinnert. Dahin gehört auch der Drache, der cap. XII. 3 sqq. beschrieben wird.

1) Ueberhaupt war der *Adler* ein königliches Symbol bei den Persern. Eine sonderbare, aber an orientalischen Höfen wohl nicht unerhörte Sache finde ich beim Olympiodorus, die ich meinen Lesern nicht vorenthalten darf. Er erzählt (in Comm. in Plat. Alcib. I. cap. 16. p. 153 meiner Ausg.): Ausser andern Schönheitsmitteln, die die vornehmsten Eunuchen bei den jungen Prinzen des Königs angewendet hätten, sey auch dies gewesen, dass sie die Nase in eine gekrümmte Form zu bringen und einer *Habichts*- oder *Adlernase* nachzubilden versucht hätten, anzudeuten, dass der Knabe zum Herrschen bestimmt sey. Denn auch der Adler, der König der Vögel, habe eine solche Nase. Οἱ δοκοῦντες, heisst es, ἄριστοι τῶν εὐνούχων — τὰ τούτου μόρια εἰς κάλλος διαπλάττουσι γρυπὴν καὶ τὴν ῥῖνα ποιοῦντες, ἐνδεικνύμενοι τὸ ἡγεμονικὸν εἶναι καὶ βασιλικὸν τὸν παῖδα· οὕτω γὰρ κ꞉ὶ ὁ ἀετὸς γρυπός ἐστι ὡς βασιλικός. Darauf macht er jedoch noch ι. Zusatz: καὶ διὰ Κῦρον δὲ τοῦτο ἐπετήδευον γρυπὸν γενόμενον· ὁ δὲ βασιλικώτατος ἦν καὶ πρᾳότατος· Dies letzte muss aus Herodotus III. 89 erklärt werden, wo die Perser den Cyrus *Vater* nennen. Darauf spielt (gelegentlich bemerkt) der Philosoph Proclus (in Platon. Alcib. I. p. 150 sq.) an: Ἀλλά τι βούλεται αὐτῷ (dem Sokrates beim Plato im Alcib. I. p. 302 Bekk.) Κῦρος ἐνταῦθα καὶ Ξέρξης· ἢ ἐπειδὴ Κῦρος μὲν φιλάνθρωπον καὶ κηδεμονικὴν προεστήσατο βασιλείαν· Ξέρξης δὲ φλεγμαίνουσαν καὶ ὑβριστικήν· διὸ ὁ μὲν πατὴρ ὑπὸ τῶν ὑπηκόων ἐπωνομάζετο κ. τ. λ.

ohne Gränzen. Ueberhaupt waren die Vögel, als solche, die in der Nähe der Götter schweben, *Dollmetscher des Himmels.* Man hielt dergleichen in goldenen Käfigen im königlichen Palaste zu Babylon unter Aufsicht der Magier, und nannte sie *Zungen.*[1]) So schweben, wie Philostratus (Vit. Apollon.

---

1) S. Kleuker Anhang zum Zendavesta Bd. II. Th. 1. p. 104. Wer denkt hier wohl nicht an die οἰωνοί oder Weissagevögel der Griechen und an die oscines der Römer? Dorville ad Charit. p. 560 Lips. giebt mehrere Nachweisungen davon, dass die Perser, wie die Römer, aus den Vögeln omina zu nehmen pflegten, dass sie auch solche, in Käfigen verwahrt, im Kriege mit sich führten. Es ist eine richtige Bemerkung Guigniaut's (Notes p. 721), dass, so wie der Zendavesta nicht die Beschreibung aller symbolischen Thiere giebt, die uns die Bilddenkmale vor Augen stellen, hinwieder andere von ihm beschrieben werden, welche sich auf den Monumenten noch nicht gezeigt haben. Zu diesen letzteren gehören die vier sogenannten Vögel des Himmels: Eorosch, Hufraschmodad, Eoroschap und Aschtrenghad. Unter diesen Umständen darf man sich über die Verschiedenheit der Deutung nicht wundern. Den Eorosch stellt v. Hammer (Wiener Jahrbb. der Lit. IX. S. 64. vgl. denselben in den Heidelbb. Jahrbb. 1823. p. 93) mit dem Aegyptischen ἱέραξ d. h. mit dem heiligen Vogel κατ' ἐξοχήν und mit dem Garudha der Indier zusammen, und bezeichnet ihn als Habicht; im Hufraschmodad, dem drei Körper und drei Namen beigelegt werden, erkennt er den weiblichen Geyer und das Vorbild des in den neumorgenländischen Sagen berühmten Simurg. — Vom heiligen Adler ist zunächst die Rede gewesen. — Ein goldener Hahn ward als heiliges Feldzeichen in den Persischen Heeren getragen, welches der von den Griechen so belobte Dinon aus Unkunde Persischer Dinge auf eine sehr auffallende Weise in eine fast komische Geschichte travestirt hat (s. Plutarchi Artax. X. p. 288 Coray). Dies hat Kleuker (Περσικά, zum Zendavesta, S. 123) unbeachtet gelassen. Derselbe hat (S. 122) auch ein anderes Fragment desselben Dinon (ap. Scholiast. Nicandri vs. 613. p. 94) übergangen, wo berichtet wird, dass die Meder die Rhabdomantie ausübten. Die Magier bedienten sich nämlich der Tamariskenzweige zu dieser Stabwahrsagerei, so wie die Scythen (s. meine Schrift Zur Gemmenkunde S. 91 und S. 185). — Aber auch die Becherweissagung, so wie die Nekromantie leiteten die Alten von den Magiern her (s. Varro ap. Augustin. de Civ. Dei VII. 39 mit den Auslegern).

I. 25 und dazu Olearius p. 34) erzählt, über dem Throne des Königs, wenn er Recht spricht, vier solcher idealen Vögel, ἴυγγες dort genannt, welche dem König immer ans Herz legen das ewige Gesetz der Adrastea, und welche von den Magiern der *Götter Zungen* genannt werden. Man sehe Cap. III. §. 21. — Dagegen Bild des Ahriman ist der *Schlangendrache* (Zendavesta I. p. 6). Seine Geister, die *Dews*, sind, wie ein neuerer Gelehrter behauptet, symbolisirt durch die *Greifen*, welche die Sage in die Wüste versetzt, wo sie umherschweifen, die Reisenden auf alle mögliche Weise durch Wassermangel, glühende und tödtende Samums beunruhigen und in grosse Noth setzen u. s. w.[1]) Auch wurden manche Amshaspands und Izeds verkörpert, wie z. B. der lebendigste aller Izeds, *Behram* (der König der Wesen, wiewohl er einen himmlischen Leib hat, dessen Glanz von Ormuzd herrührt),[2]) theils durch einen *muthigen Jüngling*, theils durch das *Ross*, theils durch den *Ochsen* oder das *Lamm* (Anhang z. Zendavesta Bd. II. Th. 1. p. 87. not. 33). So stellte man den Feruer des Königs vor als eine edelgehaltene, menschliche Figur, deren niedere Theile aber in ein verhüllendes Gefieder ausgehen. Besonders waren den Persern die *Pferde* und vorzüglich *weisse* heilig. Sie wurden der Sonne geopfert, der sie geweihet

---

1) S. oben das aus Guigniaut's Notes p. 720 Mitgetheilte. Dass *Ahriman* und *seine bösen Geister* als *Bewohner der Steppen und Wüsten* gedacht werden (*Turan*), im Norden von dem glücklichen, unter Ormuzd's Herrschaft stehenden Iran (so wie wir in Aegypten Typhon und Osiris als Herren der Sandwüsten Libyens und des gesegneten Aegyptens sehen), ist Grundcharakter der Persischen Urkunden. So dachten sich auch die Ebräer die *wasserlosen Steppen und Wüsten* (ἡ ἔρημος) als die *Aufenthaltsörter und Wohnsitze der bösen Geister;* s. Matth. XII. 43 nebst den Auslegern, und Luc. XI. 24. So heisst das zerstörte und dem Boden gleich gemachte Babylon eine *Wohnung der Dämonen* (κατακτήριον δαιμόνων); s. Apokalyps. XVIII. 2 und daselbst Eichhorn Tom. II. p. 32 sq. p. 233. Die Aegyptier versetzten das Typhonische Thier, den Esel, in die Wüste; s. m. Comm. Herodd.

2) S. Zendavesta Bd. I. p. 17.

waren und deren Wagen sie zogen (Brisson. de reg. Pers.
princ. p. 339 sq. 370 und Kleuker's Anh. z. Zendav. II. 1. p.
86. 87).

Das *Schöpfungs*- und *Gesetzeswort*, das *Urwort*, *Honover*,
ward in drei Momenten symbolisirt: Im ersten wird dasselbe
Substanz — ein Geist, im zweiten bekommt es einen Natur-
typus, und wird zum Baume, im dritten wird es selber Mensch.
Demnach war es zuerst personificirt als *Licht*- und *Lebensgeist*,
ewig beseelend, allwirksam und ewig streitbar.[1]) Es ist bekannt, dass nun die Personification des *Wortes* (λόγος) auch
unter die Ebräer und in das Christenthum überging, wenigstens in die Johanneische Darstellung des letzteren. Im zweiten Moment ward das Wort verkörpert unter dem Namen *Hom*,
als Bild des ewigen Segens und Gedeihens, als ein *Baum*,
der die Krone des ganzen Pflanzenreichs war, und wunderbare Belebungskraft hatte.[2]) Daher ein Stück von diesem
Hombaume bei jedem Opfer wesentlich war. So auch hatten
die Indier (und andere Völker) ihr heiliges Opferholz,
Kolpo oder *Tuloschi*.[3]) Im dritten Moment wird das Lebenswort *Mensch*; es wird zum ersten Verkündiger dieses Wortes,
Hom, auch *Homanes* genannt, der unter Dschemschid das
Wort verbreitet, und den Magismus gestiftet hatte, gleichsam
Baum des Lebens und *Saft der Unsterblichkeit* (s. oben).

---

1) S. Zendavesta Bd. I. p. 36. Herder's Vorwelt p. 244.

2) Aehnliche Vorstellungen finden sich in der Offenbarung Johannis,
so z. B. II. 7: „dem Sieger will ich geben zu essen *vom Baume des
Lebens*, der in der Mitte des Paradieses Gottes ist;" wo Eichhorn (I. p.
82) bemerkt, dass ähnliche Bilder vom *Lebensbaume*, mit Bezug auf die
nach dem Tode zu erwartende Seeligkeit der Frommen, sehr häufig bei
Rabbinen zu finden seyen. Von demselben Lebensbaume (ξύλον ζωῆς)
spricht auch der Apostel ebendas. XXII. 2. 14.

3) S. Herder's Vorwelt p. 306 ff. und Kleuker Anhang zum Zendavesta Bd. II. Th. 3. p. 90. 95. Auch Plutarchus de Isid. et Osirid. p. 369
F. p. 514 Wyttenb. spricht davon, und nennt es *Homomi* (Ὅμωμι); s.
dazu Kleuker a. a. O. Bd. II. Th. 3. p. 83.

Die *Weltordnung* und das *Weltall* (κόσμος) ist versinnlicht durch den *Jamijem*, den Becher des Dschemschid, der das Weltall darstellt, und den er bei der Gründung von Esthakar fand. Er soll aus einem grossen Türkis und aus strahlenden Edelsteinen bestanden haben.

Auch das *Sonnenjahr* in seinen einzelnen Perioden oder in den Jahreszeiten und den ihnen vorstehenden Geistern ward vom König und den Grossen seines Hofes symbolisch angedeutet durch den abwechselnden Schmuck in *Kleidung*, *Edelsteinen* und dergl.; so wie überhaupt der symbolische Gebrauch *edler Metalle* bei den Persern sehr verbreitet gewesen zu seyn scheint, wie dies wenigstens die von Bochart im Hierozoicon T. II. lib. V. cap. 8. p. 715 sqq. aus Aristoteles, Appuleius und Polybius beigebrachten Zeugnisse beweisen, wo von den kostbaren Gebäuden und Königspalästen zu Susa und Ekbatana die Rede ist. Auch führt dort Bochart eine merkwürdige Stelle aus Philostratus (Vit. Apollon. II. 11) an, worin von einem *symbolischen Gebrauche der Perlen* in einem Indischen Sonnentempel geredet wird. «Der Boden selbst, heisst es dort, ist aus Perlen zusammengelegt auf eine symbolische Weise, welche alle Barbaren in ihren Tempeln anwenden.»[1])

---

1) Die Griechischen Worte lauten folgendermassen: τὸ δὲ ἔδος αὐτὸ μαργαρίτιδος ξύγκειται ξυμβολικὸν τρόπον, ᾧ βάρβαροι πάντες ἐς τὰ ἱερὰ χρῶνται. Ueber die bildliche Bedeutung der Edelsteine vgl. man auch Apokal. XXI. 19 sqq. Zwei Gattungen Adlersteine (aëtites) kennt Plinius H. N. XXXVI. 21. Von dem einen sagt Solinus cap. 37: Zoroaster habe ihn allen andern Steinen vorgezogen und ihm grosse Kräfte beigelegt. Er werde in den Adlernestern gefunden. Man vergl. den Salmasius zu dieser Stelle p. 501 sqq.

§. 8.

Mithra und Mithras.[1])

Wir gehen bei Entwickelung dieser Idee, einer der erhabensten und reinsten, die wir im ganzen Alterthum antreffen, deren Ursprung in einer primitiven Lehre zu suchen
seyn möchte, die dem *Brahmaismus* mit dem *Magismus* gemeinschaftlich war, welche aber durch Persien und Vorderasien
in verschiedenen Gestalten, Formen und Veränderungen nach
Aegypten und Griechenland (wo sie jedoch, mit Aegyptischen
Bestandtheilen versetzt, erst in der Argolischen Lichtlehre
vom *Perseus* versteckt und späterhin vom herrschenden Dienste
des Bacchus verdrängt wurde) verbreitet, dann von Kleinasien aus gleichfalls später nach Rom und in den entfernte-
sten Westen, ja bis in unsere Germanischen Gauen, verpflanzt
ward, und, freilich zum Theil nicht mehr in ihrer ursprünglichen Reinheit und mit partiellen Verfinsterungen, eine ausserordentliche Ausdehnung und Herrschaft über die menschlichen Gemüther erlangt hat — wir gehen, sage ich, hier von
der classischen Stelle des Plutarchus de Isid. et Osirid. cap.
46. p. 369. p. 513 sq. Wyttenb. aus, und legen sie zum Grunde
der ganzen folgenden Darstellung. Dort heisst es: «Andere
glauben, es gäbe zwei Götter, gleichsam entgegengesetzten
Bestrebungen zugethan, so dass der Eine das Gute, der An-
dere das Böse thue. Andere nennen den Guten Gott ($\Theta\varepsilon\acute{o}\nu$),
den Andern aber Dämon ($\varDelta\alpha\acute{\iota}\mu o\nu\alpha$). So Zoroaster, der Magier, welcher fünftausend Jahre vor dem Trojanischen Kriege
gelebt haben soll. Dieser also nennete den Einen Oromazes
($^{\prime}\varOmega\varrho o\mu\acute{\alpha}\zeta\eta\nu$), den Andern aber Arimanius ($^{\prime}A\varrho\varepsilon\iota\mu\acute{\alpha}\nu\iota o\nu$), und
fügte den Satz hinzu: unter den sinnlichen Dingen gleiche

---

1) S. *Nachtrag* V.

jener am meisten dem Lichte, dieser der Finsterniss und der Unwissenheit. Mitten zwischen beiden stehe *Mithras. Daher nennen die Perser auch den Mithras den Mittler* (μέσον δὲ ἀμφοῖν τὸν Μίϑρην εἶναι· διὸ καὶ Μίϑρην Πέρσαι τὸν μεσίτην ὀνομάζουσιν). Er hat auch gelehrt, jenem (dem Ormuzd) Bitt- und Dankopfer darzubringen; diesem aber (dem Ahriman) Abwendungs- und Schreckensopfer.» Wir verbinden mit dieser Stelle noch das Zeugniss des Herodotus I. 131: «Ueberdem haben sie (die Perser) auch gelernt, der Urania zu opfern, und zwar von den Assyriern und Arabern. Es nennen aber die Assyrier die Aphrodite: Mylitta, die Araber: Alitta (im dritten Buche cap. 8 steht dafür Alilat), *die Perser aber: Mitra* (Πέρσαι δὲ, Μίτραν[1]) sc. καλέουσι).» Es

---

1) So hat schon Ambrosius in seinem Herodotus gelesen, nur dass er *Μίϑραν* schreibt. Er sagt (Contra Symmach. II. p. 840 ed. Bened. S. Maur.): „Coelestem Afri, *Mithram Persae*, plerique Venerem colunt, pro diversitate nominis, non pro numinis varietate.“ — Thom. Gataker Adversarr. miscell. p. 662 sq. erkennt in der Schreibung *Μίτρα* einen blossen Ionismus, den Herodotus auch in den Namen Mitradates (I. 110 sq.) und Mitrobates (III. 126 sq.) befolgt; wo die Abschreiber, weil sie daran irre geworden, falls nicht der Itacismus schon allein Schuld ist, an μήτηρ gedacht haben (s. Schweigh. Var. Lect. zu diesen Stellen). Die andere Einwendung gegen das *Μίτρα* des Herodot (aus I. 139, wonach alle Eigennamen der Perser sich auf ein sigma endigten) hat schon A. W. Schlegel (Indische Biblioth. II. 3. S. 308) durch die Einschränkung auf die *männlichen* Namen beseitigt. — Dass aber das Mithram des Ambrosius der alten Zendsprache gemässer ist als das *Μίτραν* des Herodotus ergiebt sich nun aus folgenden Bemerkungen eines grundgelehrten Orientalisten. Herr 'E. Burnouf sagt (Comment. sur le Yaçna p. 210): Die Schreibung der Griechen und Römer *Μίϑρας*, Mithra, gebe einen nicht unbedeutenden Beweis für die Aechtheit der Zendurkunden. Denn das th, das in diesem Namen, Herodot vielleicht allein ausgenommen, allenthalben vorkomme, beweise, dass jene diesen Namen entweder unmittelbar aus dem Zend oder doch aus einem Idiom entlehnt haben, welches wie das Zend das Gesetz der Aspiration des t vor einem Halbvocal wie r kannte. Es sey gewiss nicht das Sanskritische Mitra, eine

ist bekannt, welche Schwierigkeiten man in dieser Stelle gesucht und gefunden hat, während Alles für die volle Wahrheit
dieses ihres einfachen Sinnes spricht: *dass mehrere Asiatische
Völker der Vorzeit ein und dasselbe weibliche Naturprincipium
unter verschiedenen Namen verehrten.* Die *Persische Mitra* hat
hauptsächlich den Zweifelsknoten geknüpft, weil man wohl
einen Persischen *Mithras*, aber *keine Mitra* kannte, zumal als
Aphrodite. Noch neulich hat Silvestre de Sacy in den Noten
zu St. Croix Recherches sur les mystères du Paganisme Tom.
II. p. 121 sec. edit. sich gegen unsere schon früher ausgesprochene Behauptung von einem *Mithras-Mitra*, als einer
mann-weiblichen Gottheit, *ignis masculus* und *foemina*, erklärt,
mit der Behauptung, die Perser kennten grammatisch den
Geschlechtsunterschied nicht. Auch habe Anquetil gezeigt,
dass Mithra bei den Persern nach den Zendschriften von der
Sonne unterschieden werde. Jedoch, fährt er fort, sey Mihr,
welches, wie im Altpersischen, noch im Neupersischen die Sonne
bezeichne, einerlei mit Mithra, und mithin müsse man sich
den Mithra als einen *Ized* denken, *der die Sonne [beschütze
und lenke.* In so weit nun dieser Ized der Sonne im Planeten
Venus sein Domicil (Sonnenhaus) hatte, konnte ihn Herodotus selbst mit der Venus-Urania zusammenstellen.[1]) — Allein
schon die Vergleichung mit andern Schriftstellern kann die
Ueberzeugung geben, dass Herodotus uns nicht in das *Innere*
des alten *höheren* Magismus führt, sondern nur ganz kurze
Nachricht von dem einfachen Religionsdienste des alten Per-

Gottheit, deren Attribute nicht völlig mit denen des Persischen Mithra
übereinstimmen, welches den Alten die Idee dieser Orthographie einge-
geben haben könne.

1) Gegen diese Ansicht hat sich noch neulich *v. Hammer* (Jahrbücher der Literatur, Wien 1818. Bd. I. besonders p. 109) erhoben, welcher
ebenfalls die Annahme eines Mithras und einer Mitra für ausgemacht
hält. Und da nach Herodotus Mitra ein fremdes Wesen war, so konnten
die Perser auch wohl die fremde Namensform beibehalten.

sischen Bergvolkes giebt, von dem alten Volkscultus, nicht
von dem alten Medischen Priestersysteme.

Plutarchus, der genauere Bekanntschaft mit dem letzteren
verräth, giebt uns schon bedeutendere Winke. Er lässt den
König Artaxerxes Mnemon bei seiner Thronbesteigung in dem
Tempel einer Göttin zu Pasargadä die höheren Weihen empfangen unter gewissen symbolischen Gebräuchen. Die Göttin
selbst wird dort mit der Athene verglichen (Plutarchi Arta-
xerx. p. 1012. D. cap. 3).[1] Nicht weniger bedeutend sind
die Nachrichten von der Persischen Artemis sowohl bei diesem
(Luculli vita p. 507. p. 232 ed. Coray) als bei andern
Schriftstellern, z. B. bei Strabo (XVI. p. 1080 Almel.), wo
das Heiligthum dieser Göttin Ἄζαρα (Azara) genannt wird,
worin man schon mit der sonstigen Benennung jener Asiatischen Göttin: *Asthara* (Astarte) Aehnlichkeiten finden könnte,
wenn nicht diese Persische Göttin selbst unter dem bestimmten
Namen Ζαρῆτις (*Zaretis*) vorkäme (s. Hesychius unter diesem
Worte und daselbst Alberti). Aber auch von andern Seiten
lässt sich das Daseyn einer Persischen *Urania - Mitra*
rechtfertigen. In der alten Persischen Sprache hiess *mihr*,
mihir, die *Liebe* (Hyde de religione vett. Pers. cap. 4. p.
107),[2] und nun erhalten auch spätere Zeugnisse ein Gewicht,
wie z. B. das des Firmicus (de errore profan. relig. I. 5),

---

1) Aber auch ihm, dem zum König erklärten, in der Regel ältesten
Königssohne bringen sofort die Perser Trankopfer, wie einem Gotte,
sagt Olympiodorus ad Platon. Alcib. I. p. 153 ed. nostr. (θύουσιν αὐτῷ καὶ
σπένδουσι, τιμῶντες ὡς θεὸν, Πέρσαι).

2) Ueber die *Mitra* sind noch die inhaltsreichen Bemerkungen von
Kleuker im Anh. z. Zendav. II. 3. p. 15 ff., von Visconti zum Museo
Pio Clement. Tom. II. p. 44 und von Zoëga Bassirilievi zu nr. 58 nachzulesen. — Neulich hat Fr. Schlegel (über die Spr. und Weish. der Indier p. 14) die Indische Wurzel hiervon nachgewiesen in *Mitroh*, *Freund*,
als Prädicat der Sonne. Auch Hesychius bezeichnet *Mat* als Indisches
Wort, mit der Bedeutung *gross* (s. Hesych. II. p. 524 mit den Auslegern), im Persischen *mih*, im Indischen *mah*, *mahe*.

dass die alten Perser ihre höchste Gottheit, Zeus, in die zwei Geschlechter zerlegt, und die in ihm wohnende Feuerkraft als männlich und als weiblich symbolisirt haben (Iovem in duas dividunt potestates, naturamque eius ad utriusque sexus transferentes, et viri et feminae simulacra ignis substantiam deputantes). [1]) Hiermit stimmen die Vorstellungen in den Zendbüchern aufs vollkommenste überein: *das Feuer*, als das allwirkende Organ der Gottheit, ist theils *männlich*, theils *weiblich*, empfangend und gebärend. Für diese letztere ignis femina liefert nun Herodotus die Benennung Μίτρα Οὐρανία. Der Begriff des ignis masculus befestigte sich in dem Namen Μίϑρας, Μιϑρης (Mithras). [2]) Dass dieser letztere alt-Persisch sey, daran lassen uns die zahlreichen Nachrichten der Griechen gleich nach Herodotus nicht zweifeln; dass aber der erstere seitdem erlischt und nicht weiter gehört wird, dafür liegen die Ursachen sehr nahe. Theils war der Dienst der Mitra, wie die obige Nachricht des Plutarchus vermuthen lässt, ein Geheimdienst und vielleicht nur den Magiern und den Achämenidischen Königen zugänglich; theils zogen nun andere Tempel dieses Wesens in Armenien, Babylon, Cappadocien und an andern Orten die Aufmerksamkeit der Asiatischen Völker auf sich, und die Namen Mylitta, Anaïtis, der Göttin von Komana u. s. w. verdunkelten jenen alten Namen der Persischen Feuergöttin.

Was nun den Dienst jener Mitra betrifft, so wären genauere Nachrichten sehr zu wünschen. Daraus würde sich die Identität mit allen übrigen weiblichen Naturwesen vollends

---

1) Iulii Africani (so wird angegeben) Narrratio de iis quae in Perside acciderunt Iesu Christo nato in v. Aretin's Beiträgen zur Geschichte der Literatur. Stück IV. April 1804. p. 52 gedenkt eines ἱερὸν τῆς Ἥρας in Persien. In dieser Persischen Iuno, nach Griechisch-Italischer Auffassung, wäre also die weibliche Seite des feurigen Iuppiter gegeben.

2) Kleuker Anhang zum Zendavesta II. 3. p. 62. Vgl. auch v. Hammer in der Wiener Litt. Z. 1816. nr. 92. p. 1462.

über allen Zweifel erheben lassen. Ein Symbol, das Plutarchus bei Gelegenheit jener Einweihung zu Pasargadä bemerkt, werden wir unten in den Mysterien des Bacchus und der Proserpina zu Athen und in Grossgriechenland wieder finden. Vielleicht hatte er auch manches Andere mit dem etwas sinnlichen Cultus der übrigen Wesen dieser Art gemein. Dass der Dienst des Mithras etwas von diesem Charakter schon bei den alten Persern hatte, wissen wir aus dem Zeugniss des Duris beim Athenäus (lib. X. 9. p. 434. e. Vol. IV. p. 91 Schweigh.): Nur am Mithrastage durfte, nach dem Magiergesetz, der Persische König bis zur Trunkenheit trinken, und auch dann nur tanzte er den Nationaltanz.

Es haben aber, sagt Herodotus, von den Assyriern und Arabern die Perser die Verehrung dieser *Urania* gelernt. Die Assyrier nennen diese Aphrodite *Mylitta*, die Araber *Alitta* und die Perser *Mitra* (Μιτραν). Also der Dienst der Venus-Urania, d. i. derselben Göttin, die derselbe Historiker in Aegypten nach Atarbechis, d. h. in die Stadt *Athor*, versetzt, die also Athor ist, diese Venus ist zu den Persern aus Assyrien gekommen: — aus Assyrien — dies verstehe man ja recht im Sinne Herodots, der Assyrien in einem weiten Sinne nimmt, und ganz bestimmt auch *Babylonien* darunter begreift (s. Herodot. I. cap. 102 ibiq. Wessel.). Mithin an das *Chaldäische* System müssen wir denken,[1]) an jenen Sabäismus, der in *Babylon* einheimisch geworden, und an jene Babylonische Mylitta, deren üppiger Dienst von uns noch bemerkt werden wird. Es ist eine wahre Buhlerin Pasiphaë, und auch der andere Begriff, der sich in Libitina darstellt, der Begriff

---

1) Ich lasse, um den Faden nicht zu zerreissen, die folgenden Sätze aus der ersten Ausgabe dieses Buches stehen. Es muss aber gleich bemerkt werden, dass der älteste und reinste Sinn, in welchem Mitra und Mithras verehrt worden sind, erst weiter unten, in den zwei neuen Paragraphen: *Mithras Perses* und *Mithras der Mittler*, deutlicher hervortreten wird.

der geschwächten Kraft, des Hinsinkens und Ermattens, mithin des Todes, darf dabei nicht vergessen werden, also auch das tellurisch-Furchtbare nicht, was unter Próserpina und Hekate gedacht wurde. Diese Mylitta nun, wissen wir urkundlich, hiess in Persien *Mitra*. Also Mitra war bei den Persern eine Proserpina-Venus. Daher wird vom Artaxerxes Mnemon gesagt, er habe den Dienst der *Venus* Anaïtis eingeführt; denn Anaïtis ist doch wohl nichts anders als Mitra, nach Allem, was davon bemerkt wird. Sey diesem Letzteren aber wie ihm wolle, genug, Mitra ist die *Persische Venus*. Damit stimmt auch der vermuthliche Ursprung des Wortes gut zusammen: Mihr, Mihir, *Liebe* (s. oben p. 229). Diese Persische Mitra hat ein männliches Wesen gerade so zur Seite, wie Isis den Osiris. Dieses ist Mithras. Er heisst ganz bestimmt Πέρσης. Mag man dieses nun nehmen für: *der Perser, der Persische;* immer ist auch damit gesagt: der Klare, der Leuchtende; und Mann wie Weib gehen auch hier wieder zuletzt in *Licht* und *Feuer* auf. Es ist also höchst wahrscheinlich, ja fast gewiss, dass auch Mitra, das Weibliche, Πέρση geheissen hat, eine Form, die Homerus von einer Oceanide braucht (Odyss. X. vs. 139 von der Frau Jes Helios), und dass aus diesem Worte, mit einer Zusatzsylbe, dergleichen ja bestimmt der Name der männlichen Gottheit hat (wie z. B. Persidicus; sieh. Ruhnken. ad Porphyr. de antr. Nymph. p. 16), das Griechische Περσεφόνη erwachsen ist.

Diese *Mitra-Persephone* der Perser war nun wieder Alles das, was wir zuvor von der Athor (und auch *Athara* heisst sie in Asien) gesagt haben, bis auf die einzelnsten bildlichen Züge. So ist sie z. B. als Mylitta in Babylon Vorbild jener üppigen und herrischen Semiramis, sie ist das Taubenweib Semirama. Ferner, wie nach dem herrschenden Aegyptischen System *Isis* Alles in Allem war, Mutter der Welt und Wesen der Wesen, so gab es ohne Zweifel auch in Babylon und somit in Persien ein Lehrgebäude, worin Mylitta oder Mitra als *erste Gottheit* hervortrat; so dass Mithras, das männliche

Feuer, als Sohn ihr untergeordnet war, wie Amun der Isis, Dionysus der Persephone. Von diesem System hatte Herodotus, nach dem Obigen, offenbar Kunde erhalten. Als solche war Mitra nun Alles das zusammen, was der Grieche sich in seiner Here, Ilithyia, Artemis, Aphrodite, Persephone; Hekate u. s. w. vereinzelt dachte. [1]) Um nur noch Eins zu berühren, so war jene Mylitta — מילדתא — ja schon dem Namen nach, wie wir im Verfolg sehen werden, Lilith, Ilithyia: erste Gebärerin. Andrerseits war sie auch *Artemis* in *jedem* Sinne, sowohl als leuchtende *Luna*, als auch in der Eigenschaft der Trennenden, Absondernden, wie wir die Artemis aus Plutarchus alsbald kennen lernen werden. Und auch *namentlich* scheint *Artemis* ('Αρτεμις) eben so wohl nach Persien zu gehören, als Persephone. Es wird noch im Verfolg bemerkt werden, dass der Name Artemis für *Phrygisch* ausgegeben werde. Das kann richtig seyn; aber nach Phrygien scheint der Name aus Persien verpflanzt zu seyn. 'Αρταῖα ist Persien, und 'Αρταῖοι sind die Perser, in ihrer und in der Nachbarn Sprache, nach Herodotus VII. 61, womit ein anderer alter Historiker, Hellanicus (ap. Steph. Byz. in 'Αρταῖα), übereinstimmt. [2]) In dieser letzteren Stelle lesen wir noch

---

1) Es war also ganz im Geiste dieses alten Asiatischen Glaubens, wenn beim Appuleius (XI. p. 753 seq. Oudendorp.) Lucius seine höchste Gottheit so anruft: „O Königin des Himmels, Du seyst nun Ceres, die ursprüngliche nährende Geberin der Früchte, die Du jetzt die Eleusinische Erde vollendend bebauest; oder Venus die himmlische; — oder des Phöbus Schwester — zu Ephesus; oder die furchtbare Proserpina!" und wenn die Göttin darauf unter vielen andern Namen, welche sie sich beilegt, auch die der Isis und Ceres anführt: „Mich nennen die Attiker Minerva Cecropia; die Eleusinier die alte Göttin Ceres; — die Aegyptier die Königin Isis." Aehnlich ist die obige Aeusserung des Ambrosius contra Symmach. p. 840.

2) Eine Landschaft Artaea, von Perseus oder Perses besetzt, lernen wir aus des Hellanicus Persischen Geschichten kennen (s. das Fragment nr. LXIII. p. 91 Sturz.).

eine andere Form: *Ἀρτέαται*, wie Herodianus sie nannte, und zugleich noch den merkwürdigen Zusatz: die Perser hätten *Ἀρταίους* gesagt, in demselben Sinne, wie die Griechen von den Menschen der Vorzeit als *Heroen* (*ἥρωας*, wie dort Berkel trefflich aus Handschriften supplirt hat). Diese Artäer sind die *grossen*, wie uns Herodotus an einem andern Orte (VI. 98) belehrt, *Xerxes* bedeutet im Persischen einen *Krieger* und *Artaxerxes* einen *grossen Krieger*.[1) .Es ist höchst wahrscheinlich, dass aus jenem Arte — Arta die *Ἄρτεμις* der Griechen erwachsen ist. Dafür finden sich auch Spuren, ausser den obigen Phrygischen, in Cappadocischen Monatsnamen: *Ἀρταεσίν*, *Ἀρτανία*, *Ἄρθρα* (s. bei Jablonski de ling. Lycaon. p. 134 ed. de Water.).

---

1) Für *Artaxerxes* steht in der Bibel אַרְתַּחְשַׁשְׁתְּא, ein Name, welcher aus dem Persischen *Artahschetr* entstanden ist, und sich in dieser Gestalt auf den Inschriften von Nakschi-Roustam findet, wie Gesenius bemerkt (Wörterbuch der Hebr. Sprache II. p. 1247), welcher überhaupt dort von der Bedeutung dieses Wortes, insbesondere von der Sylbe *Art*, gut gehandelt, und mehrere Nachweisungen gegeben hat. Vielleicht hängt auch hiermit der Name der *Arier* und *Ari* zusammen, der so häufig in den Zendbüchern vorkommt, und, wie Rhode meint (über Alter und Werth einiger morgenländ. Urkunden p. 41), das vereinigte Volk bezeichnet, welches sich in der Folge in Baktrier, Meder und Perser theilte. Derselbe bringt diese Arier auch in Verbindung mit den *Aryas* der Indischen Religionsbücher; s. ebendas. p. 64 ff. Bemerkenswerth finde ich die Art, wie der gelehrte Damascius (*περὶ ἀρχ.* ap. Wolf. p. 259. p. 384 ed. Kopp., wo *ἄρειον* ohne Variante steht. Ueber diese ganze Stelle s. *Nachtrag* III.) die *Arier* mit den *Magiern* verbindet, indem er sagt: *Μάγοι δὲ καὶ πᾶν τὸ Ἄρειον, γένος*. Nach der Vorschrift des Stephanus von Byzanz muss *Ἄριον* corrigirt werden. Doch hat dort selbst eine Handschrift *Ἄρειον* (s. Berkel daselbst p. 164 und vgl. Herodot. VII. 62 und daselbst Schweighaeuser Annott. p. 329 sq.). — Ganz im Widerspruch gegen Rhode bemerke ich jetzt, sagt v. Hammer (Wiener Jahrbücher IX. p. 54): „Die Artaier sind keineswegs mit den Ariern zu verwechseln, welche im Schahnameh Arman heissen, und (p. 40) Armenien kommt im Schahnameh nicht als Irman sondern als Armenije vor."

So spricht demnach wohl für die Annahme eines weiblichen Wesens bei den Persern, als des höchsten Princips, ausser dem schon Bemerkten, auch die Analogie im ganzen übrigen Alterthum; denn allenthalben finden wir die Gottheit als ein *Doppelgeschlecht*, in *Männliches* und *Weibliches* zertheilt. So sehen wir in Aegypten *Phthas-Neith*, als dieselbe göttliche, schöpferische Feuerkraft, in zwei Potenzen, eine männliche und eine weibliche, zerlegt, und in demselben Verhältniss zu einander, wie in Persien Mithras und Mitra. In Indien sehen wir Brahma, den Schöpfer, selbst als *Hermaphroditen* u. s. w.; um nicht Mehreres anzuführen. Dass ferner dieses Persische Dogma von der potentia masculo-foemina (Mithras-Mitra) wahrscheinlich schon ein uraltes Dogma war, beweisen auch die Stellen bei Xenoph. Oeconom. IV. 24. Cyropaed. VII. 5. 18 und bei Plutarch. vit. Artax. cap. 4. p. 1019. B, wo Cyrus und Artaxerxes bei *Mithras*, als einem männlichen Wesen, schwören, was immer schon einen durch die Religion der Väter geheiligten Gott voraussetzt. Für dieses ehrwürdige Alterthum mögen auch wohl jene Namen sprechen, die bei Herodotus und Andern vorkommen, wie *Mitradates*, *Mitrobates* und mehrere dergleichen. Freilich könnten diese auch wohl der *Mitra* gelten. Bei Plutarchus vit. Alcib. cap. 39 kommt dagegen der Name *Susamithres*, d. i. *Liliensonne*, mit bestimmter Beziehung auf Mithras, vor.[1]) Wenn aber in den

---

1) Hierher gehört auch Rheomithres ('Ρεομίθρης) beim Diodor. XVII. 19 (s. Wesseling p. 174) und 34 als Name eines Persischen Kriegsobersten; Mithrines oder Mithranes (cap. 21) und Mithrobarzanes (ebendaselbst). Bemerkenswerth ist noch Mithraas (Μιθράας), ebenfalls Name eines Befehlshabers, und zwar eines Armenischen (Appian. Mithridat. cap. X. p. 654 Schweigh.); vielleicht nur mit einer Nebenform von Mithras, denn dass auch letztere Form als Name von Menschen vorkommt, beweisen die Inschriften, und beim Appuleius (Metamorph. XI. p. 800 Oudendorp.) kommt ein Oberpriester der Isis Namens Mithras vor, nach der Analogie, dass Priester Götternamen führen. Dorten aber (wie beim Origines contra Cels. I. p. 8, der Μητραγόρτας und Μίθρας verbin-

Griechischen Lichtreligionen Mithras nachher ganz verschwin-
det, so darf uns dies nicht befremden, indem *Sabazius* und
Bacchus dort als Mittler in den Mysterien an seine Stelle traten, und weil *Perseus* dort alle seine Herrlichkeit an sich
gerissen, und Mithras nur in den Eigenschaften des Perseus
früherhin den Griechen bekannt war.[1] Eben so kennt auch
Aethiopien einen *Mithras* und *Phlegyas*, als Gesetzgeber und
Religionsstifter (s. weiter unten), so wie Assyrien und Aegypten, wo er die Sonnenobelisken und On oder Heliopolis
(s. Plin. H. N. XXXVI. 18) erbaut haben soll, und mit Memnon in Verbindung tritt (s. Cap. III. §. 18). In Kleinasien
ward der Mithrasdienst mit den Sabazien vermischt, und
so kam er durch den Feldzug des Pompeius gegen die Kleinasiatischen Seeräuber nach Rom und Italien (Plutarch. vit.
Pompei. cap. 24. p. 121 Cor.). Wenn nun in dem Römischen
Mithrasdienste der *Sol invictus* besonders hervortritt, so war
dies nur Erneuerung einer alten Idee, indem *Sonne physisch*
und *ethisch* schon in der Grundidee lag.

---

det) müssen wir an jene spätere Mischlingsculte denken. — Mithras
kommt auf Indisch-Griechischen Münzen zuerst unter dem Namen Helios
(Sonnengott) und βασιλεύς (König) vor; später nach Erlöschen der Griechischen Sprache als *PAO* (König) und *MIΘPO* oder *MIIPO* (Mihr)(K.
O. Müller Götting. gel. Anz. 1835 S. 1776 f.). Dies wird wohl den obigen
Namen Ῥεομίθρης erklären können, aber auch die Unstatthaftigkeit der
Meinung des Jos. Scaliger darthun, welcher einen Persischen Comparativ
mithri, *grösser*, annahm, es mit dem Griech. κρείων verglich, und behauptete, es sey in der Bedeutung *Herr* von den Persern dem Sonnengott
beigelegt worden, wie κρείων dem Agamemnon beim Homer.

1) Ich werde davon weiter unten ausführlicher handeln.

§. 9.

In Persien also ward das *männliche Himmelsfeuer* als *Mithras* verehrt — eine Religion, weniger bekannt in ihrem ursprünglichen Charakter, späterhin als Geheimdienst weit verbreitet in dem grossen Römerreiche, verherrlicht durch zahlreiche Bildwerke und Gebräuche, den traurigsten Fanatismus begünstigend, aber andrerseits nicht ohne Einfluss auf einige kirchliche Einrichtungen des Christenthums. Auch darauf müssen wir einen Blick werfen, wenn gleich, wie gesagt, hierbei fast nur spätere religiöse Formen zu betrachten sind. Lägen die Werke des Pallas und Eubulus noch vor, worin vom Mithrasdienst eigens und ausführlich gehandelt war (Porphyr. de Abstin. IV. p. 349. 351 ed. Rhoer.), so möchte uns dessen ältere Gestalt wohl in einem getreueren Bilde erscheinen, wenn gleich jene Schriftsteller nach Geist und Verdienst nicht weiter bekannt sind. Jetzt schöpfen wir hauptsächlich aus dem Berichte späterer Schriftsteller und aus dem Anblick eben so später bildlicher Monumente und Inschriften. Jene lernten diesen Cultus aber damals erst kennen, da er ein schon sehr zusammengesetztes Ganze war. Wenigstens sagt Plutarch im Leben des Pompeius ausdrücklich (a. a. O.), erst damals, als dieser grosse Römer die Kleinasiatischen Seeräuber bekriegte, sey dieser seinen Landsleuten bekannt geworden. Die Inschriften, die von Mysterien des Mithras reden, fangen aber, nach Freret (Memoir. de l' Acad. des Inscript. T. XVI. p. 276 sq.), erst mit Constantinus dem Grossen an. Desto thätiger ist der Forschungsgeist der Neueren gewesen. Ausser der eben genannten Abhandlung von Freret und der von Philippo a Turre in den Monumenta veteris Antii, die diesem Gegenstande besonders gewidmet sind (in Burmann's und Graevius Thesaur. Antiqq. Italiae Vol. VIII. part. 4. p.

86 sqq.), haben seit Scaliger, Selden, Bochart, Van Dale,
Vitringa, Hyde, Anquetil, Kleuker, Mosheim, Foucher u. A.,
ingleichen den Auslegern der Alten, auch die Erklärer grosser
Kunstclassen, wie Gori, Passeri, Montfaucon, Eckhel, Rasche,
Winckelmann, Fea, Visconti, ferner die Specialgeschicht-
schreiber Freher, Sattler, Schöpflin, v. Hormayr; auch Reisende, wie Millin u. A., und neuerlich, ausser andern Mythologen und Alterthumsforschern, vorzüglich Sainte-Croix,
Dupuis, Zoëga ¹) und Eichhorn, diesem inhaltsreichen Gegenstande ihre Aufmerksamkeit geschenkt. Wer also in dieser
Verschiedenheit der Urtheile nur das Merkwürdigste heraus-
heben wollte, hätte reichen Stoff zu einem eigenen grossen
Buche. Diese Abweichung der Ansichten ist in der That
bemerkenswerth genug, sowohl in Betreff der Grundidee, als
des Zeitalters. Die Kirchenväter sahen zum Theil in diesen
Mysterien blos dem Christenthum abgeborgte Gebräuche, in
der Absicht veranstaltet, um das wankende Heidenthum zu
stützen. Ein neuerer Schriftsteller (*Dupuis* in seiner Origine
de tous les Cultes IV. p. 269) erklärt hingegen das Christenthum selbst für einen Zweig der Mithrasreligion. ²) Andere

---

1) Niemand hat seit Phil. a Turre genauer und genügender von den
verschiedenen Mithrischen Denkmälern gehandelt, als *Zoëga*, theils in
seinen Bassirilievi di Roma, theils und vorzüglich in seinen *Abhandlungen*
p. 140 ff.; womit die zweckmässig und fleissig nachgetragenen Bemerkungen von dem Herausgeber *F. G. Welcker* p. 394 ff. zu verbinden sind.

2) Neuerdings hat F. Nork einen ähnlichen Weg eingeschlagen (s.
dessen Schrift: Mythen der alten Perser als Quellen christlicher Glaubenslehren und Ritualien; Leipzig 1835). — Schon durch meine obige Hin-
weisung auf Jesaias 45. 7, wo Jehovah als Schöpfer von Licht und Finsterniss vorgestellt wird, habe ich den im Princip vom Persischen Dualismus
abweichenden Monotheismus des Juden- und auch des Christenthums andeuten wollen. Einige symbolische und mythische Aeusserlichkeiten, die
mit christlichen Gedanken vermischt seyn mögen, berühren den gänzlich
von allem Magismus verschiedenen Kern der Christusreligion nicht im
Geringsten. — Noch weniger aber werden gründliche Philologen und

entkleideten den hier verehrten Gott fast ganz seines göttlichen Wesens, so z. B. Mosheim (ad Cudworth. syst. intell. T. I. p. 424), der im alt - Persischen Mithras nichts als einen von der dankbaren Nachwelt vergötterten Jäger sah, der Persien von wilden Thieren befreit habe. Ueber den Ursprung des Dienstes ist man eben so wenig einstimmig. Das sichtbarlich Vorderasiatische spätere Gepräge, das man in den meisten Mithrischen Monumenten erkennt, führet viele der einsichtsvollsten Forscher bis zu dem Zweifel hin, ob ein Geheimdienst des Mithras den alten Persern überhaupt bekannt gewesen. Bekanntlich läugnete Hyde eine solche Verehrung des Mithras in Altpersien (de relig. vett. Pers. cap. 4), während Dupuis (a. a. O. T. V. p. 127) einigen dieser Denkmale oder doch ihren Urbildern ein Alter von 4500 Jahren vor unserer Aere giebt.

Ueber das Wesen des Mithras giebt Plutarchus, ohne Zweifel auch aus älteren Schriftstellern, eine recht bemerkenswerthe, fruchtbare Nachricht. Nachdem er die bekannten Prädicate des Ormuzd und Ahriman angegeben, bemerkt er, nach Zoroasters Lehre stehe zwischen beiden Mithras in der Mitte. Daher nannten sie ihn auch den *Mittler*.[1]) Ich weiss nicht, warum Zoëga (Bassiril. zu tab. 58) und Fr. Schlegel (über die Spr. und Weish. der Indier p. 129) Bedenken finden, das Zeugniss des Plutarchus nach seinen klaren Worten zu nehmen, und *nur* einen Mittler zwischen Ormuzd, Ahriman und den *Menschen* verstanden wissen wollen. Schon Kleuker (Anhang z. Zendav. II. 3. p. 82. 10) hat sehr gut gezeigt, dass *Mittler* entweder eine Theilnahme an der Natur jedes der beiden Wesen, des guten und bösen, bezeichnen kann, oder ein in die Mitte Treten als vermittelnde Macht (so er-

---

besonnene Historiker sich mit jenem entschiedenen Exanthropismus vertragen, der das Leben Jesu in einem mythischen Gas verflüchtigen möchte.

1) Wir haben diese Stelle oben vollständig mitgetheilt.

scheint er in den Zendbüchern: durch seine Hülfe, die er dem Ormuzd leistet, erleichtert er die Versöhnung des Ahriman mit ihm); oder endlich ein entscheidendes Richteramt zwischen beiden, mithin eine beiden übergeordnete Macht. Auch hier möchte es sich wohl bestätigen, dass nach verschiedener Betrachtungsart jede dieser Ansichten ihre historische Wirklichkeit gehabt habe. Dass zuvörderst Mithras bald als Bewohner des Lichtreiches, bald als Bürger der Finsterniss, und folglich in so weit als theilhaftig beider Naturen, betrachtet worden, wird sich sofort aus seiner Bedeutung als *Sonne* ergeben. Die zweite Ansicht ist durch die Zendbücher bestätigt. Die dritte aber, nach der er als Höchster gedacht wird, oder wenigstens als Demiurg, lässt sich aus den uns bekannt gewordenen mystischen Mithrasdogmen nicht bezweifeln. Als Mittler zwischen Gottheit und Menschheit ist er aber freilich in jener ersten Bedeutung eines leidenden und triumphirenden Gottes ganz ungezweifelt auch gedacht worden. [1]

Dass Mithras die *Sonne* sey, hat Anquetil bewiesen, so wie auch der ganze Inhalt der Zendbücher und anderer Monumente dafür spricht. Die Beweise aus Griechischen Schriftstellern hat Wernsdorf mit reicher Hand gegeben (s. dessen Noten zum Himerius Orat. in Laud. urb. Constantinop. p. 31 sq.). [2] Ich will indessen noch einen Seitenbeweis aufstellen,

---

1) Die verschiedenen Ansichten dieses Begriffs vom *Mittler* Mithras weiset jetzt Welcker zu Zoëga's Abhandll. p. 118 kürzlich nach. Ich werde auch diesen Grundbegriff unten in den Zusätzen zu diesem Paragraphen nochmals berühren.

2) Eichhorn (de deo Sole invicto Mithra p. 11) behauptet, dass nach den Zendbüchern und der ursprünglichen Lehre der Magier (wobei freilich nicht an die späteren Bedeutungen in der Römerzeit zu denken sey) Mithras keineswegs als *Sonne selbst*, sondern durchaus als *Genius*, zwischen Sonne und Mond, und als beständiger Begleiter der ersteren, wiewohl von ihr völlig verschieden, erscheine. Zoëga berief sich auf den Jescht Mithra (Tom. II. p. 211 edit. Anquetil), um den Namen Mithras nach Persischem System auf eine ganze Anzahl untergeordneter Wesen

nicht um seiner selbst willen, sondern weil er, dünkt mich, einen Blick nach einer andern Seite öffnet. Von den Aethiopiern, jenen alten Sonnendienern, sagt uns Favorinus bei Stephanus von Byzanz (in *Aiϑioψ*), sie nannten Mithras und Phlegyas ihre ältesten Gesetzgeber und Religionsstifter. Auch hier erinnern wieder Namen an alte Verehrung eines Mithras, z. B. *Sisimithres* (bei Heliodorus X. p. 393 ed. Coray) als wirklich Aethiopischer Eigenname. Hiermit verbinden sich andere Spuren, wie die im Plinius (H. N. XXXVI. 18), wo der erste König der Sonnenstadt, On oder Heliopolis in Aegypten, *Mitres* oder *Mestres* heisst. Bei Syncellus (p. 52) wird er *Mestraim* genannt. Josephus (Antiqq. I. 6. 2) kennt unter Aegyptens Namen auch den *Μέστρη*. Forster erklärte Mizraim als Sonnenland (Jablonski Vocc. Aegyptt. p. 440). Eine Aegyptische Sage weiss zu berichten, wie ein Mitres oder Mestres in Aegypten Obelisken baut. Aus *Oberägypten* her, aus des Chemmiters Danaus Geschlechte, ruft der ältere Griechenmythus einen *Perseus* herauf,[1]) der dann wieder einen *Perses* in Vorder-

---

(Genien) auszudehnen. Welchen Satz aber schon Arsenne Thiebaut bestritten hat (siehe Welcker's Anmerkk. zu Zoëga's Abhandlungen p. 96 f.). Nachher hat aber Herr v. Hammer in der inhaltsreichen Kritik der genannten Abhandlungen (Wiener Jahrbb. der Literatur I. 1818. p. 108 ff.) gezeigt, dass *Mithras* mehr war als der blosse Genius der Sonne, indem er „*der erste der Izeds, der Vermittler der Schöpfung, der Führer der Seelen*" und so weiter heisst, und „dass gewisse Begriffe dieses Mythus wie der Grundfaden durch das ganze Gewebe alter Religionen gehen."— In den beiden Schlussparagraphen dieses Capitels habe ich mich bemüht, diese Ideen von einer andern Seite darzuthun.

1) Wer sich auf höherem Standpunkt befindet, wird sich in der Geschichte der alten Culte über solche geographische Versetzungen nicht wundern. Sehr richtig sagt Buttmann im Mythologus I. S. 225: „Hammon (Ammon) galt bei den Alten für eine Personification der Sonne (Macrob. I. 21. Ideo et Hammonem, quem deum solem occidentem Libyes existimant, arietinis cornibus fingunt etc.), wobei Vossius die nicht ver-

asien zurücklässt: also vielleicht einen *Mithras* oder *Mithras-diener;* denn *Perses,* Πέρσης, heisst Mithras und ein Priester desselben (s. Porphyr. de antr. Nymph. cap. **16.** p. **16** ed. Rhoer. und daselbst Ruhnken). Das führt wieder auf das- selbe hinaus. *Pares* und *Pars* ist das *Lichtland,* und *Parsi* ist der *Klare, Helle,* wie dieses *Lichtvolk* sich selber ehrenvoll bezeichnete. Kleine Umbeugungen haben die alten Sprachen Persiens selbst in dieser Namenreihe. So heisst Mithras im Zend Methren, im Pehlvi Meher. Ich habe diese nach Ae- gypten hinüberspielenden Namen und Mythen nicht in der Absicht angeführt, um positiv zu *behaupten,* dass in früher Vorwelt Mithrasdienst sich bis dorthin verbreitet habe; aber dem Nachdenkenden können doch diese und ähnliche Züge Stoff zu weiteren Forschungen darbieten, ob nicht diese Re- ligion *als ein im ganzen Orient weit verbreiteter Cultus sich ins*

---

werfliche Bemerkung macht, dass der Begriff des *untergehenden* wohl nicht den Libyern gehöre, sondern man diesen Sonnengott der westlich wohnenden Libyer den Solem occidentem im Gegensatz des morgenländi- schen, *nehmlich des Persischen Mithras,* genannt habe." Eine ähnliche Correlation haben wir schon im ersten Abschnitt des ersten Theils (s. I. S. 9 dritter Ausg.) bemerkt, nämlich an den zwei Himmelsträgern, am Tantalos im Osten und am Atlas im Westen. — Bei dieser Gelegenheit lasse ich noch die Schlussworte des Macrobius folgen; nämlich nach: arietinis cornibus fingunt fährt er fort: „quibus maxime id animal (aries) valet, sicut sol radiis." Dass dies eine ächt morgenländische Bezeichnung sey, beweist das Gesicht des Propheten Daniel (VIII. 3) von dem Wid- der mit ungleichen Hörnern. Vom Perserkönig Sapor erzählt Ammianus Marcell. (XIX. 1. 3), er sey mit seiner Heeresmacht ausgezogen: „aureum *capitis arietini* figmentum interstinctum lapillis pro diademate gestans." Bei jenen Worten des Propheten haben Englische Ausleger auf die ge- hörnten Thiere der Sculpturen von Persepolis aufmerksam gemacht (s. Rosenmüller's altes und neues Morgenland IV. S. 363). Ein Griechischer Erklärer Ammonios (in Scriptorr. veterum Nova Collect. Vatic. I. p. 208 ed. A. Mai) bezieht das ungleiche Horn auf die ungleiche Würde der Perser und der Meder: Διὰ τοῦ μείζους εἶναι ἐν ἀξίᾳ τοὺς Πέρσας τῶν Μήδων.

hohe Alterthum verliere.[1]) In den Zendschriften hat Mithras zunächst als Sonne verschiedene Prädicate. Er heisst *Ormuzd's Auge*, er heisst der *blendende* und *mächtig laufende Held.* Dann wird er *Befruchter der Wüsten* genannt (Izeschne I. Ha.); dann heisst er wieder der erhabenste der *Izeds*, der *Schlaflose*, der *Beschützer des Landes* u. s. w. (Jescht Sades VIII.).

Mit dem Begriff *Sonne* hängt unmittelbar die höhere Bedeutung des Mithras zusammen. Als *Genius der Sonne*, als hoher *Ized* (so wie *Khorschid* die Sonne ist), giebt Mithras der Erde das Sonnenlicht. Hiermit hängen die andern Ideen zusammen, dass er zwischen Licht und Finsterniss a) *physisch* steht, dass er an der Schwelle des Jahres, an der dämmernden Grotte — im Stier — steht, dass er das winterliche Dunkel bekämpft, und daher am dämmernden Ausgang der Weltgrotte den Stier schlachtet. Er ist Streiter für die Sonne, Läuterer der Sonne, Lichtschaffer, also für das Licht im Kampfe mit der Finsterniss, mithin in so weit *zwischen Licht und Finsterniss*, folglich *Mittler;* b) *ethisch*, dass er *hell* und *dunkel* ist, rein und unrein, dass er an den Passionen und Leiden der Menschheit Antheil nimmt, dass er aber endlich im *Guten* siegt. In der Fülle der Zeit, am Ende derselben, ist er auch der *Mittler und Auflöser von Finsterniss und Licht*, Versöhner von Ormuzd und Ahriman, folglich *Weltgrund, Einheit vor der Zweiheit, Zeruane Akerene selber* (siehe das Weitere im letzten Paragraphen).

Daher ist er auch Mittler im Fleisch, indem er auf der Sonnenbahn durch den Thierkreis die Seelen zu Gott zurück-

1) Ich habe diese Sätze aus der ersten Ausgabe unverändert beibehalten. Jetzt muss ich meine Leser auf den Abschnitt vom Aegyptischen *Memnon* verweisen, und sie bitten die Ausführungen des Herrn Ritters von Hammer (in den Wiener Jahrbb. der Literatur I. 1818. p. 108) zu vergleichen. Meine Schlussparagraphen vom Mithras als Perseus und als Vermittler werden diesen Ideen dieses eben so gelehrten als geistreichen Mannes hinwieder zur Bestätigung dienen.

16*

führt. Die Bacchische Geheimlehre wird uns weiterhin zur genaueren Erörterung dieser Ideen Gelegenheit geben. Jetzt haben wir urkundlich zu zeigen, dass sie *im Mithras* statt gefunden. Porphyrius (de antr. Nymph. cap. 24. p. 22) spricht von dem Eingang und Ausgang der Seelen in ihrer Wanderung, und fährt darauf fort, auch dem Mithras habe man seinen eigenthümlichen Sitz in den Nachtgleichen angewiesen. Daher führe er auch das Schwert des Widders, als eines Zeichens des Mars, und ruhe auf dem Stiere der Venus; denn da Mithras, gleichwie der Stier, Demiurg und Herr der Zeugung sey, so nehme er seine Stelle am Aequinoctialkreis ein, und habe zur Rechten die nördlichen und zur Linken die südlichen Zeichen. — Zuvörderst geht hieraus ganz deutlich hervor, wie Mithras zwischen den oberen und unteren Himmelszeichen, nach alter Sprache, in der Mitte steht, folglich im Uebergang vom Licht zum Schattenreich und umgekehrt. Auf diesem Zodiacalwege ist er auch der Führer der Seelen, der sie ins Leben leitet und wieder herausführt. Sodann heisst er Demiurg. In einer andern Stelle derselben Schrift wird ausdrücklich von ihm gesagt: *er habe die Welt gebildet* (Eubulus ap. Porphyr. de antr. N. cap. 6. p. 7). Weiter ist es bemerkenswerth, dass er Weltbildner und Herr der Zeugung, gleich dem *Stier*, heisst. Mithras erscheint in so weit als Saamenbewahrer, als ein kosmisches Wesen, wie Bhavani, die die Keime aller Dinge in sich verbirgt, und in dieser Eigenschaft wird er gewissermassen zur weiblichen Mitra. Der *Stier* der Venus erscheint einmal hier als Aequinoctialstier, mit den Bestimmungen, die oben angegeben worden sind; zugleich aber ist er auch höher gefasst als Weltstier Abudad. In diesen hatte Ormuzd den Saamen alles Lebens gelegt, da Ahrimans Erscheinung herannahete. Dieser kommt darauf mit zwei Dews (bösen Geistern) in Schlangengestalt. Der Stier fällt durch ihr Gift. Sterbend aber weissagt er, mit himmelwärts gerichtetem Blicke, den endlichen Sieg des Guten. Aus seiner Linken geht Goschorun, seine Seele, und steigt zum Sternenhimmel auf; aus der rechten Seite tritt hervor Kajomorts, der erste Mensch. Von seinem Saamen nimmt die Erde ein Drittheil, zwei Drittheile aber der Mond auf. Aus seinen Hörnern wachsen die Früchte, aus seiner Nase die Laucharten, aus seinem Blute Trauben, aus seinem Schweife fünf und zwanzig Getreidearten. Aus dem gereinigten Saamen wurden zwei neue Stiere gebildet, von denen alle Thiere abstammen (Anhang zum Zendavesta I. 2. p. 255, wo auch die Varietäten in diesem Mythus angegeben sind, Bundehesch 71). Wie reich die alte Perserreligion an bedeutsamen Symbolen, besonders aus dem Kreise der Thiere, war, zeigen die Zendbücher zur Genüge. Dort erscheint Ormuzd bald als Adler, bald als Habicht; der Ized Behram als Ross, als Lamm, als Stier. Das Gesetzeswort selbst wird zuweilen als Hom-Baum verkörpert vorgestellt (s. §. 7).

§. 10.

Es eröffnet sich der Kreis der zahlreichen Mithrasmonumente mit dem *Stieropfer*.[1]) Bei der Uebereinstimmung im Wesentlichen sind sie in Nebenzügen sehr verschieden, wie man sich aus den Kunstbüchern von Kircher und Montfaucon an bis auf Zoëga überzeugen kann. Das *unsrige* (aus de la Chausse Mus. Rom. s. unten Tab. III. nr. 1) gehört zu denen, welche die wenigsten Attribute haben. Der Ort des Opfers zeigt gewöhnlich den Eingang einer *Höhle*. Dieser Zug 'ist wesentlich. Nach Eubulus hatte Zoroaster eine solche Mithrashöhle als *Bild der Welt* eingerichtet. Hierbei war Alles bedeutend: die Dämmerung, als der Uebergang aus Finsterniss in Licht, war symbolisch, der Fels war die Materie, und in ihrem inneren Umkreise waren alle kosmischen Verhältnisse und Formen dargestellt, die Zonen, die Fixsterne, die Planeten, der Thierkreis, die Elemente u. s. w.

Im Eingang dieser Weltgrotte erscheint Mithras mit fliegendem Mantel, Phrygischer Mütze und langen Beinkleidern, knieend auf einem niedergeworfenen Stiere, dessen Schweif in drei Aehren ausläuft. Der Gott hält dem Stier mit der Linken die Nüstern zu, mit der Rechten stösst er ihm den Dolch in die Vorderseite. Ein Hund springt vorn an dem Stier heran. Eine Schlange kriecht herbei, um sein Blut zu lecken, und ein Skorpion kneipt ihn in die Hoden. Oben im Rücken des Mithras erblickt man einen Vogel. So weit unser Bild. Andere zeigen ausserdem noch Sonne und Mond und eine Ameise. (So das Relief in der Villa Albani bei Zoëga

---

1) Die vollständigsten Nachweisungen über Mithras-Abbildungen und Inschriften liefern Eichhorn de deo Sole invicto Mithra p. 7. not. d. und Zoëga in den Abhandll. p. 146 ff. mit den fleissigen und gelehrten Nachträgen von Welcker p. 394 ff.

Bassirilievi nr. 58). Ein anderes Monument hat zur Rechten zwei männliche Gestalten, einen Jüngling mit aufgerichteter Fackel, einen Greis mit gesenkter, vorwärts einen Baum mit sprossenden Blättern, darunter einen Stierkopf mit aufgerichteter Fackel, rückwärts einen andern mit Früchten, mit dem Skorpion und umgekehrter Fackel; oben über der Höhle sieben Dadgahs oder Feueraltäre, an den beiden Seiten die Sonne mit dem Viergespann, nach den vier Weltgegenden gerichtet, und den Mond mit zwei Pferden. Ein drittes (bei Hyde) hat eine noch reichere Umgebung. Ausser dem Gewöhnlichen, die Planeten mit Sonne und Mond; unten das Meer mit einem Delphin; neben dem Stier einer Seits einen Jüngling als Besaamer der Erde, anderer Seits einen mit dem Pfeile. Zuweilen sieht man auch den Palmbaum und andere Symbole, ja selbst den Todtenschädel, auf diesen Bildwerken. Man vgl. z. B. die 17. Tafel bei Dupuis mit einer Reihe solcher Mithrasmonumente.

Der Sinn dieses Stieropfers[1]) lässt sich nun schon aus dem Bisherigen errathen. Zuvörderst bleibe die Erinnerung

---

1) Es würde mich hier zu weit führen, wenn ich die Gründe aus einander setzen wollte, welche mich bestimmen, die Vorstellung von einem *Opfer* hierbei festzuhalten. Zoëga (Abhandll. p. 119 ff.) hat für und gegen gesprochen. Mein gelehrter Freund *Welcker* widerspricht ihm (p. 415) und meint, die Abendländer hätten diese Vorstellung hinzugethan. Die morgenländische Bedeutung dieser Mithrischen Handlung sey die „der Materie gewesen, die im Winter erstarrend in Verwesung die Keime des Lebens bereitet." Ich will nur das Eine bemerken, dass die Bibel und Theopompus in der Hauptstelle beim Plutarchus mich mehr zu der Vorstellungsart des Freiherrn von Hammer hinziehen (Wiener Jahrbb. 1818. I. p. 110): „das Opfer des Stiers ist also zugleich ein *blutiges Menschenopfer*, von *Mithras*, dem Vermittler, zur Sühne Gottes und des Menschen, zur Vernichtung der *Ahrimanischen Erbsünde*, dargebracht." — Herr Guigniaut (p. 356) macht hierbei folgende Anmerkung: „C'est le troisieme point qui fait difficulté, dans la question si compliquée des Mithras et des Mithriaques: s'agit-il réellement d'un sacrifice? et, en accordant cette donnée, l'idée en est-elle originairement chez les Perses?

gegenwärtig, dass diese Bilder uns erst durch Römisches Medium reflectirt werden. Winckelmann [1]) bemerkt, dass dieser Mithras eine von Römischen Künstlern gebildete Gestalt ist, die jene Phrygische Mütze und die lange Fussbekleidung als conventionelles Zeichen ausländischer Tracht eingeführt hatten. Dasselbe gilt nun auch von diesen Monumenten im Ganzen. In 'ihnen spiegelt sich natürlich der Geist ab, in welchem damals die Römer dieses Gebilde des alten Magismus auffassten, mit allen den Zuthaten der damit jetzt verwebten mystischen Dogmen *anderer* Religionen. [2]) Aber auch

---

Que faut-il entendre au fond, par ce sacrifice? Les Perses y attachaient-ils le même sens que les Romains, et l'ont-ils représenté sous les mêmes symboles?" Hierauf verweist er auf seine Note 8 und 9 zu diesem Capitel. Aus letzterer füge ich folgende Stelle hier bei (p. 739): „Personne ne doute aujourdhui que les bas-reliefs mithriaques ne représentent un sacrifice, et un sacrifice essentiellement symbolique; que cette représentation ne soit placée dans un point de vue astronomique et calendaire; qu'enfin, si la forme du sacrifice, tel que nous voyons figuré dans les monumens, n'appartient point primitivement à la religion du Zoroastre, si même l'idee n'en fut point immédiament empruntée de cette religion, du moins et cette idée, et les principaux symboles qui l'expriment, ont leurs profondes racines dans les vieilles doctrines de l'Orient." Er glaubt dass diese Idee ihrem Princip nach mit dem Indischen Pantheismus zusammenhänge und darauf im Laufe der Zeiten, mannigfach vermischt mit andern Religionen, sich bis zu den Römern fortgepflanzt habe.

1) Gesch. der K. I. p. 156 ff. neueste Ausg. vgl. Fea ebendaselbst 547. 549. p. 377 f.

2) Auch *Eichhorn* a. a. O. I. p. 14 behauptet, dass die Mithrasmonumente aus der späteren Periode der guten Künste seyen, dass sie auch nicht Persischen Mustern nachgebildet, im Gegentheil, dass sich Vieles auf denselben finde, das mit der Lehre und den Gebräuchen der Magier in geradem Widerspruche stehe. Jedoch liesse sich nicht bezweifeln, dass die Römer durch ihre Symbole dasselbe hätten andeuten wollen, was die Magier von Mithra gelehrt hätten.

Derselbe (p. 16) bemerkt, dass die Erneuerung des Naturlebens, die neugeborene Natur, zwar durch treffende Symbole nach den Lehren

die Perser selbst gaben, wie bereits Görres (**1. p. 246 f.**) bemerkt, diesem Mithras und seiner Opferhandlung verschiedene Bedeutungen. Vorerst war er der Sohn des Persischen Urbergs Albordi. Er, der *Feuerstrahl*, aus dem Steine hervorgesprungen, und die Erde durchströmend und durchglühend. Der Stier aber, den er am Eingange der Höhle würget, ist einmal die *Erde* selbst, die einst der grosse Dschemschid (als das personificirte Sonnenjahr) mit dem goldenen Dolche gespalten. Höher gefasst, wie wir oben bei Porphyrius lasen, ist der Stier die die Keime tragende *Materie*, und Mithras, männlich gedacht, ihr *Eröffner*, der den Schoos ihrer befruchteten Gewässer demiurgisch löset. Astronomisch gefasst ist Mithras die *zeugende Sonne*, getragen von dem Aequinoctialstier, dem Saamenbewahrer. Dieser ist das Haus der Venus und die Exaltation des Mondes. Nach der Frühlingsgleiche tritt die Sonne in das Zeichen des Stieres ein, sie spaltet ihn, und sein Blut fliesst warm und fruchtbar zur Erde nieder. Mit der Herbstgleiche geht die Sonne in den Skorpion. Jetzt versiegt die gebärende Kraft der Erde. Der Skorpion nagt an den Testikeln des Stieres. Dahin deuten

---

der Magier angedeutet wurde, dass sie jedoch, indem sie nur denen, die Magische Bildung und Lehre genossen, verständlich waren, Griechen und Römern, die unter ganz verschiedenem Himmel lebten, und deren Charakter und Denkweise von dem der Magier verschieden war, unverständlich bleiben mussten. Darum hätten die Römischen Künstler mit den ausländischen Bildern die eigenen, ihnen hinlänglich bekannten von der schaffenden Naturkraft verbunden, und hieraus sey jene Mischung von Attributen und Symbolen in den meisten Mithrasmonumenten zu erklären.

Da nun dasselbe, was die Magier ihrem Mithras beigelegt, Griechen und Römer der *Sonne* beilegten, so habe die Vergleichung beider sehr nahe gelegen, zumal da Mithras, wie Apollo, als ein Jüngling dargestellt wurde, und beiderseits der Stier seine Bedeutung gehabt; und so sey von jener Zeit an *Mithras* als *Sonne* genommen, und mit allen ihren Attributen ausgeschmückt worden. Meine eigene Meinung wird aus dem Bisherigen wie aus dem Verfolg deutlich werden.

auch die übrigen Attribute: der grünende Baum, das Früh-
lingsbild, der Jüngling mit gehobener Fackel u. s. w.; hinwieder der Herbst in seinen Bildern, im Frucht tragenden
Baume mit dem Skorpion, im Greise mit gesenkter Fackel,
in der Schlange. Sodann oben über der Höhle Sonne und
Mond und die sieben Pyreen als Symbole der sieben Planeten.

Aus der Darstellung der Aequinoctien durch den *Stier*,
als Zeichen der Frühlingsgleiche, und durch den *Skorpion*,
als herbstliches Zeichen, schliesst Dupuis (Orig. V. p. 127
sq.) auf das hohe Alter der Originale jener Bildwerke. Jene
Zeichen, sagt er, seyen ohngefähr seit 4500 Jahren vor der
christlichen Aere in den Aequinoctien gestanden. Seit 2500
Jahren vor derselben Zeitrechnung seyen die Zeichen des
Widders und der *Waage* an deren Stelle getreten. Wir wollen hierbei lieber berichten, als urtheilen, halten es aber für
zweckmässig, solche Ideen, die zu weiterer Forschung reizen
müssen, hier niederzulegen.

In der *Kosmologie* erhalten, wie bemerkt, Mithras und
Stier eine höhere Bedeutung. Im Zendavesta, wie wir sahen,
hat jener Abudad, als Urstier, aus dem die Keime aller Wesen quellen, ganz ungezweifelt diesen höheren Sinn. Dort
ist er der weissagende Stier, der den Untergang der Hölle
verkündigt. Dort sind Schlange, Skorpion und Ameise Bilder
des Ahriman und seiner Gefährten aus der Finsterniss, die
den Stier der Welt erwürgen. Hier erhält auch der *Hund*,
der den sterbenden Stier ansieht, eine höhere Bedeutung. Er
gehört dem guten Geiste an. Es ist der Hund des Trostes,
der den Sterbenden an den *Taschter* erinnert, an die Wiedergeburt nach Ablauf des grossen Weltjahres. Bild des Sirius
ist er, des *Hundssterns*, *Sothis* genannt bei den Aegyptiern,
Taschter bei den Persern.[1]) Wenn einst in der Fülle der

---

1) Einige Neuere wollen den *Taschter* für den *Planeten Mars* nehmen; Rhode (Heilige Sage des Zendvolks p. 255 ff.) für den Planeten
Jupiter. — Allein er kommt auch als Sura oder als der Hund der himm-

Zeit der Stern des Hundes die Welt wieder anblickt, dann bricht der grosse Tag der Wiederbelebung an. Daher jene Sitte der Perser am Lager der Sterbenden. So wie es mit ihnen zu Ende ging, führte man ihnen einen Hund vor, der aus ihrer Hand einen Bissen empfing. Diese Handlung hiess *Sagdid, der Hund siehet* — ein trostvolles Sinnbild der *hoffnungsreichen Unsterblichkeit.*[1]) So blickt nun auch hier der Hund den sterbenden Stier an. Auch er weissagt die bessere Zukunft, und ist mithin' selbst Bild der *Wiederbelebung.* In ähnlicher Bedeutung nehmen einige Indische Stämme die *Kuh.* Dort nimmt der Sterbende den Schweif der Kuh in die Hand, um dadurch seine Seele zu reinigen (Dupuis V. p. 128).

Nach Eubulus sollte man vermuthen, dass schon die Perser *Mithrasmysterien* in heiligen Grotten feierten.[2]) Wenigstens versteht Porphyrius (de antr. N. cap. 6) jene Stelle von Zoroaster's Höhle so. Wie dem auch sey: ein cärimonienreicher Geheimdienst war es, den man in der Römischen Periode dem Mithras zu Ehren beging. Vor der Aufnahme ging eine Stufenfolge von Prüfungen her, die Einige bis zu

---

lischen Heerde und als Begleiter der Seelen vor, und ist kein anderer als der Sirius (vgl. Guigniaut Notes p. 713 sq.).

1) Zendavesta von Kleuker III. §. 11. p. 250 f. und Anhang II. 1. p. 103 f. und 3. p. 71, wo über die Hochachtung dieses Thieres, so wie seinen Gebrauch bei den Todten, genauer nach den Stellen der Griechen und der Zendbücher gehandelt ist, in welchen letzteren er auch überhaupt als Bild der *Treue* und *Wachsamkeit* erscheint. Vgl. auch Herder's Vorwelt p. 271. 272. Wegen dieser Beziehung auf *Tod* und *Unsterblichkeit* sehen wir eine Menge *Hunde* auf dem Grabmale des Darius Hystaspis ausgehauen; s. *unsere Tafel* XXXII nach Hoeck Monumenta etc. tab. I. vgl. p. 11. 13. Vgl. auch Heeren Ideen I. 1. p. 255 der dritten Ausg. und *Nachtrag* V.

2) Von den Persischen Mysterien handeln Zoëga in den Abhandlungen p. 132 ff. (vgl. Welcker dazu p. 406 ff.) und der Verfasser der bemerkenswerthen Schrift: *Die Allgegenwart Gottes,* im zweiten Bande (Eleusis betitelt) p. 96 ff.; worauf ich meine Leser verweise.

achtzig angegeben, von linderer Art zuerst, und so weiter bis zu den lebensgefährlichsten. [1]) Es scheint, dass die Priester über der strengen Haltung dieser Proben mit grosser Genauigkeit wachten. Darauf folgten die Gebräuche der Einweihung. Dabei kommt auch eine Wassertaufe vor (s. Tertullian. de baptism. V. p. 226 ed. Rigalt.). Es werden Zeichen erwähnt, die man dem Einzuweihenden auf die Stirne drückte (Tertull. de praescr. haeres. V. 40). Ein mystischer Trank aus Wasser und Mehl wurde unter Aussprechung gewisser Formeln genommen (Iustin. Martyr. Apolog. 66). Wenn St. Croix (a. a. O. p. 130. 147) die Meinung der christlichen Väter, wonach alle diese Gebräuche dem Christenthum abgeborgt waren, sofort annimmt, so möchte ich hingegen bei einigen, z. B. bei jener Taufe und jenem Tranke, an die Eleusinien erinnern. [2]) Eben so wenig möchte ich mit *Passeri* (zu den Picturae in Vasculis Etruscis Tom. II. cap. 15. p. 50 — 54) jene Vorstellungen auf Grossgriechischen Vasen, die eine Feuer- und Wasserreinigung darzustellen scheinen, sofort, ohne bündigere Beweise, auf Italische Mithrasmysterien beziehen, zumal da die Bacchischen Weihen urkundlich diese und ähnliche Gebräuche hatten.

---

1) Nonnus ad Gregor. Nazianz. p. 131. 145 ed. Eton. conf. Sainte Croix Recherches sur les mystères du Paganisme Tom. II. p. 126 sqq. sec. edit. Zu den Quellen vgl. man die Stelle des Nonnus bei Montfaucon (Diar. Italiae p. 201). Derselbe berührt diese Mysterien in den Scholien zum Gregor. Nazianz. εἰς τὰ φῶτα, womit Eudociae Violarium zu vergleichen ist p. 291 und jetzt auch noch der Griechische Scholiast zu den Gedichten desselben Gregorius (Schol. ad Gregor. Naz. Carmm. p. 49 ed. Gaisford.).

2) Auch Silvestre de Sacy zu St. Croix a. a. O. p. 147. not. 1 widerspricht der Behauptung von St. Croix, da ja offenbar einige Gebräuche unbezweifelt der alten Perserreligion angehörten, andere aber aus den Mysterien der Ceres, Cybele und des Bacchus genommen werden konnten. Allerdings könnten auch einige christliche Gebräuche mit eingeführt worden seyn, allein es liesse sich doch weder dies im Allgemeinen vom

Die Mithrasmysterien hatten sieben Grade, nach der Zahl
der Planeten.¹) Der erste enthielt die Streiter (milites). In
diesem Ordensnamen erkenne ich Ideen des Zendavesta, der
ja ganz auf die Vorstellung der Streitbarkeit im Dienst des
Ormuzd gebaut ist, und dessen einer Theil daher seinen Namen hat. *Vendidad* heisst er, d. h.: *auf zum Streit* wider
Ahriman! Bei der Aufnahme in den ersten Grad ward ein
Kranz mit den Worten überreicht und aufgenommen: Mithras
ist meine Krone (Tertull. de coron. sect. 15). Die Mitglieder
des zweiten Grades hiessen Löwen, und die Frauen Hyänen
(Porphyr. de Abstin. IV. 16. p. 350). Ohne Zweifel hatten
diese Namen einen doppelten Sinn. Einmal mochte der Löwe
auf die bewiesene Stärke in den Prüfungen gehen, sodann
gewiss aber auch auf Seelenwanderung durch den Thierkreis.
Dies letzte sagt Pallas bei Porphyrius l. l. ganz bestimmt.
Er dringt so sehr auf diesen höheren Sinn, dass er den gewöhnlichen blos vom Thierkreise sogar zu verwerfen scheint.
Doch will er offenbar nur den Abstand dieser Erklärung gegen
jene höhere zeigen. Ein weiterer Grad (Coracia) enthielt die
Raben. Ob dies der dritte war, ist aus Porphyrius l. l. nicht
ganz deutlich. Darauf lässt man die Würde des *Perses*²)

Ganzen behaupten, noch mit Sicherheit bestimmen, welche Gebräuche der
Mithrasdienst aus fremden Religionen sich angeeignet. Er äussert hierauf seine Verwunderung über die entgegengesetzte Meinung von Dupuis,
dass das Christenthum nur ein Zweig des Mithrasdienstes sey. — Und doch
ist diese Meinung, wie wir oben gesehen, neulich wieder aufgenommen
worden.

1) S. St. Croix a. a. O. p. 130 sqq.

2) Dass *Perses* wohl nicht, wie St. Croix a. a. O. p. 131 will, für
Persa, Perser, sondern, so wie die folgenden Namen, *Bromius, Helius,*
für den Namen einer Gottheit oder einer mythologischen Person zu nehmen sey, hat schon Silvestre de Sacy in der zweiten Note ebendas. bemerkt, zumal da Einige einen Sohn der Sonne, *Perses,* kennten, und
nach Porphyrius (de antr. Nymph. cap. 16. p. 16) *Perses* und Mithras
ein und dasselbige Wesen seyen.

folgen. Mithras, wie oben bemerkt, hiess selbst so. Auch wird er auf einer Inschrift *Persidicus* genannt (Ruhnken. ad Porphyr. de antro Nymph. p. 16). Darauf folgten die Grade des *Bromius* und des *Helius*. Die Mitglieder des letzten und höchsten Grades hiessen *Väter* ($\pi\alpha\tau\epsilon\varrho\epsilon\varsigma$).[1] Alle diese Stufen werden auf Inschriften und in Schriftstellern durch die Benennungen Leontica, Coracia, Patrica und dergl. bezeichnet. Dass jeder Grad seine eigenen Lehren und Gebräuche hatte, ergiebt sich von selbst, und wird historisch durch einige Züge bestätigt.[2] So brachte man im Grade der Persica nur *Honig* dem grossen Perses (Mithras) zum Opfer (Porphyr. de antr. N. cap. 15). Wer in die Leontica eingeweihet ward, trug ein Kleid, besetzt mit allerlei Thierfiguren (Porphyr. de Abstin. l. l.). Auch hier wieder eine Aehnlichkeit mit Aegyptischer Sitte. Nach Diodorus (I. 62) trugen dergleichen Insignien die höheren Casten dieses Landes. Auf die Leontica mag sich auch der Löwe beziehen, den man beim Stieropfer des Mithras zuweilen sieht. Auf die Coracia deutet man den *Raben*, der eben so oft dabei sichtbar ist, und den Zoëga nur

---

1) Hierbei muss man daran denken, dass Mithras vorzugsweise der *Vater* hiess. Hermes spricht beim Julianus (in Caesaribus p. 336 Spanhem.): „Dir habe ich verliehen, den Vater Mithras zu erkennen" ($\Sigma o\lambda$ $\delta\epsilon$ — $\delta\epsilon\delta\omega\kappa\alpha$ $\tau\grave{o}\nu$ $\pi\alpha\tau\epsilon\varrho\alpha$ $M\iota\vartheta\varrho\alpha\nu$ $\epsilon\pi\iota\gamma\nu\tilde{\omega}\nu\alpha\iota$), und Porphyrius (de antr. Nymph. VI. p. 7 Goens.) sagt: „zur Ehre des Allschöpfers und Vaters Mithra" ($\epsilon\iota\varsigma$ $\tau\iota\mu\grave{\eta}\nu$ $\tauo\tilde{\upsilon}$ $\pi\acute{\alpha}\nu\tau\omega\nu$ $\pio\iota\eta\tauo\tilde{\upsilon}$ $\kappa\alpha\grave{\iota}$ $\pi\alpha\tau\varrho\grave{o}\varsigma$ $M\iota\vartheta\varrho o\upsilon$). — Aber auch Priester des Mithras wurden $\pi\alpha\tau\epsilon\varrho\epsilon\varsigma$ genannt. So heisst es beim Eunapius (in Maximo p. 52 ed. Boiss.) von einem: $\pi\alpha\tau\grave{\eta}\varrho$ $\grave{\omega}\nu$ $\tau\tilde{\eta}\varsigma$ $M\iota\vartheta\varrho\iota\alpha\kappa\tilde{\eta}\varsigma$ $\tau\epsilon\lambda\epsilon\tau\tilde{\eta}\varsigma$, und ein Septimius wird in einer Inschrift Pater et sacerdos invicti Mithrae genannt. Doch scheint dieser Name von Priestern mehrerer Gottheiten im Gebrauch gewesen zu seyn, so wie mater (Mutter) von Priesterinnen (s. Boissonade und Wyttenbach zur angeführten Stelle p. 300 sq. p. 183 sq.).

2) Es lässt sich aber auch vermuthen, dass Mithras in den verschiedenen Graden der Mithriaca verschieden nach seinen *niederen* und *höheren Würden* bis endlich zur Idee des *höchsten Wesens, Zeruane Akerene*, selber aufgefasst und vorgestellt worden ist.

für eine Griechische Umdeutung der Waldtaube hält. Die
Patres (Väter) hiessen in der Ordenssprache *Adler* und *Ha-
bichte*, so wie man die Epopten Greife nannte, und als Greife
in mysteriöser Verhüllung darstellte. Nach Hieronymus (epist.
ad Laet. 7) und nach den Inschriften (Reinesius I. 48) scheint
jene thierische Symbolik mehreren Graden, als dem der Co-
races, gemein gewesen zu seyn.

Unter die geheimen Symbole der höheren Lehre rechnete
man auch jene *Stufenbahn mit acht Thüren* von verschiedenem
Metall, mit Bezug auf Sonne, Mond und Planeten und auf den
Gang der Seelen durch dieselben, nach einer Anordnung, der
das Diatessaron oder die Quarte zum Grunde gelegt war (Cel-
sus beim Origenes VI. p. 292. p. 646 de la Rue. cf. St. Croix
l. l. p. 136 sqq. [1])). Auch dieses könnte auf sehr alter Symbolik
beruhen. Dass man die Planeten frühzeitig bildlich darstellte,
zeigen mehrere Spuren. Pausanias (Lacon. cap. 20) deutet
sieben alte Spitzsäulen, die er in Griechenland sah, auf die
sieben Planeten; und die verschieden colorirten sieben Mauern, womit der Meder Dejok die verschiedenen Räume von
Ekbatana umschloss (Herodot. I. 98), gehören wahrscheinlich
auch in diesen Kreis naiver Sinnbildnerei. Im Mithrasdienst
hatten jene Thore aber ausserdem noch jene andere Beziehung.

Alle diese Spuren uralter Symbole und Gebräuche sprechen für den *frühen Ursprung von Mithrasmysterien* in der

---

1) St. Croix spricht dort nur von *sieben Thüren*, indem er
einer andern Lesart in der Stelle des Origenes folgt; und hierin stimmt
ihm auch Silvestre de Sacy bei, da jene Stelle nach der vulgären Lesart
offenbar verdorben, und überhaupt immer nur von *sieben Thüren* die
Rede sey. — Die Worte heissen nach der gewöhnlichen Lesart: κλίμαξ
ὑψίπυλος, ἐπὶ δ' αὐτῇ πύλη ὀγδόη. Die nachfolgende Aufzählung zeigt
aber, dass nur von sieben Stufen die Rede, und daher die Verbesserung
ἑπτάπυλος richtig ist. Nach Einsicht der Stelle in der besseren Ausgabe
trete ich daher dem genannten Gelehrten jetzt bei, ohngeachtet Zoëga
in den Abhandll. p. 136 auch von acht Pforten redet. Auch ihm
scheint, wie mir vorher, die bessere Lesart unbekannt gewesen zu seyn.

Religion des Orients.[1]) In der *Art* hingegen, wie sie seit
Pompeius im Römischen Reiche begangen wurden, zeigt sich
in wesentlichen Stücken grosse Verschiedenheit vom heiligen
Dienste der Perser. Die neuen Mithriaca zum Beispiel forder-
ten von ihren Anhängern häufige und strenge Fasten, ja in
den höheren Graden legten die Priester manchen, die nach
höchster Vollkommenheit strebten, das Cölibat auf (Tertullianus de praescript. haer. 140). Nun bemerken aber die Uebersetzer der Zendbücher, dass dem Zoroastrischen Gesetze die
Fasten völlig fremd waren, und dass es eben so wenig den
ehelosen Stand begünstigte (Anquetil Zendavesta T. III. p.
601. Freret Memoir. de l'Acad. des Inscr. XVI. p. 283).
Auch habe ich oben (§. 8) aus dem Geschichtschreiber Duris
ganz andere Nachrichten vom *alt-Persischen* Mithrasdienste
gegeben. Festliche Lust und lautes Wohlleben, nicht ernste
Stille und strenge Entsagung, war sein Charakter. Unter
diesen Umständen müssen diese härteren Verfügungen entweder für spätere Neuerungen der Priester gelten, und so
manches Andere scheint ja eine Amalgamation mit andern
Religionen zu bestätigen, oder man muss diesen Geheimdienst
aus einer andern Asiatischen Quelle, als aus dem *Persischen
Magismus*, herleiten. Freret a. a. O. hat auf Babylonischen
Ursprung gerathen. Auch Kleuker (Anhang zum Zendavesta
II. 3. p. 194) vermuthet, dass diese ursprünglich Babylonischen Weihen von den Persischen Magiern später angenommen wären. Oder man sucht die Wurzel der Mithriaca im
älteren Sabäismus *vor* Zoroaster auf. So liessen sich freilich
die Abweichungen vom alten Zendgesetz und die Uebereinstimmungen damit am ungezwungensten erklären.[2])

---

1) v. Hammer (Wiener Litt. Zeit. 1816. nr. 92. p. 1462 ff.) erklärt
die Mithriaca für *unbezweifelt Persischen Ursprungs*, jedoch *mit Indischen Zuthaten vermischt.*

2) Silvestre de Sacy (in den Noten zu St. Croix p. 144 sqq.), der
einerseits die Stärke der von Freret gegen den Persischen Ursprung der

Mithriaca beigebrachten Beweisgründe anerkennt, führt doch auch wieder Vieles auf, welches uns nöthige, in Persien den Ursprung dieses Cultus zu suchen. Da aber in Persien selbst gar keine Mithrasmonumente gefunden werden, bei andern Ueberresten der alten Religion Persiens, da ferner auf denselben Monumenten äusserst selten Feuer und ihm geweihete Altäre erscheinen, sondern nur brennende Fackeln, von Genien oder niedern Gottheiten getragen, so könne man hieraus schliessen, dass die Symbole des Mithrasdienstes, bevor er zu den Griechen und Römern überging, von einer Nation angenommen worden seyen, welche die Sonne und die Sterne anbetete, oder wenigstens ihnen eine sinnliche Verehrung (un culte sensible) weihete, wie die Perser, bei welcher jedoch die Verehrung des Feuers gar nicht verbreitet, oder doch nur sehr unbedeutend war. Und dieses Volk habe mit jenem Cultus die dem Persischen Religionssystem ganz fremden Gebräuche und Einrichtungen, welche sich auf Enthaltsamkeit, Fasten u. s. w. bezogen, verbunden. So gehöre also der Mithrasdienst im eigentlichen Sinne nicht nach Persien, sondern letzteres habe blos einen Theil der Symbole jenes mysteriösen Cultus geliehen. Und auf diese Weise, glaubt Silvestre de Sacy, liessen sich alle Schwierigkeiten heben. v. Hammer's Ansicht haben wir in der vorhergehenden Anmerkung gegeben.

§. 11.

Die *Geschichte der Mithriaca* tritt, wie bemerkt, erst mit der Römischen Periode mehr aus dem Dunkel hervor. Dass sie sich über Armenien, Cappadocien, Pontus nach Cilicien und im übrigen Kleinasien verbreitet haben, geht aus Mehrerem hervor, vorzüglich aus dem Gange, den der Dienst der Anaïtis und anderer Gottheiten genommen. Auch in Syrien, Palästina und in angränzenden Ländern sucht man Spuren davon. So sieht z. B. Dupuis (III. p. 736) in dem Molochsdienste der Ammoniter einen Mithras und Mithriaca. Alles dieses würde einen weit höheren Grad von Wahrscheinlichkeit gewinnen, wenn jener uralte Zug einer Mithrasreligion (d. h. einer solchen, worin der Sonnengott, als *Besaamer* gedacht, unter einer *bestimmten Form* von Geheimdienst und unter diesem eigenen oder verwandten Namen verehrt ward) von Oberasien nach Aegypten hin sich etwas deutlicher nachweisen liesse, als nach den oben gewiesenen Spuren bis jetzt geschehen kann. Dann würde sich auch bestimmter ergeben, was jener Vorwurf der Sonnenverehrung sagen wollte, den man, nach Josephus, den Essäern machte. (Man sehe darüber *Starck's* gelehrte Geschichte der Christlichen Kirche des ersten Jahrhunderts I. p. 167 f.) Mit den Römischen Kaisern werden die Nachrichten vom Mithrasdienste häufiger. Pallas beim Porphyrius (II. p. 202 ed. Rhoer.) erzählt uns, Hadrianus habe durch ein Edict die Menschenopfer fast gänzlich aufgehoben. Dass dieses Verbot auch die Mithriaca betraf, zeigt der ganze Zusammenhang. Auch der Orient huldigte dem Mithras durch blutigen Dienst, und geschlachtete Menschen mussten zu Extispicien dienen (Photii Bibl. p. 1446. Socrates Histor. Eccles. III. 2). Nach Hadrianus setzte man ihn wieder fort, und der Kaiser Commodus opferte dem Mithras eigenhändig einen Menschen (Lamprid. in Comm. cap. 19). Nun wurde der Sonnendienst im Allgemeinen häufiger unter den Römern aus verschiedenen Anlässen. Einmal wurden jetzt, zum Theil im Kampfe mit dem Christenthum, die Orphischen Gottheiten, und vorzüglich die Sonne, im höheren Sinne gefasst, allgemeiner verbreitet. Sodann gingen die Kaiser mit ihrem Beispiel in diesem Cultus voran: erst Heliogabalus, mit seinem Sonnengotte *Gabal;* sodann Aurelianus und Probus, denen der Palmyrenische Feldzug und andere Bewegungen im Orient Gelegenheit genug gaben, den dortigen Sonnencultus kennen zu lernen. Jetzt kommt auf Inschriften,[1]) so wie auf Münzen, das *Soli Invicto Comiti* nebst ähnlichen religiösen Ausdrücken des Sonnendienstes vor. So wird z. B. auf einer Griechischen Inschrift eines dem Mithras geheiligten Grundstückes (ὀργάς) gedacht (s. Bouhier epist. epigr. p. 240). Dies dauert bis auf Constantinus Magnus fort. Der Kaiser Julianus zeigte nun seine Anhänglichkeit an das Heidenthum, besonders auch durch eifrigen Mithrasdienst, und eines der ersten Geschäfte nach seiner Thronbesteigung war die Einrichtung der Mithriaca zu Constantinopel. Er selbst gedenkt in seiner vierten Rede (p. 155. b. ed. Spanhem.) der vierjährigen Spiele, die er dem Sol Mithras in dieser Hauptstadt angeordnet habe. Daher auch auf Inschriften aus diesen Zeiten Ἡλίῳ Μίθρᾳ ἀνικήτῳ (Spanheim ad Iuliani Caesares p. 144). Wer des Kaisers Gunst suchte, liess sich in die Mithrasmysterien einweihen, wie der Redner Himerius und Andere (s. die inhaltsreiche Note von *Wernsdorf* zum Himerius de laud. urb. Constantinop. p. 32 sq.). Aber auch auf Münzen der occidentalischen Cäsaren, z. B. des Carausius, der im äussersten Westen regierte, lesen wir jetzt dieselben Aufschriften (Eckhel l. l.).

---

1) S. Gruterus in Thes. Inscr. p. 133 sqq. 1066 und Reinesius Syntagm. I. 45 — 49. Ueber die Münzen s. Eckhel Doctr. Num. V. VIII. p. 45 sqq.

17*

Die Mithrasmysterien feierte man zu Rom in dem Frühlingsäquinoctium. Der Grund davon ergiebt sich aus dem
Obigen. Hingegen das Fest, das man *Natalis Solis Invicti*
nannte, fiel auf den VIII Kal. Ian. (auf den 25. December).
Ohne Zweifel hatte diese letztere Feier auch auf Mithras, als
Sonne, Beziehung, wie schon der ihm jetzt so häufig beigelegte Name Sol Invictus zeigt. Um diese Zeit ohngefähr,
bestimmt einige Tage nach dem Wintersolstitium, fiel unter
den Persern das Fest Mirrhagan.[1]) Also hatte sich auch in
dieser Festperiode eine *Persische* Sitte erhalten, und *dieser*
Grund gegen den *Persischen* Ursprung der Mithriaca, den
Freret geltend zu machen suchte, fällt also weg. Jener Natalis Solis Invicti war im Occident und besonders zu Rom ein
Tag allgemeiner Feier, den man durch öffentliche Spiele, durch
eine Art von Lichtmesse u. dergl. zu verherrlichen pflegte. Das
Volk ging unter allerlei Cärimonien ins Freie, und sah un-
verwandten Blickes zum Himmel hinauf. Alles dieses veran-
lasste, nach der Meinung von Harduin und Petav (ad Iulian.
p. 87), gegen Anfang des vierten Jahrhunderts, die Vorsteher der christlichen Kirche im *Occident*, den ohnehin unbe-

---

1) *Mihirgian* hiess das Frühlingsäquinoctium, womit die alten Perser ihr Jahr angefangen haben. Es begann mit einem Feste Mirrhagan,
welches ein alter Persischer König aus der Dynastie der Pischdadier,
Namens Feridun, angeordnet haben sollte. S. Herbelot B. O. II. p. 616.
vgl. auch Zendavesta von Kleuker III. p. 243 und Muradgea d'Ohsson's
Gesch. u. s. w. p. 40. Es war eben das Fest des Mithras und eine nach
der ursprünglichen Lichttheorie Persisch aufgefasste kanonische Heils-
periode, physisch, ethisch, politisch, kurz durch und durch nach des
Morgenlandes Art. — So habe ich die Sache immer vorgetragen. Jetzt
lese man die ganze Ausführung des gelehrten v. Hammer (in den Wien.
Jahrbb. 1818. I. p. 107), die mit der Bemerkung anfängt: „Der Name
des Festes Mirgan, von Mihr, die Sonne, am Tage der Rückkehr derselben vom Nordpole gefeiert, ist das eigentliche alte Persische Fest des
Mithras, von dessen Dienste hier ausführlicher zu sprechen der Ort ist"
u. s. w.

kannten und früherhin gar nicht gefeierten Tag der Gebuit
Christi an jenem Festtage der wieder aufsteigenden Sonne zu
begehen. *Christus* war ihnen, im *geistlichen* Sinne, der Sol
novus, die neue Sonne, deren *körperliche* Wiedergeburt das
Heidenthum an diesem Tage feierte. Mit sichtbarem Gegensatz gegen dieses sinnliche Sonnenfest sprechen viele
christliche Väter von dem Erscheinen der Sonne des ewigen
Heiles (die Stellen sind gesammelt bei Philippo a Turre in
den Monumenta veteris Antii p. 227 seq. und in der gleich
anzuführenden Abhandlung von Jablonski).

In der *orientalischen* Kirche gab ein anderes heidnisches
Fest Veranlassung, die Geburt Christi am 6. Januar zu
feiern. Am 7. des Monats Tybi kam Isis aus Phönicien,
und wenige Tage darauf, wahrscheinlich den 11. Tybi, d. i.
den 6. Januar, beging man die εὕρεσις, das Fest des wie-
dergefundenen Osiris. Daher kam im Orient und Aegypten
allmählig die Sitte auf, das Geburtsfest Christi an diesem Tage
zu feiern (Epiphan. adv. Haeres. I. p. 29). Anfangs waren
Gnostiker und Basilidianer, gewohnt, Heidnisches und Christ-
liches zu verbinden, mit dieser Festperiode vorangegangen,
nicht ohne Tadel der übrigen Christen, bis man sich im Orient
wie im Occident durch die Vortheile, welche die Wahl dieser
Festtage gewährte, allgemein dazu bestimmen liess, besonders
seit Constantin dem Grossen.[1]) Dass übrigens schon früher,
schon im Apostolischen Zeitalter, Christus mit der Sonne
verglichen ward, dass die Christen der ursprünglich Jüdischen
Sitte, sich bei gottesdienstlichen Handlungen gegen Morgen
(Jerusalem) zu wenden, diese Deutung gaben, was ihnen den
Beinamen *Sonnendiener* bei den Heiden zuzog, darüber giebt

---

1) S. Jablonski de origine festi nativitatis Christi in eccles. christ.
in dessen Opuscc. III. p. 346 sqq. mit den schätzbaren Zusätzen von Te
Water. Früher schon hatte der gelehrte Joh. Harduin auf diesen Anlass
der gedachten christlichen Festperiode aufmerksam gemacht; s. Acta
Sanctorum Mensis Iunii Tom. IV. Antverp. 1707. p. 702. D.

Starck in seiner Geschichte der christl. Kirche des ersten Jahrh. III. p. 144 die nöthigen Beweise an.

So wirkten diese Mithriaca im Occident selbst auf die hohen Feste der ganzen Christenheit. Aber auch an sich behaupteten sie die grösste Bedeutung, und durch das ganze grosse Römerreich, selbst bis in den äussersten Westen und den hohen Norden hinauf, verbreiteten sich diese mystischen Religionen. Davon zeugen die zahlreichsten Denkmale. An Nachweisungen darüber bei Turre, St. Croix und Andern fehlt es nicht. Ich will nur einiges Neuere nachtragen. Zuvörderst Rom, wo dieser Persische Gott so willige Aufnahme gefunden, war reich an Denkmalen seines Geheimdienstes, wie die Villa Borghese, Albani und andere zeigen, worüber Zoëga, Eichhorn u. A. nachzulesen sind. Auch im übrigen Italien sind die Monumente der Art nicht selten, z. B. in Etrurien, was die Toscanischen Antiquarier zu manchen Fehltritten in Erklärung alt-Bacchischer Bildwerke verleitet hat. Unter den Städten Oberitaliens war Mailand in der Römischen Periode ein Hauptsitz des Mithräsdienstes (s. Fea zu Winckelmann's Gesch. d. K. I. p. 377 neueste Ausg.). Von Italien aus verbreitete er sich weiter in die Alpen, nach Tyrol u. s. w. hinauf. Ein Tyrolisches Denkmal hat Herr *v. Hormayr* in der Geschichte von Tyrol I. p. 127. Not. ff. beschrieben. Er hält das Werk für Tuscischen Ursprungs. Es hat zwölf Reliefs, die eben so viele Prüfungen in verschiedenen Graden dieser Weihen darstellen.[1] In der Behandlung des Stieropfers gleicht es sehr einem Relief in den Vogesen, das in einen Felsen gehauen ist, nur dass letzteres die Prüfungen nicht hat. Ueber dieses verbreitet sich *Schöpflin* in der Alsatia illustrata T. I. p. 501 seq. zu Tab. IX. Frankreich hat besonders viele Mithrasbilder, die Montfaucon und die Erklärer der Celtischen Alterthümer verschiedentlich

---

1) Dieses Monument, das offenbar unter die Mithriaca gehört, hat ganz genau von Hammer erklärt in der Wiener Litt. Zeit. 1816. nr. 92. p. 1463 sqq.

betrachtet haben. Einen schätzbaren Beitrag dazu hat *Millin* in der Voyage dans les departemens du Midi de la France T. III und dazu pl. XXXVI. nr. 5 gegeben. Dass manche Französische Antiquarier sehr bemüht gewesen, die Mithriaca in die frühesten Druidenschulen und weit hinter die Römische Periode zurück zu versetzen, ist zur Genüge bekannt. Eben so angelegentlich haben Andere den Mithrascultus schon durch die Phönicier in die Brittischen Jnseln bringen lassen, wofür unter Anderm auch das Irische *Mithr*, *Sonne*, als Beweis angeführt wird. Aus den oben angeführten Gründen halte ich es vorerst noch nicht für möglich, darüber aufs Reine zu kommen.

Auch in das diesseitige *Deutschland* kamen die Mithriaca mit den Römischen Legionen. Mehrere Monumente in den südlichen Provinzen geben noch jetzt anschauliche Ueberzeugung. Sie sind theils in die allgemeinen Sammlungen, theils in die einzelnen Landesgeschichten und in ähnliche Werke aufgenommen. So liefert und beschreibt *Sattler* in seiner Geschichte des Herzogthums Wirtemberg p. 133. 192 ff. und dazu Tab. XI einen bei Fehlbach im Königreich Wirtemberg gefundenen Stein mit dem Stieropfer, und einen andern aus demselben Lande, mit der Aufschrift *Soli Invicto Mithrae*. Eine ähnliche Aufschrift auf einer Ara aus Heilbronn am Neckar giebt Reinesius Syntagm. Inscriptt. Class. I. nr. 37.[1]) Auch ganz in unserer Nähe hatte das Römische *Lupodunum*, jetzt Ladenburg am Neckar, seinen Mithrasdienst. Ein dort gefundenes Relief[2])

---

1) S. darüber jetzt des Herrn Dr. Staelin Abhandl. über die Römischen Inschriften und Bildwerke (in Memminger's Würtembergischen Jahrbüchern 1835. I) S. 49 f.

2) Es wurde in das Churfürstliche Antikencabinet nach Mannheim verpflanzt, wo es auch der Baron v. St. Croix sah (s. Rech. sur les myst. du Pag. II. p. 123 sec. ed.), und befindet sich noch jetzt in der dortigen Sammlung. Freher in den Origg. Palat. I. cap. 4 gedenkt dieses Monuments. Darauf liess es Cullman im Spicilegium praecipuorum Monum. in terris Cisrhenan. Palat. Heidelberg. 1764 abbilden. Der gelehrte Andreas

zeigt das bekannte Stieropfer unter einigen sonst nicht leicht vorkommenden Umgebungen und Attributen. Das Bild hat zwei Abtheilungen. Auf dem oberen Plane sieht man den liegenden Stier, über dessen Hörnern der gewöhnliche heilige Vogel schwebt. Mithras, mit entblösstem Haupte und ohne Spur von Phrygischer Mütze, kniet auf dem Stier, und indem er ihn bei Einem Horne fasst, scheint er erst noch den Todesstreich vollziehen zu wollen. Er hält die Spitze des Dolches gegen das Schlachtopfer hin. Den Schweif des Stieres, der keine Aehrenbüschel hat, hält eine fast ganz nackte Person, gleichfalls ohne Phrygische Mütze, mit der Linken gefasst. In der Rechten hält sie etwas wie ein Pedum. Hinter ihr, abgewendet vom Stier, sieht man einen Löwen. Auf dem untern Plane, unter den Vorderfüssen des Stieres, sitzt ein Hund, rückwärts zum Stier aufblickend. Zunächst an ihm, gerade unter dem Stier, erscheint eine andere männliche Figur, die in der linken Hand ein Gefäss hält, und mit der rechten aus einem andern Gefässe auf eine kleine Ara das Trankopfer ausgiesst. Daneben steht ein grosses Gefäss, grösser als die Ara. Eine mächtige Schlange, die über die Hälfte des unteren Raumes einnimmt, umringelt den oberen Rand des Gefässes, und sieht von oben hinein. — Diese selteneren und vielleicht einzigen Umgebungen des Mithrasopfers verdienen Aufmerksamkeit. Vielleicht war dies der Grund, dass Sainte Croix es ausdrücklich bemerkte; doch sagt er weiter nichts

---

Lamey theilte es gleichfalls mit (in den Act. Academ. Theodor. Palatin. Tom. I. Tab. II. nr. 3) und erinnerte dabei an andere Mithrasdenkmale, besonders in Deutschland (s. daselbst p. 205). Der Stein hat etwas gelitten, wodurch der Löwe, zum Theil auch die Figur des Mithras und mehr noch die zweite oben einigermassen unkenntlich geworden sind. Die Nachweisungen über dieses Relief, so wie über mehrere andere vaterländische Denkmale dieser Classe, verdanke ich der Güte des Herrn Dr. *Dümgé.* Wir haben dieses Denkmal auf der Tafel XXXVI. nr. 1 copiren lassen. Die Arbeit daran ist äusserst roh, bemerkenswerth aber der Löwe und die Sabazischen Symbole.

darüber. Sehr glücklich scheint mir der Gedanke von Lamey, dass die den Schweif des Stiers haltende Figur der Mond sey. Schicklich steht er also neben Mithras-Sonne auf demselben Plane. Wir kennen den Mond auch als Empfängerin und Bewahrerin des Stierkeimes. Dazu passt das Halten des Schweifes im Augenblicke des Opfers vortrefflich; denn mit dem Tode des Stieres geht ja von seinem Saamen ein Theil in den Mond über. So weit liegen also Persische Vorstellungen zum Grunde. Das Uebrige weiset auf andere Religionen hin. Denn zuvörderst die Parsenlehre denkt sich den Mond unter andern Bestimmungen als weiblich, nach dem Bundehesch XVII. u. s. w. Hier aber sehen wir ihn männlich, rüstig, mit dem Stabe in der Hand. Auch die Schlange erscheint hier gar nicht als die verhasste Ahrimansschlange, am Stiere hängend und ihn vergiftend, sondern, wie in andern Bildwerken, um ein mystisches Gefäss gewunden und darüber bedeutsam sich erhebend. Mit Einem Worte: ich sehe in diesem Relief *Vermischung der Mithriaca mit den Phrygischen Sabazien*. In den Sabazien war alter Magismus mit Vorderasiatischem Cultus früh vermischt. Wie im Persischen *Vispered*, der *Mond*, mit *Mithras* angerufen wird (s. z. B. Neäsch des Mondes II. nr. 9), so in den Sabazien der *Mond* neben der Sonne. Beide theilten auch als männliche Potenzen denselben Ehrennamen, Beherrscher des Mondes (Menotyrannus). Das war der grosse Σάβος oder Σαβάζιος, dessen Wundergeburt die Phrygischen Mysterien mit der Formel bezeichneten: *Taurus draconem genuit et taurum draco*. In einem solchen Wechselverhältniss erscheint dort *Stier* und *Schlange*. Dem ersteren war auch hier die alte Bedeutung des Aequinoctialstiers und der Fruchtbarkeit geblieben. Die Schlange hingegen war, ganz gegen die Persische Lehre, ein Bild des befruchtenden Zeus und somit auch ein Symbol des Segens geworden. Das Nähere über die Sabazien bringe ich unten im Abschnitte von den Bacchanalien bei. Hier will ich nur vorläufig auf die Hauptstelle des Clemens Alexandrinus in Protrept. p. 14 ed.

Potter. verweisen. Der *Stab des Ochsenhirten* (βουκόλος) war hier gleichfalls in einer heiligen Formel niedergelegt, deren Sinn nur die Geweiheten erfuhren. Dieser Stab heisst bald Treibstachel (κέντρον), bald ward er zur Bacchischen Ruthe (νάρθηξ), bald erschien er als einfacher Hirtenstab (λαγωβόλον oder pedum). So hat ihn der den Stierschweif fassende Gott auf unserm Bilde. Beide Götter erscheinen also in ihrem Amte. *Mithras* opfert den Stier, *Sabos* schlägt ihn mit dem Stabe. Mithin auf dem oberen Plane eine *göttliche* Opferhandlung. Daneben Löwe und Vogel, als Andeutung der zwei Mithrasgrade, der Leontica und Coracia. Unten das menschliche Opfergeschäft. Ein Verehrer beider Gottheiten, eingeweihet in beide Mysterien, also ein Perses und Sabos (Priester des Mithras und Sabazios) zugleich, opfert seinen grossen Gottheiten, die so eben selbst das grosse Naturopfer verrichten. Der Hirtenstab ist aufgehoben, der Dolch gezückt, die Opferschaale ausgegossen, der Hund sieht zum Stier auf, und die geheimnissvolle Schlange blickt in das mystische Gefäss. — Diesen Moment hat der Bildner des Reliefs nicht ohne Einsicht ergriffen.

So verbreitete sich dieser in manchem Betracht merkwürdige Dienst aus dem hohen Asien herab, freilich auf sehr mittelbare Weise und in sehr veränderter Gestalt, durch Römische Krieger selbst bis an unsere Thore. [1])

---

1) Ja selbst in die neue Welt, wenn wir gleich die Mittel und Wege nicht kennen. *Alex. von Humboldt* sagt in den *pittoresken Ansichten der Cordilleren*, Tübingen 1810. p. 41: „Auch scheint der Mexicanische Tonatiuh mit dem Krischna der Hindu's, wie er in dem Bhagavata Purana besungen ist, *und mit dem Mithras der Perser* identisch zu seyn." Die nachfolgenden inhaltsschweren Betrachtungen muss man dort selbst nachlesen.

§. 12.

Mithras Perses oder Perseus.

Ich hatte im vierten Bande p. **67** f. erste Ausg. die *Ver-muthung* aufgestellt, der Griechische *Perseus* möge ein etwas *umgedeuteter Mithras* seyn. Hier möchte nun wohl der Ort seyn, diese Vermuthung etwas mehr ins Einzelne zu verfolgen.

Hatten wir eben Mithrische Symbole in einem Denkmale später Römerzeit zu betrachten, so wollen wir jetzt von einem uralten, ja vielleicht dem ältesten Bildwerke Griechischer Sculptur[1]) ausgehen. Es ist das Bild über einem der Thore der Burg von Mycenä. Pausanias (II. 16. 4 mit Siebelis p. 201 sq.) giebt uns bei Gelegenheit der Zerstörungsgeschichte dieser Stadt folgende Notiz davon: «Gleichwohl sind jetzt noch andere Reste der Ringmauer übrig und auch das Thor. Es stehen Löwen darauf. Man sagt, auch diese seyen Werke der Cyklopen, welche dem Prötus die Mauer zu Tirynth aufgeführt haben.» William Gell[2]) liefert jetzt eine Beschreibung und drei Abbildungen dieses Thores und seiner Umgebungen. Hirt[3]) giebt einen kunstgerechten Auszug daraus, den ich eben deswegen von ihm entlehne: «Wir kommen nun zur

---

1) S. Specimens of ancient sculpture, London 1810 und Payne Knight Prolegg. ad Homer. §. LIX. p. 57 sq., der den Ursprung dieses Reliefs unter die Regierung der Pelopiden setzt.

2) Itinerary of Graec. Argolis, Lond. 1810. p. 35 sqq. und dazu pl. 8. 9. 10. — jetzt in mehrern andern Werken und in grösserem Maassstabe in Dodwell's Cyklopischen Baudenkmalen abgebildet.

3) In F. A. Wolf's literarischen Analekten I. p. 159 f. und W. Gell selbst p. 36 sqq., von welchem letzteren die Beschreibung des Denkmals und die Vergleichung mit einem Wappenschilde aufgestellt ist. Was von den eigenen Bemerkungen *Hirt's* zu meinem Zwecke gehört, werde ich sogleich beifügen.

Betrachtung der bildlichen Vorstellung über dem Hauptthore der Festung Mykenae. Ueber demselben sind auf dem Steine, welcher die dreieckige Oeffnung blendet, und der 11 Fuss 6 Zoll lang, 9 Fuss und acht Zoll hoch und 2 Fuss dick ist, zwei Löwen in erhabener Arbeit dargestellt, zwischen welchen man auf einem Sockel einen Fuss in Form einer verkehrt stehenden altdorischen Säule errichtet sieht, über deren Wulst und Ringen eine viereckige Platte, über der Platte vier runde neben einander angebrachte Körperchen, und über diesen wieder eine Platte liegt. Die Löwen stellen die Hinterfüsse auf dem Sturze des Thores auf, die vordern Füsse ruhen aber auf der Höhe des Sockels. Ihre Köpfe, die meistens zerstört sind, sehen gegen einander, getrennt durch die in der Mitte verkehrt stehende Säule.» Darauf spricht er von dem Alter und der Merkwürdigkeit dieses Bildwerks, das man für ein Wappenschild zu halten versucht seyn würde, wenn nicht Pausanias seiner gedächte, und wenn wir nicht wüssten, dass Mycenä schon im ersten Jahre der 78sten Olympiade zerstört worden (Diodor. XI. 65). Nach einigen Zwischenbemerkungen über Gell's Meinung von diesem Relief trägt er die seinige vor, wovon das Wesentliche dieses ist, dass die Säule der hohle Fuss eines Opfertisches gewesen, in der Art, dass durch die im Sockel noch vorhandene Rundöffnung die Asche von den Brandopfern herausgezogen worden sey. Bei den Löwen, als Wächtern des Heiligthums, wie er sie nimmt, erinnert er, wegen der hoch liegenden Festung, an die Löwen der Phrygischen Magna mater, der die Höhen heilig waren, die die Städte schützte (Strabo X. p. 473), und deren Religion und Attribute die Lycischen Cyklopen (die angeblichen Werkmeister jener Mauern und Thore) sehr natürlich hier hätten verewigen wollen. Seinen Schlusssatz will ich wörtlich beifügen: «Ein solcher Opferaltar in der Festung hiess Hestia oder Vesta, welches dann der besondere Name einer Göttin wurde, die ursprünglich mit der Phrygischen Göttin eins war, später aber getrennt wurde.»

Ehe ich nun das Treffende in den Ideen dieses kunstge-
lehrten Mannes näher bemerke, muss ich eines Hauptsatzes
des W. Gell Erwähnung thun.

Er erinnert nämlich, und dies ist der Hauptgedanke, an
Mithrische Bildwerke, und bemerkt, dass der Löwe ein Attribut des Mithras war; [1]) macht ferner auf die eigene Art
aufmerksam, wie in Persischen Sculpturen Säulen erscheinen,
z. B. eine einen Ochsenkopf tragend, eine andere mit einer
Flamme aus ihrer Spitze hervorstrahlend und darauf eine Kugel, und eine dritte, aus deren Capitäl eine zur Hälfte sichtbare Kugel hervorragt. Er erinnert an Wasser und Feuer
als diejenigen Elemente, denen die Perser vorzügliche Verehrung widmeten, wie man Spirallinien als Hieroglyphe des
ersteren und Kugeln, das letztere bezeichnend, im Schatz-
hause des Atreus gefunden habe, aber auch nicht minder
abgebildet auf den Denkmalen von Persepolis. Darauf bringt
er den Nemeischen Löwen, den vom Berge Cithäron, so wie
den Schild des Agamemnon in Erinnerung, auf welchem letzteren ein Löwe abgebildet war. Endlich wird noch an Aegyptische Monumente erinnert, und wie namentlich Säulen mit
Kugeln darauf unter den dortigen Ueberresten nicht ungе-
wöhnlich seyen. [2])

Je willkommener mir diese Uebereinstimmung im Gedanken
an *Mithrische* Symbole seyn musste, den wir unabhängig von
einander gefasst hatten; [3]) desto lebhafter bedaure ich, dass

---

1) Den Hauptsatz füge ich im Original bei (p. 37): „Is seems impos-
sible to ascertain the meaning of this curious device; but on examining
the remains of the Mithriac sculptures of Persia, which, according to Le
Bruyn, are executed in the same manner, some of the symbols bear so
near a resemblance to those of Mycenae, that they may perhaps throw
some light on each other, for the style and the subject are so similar,
that it appears as if both most have had a common origin."

2) Er verweiset auf Denon pl. 115. fig. 10. 12. 17 und pl. 116. 120.

3) Bei Abfassung meines vierten Bandes war mir W. Gell's Werk
noch unbekannt.

Gell seine Ideen nicht weiter verfolgt, ja dass er sogar etwas beigefügt hat, welches ihn, auch im entgegengesetzten Falle, verhindert haben würde, diesen symbolischen Kreis *ganz* zu erfassen. Er tadelt nämlich (p. **43**) den Pausanias, der (II. **16. 3**) die doppelte Sage anführt, wonach Mycenä entweder von einem Erdschwamme (μύκητι) oder vom Degenscheidendeckel, welchen die Griechen auch μύκης nannten, den Namen erhalten haben sollte. ¹)

Ohne mich nun auf das Wahrscheinliche oder Unwahrscheinliche dieser Legenden einzulassen, behaupte ich doch, dass sie eben so gut, wie das *Löwenthor*, in den Mithrischen Bilderkreis gehören, ja dass sie jener Gellischen Beziehung des Mycenischen Reliefs auf die Mithriaca *erst eigentlich eine rechte Grundlage* gewähren.

Ich will es versuchen, in kurzen Andeutungen den *inneren Zusammenhang* jener *Bilder* und *Sagen*, so weit dies möglich ist, aus Stellen der Alten und aus bildlichen Denkmalen nachzuweisen.

Da Hirt, wie bemerkt, in dem Opferaltar die älteste *Hestia* erkennt, und bei den Löwen an die *Phrygische Göttermutter* erinnert, so will ich damit den Anfang machen. Johannes der Lydier fügt, in einer bemerkenswerthen Stelle, wo er von allegorischen Vorstellungen der Erde spricht, die Bemerkung bei: «daher verehren auch bekanntlich die Römer die Vesta vor Allen, so wie die Perser den aus dem Fels gebornen Mithras wegen des Mittelpunktes des Feuers.» ²)

---

1) Er will vielmehr den Namen dieser Stadt von einer Bergschlucht hergeleitet wissen, worin sie lag, und erinnert an Odyss. III. 263. μυχῷ Ἄργεος.

2) De menss. III. 26. p. 124 Röther.: ὅθεν καὶ Ἑστίαν πρὸ πάντων φαίνονται τιμήσαντες Ῥωμαῖοι, ὥσπερ τὸν πετρογενῆ Μίθραν οἱ Πέρσαι διὰ τὸ τοῦ πυρὸς κέντρον. Weil kurz zuvor von einem κέντρον der Erde (γῆς) und gleich darauf von einem κ. τοῦ ὕδατος (des Wassers) die Rede ist, so habe ich die Worte so übersetzt, will aber damit nicht in Abrede stellen, dass auch an einen *Stachel* des Feuers bei jenen Mythen ge-

Zoëga,[1]) der die angeführte Stelle des Johannes nicht gekannt zu haben scheint, nennt den aus dem Fels gebornen
Mithras *eine dem Geschmack der Magischen Fabeln gänzlich
fremde Idee.* — Eine kühne Behauptung bei unserer lücken-
haften Kenntniss von dem Inneren der Magierlehre! — Zuvörderst haben wir mehrere Zeugnisse dafür bei freilich spä-
teren Schriftstellern, woraus erhellen will, dass der $\Theta\varepsilon\dot{o}\varsigma\ \dot{\varepsilon}\varkappa$
$\pi\acute{\varepsilon}\tau\varrho\alpha\varsigma$ eine Mithrische Formel war.[2]) Wenn sich nun ein
innerer Zusammenhang dieser Vorstellung mit älteren Reli-
gionsideen der Völker, ja der Perser selbst, in manchen
Spuren unzweideutig kund thut, wer will dann noch so ver-
wegen seyn, zu behaupten: der Felsgott Mithras sey nicht
alt - Persisch?

Nun aber — um nichts davon zu sagen, dass es in der
Persischen Symbolik wirklich einen *Mithrasstein* gab[3]) — bemerkt Zoëga selbst (p. 118), dass die *Grotte* der gewöhnliche
Hintergrund der bekannten Mithrischen Scene sey. Eine
Zoroastrische Mithrasgrotte in einem Berge haben wir schon oben
aus Eubulus kennen gelernt. Ein *Urberg* aber erscheint auch
in Persiens Mythen als Mittelpunkt der Religionen, der Albordi. Bei Grotten und Bergen wird Jeder von selbst an Felsen

---

dacht worden. Doch hat Röther mit Recht den ersteren Sinn in seiner
Uebersetzung festgehalten: „propter ignis centrum;“ so wie auch Guigniaut (Notes p. 551): „à cause du point central du feu.“

1) Abhandll. p. 132. herausgeg. von Welcker.

2) S. die Zeugen und Erörterungen bei Philippo a Turre in Monumm.
veter. Antii p. 89.

3) *Mithrax*, beim Plinius H. N. XXXVII. 10, oder, wie Solinus
(cap. 37) und Isidorus (Origg. cap. 12) schreiben, Mithridax, wird unter
den Persischen Edelsteinen aufgeführt. Plinius sagt, er sey weiss, werfe
aber gegen das Sonnenlicht nach allen Radien Strahlen aus. Salmasius,
welcher, so wie a Turre, der ersten Schreibart den Vorzug giebt (ad
Solinum p. 501), erinnert dabei mit Recht an den *Mithras*, von dem dieser Stein seinen Namen habe. — Also auch hier eine Sage von einem
strahlenden *Mithrassteine*.

denken. [1]) Sollten wir nun nicht auf die Legende aufmerksam werden von dem Berge Diorphus (*Διορφος* am Flusse Araxes), dem mütterlichen Schoosse des Heros Diorphus? Mithras, besagt sie, wünschte einen Sohn zu haben; weil er aber die Weiber hasste, schwängerte er einen Felsen, und der befruchtete Stein brachte nach gehöriger Zeit den Jüngling Diorphus hervor. [2]) Hier kann ein Jeder schon an den Riesenstein Agdus in Phrygien denken, der, von Juppiters Saamen befruchtet, einen hermaphroditischen Heros Agdestis hervorbringt. Im Capitel von den Vorderasiatischen Religionen müssen wir darauf zurückkommen. Hier weise ich meine Leser nur mit einem Winke auf die Bätylien hin. Aber der den Felsen erwärmende und befruchtende Saame des Zeus und des Mithras, ist er nicht die Feuerkraft, welche in die Erdfeste eindringt und sie zum Hervorbringen der Früchte zwingt? [3]) Wenn Erdfeuer und auf den Seen schwimmendes brennendes Erdpech, wenn Feuerheerde auf den Höhen, wie wir wissen, äussere Anlässe des Persischen Cultus sind, wer will dann zweifeln, dass wir in jenen Mythen alt-Persische Anschauungen haben? Einen ideellen personificirten Feueraltar gesellt aber Xenophon in einem Gebete des Cyrus dem Juppiter bei, d. h. er gesellt ihm eine Hestia bei, [4]) gleichwie

---

1) Jedem Nachdenkenden wird der Aeschyleische Feuerbringer am Felsen, Prometheus, einfallen. Eben deswegen sage ich nichts davon.

2) Der sogenannte Plutarch de fluminib. XXIII. 4. p. 1165. p. 1049 Wyttenb. Ich lese mit Wyttenbach *προςεξίθορεν*, semen emisit.

3) Und darf man in dieser Griechisch erzählten Fabel beim Diorphus nicht an *ὀρφνη* und *ὀρφνός*, an den, der durch die *Finsterniss* hervorkommt, denken? Der hermaphroditische Agdestis aber bringt einen Indischartigen Mithras-Mitra in Gedanken. Der Kleinasiatische *Ζεὺς καταιβάτης* gehört auch hierher.

4) Cyropaed. I. 6. 1. vgl. VII. 5. 56. *προςευξάμενος Ἑστίᾳ πατρῴᾳ καὶ Διὶ πατρῴῳ*. Gab es eine Ansicht, wonach beide *einen* Leib ausmachten, so hatte man in diesem Zeus als Himmelsfeuer und in der Hestia als Erdfeste und Erdfeuer wieder den Mithras-Mitra.

beim Johannes Lydus die Hestia der Römer und Mithras der
Perser neben einander stehen. Es wird hierbei nicht unnütz
seyn, einer Erklärung zu gedenken, die uns Dionysius vom
Wesen der Römischen Vesta mittheilt: «Der Vesta, sagt er,
meinen sie, sey deshalb das Feuer geweihet, weil diese die
Erde ist, und den Mittelpunkt in der Welt einnehmend von
sich selbst Entzündungen des atmosphärischen Feuers verursacht.» [1] Neben dem Feuer in der Luft dürfen, ja müssen
wir bei der Vesta auch an das Feuer denken, das der Stein
von sich giebt, und, in Absicht Persischer Anschauungen
besonders, an die heiligen Erdfeuer und an die Dadgahs oder
Feueraltäre auf der Berge Gipfel.

Da wir im nächstvorhergehenden Abschnitte die Vermischung der Mithrischen Symbole mit den Sabazischen gesehen haben, so will ich hier nur mit Einem Worte an die beiden
Formeln der Sabusdiener erinnern: «Er ist Feuer, Du bist
Feuer», [2] und: «Der Stachel des Rinderhirten ist in dem
Berge verborgen»; in welcher letzteren Clemens (Protrept.
p. 14 Potter.) eine Anspielung auf das Bacchische Feuerrohr
fand. Doch da ich darauf im zweiten Bande zurückkommen
muss, so sey es an diesem Fingerzeige, wodurch Hirt's Gedanke bestätigt wird, vorjetzt genug. Von demselben Gelehrten trenne ich mich auch darin nicht, dass die Säule des
Mycenischen Reliefs eine Höhlung zum Behuf des Feuers und
der Asche gehabt habe. Wir dürfen ja nur an die durch
Feuer glühend gemachten Molochsbilder denken. Aber hier
wie dort vergesse man die symbolische Bedeutung des Sonnendienstes nicht. Darüber liegen zu deutliche Zeugnisse vor.

---

[1] Dionys. Halic. A. R. II. 66. p. 376 sq. Reisk.

[2] Ilyes *Attes*, nach Bochart's Erklärung (Can. p. 441). Der Attes
(Ἄττης) aber heisst nach einem Griechischen Grammatiker (bei Bekker
Anecdd. Graecc. p. 451) Diener (προπόλος) der Göttermutter, also der
Gottheit, die im Himmelssteine zu Pessinunt verehrt ward, und der die
feurigen Löwen beigesellt wurden.

So lesen wir in der Phönicischen Theogonie, da wo die vergötterten Berge Casius, Libanus und Antilibanus vorkommen,
wie Usous dem *Feuer* und dem *Winde* jedem eine *Säule* geweihet, und von dem Blute der von ihm erlegten Thiere
Trankopfer denselben dargebracht habe. ¹) Lauter Gebräuche,
wie sie die Persischen Bergvölker den Elementen zu Ehren
verrichteten (Herodot. I. 131). Wenn Clemens in einer andern Stelle²) von der Feuersäule, die vor den Israeliten herzog,
Gelegenheit nimmt, das höhere Alter dieses Säulendienstes,
als der Anbetung von Götterbildern, zu bemerken, so ist
diese sonst so wichtige Beobachtung für uns hier von minderer
Bedeutung, als seine Ansicht der gedachten Feuersäule, die
er für ein Bild des ständigen, bleibenden und unwandelbaren
Lichtes der Gottheit nimmt.³) Ich meine nur den Grundgedanken, dass nämlich bei den Persern bis zu den Römern hin
in der Verehrung der Mitra und der Hestia die Vorstellung
von der *unverlöschlichen Kraft* des im Mittelpunkte der Erde
und des Himmels verborgenen Feuers vorwaltete. Der Pythagoreische Satz⁴) von der Vesta, «die in der Götter Hause
allein bleibt», beweiset, dass diese Gedanken aus einer alten
Quelle geflossen waren. Dieser Erdfeste und diesem Erdfeuer,
als Ein Wesen gedacht, war nun, wie wir urkundlich ersehen
haben, die Säule als Attribut gewidmet. Die Obelisken waren
der Sonne aufgerichtet, und sollten ihre Strahlen versinnli-

---

1) Philo Byblius ap. Euseb. Praep. Evang. I. 10. p. 35, ed. Colon. —
מַצֵּבָה Säule, Bildsäule (Götze) kommt auf Phönicischen Inschriften vor.
Jene zwei Bedeutungen verfliessen in einander, wie beim Griechischen
στήλη zuweilen. Ueber diesen Doppelsinn, so wie über die Säulen in den
Tempeln des Alterthums s. Huet Demonstratio Evang. p. 196 sqq.

2) Stromat. I. p. 349. p. 418 Pott.

3) τὸ ἑστὸς καὶ μόνιμον τοῦ Θεοῦ — φῶς.

4) beim Plato im Phaedrus §. 56. p. 246. p. 251 Heindorf. Es würde
mich zu weit führen, die Erklärungen des Proclus und Anderer hier zu
verfolgen.

chen.[1]) Es sind Spitzsäulen, d. h. sie verjüngen sich aufwärts von der breiteren Basis an. Die Säule von Mycenä verjüngt sich abwärts. Dabei könnte der naive Sinn kindlicher Völker an das aus der Erde aufstrahlende und den Sonnenstrahlen begegnende Erdfeuer gedacht haben. Man erinnere sich der obigen Worte des Dionysius. Mitres bauet in Aegypten Obelisken. Feuerstrahlen' aus Säulen aufsteigend sieht man in Persischen Bildwerken (s. oben Gell). In jenen Spitzsäulen könnte also an den Feuerregen des besaamenden Mithras oder Zeus gedacht werden; in dieser umgekehrten Columne an die ausströmende Feuerkraft der Mitra–Hestia. Dieser Nebengedanke ist zur Sache nicht wesentlich,[2]) aber bei den *vier Kugeln* oben an der Mycenischen Säule hat W. Gell mit Recht an Kugeln auf Aegyptischen und Persischen Säulen erinnert. Den wahren Sinn zu entdecken, möchte schwerer seyn. Ich will geben, was ich finde; das heisst, ich will keine Allegorien ersinnen, sondern sie mittheilen, wie ich sie antreffe. Es sind nämlich die *drei Ringe* (annulets, wie sie Gell nennt) und die *vier Kugeln* oder *Kreise* (balls or circles) zwischen dem oberen und unteren Abacus über jenen Ringen zu bemerken. Mithras ward der *Dreifache* ($\tau\rho\iota\pi\lambda\acute{\alpha}\sigma\iota\sigma$, triplex) genannt.[3]) Der Kaiser Julianus kennt dieses Epitheton des von ihm eifrig verehrten Gottes auch, und sucht nach seiner Weise davon Rechenschaft zu geben. Er redet von einer dreifachen Wirksamkeit des Mithras, und indem er einer dreifachen Verleihung himmlischer Wohlthaten gedenkt, erwähnt er der *Kreise*, welche dieser Gott, *vierfach* schneidend oder theilend

---

1) Plin. H. N. XXXVII. 8. Vol. II. p. 735 Hard.: — obeliscos Solis numini sacratos. Radiorum eius argumentum in effigie est.

2) Nach Ansicht unsrer Abbildungen lasse ich es jetzt sogar dahin gestellt seyn, ob sich jene Mycenische Säule nach unten verjüngt.

3) Dionysius Areopagit. Epist. VII. 2. p. 91 Corder. und daselbst das Scholion des Maximus.

die vier Jahreszeiten, hervorbringe.[1]) Unser Relief betreffend,
so müssen wir die *vier* Jahreszeiten, als eine spätere calen-
darische Eintheilung, vergessen. Das Epitheton des Mithras
als des *dreifachen* muss aber anerkannt werden, da es in bestimmten Zeugnissen gegeben ist; und an die drei Jahreszeiten
der alten Völker darf wohl gedacht werden. Von den drei
Aepfeln des Hercules, die dahin gehören, wird im Verfolg die
Rede seyn, so wie vom Dreifusse des Apollo, der calendarisch
und auguralisch[2]) in diesem Sinne genommen ward. Hier
mag nun an das unstreitig sehr alte Relief auf dem Candela-
berfusse der Dresdner Sammlung erinnert werden, dessen eine
Seite den Kampf um den Dreifuss und darunter die Cortina
mit dem dreifachen Umhange zeigt, die andere aber die Be-
festigung des *Dreifusses auf einer Säule*[3]) von priesterlichen
Händen. Ich will hier nicht an die aufgehobenen drei Finger
der dabei beschäftigten Priesterin hinweisen, worin vielleicht Jemand eine Zählung der drei Jahreszeiten vermuthen
könnte. Aber wohl verdient angeführt zu werden, dass das
Zeichen des Dreiecks auf dem Rücken eines *Löwen* auf sehr
alten Münzen von Pamphylien vorkommt.[4]) Auf der Stirne
des Stieres Apis bemerkt schon Herodotus (III. 28) das
Viereck.[5]) Letzteres war dem Hermes und der Venus hei-

---

1) Iulian. Orat. IV. p. 138 Spanh. ἔνθεν οἶμαι καθήκει ἄνωθεν ἡμῖν
ἐξ οὐρανοῦ τριπλῆ χαρίτων δόσις, ἐκ τῶν κύκλων, οὓς ὁ θεὸς ὅδε τετραχῇ
τέμνων τετραπλῆν ἐπιπέμπει τῶν ὡρῶν ἀγλαΐαν. Er meint die in drei Segmente getheilten dreimal vier oder zwölf Zeichen des Thierkreises.

2) Suidas III. p. 505 Küster. τρίπους κατὰ τοὺς τρεῖς χρόνους μαν-
τευόμενος κ. τ. λ.

3) Becker's Augusteum I. tab. 5 — 7.

4) Payne Knight on symbol. laug. §. 222. p. 182 sq.

5) Oder auch das Dreieck, wie Manche gegen Handschriften lesen
wollen; vergl. meine Commentt. Herodott. I. p. 133. 137. Das Dreieck
war der Minerva heilig p. 135.

lig. [1]) Es war das Bild der sinnlichen Natur. Archytas wählte dafür das Bild des *Kreises* ($\varkappa \acute{v} \varkappa \lambda o v$) oder der *Kugel* ($\sigma \varphi \alpha \acute{\iota} \varrho \alpha \varsigma$), und man sprach von *vier* Acten von der Zeugung an bis zur Vollendung des Wachsthums organischer Körper. [2]) Mithras als Demiurg und Herr der *Zeugung* sitzt auf dem Stiere, dem Zeichen der *Venus*. [3]) Es ist aber das Dreieck Bild der Fruchtbarkeit (s. die Stellen bei Valckenaer zum Herodot. III. 28); worin wir wieder einen Grund entdecken können, warum dem Mithras das Prädicat der *Dreifache* sich eignet. Wie dem aber auch sey, so dürfen wir bei jenen *drei* Kreisen des Mycenischen Reliefs an den *dreifachen Mithras-Perses* (s. oben) denken. Bei den *vier Kugeln* aber dürfen wir uns der vier Momente der körperlichen Natur erinnern, und der *Venus*, die darüber waltete (s. vorher). Wenn aber das alte Königshaus von Argos ganz eigenthümlich eine *siegbringende Venus* (᾿$A \varphi \varrho o \delta \acute{\iota} \tau \eta$ $\nu \iota \varkappa \eta \varphi \acute{o} \varrho o \varsigma$) verehrte (Pausan. II. 19. 6), *so haben wir in der Dreizahl der Kreise und in der Vierzahl der Kugeln auf der Mycenischen Säule die Erinnerung an jene Conjunction* [4]) *des zeugenden Mithras mit der grossen Gebärerin und Siegerin Venus;* also Mithras–Mitra in einem verbindenden Symbol. Ich will weiter nichts hinzufügen, als dass Herodotus (II. 91) zu Chemmis in Aegypten einen Tempel des Perseus sah, den er ausdrücklich als einen viereckigen ($\tau \varepsilon \tau \varrho \acute{\alpha} \gamma \omega \nu o \nu$) bezeichnet; und dass die *Siebenzahl* (also die

---

1) S. die angef. Commentt. p. 135 und Johannes Lydus de menss. p. 210 Röth.

2) Io. Lydus p. 60 sq., wo das Fragment des Archytas steht. Es ist auch dort die intellectuelle Seite aufgefasst, die ich der Kürze wegen übergehe.

3) Porphyr. de antr. Nymph. cap. 24. p. 22 Goens.

4) Porphyrius a. a. O. nennt beide, den Mithras und den Stier, Herren der Zeugung. Wenn also eine weibliche geflügelte Figur auf dem Stiere sitzt und ihn ersticht (eine nicht seltene Vorstellung, s. z. B. bei Zoëga Bassiril. tav. LVIII — LX und auf einem andern Bilde, s. *unsere*

Gesammtzahl der drei Reifen und der vier Kugeln) wieder dem Mithras eigenthümlich zugeeignet ist. [1])

Wir gehen zum Bilde der *Löwen* über. Hier, neben der Feuersäule, muss an die feurige Natur dieses Thieres gedacht werden. Aber auch astronomisch und wegen der im Löwen culminirenden Sonne ward der Löwe das natürliche Symbol der Feuerkraft von oben. Da über diese Begriffe bereits oben die nöthigen Nachweisungen gegeben sind, so begnüge ich mich hier mit der blossen Erinnerung daran. Ich will nicht vorgreifen, sonst könnte ich aus den Wandlungen des Bacchus, wie er bald als Löwe, bald als Stier und Schlange angerufen wird (Euripid. Bacch. vs. 1015) und auch erscheint, für das Alterthum Mithrischer Lehren und Bilder Bestätigungen gewinnen. Aber an den 'Bacchus in der Säule ($\pi\varepsilon\varrho\iota\varkappa\iota\acute{o}\nu\iota o\varsigma$) muss ich erinnern. Die näheren Umstände dieses Mythus bringe ich unten bei. Jetzt sey nur bemerkt, dass in mehreren Stellen und auch in einem Orakel (bei Clemens Alex. Strom. I. p. 418 Potter.) dem Kadmeïsch-Thebanischen Dionysus das Epitheton Säule ($\sigma\tau\acute{v}\lambda o\varsigma$) beigelegt wird. Wenn der Orphische Hymnus (XLVII. al. XLVI.) diesen Säulen-Bacchus als

Tafel XLVII. nr. 2), so ist die Conjunction von Mithras-Mitra nur auf andere Weise dargestellt. Es ist ein Opfer der Venus-Victrix, und Payne Knight p. 136 nennt diese geflügelte Figur richtig die *weibliche Personification* des Mittlers Mithras.

1) Scholiast. Platon. p. Ruhnken.: $\bar{\eta}$ $\dot{\omega}\varsigma$ $\tau\tilde{\omega}$ $M\iota\vartheta\varrho\alpha$ $o\iota\varkappa\varepsilon\tilde{\iota}o\nu$ $\tau\grave{o}\nu$ ζ' $\dot{\alpha}\varrho\iota\vartheta\mu\grave{o}\nu$, $\grave{o}\nu$ $\delta\iota\alpha\varphi\varepsilon\varrho\acute{o}\nu\tau\omega\varsigma$ $o\iota$ $\Pi\acute{\varepsilon}\varrho\sigma\alpha\iota$ $\sigma\acute{\varepsilon}\beta o\upsilon\sigma\iota\nu$. Aber auch *sieben* Cyklopen mussten die Erbauer von Tirynth seyn (Strabo VIII. p. 230 sq. Tzsch.). — Guigniaut verweiset hierbei auf ein Basrelief auf einer grossen Säule zu Morghab (vielleicht dem Pasargadae der Alten). Es zeigt uns eine ehrwürdige bärtige in einen langen Talar gekleidete Gestalt (eines Ized oder eines vergötterten Heros) mit vier grossen Flügeln und mit einem Aegyptischartigen Kopfaufsatz, dessen Spitze drei Kugeln bilden. Ueber dem Haupte steht eine Inschrift mit dreierlei Keilbuchstaben. Dieses Bild gehört durchaus der Persischen Religion an (s. Guigniaut's pl. XXIV. nr. 123 und dessen Explication des planches p. 29 und die Notes p. 724).

den besingt, der das gewaltige Zittern der Erde zum Still-
stande gebracht ($\dot{\varepsilon}\sigma\tau\eta\sigma\varepsilon$), als der feurige Strahl (des Zeus)
sie in Windesbrausen getroffen (als er in seiner Götterkraft
zur Semele hinabfuhr), so werden wir von selbst wieder an
die obige Sage gedenken, wie Mithras in den Felsenberg
Diorphus feurig sich hinabsenkt, und wie daraus ein gleich-
namiger Sohn hervorgeht. Aus dem *dunkelen* Schoosse der
Erde geht er ans *Licht* der Sonne, und mag deswegen Grie-
chisch wohl $\varDelta\iota o\varrho\varphi o\varsigma$ genannt werden (s. oben). *Der Scheide-
punkt zwischen Licht und Dunkel ist eine Mithrische Grundidee.*
Am Kreise der Nachtgleiche ist des Mithras siderischer Stand-
ort (Porphyr. de antr. Nymph. cap. 24. p. 22 sq. Goens.).
Zwischen Tag und Nacht, im *Zwielichte* des Abends, springt
aus einer berstenden Säule des Palastes unter entsetzlichem
Donner der *Mannlöwe Wischnu* hervor.[1] Hier erscheint der
Löwengott als Rächer. Das Feuer als zerstörendes Element
musste auch den Löwen zum Bilde haben. Darauf will auch
ein gelehrter Förscher[2] das häufige Vorkommen des Löwen-
symbols auf Gräbern beziehen. Auf dem hier beigefügten
Relief aus der neuesten Lieferung der Description de l' Egypte
(s. unsere Tafel XVIII. nr. 2) hat Phthas einen Schlangen-

---

1) S. die Auszüge der Indischen Purams bei Th. Maurice Anc. Hist.
of Hindostan Vol. II. p. 24 sq. und dazu pl. II. mit dieser Vorstellung.
Als Mannlöwe wird auch Mithras vorgestellt. Luctatius in Statil Thebaid. lib. I. vs. 717: „Et hic Sol proprio nomine vocatur Mithra, quique
eclipsim patitur, ideoque intra antrum colitur. Est enim in spelaeo Per-
sico habitu, *leonis vultu* cum tiara utrisque manibus bovis cornua com-
primens."

2) Payne Knight Inq. into the symbol. laug. §. 109. p. 83. Zoëga
Abhandll. p. 197, wo er von dem bekannten Bilde des *Aeon* spricht,
bemerkt: „Der Löwenkopf mit halb geöffnetem Munde und gefletschten
Zähnen, die zerstreute und sträubige Mähne, scheint ein schickliches
Bild des Kronos, der die eigene Sippschaft verzehrt, und des verwirrten,
furchtbaren Abgrunds der unbestimmten Zeit" u. s. w. Bhagavat oder
Wischnu bei Maurice a. a. O. hat gerade dasselbe furchtbare Ansehen.

lcib, einen Löwenkopf, und seine Flügel haben Zähne an ihrer inneren Seite. Das ist Phanes oder Kronos der Orphiker d. h. der Hervorbringer und Zerstörer. Den Mycenischen Löwen, um zu ihnen zurückzukehren, fehlen jetzt die Köpfe. Da aber auch die übrigen Beiwerke nichts enthalten, was geradezu an Zerstörung erinnert, so denken wir uns bei diesen Löwen auf beiden Seiten der Säule, mit den Attributen von Mithras und Mitra-Venus, am einfachsten eine Versinnlichung *der activen und passiven Natur im Zeichen des Löwen, als dem Jahrespunkte, wann die feurige Sonne die Erdfeste am tiefsten durchdringt;* wovon die *Leontica* der Mithraslehre (s. oben) ein Mehreres besagen mochten. Das Mycenische Thor ward also vermuthlich dem Mithras, in der Eigenschaft des feurigen Löwen, gewidmet.

Aber der *Mannlöwe* Mithras erfasset auch den *Stier*,[1]) oder kniet auf ihm, und tödtet ihn. Hiermit verlassen wir die *Bildwerke* von Mycenä, und sehen uns in einigen *Sagen*

---

1) Luctatius zum Statius a. a. O. Er erklärt dieses Bild von der Sonne, die den Mond dadurch ihre Ueberlegenheit fühlen lasse: *Sol* enim *lunam* minorem potentiâ suâ et humiliorem — cornibus torquet. Andere erklären die auf Gemmen und Münzen vorkommende Vorstellung eines Löwen, der einen Stier würgt, vom Sonnenstrahle, der die *Erde* durchdringt (Beger Thesaur. Brandenburg. Vol. I. p. 146). Beide Erklärungen sind richtig; nur hat jede eine andere Seite aufgefasst. Wenn ich übrigens auf die Behauptung des Zoëga (Abhandll. p. 192 f.): „Luctatius müsse sich geirrt haben,“ keine Rücksicht nehme, sondern einen Mithras mit dem Löwenkopf anerkenne, so wird der Grund davon den Lesern aus dem Obigen einleuchten. Dass in einer Abbildung des Mithrischen Stieropfers ein Löwe vorkommt, bemerkt Zoëga selber (p. 158); und da sich noch eine wirkliche Spur von einem Mithras mit dem Löwengesicht gefunden hat, so hat Welcker mit Recht den gedachten Scholiasten gegen Zoëga in Schutz genommen (p. 412). Das Ladenburger Bild hat auch den Löwen (s. unsere tab. XXXVI. nr. 1). Diese und andere Gründe machen mich auch sehr misstrauisch gegen dessen Behauptung, dass der Löwe erst nach einiger Zeit in den Mithrischen Bildern eine Stelle bekommen habe (p. 130).

vom Erbauer dieser Mauern und Thore um. Zuvor aber muss ich gegen eine Meinung sprechen, wonach Mithras als *Stier-räuber* eine Fiction christlicher Schriftsteller wäre.[1]) Wenn Porphyrius (de antr. Nymph. cap. 18. p. 18) von einem Stiere stehlenden Gotte rede, so sey darunter ohne Zweifel Hermes zu verstehen. Ich will die Hauptworte hier beifügen: Porphyrius redet von dem Namen Biene ($\mu\acute{\epsilon}\lambda\iota\sigma\sigma\alpha$) als eines Prädicats des Mondes, in der Eigenschaft des Vorstehers der Zeugung. Darauf führt er die Meinung an, dass die Bienen aus dem Stierleibe geboren seyen. Zuletzt sagt er: «Und die in die Zeugung (ins Körperliche) übergehenden Seelen sind aus dem Stiere geboren. Und Stierdieb ist der Gott, der die Zeugung heimlich vernimmt.»[2]) Diese mystische Ideenreihe kann erst im Verfolg durch Vergleichung der Mythen von der Diana und Ceres-Proserpina deutlich werden. Aber gleich zunächst beim Porphyrius wird ja der Stier mit der Zeugung in Verbindung gebracht, und *Mithras* (der auf dem Stiere seinen Sitz hat; s. oben) ausdrücklich Herr und *Gebieter der Zeugung* genannt.[3])

Deswegen hat auch der neueste Herausgeber des Porphyrius[4]) den *Stierdieb* geradezu als *Mithras* bezeichnet. Früher hatte dies schon Philipp a Turre gesehen. Dieser hat auch Einen Grund dieses sonderbaren Namens wohl erklärt, wenn er dabei an die *unbemerkt* und *allmählig* in die Materie eindringende und befruchtende Feuerskraft denkt.[5]) Ein an-

---

1) Behauptung Zoëga's in den Abhandll. p. 131 f. p. 404. Der Zweifel ist nicht neu. Caspar Barth hegte ihn schon (ad Statii Thebaid. lib. I. vs. 715 sqq.).

2) $\varkappa\alpha\grave{\iota}\ \beta o\nu\varkappa\lambda\acute{o}\pi o\varsigma\ \vartheta\varepsilon\grave{o}\varsigma\ \acute{o}\ \tau\grave{\eta}\nu\ \gamma\acute{\epsilon}\nu\varepsilon\sigma\iota\nu\ \lambda\varepsilon\lambda\eta\vartheta\acute{o}\tau\omega\varsigma\ \grave{\alpha}\varkappa o\acute{\upsilon}\omega\nu.$

3) p. 22 seq. — $\delta\eta\mu\iota o\nu\varrho\gamma\grave{o}\varsigma\ \mathring{\omega}\nu\ \acute{o}\ M\acute{\iota}\vartheta\varrho\alpha\varsigma\ \varkappa\alpha\grave{\iota}\ \gamma\varepsilon\nu\acute{\epsilon}\sigma\varepsilon\omega\varsigma\ \delta\varepsilon\sigma\pi\acute{o}\tau\eta\varsigma\cdot$

4) van Goens zum a. O. p. 108 sq. nach dem Vorgang Anderer, die er anführt.

5) Monumm. veteris Antii cap. I. p. 90 und cap. III. 100. „*Nam quemadmodum quod agunt fures clam agunt, ita vivificus et genitalis*

derer Grund des Epithetons ist dieser: weil Mithras als Ized (Genius) der *Sonne* im alten *Aequinoctialzeichen* des *Stieres* der Finsterniss einen Tag, Monat, eine Zeitperiode nach der andern unvermerkt und heimlich entführt und ins Licht zurückbringt. Wer an ganz ähnliche Namen und Allegorien der Aegyptier und der Griechen sich erinnert, wird dies ohne Weiteres verstehen. Ganz deutlich aber kann dies erst im Verfolg werden, wenn die Ochsenräuber Hercules und Theseus uns vor Augen treten. Dies Wenige wird jedoch den Unpartheiischen schon überzeugen, dass christliche Schriftsteller den Satz: Mithras sey ein Stierräuber,[1]) nicht aus ihren Fingern gesogen haben.

Wir wenden uns zu den *Stiftungslegenden der Mycenäer.*

Erste Sage: Perseus, betrübt über den unfreiwilligen Mord seines Grossvaters Akrisius, den er zu Larissa mit der Wurfscheibe getödtet hatte, beredet den Megapenthes, des Prötus Sohn, sein Land mit ihm zu tauschen. Nach erhaltener Einwilligung erbauet er in dessen Lande Mycenä. Denn hier war ihm von seiner Degenscheide der Deckel (ὁ μύκης) abgefallen, und er dachte, dies Zeichen sey ihm gegeben zur Erbauung einer Stadt.[2])

Zweite Sage: Perseus war durstig, und riss einen Schwamm (μύκητα) aus der Erde. Sofort strömte Wasser

---

calor sensim permeans rerum generationem furtim et latenter promovet.“

1) Iul. Firmicus de errore profan. relig. p. 3. Commodianus p. 13. Letzterer redet die Heiden an:

Insuper et furem adhuc depingitis esse;

und nach einigen Zwischenbemerkungen:

Vertebatque boves alienos semper in antris,
Sicut et Cacus Vulcani filius ille.

2) Pausanias II. 16. 3. Aus den Venetianischen Scholien zu Iliad. XV. 302 lernen wir einen alten Gewährsmann dieser Sage kennen: Hecataeus; vgl. meine Fragmm. historicc. antiquiss. p. 77 seq. Was ich

hervor. Er trank, und erquickt gab er dem Orte den Namen
Mycenä (*Μυκήνας*).[1])

Dritte Sage: Mycenä hiess erst Argium vom vieläugigen
Argus. Die Umänderung des Namens rührt daher, weil die
Schwestern der vom Perseus getödteten Medusa den Mörder
bis an diese Höhe verfolgten. Hier mussten sie die Hoffnung
aufgeben, ihn einzuholen. Da brüllten sie (*μυκηθμὸν ἀνέ-
δωκαν*) aus Mitgefühl und Liebe zu ihrer Schwester. Daher
nannten die Bewohner den Ort Mycenä (*Μυκήνας*).[2])

Vierte Sage: Mycenä hat ihren Namen, weil Io brüllte
(*μυκήσασθαι*), die hier in eine Kuh verwandelt worden.[3])

Fünfte Sage: Die Stadt hat von der Heroïne Mycene
(*Μυκήνη*) —

---

dort beigebracht habe, übergehe ich hier der Kürze wegen. Eine Modi-
fication dieser Sage lautet so: Perseus schwebt in der Luft, und an diesem Hügel fällt ihm der Degengriff (*ὁ μύκης*). Nun baut Gorgophonos
nach erhaltenem Orakel hier die Stadt Mycenä (Chrysermus ap. Plutarch.
de Flumin. p. 1161. p. 1034 seq. Wyttenb.). Auch der Degengriff selber
ward hernach *μύκης* genannt (Schneider ad Nicandri Alexipharm. vs.
103).

1) Pausanias a. a. O. Schwämme entstehen nach dem Regen. Hesych. II. p. 601 Alb.: *Μίκαι* (leg. *Μύκαι*) *λάχανα ὄμβρια*, fungi qui post
pluviam nascuntur; vgl. Toup. Epist. crit. p. 51 ed. Lips. Späterhin kam
dieselbe Stadt Mycenä durch Wassermangel um ihren Wohlstand (Aristoteles Meteorolog. I. 14). In den weiter folgenden Capiteln werden
wir in den Sagen des *durstigen* Argos die Gegensätze von Dürre und
Wasserfülle immer wieder hervortreten sehen. Vorjetzt will ich nur
zwei vorläufige Winke geben. Der Riesenschuh des Perseus war in Aegypten das Vorzeichen eines fruchtbaren Jahres (Herodot. II. 91), d. h.
eines hohen Wasserstandes. Ferner: im Zeichen des alten Aequinoctialstiers (der dem Mithras angehört, s. oben) stehen die Hyaden, die Re-
gensterne.

2) Ctesias Ephesius ap. Plutarch. de Flumin. XVIII. (Inachus) 6. p.
1161. p. 1034 Wyttenb.

3) Stephanus Byz. in *Μυκῆναι* p. 568 sq. Berkel.

Sechste Sage: Dieselbe Stadt hat vom Myceneus (*ἀπὸ Μυκήνεως*), dem Sohne des Sparton, ihren Namen.[1]

Dieser Sparton winkt uns zu einem kurzen Ueberblick der *Genealogie* des Erbauers der Mycenischen Thore, des *Perseus:* Inachus[2] zeuget den Aegialeus, den Phoroneus und die Io: Von Phoroneus und Io kommen nun zwei Linien. Ersterer zeuget den *Sparton*, den *Apis-Serapis* und die Argolische *Niobe;* von welcher letzteren dann wieder eine Linie bis auf den vieläugigen Argus und den späteren Gelanor entspringt. Von Io und *Juppiter* haben, um die Nebenzweige zu übergehen, folgende Nachkommen ihren Ursprung: *Epaphus*,[3] Libya, *Belus*, Danaus, Hypermnestra, *Akrisius*, *Danae*, und von ihr und *Juppiter: Perseus.*

Hier liegen nun in bedeutsamen Namen beider Linien mehrere Allegorien versteckt, die im Mithrischen Bilderkreise wieder hervortreten. Hier nur einige Andeutungen: Sparton vom *Säen* genannt; Apis, der hernach Serapis wird, also *Stiergott über und unter der Erde;* Io, die über die Erde *umgetriebene*, endlich *eingefangene* brüllende *Kuh;* Epaphus, der heilige *Stier* und Eigenthümer der Stiere; der *Sonnenkönig* Belus u. s. w.

·Mit *Perseus* selber aber treten nun die *Mithrischen* Charakterzüge in Einer Person ganz entschieden hervor. Ich hebe nur die wesentlichen aus. Es wird im Verfolg einmal

---

1) Stephanus Byz. a. a. O. Pausanias a. a. O. macht einige Bemerkungen über diesen Sparton. Die Namenableitung von der Heroïne Mycene führt auch, der Scholiast des Nikander (ad Alexipharm. vs. 101 sqq. p. 37 Schneider.) an. Die Frau kommt beim Homer vor (Odyss. *B.* 120).

2) S. über das Folgende Pausan. II. 16. 3. Apollodor. II. 1. 1 und Scholiast. Euripid. Orest. vs. 1247.

3) Der Griechisch übersetzte Apis, der Aegyptische Stiergott, dem vom Stiergeschlechte die männlichen Thiere geheiligt sind (Herodot. II. 38. 153. III. 27).

gezeigt werden, dass der Name seiner Mutter, *Danae*, entweder auf *Zeitdauer* oder auf *trockene Erde* anspielt. Wie
dem aber auch sey, ein Haus *in der Erde* (χατάγαιον οἰχο-
δόμημα; Pausan. II. 21. 7) und ein ehernes Gemach (χαλκοῦς
θάλαμος; ebendas.) verschliesst sie. Juppiter stürzt sich von
oben als *goldener Regen* in ihren Schooss, und zeuget mit ihr
den Perseus. Das ist Mithras, der mit seinem Feuersaamen
die Erdfeste schwängert, und von ihr einen Sohn gewinnt
(s. oben). Und wenn dieses Sohnes Name der des *Erdgebornen* ist,[1]) und an das *Dunkel* erinnert, so leidet das, nach
dem angeführten Argolischen Mythus, volle Anwendung auf
den *Perseus*. Späterhin, um Vieles zu übergehen, hat Perseus
die Cyklopen (die unterirdischen Feuerarbeiter) in seinem
Gefolge (Pherecydis Fragmm. p. 79 Sturz.), und sie müssen
ihm Mycenä befestigen. Diese Burg selbst hat nun in der
Sage ihren Namen bald von einer *brüllenden Kuh*, von der
brüllenden Io (der Mondkuh), bald von den brüllenden *Gorgonen*, die über ihre Schwester klagen, aus deren Blute ein
Chrysaor entspringt (Hesiod. Theogon. 280. Tzetz. ad Ly-
cophron. vs. 17), d. h. ein Mann des *goldenen Schwertes.* —
Dann will eine andere Sage wissen: die Burg Mycenä sey
von einem Deckel des *Schwertes* selber genannt, oder vom
Schwamme, dem *Wasserzeichen.*[2]) Der Bau wird aber von
Perseus unternommen, nachdem er seinen Eltervater Akrisius
(Ἀχρίσιος, den *Unklaren*) mit der Wurfscheibe (einem alten
Sonnensymbol) erschlagen hat.

Mag *Perseus* (Περσεύς) nun der *Klare*, der *Lichtsohn*

---

1) Der sogenannte Plutarch. de Flumin. XXIII. 4. p. 1049 Wytteub.
sagt ausdrücklich: — Διόρφου τοῦ γηγενοῦς.

2) Gewöhnliche Wortspiele, in die mystische Sagen sich hüllen.
Μυκή (μυκά) das Brüllen; μύκη der Schwamm; μύκης der Degendeckel;
Hesych. II. p. 629 sq. Alb. Toup. Epist. crit. p. 51. Späterhin spielte
ein Verfasser von Satyrdramen, Aristias, wieder mit diesen Worten
(Toup a. a. O.).

heissen, oder der von der *Sonne durchlaufene Kreis;*[1]) in jedem Falle ist er *Mithrisch* bezeichnet.

Nun merken wir auf andere Spuren einer alten Verbindung des *Perseus* und *Mithras.* Es ist schon oben gezeigt worden, dass ein Mithraspriester und sein Gott selbst *Perses* (*Πέρσης*) hiessen. Er heisst gerade in dieser Eigenschaft der *Früchte Hüter.* Sey aber auch nur der *Perser* (Persische) damit gemeint, so ist es gerade das, was wir suchen. «Perseus, Sohn der Andromeda und des Perseus, heisst es weiter, pflanzte eine Persische Landschaft Artäa an.» An der ersten Stelle sollte *Perses* stehen. Aber es kann auch seyn, dass beide Namen abwechselnd von Einer Person gebraucht wurden.[2]) Diese Genealogien kennt auch Herodotus, und führt als *Persische* Sage an, dass Perseus ein *Assyrer* gewesen.[3]) Er und die alten Erklärer des Plato geben uns folgendes Geschlechtsregister:

Juppiter ‿ Danae

|

Perseus ‿ Andromeda

|

Achämenes.[4])

Es ist bereits bemerkt worden, dass Achämenes von Vielen für den Persischen Dschemschid gehalten wird. Hiernach hätten wir die Mithrische Hauptidee in einer Griechischen Genealogie. Sie ist diese: Aus dem Feuerstrahle, in welchem sich Mithras in die Erde herabsenkt, kommt ein Sonnenheld, der wieder einem Ackerbauer das Daseyn giebt. Denn des Ackerbaues Ursprung ist Persisch in dem Bilde des Dschem-

---

1) Hermann's Erklärung in den Briefen über Homer p. 185 f.

2) Hellanici Fragmm. LXIII. p. 94 und daselbst Sturz.

3) Herodot. VII. 61. Mehrere Sagen, worin Perseus mit den Persern in Verbindung gesetzt wird, s. VI. 53. 54.

4) Olympiodorus p. 151 und Scholiastes Platonis Alcib. I. p. 75 Ruhnken. auch zum Theil Herodotus selbst VII. 61. Im Palatinischen Summarium zu dieser Stelle muss statt *Περσίων* gelesen werden *Περσέως.*

schid gegeben, der mit goldenem Schwerte die Erde spaltet. Der Urtypus ist das Bild des Jünglings, der den Stier niederwirft und schlachtet.[1]) War es der Löwe oder der Mann mit dem Löwenkopfe (s. oben), so dachte man an die Sonne in diesem Zeichen, und der von ihm unterworfene, widerstrebende Stier oder die Kuh bezeichneten bald die Erde, bald den Mond, in so fern er von der Sonne bewältigt und befruchtet wird.[2]) In der activen Potenz haben wir immer die unbesiegte Sonne (Sol invictus). Ist es eine geflügelte weibliche Person, die den Stier unterwirft und schlachtet (s. oben), so muss an die Venus Urania gedacht werden, welche die Perser unter dem Namen Mitra bei sich aufgenommen hatten (Herodot. I. 131). In Argolischen Mythen wird sie zur siegbringenden Venus (Ἀφροδίτη νικηφόρος; s. oben), womit eine Lehre von Feuer- und Lichtreinigung zusammenhängt.[3])

Sehen wir uns nun in den zahlreichen Mithrischen Bildwerken um, und unterscheiden die *wesentlichen* Symbole von den unwesentlichen,[4]) so werden wir gestehen müssen, dass in den *Argolischen Mythen* und *Bildwerken* von *Perseus* und von der *Perseusburg* Mycenä mehrere der allerwesentlichsten

---

1) Schon Beger hat es richtig verstanden, nämlich vom Ackermanne, der sich die Erde unterwirft, sie umgräbt, und Früchte zu bringen zwingt (Thesaur. Brandenb. I. p. 146).

2) Statius Thebaid. I. 715 sqq.

— *Seu te roseum Titana vocari*
Gentis Achaemeniae ritu: seu praestat Osirin
Frugiferum: seu Persei sub rupibus antri
Indignata sequi torquentem cornua Mithram.

Wo der Scholiast erst des Mannlöwen Mithras gedenkt (s. oben), dann das Drehen der Hörner auf den Mond bezieht (— quae interpretatio ad *Lunam* dicitur).

3) Ich habe sie in der *Erklärung der Bilder* auf der Vase von Canossa zu entwickeln gesucht; s. das Heft der Abbildungen.

4) Zoëga in den Abhandll. p. 118 ff. 167 ff. hat davon genau gehandelt.

gegeben sind. In dem *Mythus* erscheint nämlich die *Kuh*, und zwar *brüllend* und *entrüstet*. Die Anspielung auf den in die Erde versenkten *Dolch* hat sich in der Legende vom Degendeckel erhalten, der gesucht werden muss, und zum Zeichen und Namen einer Stadt dienet. Die *Grotte* verräth sich im Gemache in der Erde, wo Danae den Sohn empfängt. Im goldenen Regen, welcher sie befruchtet, im Schwamme und Wasser sehen wir die Bilder *solarischer Ausflüsse* und *terrestrischer Zeichen* von *Fruchtbarkeit*, also Mithrische Hauptvorstellungen. Die Gorgonen sind Erinnerungen an den *Mond*[1]) als den *finsteren Körper*, und die brüllenden Schwestern als Kühe bezeichnen die unlautere Natur desselben, die mit Gewalt von der Sonne gereinigt werden muss. Es liegen die Begriffe von *Reinigung* hier zum Grunde. Perseus und der Perseïde Hercules reinigen auf Erden und am Himmel. Sie reinigen das Böse gewaltsam und durch Blutvergiessen. Sie sind jedoch *gerechte Todschläger*. Perseus aber ist vorzugsweise geflügelt.[2]) Dies Alles nahm nun auch seine *ethische* Wendung historisch weiter. Nur Ein Beispiel: Den sinnlichen, üppigen Sardanapalus, ging die Sage, hatte Perseus erschlagen.[3])

---

1) In alter Sprache hiess γοργόνιον der Mond, wegen des schwarzen Gesichts, das man in ihm zu sehen glaubte (Clemens Alex. Stromat. V. p. 676). Die gleich folgenden Andeutungen vom chaotischen Wesen des Mondes werden im Capitel von den Samothracischen Mysterien durch die Mythen von der Luna-Brimo deutlicher werden.

2) Olympiodorus ad Platonis Alcib. I. p. 157: Ἑκάτερος μὲν γὰρ ἐπὶ καθάρσει τῶν κακῶν γέγονε, καὶ γὰρ καὶ ὁ Ἡρακλῆς. Διὸ φησὶ περὶ αὐτοῦ ὁ Πείσανδρος· δικαιοτάτου δὲ φωνῆος· ἐπὶ γὰρ καθαρότητα φόνους ἐποίει· ἀλλὰ καὶ ὁ Πέρσευς τοιοῦτος· εἶχε δὲ καὶ τὸ εἶναι πτερωτὸς, ὡς ἐδήλωσεν ἡ κωμῳδία καὶ ἡ Γοργὼ καὶ ἡ ἄρπη.

3) Malelae Chronicon p. 21 Oxon. Suidas in Σαρδαναπ. Vol. III. p. 286 Kust. mit Reinesii Observatt. in Suid. p. 222 ed. Müller. — In diesem ethischen Sinne, setze ich jetzt hinzu, konnte noch ein später christlicher Redner den Gorgonentödter Perseus einem Fürsten als Vorbild

So weit die Mythen. Vom *Mycenischen Bildwerke* brauche ich, nach dem was oben erörtert worden, weiter nichts zu sagen, als dass die von Löwen gehaltene Säule, mit den solarischen Kugeln und Reifen in ihrer Spitze, ein Mithrisches Bild aus der Lehre der *Leontica* vor Augen stellt, nämlich die von der Sonne im Löwenzeichen erfasste und bewältigte feurige Erdfeste.

Hiernach mögen nun Unterrichtete entscheiden, ob es zu kühn ist, wenn ich zu behaupten wage, *Perseus ist eine Mithrische Formation* oder, wenn man lieber will, *Epiphanie*. Ein Indisch-Assyrisches Ursymbol ist sowohl in Persiens als in Aegyptens Religionen eingedrungen, hat sich männlich als Phamenophis-Memnon[1]) in der Lichtsäule befestigt, darauf im Thierdienste sich zersetzt; und in Vorderasien mannigfaltig umgebildet, kommt es in den Argolischen Bildern und Mythen als Perseus wieder zum Vorschein.[2])

---

hinstellen. Nicephorus Blemmyd. orat. Qualem oporteat esse regem (in Collect, veterr. scriptorr. Vatic. II. p. 630 ed. A. Mai): Καὶ ὥσπερ ὁ ἔνδοξος Περσεὺς παρὰ Ἑρμοῦ δρέπανον λαβὼν ἐξέτεμε τῆς Γοργόνης τρεῖς κεφαλάς, πᾶσαν ἐξ ἐκείνης βλάβην ἀποφυγών, οὕτω χρὴ καὶ τὸν βασιλέα διὰ τοῦ λόγου τὰς ὑποβαλλούσας τὰ πάθη πρώτας κινήσεις ἐκκόπτειν τῇ τῆς ψυχῆς διακρίσει. Darauf wird Herakles als Erleger der Hydra in gleicher Weise als Muster vorgestellt.

1) Weiblich anderwärts in der Feuer tragenden Säule (Mitra-Hestia).

2) Es möchte dienlich seyn, die Worte eines Mannes jetzt beizufügen, dessen unbefangener Blick oft so glücklich ins Alterthum eingedrungen. Der sel. Buttmann sagt am Schlusse seiner Abhandlung über die mythischen Verbindungen von Griechenland und Asien (Mythologus II. S. 193), nachdem er zuletzt von Perseus und Medea und von den Persern und Medern gesprochen: „Ueber die frühe Bekanntschaft der Griechen mit den Namen solcher entfernten Völker Asiens, die durch diese Deutung so alter Mythen vorausgesetzt wird, darf man sich übrigens nicht wundern. Diese mythischen Personen und die damit verbundenen

ethnologischen Notizen kamen den Griechen in Verbindung mit den vielen andern Asiatischen und Phrygischen Sagen zu, und verbreiteten so eine dunkle Kenntniss von jenen Völkern, während die Personificationen derselben sich an die heimischen Mythen anknüpften, und so nun zum Theil freier sich ausbildeten."

§. 13.
Mithras als Mittler.

Die Welt, wie sie vom Ewigen ausgegangen, war Licht.
Jedoch sie verfinsterte sich. Es kam Gegensatz und Streit —
Kampf zwischen Licht und Finsterniss — Gutes und Böses.
Dieser *Kampf*, wie aller *Gegensatz*, in welchem nur die Welt
besteht, ist, wie sie, *endlich*. Am Ende des grossen Jahres
wird er in *Liebe* aufgelöset; er wird *vermittelt*. Diese *Liebe*,
dieser *Mittler* ist *Mitra-Mithras*. — `Wie? Aus dem *Ewigen*
(Zeruane Akerene) ward durch das lebendig machende *Wort*
(Enohe-verihe, Honover) das *himmlische Licht* und das *himmlische Feuer*, das *Princip* des *materiellen Lichtes* und des *materiellen Feuers*. — Unter den *wirklichen (materiellen) Lichtern*
steht die *Sonne* oben an. Die *Sonne* ist der *Abglanz* vom
himmlischen Lichte, und dessen Bild auf Erden. Das *himmlische Licht* ist a) *Lebensquell* und Princip alles Heiles in der
Natur *(physischer Wohlfahrt)*; b) es ist aber auch der ent-
zündende Funke für jede *ethische That*. — Das *Licht*, *ausser*
Gott (dem Ewigen) gesetzt, hat seinen Gegensatz: die *Finsterniss*; die *Sonne*, des himmlischen Lichtes Bild, hat gegen
sich das *Dunkel*; das Gute: das Böse. In der *Zeit* ist ein
Kampf gesetzt — der Kampf des *Tages* mit der *Nacht*, der
Lichtseite des Jahres mit der *Nachtseite*, der *Frömmigkeit* periodisch mit dem *Laster*. Der *Ewige wollte* nur das *Licht*; die
Welt aber, da sie aus *ihm* ist, kann er nicht lassen. Die
Sonne kämpft und ringt, und gewinnt jeden Tag, jedes Jahr
einen neuen Sieg. Die Sonne *reinigt* sich von den Flecken
des *Dunkels*. Ihr *Vorkämpfer*, ihr *Reiniger*, ihr *guter Geist*
ist die *intelligible Lichtkraft* in ihr: der überirdische (himmlische) Lichtfunke, der in ihr lodert. Das Dunkel muss immer
wieder *weichen*, es wird ins Licht aufgenommen. Das Gute

kämpft mit dem Bösen: zwei Geister, Ormuzd und Ahriman.
Aber das Gute hat noch ausserdem seinen Hort, seinen Genius
und Vertreter (Mittler); und das Böse (Ahriman) wird in
der Zeiten Fülle zum Lichte hingezogen, wird gereinigt, wird
verklärt. In Liebe vermittelt und versöhnet der Ewige das
was in der Zeit feindselig aus einander lag; und die Hölle
($\overset{\cdot}{\alpha}\delta\eta\varsigma$) hat ein Ende. Die Schatten hören auf, so wie materielle Last. Es wird Alles in Himmelslicht verflüchtigt und
verklärt. So nimmt der Ewige die Welt wieder in sich auf —
er, der Beste ($\overset{\cdot}{\alpha}\varrho\iota\sigma\tau\sigma\varsigma$), die arge; aber nicht als arge, sondern nachdem sie verklärt worden ins Gute. Wer verklärt
sie? Das ist Mithras. Ist Zeruane Akerene das Beste ($\overset{\cdot}{\alpha}\varrho\iota$-
$\sigma\tau\sigma\nu$), so ist er der Gute — $\tau\overset{\cdot}{\sigma}\ \overset{\cdot}{\alpha}\gamma\alpha\vartheta\overset{\cdot}{\sigma}\nu$ — (wie *Osiris*).
Er ist die *Liebe* und *heisst so (Mihir - Meher)*. Im Verhältniss
zum *Ewigen* ist er die *Gnadensonne*. Im Verhältniss *zwischen*
Ormuzd und Ahriman ist er das *Liebesfeuer*.[1]) In der Natur
ist er der Sonnen*hort* und *Reiniger* der Sonne. Im Verhältniss
zum *Menschen* ist er der *Läuterer*. In *allen* Beziehungen ist
er der *Mittler* ($\mu\varepsilon\sigma\iota\tau\eta\varsigma$). Als intelligibler *Lichtgeist* ist er
des *lebendigmachenden Wortes Sohn*. Er bringt das *Wort* —
wie Brahma (Birmah) die Worte des Mundes Gottes, die
Veda's, bringt. — Er ist in den *Verkündigern des Wortes*, in
den *Propheten*. Er steht den *Weihen* und der *Heilsordnung* vor.
Er ist in den *Gesetzgebern* (den Aethiopiern bringt *Mithras* die
Gesetze); in den *Helden* und *Königen; im Dschemschid*, dem
Sonnenheld mit dem Sonnenspiegel, mit dem *Goldschwert*, das
die Erde spaltet (Ackermann), mit dem *Jahresringe* (Stifter
des Sonnenjahres); im *Feridun*, der die Tazi's und den Zohak
besiegt, und in der *Frühlingsgleiche (Mirrhigan)* den *Sieg* des
Rechts über das *Arge* erringt; im *Gustasp*, der des Goldsterns

---

1) Das *Urfeuer* heisst das Band der Einigung zwischen Ormuzd und
Zeruane Akerene; Zendavesta I. 44 und Anhang II. 1. p. 127. Und des
Mithras Name „*Mihr* heisst auf Persisch sowohl die *Sonne* als die *Liebe;*"
v. Hammer in den Wiener Jahrbb. der Liter. 1818. I. p. 109.

(Zoroaster) Glanz erblickt, und von ihm das *Lebenswort* (Zendavesta) empfängt; im *Khoresch* (Cyrus), dem geweiheten *Son-
nen-* (Khorschid-) *König.* In diesen *Helden ist er Held —*
ein starker *Ized.* In diesen *Männern ist er Mann — Mithras.*
In der *Sonne* auch, die das böse *Dunkel* und arge *Gewürm*
verzehrt. Aber in ihrer *milden Wärme,* in ihrer sanften *Nähr-
kraft,* im linden Lichte der Sterne auch wird er *Mitra — Venus-Urania.* Desgleichen im *Versöhnungswerke,* im *Mittleramte,*
wird er zarte, schmeidigende *Liebe.* Dieses Liebeswerk gelingt in der Fülle der Zeiten, im grossen *Weltjahr* von zwölf-
tausend Jahren. Es gelingt im Zwielicht: auf der Scheidelinie
zwischen Licht und Dunkel; es gelingt alle Jahre in der
Gleiche: in der *Frühlingsgleiche;* es gelingt im Zeichen des
Stieres. Jahre sind *Stiere — Weltjahre* sind *Weltstiere.* Die
finstere Welt mit dem *gestirnten Himmelsgewölbe* ist eine *hell-
dunkele Grotte.* Alle Jahre im *Mirrhigian,* im Frühlingszeichen,
bringt *Mithras,* der *Sonnengenius,* den *Jahresstier* dem Ewigen
zum Opfer. Es ist das Siegesopfer der triumphirenden Sonne.
Am Ablauf des *grossen Jahres* bringt der *Mittler* das *Liebes-*
und *Siegesopfer* dem Ewigen dar. Es ist das Zeichen vom
Ende der irdischen Zeiten. Es ist das Unterpfand vom Siege
des Guten. — Das *Wort* (λόγος) ist Sohn des Ewigen, *Leben,
Liebe,* es ist *Mittler* und *Versöhner.*

———

Und dennoch — so vergänglich ist alles Göttliche unter
den Menschen — verfinsterte sich auch diese *Lichtlehre* mit
der Zeit. Fanatismus und Irrwahn bemächtigten sich der
Mithrasweihen — und selbst Menschenopfer fielen in den finsteren Grotten dieser Mysterien. Aber des besseren Lichts
hatten sich früher Griechische Philosophen, Pythagoras, Heraklitus u. A. bemächtigt. Und dieses himmlische Licht ver-
klärte sich im Christenthum. Die Urkunden des N. T. zeigen
uns beide Seiten: die gute und die böse. Das reine Licht
strahlt im Sterne der *Magier,* die vom Morgenlande herkom-

men, um den *Christ* in der Wiege anzubeten (Matth. II. 1 ff.). Das Licht ist verfinstert im Magier, dem falschen Propheten (Apost. Gesch. XIII. 6. εὑρόν τινα μάγον ψευδοπροφήτην).

Und so konnte Ignatius im dritten Briefe an die Epheser (ap. Ittig. Biblioth. patrum Apostoll. p. 40) sagen: « Ein Stern ist am Himmel erschienen über alle Sterne, und sein Licht war unaussprechlich, und seine Neuheit erregte Verwundern; und alle übrigen Sterne, sammt Sonne und Mond, bildeten den Chor um diesen Stern. Er aber strahlte sein Licht aus über-alle; und man war befremdet, woher doch sein ungewöhnliches Wesen, das diesen unähnlich! Daher ward alles *Magier-wesen* aufgelöset (ὅϑεν ἐλύετο πᾶσα μαγεία); alle Bande der Bosheit wurden zerbrochen, die Unwissenheit ward zerstört, und das alte Reich ward zerrüttet; sintemal Gott menschlich erschienen war zur Erneuerung des ewigen Lebens. »

Nachträge.

Vorwort.

Ich habe im vorstehenden Capitel über die Medisch-Persischen Religionen mehrere Stücke ausfallen lassen, welche in der zweiten Ausgabe dieses Werkes Erzählungen der Sagengeschichte und Beschreibung der Architekturmonumente enthielten; und werde mir auch bei den folgenden Capiteln diese Abkürzung erlauben, weil ich das Meiste davon anjetzt als fast allgemein bekannt ansehen kann, und weil es in vielen andern Büchern anzutreffen ist. Eben so werde ich mit Anführungen aus den Notes et Eclaircissemens des Französischen Bearbeiters Herrn Guigniaut sehr sparsam seyn, theils weil sie schon im Jahr 1825 im Publicum erschienen und also nicht mehr ganz neu sind, theils weil ich das Eigenthümliche seiner Leistungen ihm auch als sein Eigenthum überlassen möchte. Sollten die Leser dieser dritten Ausgabe meines Buchs auch das hier Ausgeschiedene zu besitzen wünschen, so kann dieses dem nachzuliefernden Supplementheft, *die allgemeine Beschreibung des symbolischen und mythischen Kreises* enthaltend (S. 1 — 240 des ersten Bandes zweiter Ausgabe), etwa mit kleineren Typen gedruckt, angehängt werden.

Durch solche Abkürzungen habe ich für neue Mittheilungen aus den *Religionsurkunden* selbst und aus den Ergebnissen der *neuesten Forschungen* Raum zu gewinnen gesucht, und so wird dieses Werk, dem Versprechen gemäss, auf *drei Bände* eingeschränkt bleiben können.

I.

Zur heiligen Geographie, oder über den Ursitz der religiösen Cultur der alten Völker;

Nachtrag zum Anfang des ersten Capitels.

Zu dieser Frage fühlt sich der Forschungsgeist auf jeder Stufe seines Fortschreitens angeregt, und vor ohngefähr fünf und zwanzig Jahren berührte ein grosser, umfassender Gelehrter diese Frage mit folgenden Sätzen: «Steigt man in die ältesten Zeiten empor, so weiset uns die Geschichte auf mehrere Mittelpunkte der Civilisation, deren gegenseitige Verhältnisse zu einander uns völlig unbekannt sind, wie z. B. Meroë, Aegypten, die Ufer des Euphrat und China. Andere, *noch ältere*, Heerde der Menschenbildung standen vielleicht auf dem Plateau von Central-Asien; und dem Wiederschein der letztern möchte man wohl den Anfang der Amerikanischen Civilisation beimessen.» [1]) Bekanntlich wurde früherhin diese Untersuchung von der Mosaischen Urkunde (Genesis II. 8) abhängig gemacht, d. h. von den Oertlichkeiten des biblischen Eden und von dem Laufe der Flüsse des Paradieses, und wenn, nach Erscheinung eines Theils der Zendschriften, die Ausleger mit erweitertem Gesichtskreis auch daraus Licht zu gewinnen suchten, [2]) so haben andere Gelehrte den Ursitz der Civilisation theils allein in dem vorderen Indien gesucht, theils

---

1) Alex. von Humboldt in den Pittoresken Ansichten der Cordilleren S. 9.

2) S. Burder's und Ward's Altes und neues Morgenland, herausgegeben von Rosenmüller, zu Genesis II. 8, wo mit der Mosaischen Be-

im geraden Widerspruch mit allem diesem folgende Sätze aufgestellt:[1]) «Der Indischen Religion und Philosophie könne man nur ein relatives Alter zuerkennen; — Die Sanskritcharaktere seyen vom Chaldäischen herzuleiten; die alphabetische Schrift sey von den Phöniciern ausgegangen, von da, auf ihrem östlichen Wege frühe nach Babylon und von dorten nach Indien verpflanzt worden; — Das Daseyn eines cultivirten älteren Persischen Reichs, vor dem Babylonischen und Medischen, widerspreche der Geschichte; dorten seyen vor Entstehung dieser letzteren Staaten nur nomadische Stämme, unabhängig von einander und ohne bedeutende Civilisation, gewesen; — Vor der Stiftung des Medischen Reichs, und ehe die Indier irgend andere Culte als die der Wilden gehabt; hätten bereits die Chaldäer und Araber die erhabensten Begriffe von der ersten Ursache aller Dinge mit der Theorie von einem System guter und böser Geister, mit dem Satze von dem guten Urheber des Universum und von der bösen Natur der Materie aufgestellt; — endlich: Der Sabäismus sey in Aegypten und in Chaldäa in zwei complicirte Systeme gebracht worden; das Chaldäische System sey den Medern und von diesen den Indiern mitgetheilt worden; wo es dann alle Einflüsse einer eigennützigen Priesterschaft und eines unwissenden Pöbels erfahren habe. »

Die Beleuchtung solcher Sätze möchte anjetzt wohl ausser der Zeit seyn. Hat doch der Urheber derselben von den Zendschriften keine Notiz genommen. Wir wenden uns statt dessen anderen Ergebnissen zu, welche allerdings das Daseyn noch älterer Ursitze der Cultur bestätigen als der Chaldäische ist, welchen der Verfasser mit dem Arabischen zusammenstellt. Von einer vor-Aegyptischen und vor-Indischen Cultur war

---

schreibung von Eden die Angaben des Zendavesta (II. p. 298 ff.) von Eeriene, Iran u. s. w. zusammengestellt werden.

1) History of the European Languages by Alex. Murray. Edinburgh 1823. II. p. 223 — 226.

schon zu den Griechen eine Kunde gekommen. Aristoteles
bemerkt ausdrücklich, dass die Magier älter als die Aegyptier,
und sein Schüler Klearchos, dass die Indischen Weisen Ab-
kömmlinge der Magier seyen.[1]) Eine weitere Kenntniss der
Volksstämme, wozu *diese* Magier gehören, verdanken wir
einem andern Schüler des Aristoteles, dem Eudemos, welcher
die Grundlehren der Magier *dem gesammten Stamm von Aria*
beilegt.[2]) Fragen wir aber nach den Wohnsitzen dieser
Arier, so muss zuvörderst bemerkt werden, dass Herodotus
schon zweierlei Arier (Ἄριοι) kennt.[3]) Dieser Unterschied
stellt sich auch in den orientalischen Urkunden heraus, und
ich kann wohl nicht besser thun, als einen der grössten
Orientalisten darüber sprechen zu lassen: «Je lis donc ârîôn, —
mais je ne pense pas que ce nom de ârîôn ait ici l'étendue
qu'il faut donner à l'ancienne *Ariane*, laquelle comprend la
plus grande partie des provinces situées entre l'Oxus et l'Eu-
phrate, et qui représente presque pour les auteurs anciens, et
entre autres pour Pline et pour Strabon, la vaste portion de
l'Asie que les Orientaux apellent *Iran*. Je vois au contraire dans l'ârîôn de notre inscription l'*Ariania* (Ἀριανία)
d'Etienne de Bysance, province que M. de Sacy et après lui
M. Saint-Martin ont regardée avec raison comme la même
que l'*Arran* des Orientaux.» Es wird darauf bemerkt, dass
nach Stephanus von Byzanz dieses Ariania neben dem Lande

---

1) Aristoteles ap. Diog. Laërt. prooem. §. 8. Clearchus ibid. §. 9.
vergl. J. B. Verraert Diatribe de Clearcho Solensi §. 5. p. 36: Κλέαρχος
δὲ ὁ Σολεὺς ἐν τῷ Περὶ παιδείας, καὶ τοὺς Γυμνοσοφιστὰς ἀπογόνους εἶναι τῶν
Μάγων. Diese letzten Worte sind besonders bemerkenswerth, weil sie
die Abkunft des Indischen Brahmanismus aus einer Iranischen Quelle deutlich bezeugen.

2) Μάγοι δὲ καὶ πᾶν τὸ Ἄριον γένος Eudemus ap. Damascium de
Principiis p. 384 ed. Kopp. Ich habe diese Stelle schon Cap. I. §. 9 berührt, und werde sie weiterhin im Zusammenhang mittheilen und behandeln.

3) S. Herodot. VII. 62 mit Bähr's Anmerk. p. 544.

der Kadusier, d. h. neben dem nördlichen Medien und im Gebirge Kaukasus zwischen dem Kaspischen und Schwarzen Meere zu suchen sey. [1] — Aber auch in einem andern Sinn haben wir unter den Ariern zu unterscheiden, nämlich in so fern der ganze grosse Volksstamm östlicher oder mehr nach Westen wohnte. Dies führt uns zum Hauptpunkt unsrer Aufgabe. Nämlich aus den neuesten Forschungen in den Persischen Urkunden gewinnen wir folgende Ergebnisse, vorerst über die Hauptflüsse des Reichs. Hiernach ist der Phrat des Bundehesch ohne Zweifel der Euphrat, der Véh, der Oxus, der Arg, nicht der Tigris, sondern der Jaxartes. Sodann kann von dem heiligen Berg der Persersage, d. i. vom Bordj (d. h. der hohe Berg), behauptet werden, er sey ursprünglich der Imaus der Alten, oder der westliche Theil des Himmelsgebirges der Chinesen. Auf diese Gebirge und auf die des Himalaya weisen die ältesten und ächtesten Texte der Zendbücher hin. Was die Arier von Baktra das hohe Gebirge genannt, kann in den alten Texten nicht den Medischen Elburz bedeuten. Diese letztere Bezeichnung konnte nicht eher eingeführt worden seyn, als bis der Mittelpunkt der Arienischen Macht nach dem Westen hin verlegt worden. [2] Das älteste Arier-Land (Airya der Zendsprache [3]) mit seinem heiligen Albordi ist also nicht am südlichen Abhange des Kaukasus, auch nicht in Medien, sondern in den Flussgebieten des Oxus oder in Baktriana aufzusuchen. Als ein beständiger Gegensatz gegen dieses vom Gesetz erleuchtete Iran tritt bekanntlich Turan hervor. Auch davon hatten die Griechen Kenntniss, wenn, wie wahrscheinlich, das Τουριουαν des Strabo [4] darauf

---

1) E. Burnouf Mémoire sur deux Inscriptions cunéiformes. Paris 1836. p. 150 und daselbst de Sacy Mémoire sur div. antiq. de la Perse p. 48 und Saint-Martin Mémoire sur l' Arménie I. p. 270. 272.

2) E. Burnouf Commentaire sur le Yaçna p. CLXXXIV sq.

3) Ibid. p. CV.

4) Strabo XI. 11. p. 513 Tzsch. vgl. Burnouf Comm. sur le Yaçna p. 430. not. 285 und Raoul-Rochette im Journal des Savans 1836. p. 138.

zu beziehen ist. Des letzteren älteste Südgränze bildete derselbe Strohm Véh oder Oxus. «Wenn wir sagen, bemerkt
ein gelehrter Orientalist, dass Turan nichts als das alte Turkistan sey, so ist dies im weitesten Sinne seiner südlichsten
Gränze, des Oxus zu verstehen, wiewohl das heutige Turkistan südlich und westlich vom Sihun oder Jaxartes begränzt
wird. [1]) Aber auch nördlich dieser Gränzen erinnern Völker-
und Personen-Namen, wie Arimaspen, Ariapithes, so wie
viele Zendwörter in verschiedenen Sprachen Asiens an die
weite Ausbreitung der Zunge, worin der alte Stamm der Arya
oder das Ἄριον γένος geredet, [2]) und wenn vom vorweltlichen
Reiche Aria die Rede ist, so muss man im Osten Baktriana,
im Westen Medien und im Südwesten Persien in diesem Namen zusammenfassen. Als ältester Mittelpunkt dieses Reiches
tritt aber *Baktrien* oder diejenige Provinz hervor, die in der
Persischen Reichsgeographie seit Darius Hystaspis die zwölfte
unter den Satrapien bildete. [3]) In diesem Lande concentriren
sich die Strahlen der alt-Iranischen Herrlichkeit, die in den
heiligen wie in den weltlichen Sagen der biblischen Urkunden,
der Zendschriften, der Griechen und Römer bis auf den Schah-
namch des Firdusi [4]) und die Geschichte des Moses von Cho-
rene herab in wunderbarem Farbenglanze wiederscheinen. In
einer Uebersicht, die ein umfassender Gelehrter davon gegeben,
ist alles in den verschiedenen Zeugnissen Vorkommende zusammengestellt, um das *gesetzdurstige* Land *Arieme*, wie es

---

1) von Hammer Purgstall in den Wiener Jahrbb. der Literatur B.
LXXIII. S. 9 und S. 22.

2) Burnouf Yaçna p. CV. Notes.

3) Herodot. III. 92, natürlich mehr oder weniger mit veränderten
Gränzen.

4) Der Deutsche Leser kann sich aus dem *Heldenbuch von Iran* aus
dem Schah Nameh des Firdussi nach der vortrefflichen Bearbeitung von
J. Görres in 2 Bänden Berlin 1820 einen genügenden Begriff davon verschaffen.

in den Zendschriften heisst, in dem Medium der orientalischen
Anschauung hervortreten zu lassen, selbst mit Hinweisungen
auf die biblischen Ueberlieferungen (Genes. IV. 7. Esdr. II.
VI. 51) von dem Erzvater Henoch. [1]) Abgesehen von dem
Mythos der Griechen, welcher seinem Halbgotte Dionysos aus
der Ueberwindung der Baktrier einen unvergleichlichen Ruhm
zu bereiten sucht, finden wir in den Geschichtschreibern selbst
diesem Lande eine hohe Bedeutung beigelegt. [2]) Jeder Eroberer legte auf die Erwerbung und Behauptung dieses Landes
das grösste Gewicht. [3]) Hier versammelte Artaxerxes ein
zahlreiches Heer im Kriege gegen seinen Bruder, den jünge-
ren Cyrus; welche Nachricht unter den Soldaten grossen
Schrecken verbreitete, zumal bei der Länge des Heerzugs
bis dorthin, den man von Tarsus auf vier Monate berech-
nete. [4]) — Und in der That war dieses Land der Sitz einer
uralten Cultur, der Mittelpunkt einer grossen Handelsstrasse
des Orients, und Gold und Silber war durch Handel vermuthlich aus Turkistan dorten im Umlauf. [5]) Noch jetzt wird
Balk (Baktra) die Mutter der Städte genannt und für die
älteste der Welt gehalten. [6]) Nach Plinius hiess diese
Stadt früher Zariaspa und Strabo und Stephanus Byzantinus

---

1) S. v. Hammer in den Wiener Jahrbb. d. Lit. IX. S. 30 ff.

2) Mit diesen Bemerkungen eröffnet Bayer seine Historia Regni
Bactriani.

3) S. Ctesiae Persica cap. 2 mit Chr. F. Bähr p. 93. vgl. Heeren's
Ideen über die Politik — der alten Welt I. 1. S. 317 f. viert. Ausg.

4) Diodor. XIV. 20. p. 656 Wesseling. vgl. Blum's Herodot und Ktesias
S. 136. Schon vor dem Ausbruch des Ionischen Kriegs hatte der Milesier
Hekatäos den Griechen eine Vorstellung von der Grösse des Perserreichs
und seiner Macht gegeben. Herodot. V. 36.

5) Bayer p. 21. vgl. Karl Ritter's Erdkunde II. S. 498 f. und dessen
Vorhalle S. 22.

6) Heeren a. a. O. S. 319. Ritter Erdkunde II. S. 502.

halten Zariaspa und Baktra für eine und dieselbe Stadt. ¹)
Ptolemäus dagegen (Geogr. VI. 11) unterscheidet beide
Städte, und dieser Vorstellung haben sich mehrere Neuere
angeschlossen, wie Cellarius (Geogr. antiq. II. p. 711) und
Heeren (a. a. O. S. 317). Diese letztere Meinung sucht ein
anderer Gelehrter neuerdings zu vertheidigen. Es ist zwar
nicht zu leugnen, dass wir aus den ganz kürzlich erst bekannt
gewordenen Baktrischen Münzen neue Aufschlüsse über die
Griechisch-Baktrischen Dynastien gewonnen haben, aber ob
aus den Fundorten dieser Münzen sich zuverlässige geographische Schlüsse ziehen lassen, möchte denn doch noch zu
untersuchen seyn. ²) Ausser den Münzen scheint sich wenig

---

1) Strabo XI. 2. p. 512 Tzsch. *Πόλεις δ' εἶχον τά τε Βάκτρα, ἥνπερ καὶ*
Ζαρίασπαν καλοῦσιν. vgl. Steph. Byz. p. 372 Berkel. Plin. H. N. VI. 16. p.
314 Harduin.: „Zariaspe (quod postea Bactrum) a flumine appellata"
nämlich vom Flusse Zariaspes. Ktesias kennt eine Stadt Zaris (cap. 55
mit Bähr p 200). vgl. Saintcroix Exam. des Histor. d' Alexandre p. 726.
ed. second. I. Szabó Descriptio Persici Imperii p. 161. van der Chys
Commentar. geogr. in Arriani Exped. p. 81 sq. und besonders Karl Ritter
Ueber Alexanders des Grossen Feldzug am Indischen Kaukasus S. 18,
welcher die Geographie dieser Gegenden in mehreren Punkten berichtigt. Man vgl. die Karte zu dieser Abhandlung.

2) Raoul-Rochette sagt nämlich im Deuxième Supplement à la Notice
sur les Médailles Grecq. Bactriens p. 12: „D' après la position assignée
à *Zariaspa* (*Ζαρίασπα τὴν μεγίστην πόλιν*) dans la Sogdiane occidentale
par l' historien d' Alexandre Arrien, qui se trouve d' accord avec les Tables
de Ptolémée, il parait certain qu' on aurait tort de confondre *Bactra* et
Zariaspa, comme l' avait fait Strabon XI. 514. 516, copié par Pline XVI,
15 [VI. 16. s. oben], sur la foi d' Eratosthène; et les temoignages con-
traires allegués par Bayer Hist. Bactr. VII. p. 17 — 19, méritaient plus
de considération qu' ils n' en ont obtenu de la part du traducteur Francais de
Strabon." — Aber Arrianus verlegt in der angeführten Stelle (IV. 1.
fin.) Zariaspa, eben so wenig als in andern (IV. 7. 1. IV. 16. 8. 9) und
eben so wenig als andere alte Geschichtschreiber und Geographen, nach
Sogdiana, welches nördlich vom Oxus lag, sondern nach Baktriana; und
wenn es als die *grösste Stadt* bezeichnet wird, so müsste es ja, zur
Zeit Alexanders wenigstens, bedeutender als Baktra gewesen seyn; wo-

oder nichts von Baktra erhalten zu haben, was nur in die Zeiten Alexanders und seiner Nachfolger, viel weniger in die der alt-Persischen Monarchie zurückginge. Zwar hat man noch neuerlich uralte Ruinen dieser Stadt nachweisen zu können geglaubt.[1]) Aber der neueste Reisende berichtigt diese Meinung nach eigner Ansicht an Ort und Stelle.[2]) — So unerbittlich hat hier das Schicksal gegen die letzten Reste der altheiligen Hauptstadt von Iran gewüthet; aber ihre Stätte wird im Andenken der Völker immer ehrwürdig bleiben, indem es bisher wenigstens dem Forschergeist der Neuern noch nicht gelungen ist, einen älteren Wohnsitz menschlicher Sittigung nachzuweisen; «denn die wunderbare Uebereinstimmung der ältesten Urkunden dringt uns die historische Ueberzeugung auf, dass alle Cultur vom Baktrisch-Medischen oder Areianischen Reiche — ausgegangen sey, und von Baktra aus sich westlich nach Babylonien durch die Chaldäer und südlich an den Indus durch die Brahmanen verbreitet habe.»[3])

---

gegen Alles spricht. In den Zendurkunden, so weit wir sie haben, scheint der Name Baktra gar nicht vorzukommen; welches einigermassen für den Satz des Plinius zu sprechen scheint, der Zariaspa als den älteren Namen der Stadt Baktra nennt, so wie Arrianus eine und dieselbe Stadt mit beiden Namen bezeichnet (s. Burnouf Comm. sur le Yaçna Notes p. CXII).

1) Nach Elphinstone Accout of Cabul p. 462. vgl. Hoeck Veteris Mediae et Persiae Monumm. p. 176 sqq. Aber Elphinstone war selbst nicht nach Balk gekommen, vgl. Heeren's Ideen I. 1. S. 318.

2) Alex. Burnes bemerkt in dem Werke Reise nach und in Bokhara I. S. 241 ff., dass nicht eine einzige der vielen Ruinen von Balkh einem Zeitalter vor dem Mohamedismus angehöre, obschon diese Stadt hoch berühmt in der Sage sey und von ihr erzählt werde, schon Kyamoors, der Stifter der Persischen Monarchie, habe sie erbaut; nur in der Citadelle von Ark, ohnweit Balkh, werde ein weisser Marmorstein als Thron des Kai Kaus (Cyrus) bezeichnet.

3) Worte des Herrn v. Hammer in den Wiener Jahrbb. d. Litt. B. IX. p. 32.

Dafür zeugen auch die Sprachen und die Lehrsätze. Einer der grössten Orientalisten [1]) äusserte schon vor mehr als funfzehn Jahren die Vermuthung, dass die Sanskritsprache von dem Zend abstamme, und dass die Indische und die Persische Religion aus einer und derselben Quelle geflossen. Seitdem überzeugte sich sein würdiger Schüler, dass das Verzeichniss der Sanskritwurzeln fast alle Radicale der Zend-wörter enthielt, deren Bedeutung er aufsuchte, aber nicht das classische Sanskrit sondern das älteste der Veda's; ferner überzeugte er sich von dem hohen Alterthum des Zend, wovon ein ansehnlicher Theil gleichzeitig mit dem primitiven Dialekte der Veda's; endlich dass die verschiedenen Sprachen, welche die Sanskritische Familie bilden, aus einer und derselben Quelle fliessen; woraus sie aber in ungleichen Verhältnissen geschöpft sind. [2]) Was den Inhalt der Religionsschriften betrifft, so hofft derselbe zeigen zu können, dass die Grundlehre der alten Medischen Glaubensartikel dieselbe ist, wie die älteste der Brahmanen, so weit man aus den Bruchstücken der Veda's ersehen können. — Und dennoch sollen wir nicht am Ziele zu stehen glauben. Ich wenigstens schliesse mich gerne dem Geständniss an, welches dieser liebenswürdige Freund in einem gehaltreichen Briefe mir mitzutheilen die Güte hatte [3]) und welches ich meinen Lesern nicht vorenthalten darf. — Neben den obigen historischen Zeugnissen über das hohe Alterthum der Zendurkunden musste mich auch die relative Einfachheit der Zoroastrischen Lehren bestimmen, die ethnographische Uebersicht der heidnischen Religionen mit dem Capitel von der Iranischen zu beginnen.

---

1) Silvestre de Sacy im Journal des Savans 1821, Mars p. 136 sqq.

2) E. Burnouf Comment. sur le Yaçna p. XXVII sq.

3) Herr E. Burnouf eröffnet nämlich seine ausführliche Beantwortung meiner an ihn gerichteten Fragen über die Quellen und Hilfsmittel der Indischen Religionen mit folgender Bemerkung: (Paris d. 23. Juni

1836): „Premièrement, nous n'avons encore rien qui fasse connaître, je ne dirai pas les détails, mais même le cercle et en quelque sorte les contours *du grand système religieux qui a précédé celui que nous commencons à connaître depuis quelques années,* quoique, on doit l'avouer, les sources où nous puisons ne soient pas également pures."

II.

Zur Quellenkunde und Literatur;

Nachtrag zu Cap. I. §. 2.

Die Bruchstücke, welche wir besitzen, bilden nur einen geringen Theil der unter dem Namen des Zoroaster genannten Bücher, welche die Perser als den Grund ihres Gesetzes betrachten. [1]) Sie waren in **21** Abschnitte (*Nosk*, in der Zendsprache: Naçka) eingetheilt. Wir besitzen nur einen Theil des **20.** Abschnitts, von den Parsen *Vendidad* genannt, und unter diesem Namen von Anquetil übersetzt. [2]) Dazu kommt das liturgische Buch *Izeschne* (in der Pehlvisprache, *Yaçna* im Zend genannt, welcher Name Cultus durch mit Opferspenden verbundene Gebete bedeutet), worin sich auch Bruchstücke einiger andern Naçka's befinden. Diesem Buche sind Anrufungen angehängt; trennt man diese vom Buch Izeschne, so heisst diese Sammlung von Anrufungen: *Vispered.* Die Priester der Parsen haben diese drei Werke in Eins

---

1) *Eugène Burnouf* Commentaire sur le Yaçna, Avant-Propos p. VI — IX. Ich stelle hier die Ergebnisse dieses vortrefflichen Commentars meines gelehrten Freundes zusammen, woraus ich auch im Verfolg eine Deutsche Uebersetzung des ersten Capitels der von ihm gegebenen Französischen beifügen werde.

2) Von den vier ersten Capiteln des Vendidad hat Herr Olshausen eine Uebersetzung gegeben, die Herr Burnouf (a. a. O. p. XXX sq.) als sehr sorgfältig lobt.

vereinigt, und zusammen als *Vendidad-sadé* bezeichnet, d. h. als ein Buch, das *rein, ohne Beimischung* (d. i. rein in der Zendsprache, ohne Beifügung von Uebersetzungen in der Pehlvisprache) abgefasst ist.[1] — Endlich haben die Parsen noch alte Bruchstücke, die sie *Jescht's* und *Néaesch's* nennen; wovon mehrere ein hohes religiöses und philosophisches Interesse haben.

Das Zend ist die Originalsprache der Bücher des Zoroaster. Sie sind aber in einer uns unbekannten Zeit in die Sprache Pehlvi übersetzt worden, und zwar im Ganzen genau; welche letztere Sprache vom Zend beträchtlich abweicht, und wovon die Semitischen Sprachen einen grossen Theil ihrer Grundlage bilden. Die Pehlvisprache hat die Vernichtung der Persischen Monarchie lange überlebt, noch unter der Sassanidendynastie geblüht, und als gelehrte Sprache sich bis nahe an unsere Zeiten erhalten. Der Verfasser der von Herrn Burnouf in seinem Commentar über Yaçna mitgetheilten Sanskritübersetzung, genannt Nériosengh (Nairyô çangha im Zend) war ein Parsi, kein Brahmane. Sein Name bedeutet: Ordnung der Menschen oder: Vorschrift für die Menschen, vermuthlich mit Bezug auf den Auftrag, den Willen des Ormuzd den Menschen zu verkündigen. Seine Uebersetzung ist eine sehr genaue Uebertragung der Pehlviübersetzung, welche noch vor 300 Jahren in Guzerate vorhanden war.[2]

Der in der Pehlvisprache abgefasste *Bundehesch* ist ein sehr neues Buch, das jedoch alte Ueberlieferungen enthält und die Aufmerksamkeit der Geographen und Historiker im höchsten Grade verdient.[3]

---

1) *Vendidad Sadé* l'un des livres de Zoroastre, publié d'après le manuscrit Zend de la bibliothèque du Roi. Avec un Commentaire, une traduction nouvelle etc. Par *Eugène Burnouf.* Paris 1830 fol.

2) Avant-Propos p. IX — XXIII.

3) p. CLXXXII.

Zoroaster (*Zara-thustra*) von zara Gold und thustra Stern, Goldstern. *Zarathustris:* Anhänger des Zoroaster.[1]) *Daeva* Parsisch und *Dêwa* Sanskritisch ist Eins, aber bei den Brahmanen bedeutet es *Gott;* bei den Parsen: *böser Geist.* Diese Verschiedenheit der Bedeutung beurkundet einen schneidenden Gegensatz zwischen der Religion des Zoroaster und der des Bramâ,[2]) aber auch die Priorität der Bedeutung Gott, eine Bedeutung, in welcher dêwa in die alteuropäischen Sprachen übergegangen ist unter den Formen: deus, dews; vielleicht selbst Ζεύς (Σδεύς). Es ist mit dem Indischen dêva bei den Parsen gegangen, wie mit den δαίμονες, Geistern, der Griechen, welche späterhin als Dämonen (böse Geister) genommen worden sind.

Vendidad enthält die Fragen, welche Zoroaster dem Ormuzd vorlegt, und dessen Antworten darauf. Daher hat man dieses Buch genannt: «Zarathustra gegeben gegen die Dêva's» und von der abgekürzten Bezeichnung: vîdaêva data (gegen die Dêva's, oder bösen Geister, gegeben) ist der Parsische Name des Buchs *Vendidad* entstanden.[3])

---

1) Additions et Corrections p. CLXVI sq., Commentaire p. 7. vgl. oben §. 2. Die Griechen haben diesen Unterschied verwischt, zumal wenn sie Ζωρόαστρις vom Gesetzgeber selbst schreiben. In der Form Ζαράτας ist die Zendische Endung getreuer beibehalten. Die Römer befolgen die andere Form Ζωροάστρης, wie z. B. Arnobius advers. gent. I. 52. p. 35, wo Ktesias angeführt wird (s. Ctesiae Fragg. ed. Baehr. p. 405).

2) Jedoch scheint dem Verf. (p. 79. not. 64) die Opposition des Magismus gegen den Brahmanismus verhältnissmässig nicht sehr alt zu seyn. Sie hat nicht zwischen dem Magismus und der Religion der Veda's statt gefunden. Der Widerstreit scheint nur gegen die mythischen Entwickelungen gerichtet zu seyn, welche den ursprüuglichen Glaubensartikeln jene polytheïstische Ausbreitung und Ausartung gegeben, wie wir sie in den Purânas finden.

3) Comment. sur le Yaçna p. 22 sq.

Ahurô-mazdáo: Weiser Meister (von ahû Meister, Herr), häufig vorkommender Name des ersten der Amshaspands, des Schöpfers der übrigen. [1])

Çpentô-mainyus: guter Geist (von çpento, gut und mainyus, ein mit Intelligenz begabtes Wesen) — ein anderer Beiname des Ormuzd, im Gegensatz des *Ahriman*, dessen Name aus dem Zendischen ãghrô, böse, grausam und dem angeführten mainyus gebildet ist; — also *ãghro mainyus*, 'Αρειμάνιος, *böser Geist;* welches ganz mit den Nachrichten der Griechen von dem Dualismus zweier entgegengesetzter Principien übereinstimmt. [2]) — Daher der Aufruf: «Sprechen wir aus die Gebete, welche den Ormuzd gnädig machen, dass Ahriman verschwinde. Das ist der heisseste Wunsch von Menschen, welche der Wahrheit gemäss handeln.» — eine Formel, welche das Zeugniss des Theopompos [3]) bestätigt: «Zoroastris lehrte, jenem (dem Ormuzd) Bitt- und Dankopfer darzubringen, diesem aber (dem Ahriman) Abwendungs- und Traueropfer.»

Die religiösen Perioden der Persischen Geschichte ordnet v. Hammer [4]) nach dem Schahnameh auf folgende Weise:

1) Offenbarung des reinen Feuerdienstes oder der reinen Urreligion unter Huscheng bis auf Dschemschid (d. h. bis auf den Meder Dejokes).

---

1) a. a. O. p. 81 sq. Daher das Griechische 'Ωρομάζης, 'Ωρομάσδης, *Ormuzd.*

2) a. a. O. p. 90 sq. Ich setze das Zeugniss des Aristoteles (ap. Diog. Laert. prooem. §. 8) hier bei: Καὶ δύο κατ' αὐτοὺς εἶναι ἀρχὰς, ἀγαθὸν δαίμονα, καὶ κακὸν δαίμονα· καὶ τῷ μὲν ὄνομα εἶναι Ζεὺς καὶ 'Ωρομάσδης, τῷ δὲ Αΐδης καὶ 'Αρειμάνιος.

3) apud Plutarch. de Isid. et Osirid. cap. 46. p. 514 Wyttenb.: Ζωροάστρις ἐδίδαξε μὲν τῷ εὐκταῖα θύειν καὶ χαριστήρια, τῷ δὲ ἀποτρόπαια καὶ σκυθρωπά, in welcher Stelle das εὐκταῖα dem Zendischen khchaotra entspricht und ἀποτρόπαια dem tarôditê. (Comment. sur le Yaçna p. 103.)

4) In den Wiener Jahrbb. der Lit. B. IX. S. 51 f. Jetzt vergleiche man noch: Fragmente über die Religion des Zoroaster aus dem Persi-

2) Einsetzung des Sonnenfeuerdienstes unter Dschemschid durch Hom, bis auf Serduscht (Zoroaster) den Reiniger desselben. [1])

3) Reformation des Feuerdienstes unter Guschtasp durch Serduscht, bis auf den Verfall desselben unter den Griechen.

4) Wiederherstellung der Reformation unter dem ersten Herrscher der Familie Sassan, bis auf den Umsturz der Feueraltäre unter dem letzten.

In dieser Vierzahl der vier grossen religiösen Jahreszeiten sey das Weltjahr der Medisch‑Persischen Geschichte von Anbeginn der Welt bis auf die Zerstörung des Reichs enthalten.

---

schen übersetzt und mit einem Commentar und mit dem Leben des Ferdusi — von *J. A. Vullers.* Bonn 1831.

1) In einem andern Sinne hat Herr *P. F. Stuhr* in den *Religionssystemen der heidnischen Völker des Orients* S. 348 ff. den Ursprung des Persischen Feuerdienstes aufgefasst: „Weder als weltzeugende Macht, noch in seiner näheren Beziehung zum Familienwesen als Feuer des Heerdes, noch endlich in seiner Beziehung zur kunstfertigen Werkmeisterei als Feuer der Schmiede ist das Feuer ursprünglich von den Völkern Iran's verehrt worden. Die ursprüngliche Vorstellung, die dem Iranischen Feuerdienste zu Grunde lag, ist vielmehr unverkennbar die, die auch unter Schahmanischen Völkern dem Feuer eine Verehrung gewisser Art, nur nicht in so hohem Maasse, nicht in so lebendiger Weise, gesichert hat. Es ist die *mit einer Verehrung der Sonne und des Lichts* enge zusammenhangende Vorstellung von der lichtbringenden Kraft des Feuers, wodurch dasselbe *die Macht der bösen Geister* des Dunkels und der Finsterniss bewältigt und überwindet (vgl. Zend‑Avesta Th. 2. S. 344). " — „Die ganze religiöse Vorstellung der Iranischen Feuerdiener wurzelt der Grundanschauung nach in Begriffen von dem, was *gut* oder *böse,* was heilbringend oder unheilbringend sey. " Ich kann mich nach dem Vorhergehenden auf eine blose Anzeige dieser Auffassungsweise beschränken, zumal da auch aus dem Folgenden sich die urkundlichen Modificationen dieser Sätze ergeben werden.

III.

Höchste Potenzen der Iranischen Theologie nach den Griechischen Philosophen.

Nachtrag zu §. 4.

Da die classische Stelle des Eudemos besondere Aufmerksamkeit verdient, so setze ich sie im Zusammenhang hierher und begleite sie mit den nöthigen Bemerkungen (Damascius de Principiis cap. 125. p. 384 ed. Kopp.):

Μάγοι δὲ καὶ πᾶν τὸ ἄρειον (Ἄριον) γένος, ὡς καὶ τοῦτο γράφει ὁ Εὔδημος,[1]*) οἱ μὲν τόπον, οἱ δὲ χρόνον καλοῦσι τὸ νοητὸν ἅπαν καὶ τὸ ἡνωμένον, ἐξ οὗ διακριθῆναι ἢ θεὸν ἀγαθὸν καὶ δαίμονα κακὸν, ἢ φῶς καὶ σκό- ος πρὸ τούτων, ὡς ἐνίους λέγειν. Οὗτοι δὲ οὖν καὶ αὐτοὶ μετὰ τὴν ἀδιάκριτον φύσιν διακρινομένην ποιοῦσι τὴν διττὴν συστοιχὴν*[2]*) τῶν κρειττόνων. τῆς μὲν ἡγεῖσθαι τὸν Ὠρομάσδη (Ὠρομάσδην), τῆς δὲ τὸν Ἀρειμάνιον.*

«Die Magier aber und das ganze Geschlecht der Arier, wie dies auch Eudemos meldet, nennen theils Ort (Raum) theils Zeit das Intelligible insgesammt und das Geeinigte (als

---

1) Eudemos aus Rhodus, Schüler des Aristoteles. Diese und andere Theologumena und Philosopheme sind entnommen aus seiner Geschichte der Astronomie (*Ἀστρολογούμενα*, s. Fabric. Bibl. Gr. III. p. 492 Harles. u. Wyttenbach. Bibl. crit. II. 2. p. 89).

2) Wenn diese Form richtig ist, so muss sie in die Lexika aufgenommen werden; sonst bezeichnen die Griechen die Zusammenordnung gleichartiger Wesen, oder die homogene Reihe durch *συστοιχίαν.*

Einheit Gedachte); woraus sich ausgeschieden habe entweder
ein guter Gott und ein böser Dämon, oder Licht und Finster-
niss vor diesen, wie Einige sagen. Mithin machen diese
Letztern ebenfalls die der ungetrennten Natur untergeordnete
Doppelreihe der höheren Wesen zu einer getrennten. Jene
(Reihe) führe Oromasdes an; diese Arimanios.»
    Zuvörderst macht uns also der Berichterstatter mit einer
zwiefachen Auffassung des obersten Princips der Magierlehre be-
kannt, das er in seiner philosophischen Sprache als das gesammte
Intelligible und Einheitliche bezeichnet. Es wurde von Einigen
Ort genannt; von Andern *Zeit*. Ich weiss nicht ob von der ersteren Vorstellung des Urwesens sich in den Zendschriften bestimmte Spuren finden; und möchte wenigstens die Stelle des
Zendavesta (S. 376 nach Kleuker's Ausg.): «Durch Zeruane
Akerene ist von Anfang die *Wurzel* aller Dinge gegeben»
nicht dahin ziehen, indem mit diesen Worten doch mehr der
Urgrund aller realen Dinge beschrieben wird. Implicite liegt
aber so etwas der theologischen Weltanschauung der Perser
wirklich zum Grunde; und da wir in das Zeugniss des Eudemus kein Misstrauen zu setzen Grund haben, so muss wenigstens zu seiner Zeit eine solche Bezeichnung des obersten
Princips sich geltend gemacht haben. Die zweite Vorstellung
des Urwesens als *Zeit* tritt im Dogma und Cultus der Perser
entschieden und durchgreifend hervor. Ein gelehrter Theolog[1]) weiset Spuren dieser Ansicht auch in andern orientalischen Religionen nach: «Dass die *anfangslose Zeit* (Zeruane
Akerene) vom Parsischen Theologen zwar unpersönlich, aber
keineswegs *wesenlos* gedacht wurde, dürfen wir hier voraussetzen. Einmal spricht dafür die Analogie der ganzen orientalischen Gotteslehre, in welcher Höchstes und Erstes Wesen
mit der unbegrenzten Zeit immer identificirt wird. Das Aegyptische Wasserkrüglein war Symbol des Ewigen und Höchsten
Gottes zugleich (s. Hug's Untersuch. über den Mythos S. 267).

---

1) Herr *Nitzsch* in seinen Theologischen Studien I. S. 35 f.

Bei den Samanäern hiess dasselbe höchste Wesen *Schi*, welches die Araber *Alem* übersetzen, und beide Worte sind wiederum nichts anders als Hazaruan (70tausend Jahre), der Herr aller Dinge bei den Indiern (nach Deguignes allg. Gesch. der Hunnen I. S. 341 f.). Ferner spricht dafür der Umstand, dass die vom Parsism sichtbar abgeleiteten (Gnostischen) Systeme durchaus die Scala der Wesen von einem Aeon Teleios, Agnostos etc. anfangen. Endlich aber sind ja auch die niedern Geister der Zoroastrischen Lehre aus Begriffen von *Zeiträumen* gebildet, wie z. B. die Gah's, die Horen der Griechen.»[1])

Die ersten gesonderten Wesen der Persertheologie bezeichnet Eudemos verschieden von seinem Lehrer Aristoteles. Jener nennt das gute Wesen *Gott*, das böse *Geist*. Dieser giebt einem wie dem andern den letzteren Namen;[2]) und für diese gleichmässige Bezeichnungsart sprechen entschiedene Ausdrücke der Zendurkunden. «Aristote, bemerkt Burnouf,[3]) au rapport de Diogène de Laerte (p. 2)

---

1) S. über dieses Letztere oben unsern §. 6 und einen folgenden Nachtrag. — Anjetzt möchte es nöthig seyn zu erinnern, dass der Mosaischen Schöpfungsgeschichte, bei allem Anschein von ähnlichen Sätzen im Zendavesta, so wie der ganzen biblisch-christlichen Lehre jede Spur von pantheistischer Zersetzung des höchsten Wesens in Zeit und Raum gänzlich fremd ist, während sie allen ethnischen Religionen, zumal den orientalischen, durchaus zum Grunde liegt. Der ausserweltliche freie Gott Schöpfer ist Urheber und Herr der Zeit, der endlichen wie der unendlichen; und wenn gleich Hebr. I. 2 das τοὺς αἰῶνας ἐποίησε (vgl. Hebr. XI. 3) in Hellenistischer Sprache dorten die Welt heisst (s. Valckenarii Scholas dazu II. p. 369 sq. vgl. meine Annot. in Plotin. III. 7. p. 187 sq.), so hätte doch ein Grieche nach seinem Sprachgebrauch vom Gotte der Christen und Juden sagen müssen: ὁ καὶ τοὺς αἰῶνας ἐποίησε, d. h. der den Inbegriff aller Zeiten geschaffen hat.

2) Aristotel. ap. Diog. Laert. prooem. §. 8: καὶ δύο κατ᾽ αὐτοὺς (τοὺς Μάγους) εἶναι ἀρχάς, ἀγαθὸν δαίμονα καὶ κακὸν δαίμονα.

3) Comment. sur le Yaçna p. 90. not. 67

nommait, dans le premier livre de son Traité sur la philosophie, les deux Principes opposés admis par les Parses, ἀγαϑὸς
δαίμων et κακὸς δαίμων. Or, puisque dans le nom donné très-
frequemment à Ormuzd *çpĕñtô maïnyus*, se retrouve le mot qui
forme la seconde partie de celui d'Ahriman, et que, comme
nous le verrons tout à l'heure, *maïnyus* doit signifier *l'être
doué d'intelligence*, ou *l'être invisible*, ce titre répond bien à
l'idée qui voulait exprimer Aristote par le mot Δαίμων, et
alors les deux mots *çpĕñtô* et *aĝhrô*, dont le premier signifie
bon, d'après le temoignage d'Anquetil, appuyé de celui de
Neriosengh, represent les deux adjectifs ἀγαϑὸς et κακός, et
de ce rapprochement ressort une confirmation du sens, que
nous donnons, avec M. Rask, au mot Zend aĝhra.» Jedoch
die Unterscheidung des guten Wesens durch den Namen *Gott*
und die des bösen durch die Benennung Dämon (Geist) bemerkt der mit dem Inneren Parsischer Theologie wohlbekannte
Plutarchos ausdrücklich.[1]) Derselbe Autor kennt auch die von
Eudemos bemerkte Verschiedenheit der Lehrsätze, der zufolge
andere Theologen dem Ormuzd und Ahriman erst die dritte
Ordnung anwiesen, indem sie in die zweite Licht und Finsterniss erhoben, und jene aus diesen erst hervorgehen liessen.[2]) Wiederum eine verschiedene und unverkennbar höhere
Vorstellung wird dem Zoroaster beigelegt, wenn es ebendaselbst heisst: «und unter den *sinnlichen Dingen* sey der
eine dem Licht am meisten ähnlich; der andere dagegen der
Finsterniss und der Unwissenheit.»[3])

Nehmen wir nun aus den darauf folgenden Worten des
Plutarch: «in der Mitte zwischen beiden stehe Mithres, daher

---

1) De Isid. et Osirid. p. 369. p. 513 sq. Wyttenb.

2) De Isid. et Osir. §. 47. p. 514 sq. Wyttenb : ὁ μὲν Ὠρομάζης ἐκ
τοῦ καϑαρωτάτου φάους, ὁ δὲ Ἀρειμάνιος ἐκ τοῦ ζόφου γεγονώς.

3) Ibid. p. 513 sq.: — τὸν μὲν ἐοικέναι φωτὶ μάλιστα τῶν αἰσϑητῶν,
τὸν δὲ ἔμπαλιν σκότῳ καὶ ἀγνοίᾳ.

auch die Perser den Mithres den Mittler nennen » die letzte Person der Iranischen Gotteslehre noch hinzu, so stellt sich die
Gesammtheit der höchsten Wesen unter folgendem Schema
dar:

Zeruane Akerene

Ormuzd Mithras Ahriman;

oder, nach der philosophischen Bezeichnung des Eudemos:

Das intelligible All und Eins

Licht   Finsterniss
Das Gute Vermittelung Das Böse.

Also intelligible Einheit, Zweiheit (Differenz), Ausgleichung
der Differenz, Wiederauflösung derselben in die intelligible
Einheit.

IV.

Izeschne; erstes Capitel,[1])

mit Anmerkungen.

Nachtrag zu §. 6.

P. 146. **1.**

« Ich rufe an und preisse den Schöpfer Ahura-mazda [der
da ist] leuchtend, strahlend, sehr gross und sehr gut, sehr
vollkommen und sehr thatkräftig, sehr einsichtsvoll und sehr
schön, hervorragend in Reinheit, der die gute Wissenschaft
besitzt, Quelle der Lust, er, der uns geschaffen hat, der uns
gebildet hat, der uns genähret hat, er der Vollendetste der
vernunftvollen Wesen. »

P. 174. **2.**

« Ich rufe an und preisse Bahman (das Wohlwollen); Ardibeschet (die herrliche Reinheit); Schahriver (den erschn-
lichen König); Sapandomad (die, welche heilig und demüthig
ist); Khordad und Amerdad (die, welche Alles hervorbringt,
und die, welche das Leben giebt);[2]) den Leib des Stieres,
die Seele des Stieres; das Feuer des Ahura-mazda, das schnellste
der unsterblichen Heiligen. »

---

1) Aus der Französischen Uebersetzung des Herrn *E. Burnouf* in
seinem Commentaire sur le Yaçna.

2) Dies sind die Namen der sieben Amshaspands mit ihren Bedeutungen. Plutarchus de Isid. et Osir. cap. 47 [p. 515 Wytt.] berichtet: Oromazes, Ormuzd, d. i. der Herr der Weisheit, habe *sechs*
Götter geschaffen, den ersten den des *Wohlwollens* (εὐνοίας); welches
merkwürdig jener Namensbedeutung des ersten dieser sechs Amshaspands nach der Zendsprache entspricht. Den zweiten dieser geschaffenen

P. 170.   3.

« Ich rufe an, ich preisse den, der in diese Welt gegeben
ist, gegeben gegen die Déva's, Zoroaster, rein, Meister (Herr)
der Reinheit. »

Götter nennt Plutarch: den Gott der *Wahrheit.* Dies scheint zu unbestimmt und auf den ersten Blick selbst unpassend. Aber die Bedeutung
des Zendworts *acha* ist sehr allgemein und der Begriff der *Wahrheit* kann
in dem der *Reinheit* und *Heiligkeit* enthalten seyn. Der dritte heisst a.
a. O. im Griechischen: der Gott der Wohlordnung ($\varepsilon\vartheta\nu o\mu l\alpha\varsigma$, aequitatis).
Diese Differenz liesse sich vielleicht so erklären: der Amshaspand Schah-
river hat einen Hilfsgenius, *der gute König* genannt; unter allen Tugenden ist aber die aequitas (die Gleichheit beobachtende Gesetzmässigkeit)
die erste der Königstugenden; oder man muss annehmen, dass Plutarch
in seinem Bericht die Ordnung der geschaffenen Götter nicht genau beobachtet hat, und dass derjenige, den er im Verfolg den Gott des Reichthums
($\pi\lambda o\acute{\upsilon}\tau o\upsilon$) nennt, dieser dritte Gott der Originalurkunde ist, nämlich Schahriver; und was die Zendtexte und die Sanskritübersetzung von diesem
Amshaspand berichten, scheint diese letztere Annahme zu begünstigen. — Sapandomad (neupersisch Espendarmad) enthält den moralischen
Begriff der Freisinnigkeit (Güte) und Demuth. Neriosengh und Andere
nennen sie: „die Beherrscherin der Erde." Die Annahme Anquetil's, dies
sey die vierte geschaffene Gottheit Plutarch's, die der *Weisheit,* stimmt
mit den Zend- und übrigen Urkunden nicht wohl zusammen. — Khordad
und Amerdad sind im Zend durch den Dualis verbunden. Khordad übersetzt Burnouf: *die Alles hervorbringt,* im Zendavesta: *die den Menschen
die Güter giebt.* Dieses stimmt sehr gut zu dem Gotte des *Reichthums*
($\pi\lambda o\acute{\upsilon}\tau o\upsilon$) beim Plutarchus. — Amerdad übersetzt B. aus dem Zend: *die
das Leben giebt,* bemerkt aber dabei, dass diese Gottheit im Zendavesta
(II. p. 70 und 97 ed. Anquetil) und im Bundehesch (p. 362) als diejenige
bezeichnet wird, welche *Bäume und Früchte giebt und sie beschützt,*
ferner dass Neriosengh sie nennt: *den unsterblichen, den Herrn der
Bäume.* Wenn Plutarch aber mit seiner Bezeichnung der sechsten Gott-
heit: *den Urheber des Lieblichen zum Sittlichen* ($\tau\tilde{\omega}\nu$ $\dot{\varepsilon}\pi\dot{\iota}$ $\tau o\tilde{\iota}\varsigma$ $\kappa\alpha\lambda o\tilde{\iota}\varsigma$ $\dot{\eta}\delta\acute{\varepsilon}\omega\nu$
$\delta\eta\mu\iota o\upsilon\varrho\gamma\acute{o}\nu$) den Amshaspand Amerdad hat bezeichnen wollen, so ergiebt
sich, dass er hier entweder aus ungenaueren Urkunden geschöpft, oder,
was weniger wahrscheinlich, dass er sie nicht vollkommen verstanden.
Herr B. hält die Zendwörter haurvatat (Khordad) und amĕrĕtat (Amerdad) für Feminina.

P. 182.   4.

«Ich rufe an, ich preisse die Theile des Tages (Genien) Herrn der Reinheit, Oschen (Uchanina) rein, Herrn der Reinheit.» [1])

P. 188.   5.

«Ich rufe an, ich preisse den, der erhoben ist und der die Häuser beschützt, rein, Herrn der Reinheit.»

P. 200.   6.

«Ich rufe an, ich preisse Sérosch (Çraocha), heilig, begabt mit Heiligkeit, siegreich, welcher Ueberfluss verleihet der Welt, Raschnê (Raçnu) sehr gerecht, und Aschtâd (Arstât), die, die der Welt giebt Ueberfluss, die Güter giebt der Welt.» [2])

---

1) Uchanina scheint der Gott zu seyn, der dem Abschnitt vorsteht, welcher mit der Mitternacht anfängt, und mit Tagesanbruch endigt. Die Morgenröthe tritt auch in der alten Poesie der Veda's sehr bedeutend hervor.

2) Herr Burnouf (a. a. O. p. 42) hat sich über den Namen und Begriff des Ized Sérosch weiter erklärt. Er sucht grammatisch zu erweisen, dass der Name desselben, im Zend Çraocha, die Begriffe des Hörens, Gehorchens und der Sprache zugleich in sich schliesst Sérosch, wird ferner von ihm bemerkt, ist der Ized (Genius) *des Wortes des Ormuzd,* der es zur Erde herabbringt, und ihm auf Erden Verehrung erwirkt, *weil er selbst diesem Worte zuerst gehorcht.* Er scheint *das personificirte Ormuzdwort selber zu seyn,* dem Geiste der alten Religion der Parsen gemäss, die jeden der grossen Begriffe (conceptions) der orientalischen Philosophie unter einer Form und unter einem Eigennamen individualisirt hat. — Soweit Burnouf. — Ich bemerke: Dieses Hören und Gehorchen auf das Wort, diese, auf Erden allgemeines Verstehen und Verehren jenes Wortes erwirkende Kraft, diese, allgemeine Verständigung unter den Menschen hervorbringende Macht hat ihren natürlichen Gegensatz in dem biblischen Babel, Verwirrung (Genesis XI. 9) בָּבֶל (s. Gesenius Wörterb. unter diesem Wort. Aber nicht sowohl Alexander Polyhistor ap. Euseb. P. E. IX. 17, als Josephus ibid. IX. 15 hat diese Etymologie festgehalten.); und diese Verwirrung und Trennung im Sprechen und Wollen hat wiederum ihren Gegensatz in der neuen Verständigung von Völkern der

P. 201.   7.

« Ich rufe an, ich preisse Hâvan (Hâvani), rein, Herrn der Reinheit. » [1])

P. 209.   8.

« Ich rufe an, ich preisse den, der die Fruchtbarkeit giebt, und der die Weiler (Meierhöfe) beschützt, rein, Herrn der Reinheit. »

P. 222.   9.

« Ich rufe an, ich preisse Mithra, der die Paar der Stiere vervielfältigt, [2]) der tausend Ohren, zehntausend Augen hat, genannt vom Namen des Ized; [ich rufe an, ich preisse] Rameschné Khârom (die Lust des Geschmackes). »

---

verschiedensten Sprachen (Actor. II. 1 — 8). Zungen der Götter ($\vartheta\varepsilon\tilde{\omega}\nu$ $\gamma\lambda\tilde{\omega}\sigma\sigma\alpha\iota$), Vögel, die des Himmels Sprache reden, wie die Parsen sich ausdrücken, sprechen, auf Veranstaltung der Magier, dem König zu Babylon das Wort der Gerechtigkeit vor (Philostrat. Vit. Apollonii I. 25). Ein alter Mythus, selbst von Plato im Staatsmann (s. Politic. p. 272, b. p. 279 Bekker.) angeführt, wusste von einem ursprünglichen Sprachverkehr der Menschen nicht nur unter sich, sondern auch mit den Thieren. Philo (de confusione linguarum p. 316 Pfeiff.): $\mathrm{"E}\tau\varepsilon\rho\sigma\nu\ \delta\acute{\varepsilon}\ \tau\iota\ \sigma\upsilon\gamma\gamma\varepsilon\nu\grave{\varepsilon}\varsigma\ \tauο\acute{\upsilon}\tau\omega$ $\pi\varepsilon\rho\grave{\iota}\ \tau\tilde{\eta}\varsigma\ \tau\tilde{\omega}\nu\ \zeta\acute{\omega}\omega\nu\ \grave{o}\mu o\varphi\omega\nu\acute{\iota}\alpha\varsigma$ (so, und nicht $\sigma\upsilon\mu\varphi\omega\nu\acute{\iota}\alpha\varsigma$, muss mit dem Cod. Monac. gelesen werden, nicht blos wegen des folgenden $\grave{o}\mu\acute{o}\varphi\omega\nu\alpha$, sondern auch wegen des Sprachgebrauchs: Maxim. Tyr. IX. 92. $\mathrm{"H}\nu\ \check{\alpha}\rho\alpha$ $\tauό\tau\varepsilon\ \grave{o}\mu\acute{o}\varphi\omega\nu\alpha\ \varkappa\alpha\grave{\iota}\ \tau\grave{\alpha}\ \vartheta\eta\rho\acute{\iota}\alpha\ \tauο\tilde{\iota}\varsigma\ \grave{\alpha}\nu\vartheta\rho\acute{\omega}\pi\sigma\iota\varsigma$) $\pi\rho\grave{o}\varsigma\ \mu\upsilon\vartheta\sigma\pi\lambda\alpha\sigma\tau\tilde{\omega}\nu\ \grave{\alpha}\nu\alpha\gamma\rho\acute{\alpha}\varphi\varepsilon\tau\alpha\iota$ $\varkappa\tau\lambda$. Iamblich. (Vit. Pythag. XXX. 178. p. 374 Kiessl.) $\grave{\alpha}\pi\acute{\alpha}\nu\tau\omega\nu\ \grave{\varepsilon}\mu\psi\acute{\upsilon}\chi\omega\nu$ $\tau\grave{\eta}\nu\ \mu\grave{\varepsilon}\nu\ \alpha\grave{\upsilon}\tau\grave{\eta}\nu\ \varphi\omega\nu\grave{\eta}\nu\ \tauο\tilde{\iota}\varsigma\ \grave{\alpha}\nu\vartheta\rho\acute{\omega}\pi\sigma\iota\varsigma\ \grave{\alpha}\varphi\acute{\iota}\varepsilon\nu\tau\omega\nu$ (wo alle meine Mss., der Lesart des Arcerius zustimmend, $\grave{\alpha}\varphi\acute{\iota}\varepsilon\nu\tau\omega\nu$ haben). Es war also die Sage von einem ursprünglichen Sprachverein aller Lebendigen bei den grossen Völkern des Alterthums verbreitet.

1) Hâvani, entsprechend dem sâvani, möchte solaire (sonnig) seyn, und die Periode bezeichnen, die sich durch die Erscheinung der Sonne kund giebt; oder hâv-ani bedeutet Hervorbringung (production) und bezeichnet allem Anschein nach die Geburt des Tages.

2) Diese Uebersetzung stimmt mit Iulius Firmicus de errore profan. religg. I. 5 überein, der den Mithras nennt: „boum abactor." Abweichend haben Anquetil und Neriosengh übersetzt; s. Burnouf p. 211 sq.

P. 224. **10.**

«Ich rufe an, ich preisse Rapitan (Rapithwina, die Mitte des Tages), rein, Herrn der Reinheit.»

P. 229. **11.**

«Ich rufe an, ich preisse den, der die Zeugung verbreitet, und der die Städte beschützet, rein, Herrn der Reinheit.»

P. 231. **12.**

«Ich rufe an, ich preisse Ardibeschet (die herrliche Reinheit) und das Feuer des Ahuramazda (Ormuzd).»

P. 233. **13.**

«Ich rufe an, ich preisse Osiren (Uzayêrina, den späteren Theil des Tages), rein, Herrn der Reinheit.»

P. 238. **14.**

«Ich rufe an, ich preisse den, der die Menschen vervielfältigt, und der die Provinzen beschützt, rein, Herrn der Reinheit.»

P. 256. **15.**

«Ich rufe an, ich preisse den hohen, den göttlichen Gipfel, Quelle von Wassern, und das Wasser durch Mazda gegeben.»[1])

P. 258. **16.**

«Ich rufe an, ich preisse Evesrutren (Aiwiçrûthrâna), den, der über das Leben wacht, rein, Herrn der Reinheit.»

P. 267. **17.**

«Ich rufe an, ich preisse den, der die Mittel vervielfältigt, um wohl zu leben, und den, der sich am meisten dem Zoroaster nähert, rein, Herrn der Reinheit.»

P. 285. **18.**

«Ich rufe an, ich preisse die Feruers der Heiligen, und die Frauen, welche die Männer zu Beschützern haben, und

---

1) Burnouf hält die Worte des Zend: bêrĕzat gairi hier und in andern Stellen des Zendavesta für allgemein, in der Bedeutung: *der hohe*

den Gâhanbar günstig den Häusern; und die Kraftthätigkeit
mit einer guten Leibesverfassung, mit einer hohen Gestalt;
und den Sieg (Behram) verliehen durch Ahura, und die be-
schützende Obmacht.» ¹)

P. 289. **19.**

«Ich rufe an, ich preisse die Monate, Herrn der Reinheit;
den Neumond (Genius) rein, Herrn der Reinheit.»

P. 293. **20.**

«Ich rufe an, ich preisse den Vollmond, der Alles entstehen [geboren werden] macht, (den Genius) rein, Herrn
der Reinheit.»

P. 304. **21.**

«Ich rufe an, ich preisse die Gâhanbars, ²) Herrn der
Reinheit, Medïozerem (Maidhyôi zaramaya) rein, Herrn der
Reinheit.»

Berg. Die Auslegung der späteren Parsen: Elburz (Albordi) würde zu
der Annahme nöthigen, diese Urkunden seyen in den westlichen Provinzen des Persischen Reichs geschrieben; welches unzulässig sey.

1) P. 269 sqq. Aus dem Zendwort fravachi haben die Parsen das
Wort Feruer gebildet. Im Zend heisst fra *aufwärts* und vakhs *wächst.*
Es ist das Urbild, Ideal, das den Menschen in den höheren Regionen
vertritt, wie wir es in den Sculpturen von Persepolis sehen, wo der
Feruer über dem unterhalb sitzenden König schwebt, und gleichsam *aufwärts wächst.* Der Fravachi oder Feruer ist bei den Parsen *der göttliche Typus jedes mit Intelligenz begabten Wesens, seine Idee in dem
Gedanken des Ormuzd, der höhere Genius,* der es begeistert und über
ihm wacht.

2) P. 300 sq. Die Gâhanbars sind die Epochen der Schöpfung,
während welcher Ormuzd geschaffen hat, z. B. die Epoche, in welcher
er den Himmel schuf, ist in einem Jahr von 365 Tagen eingeschlossen,
und ihre Dauer betrug 45 Tage. Eben so scheint es sich mit den übrigen
Schöpfungsepochen zu verhalten. Gâhanbar möchte aber auch jedes Fest
bezeichnen, das dieser oder jener Schöpfungsperiode entspricht. Medïozerem bedeutet die Epoche, in welcher die lichtvolle Zwischen - Sphäre,
oder der Himmel (im Zend açman) ist erschaffen worden.
Ueber die Monate der Parsen s. Hyde de relig. vett. Persar. cap.
XVI. p. 200 sqq. und Zendavesta von Kleuker III. p. 196 f. — Neuerlich

P. 308 sq.   **22.**

«Ich rufe an, ich preisse Medïoschem (Maidhyòi chama), rein, Meister der Reinheit.» [1])

P. 312 sq.   **23.**

«Ich rufe an, ich preisse Peteschem (Paitis hahya), rein, Meister der Reinheit.» [2])

---

haben zwei Schwedische Gelehrte aus einer Handschrift eine Griechische Compositio tabularum Persicarum herausgegeben (s. Descriptio Codicis ms. Graeci Benzeliani edd. Gumaelius et Agrell. Upsal. 1822). Wenn sie in unserer Heidelberger Handschrift nr. 281 noch ein Exemplar dieses Werkchens vermuthen, so kann ich aus eigner Einsicht jetzt die Versicherung geben, dass dem nicht also ist, sondern unsere Synopsis Astronomiae ist ein Tractat des Psellus, zu den vier mathematischen Wissenschaften gehörig und zu Basel 1550 von Xylander edirt. Jene Compositio der Schwedischen Ausgabe beginnt so (p. 17): Ἡ τῶν Περσικῶν κανόνων σύστασις γέγονε τοῖς ἐκεῖσε μαθηματικοῖς, κατὰ τὸ πρῶτον ἔτος Ἰασδαγέρδου Σαριὲρ τοῦ Μαστρὲ βασιλέως Περσῶν. Ueber diesen Jezdegird und die von ihm benannte Aera s. die Herausgeber p. 24. Die zum Theil im Griechischen sehr entstellten Monatsnamen lasse ich bei Seite, und gebe dieselben wie die Herausgeber, mit Beifügung der Persischen Worte, sie gegeben haben: Farvardin, Pharvàrtis (März), Ardebehischt (April), Khordad (Mai), Tir (Juni), Merdad (Juli), Schehrijur (August), Mehr (Mihr, September, vgl. Les Mithriaques par Jos. de Hammer p. 166), Abân (October), Ader (November), Dî (Dei, December), Behmen (Bahmen, Januar), Spendarmez (Aspandaremz, Asfendarmed, Februar). Jetzt vergleiche man noch: Ueber die Monatsnamen einiger alter Völker von Th. Benfey und M. A. Stern. Berlin 1836; in welcher Schrift die Monate der Perser, so wie die Monatsnamen mit den Jüdischen zusammengestellt sind, s. daselbst IX. X. S. 24 ff., und S. 69 eine tabellarische Uebersicht der Persischen Monatsnamen nach dem Zend, Pazend, Pehlvi und Neupersischen gegeben ist.

1) Medïoschem ist die Periode, in welcher Ormuzd das Element des Wassers schuf, in dessen Schoose die Erde ruht, übereinstimmend mit der allen alten Philosophen gemeinschaftlichen Vorstellung.

2) Paitis heisst vielleicht Periode; haya ist die Erde als Mutter der vegetalen Erzeugungen; wonach also dieser Gâhanbar die Periode bezeichnete, worin die Getreidekörner wachsen.

P. 823.   **24.**

«Ich rufe an, ich preisse Eïathrem (Ayâthrama) die Zeit der Befruchtung und des Saamenergusses, rein, Meister der Reinheit.»

P. 827 sq.   **25.**

«Ich rufe an, ich preisse Médïareh (Maidhyâirya) rein, Meister der Reinheit.»[1])

P. 333 sq.   **26.**

«Ich rufe an, ich preisse Hamespethmédem (Hamaçpathmaedhaya), rein, Meister der Reinheit.»[2])

P. 335.   **27.**

«Ich rufe an, ich preisse die Jahre (Genien) Herrn der Reinheit.»

P. 348.   **28.**

«Ich rufe an, ich preisse alle diese Herrn, welche Meister der Reinheit sind, und die drei und dreissig Genien, am nächsten stehend dem Hâvan, welche von einer herrlichen Reinheit sind, welche Mazda hat kennen gelehrt, und welche ausgerufen hat Zoroaster.»

P. 375.   **29.**

«Ich preisse, ich rufe an Ahura und Mithra, die erhobenen, die unsterblichen, die reinen; und die Gestirne, heilige und himmlische Schöpfungen; und den Stern Taschter (Tistrya), lichtvoll, strahlend; und den Mond, der den Keim des Stieres

---

1) Maidhyâirya scheint medius annus, oder die Epoche und das Fest zu seyn, das auf die Mitte des Jahres fällt.

2) Hamaçpathmaedhaya scheint zu bedeuten: das lange Opfer, oder die Epoche des langen Opfers.

Burnouf bemerkt hierbei: Vielleicht hat dieser Begriff eines langen Opfers einige Analogie mit den kosmogonischen Ideen der Indier, die uns die Schöpfung als das Ergebniss eines Opfers darstellen, bei welchem das höchste Wesen in Menschengestalt der Opferer und das Schlachtopfer zugleich ist.

bewahret; und die Sonne, Oberherr, schneller Läufer, Auge des Ahuramazda; Mithra das Oberhaupt der Provinzen.» [1])

P. 376. 30.

«Ich rufe an, ich preisse (Man nennet den Monat und den Tag, an welchem man Izeschne hersagt).»

P. 378. 31.

«Ich rufe Dich an, ich preisse Dich, o Du Feuer, Sohn des Ahuramazda, mit allen Feuern.»

P. 381. 32.

«Ich rufe an, ich preisse die reinen Wasser und alle Wasser von Mazda gegeben und alle Bäume von Mazda gegeben.»

P. 394. 33.

«Ich rufe an, ich preisse das herrliche Wort, rein, thätig, gegeben gegen die Déva's, gegeben durch die Vermittelung des Zoroaster; das lange Forschen, das gute Gesetz der Anbeter des Mazda.»

P. 468. 34.

«Ich rufe an, ich preisse das Gebirge, die Lagerstätte der Erkenntniss (Intelligenz) strahlend von Reinheit; und alle Gebirge strahlend von Reinheit, vollkommen strahlend, gegeben von Mazda; und den Glanz der Könige gegeben von Mazda; und den nicht erborgten Ausglanz (der Meister) gegeben von Mazda.»

P. 481. 35.

«Ich rufe an, ich preisse die herrliche Reinheit, die herrliche Kenntniss, das herrliche Begreifen, den herrlichen Gedanken, den Ausglanz, das Gut gegeben von Mazda.»

P. 541. 36.

«Ich rufe an, ich preisse die herrliche, die vollkommene Segnung, und den herrlichen Mann (Menschen) der rein

---

1) Ueber die Schreibung des Mithra in den Zendbüchern ist oben zu §. 8 das Nöthige bemerkt worden. Der Stern Tistrya (Taschter) ist der

ist, und den Gedanken des weisen Mannes, furchtbar, mächtig, Ized. »

P. 559. **37.**

«Ich rufe an, ich preisse sowohl diese Orte als diese Länder, und die Gehege des Viehs und die Häuser und die Oerter, wo aufbewahret sind die Getreidekörner, und die Wasser und die Grundstücke und die Bäume und diese Erde und diesen Himmel, und den reinen Wind, die Sterne, den Mond und die Sonne, Lichter, die ohne Anfang sind, unerschaffen, und alle Schöpfungen des heiligen und himmlischen Wesens, die und die (beider Geschlechter) welche rein sind (Genien) Meister der Reinheit.»[1])

P. 563. **38.**

«Ich rufe an, ich preisse den erhabenen Herrn, der Meister der Reinheit ist, die Herrn, (die da sind) die Tage, die täglichen Theile (die Tageszeiten), die Monate, die Epochen des Jahres (die Gâhanbars), die Jahre (Genien), die Meister der Reinheit sind; das was hier gegeben ist, gegeben gegen die Déva's, das Wort des Zoroaster, Meister.»

Sonnenstern. Burnouf (p. 368) macht hierbei die allgemeine Bemerkung: Man dürfe voraussetzen, dass das Religionssystem des Zendavesta, wenn wir ihn noch ganz besässen, sich vollständig in Indien wiederfinden würde, mit den einzigen Verschiedenheiten, die eine Folge der ohne Zweifel sehr alten Trennung sind, wodurch die Indischen Völker von den Arienischen abgesondert worden.

1) Der aufmerksame Leser wird in diesem Anruf dieselben Gegenstände wiederfinden, die Herodotus (I. 131) als die Bestandtheile der alten Perserreligion angiebt. — Uebrigens wird auch in andern Artikeln des Zendavesta Fleiss im Feldbau als ein Hauptgebot eingeschärft. So heisst es im Vendidad (Fargard III): „Sage mir den reinsten Punkt des Gesetzes. Saamenkörner ausstreuen, sprach Ormuzd, das ist er." Daher auch das Fest der Feldarbeiter im heiligen Cultus dieses Volkes. Daher auch Dikhan (Ackerbauer) die volksthümliche Benennung für: Perser (vgl. v. Hammer über den Schahnameh, in den Wiener Jahrbb. der Lit. B. IX. S. 83).

P. 571. **39.**

«Ich rufe an, ich preisse die furchtbaren, die mächtigen Feruers der reinen Menschen; die Feruers der Menschen des alten Gesetzes; die Feruers der neuen Menschen; meine Eltern (parents), die Feruers meiner Seele.»

P. 575. **40 und 41.**

«Ich rufe an, ich preisse alle Meister der Reinheit.»

«Ich rufe an, ich preisse alle Izeds, sowohl himmlische als irdische, welche die Reichthümer austheilen; — welche sollen angebetet und angerufen werden durch die Reinheit, welche herrlich ist.»

P. 585. **42.**

«O Du, der Du in diese Welt gegeben bist, gegeben gegen die Déva's, Zoroaster, rein, Meister der Reinheit, wenn ich Dich verletzt habe, sey es in Gedanken, sey es in Wort, sey es in Handlung, sey es mit Willen, sey es unwillkührlich, ich richte aufs neue aus dieses Lob zu Deiner Ehre, ja ich rufe Dich an, so ich gefehlt habe vor Dir in diesem Opfer, in dieser Anrufung.»

P. 588. **43.**

«O Ihr sehr grosse Meister alle, rein, Meister der Reinheit! So ich Euch verletzt habe, sey es in Gedanken, sey es in Wort, sey es in That, sey es mit Willen, sey es ohne Willen, ich richte aufs neue aus dieses Lob zu Eurer Ehre; ja ich rufe Euch an, so ich vor Euch gefehlt habe in diesem Opfer und in dieser Anrufung.»

P. 592. **44.**

«Anbeter des Mazda, Anhänger des Zoroaster, Feind der Déva's, Befolger der Vorschriften des Ahura, dass ich meine Huldigung richte an den, der hier gegeben ist, gegeben gegen die Déva's, an Zoroaster, rein, Meister der Reinheit, für das Opfer, für die Anrufung, für das Gebet, welches gewogen macht, für die Segnung. (Dass ich meine Huldigung richte) an die Herrn (die da sind) die Tage, die Tagestheile u. s. w., für die Segnung; «das heisst» (dass ich meine

Huldigung richte) an die Meister (die da sind) die Tage, die Tagestheile, die Monate, die Epochen des Jahres (Gâhanbars), die Jahre für das Opfer, für die Anrufung, welche gewogen macht, für den Segen. » [1])

1) Wenn in diesen Anrufungen Manches an die Bruchstücke der Indischen Veda's erinnert, wovon im Verfolg, so wird andrerseits der Kenner des Alten Testaments in manchen Wiederholungen, z. B. in der ständigen: *rein, Herr der Reinheit* eine Art von Analogie mit dem Ebräischen Parallelismus membrorum zu finden glauben.

V.

Mithras und Mithra.

Nachtrag zu §. 9 ff.

Da der Französische Uebersetzer meines Buches eine sehr
lichtvolle Uebersicht der neueren Ansichten dieser Lehre nebst
seiner eignen gegeben,[1]) so kann ich mich hier auf Mittheilung der *neuesten* beschränken, denen ich denn auch nachträglich einige Betrachtungen anfügen will. Zunächst hat
sich ein anderer Französischer Gelehrter durch eine schöne
Monographie um diesen Gegenstand verdient gemacht[2]) und
darauf unser berühmter Deutscher Joseph von Hammer.[3]) Ich
theile zunächst die Hauptergebnisse der Untersuchungen des
Letztern mit, oder die Hauptsätze aus seiner Conclusion:[4])

---

1) Herr Guigniaut Notes et Éclairciss. p. 728 — 742.

2) Herr Felix Lajard in seinen Nouvelles Observations sur le grand
Bas-Relief Mithriaque de la Collection Borghèse au Musée Royal de Pa-
ris — à Paris 1828. — Ueber ein anderes erst jüngst aufgefundenes Mithras-
Denkmal, das Heddernheimer, hat Herr N. Müller (in den Annalen des
Vereins für Nassauische Alterthumskunde II. 1. S. 3 — 152) zugleich mit
einer Betrachtung über andere ähnliche Denkmale Bericht abgestattet.
(Vgl. meine Schrift: Zur Geschichte alt-Römischer Cultur am Oberrhein
und Neckar S. 49. 99 f. 115 f., wo ich von einigen Mithrassteinen unserer
Gegend gehandelt.)

3) Mémoire sur le culte de Mithra par Jos. de Hammer publié par
J. Spencer Smith. Paris 1833 8. mit einem Atlas in 4to.

4) Mémoire s. l. c. de Mithra par de Hammer p. 125 — 127.

Der Ursprung des Cultus und der Mysterien des Mithras
müsse in Persien aufgesucht werden, wo Mithras schon zu
Zoroasters Zeiten angebetet worden, nicht als der höchste
Gott, welcher Ormuzd, nicht als der Genius der Sonne, welcher Khorsched war, sondern als der erste der Izeds, als
Zeugungskraft, als Friedebringer und Mittler der Welt. Der
Mithras des Zendavesta ist nicht einerlei mit Mond und Sonne,
welche Gestirne seine Beisteher sind, noch mit dem Morgen-
stern, auch nicht als der höchste Gott der Perser.

Die Beziehungen des Mithrascultus auf die Lehre des Zoroaster finden sich aufgezeichnet im Zendavesta und in den
ältesten Quellen der Persergeschichte, deren Ueberlieferungen
durch den Schahnameh erhalten worden.

Die Zeit der Einführung des Mithrascult ist die des See-
räuberkriegs, und die Ursachen der Ausbreitung dieses Dienstes sind dieselben, wie bei andern Mysterien, nämlich die
Hindernisse, die das Heidenthum dem Fortschreiten des Christianismus entgegenstellte.

Der Mithrascult hat im Laufe der Jahrhunderte und bei
seiner Ausbreitung von Indien und Persien bis in die äussersten Westländer des Römischen Reichs beträchtliche Veränderungen erlitten. Besonders hat die Indische Lehre der Seelenwanderung [1]) sich erst später, wie mit andern Mysterien,

---

1) Vgl. Stuhr Die Religïons-Systeme der heidnischen Völker des
Orients S. 374, welcher annimmt, gewisse Vorstellungen über einen verlornen Zustand friedvoller Unschuld, über den Beruf des Menschen zum
Kampfe wider das, wodurch die Ordnung des Lebens getrübt werde, und
über einen dereinst erfolgenden endlichen Sieg hätten sich schon in der
Lehre des von Hom verkündigten *alten Gesetzes* entwickelt befunden,
aber nur in Bezug auf die beschränkten Kreise des irdischen Daseyns
des Menschen. [?] „Die höhere ethische, auf das *ewige Leben der Seele*
sich beziehende Deutung jener Vorstellungen, die diesen im *neuen Gesetze*
gegeben ward, scheint allerdings aus dem *Judenthum* [?] geschöpft zu
seyn." — Von solchen umkehrenden Sätzen hätte den Herrn Verfasser
schon das berühmte Zeugniss des Theopompus ap. Plutarch. de Isid. p.

so auch mit diesen verbunden, und auf diese Lehre beziehen
sich die Hauptembleme der bekannten Mithrasmonumente.

Diese Embleme wären zum Theil schon im Zendavesta
erwähnt, wie die Attribute des Mithras, die Augen, die Ohren,
seine Waffen, die Vögel Eorosch und Hufreschmodad und die
Sonne. Andere gehörten den Denkmälern des Römischen Reichs
an, wie der Stier, der Hund, die Schlange, der Skorpion, der
Löwe, die Hyäne, der Rabe, der Greif, der Sperber, die
Bäume (Hom und Barsom oder Palmbaum und Cypresse), die
Grotte als Weltsymbol, die Stufenleiter mit ihren sieben Stu-
fen, die sieben Altäre Symbole der sieben Mysteriengrade;
Sonne und Mond als Beistände des Opfers; endlich die beiden
Genien oder fackeltragenden Ministranten, die Herabkunft und
die Rückkehr der Seelen bezeichnend.

Die Mithrascärimonien, die zwölf Prüfungen und die sieben Einweihungsgrade erklären sich theils aus gleichzeitigen
Schriftstellern theils aus den übriggebliebenen Denkmalen.
Die Hauptfeste des Mithras finden sich noch im Parsenkalen-
der. In den Bilddenkmalen stellt die Hauptgruppe immer das
Opfer des Mithras dar, der den kosmogonischen Stier opfert,
das Symbol der Entstehung und der Wiedergeburt der Welt,
der Erzeugung der Leiber, der Vervollkommnung der Geister,
der Geburt und der Wiedergeburt der Seelen, welche, vom
Monde herabgestiegen, vermittelst der Reinigungen und Läu-
terungen, körperlicher Prüfungen und geistiger Uebungen
zurückgeführt werden zu ihrem himmlischen Ursprung durch
Mithras, den Erzeuger und Wiederhersteller, den Erhalter

---

514 sq. Wyttenb. abhalten sollen, wo von einem Aufhören des Hades und
von einem darauf folgenden glücklichen Leben der Menschen die Rede ist.
Bündig hat auch in einer Abhandlung, überschrieben: Ist die Lehre von
der Auferstehung des Leibes wirklich nicht eine altpersische Lehre, Herr
J. G. Müller (in Ullmann's und Umbreit's Theologischen Studien und Kri-
tiken VIII. 2. S. 477—496) diesen Satz nachgewiesen, und zwar nicht
blos im Dundehesch, sondern auch in älteren Zendschriften.

und Wohlthäter, den Friedebringer und Mittler, den Retter
und Befreier, den Genius der Wahrheit und der Liebe. —
Soweit von Hammer. Einige bemerkenswerthe Sätze des
Herrn Burnouf habe ich absichtlich bis hierher aufbewahrt.
Sie sollen nun folgen:

Die Worte *ahuraêibya* und *mithraêibya*[1]) könnten, sagt derselbe, zur Vermuthung führen, es sey hier von zwei Mithras
die Rede; ahura sey ein Titel, und die Stelle sey daher so zu
nehmen: «Ich rufe an, ich preisse *die beiden Herrn Mithras.*»
Dies wäre denn der männliche Mithras und die weibliche Mithra. Alsdann müsse man annehmen, die unter der Aufschrift
Zendavesta aufbehaltenen Zendfragmente seyen später als die
Vermischung des Assyrisch-Babylonischen Mylittadienstes[2])
mit der Religion von Aria, oder dass sie in einem Lande redigirt worden, wo diese Vermischung Statt gefunden. Bedenke
man aber weiter, dass die Zendbücher nur von Einem Mithra
sprechen, d. h. von einem Gotte, dessen Titel *Sonnengott* (Dieu
soleil) am besten seine Attribute darstelle, so müsse man
annehmen, dass jene Bücher älter sind als die Einführung der
Mithra-Venus oder Mylitta unter die Zahl der Persischen
Gottheiten, worunter Herodot sie angetroffen, oder dass sie
wenigstens in einem Lande redigirt worden, das von der
Oertlichkeit jener Vermischung entfernt gelegen.

Vielleicht könnten fortgesetzte Untersuchungen künftig das
Ergebniss liefern, *dass das was man vom Cultus der alten Assyrier kennt nicht radical von dem im Zendavesta vorkommenden
Cult verschieden sey.* Sollte dieser Satz mit triftigen Beweisen
unterstützt werden können, so würde sich daraus ergeben,
*dass auch die Arienischen Völker eine Mithra-Venus gehabt
haben,* ein Umstand welcher die Religion der verschiedenen
Völker des Persischen Reichs vom Cultus der Nation, die sich
in Indien niedergelassen und welche niemals eine Mithra-Ve-

---

1) Izeschne Cap. L nr. 29; s. Comment. sur le Yaçna p. 350 sqq.
2) Herodot. I. 131.

nus gekannt zu haben scheine, unterscheiden würde. Aber zu solchen Annahmen bedürfe es mehrerer und ausdrücklicherer Texte als der obige des Izeschne sey; weswegen er (B.) glaube, bei der Annahme *nur Eines Mithras im Zendavesta* verbleiben zu können. — Jedoch wird derselbe Gelehrte durch den Inhalt einer andern Stelle der Zendschriften zu einer Vergleichung mit *Indischen* veranlasst: «Mithra der, der erste der himmlischen Izeds, sich über das Gebirge schwingend, herabsteigt aus der Morgengegend der unsterblichen, von schnellen Rossen gezogenen Sonne; er, der zuerst sich der schönen Gipfel mit ihren goldenen Spitzen (oder Ketten) bemächtigt.» [1])

Als Ergebniss einer sehr sorgfältigen Erörterung über eine unter Elagabal geschlagene merkwürdige Münze von Trapezunt hat ganz kürzlich Herr *Franz von Streber* die Personalitäten dieses Cultus unter folgenden vier Sätzen zusammengefasst. Bevor ich diese mittheile, schicke ich die uns angehende Beschreibung der Rückseite jener Münze voraus: Der Gott Lunus reitet auf einen Altar zu; rechts und links zwei Jünglinge mit aufgeschürztem Gewande, mit Chlamys und Phrygischer Mütze, der eine mit emporgehobener, der

---

1) Anfang des vierten Cardé des Jescht von Mithra; Lateinisch: „Mithra, qui primus caelestis Yazada montem transsilit ex orientali regione immortalis solis, rapidos equos habentis; Mithra, qui primus auratis culminibus — pulchra cacumina occupat." vgl. Notes et eclairciss. sur le Yaçna p. LXVI. not. N. wo Burnouf bemerkt, man werde durch die grosse Aehnlichkeit überrascht, welche diese Stelle mit einigen alten Hymnen der von Rosen edirten Fragmente der *Veda's* habe. Ich werde im folgenden Capitel Proben davon geben, und bemerke vorläufig nur, dass sich demgemäss der Anruf an die Gottheit als der uns bekannte älteste Ausdruck der Naturreligionen herausstellt, dessen *Ton* wenigstens einige der *einfachsten* Hymnen unter Orpheus Namen wohl getroffen haben. — An jenen Anruf schliesst sich ein anderer, der so anfängt (vgl. a. O. p. LXXVI. Not. P.) „Tunc omnem constituit Ariae locum beneficiis, und sich schliesst: — in quo montes excelsi pascuis vestiti, aquosi pabulum bovi praebent."

andere mit niedergesenkter Fackel; nebenan ein Baum; unter
der Scene ·eine kriechende Schlange. [1]) Ich lasse hierauf die
bemerkten Sätze folgen, und füge ihnen vorläufig gleich unter
dem Text einige kurze Anmerkungen bei:

« Die verschiedenen Mithrischen Vorstellungen werden am
einfachsten vielleicht so bestimmt:

·Die *Persische Mitra* ist das weibliche Feuer, dessen Hauptbegriff der Mond ist. Selene die Beschützerin der Perser. » [2])

« Der *Persische Mithras* ist das männliche Feuer, dessen
Hauptbegriff Sol (der Sonnengott) ist, der höchste Gott der
Perser. » [3])

« *Anaitis* oder die Pontisch-Persische Mitra ist das weib-
männliche Feuer, mit Vorwaltung des weiblichen Wesens,
Mitra-Mithras. »

---

1) S. Numismata nonnulla Graeca ex museo Regis Bavariae. ― ed.
Fr. Streber in den Abhandlungen der Königl. Bayerischen Akademie der
Wissenschaften. I. S. 169. ― eine Abhandlung reich an praktischen Bei-
spielen der Erläuterung der Mythologie durch die Numismatik.

2) „Selene, Persarum *protectrix*“ S. 187 und so auch S. 179 f. und
S. 184. Es sollte aber heissen: Persarum *praenuntia* (praenuntiatrix,
vates). Nämlich bei einer Sonnenfinsterniss (Herodot. VII. 37) sagen
die Magier: ἥλιον εἶναι Ἑλλήνων προδέκτορα, σελήνην δὲ σφίων. Eben so
haben jedoch die Ausleger des Curtius IV. 10. 4· in der Erzählung von
einer Mondsfinsterniss dieses Herodoteische Wort falsch gedeutet; ja
selbst Th. Gataker Adverss. Miscell. p. 661. A. der übersetzt hat: lunam
esse ipsorum *praesidem*. Weil das ·Wort selbst im neuesten Londner
Stephanus übergangen worden, so muss *ich* bemerken, dass es für προ-
δέλτορα steht, von προδείκνυμι, Ionisch προδέκνυμι. Der Sinn ist also:
eine Verfinsterung der Sonne wäre ein übles Vorzeichen für die Griechen;
die des Mondes ― für die Perser. Aber um den hohen Rang der Mithra
bei den Persern zu beweisen bedarf es, um Anderes zu übergehen, nur
eines Blicks auf die classische Stelle desselben Herodot I..131. ― Die
enge Verbindung mit dem Monde ergiebt sich aber unter andern aus
Izeschne I. 29, wo erst Mithra, dann der Mond, dann wieder Mithra
angerufen werden (s. das über diese Stelle kurz vorher Bemerkte).

3) Strabo XV. 13. p. 221 Tzsch. Πέρσαι ― τιμῶσι δὲ καὶ ἥλιον, ὃν
καλοῦσι Μίθρην, vgl. oben Burnouf zum Yaçna I. 29. Hesych. II. p. 601

« *Lunus* endlich, oder der Pontisch-Persische Mithras ist das mannweibliche Feuer, mit Vorwaltung des männlichen Wesens, *Mithras-Mitra*. »

Je entschiedener die Mithriaca als eine *Weltreligion* hervortreten, desto willkommener werden uns neue Beiträge zur Einsicht in dieselbe seyn. Die jüngste Zeit hat uns besonders einige ganz unerwartete Bilddenkmale dieses Kreises geliefert. Davon will ich zuvörderst sprechen, und sodann einige Nachweisungen geben, theils von Spuren dieser Religion in den ältesten Mythologumenen der Griechen theils von Lehren, Sagen und Bildern der christlichen Jahrhunderte bis zum Mittelalter herab; woraus sich der Schluss von selbst ergeben wird, dass die Lebenskraft dieser Religion eben so merkwürdig als ihre Gefügigkeit gewesen, unter den verschiedensten Formen zu erscheinen.

Wenn ich bisher angenommen hatte, dass eine liebliche geflügelte einen Stier opfernde Jungfrau, als Correlat zum Stieropferer Mithras, eine in gleicher Handlung dargestellte Mithra sey,[1]) so war dies doch nur eine spätere Griechisch-Römische Auffassung dieser Personen und ihrer Verrichtungen. Jetzt aber können wir die Originalnamen dieser Gottheiten: Mithro und Mao auf einer ganzen Reihe von Indo-Baktrischen

---

Alberti: $Mί\vartheta\varrho\eta\varsigma$, ὁ πρῶτος ἐν Πέρσαις θεός. Aus einer andern Stelle des Strabo p. 226: Ὅτῳ δ' ἂν θύσωσι θεῷ, πρώτῳ τῷ πυρὶ εὔχονται möchte Herr van Limbourg Brouwer (État de la civilisat. des Grecs II. p. 183) schliessen: „que le culte de Mitra a été confondu ou, si l'on veut, réuni par les Perses avec le culte du feu" — in so fern es *Sonnenfeuerdienst* war, bemerke ich, auch der Cult des *Mithras*. Aber wenn die Verehrung der Mitra erst unter Artaxerxes *Mnemon* zu den Persern gekommen wäre (s. a. a. O.), so hätte Herodot doch wohl nicht davon berichten können.

1) Mit Zustimmung der Herrn Lajard und Streber (s. des Letzteren Numismata p. 176. not. 20).

Münzen lesen.[1]) Der Gelehrte, dem wir diese Mittheilung verdanken, bemerkt dabei:[2]) — «Et la notion que nous y puisons d'une personification de dieu de la mythologie Bactrienne, qui repondait à la fois aux deux principes *mâle* et *femelle* de la lumière, et qui pouvait être désignée tantôt par le nom *Mithro*, tantôt par le nom *Mao*, selon que le principe *mâle* ou *femelle* de cet androgyne prévalait dans sa représentation, ne parait suiette à aucune doute. »[3])

Ueber diese Zweiheit des Licht- und Feuergottes erklärt sich Julius Firmicus[4]) so: «Persae et Magi omnes — ignem praeferunt, et omnibus elementis putant debere praeponi. Hi itaque Iovem in duas dividunt potestates, naturam eius ad utriusque sexus transferentes, et (ad scheint ausgefallen) viri et foeminae simulacra ignis substantiam deputantes, et mulierem quidem *triformi vultu* constituunt, monstrosis eam serpentibus

1) Nämlich *MIΘPO* und *MAO*, Sonne und Mond: S. Raoul-Rochette Deuxième Supplement à la Notice sur quelques Médailles Grecques inédites de Rois de la Bactriane et de l'Inde. Paris 1836 p. 49 sqq.

2) Raoul-Rochette a. a. O. p. 50.

3) In einer Anmerkung fährt derselbe (p. 50 sq.) fort: „Du reste la figure de cette déesse (der Göttin von Komana), telle que nous la connaissons par des médailles, entre autres, parcelles de Hiéro caesarée, du Pont (Millingen, ancient Coins of Greek Cities pl. V. nr. 4. p. 67 — 68) répond exactement à sa *nature androgyne* et au *culte lunaire* dont elle était l'expression. Elle a la *tête radiée*; elle est vêtue *d'habits de femme* et elle porte une *massue*, en s'appuyant sur un *bouclier*. C'est donc à la fois un type d'accord avec l'image du *Dieu Lunus*, adoré dans le Pont, et avec celle de l'*Hercule-Sandon* de la Lydie, tel que nous pouvons nous le représenter d'après les temoignages des anciens; et c'est, sous toutes ces formes diverses, la personification du *Genie* à la fois *mâle* et *femelle*, de la lune, tel que nous le montrent nos médailles Indo-Bactriennes, avec le nom de *Mithro*, ou de *Mao*.“

4) De error. profan. religg. cap. V. p. 16 sq. ed. Fr. Münter. Ich hebe aus den Anmerkungen dieses Gelehrten nur das unmittelbar zu meinem Zweck Nothwendige heraus.

illigantes. »[1]) Diese dreiköpfige Göttin tritt uns nun auf einer *Baktrischen* Münze eines Griechischen Königs deutlich vor Augen. — Eine herrliche Tetradrachme, aus der Sammlung des General Allard in die Königl. Französische Sammlung als ein Stück ersten Ranges aufgenommen. — Vorderseite: Unbedecktes mit dem Diadem umgebenes Haupt eines Königs rechts gewendet; Kehrseite: Stehende Figur des Juppiter, mit dem Pallium bekleidet, auf einen langen Scepter gestützt en face, doch mit rechts gewendetem Haupt. Er hält in der Rechten eine dreiköpfige Figur, welche nach jeder Seite eine Hand ausstreckt, worauf eine gerade stehende brennende Fackel steht. Daneben der eigen geformte Charakter Φ und die Inschrift *ΒΑΣΙΛΕΩΣ ΑΓΑΘΟΚΛΕΟΥΣ.*[2]) Der Gelehrte, dem wir diese wichtige Mittheilungen verdanken, hat hierbei, nach dem Vorgang des Herrn Duc de Luynes, sehr befriedigend über die verschiedenen Beinamen und Attribute der Hekate bei Dichtern und auf Kunstdenkmalen zumal auf Münzen gehandelt, und man wird mit dem Ergebniss, das ich mit den Worten des Autors selbst beifügen will, eben so befriedigt seyn können: — «On conviendra que toutes ces indications s' accordent pour nous faire connaître, dans notre *Artemis - Hecaté porteflambeau,* une divinité lunaire, dons le culte, propre à l'Asie, n' avait pu être apporté aux Grecs du premier âge que par des navigateurs de cette partie du monde; et dont, à une

---

1) Wenn zu den Worten mulierem triformi vultu Münter folgende Anmerkung macht: „Quatenus in eam ex mente Graecorum coaluerant Mylitta, Artemis et Persephone. *Nam de idolo tricipiti ad forma Hecates ficto non est quod cogitemus.“* so würde er sie wohl unterdrückt haben, hätte er sich des Capitolinischen Bildwerks erinnert, welches aus drei Figuren besteht, wovon die eine, mit einem Strahlenhaupt und Phrygischer Mütze, in einer Hand einen Dolch, in der andern eine Schlauge hält; also lauter *Mithrische* Symbole in sich vereinigt. (Man s. jetzt Streber a. a. O. p. 180. not. 38.)

2) Raoul-Rochette Deux. Supplem. à la Notice sur les Médailles Indo-Bactriennes p. 13 und dazu pl. II. nr. 1.

autre époque les Grecs, conduits par Alexandre dans la Bactriane, *retrouvèrent le type primitif dans sa patrie même, tel
qu'ils le reproduisirent à leur manière sur la monnaie d' Aga-
thocle*, comme un premier hommage rendu a leur conquête
nouvelle, en même temps que comme une réminiscence de leur
vieille croyance.» [1]) — Aber sind wir nicht nur berechtigt, sondern auch der Consequenz gemäss genöthigt, noch
einen Schritt weiter zu gehen? Die Griechen hatten ja überhaupt die Gewohnheit, sich nach den Religionen der von ihnen
eroberten fremden Länder zu bequemen, und die Vorstellungen,
Attribute, Namen und Beinamen der barbarischen Gottheiten
bestehen zu lassen, oder unmerklich umgemodelt mit denen
ihrer Hellenischen Götter in Eintracht zu bringen. Hier aber
in Baktrien haben sie ja, wie wir geschen, die einheimischen
Gottheiten, Sonne und Mond, unter ihren Asiatischen Namen
Mithro und Mao auf den Münzen verewigt. Demgemäss werden wir die auf den Scepter gestützte ehrwürdige Gestalt auf
der Münze des Agathokles mit vollem Recht als *Ormuzd* oder
Juppiter-Ormuzd bezeichnen;[2]) die dreiköpfige Fackelträgerin
aber, die dieser Ormuzd auf seiner Hand trägt, als *Mithra* oder
Mithra-Artemis oder als *Mithra-Hekate;* so dass also beide Figuren die in den Zoroastrischen Lehren ausgesprochene Conjunction des Ormuzd mit dem heiligen Feuer und Licht vor
Augen stellen. Der *Persische Mithras* kommt noch auf einem
spät-Römischen Denkmal in Verbindung vor. In einer Inschrift lesen wir unter andern folgende Verse:

Idem augur *triplicis* cultor venerande *Dianae*
Persidicique Mithrae antistes Babylonie templi.[3])

---

1) Raoul-Rochette Deux. Supplement p. 15 sq.

2) oder Zeus-Oromazes, wie Aristoteles ap. Diog. Laert. prooem.
§. 8 wirklich synonymisch sagt: Ζεὺς καὶ Ὠρομάσδης. Als Zeus und Juppiter bezeichnen aber viele andere alte Schriftsteller den Ormuzd, vgl.
Bähr ad Ctesiae reliqq. p. 146.

3) Bei Gruter p. XXVIII. 6 und in Ferreti Musae lapid. IV. p. 9.
Fr. Münter hat sie in der Religion der Babylonier IV. S. 56 unvollstän-

Creuzer's deutsche Schriften. I. 2.　　　　22

So hätten wir demnach von so späten Römischen Zeugnissen
die Bestätigung in Baktrisch-Griechischen Denkmalen gewonnen; und wenn das äussere Ansehn dieser dreiköpfigen
Mithra der Indischen Trimurti ähnlich ist, so ist dies ein neuer
Beleg für die Verwandtschaft der Mithraslehre mit alt-Indischer
Theologie. Doch, dies vorjetzt bei Seite gelassen, legt sich
die Frage nahe, welche Gestalt die alten Perser ihrem *Mithras*
gegeben, die man bisher auf den Bildwerken vermisste.[1]
Es verdient gewiss alle Aufmerksamkeit, wenn ein scharf-
sinniger Forscher den alten Mithras in einer mit verschiedenen
Attributen versehenen erhabenen Mannesgestalt, worüber ein
achteckiger Stern (die Sonne) schwebt, und gegenüber in
einem andern auf einem Einhorne stehenden Heros den Ormuzd, und dagegen in einer dritten widrigen Figur eines,
seinen obern Theilen nach als Vogel vorgestellten Wesens
den Ahriman gefunden zu haben glaubt.[2] — Aber nicht blos
eine Analogie lässt uns vermuthen, sondern ein bestimmtes
Zeugniss nöthigt uns auch anzunehmen, dass es neben der
dreigestalteten Mithra-Hekate auch einen dreigestalteten Mithras gegeben habe; denn der *dreifache*[3] wird er ausdrück-

dig und nicht ganz correct mitgetheilt. Der Persidicus Mithras ist der
Persische, und es muss nicht Babylone sondern Babylonie gelesen werden.
Folglich fallen Münter's Schlüsse auf das Local von Babylon hinweg.
Babylonie bezeichnet des Priesters Profession, als eines Astrologen (s.
Buhnken. ad Porphyr. de A. N. p. 16, vgl. Mitscherlich ad Horat. I. od.
11. vs. 2).

1) Streber Numismm. p. 175.

2) Auf oberasiatischen Cylindern, jetzt bei Guigniaut Religg. de l' Antiquité pl. XXIII. nr. 120 und pl. XXII. nr. 125. a. cf. Guigniaut's Notes
et Eclairciss. I. 2. p. 726 sq. und daselbst Grotefend.

3) Μίθρας τριπλάσιος beim Maximus in den Scholien zu Dionysii
Areopagit. Epist. p. 91. — Ueber Ormuzd, der sich als Demiurg verdreifacht habe, s. Plutarch. de Isid. et Osirid. p. 369. p. 514 sq. Wyttenb.
Auch Feridun wird im Zendavesta als Treteno, Treteomo, d. h. als drei-
fach bezeichnet (s. Guigniaut Notes et Ecl. p. 682. 733).

lich genannt, ein Ausdruck der auch einmal in einer andern Urkunde vom Ormuzd in seinem Schöpfungswerke gebraucht wird. So führen uns also die neuaufgefundenen Denkmale den älteren Vorstellungen der Iranisch‑Persischen Gottheiten immer näher, und so dürfen wir auch die Hoffnung nicht aufgeben, auf andern ähnlichen Monumenten wohl einmal einem dreigestalteten oder dreihauptigen Mithras zu begegnen.

Dieser Mithras‑Perses ruft uns ferner gewisse alt‑Griechische Genealogien ins Gedächtniss, zuvörderst die Ehe des Helios und der Perse oder Perseïs ($\Pi\acute{\epsilon}\varrho\sigma\eta$, $\Pi\epsilon\varrho\sigma\eta\tilde{\imath}\varsigma$), woraus neben andern Kindern Perses geboren wird.[1]) Besonders merkwürdige Spuren dieser Iranischen Gottheiten und Culte zeigen sich in der Theogonie des Hesiodus; und besonders über die so eben behandelten Personalitäten äussert sich ein gründlicher Alterthumsforscher folgendermassen: « Ganz besonders noch thun sich alle diese Personen als Symbole innerasiatischer Völker dadurch kund, dass sie Zauberei und geheime Künste üben, deren Vaterland immer dort war. So haben wir die zauberische Natur im Perseus anerkannt; und vom *Perses*, dessen Fabel übrigens ganz verloren ist, sagt Hesiod,[2]) bei dem er aber ein Sohn des Titanen Krios ist, dass er $\pi\tilde{\alpha}\sigma\iota$ $\mu\epsilon\tau\acute{\epsilon}\pi\varrho\epsilon\pi\epsilon\nu$ $\iota\delta\mu\sigma\sigma\acute{\upsilon}\nu\eta\sigma\iota\nu$, womit es denn genau zusammenhängt, dass *Hekate* seine Tochter ist;[3]) Aeetes endlich ist als Zauberer hinreichend bekannt. »[4]) Ich habe mich schon oben an den Ausspruch dieses gelehrten Mannes angeschlossen, dass in solchen mythischen Namen die frühe Bekanntschaft der Griechen mit den Namen der entfernten

1) Odyss. *K*. 139 mit Eustath. p. 387 und Apollodor. I. 9. 1.

2) Theog. 377.

3) Theog. 411 sqq. Diese ganz sonst unbegreifliche Beschreibung von der Herrschaft, den Kräften, Gaben und Wohlthaten der Hekate wird aus den Schilderungen des Mithras und seiner Segnungen (in den Zendschriften) erst eigentlich verständlich.

4) Buttmann Mythologus II. S. 192.

Völker Asiens sich verrathe. — Ja noch mehr! Dass auch ganze Iranische Lehr- und Bilderreihen lange vor der historischen Zeit von den Griechen aufgenommen und mit ihren Stammculten verwebt worden, davon kann ein jeder sich aus dem Mithrischen Faden überzeugen, den ich oben §. 12 und 13 in den Mythen von Perseus nachgewiesen. [1]) Waren aber schon in der Vorzeit Mithriaca bis in den Griechischen Continent vorgedrungen, so wäre es wunderlich, wenn sie hier stehen geblieben. Im Gegentheil gewinnt die Vorstellung eines bedeutenden Geographen und Geschichtsforschers immer mehr für sich, dass der Mithrasdienst in die süddeutschen Länder nicht erst (wenn auch von ihnen wohl unter verschiedenen neuen Formen) durch die Römer eingebracht, sondern von den Deutschen Stammvölkern aus Oberasien mitgebracht sey. [2])

Schliesslich werfe ich noch einen Blick auf einige Combinationen Persischer Lehren und Gebräuche, die in Vorderasien mit Jüdischen und Christlichen Statt gefunden. Zunächst tritt hier Kappadocien hervor. Dort waren ja Feuerheiligthümer ($\pi\nu\rho\alpha\iota\vartheta\varepsilon\tilde{\iota}\alpha$) eingerichtet, in welchen die Feueranzünder ($\pi\dot{\nu}\rho\alpha\iota\vartheta\sigma\iota$) ihre regelmässigen Liturgien verrichteten. [3]) Dieser Feuer- und Lichtdienst hatte sich hier mit Jüdischen und Christlichen Lehren und Culten vermengt. Die sogenannten Hypsistarier ('Υψιστάριοι) verbanden mit einem strengen Monotheismus und mit der Sabbathsfeier am siebenten Tage die Verehrung des Feuers und der Lichter ($\tau\iota\mu\tilde{\omega}\sigma\iota\ \tau\dot{o}\ \pi\tilde{\nu}\rho$ $\varkappa\alpha\dot{\iota}\ \tau\dot{\alpha}\ \lambda\dot{\nu}\chi\nu\alpha$) und gelehrte zum Theil unter ihnen lebende

---

1) Wo auch von der Vermischung der Phrygischen Sabazien mit den Mithrasculten die Rede. vgl. jetzt Streber Numismm. p. 176. Von den Mithrischen Elementen in dem Mythus vom Erysichthon kann erst bei dem Ceresdienst die Rede seyn. Vorläufig vgl. man Band IV. S. 142 ff. der 2ten Ausgabe dieses Werks.

2) Karl Ritter in der Erdkunde II. S. 908.

3) Strabo XV. p. 224 sq. Tzsch. Es kann erst im Verfolg von den dortigen Culten und von der Verehrung einer Asiatischen Mondgöttin in zwei Priesterstaaten, beide Komana genannt, die Rede seyn.

Kirchenlehrer bezüchtigten sie heidnischen Irrthums (Ἑλληνικὴ πλάνη). Dieses heidnische Element ihres Glaubens und Dienstes war eben ein Persisches, und es ist sonderbar, bei diesen Verehrern eines höchsten Gottes an ein aus der Vorwelt gerettetes Häuflein von Bekennern einer reinen Urreligion zu denken, vielmehr anzunehmen, dass es Leute waren, die den Mosaismus mit dem Parsismus, vielleicht mit der Absicht, einen dritten neuen Glauben daraus zu bilden, amalgamirt hatten.[1])

Folgendes über eine Verschmelzung einer Persischen Personalität mit einer Christlichen werfe ich als einen blossen Gedanken hin, dessen Werth oder Unwerth gelehrte Theologen bestimmen mögen. In dem apokryphischen Evangelium der Ebräer kommt die höchst sonderbare Erwähnung einer *Mutter Christi* vor. Ja der Erlöser wird selbst redend eingeführt, wo er eine Handlung derselben berichtet, und sie, seine Mutter, das πνεῦμα ἅγιον nennt.[2]) Man kann über einen solchen Gegenstand nicht umsichtiger und erschöpfender sprechen, als dies einer unsrer gelehrtesten Theologen gethan.[3]) Nun waren, bemerke ich, die Juden und Christen mit derjenigen Person der Persischen Theologie, die wir als Mithra schon aus dem Herodotus kennen gelernt, ohne Zweifel frühe bekannt geworden, und blieben lange in dieser Bekanntschaft, wie die Zeugnisse des Ambrosius, des Julius Firmicus und Anderer beweisen. Sodann war in der entwickelten Perserlehre Mithras als der männliche, starke, läuternde Feuergeist, auch im ethischen Sinne längstens vorgestellt; Mithra aber als die weibliche, mildreinigende und den Willen heiligende Licht- und Feuergöttin. Da es nun endlich im Iranischen

---

1) Suidas p. 3741 Gaisford. mit Kuster's Note; und besonders Dr. C. Ullmann's Gregorius von Nazianz der Theologe, Anhang V. S. 558 ff.

2) Origenes in Johann. p. 59 ed. Huet. — ἔνϑα αὐτὸς ὁ Σωτήρ φησι, ἄρτι ἔλαβέ με ἡ Μήτηρ μου, τὸ ἅγιον πνεῦμα κτλ.

3) Herr Dr. K. J. Nitzsch, in der Abhandlung vom Pneuma Hagion als der Mutter des Christs; in dessen Theologischen Studien I. S. 1—150.

Systeme auch eine solche Steigerung ihres Begriffs gegeben, derzufolge sie die höchste Gottheit, und Mithras als ihr Ausfluss (Sohn) ihr untergeordnet war,[1]) Mithras aber als Mittler (μεσίτης) vorzugsweise bezeichnet ward — so konnte eine Jüdisch - Christliche Secte wohl darauf verfallen, sich den Heiland und Mittler der Christenlehre als den Sohn eines weiblich gedachten Pneuma Hagion zu phantasiren.

Wie weitverbreitet und wie tiefgewurzelt der Mithrasdienst neben dem Mythus von Perseus in den vorderasiatischen Ländern gewesen, bis in die spätere Kaiserzeit herab, stellen die Münzen derselben am anschaulichsten vor Augen. So sehen wir z. B. auf einer von Tarsus in Cilicien den Mithras, wie er den Stier opfert; auf andern derselben Stadt das Sichelschwert (ἁρπη) des Perseus und andere diesem Heros, der ja Erbauer dieser Stadt genannt und als solcher verehrt wurde, angehörige Symbole.[2]) Alle diese Münzgepräge setzen grössere Bildwerke, Statuen, Reliefs, Malereien voraus, welche den Einwohnern dieser Länder beständig vor Augen schwebten, und ihrer Einbildungskraft immer neue Nahrung gaben. Perseus im Kampfe mit Gorgonen und andern Gebilden der lunarischen Religionen, Perseus als Retter der Andromeda durch Erlegung des Seeungeheuers, mussten im Laufe der Zeiten und unter dem Einfluss anderer Religionen allmählig umgedeutet werden. Ein Christlicher Held, der eine Königstochter durch Tödtung eines Drachen gerettet, nahm nachgerade den Platz jenes Iranischen Mithras-Perses ein.[3])

---

1) Vgl. oben §. 9.

2) Eckhel Sylloge numorum veterum p. 47 sqq.; Streber Numismm. p. 175.

3) Ich beschränke mich hier auf die Grundzüge der Sage, welche sich aufs mannigfachste verzweigt und viele Zusätze und Umbildungen erfahren hat (s. die Bollandisten Acta Sanctorr. Mens. April. III. p. 100 — 163). Gibbon Cap. XXIII. S. 406 ff. ist mit einigen Andern geneigt, eine Vermengung des Ritters St. Georg mit dem berüchtigten Kappadocier,

Selbst die Phantasie der Mahomedaner erschöpfte sich, die Kämpfe dieses Ritters mit dem Drachen und die vierzig Feuerproben, die er bestanden, auszumalen; Kappadocien, Edessa, Mossul wurden als die Schauplätze seiner Thaten bezeichnet.[1]) — Seit den Kreuzzügen aber war über dem Ritter und Märtyrer *St. Georg*, der nun Schutzpatron von tausenden Christlicher Männer, von Vereinen und von Städten geworden, Perseus ganz und gar vergessen, wäre in seinem Namen Georgios ($\Gamma\varepsilon\acute{\omega}\rho\gamma\iota\circ\varsigma$), des Landarbeiters (Ackerbauers), nicht das Andenken des ländlichen Fleisses aufbewahrt, der zu den Hauptgeboten des Persergesetzes gehörte, erschiene er nicht als ein zweiter Dschemschid, dessen Werkzeug der goldene Dolch ist, womit er die Erde durchschneidet, erinnerten nicht die von ihm bestandenen *Feuerproben* an die Prüfungen in den Mithrischen Weihen, und bezeichnete nicht der *St. Georgenarm*, wie man nach ihm den Thrakischen Bosporus nannte, die Brücke, worüber diese Legenden und Bilder in die Westländer bis nach Trier und dem entlegenen Britannien gekommen, besonders seit den Kreuzzügen, wo die Verehrung dieses Heiligen immer ausgebreiteter wurde.[2]) Selbst sein Gedächt-

---

dem Erzbischof, der als Opfer in einem Aufstande der Christen fiel, anzunehmen, und schliesst mit den Worten: — „und man kann durch einen Nebel von Dichtung einige Spuren des Kampfes entdecken, welchen der heilige Georg von Kappadocien, in Gegenwart der Königin Alexandra, gegen den Zauberer Athanasius bestand."

1) Herbelot B. O. unter Gergis, St. George. von Hammer Geschichte des Osmanischen Reichs II. S. 453. 649. vgl. über die Oertlichkeiten von Edessa Buttmann's Mythologus I. S. 237 f. Auf den orientalischen Ursprung des Mythus von Perseus und Andromeda und ähnlicher, so wie auf die, mit der Geschichte des Propheten Jonas zusammentreffenden Oertlichkeiten von Joppe, hat neulich Raoul-Rochette hingewiesen in dem Premier Mémoire sur les Antiquités Chretiennes p. 20 sq.

2) Den Namen des Thracischen Bosporus *St. Georgenarm* leitet Dav. S. Georgi in der Dissertatio de Equite S. Georgio Tubing. 1716. p. 18 von einem dort gelegenen Kloster zum heiligen Georg her. Dieser

nisstag, der 23. April, ist nicht ohne altagrarische Bedeutung. Im Römer-Kalender fiel er zwei Tage nach den Palilien, d. h. gerade mitten in den Frühling, wo selbst in den Westländern die Bemühungen des Landmanns durch die Ueppigkeit der Cerealien und der Vegetabilien aller Art auf das erfreulichste sich belohnt sahen.

Es hat demnach im ganzen Gebiete der alten Religionen, von frühester Vorzeit bis in die spätesten Jahrhunderte des Christenthums, kein Cultus einen grösseren Wechsel von Metamorphosen überdauert als eben dieser des Mithras-Perseus.

Autor wirft aber auch den Kampf mit dem Drachen weit weg, und sieht in den Mythen von den Kämpfen des Perseus, Theseus u. s. w. nur Nachäffungen der Kämpfe des David und Samson, womit der Teufel die Wunder Gottes im A. T. habe verspotten wollen (p. 4 sqq.).

Angabe der Abbildungen

zum zweiten Heft.

Nr. 1. Geflügeltes, löwenartiges, Persisches Fabelthier. Carneol-Scarabaeus; an der rechten Seite unten etwas ausgesprungen; in einer Heidelberger Sammlung.

Nr. 2. Vogelkopf mit zwei aus dem Scheitel hervorragenden Hörnern oder steifen Federn, mit borstenartiger Mähne am Hinterhals. Carneol, auf der convexen Seite im Feuer weiss gebrannt; in einer Heidelberger Sammlung.

Anmerkung. Man vgl. Nr. 4 und dazu den *Nachtrag* V. Wäre nämlich die dort angegebene Deutung auf Ahriman entschieden gewiss, so könnte bei diesem Vogelkopf an denselben Dämon gedacht werden.

Nr. 3. Grabmal vielleicht des Darius Hystaspis, Basrelief im Felsen des Bergs Rachmed in Farsistan mit den Bildern von Löwen, Stieren, Feueraltar, Sonnenscheibe und mit dem über dem Betenden in der Luft schwebenden Ferver; nach Chardin Voyage pl. LXVII. vgl. Hoeck Veteris Mediae et Persiae Monumenta tab. I und p. 11. 16—18. W. Ousely Travels II. pl. 41 und Ker-Potter I. pl. 17.

Nr. 4. Eine unförmlich-widrige Gestalt, halb Vogel, halb Mensch; zwischen den Flügeln sieht man einen vielstrahligen

Stern, in der einen Hand eine Büchse; die Bewegung der Gestalt zeigt zaghafte Flucht an. Porphyr-Cylinder bei W. Ousely Travels II. pl. 37; nach Guigniaut pl. XXII. nr. 125. a. vgl. dessen Explication des Planches p. 30 und die Anmerk. oben zu Nr. 2.

Nr. 5. Geflügelter Stier mit einem Menschenhaupt; daneben der halbe Mond und ein Stern. Nach einem von Fr. Münter mir mitgetheilten Siegelabdruck einer Gemme in Chalcedon; vgl. Niebuhr's Reise II. tab. 2 und W. Ousely I. pl. 21. nr. 30.

Nr. 6. Aehnliches Gebilde, auf dem Menschenhaupt ebenfalls das Diadem, Basrelief von Persepolis, s. W. Ousely II. pl. 41. nr. 4. vgl. Ker-Potter I. pl. 32, 33. Guigniaut (Explic. d. planches p. 27) bezeichnet es als Abudad-Kaiomorts oder als den Menschen-Stier, König der Erde, und nennt es eine Art von Persischer Sphinx. Alsdann müsste man aber an das Herodoteische Mann-Sphinx ($\dot{\alpha}\nu\delta\varrho\dot{o}\sigma\varphi\iota\xi$) denken. v. Hammer nennt diese thiermenschliche Gestalt den Persischen Cherub.

Nr. 7. Das Einhorn oder der einhörnige Stier, Anführer der reinen Thiere des Ormuzd, von dem Löwen des Ahriman angefallen; Basrelief von Persepolis, bei Ker-Potter Travels I. pl. 35, nach Guigniaut pl. XXIII. nr. 118.

Nr. 8. Dem Ansehn nach eine Einweihungsscene; links eine langbärtige, reichbekleidete Person mit einem symbolischen Werkzeug in der Hand, auf ein ungeflügeltes Einhorn tretend, im Gespräch gewendet und die rechte Hand erhebend gegen eine zweite unbärtige Person mit blossem Haupte, welche das symbolische Instrument empfangen zu wollen scheint. Rechts eine dritte unbärtige Person von heroischer Gestalt, gekleidet und bewaffnet wie die erste, der mittleren Person eine grosse Perlenschnur darreichend; über ihr die Sonne mit acht Strahlen und der geflügelte Ferver; über der ersten Person der schwebende Halbmond. Zwischen der Mittel- und der dritten Figur ein heiliger Baum, vielleicht der des Hom, nebst mehreren andern Beiwerken. Cylinder aus weissem Achat, bei Ker-Potter II. pl. 80. nr. 1; nach Guigniaut pl. XXIII. nr. 120. (Vgl. dessen Expl. d. planches p. 27 sq. und *Nachtrag* V, wo bemerkt ist, dass Grotefend in der ersten Figur den Ormuzd und in der dritten den Mithras vermuthet.)

Nr. 9. Bärtige mit einem langen Talare bekleidete Gestalt mit vier grossen ausgebreiteten Flügeln und einem aegyptischartigen Kopfschmuck; darüber eine dreifache Keilschrift in verschiedenen Charakteren; Säulen-Relief von Morghgab oder dem alten Pasargadae, wie man glaubt; bei Ker-Potter I. pl. 13; nach Guigniaut pl. XXIV. nr. 123; der einen Ized oder vergötterten Heros in dieser Gestalt vermuthet. Ist es etwa der Serosch, oder das personificirte Lebens- und Gesetzeswort des Ormuzd? (S. *Nachtrag* IV.)

Nr. 10. Das von Pausanias beschriebene Löwenthor von Mycenae in Argolis. Die verstümmelten über einer Grotte auf einem Architrave stehenden zwei Löwen halten eine hohle Säule; nach W. Gell, Argolis pl. 8—10 (s. unsern Text im Abschnitt: Mithras-Perseus).

Nr. 11. Das Mithrasopfer und die Opferhandlung eines Priesters der Sabazien; nach einem bei Ladenburg am Neckar gefundenen Römischen Basrelief, abgebildet in den Acta Academ. Theodoro-Palatinae Tom. I. tab. 2. nr. 3.

Nr. 12. Mithra oder Venus victrix, vor einem mit Opfergaben besetzten Altare das Stieropfer verrichtend; Basrelief in terra cotta im Britisch Museum, London 1818, pl. XVI. nr. 26.

Nr. 13. Mithras unbekleidet, behelmt, mit einer Keule den Stier erschlagend; über dem Helm die Sonnenscheibe; nach dem Monument von Salzburg, bei v. Hammer Mithriaques, Atlas, tab. IX. nr. 5.

Nr. 14. Zwei Gruppen; eine mit der Persischen Mitra bedeckte Person bindet zwei gebändigte Stiere; eine andere Person, halb Mensch, halb Stier (eine Art von Centaur) scheint einen phantastischen Löwen, der sich erhebt, mit magischen Banden zurückzuhalten. Babylonischer Cylinder bei Ker-Potter II. pl. 79. nr. 4 (nach Guigniaut pl. XXII bis nr. 122. b.).

Nr. 15. Mithra-Artemis-Hekate auf einer Griechisch-Baktrischen Silbermünze des Königs Agathokles, nach Raoul-Rochette Deuxième Supplement à la Notice d. Medailles Bactr. pl. II. nr. 1. (Vgl. *Nachtrag* V.)

Nr. 16. Mithras-Lunus auf einer Münze von Trapezunt, nach Fr. Streber Numismata in den Abhandlungen der Münchner Akademie d. Wissensch. I. tab. II. nr. 16. (Vgl. *Nachtrag* V.)

Nr. 17. Eine Seite des Mithras-Denkmals von Heddernheim mit dem Stieropfer, vielen andern Beiwerken und mit Scenen der Mithrasweihen; s. Habel und N. Müller in den Annalen des Vereins für Nassauische Alterthumskunde I. S. 45 ff. und II. S. 3 ff. vgl. v. Hammer Mithriaques, Atlas pl. XIV. (Dergleichen Weihescenen sind auch auf Trajan's Triumphbogen zu Benevent vorgestellt, s. Cam. Rossi l' arco Trajano, vgl. Indicazione del più Rimarcabile in Napoli e Contorni del D. A. de Jorio. Ed. nouv. p. 50. tav. 9.)

Nr. 18. Drei liegende Steinböcke, die sich in Einem Kopfe zu Einem componirten Gebilde vereinigen; darüber zwei Sterne. Ziegelrother undurchsichtiger Jaspis mit einer Lücke rechts oben; in einer Heidelberger Sammlung.

Anmerkung. Der Steinbock erscheint auch auf einer Persischen Gemme der Stoschischen, jetzt Königl. Preussischen Sammlung bei Tölken S. 45. nr. 190. — Hier aber ist an den siderischen Steinbock zu denken, wie denn auf dem Mithrasdenkmal von Hermanstad ein Widder vor dem Hause des Steinbocks im Thierkreise liegt, s. von Hammer Mithriaca p. 91. — Die Pforte des Steinbocks im Wintersolstitium, oder die Götter-pforte, wie sie hiess, weil durch sie die Seelen zum Göttersitze zurückkehren, bezieht sich auf den Mithras als Seelenführer ($\psi\nu\chi\alpha\gamma\omega\gamma\acute{o}\varsigma$, s. van Goens ad Porphyr. de A. N. p. 90 sqq. p. 116 sqq.). Der dreifache Steinbock unsrer Gemme könnte, nach der Gewohnheit der Perser, Götter und Geister unter Thierbildern vorzustellen, auch auf den *dreifachen Mithras*, wie er genannt wird, — s. *Nachtrag* .V — Bezug haben.

Nr. 19. Ebenfalls astronomische Vorstellung: Ein in den Schaft eines Bogens eingespannter Löwe; über dem Rücken ein Halbmond, zwischen den Vorder- und Hinterfüssen ein grösserer Stern, zwei kleinere in Scheiben eingefasste an beiden Enden des Bogens; Chalcedon, durch Feuer undurchsichtig, in derselben Heidelb. Sammlung.

Anmerkung. Ueber die Form des Persischen Bogens auf Gold- und Silber-Dariken hat schon Spanheim de usu et praest. Numismm. I. 6. 5. p. 324 sqq. das Nöthige bemerkt. Der Bogen unsrer Gemme erinnert an die Worte des Ammianus Marcellinus XXII. 8. 37: «Scythici soli vel *Parthici* arcus — effigiem *lunae decrescentis* ostendunt.» An der symbolischen Bedeutung des Persischen Bogens lassen die von Hyde de relig. vett. Persarum p. 307 und 528 gesammelten Stellen nicht zweifeln; vgl. auch Herbelot Bibl. orient. unter Caian. Bei der dualistischen Bedeutung der Persischen Thiersymbolik dürfen wir uns nicht wundern, dass Mithras selbst auch als Löwe vorgestellt wurde — s. v. Hammer Mithriaca p. 108; nicht zu gedenken, dass die Löwenweihen (Leontica) ein Grad der Mithrasmysterien waren.

Nr. 20. Rabe auf einem Nicolo (onicolo) von sehr regelmässigen Lagen; in einem Siegelring *derselben* Sammlung. Der Rabe war dem Apollo geheiligt; aber bei solchen, grossentheils wohl dem Römischen Zeitalter angehörigen Gemmenbildern denke ich vielmehr an die Bemerkung Fr. Münter's ad Iul. Firmic. V. p. 20: «In Dactyliothecis obviae sunt gemmae caelatae, *corvos*, *leones*, scorpiones exhibentes, ad eadem sacra (Mithriaca) pertinentes» und die *Coracia* waren ja ein Grad der Mithrasweihen. Dahin möchte vielleicht auch der

Skorpion auf der Marburger Gemme nr. 19 zu ziehen seyn; s. meine Schrift: Zur Gemmenkunde S. 71 ff.

Nr. 21. Der Sonnengott, jugendlich gebildet, mit dem Ring der Ewigkeit in der Hand, auf einem Throne sitzend, im Gespräch mit einem Manne; hinter dem Gott eine andere Figur; oben ein sechseckiger Stern; Siegelstein bei Münter, Religion der Babylonier Taf. I. nr. 3.

Nr. 22. 23. Eine männliche Figur betet vor einem Altar, auf dem ein Triangel liegt; daneben eine Gazelle; Siegelstein *ebendaselbst* I. nr. 6. 7.

Nr. 24. Männliche mit vier Flügeln versehene Gestalt, zwei Strausse erdrosselnd; Assyrischer Cylinder aus Ninive; röthlicher Jaspis (in der Sammlung des Herrn Hofrath Dr. *Dorow*; s. dessen Morgenländische Alterthümer Tab. I; vgl. Fr. Münter Relig. der Babylonier S. 138. nr. 14).

Nr. 25. Uralte Vorstellung eines Kriegs- oder Ackermanns, der zwei Stiere führt; Assyrische Halbkugel als Amulet; in der Sammlung des Herrn Hofrath Köppen in St. Petersburg.

Anmerkung. Dieses Bild hat grosse Aehnlichkeit mit dem Bilde auf Silbermünzen der Thrakischen Stadt Orrheskos, in barbarischer Art einen Krieger, der Stiere führt, vorstellend; bei Mionnet Suppl. III. pl. 8. nr. 2 und daraus bei K. O. Müller, Denkm. d. alten Kunst Taf. XVII. nr. 83.

Nr. 26. Priester, mit dem Penom vor dem Munde, zwei gazellenartige Opferthiere zu beiden Seiten schwebend; Scarabaeus, Sarder (in einer Heidelberger Sammlung).

Nr. 27. Fabelthier, unförmlich mit einem Elephantenrüssel; über dem Thier das Sonnenzeichen; Stoschische Gemme, Heliotrop (nach Winckelmann Dactyliotheca Stoschiana tab. 19. nr. 134. vgl. Tölken Erklärendes Verzeichniss der antiken geschnittenen Steine der Königl. Preuss. Gemmensammlung S. 46. nr. 195).

Nr. 28. Ein Jäger zu Pferd, einen Eber erlegend, neben ihm ein Hund; Stoschische Gemme, Chalcedon, nach Winckelmann ebendaselbst nr. 136 (vgl. Tölken ebendaselbst nr. 192).

Nr. 29. Karte des Religionen-Kreises, oder mythologischer Schauplatz der alten Welt; nach Rennell, Karl Ritter und della Marmara.

Inhalt.

Erstes Capitel.

Arienische Religion,

oder

Baktrisch - Medisch - Persische Lehre und Cultus.

Seite

§. 1. Einleitung. . 179
§. 2. Quellen und Literatur. 181
§. 3. Lehre und Cultus. . 194
§. 4. Höhere Ansicht des Magiersystems. 199
§. 5. Dämonologie, Kosmogonie und Eschatologie. 201
§. 6. Ethik, Liturgie und religiöse Ansicht des Lebens. 208
§. 7. Charakter der Symbolik und Mythik. . 216
§. 8. Mithra und Mithras. 226
§. 9. Mithras. 237
§. 10. Mithras - Monumente und Mysterien. 246
§. 11. Fortsetzung. . 258
§. 12. Mithras - Perses oder Perseus. 267
§. 13. Mithras als Mittler. 291

Nachträge.

Vorwort. . 295
I. Zur heiligen Geographie, oder über den Ursitz der religiösen Cultur der alten Völker. 296
II. Zur Quellenkunde und Literatur. . . . 306
III. Höchste Potenzen der Iranischen Theologie nach den Griechischen Philosophen. 311
IV. Izeschne; erstes Capitel, mit Anmerkungen. 316
V. Mithras und Mithra. 328
Angabe der Abbildungen. 345

Zweites Capitel.

Von den Religionen Indiens.

§. 1.

Einleitung.

Wenn es wahr ist, wie es doch ohne Zweifel ist, dass Indiens Religionen, wie alle Religionen der Vorzeit, nicht durch Gewalt geboten und aufgedrungen, sondern vielmehr ein freies Erzeugniss des Landes und der Menschheit sind, so wird uns vergönnt seyn, einen Blick auf dieses merkwürdige Land zu werfen. Es ist hier von einer Ländermasse die Rede, welche in ihrer Ausdehnung grösser ist als Europa, von ihren nördlichen Gränzen, von der jetzigen Bucharei an, bis an das südliche Vorgebirge und das Eiland Ceylon hin. In diesen grossen Provinzen wird besonders der nordwestliche Winkel unsere Betrachtung auf sich ziehen,[1] und in den religiösen Kreis wird vorzüglich eben dieses merkwürdige

---

1) Vgl. Wahl Erdbeschreib. von Ostindien II. S. 187. 189. In dem neuerlich von Angelo Mai zuerst edirten Itinerarium Alexandri (aus dem 4ten Jahrh. nach Chr.) heisst es §. CX. p. 72: „India omnis orsa e septentrione amplexaque omne quidquid est Persicum, Aegyptum usque Aethiopasque continuat. Ipsa vero extrinsecus ubique oceano munitur, interfluo mari Hippalo, cuius sinus Persas includit." Das mare Hippalum ist das sogenannte Erythräische Meer einschliesslich mit dem Persischen Meerbusen (s. meine Note zu Herodot. I. 1. p. 5 sq. ed. Baehr.).

Gränzland gezogen werden müssen, das wir jetzt *Kaschemir* [1]) nennen, das Indische Thessalien; ein Thalland, gebildet von einer Gebirgskette, die sich von hier aus nach Osten und Westen ausbreitet, und ganz Indien im Norden begränzt, von den Alten Paropamisus und Imaus, von den Indiern selbst aber das Himalahgebirge [2]) genannt. Wo diese Gebirge aus einer Wurzel ausschiessen, und von wo aus sie sich nach beiden

---

1) S. jetzt den Abschnitt, *das Alpenland Kaschmir* überschrieben, in *Karl Ritter's Erdkunde* 3tem Theil, Asien. S. 1083 ff. 2ter Ausg. Es ist höchst wahrscheinlich das alte Kaspatyros (Κασπάτυρος Herodot. III. 102. IV. 44. vgl. Ritter S. 1087). Eine Indische Geschichte hat Wilson aus dem Sanskrit übersetzt; vgl. Histoire du Kachmir traduite de l'original Sanskrit par M. H. Wilson, Extraite par M. Klaproth, à Paris 1825.

2) Maltebrun (in seinem Précis de la Geographie universelle Tom. IV. Descript. de l'Inde et de l'Afrique septentrionale, Paris 1813) macht bei Gelegenheit der Berge *Nisa* oder *Nischa,* die in der Indischen Mythologie zu den *Bekur* und *Hindukhos* gehören, auf die Gewohnheit aufmerksam, den Eigennamen der Berge den generischen Ausdruck *Para* oder *Paraw* im Sanskrit vorzusetzen, oder anzuhängen; woher auch bei den Griechen Παρνησός und Παρπάνισος bei Dionysius Periegetes, Παρνισός bei Eustathius, Παροπάνισος bei Ptolemäus und Agathemer, Παραπάμισος bei Arrianus, Strabo und Andern, Παρνασός bei Aristoteles (Meteorolog. I. 13) kommen. Der Indische Name des Gebirges *Himmalaya (Schneegebirge),* wovon der Türken und Tartaren *Mus - Tagh,* des Pallas *Musart* und der Alten *Imaus* ein Theil ist, erinnert den Verfasser um so mehr an den *Hämus* Thraciens, an den *Hymettus* Attika's, den mons *Imaeus* Italiens, und an die verschiedenen Berge *Himmel* in Sachsen, Jütland u. s. w., da man diese Indische Wurzel auch *Hema, Himevas, Hemakote, Hematschel, Imos, Jema* schreibt. Vgl. Götting. Gel. Anz. 1815. nr. 36. p. 357. Den Himálaja kannte schon Hekatäus von Milet (Herodot. IV. 44), er kommt auch in Manus Gesetzen, im Mahabharata und im Megha Duta des Kalidasa vor. Der Name *Imaos* kommt nach Herrn Bopp aus dem Sanskrit von *Himavat.* Im Diodor. XVII. 83. p. 224 Wessel. haben zwei Codd. Παροπάνισον und dies ist die richtige Schreibart, nach v. Bohlen, vom Sanskritischen para upa Nisa, d. h. oberhalb Nisa (der Stadt Nysa). Der Himálaja ist jetzt als die höchste Gebirgskette der Erde bekannt (s. Asiatic Researches XIV. nr. 6. K. Ritter's Erdkunde 5. Thl. S. 449 und dessen Abhandlung: Entwurf zu einer Karte

Seiten hin verzweigen, da ist der Indischen Menschheit Wiege;
von dort her kommen die Götter, Genien und Menschen herab,
von dort auch der Urmythus. Von dort gehen die vier grossen Landesströme aus: der östlichste, Buramputre, d. i. der
Knabe Brahma, der sich alsdann mit dem Ganges vereinigt,
und so die grösste Wassermasse der alten Welt bildet; der
Ganges selbst, der gleichfalls in jenen Hochgebirgen entspringt, durchströmt hierauf die Ebenen Bengalens, wo er in
religiöser Anschauung zum heiligen Weibe Ganga[1]) wird.
Der dritte, Indus[2]) oder Synd, d. i. der blaue, schwarze,
fliesst durch die westlichen, den Griechen allein bekannten
Gegenden, das Land Panjab; und er und die Berge, von wo
aus er seine Richtung nimmt, sind es besonders, die unsere
ganze Aufmerksamkeit in Anspruch nehmen. Dort ist der
grosse Berg Meru,[3]) wo die Urkraft Gottes verborgen, wo

---

vom ganzen Gebirgssystem des Himálaja, mit 2 Karten, Berlin 1832 S.
3 ff.). Der Satz des Textes vom Ganges als der grössten Wassermasse muss
jetzt berichtigt werden, da der Indus als wasserreicher befunden worden.

1) Ueber die Quellen des Ganges mit mancherlei geographischen
Nachrichten s. F. V. Raper in den Asiatic Researches Vol. XI. p. 446
sqq. mit der dazu gehörigen Karte von Webb; welche Untersuchungen
neuerlich fortgesetzt worden. Man vgl. auch Colebrooke on the course
of the Ganges through Bengal; ebendas. Vol. VII. p. 1 sqq. — Der Name
Ganga bedeutet eigentlich schlechthin *Fluss* oder *Strom*, und wird den
meisten übrigen Indischen Flüssen von einiger Beträchtlichkeit als Beiname beigelegt, einigen darunter aber sogar als Hauptname. Wenn man ihn
als den Hauptstrom Indiens bezeichnen will, so pflegt man ihn daher auch
durch das Beiwort *gross* zu unterscheiden. Dieses, so wie viele andere
Nachrichten über diesen Fluss, besonders über seine Verehrung unter
dem Bilde eines heiligen weiblichen Wesens *Ganga*, finden sich bei Wahl
Erdbeschreib. von Ostindien II. (Hamburg 1807) p. 388 ff. S. jetzt K.
Ritter's Erdk. B. IV. 2. 6 und besonders auch über die Verehrung des
Ganges ebendaselbst S. 1168 ff.

2) Ueber ihn s. besonders Wahl Erdbeschreib. von Ostindien II. p.
32 ff. und p. 208, wo die Bedeutung des Namens erwiesen wird.

3) S. die näheren Angaben bei Wahl Erdbeschr. von Ostind. II. p.
220 ff. Der Meru, als Μηρὸς schon den Alten bekannt (Strabo XV. Ar-

23 *

der Gott begraben liegt. Auf diesem Berge hausen die vier gewaltigen Thiere, das Pferd, die Kuh, das Kameel und der Hirsch, aus deren Mäulern sich die vier mächtigen Ströme, der Buramputre, Ganges, Indus und Oxus, ergiessen; — dort haben endlich neuere Gelehrte, Gatterer, Müller und Andere, das *Paradies* finden wollen.

Von dort aus ergiesst sich nach Süden herab der Indus, und indem er, wie der Nil, an seinem Ausfluss ein Delta bildet, bewässert er durch seine Ueberschwemmungen, wie derselbe Nil, das Land, das ihn umgiebt, und welches, von der glühenden Sonne verbrannt, sonst eine Einöde wäre, so aber von unglaublicher Fruchtbarkeit ist, und die verschiedensten und mannigfachsten Producte erzeugt, was schon die Griechen, als sie jene Gegenden zum erstenmal betraten, in Erstaunen und Verwunderung setzte. Dort werden wir auch, wie in Aegypten, deificirte Pflanzen antreffen, den heiligen *Lotus*,[1] die heilige *Pipala* (ficus religiosa) und andere. Hier ist das Land der *Palmen*, welche Brahma so hoch schätzte, dass er

---

rian. Exped. Alex. V. 1. 9. Indic. cap. 7. Philostr. Vit. Apollon. II. 9), war den Indiern was der Albordj den Iraniern, der Olympos den Griechen war, der Mittelpunkt (ὄμφαλος) der Welt, aber als Sitz der Götter doch nur von den orthodoxen Hindus bezeichnet, von den nicht polytheistischen Buddhisten hingegen als Sitz der Geister, von den Birmanen in Hinterindien als die Wohnung der Seeligen. Ueber seine ganze mythologische Bedeutung und Geschichte geben Bopp's Auszüge aus dem 6ten Buch des Mahabharata und andere Quellenberichte bei K. Ritter Erdkunde, Asien, 2te Ausg. Band I. S. 6 ff. reiche Belehrung.

1) Die ganze Indische Weltansicht, nach den vier Gegenden, mit den sieben Dwipas, Meru als der Scheitelpunkt, Indien als Mittelpunkt, und vegetabilisch genommen der Weltlotus mit den vier Hauptblättern des Kelches: Curu im Norden, Cetumala im Westen, Bhadrasua im Osten und im Süden Bharata (Indien) mit den Nebenblättern oder Nebenländern, mit allen Haupt- und Nebenflüssen, und endlich Meru als des Kelches Krone — dies Alles kann sich der Leser ganz anschaulich machen durch Hülfe von vier bildlichen Vorstellungen in den Asiatic Researches Vol. VIII. p. 376. a. b.

zu ihrem Bau eine eigene Caste bestimmte, die Chanas. Hier hat die *Narde* ihre Heimath, woraus jenes schmerzstillende Oel bereitet wird, hier der wunderbare *Sandelbaum* und andere dergleichen mehr. — Nicht minder gross und ausserordentlich ist das Thierreich; und es ist in der That treffend, was in Bezug darauf ein alter Forscher[1]) sagt: « Ist es an dem, dass die Sonne durch Erwärmen der feuchten Erde den ersten Menschen hervorgebracht, so ist es wahrscheinlich, dass kein anderes Land als Indien frühzeitigere und grössere Menschen habe hervorbringen lassen; denn es zeigt ja noch Thiere von sonderbarer Gestalt und ungeheurer Grösse. » — Hiermit verbinde ich jetzt aus der belehrenden Einleitung K. Ritter's (Erdkunde, Asien. B. I. S. 64 f. 2ter Ausg.) dessen Worte: — « In der Mitte dieser Asiatischen Ostgruppe liegt *Indien*, gleichsam das Italien des Orients, der universalhistorische Durchgangspunkt aller wie Radien hin- und zurückwirkenden Kräfte, der Ansiedlungen und Bewegungen der Völker, das Ziel der Eroberer, der Sammelplatz der Weltschiffer, der Ausgangspunkt einer Weltindustrie, der universellsten und reichsten Productenspende der Edelsteine und Gewürze, des Verkehrs der mannigfaltigsten Art, nach allen Regionen der Erde, durch alle Zeiten, für alle Zonen. Dieses Indien aber besteht eben aus den *doppelartigen* Naturformen eines für sich gesonderten Hochlandes, dem milden Plateau von Dekan, in seinem südlichsten Triangellande von der Ceylonstrasse bis zum Nerbudda-Strohme, und von diesem nordwärts bis zur Vorderkette des Himálajasystemes wie zu den Solimanketten, aus dem reichbewässerten *Tieflande Hindostans*, gleichfalls in Dreiecksgestalt, mit den günstigsten Bewässerung durch Strohmsysteme doppelter Senkung. » Vgl. B. IV. 1. S. 424 ff. — Den Alten war seit Alexander d. Gr. hauptsächlich nur das Strohmgebiet des Indus bekannt, Pentapotamïen, neupersisch Panjab. Andere schreiben Pendschab und wollen diesen Namen schon

---

[1]) Pausanias Arcad. cap. 29.

im Zend wie im Sanskrit finden. [1]) Die Zusammensetzung ist: pendsch, fünf, und Ab, Wasser.

Indien ist seit den frühesten Zeiten bewohnt von einem Volke, das weder in Gestalt und Figur, noch in seinen Sitten und Charakter, Aehnlichkeit mit andern Nationen hat; und obschon in verschiedenen Theilen Indiens zu verschiedenen Zeiten sich Eroberer festgesetzt, so haben doch die ursprünglichen Bewohner wenig von ihrem Originalcharakter verloren, und sie sind im Ganzen noch jetzt dieselben, wie vor alter Zeit. Ihre Farbe ist braun (daher sie von den Persern, welche weiss sind, den Namen *Synd* erhalten haben), und ihre glänzenden Haare gleichen der Farbe des dunkeln Hyacinth; [2]) dabei ein zurückhaltender Blick, furchtsame Mienen und fast weibische Geberden. Sie sind in Leinwand gekleidet vom Kopf bis auf die Füsse; daher ist Webekunst ihr vorzügliches Gewerbe, und gewebte Gewänder, Teppiche und dergl. kamen frühe von Indien aus nach Babylon und andern Gegenden Asiens. [3])

Auch im Mineral- und Steinreiche ist Indien höchst bedeutend. Welcher Reichthum an Gold, nach den einstimmig-

---

1) S. Chr. Lassen de Pentapotamia Indica Bonnae 1827 und Alex. Burnes Travels into Bokhara I. 13 ff.

2) Dionysius Periegetes in der Hauptstelle vs. 1107 sqq. wobei Eustathius p. 283 sqq. verglichen werden muss.

3) Man vergleiche nur Philostrat. Vit. Apollon. III. 15. Ctes. Ind. 21. 22 mit Heeren's Bemerkungen in den Ideen I. Abth. 1. p. 369 und 2. p. 192 sqq. der dritten Auflage. Freilich müssen wir auch bedenken, dass in Indien die Schaafzucht besonders eingeführt war, und man eine ausserordentliche Pflege und Sorgfalt darauf verwandt zu haben scheint, wie dies vorzüglich aus Ktesias erhellt; vgl. Indic. cap. 13. 22. 23. 24 mit Heeren a. a. O., um nicht Mehreres anzuführen. Auch Aelianus H. A. IV. 32 giebt, ohne Zweifel aus Ktesias (s. cap. 13), über die Grösse und Beschaffenheit der Indischen Schaafe Mehreres an. Ausführlicher hat davon gehandelt Bochart im Hierozoic. T. II. cap. 45. p. 495. vgl. auch Wahl Erdbeschr. von Ostind. II. p. 820.

sten Berichten der Alten, und zwar nicht blos in Gebirgen, sondern auch im Sande der Wüste, so dass mit vollem Rechte Indien als das Goldland der alten Welt bezeichnet werden kann. [1]) Dort war das Land der Edelsteine; in Indiens Gebirgen wurde der herrlichste Onyx, Sardonyx, Hyacinth, Amethyst, Chalcedon, Lazur, Opal, Beryll u. s. w. ausge-

---

1) Vgl. Heeren Ideen I. Abth. 2. p. 637 der dritten Aufl. Wenn dort Heeren an dem Daseyn von Gold- und Silbergruben in den Gebirgen Indiens, wie doch Plinius (vielleicht nach Ktesias) angiebt, zweifelt, oder es gar zu leugnen scheint, so widerspricht dieser Annahme das Zeugniss des Ktesias Indic. cap. 12: ἔστι δὲ καὶ χρυσὸς ἐν τῇ Ἰνδικῇ χώρᾳ, οὐκ ἐν τοῖς ποταμοῖς εὑρισκόμενος καὶ πλυνόμενος, ὥςπερ ἐν τῷ Πακτωλῷ ποταμῷ· ἀλλ᾽ ὄρη πολλὰ καὶ μεγάλα, ἐν οἷς οἰκοῦσι γρῦπες κ. τ. λ. und gleich darauf: δι᾽ αὐτοὺς (sc. γρῦπας) ὁ ἐν τοῖς ὄρεσι χρυσὸς πολὺς ὤν, γίνεται δυςπόριστος. Berggold befand sich und befindet sich, wie Wahl Erdbeschr. von Ostind. II. p. 483 ff. bemerkt, noch jetzt in den Bergen, die in einzelnen Zügen von den hohen Altaischen Gebirgen und den Gebirgen Moussart und Moussdagh (dem Imaus und Emodus) die grossen goldreichen Sandwüsten Mittelasiens durchkreuzen. Und auf dieses *Bergwerksgold* beziehen sich (siehe ebendas. p. 488 ff.) die Sagen von den goldbewachenden Greifen, unter welchen Wahl (p. 494) die *Bergbewohner* versteht, *die zuerst die Bergwerkskunst erfanden und ausübten.* Schon vor ihm hatte der Graf v. Veltheim (Sammlung von Aufsätzen II. p. 267 sqq.) diese Sage, jedoch, wie es scheint, mit weniger Glück, als Wahl, zu deuten versucht, vgl. besonders p. 283. Wir wiederholen nicht, was wir im Capitel von der Aegyptischen Religion aus Herodotus beigebracht, und von einem andern Standpunkte über diese Sage bemerkt haben. — In Betreff der Edelsteine Indiens sehe man die Hauptstelle des Dionysius Perieg. vs. 1119 und dazu Eustath. p. 284. Hiermit vergleiche man, ausser der Abhandlung des Grafen v. Veltheim „Etwas über die Onyxgebirge des Ktesias und den Handel der Alten nach Ostindien" (in der angef. Schrift Th. II), die Bemerkungen von Heeren in den Ideen I. Abth. 2. p. 188. 641. auch I. 1. p. 118 ff. der dritten Aufl. Wahl Erdbeschr. von Ostind. II. p. 206 und besonders p. 738 ff. Und jetzt über die Producte Indiens aus den drei Naturreichen die Ausführungen Karl Ritter's in der Erdkunde im Capitel von Indien. vgl. auch Heeren Conamina ad explicanda nonnulla historiae mercaturae antiquae capita und den Auszug daraus in den Götting. gel. Anz. 1834. Nr. 206. 207.

graben, und in andere Länder ausgeführt, oder von den Phö-
niziern, Ebräern und Aegyptiern, welche ihren Weg dahin
durch den Arabischen Meerbusen über das offene Indische
Meer nahmen, weggebracht, wie es denn nach den genauen
und gelehrten Untersuchungen von Wahl (Erdbeschreibung
von Ostindien II. p. 197 ff. besonders 206) ausser allem Zweifel zu seyn scheint, dass wir unter dem Lande *Ophir* der biblischen Urkunden *Indien* zu verstehen haben. Vgl. auch Rhode
über Alter und Werth einiger morgenländischen Urkunden p.
67 unten. Andere Meinungen hat Gesenius im Hebr. Hand-
wörterbuch I. 19 zusammengestellt. Man vergleiche noch
Champollion l'Egypte sous les Pharaons I. p. 98, der den
Namen Ophir in Koptischen Handschriften nachweisen zu können glaubt.

Bei einem solchen Reichthume der Natur im Pflanzen–,
Thier- und Steinreiche konnte es nicht fehlen: es musste auch
die Mythologie an Reichthum gewinnen, sie musste in dersel-
ben Art ins Weite und Ungemessene sich verbreiten, wie die
Erzeugnisse des Bodens selber, auf dem sie erwachsen war.
Reichthum und *Ausbreitung* ist daher der Geist der Indischen
Mythik, *Tiefsinn* und *Monotonie* hingegen der Geist der Ae-
gyptischen.

§. 2.

Quellen und zwar Griechische und Römische.

Es sind dieselben im Allgemeinen dreifacher Art: **1)** die Nachrichten der *Griechen* und *Römer* bis ins Zeitalter der Byzantiner herab; **2)** die *Indischen Religionsbücher* selbst, die zwar schon früher bekannt waren, allein erst in den neuesten Zeiten aus den Originalquellen uns zum Theil vollständig mitgetheilt worden sind; **3)** die *Monumente in Stein*, d. i. die noch vorhandenen Ueberreste der alt-Indischen Architektur.

Was den ersten Punkt betrifft,[1]) so erhalten wir die ersten Nachrichten über Indien durch *Herodotus* (III. 98 sqq.); wie denn überhaupt zu den Griechen die erste *historische* Kenntniss von Indien durch den Zug des Darius Hystaspis gekommen seyn mag, welcher Persische König in den nordwestlichen Theil von Indien, jedoch, wie es scheint, nicht sehr weit, eingedrungen war, und diese Gegenden dem Persischen Scepter unterworfen hatte; und auf diese Gegenden sind auch die Nachrichten des Herodotus einzig zu beziehen. An diesen Schriftsteller zunächst reihen sich die *Indica des Ktesias*, eines Griechischen Arztes, der am Hofe des Persischen Königs Artaxerxes Mnemon lebte, und aus dessen Schrift uns Photius Excerpte mittheilt. Auch seine Nachrich-

---

1) S. Beck's Anleitung zur genaueren Kenntniss der Weltgeschichte I. Th. I. p. 219 f. der zweiten Ausgabe, und ausser dem Uebrigen dort angeführten, die Abhandlung: „Würdigung der Nachrichten, welche die Griechen von Indien geben," in der Monatsschr. für Deutsche, Leipzig 1802. August p. 309 ff., und jetzt besonders *K. Ritter* in der *Erdkunde*, Asien. Band IV. 1. S. 434—493. Ueber die Weisen, Philosophen und Heiligen der Indier siehe *Nachtrag* I.

ten beziehen sich unstreitig auf den Nordwesten von Indien, auf das Indische Fabelland, das jetzige Kaschemir. Dann kommen die Griechen, welche Alexanders des Grossen Zuge folgten, *Ptolemaeus Lagi*, *Aristobulus*, *Nearchus* (Anderer von zweideutigem Rufe nicht zu gedenken, wie z. B. des *Klitarchus*), aus deren verlorenen Schriften *Arrianus* seine sieben Bücher der Geschichte Alexanders und sein besonderes Buch über Indien zusammengesetzt hat, welche beide Werke viele höchst schätzbare Nachrichten enthalten.

Auch *Diodorus* (lib. III. 62 sqq.), der die jetzt verlorenen Werke früherer Geschichtschreiber, wie *Megasthenes* und Anderer, fleissig benutzt hat, leistet uns wichtige Dienste, so wie *Strabo* lib. XV. Es folgen *Curtius*, *Plinius* in seiner Historia naturalis, besonders im sechsten Buche; des *Philostratus* im Leben des Apollonius, zum Theil aus Ktesias und Andern zusammengestellte Nachrichten, und eine Reihe späterer, worunter wir nur den *Cosmas Indicopleustes*, der im sechsten Jahrhundert nach Christi Geburt lebte, auszeichnen.

Alle Nachrichten der genannten Schriftsteller beziehen sich aber, wie zum Theil schon bemerkt worden, einzig und allein auf den *nordwestlichen* Bezirk von Indien, der den Alten durch die Züge des Darius Hystaspis, Alexander des Grossen und Seleucus, die von dieser Seite her eindrangen, bekannt geworden war; hingegen von den Ländern am Ganges und von der östlichen Seite der diesseitigen Halbinsel, welche Länder uns gerade weit mehr bekannt sind, als jene, scheinen die Alten überhaupt wenig oder gar keine Kenntniss gehabt zu haben. Und hierin mag auch zum Theil der Grund liegen, warum man in neueren Zeiten so manche Nachrichten der Griechen und Römer, namentlich eines Herodotus, Ktesias, Plinius und Anderer, für fabelhaft ausgegeben hat; wiewohl es nicht zu leugnen ist, dass allerdings, vorzüglich bei Ktesias, neben vielem Wahren auch viel Mythisches mit eingeflossen ist, welches jedoch nur von der rechten Seite verstanden und erklärt werden muss, um auch so manchen Widerspruch und ungerechten Tadel zu heben. Neuere Gelehrte, wie z. B. Heeren, haben dazu schon einen rühmlichen Anfang gemacht, und die höchst merkwürdigen Nachrichten des Ktesias, der von so Vielen und zuletzt noch von Larcher aufs heftigste angegriffen worden, zu vertheidigen und in ein helleres Licht zu setzen gesucht. [1])

1) S. Graf v. Veltheim Sammlung von Aufsätzen II. p. 171. 269. 272. vgl. Heeren Ideen u. s. w. I. 1. p. 361 ff. besonders p. 366 der dritten Ausg. — S. auch Wahl Erdbeschreib. von Ostind. II. p. 456. 457, welcher diese Länder, worauf sich die Nachrichten des Herodotus und Ktesias beziehen, genauer bestimmt hat. Vgl. ebendaselbst p. 189.

§. 3.

Indische Quellen.[1]

Ihre Grundlage ist ohne Zweifel guten Theils alt, und liegt zum Theil in einer Periode, die über Aegyptens Hierokratie und über die Civilisation des ältesten Griechenlands hinaufreicht; jedoch für uns sind sie ganz neu, und so kann es, da wir noch nicht einmal diese Schriften vollständig in Europäische Sprachen übersetzt, ja von den meisten blosse Auszüge oder nur kurze Notizen besitzen, nicht fehlen, dass sich sehr verschiedene Ansichten über jene Urkunden unter den Gelehrten gebildet haben. Aber eben darum möchten wir wohl jetzt noch nicht im Stande seyn, die Entwickelungsperioden, so wie den Entwickelungsgang, den die Indische Literatur genommen hat, bestimmt anzugeben. Von diesem Satze liefert auch die grosse Verschiedenheit in der Art, wie zwei geistreiche Forscher neuerlich diese Perioden bestimmt haben, einen redenden Beweis. Man vergleiche Fr. Schlegel über die Weisheit der Indier p. 149 ff. und Görres in der Mythengeschichte p. 188 und in einer Recension in den Heidelbb. Jahrbb. 1810. nr. 25.

Darüber ist man jedoch einig, dass die *Veda's* oder die heiligen Schriften der Hindus das älteste Product Indischen Geistes sind.[2] Ueber dieses ehrwürdige Werk einer grauen Vorzeit[3] hat uns die besten Nachrichten gegeben der Engländer *Colebrooke* in dem achten Bande der Asiatic Resear-

---

1) S. jetzt *Nachtrag* II.

2) S. *Nachtrag* III.

3) Die *Sage* setzt sie 4900 Jahre vor Christi Geburt.

ches p. 377 ff.,[1]) wo er auch alle Zweifel gegen die Aechtheit
und das hohe Alterthum der Veda's glücklich zu heben versucht hat. Es sollen sich nämlich die Veda's, nach ihrer
ersten Offenbarung durch Brahma, zuerst durch mündliche
Ueberlieferung erhalten haben, bis *Vyasa* (der *Sammler*[2]))
sie sammelte und in Theile oder Bücher ordnete. Bekanntlich
sind es eigentlich *drei Veda's: Ritsch, Jaguisch* (Jagiur) und
Saman-Veda; der vierte, *Atharvan*, ist zwar später hinzuge-
kommen, wird aber doch auch für kanonisch gehalten. Die
drei ersten Veda's enthalten feierliche Gebete, von welchen
die in Prosa verfassten *Jaguisch*, die in Versen *Ritsch*, und
die zum Singen bestimmten *Saman* heissen. Der *Atharvan*
besteht meistens aus Gebeten für Weihungen, Versöhnung der
Götter und Verwünschungen der Feinde, ist also von den
übrigen verschieden. Jeder Veda besteht aus zwei Theilen,
Gebete (Mantra's) und *Lehren* (Brahmana's). Aber bei der
jetzigen Anordnung finden sich unter den letzteren manche
eigentliche Gebete. Die Gebete im *Ritsch Veda* sind meistens
Lobpreisungen (*rig* heisst *loben*), und nach einem gewissen
Systeme geordnet, so dass Hymnen Eines Verfassers, Anrufungen Einer Gottheit, Gebete für ähnliche Vorfälle, zusammengestellt sind.[3]) Die Namen der Verfasser aber findet man

---

1) Hiermit vergleiche man auch die Abhandlung: Ueber die Literatur
der Hindus, von *Goverdhan Kaul*, im ersten Bande der Asiat. Untersuch.
besonders p. 265 ff., wo auch von den Veda's gehandelt wird. S. auch:
Brahma oder die Religion der Indier als Brahmaismus, von *F. Majer*,
Leipzig 1818 p. 99 ff.

2) Nach Majer (a. a. O. p. 111. Note 57) würde mit diesem *Vyasa*
oder *Sammler* nicht eine bestimmte Person bezeichnet, sondern eine ganze
Epoche der *Sanskrit-Literatur*, und zwar diejenige, in welcher die
heiligen Schriften des Wischnuismus gesammelt und abgefasst worden
sind. Die Beweise dafür verspricht derselbe nächstens zu geben.

3) Einige solcher Hymnen und Gebete aus den Veda's, wie z. B.
an den grossen Erhalter, an die Sonne, an das Feuer u. s. w., finden
sich in Deutscher Uebersetzung, nach Colebrooke's wörtlicher Uebertra-

in einem mit den Veda's überlieferten Verzeichniss. In diesen
wird gewissermassen der Polytheismus in Monotheismus aufgelöst. Es werden nämlich die vielen Götternamen auf drei
(und zwar lauter physische Potenzen) reducirt, *Feuer*, *Luft*,
Sonne; und nach einigen Stellen gehen diese wieder in *einen*
auf, die *grosse Seele*[1]) (Mahanatma). Sie heisst die *Sonne*,
weil diese Alles, was sich bewegt und fest ist, belebt. Sie
ist die physische Einheit in Allem. Es ist hier eine Art von
Monotheismus, freilich nicht so, wie ihn die speculative Vernunft vorstellt; allein es lässt sich doch nicht dabei verkennen,
dass der Gott ein dem *Ganzen* einwohnender Gott ist, dass
eine Seele in der Welt ist. Es ist offenbar eine pantheistische
Ansicht; und Colebrooke bemerkt ganz richtig, *dass die alte*
Hindusreligion nur Einen Gott anerkenne, ohne jedoch den
Schöpfer vom Geschöpf gehörig zu unterscheiden.

Im *Jagiur Veda*, von welchem es zwei Recensionen giebt,
den *schwarzen* und *weissen*, sind theils *Opfergebete* enthalten,

---

gung aus dem Original, bei *Franz Bopp* über das Conjugationssystem
der Sanskritsprache, herausgegeben von *Windischmann*, Frankfurt a. M.
1816. p. 273 ff. bis ans Ende, und bei *Majer* in der oben angeführten
Schrift p. 198 ff.

1) S. Majer a. a. O. p. 114 ff. Hier wird ein Blick auf Aegyptische
Theologumene nicht unnütz seyn: Heraiscus beim Damascius περὶ ἀρχῶν
(in I. Chr. Wolf. Anecdott. Grr. III. p. 261) sagt, die Sonne sey selbst
der intelligible Verstand (τὸν ἥλιον εἶναί φησιν αὐτὸν δήπου τὸν νοῦν τὸν νοητόν).
Das heisst: von einem Standpunkte ward die Sonne im physischen, was
der Geist im intellectuellen Gebiete ist. — Aber die logische Trennung
beider Gebiete liegt diesseits der Entstehung jener alten Naturreligionen.
Eine andere Trennung des ursprünglich Einen kannten die Orientalen
wohl, nämlich nach Potenzen als Personen angeschaut. So versteht
man wohl am richtigsten die Worte des Damascius selbst, wenn er nun
fortfährt: ἰστέον δὲ καὶ ἐκεῖνο περὶ τῶν Αἰγυπτίων, ὅτι διαιρετικοί εἰσι πολλαχοῦ
τῶν κατὰ ἕνωσιν ὑφεστώτων, ἐπεὶ καὶ τὸ νοητὸν διῃρήκασιν εἰς πολλῶν θεῶν
ἰδιότητας. So haben also auch die Indier das *real* und *intellectuell Eine*
in mehrere göttliche Personificationen zerlegt. Zur Einheit erhoben sich
aber auch unter ihnen nur die Gebildeten.

grösstentheils von angeblich göttlichen Urhebern. — Menschenopfer kommen in den Veda's nicht vor, aber doch ein heiliger Gebrauch, wo Menschen scheinbar geopfert werden. — Vom *Saman Veda* hatte Colebrooke noch keine vollständige Abschrift und Erklärung; das Verzeichniss bei diesem Veda enthält blos die Namen der Verfasser. Im *Atharvan* finden sich einige *Upanischad's* oder *theologische Aufsätze*, die nicht zum Veda gehören, weil sie Vorstellungen enthalten, die den Veda's fremd sind, z. B. Rama und Crischna als Erscheinungen des Vischnu.

Es sind aber die Veda's geschrieben in der *Sanskritsprache* und zwar im *Dewa-nagari* Dialekt, welche Sprache mit Recht eine wahrhaft lebendige genannt werden kann. Wenn man nämlich atomistische und organische Sprachen abtheilen kann, d. h. solche, wo das Wurzelwort todt ist, und die Veränderungen äusserlich hinzugethan werden durch Affixa, Suffixa u. s. w., und solche, deren Wurzel aus sich selbst schafft und alle Beugungsfälle aus sich selbst erzeugt, so möchte keine mit solchem Rechte eine organische genannt werden können, keine so lebendig seyn, als die Sanskritsprache.[1])

1) Ueber die Sanskritsprache s. die Abhandlungen in den Asiatic Researches Vol. VII. nr. 7. p. 199 — 231: On the Sanscrit and Prácrit Languages by H. T. Colebrooke, Vol. X. 6. p. 389 — 474: On Sanscrit and Prácrit Poëtry by H. T. Colebrooke Esq., nebst Adelung's Mithridates und *Fr. Schlegel* über die Sprache und Weisheit der Indier, Heidelberg 1808, das ganze erste Buch; ferner *Fr. Bopp* über das Conjugationssystem der Sanskritsprache, herausgegeben von *Windischmann,* Frankfurt a. M. 1816 und die zu London 1808 erschienene Sanskrit-Grammatik von *Wilkins.* Damit verbinde man: An essay on the principles of the Sanscrit Grammar. Part. I. by *H. P. Forster,* Calcutta 1810. (S. Heidelbb. Jahrbb. 1818 5tes Hft. nr. 30. 31.) Auch *Heeren* in den Ideen u. s. w. I. 2. p. 388 ff. vorzüglich p. 394 ff. der dritten Aufl. hat sich über die Sanskritsprache verbreitet. Vgl. endlich *Beck* Anleitung zur Kenntniss der Weltgesch. I. p. 227 der neuen Ausg. — Wenn Schlegel a. a. O. p. 62 die Sanskritsprache als die älteste oder Ursprache darum anerkennt, weil sie ohne alle onomatopoetische Wörter sey, so hat sich dagegen

Man sieht in ihr die ganze hohe Civilisation des alten Indiens, einen Spiritualismus des Denkens, einen Tiefsinn, gepaart mit dem schlichtesten, klarsten und ohne Ueberfüllung blühenden Ausdrucke.

Noch bleibt uns eine Hauptfrage zu beantworten übrig, die Frage nach der von Neueren bezweifelten *Aechtheit* dieser Veda's und ihrem *hohen Alter.* Dürfen wir uns auf die Untersuchungen von Colebrooke berufen, welcher in der genannten Abhandlung Gründe anführt, die die unverfälschte Ueberlieferung der Veda's in ihrer ursprünglichen Gestalt verbürgen, so wird über das hohe Alter eines grossen Theils dieser Urkunden kein Zweifel stattfinden. Wahr ist es, die Veda's sind zuerst mündlich überliefert, aber ausserordentlich frühe niedergeschrieben worden. Frühe hat man sie in heiliger Schrift in einen Kanon gebracht, und in anderer Schrift ausgelegt; und mit dem Verfall der Religion haben die Braminen dieselben Vorkehrungen getroffen, wie bei unserem biblischen Kanon geschehen. Schon die abergläubische Art, die zwei

---

C. Sprengel (Institutiones physiologicae, Amstelod. 1809. §. 235. p. 513, sqq.) erklärt, indem er eben in der Onomatopoesie ein Zeichen der ersten oder Ursprache findet. Dass aber die alte Sanskritsprache eine Menge solcher onomatopoetischen Wörter enthalte, hat derselbe ebenfalls zu zeigen gesucht, und unter andern an das Sanskritische *Atma*, das mit dem Griechischen ἀτμός und mit dem Deutschen *Athem* übereinkommt, an *krschra*, welches dem Deutschen *kreischen* entspricht, an *Waihu*, unser *Wehen*, *Widara*, *Wetter* und dergl. mehr, erinnert. K. Ritter Erdkunde, Asien. Band III. S. 1160: — „Dagegen stimmt v. Bohlens Bemerkung, der das Pali dem Ionischen Dialekt des Sanskrit vergleicht. — Hor. Wilson findet es zugleich irrig, die Sprache Pali zu nennen, weil dies nur der Name der *Schrift* sey, in der sie geschrieben werde; dagegen sey Magadhi, oder *Prakrit* der Name der *Sprache*, den Ausdrücken *Nagari* (für *Schrift*) und *Sanskrit* (für *Sprache*) entsprechend. Das Pali erhalte so erst im Gegensatz des Nagari Bedeutung; es sey die Schrift der Palli oder Dörfer; dagegen Nagari die Schrift der Städter, von Nagar (die Stadt) war; Prakrit einen sermo rusticus, und Sanskrit eine feinere Sprache bezeichnen. "

ersten Veda's zu lesen, vorwärts und rückwärts, ist ein Mittel, den Text unverändert zu erhalten, zumal da man besondere Abschriften für diesen Zweck macht. Hierzu kommen die Inhaltsanzeigen am Ende jedes Veda's, worin der Gegenstand und die Länge des Abschnittes angegeben wird, so wie die Commentare, die jedes Wort erläutern. Es ist aber eine allgemeine Meinung in Indien, dass kein Buch vor Aenderungen sicher ist, bis es commentirt worden. Viele Commentare der Veda's sind sehr alt, und ihre Aechtheit wird wieder durch viele Noten gesichert. Auch das *Niructa*, ein alter weitläufiger Commentar über veraltete Ausdrücke und dunkele Stellen der Veda's, sichert den Text. Was darin citirt ist, stimmt mit dem heutigen Texte überein. Auch stimmen mit dem heutigen Texte überein die vielen philosophischen Schriften, die Gesetze, die moralischen Schriften, die Aphorismen, worin häufig Anführungen aus den Veda's vorkommen. Daher ist Colebrooke überzeugt, dass kein Betrug im Stande gewesen wäre, diese heiligen Schriften, die in allen Theilen von Hindostan und Dekan zerstreut sind, zu verfälschen, ob er gleich in dem Atharvan Veda einige später eingerückte Abschnitte selbst zugiebt.[1]) — Da wir nun die Veda's selbst, in Europäische Sprachen übersetzt, noch nicht besitzen, einzelne Auszüge ausgenommen, so ist das von Anquetil du Perron herausgegebene Werk, die *Upnekhata* (Strasburg 1804. in zwei Quartbänden), aus Persischer Sprache in einer Lateini-

---

1) Ueber das Alter und die Aechtheit der Veda's vergleiche man auch *Heeren's* Ideen u. s. w. I. 2. vorzüglich p. 426 ff. der dritten Aufl. Was den Atharvan Veda insbesondere betrifft, so behauptet *Majer*, welcher die Entstehung der drei ersten Veda's in die Zeit des Brahmaismus setzt, *es sey derselbe offenbar im Siwaismus abgefasst worden,* und also späteren Ursprungs. Siehe dessen Schrift: Die Religion der Indier als Brahmaismus p. 14. vgl. p. 104. Schon früher hatte *Polier* (Mythologie des Indous Tom. I. Indroduct. p. 101. 102) mit treffenden Gründen gezeigt, dass es nur drei ursprüngliche Veda's gegeben habe, und dieser vierte später sey.

schen Uebersetzung, für uns desto wichtiger. Es ist nämlich dieses Werk eine offenbare Uebersetzung der Veda's, wiewohl, wegen der ungeheueren Masse derselben, nur im Auszuge, wahrscheinlich auf Befehl eines Persischen Königs veranstaltet.[1])

An die Veda's schliessen sich unmittelbar die *Purana's*, welche die Theogonie und Kosmogonie der Indier enthalten.[2]) Auch sie werden dem Vyasa beigelegt, und ihre Entstehung in das sechszehnte Jahrhundert vor Christo zurück verlegt. Man zählt ihrer achtzehn, und nennt sie daher auch oft blos die *Achtzehn*. Jeder Purana hat seinen besonderen charakteristischen Titel, z. B. der erste *Brahma*, der zweite *Pedma* (der Lotus), der dritte *Brahmanda* (das Weltei), der vierte *Agni* (das Feuer), der fünfte *Wischnu* u. s. w. Der achtzehnte heisst *Bhagawata*, und enthält das Leben Krischna's; s. Asiatt. Abhandll. I. Band p. 282 der Deutschen Ausg. Die mythologische Geschichte Itihasa und Purana wird auch als Ergänzung der Veda's betrachtet, und für den fünften Veda gezählt; s. Colebrooke in den Asiat. Research. Tom. VIII. Jeder Purana aber handelt von folgenden fünf Stücken: 1) von

---

1) Ueber die Wichtigkeit und den Werth dieses Werkes, so wie über die Uebersetzung und Bearbeitung desselben durch Anquetil du Perron, welche zum Theil gegen Heeren vertheidigt wird, der dieselbe für ganz unverständlich ausgegeben hatte, finden sich in der oben angeführten Schrift von Majer p. 7 ff. besonders p. 10 gute Notizen. *Görres* hat in seiner Mythengeschichte auf eine sehr geistreiche Weise vorzüglich auch vom Upnekhata Gebrauch gemacht. S. *Nachtrag IV*.

2) Auszüge aus den Original-Purana's enthält das Werk: Researches into the nature and affinity of ancient and Hind mythologie. By *vans Kennedy*. London 1831, und ist insofern unentbehrlich, ermangelt aber einer umfassenden Kunde der Religionen der alten Völker, enthält auch manche seltsame Meinungen, wie z. B. dass die heiligen Bücher der Hindus wie das Religionssystem aus Babylonien herzuleiten seyen (s. Herrn Ewald in den Götting. gel. Anz. 1831. Nr. 177. vgl. auch Jahrbücher für wissenschaftl. Kritik Berlin 1832. S. 199 ff.).

der Schöpfung des Universums, von seinem Fortschreiten und der Erneuerung der Welten; 2) von der Zeugung der Götter und Heroen; 3) von der Chronologie nach einem mythischen System; 4) die Geschichte, Thaten und Begebenheiten der Halbgötter und Heroen; 5) von der Kosmogonie, woran eine mythische und heroische Geschichte sich anschliesst. [1]) Man kann demnach die Purana's mit den Kosmogonien der Griechen vergleichen; s. Asiat. Research. Tom. VII. p. 202.

Hierin berühren sich also das alte Indien und Griechenland. Allein in Griechenland ward dieses exoterische System der Poeten (die Theogonien und Göttergeschichten, wie auch die Heldenaristien) unter dem gesammten Volke vorherrschend, und durchaus bestimmend in der Kunst und im Gottesdienste. In Indien dagegen blieb, neben dieser *genealogischen* Betrachtung des Universums, die *ideale*, die sich philosophisch von dem Wesen der Dinge Rechenschaft giebt, herrschend, und auch die Bildnerei blieb durchaus bedeutsam und mystisch. In Griechenland erhielt sich die philosophische Betrachtung des Universums und die mystische Beschauung nur in den Schulen einiger Denker, z. B. eines Pythagoras, in den Schriften eines Heraklitus und in den Orphischen und Eleusinischen Mysterien.

Nun folgen drittens die grossen *episch-historischen Gedichte*, *Ramayan* und *Mahabhárata*. Der *Ramayan*, welcher dem *Valmiki* beigelegt wird, besingt die Thaten des *Rama*, des Indischen Hercules, und ist daher völlig zu vergleichen mit den Herakleen des alten Griechenlands, wiewohl der Indische Hercules in seinem Charakter eben so sehr vom Griechischen

---

1) S. *Langlès* Catalogue des Manuscrits Sanscrits de la Bibliotheque Imperiale 1807. p. 13. Damit verbinde man, was Majer (Brahma oder die Religion der Indier p. 129 ff.) über die Purana's bemerkt hat. Catalogus librorum Sanscritanorum, quos bibliothecae universitatis Havniensis vel dedit vel paravit Nathanael Wallich. Scripsit *Erasmus Nyerup*. Hafniae 1821.

24 *

unterschieden ist, als überhaupt Indische und Griechische
Menschheit sich unterscheiden. [1])

Das andere grosse episch-historische Gedicht, *Mahabhárata* (*Mohabharot*, der *grosse Bharata*), welches dem Vyasa
beigelegt wird, und aus achtzehn Gesängen besteht, enthält
die Kriege zwischen den Mondskindern, zwischen den Helden
vom Stamme Pandu und Kuru. Hierin ist die berühmte grosse
Episode *Bhagavatgeta* (*Bhogovotgita*), d. i. das *Lied* vom *Bhogovan*, einem Beinamen des Krischna, welcher hier immer
unter diesem Namen auftritt, und sich in dieser Episode, in
einem philosophisch-theologischen Gespräche, über die ewige
Einheit Gottes und die Nichtigkeit aller andern Erscheinungen
erklärt. [2])

Diese grossen epischen Erzeugnisse fallen angeblich alle
vor das Jahr 1200 vor Chr. Geb., vor die Zeit des Trojanischen Kriegs; mit dem Jahre 1200 aber kommt die Periode
der Gesetzbücher, die bei den Griechen doch erst eigentlich
um das Jahr 550 vor Chr. Geb. anfing. Denn in jene Zeit
ist wohl die Abfassung der Gesetze zu legen, die in einem

---

1) Ueber dieses Gedicht, das wir glücklicherweise jetzt in der Originalsprache und in einer Englischen Uebersetzung besitzen, vgl. Langlès
im Catalogue des mscrr. de la Bibl. impér. Paris 1807. p. 13 sqq. *Görres*
in den Heidelbb. Jahrbb. 1810. nr. 25. p. 251 und *Wilken* ebendaselbst
1814. nr. 24—26, der auch Auszüge aus dem eben erwähnten Englischen
Originalwerke: The Ramayana of Volmeeki in the original Sangskrit
with a prose translation and explanatory notes by William Carey and
Josua Marsham, Serampore 1806. Vol. I. gegeben hat. Proben aus dem
Ramayan in Deutscher Uebersetzung haben *Fr. Schlegel* (über die Weisheit der Indier p. 231 ff.) und *Franz Bopp* (über das Conjugationssystem
der Sanskritsprache p. 159 ff. p. 235) und zwar Letzterer die Episode,
welche Wiswamitra's Büssungen enthält, geliefert. Vgl. jetzt Guigniaut
Notes et Ecl. p. 612—616, wo auch die Arbeiten des Herrn v. Chezy und
A. W. v. Schlegel's über den Ramayana nachträglich bemerkt sind, und
p. 638 sqq. jene Episode von Wiswamitra mitgetheilt ist.

2) S. *Nachtrag* V.

grossen Codex gesammelt sind, unter dem Titel: *Mânava Dharma Sâstra*, d._i. *Gesetzbuch des Menu* oder *Monu.*¹)

Hierbei aber blieb der Indische Geist nicht stehen; er hat sich vielmehr mit Allem beschäftigt, worauf der Europäische stolz seyn mag. Denn an die Gesetzgeber reihen sich nun die *Philosophen* an, von deren Bestrebungen schon dies einen hinlänglichen Beweis liefern kann, dass es fast keine Entwickelung des speculativen Geistes giebt, die Indien nicht versucht hätte, Dogmatismus, Scepticismus, ja einen vollkommenen Nihilismus u. s. w. — Man zählt sechs philosophische Systeme, die sich je zwei und zwei von einander sondern, zwei der *Nyaja's*, welche Jones mit der Peripatetischen und Ionischen Schule, zwei der *Mimansa's*, die ebenderselbe mit der Platonischen, und zwei der *Sanchya's*, die er mit der Italischen und Stoischen Schule vergleicht.²)

---

1) *Menu* ist ein heiliger Name; und es werden Mehrere desselben Namens erwähnt. Es ist eine ganze Succession von doctrinellen Intelligenzen, welche diesen Namen trägt, und an die Spitze der Gesetze gestellt wird. Eben 'so stellt auch Aegypten an den Anfang aller menschlichen Gesetze einen *Menes*, und eben so Griechenland seinen *Minos*. Es scheinen sich nämlich bald nach den letzten grossen Erdrevolutionen und Ueberschwemmungen in Indien die Saamenkörner menschlicher Bildung und Cultur gerettet und ausgebildet, und von da im Verlauf der Zeit theils nach Aegypten, theils über Aegypten nach Kreta und anderwärts hin verbreitet zu haben, wo sie auch immer einige alte heilige Namen beibehielten. — Ueber den mythologischen Gehalt der Gesetze des Manu und über das Verhältniss dieser Sammlung zu den Veda's und zu den Purana's s. Eug. Burnouf unten im *Nachtrag* II.

2) S. die Asiatt. Abhandll. Bd. I. p. 270. 283 ff. der Deutsch. Ausg. Ausserdem vergleiche man hierüber die weiteren Nachrichten und Untersuchungen von Langlès im Catalogue etc. p. 78. 82 sqq. und 87 sqq., von Görres in der Mythengeschichte p. 188 ff., von Schlegel über die Weisheit der Indier p. 89 ff. und Heeren Ideen u. s. w. I. 2. p. 444 ff. der dritten Aufl.; besonders auch Majer, die Religion der Indier als Brahmaismus p. 109 ff., der die Grundsätze einer jeden Schule zwar kurz, aber gut entwickelt hat.

Bei dieser Feinheit der Cultur in Indien, bei dieser Scheidung der Stände, und bei diesem geistigen Streben, welchem sich der Mensch dort um so mehr überlassen kann, je freundlicher Klima und alle Begünstigungen der Natur ihm entgegenkommen, konnte auch die *dramatische Poesie* nicht ausbleiben. Sie hat sich hier, wie in Griechenland, aus dem Epos entwickelt. Hier, wie dort, gingen die grossen Epiker voraus, und aus ihnen nahmen die folgenden Dramatiker den Stoff für ihre grossen Dramen. Allein von dem Reichthume dieser Literatur ist leider bis jetzt noch Wenig bekannt, wiewohl eben dieses Wenige die Europäische Welt mit Recht in Erstaunen gesetzt hat. Wer kennt nicht die *Sakontala* oder *den bezauberten Ring*, ein Drama, dessen Fabel aus dem grossen Epos, Mahabhârata, genommen ist, und welches den *Kalidas* zum Verfasser hat, einen Dichter, der am glänzenden Hofe des Rajah oder Königs Wikramaditya, eines Beschützers der Kunst und Wissenschaft, etwa hundert Jahre vor Christi Geburt lebte?[1]) Als ausgezeichnete Eigenschaften jenes Drama bemerken wir vorzüglich zuvörderst die Innigkeit und das sinnige Wesen, das tiefe und zarte Naturgefühl und die gleichsam idealisirte Ansicht der Pflanzenwelt; dabei das Mädchenhafte der milden und friedsamen Nation; sodann den Ausdruck des feinen Welttons und Lebens der Rajah's und ihrer Höfe. Das Stück ist ein Beweis von der vornehmen Haltung der

---

1) S. Fr. Schlegel über die Weish. der Ind. p. 229. 308 ff., wo Proben daraus gegeben sind; Langlès im Catalogue etc. p. 74. Deutsch erschien das Ganze von *G. Forster*, mit einer Vorrede von *Herder*, zu Frankfurt a. M. 1803 (neue Ausg.). Hiermit verbinde man, was über die Sakontala, so wie im Allgemeinen über die dramatische Poesie der Indier, Heeren bemerkt hat in den Ideen I. 2. p. 527 ff. der dritten Aufl. Ein anderes gleichfalls aus dem Mahabhârata geschöpftes Drama ist *Nalus*. S. Nalus Carmen sanscritum e Mahabharato; edidit etc. *Fr. Bopp*. London et Paris 1819 (Deutsch unter dem Titel Nala bearbeitet von Kosegarten). S. über jene erste Ausgabe A. W. v. Schlegel Indische Bibliothek I. S. 97 ff.

Könige und der strengen Scheidung der Stände oder Casten;
so wie es überhaupt eine hohe Ausbildung der gesellschaftlichen Cultur Indiens verräth.

Endlich war es auch Indien, wo man wahrscheinlich zuerst die ewigen Gesetze der Sittenlehre und des Rechtes
gleichsam hervorlockte aus dem Wesen und Verhältniss der
Thiere und Pflanzen und aus der umgebenden Natur. Wir
sprechen von der ungezweifelt uralten *Naturfabel* oder vom
Apolog (αἶνος). Seine Geschichte ist dort an die Namen des
Wischnu-Sarma, eines Braminen in alter Indischer Vorzeit,
und des *Pilpai*, der gegen 400 vor Chr. Geb. gelebt haben
soll, geknüpft. Unstreitig hatte schon das älteste Indien seinen Apolog, worin durch die Sprache der Thiere, besonders
der Schakals (ϑῶες),[1]) durch die der Pflanzen, Bäume u. s.
w., ethische und politische Wahrheiten eindringlich und anschaulich gemacht wurden. Es entstanden davon frühe Sammlungen; aber, wie in der Aesopischen Fabelsammlung, ward
auch jenen fortdauernd das nach und nach Erfundene, der
spätere Zuwachs, beigemischt, und einzelne Theile auch wieder als für sich bestehende Bücher bekannt gemacht und
fortgepflanzt. Nach der Indischen Sage war *Wischnu-Sarma*
Erfinder in dieser Gattung und Verfasser einer uralten Sammlung von Apologen, betitelt *Hitopadesa*, d. i. *nützliches Wort*,
die sich erhalten, bis ungefähr 400 vor Chr. Geb. *Pilpai* folgte,
der eine neue Sammlung veranstaltete. Von dieser Sammlung
wurden frühe im sechsten Jahrhundert, auf Befehl eines Persischen Königs, aus der Ursprache (nämlich der Sanskrit)
Uebersetzungen ins Pehlvi für den Persischen Hof gemacht,
welche bald grosses Ansehen erlangten, und daher ins Arabische und Türkische und so fort in mehr als zwanzig verschiedene Sprachen, wie Jones versichert,[2]) übersetzt wurden.

---

1) Wir führen als Beispiel die Fabel vom Schakal an, die sich bei
Stark Spec. Sapient. Indorum p. 414 sqq. findet.

2) S. Asiatt. Abhandll. Th. I. p. 21 Deutsch. Ausg.

Jedoch blieb die Sammlung nicht in ihrer ursprünglichen Art, sondern man sonderte einzelne Theile davon ab, und gab sie besonders heraus. Hierunter zeichnet sich aus *Kalila* und *Dimna* (*Kelile - Dimne*; denn eigentlich sollte es heissen im Sanskrit *Karattaka - Damnaka*), eine Episode der Hitopadesa. Diese ward ins Persische übersetzt, und daraus ins Griechische. [1])

---

1) Von dieser letztern Uebersetzung, wovon ich selbst ein Exemplar besitze, finden sich in der Bibliothek der Universität zu Leyden und hie und da Handschriften, die wohl einer genaueren Vergleichung werth wären. Die Uebersetzung führt den Titel: *Specimen Sapientiae Indorum* ex cod. mscr. Holsteniano, edidit *Stark*, Berlin 1697. 8.; die Französische: *Fables et contes Indiens* avec un discours sur les Hindous par *Langlès*, Paris 1790. 12. In neueren Zeiten wurde es wieder unmittelbar aus dem Indischen Original ins Englische übersetzt von *Wilkins: the Hitopades of Vishnu - Sarma*, Bath 1787. Ausser dem, was über dieses Buch schon früher von Fabricius in Bibl. Gr. Vol. VI. p. 460 der alten Ausg., von Herbelot in der Bibliotheque orientale und von Assemanni in der Bibliotheca orientalis T. III. part. 1. p. 221 bemerkt worden, vergleiche man nun die lesenswerthen Nachrichten bei Polier Mytholog. d. Indous Introduction p. 134 sqq. Tom. I. vgl. mit dem Zendavesta Tom. I. p. 537, ingleichen folgende Schrift: Ueber Inhalt und Vortrag, Entstehung und Schicksale des königlichen Buches, eines Werkes von der Regierungskunst; als Ankündigung einer Uebersetzung nebst Probe aus dem Türkisch - Persisch - Arabischen des Waasi Ali Dschelebi von *Heinr. v. Dietz*, Berlin 1812. 214 S. gr. 8. Vorzüglich müssen wir unsere Leser auf die Untersuchungen aufmerksam machen, die neuerlich ein grosser Kenner der morgenländischen Literatur über die Geschichte dieser Sammlungen angestellt hat, *Silvestre de Sacy* in den Notices et Extraits des manuscrits de la Biblioth. impériale Tom. IX. (Paris 1813) part. I. nr. 7, wo er unter andern Nachricht giebt von einer *Ebräischen Uebersetzung* desselben Buches, die sich unter den Handschriften der Pariser Bibliothek findet. Vergleiche Leipz. Litt. Zeit. 1814. Sept. nr. 221. p. 1766 und Götting. gel. Anz. 1815. nr. 208. p. 2065 sqq. In dem zehnten Theile, der zu Paris 1818 in zwei Abtheilungen erschien, sind diese Untersuchungen fortgesetzt. Vorgeblich Indischen Ursprungs wäre auch die selbst in Deutscher Sprache unter dem Namen: *Die sieben weisen Meister* bekannte Schrift, welche von Einigen einem Perser Musus (Μοῦσος, nach Silvestre

de Sacy a. a. O. wohl eher ein Türke *Musa*), von Andern einem Oberhaupt der Weisen Indiens Sendebad oder Sendebar zugeschrieben wird.
Andere schreiben den Namen Syntipas (*Συντίπας*), und nennen ihn einen
Zeitgenossen des Cyrus. Wir haben unter diesem letzten Namen ein
moralisches Fabelbuch von 62 Erzählungen, angeblich aus dem Syrischen
übersetzt von Michael Andreopolus vermuthlich im 15ten Jahrhundert.
(S. *Συντίπας*. De Syntipa et Cyri filio Andreopuli Narratio ed. I. Fr.
Boissonade, Paris 1828, und dessen Praeloquium und Notae p. 171 und
besonders Götting. gelehrt. Anzeigen 1830. Nr. 171. 172.)

§. 4.
Uebersicht der Indischen Baudenkmale.

Ich glaube diese Beschreibung der Indischen Baudenkmale
(I. S. 562 — 568 zweiter Ausgabe) anjetzt mit folgenden
wenigen Bemerkungen übergehen zu können, einmal, weil
K. O. Müller in seinem Handbuche der Archäologie der Kunst
§. 249. S. 306 f. eine lichtvolle Uebersicht davon gegeben,
und K. Ritter in seiner Erdkunde, Asien, B. IV. 1. S. 676 ff.
von den Gruppen der Grottentempel zu Mhar, Carli, Salsette,
Elephanta, Nassuk, Ajayanti und Elora, und von den Ruinen
der Felsenstadt Mahamalaipur B. IV. 2. S. 322 ff. nach den
neuesten Reisebeschreibern und gründlichsten Orientalisten
ausführlichen Bericht erstattet haben; sodann aber und hauptsächlich, weil den neuesten und sorgfältigsten Untersuchungen
zufolge *alle diese Indischen Bau- und Sculpturwerke über und
unter der Erde für die Perioden der altindischen Religionsgeschichte und die Erkenntniss der verschiedenen Göttersysteme keine
Ergebnisse liefern, worauf man mit Sicherheit fussen könnte.*
Zwar schliesst das *Ueberladene,* wodurch sich fast alle diese
Bildwerke kenntlich machen, ein *relatives Alterthum* derselben nicht aus; da wir bereits aus dem zweiten Jahrhundert
nach Chr. eine Beschreibung eines sehr überladenen Idols, in
einem Indischen Grottentempel befindlich, haben (s. Symbolik
I. S. 141 f. 2ter Ausg.). Aber was will doch ein Zeugniss
aus dem zweiten Jahrhundert nach Chr. Geb. gegen das graue,
ja zum Theil selbst antediluvianische Alterthum sagen, das
man vor nicht gar langer Zeit in verschiedenen dieser Tempel
und Tempelgebilde nachweisen zu können geglaubt hat? Allein was die Unsicherheit auf diesem Kunstgebiete im höchsten
Grade vermehrt, ist die *Vermischung* so verschiedener Culte

und Zeiten, die sich in jenen Gebilden auf das unangenehmste vor Augen stellt; und wir müssen uns eben bequemen mit Ritter (a. a. O. IV. 1. S. 677) einzugestehen: «Selbst ihr Zweck, das Göttersystem, dem sie anfänglich geweiht waren, bleibt bei der Vermengung von Figuren aus der Brahmanischen, wie der Buddhistischen oder Jain-Mythologie, wie die Methode der Architektur und Sculptur, noch zweifelhaft.» Hiermit stimmt auch ein Indischgelehrter Britte (H. Wilson in Mackenzie's Collection. Calcutta 1828) vollkommen überein, ja er drückt sich noch stärker aus, wenn er sagt: «Die berühmten Denkmale zu Ellora, Elephanta und Mahalipur seyen in ihrer jetzigen Form Erzeugnisse neuerer Zeit, und es seyen darin auch Spuren des Cultus der Bauddha's und der Dschaints anzutreffen.»

§. 5.

Von den verschiedenen Indischen Religionsperioden. [1]

Indiens Religion geht in die hohe Vorzeit zurück, und ihr Anfang lässt sich historisch nicht verfolgen. Jedoch im Allgemeinen stellen sich uns von der frühen Vorwelt an bis auf unsere Zeit drei verschiedene Religionsperioden oder Systeme dar, die wir kürzlich durchgehen und im Sinne der Sage charakterisiren werden.

Die älteste Religion, die in das Dunkel der Vorwelt zurücktritt, ist diejenige, welche durch *Brahma*, den Schöpfer der Welt, offenbart wurde, *Brahmaismus.* [2] Diesem *Brahma*

---

1) Wie sehr ich auf diesem unsicheren Gebiete jeder Epikrise zugänglich bin, mag daraus erkannt werden, dass ich bei diesem von mir ebenfalls abgekürzten Abschnitt auf die *Notes et Eclaircissemens* des Herrn Guigniaut (zu der Französischen Uebersetzung I. p. 591 — 598) verweise, und namentlich daraus folgende Stelle aushebe (p. 594): „Une question capitale reste toute entière : c' est de savoir jusqu'à quel point l'on peut être fondé à regarder Brahma comme le symbole d' un culte antérieur à tous les autres, d' un culte non seulement primitif, mais plus simple, plus pur et plus spirituel que ceux qui lui succédèrent, en l' étouffant par la violence? Cette hypothèse a été admise en des sens divers par la plupart des écrivains allemands ou anglais, qui ont jusqu' ici traité de la religion des Hindous." Zur Vervollständigung der verschiedenen Ansichten der Indischen Religionsperioden verweise ich jetzt auf das neueste Werk des Herrn *Stuhr:* Die Religionssysteme der heidnischen Völker des Orients, und namentlich auf das Capitel: „Chronologische Bestimmung der Hauptepochen der Entwicklung des geistigen Lebens der Indier" S. 132 ff.

2) S. Görres Mythengesch. p. 556 ff. und p. 188 ff. vgl. mit *John Malcolm* the History of Persia, London 1815. im ersten Abschnitt. Ganz

(dem höchsten Wesen, welches in der Indischen Lehre von der Dreifaltigkeit Gottes die erste Person ist, Gott der Vater), dem ersten Gott und Lehrer im Fleisch, haben vor vielen Jahrtausenden die Menschen auf fromme Weise, mit ihren Herzen in heiliger Unschuld, einfach, schlicht und rein gedienet mit unblutigen Opfern, mit den Erstlingen der Früchte, mit der Milch der zahmen Thiere u. s. w. Aber diese Religion konnte auf der bösen Erde nicht fortbestehen, sie musste weichen und wurde so gänzlich ausgerottet, dass auch keine Spur mehr übrig ist von jenen alten Tempeln, in denen Brahma verehrt wurde. Und diesen ältesten, reinen Dienst mögen auch vielleicht die Ebräer jenseits des Euphrat gehabt haben, wenn wir nämlich (was ich dahin gestellt seyn lasse) in jenem Abram, der mit seiner Frau Saraswadi (angeblich Frau Sarah) sich nach Westen zog und dort niederliess, einen Brahminen mit seiner Familie erkennen dürfen, wie die Indischen Traditionen, welche Sonnerat in seiner Reise nach Indien angiebt, erzählen. [1]) Alsdann müsste man annehmen, dass bei der Ausrottung und gewaltsamen Vertilgung jenes einfachen und

---

ähnliche Traditionen haben die Perser von ihrer ersten Religionsperiode, besonders nach dem Dabistan. Malcolm in dem angeführten Werke, ob er gleich über den historischen Werth des Dabistan, wie billig, sehr zurückhaltend urtheilt (s. Vol. I. p. 11), trägt doch nachher die Hauptzüge von dem Bilde der ältesten Religion Persiens in gedrängter Uebersicht vor (I. p. 85), und findet besonders in der Enthaltung von thierischer Nahrung, welche der Dabistan den Anhängern des ersten Gottesdienstes beilegt, ein Zeichen eines gemeinsamen Ursprungs der Religionen Persiens. Er sagt Vol. I. p. 191: „There are some circumstances that might dispose us to believe, that the ancient religions of Persia and of India were connected in their origin. Among other proofs in favour of this conjecture, we find that thare was, in the early ages of both countries, an abhorrence of animal flesh, which has been preserved, to this day, by some of the highest and most respected of the casts of India." — Erst der Usurpator, der böse Zohak, soll das Fleischessen eingeführt haben.

1) Gatterer Versuch e. allg. W. Gesch. p. 622 u. daselbst Dow.

reinen Gottesdienstes und bei den heftigen Verfolgungen, wel- che seine Anhänger erlitten, sich wohl einzelne Stammhäupter, einzelne Emirs, die der alten Gottesverehrung treu bleiben wollten, eben um jenen Verfolgungen zu entgehen, mit ihren Horden westwärts gewendet haben, in die Gegenden von Vorderasien, so dass der reinere Jehovahdienst des Abrahams nichts weiter wäre, als ein fortlaufender einzelner Zweig jenes uralten Brahmaismus. Vielleicht ist es auch eben dieser älteste, reine, unblutige Brahmadienst, von dem sich noch bei den Griechen Erinnerungen erhalten hatten. Man lese die merk- würdigen Stellen des Theophrastus περὶ ϑυσιῶν bei Porphy- rius de Abstin. II. 5. p. 106 sqq. und II. 20. p. 138 ed. Rhoer. Dort macht dieser Grieche eine anziehende Beschreibung von dem reinen Wandel jener Menschen der Vorzeit vor Gott, und von ihren unschuldigen Opfern und Gaben, die sie der Gottheit darbrachten.

Dieser Brahma steht da als der Fleisch gewordene Gott, als erste Incarnation, als der erste Lehrer. Er theilt das höchste Gesetz, das ihm der ewige Gott in der himmlischen Sprache 4900 Jahre vor unserer Zeitrechnung offenbart, und welches er in die Sanskritsprache übersetzt hatte, der Mensch- heit mit. — Es ist aber dasselbe nach den vier Casten, so dass einer jeden ein Buch zukommt, eingetheilt in die vier Bü- cher: *Ritsch, Jagusch, Saman* und *Atharvan*, von welchen jedoch das letztere verloren gegangen und in neuer Form wiederher- gestellt worden ist. Es sind der Casten der Indier, wie schon bemerkt, vier;[1]) die erste und vornehmste, die der *Brahmanen* oder Priester; die der Krieger und Regenten, *Kschetria*, auch *Radsja-putra*, d. i. regum filii, genannt;[2]) die

---

1) Ueber die *Casten* der *Indier* siehe Paullini Systema Brachman. p. 137 sqq. und Heeren in den Ideen u. s. w. I. 2. p. 596 ff. Beck Anleitung zur Kenntniss der Weltgesch. I. p. 222 der neuesten Ausg.

2) Das Indische *Radsja* oder *Raya* erinnert uns unwillkührlich an das Lateinische *Rex*, so wie an die Ῥαικοὶ bei Hesychius T. II. p. 1098

der Feldbauer und Kaufleute, *Vayshya;* die der Künstler und
Handwerker, oder *Schudra.* Diese Casten haben ihre Unter-
abtheilungen nach den verschiedenen Verrichtungen, bis zur
Zahl von acht und achtzig. -Es herrscht unter ihnen eine
scharfe Absonderung, und keiner kann aus der einen Caste
in die andere übergehen. Diese Absonderung hat ihren mythischen Grund in der Sage: Alle sind aus Brahma's Leib,
aber die Brahmanen aus seinem Kopfe, die Krieger und Könige aus seinen Schultern, die Feldbauer und Kaufleute aus
dem Bauche, und die Künstler aus den Beinen. Mithin ist
Brahma's Körper der Leib des Urwesens, wie Adam – Kadmon
der Kabbalisten. Diese Casteneintheilung rührt schon von
Menu dem Ersten her, und hat in grosser Strenge unter den
eigentlichen Hindostanern, trotz aller Veränderungen und alles
Wechsels der Regierung, sich bis auf den heutigen Tag behauptet. ')

Alberti (welche Stelle wir in den Homerischen Briefen p. 179 verbessert
haben), und an die *Rheken* unserer alten Deutschen Vorfahren. Vgl.
die Homerischen Briefe a. a. O. Dass die Endung *ra, König, Herr, Fürst,*
bedeute, hat auch Wahl gezeigt in der Erdbeschr. von Ostind. II. p. 209.
Vgl. A. W. v. Schlegel Ind. Bibl. II. 249 über die *râputras, Königssöhne,*
woher die wegen ihrer Tapferkeit berühmten *Rajputs;* und ebendaselbst
über den Kriegerstamm Kshatriya, auch Kshatra, welchen schon Alexander der Gr. kennen lernte, wenn es die Σάθροι des Arrianus (VI. 15)
sind.

1) Im Text und in den Anmerkk. der zweiten Ausgabe (S. 572 —
575) ist an dieser Stelle etwas umständlicher von zwei Erscheinungen
der oberasiatischen Literatur gehandelt worden, die in neuerer Zeit viel
Aufsehen gemacht haben, und wobei ich mich jetzt auf eine ganz kurze
Notiz einschränke. Das erste ist der *Dabistan* oder das Buch von zwölf
verschiedenen Religionen des Orients von Mohsan Fani (d. i. der Vergängliche), einem Mohammedaner aus Kaschmir im 17ten Jahrh. nach Chr.
Es enthält unter andern die Geschichte einer auf Offenbarung gegründeten
reinen Urreligion und eines vorfluthigen Iranischen Urstaates, dessen erster
patriarchalischer Dynaste Mahabad, der Empfänger jener Offenbarung (auch
Bali genannt), der Stifter jenes, allen Monarchien des Orients voranste-

Nachdem diese erste Lehre etwa tausend Jahre gegolten, folgen nun Religionskriege. Es kommt *Schiwa*,[1]) die zweite Incarnation, und bringt den *Lingam*, als Bild des Todes und

---

henden Reiches der Mahabaden gewesen. Aus diesem Werke hat Gladwin in seinen New Asiatic Miscellanys Calcutta 1789 das erste Buch geliefert und danach Fr. v. Dalberg Bamberg und Würzburg 1817. — Das zweite Werk ist der *Désatir*, das ist, dem Dabistan zufolge, das eben dem Mahabad (Bali) offenbarte Buch und angeblich eine Sammlung der verschiedenen Propheten von der Urzeit (d. h. von Mahabad an). Dieses letztere lang vergessene und erst neulich wieder aufgefundene Buch ist von Molla Firuz in der Sprache der Handschrift (der von Banian) mit einer Englischen Uebersetzung von W. Erskine zu Bombay 1818 — 1820 herausgegeben worden. Es ist bekannt, welches Gewicht Männer wie Will. Jones, Johannes v. Müller und A. auf den Dabistan gelegt, wie sie darin eine Erweiterung der Urgeschichte der Menschheit rückwärts gewinnen zu können geglaubt haben. Ja Einige sind so weit gegangen, in den Sculpturen der Indischen Grottentempel Darstellungen jenes vorfluthigen Erzvaters Mahabad – Bali und seiner Geschichte entdecken zu wollen, da sie doch sämmtlich der heutigen Mythologie der Hindus angehören. Nicht minder verschieden sind die Urtheile über den Désatir. Man vgl. The classical Journal Vol. XV. p. 186 sqq.; von Hammer in den Heidelbb. Jahrbb. 1823. Nr. 6 sqq. und Silvestre de Sacy im Journal des Savans 1821. Fevr. Das Ergebniss der Untersuchungen dieses letzteren Gelehrten hält eine Art von Mitte, und besteht (p. 75) in folgenden Sätzen: Man könne die Composition des Désatir nicht über die Periode der Seldjuciden, d. h. nicht vor dem 6ten Jahrh. der Hégira hinaufrücken. Es sey aber viel Altes in diesem Werke enthalten, das von den Gelehrten gesichtet und gewürdigt zu werden verdiene. Wenn W. Erskine dem Buche ein Alter von nur 2, 3 Jahrhunderten vor dem unsrigen zugestehen wölle, so könne er ihm darin nicht beistimmen, wohl aber darin, dass W. Jones u. A. sich von der Bewunderung dieses uraltgeglaubten Buches zu allzukühnen Behauptungen haben fortreissen lassen.

1) Ueber diese zweite Religionsperiode oder den *Schiwaismus* s. Görres Mythengesch. p. 557. Asiatic Researches T. V. p. 380 sqq. und T. I. p. 147 nebst Polier Mytholog. des Ind. T. I. Introduct. p. 146 sqq. Ueber den Uebergang des Brahmaismus in Schiwaismus vgl. man auch die lesenswerthen Bemerkungen von Majer, die Religion der Indier als Brahmaismus p. 20 ff. besonders p. 25.

Lebens. Die alte, stille, einfache Feier musste dem neuen Orgiasmus Platz machen. In wilden Festen berauscht sich die religiöse Phantasie, und blutige Opfer fallen an den Altären der schrecklichen Cali. Brahma's Tempel wurden umgestürzt, und nur in den Geheimschriften des Tempels von Cheringuam ¹) wusste man noch, es habe Brahma vormals Tempel, Altäre und Bilder gehabt, wie Schiwa. Liebe und Leben und Zorn und Tod sind die Elemente dieses neuen Gottes und seines Dienstes.

Es folgt *Wischnu*, die dritte Incarnation, welcher das wilde Feuer des Schiwaismus sänftigt. ²) Wischnu milderte den Lingamdienst, trieb aus den groben Stoff, vergeistigte und stumpfte ab die herbe Schärfe. Hier liefert uns das alte Griechenland eine merkwürdige Parallele. Auch dort war auf einen reineren Dienst, auf Brahmaismus, eine wilde, orgiastische Religion, der Phallusdienst und die Phalluslehre, gefolgt, die alsdann die Weisen (οἱ σοφισταί) nach Melampus, als welcher jene Lehre nicht umfassend vorgetragen hatte, grossartiger verkündigten (μεζόνως ἐξέφηναν). ³) Daher nun Wischnu in der Ansicht seiner Anhänger über Schiwa gestellt wird; und im uralten Tempel von Perwuttun wiegt im Bilde Brahma mit einer Waage, wo dann Wischnu den Schiwa

---

1) *Tscheringam*, d. i. *die Stadt der schönen Glieder*, noch jetzt ein berühmter Wallfahrtsort, mit einem uralten Wischnutempel; s. Wahl Beschreib. von Ostind. II. p. 1171. 1172. vgl. 557.

2) S. Sonnerat Reise nach Ostindien und China (Zürich 1783) I. Bd. p. 186. — Gewöhnlich nimmt man *Schiwa* als den *dritten*, und seinen Dienst als die *dritte* Epoche an. Vgl. Polier Mytholog. des Ind. T. I. Introduct. p. 147. Vgl. auch Majer, die Religion der Indier als Brahmaismus p. 26, der es für wahrscheinlich hält, „dass der *Brahmaismus* in einer ihm abgenöthigten geistigen Gegenwirkung gegen die materialistischen Ansichten des *Siwaismus* sich allmählig vollkommen folgerecht in den *Wischnuismus* verwandelt haben könne."

3) S. Herodot. II. 49. Ich werde bei den Religionsperioden von Griechenland darauf zurückkommen.

hoch in die Luft schnellt, anzudeuten, die Religión will wieder
auf den alten edleren Weg zurück, die alte Lehre soll wieder
eingeführt werden. [1]) Es ward aber die Schiwasecte von den
Anhängern des Wischnu nicht ausgerottet, sondern sie schloss
mehrentheils Friede, und jene liess sich reformiren. Diese
Reformation wird fortgesetzt durch *Buddha*, welcher im neunten Avatar, sechs und dreissig Jahre nach *Krischna's* Tode,
auftritt. [2]) Letzterer (Krischna) hatte den Lingamdienst ganz
ausrotten wollen, welches aber misslang. Der *Buddhaismus*,
zwar im Wesentlichen der Lehre mit dem alten System übereinstimmend, wirkte gleichwohl jener alten *katholischen Kirche*
dadurch entgegen, dass, während diese allen Lehrberuf (Prie-
sterwürde) in alte geschlossene Casteneintheilung setzte, jener
(der Buddhaismus) die Lehrgabe (Begeisterung) allen Casten
zusprach, aus allen Casten Begeisterte aufrief, und jedem
innerlich Berufenen den Zutritt zur Weihe gestattete. [3]) Ein
gleiches Verhältniss treffen wir bei *Moses*, in so fern er nämlich in Bezug auf die Aegyptische Priestercaste mit seiner
reinen Gotteslehre eben so verfuhr. In diese Spaltung der
neuen und alten Religion, des Brahmaismus und Buddhaismus,
gehören von den Religionsurkunden die achtzehn Purana's,
von Vyasa 1600 Jahre vor Christi Geburt verfasst. [4]) Und
die jetzt in Hindostan herrschende Religion besteht theils aus
Schiwiten, theils aus Verehrern des Wischnu und Buddhisten.

Aus diesen Verhältnissen des Buddhaismus zu den älteren
Religionssystemen lassen sich nun die anscheinend widerspre-
chenden Urtheile über den Stifter jenes Systems erklären. So

---

1) S. den Capitain Mackenzie in Asiat. Res. Vol. V. p. 312.

2) S. *Nachtrag* VI.

3) S. Görres Mythengesch. p. 191 ff.

4) S. Görres a. a. O. p. 189. — Ueber die verschiedenen Buddha's
und deren Systeme verweisen wir unsere Leser vorzüglich auf *Fr. Schlegel's* Erörterungen, in dessen Schrift über die Sprache und Weisheit der
Indier p. 123. p. 140 ff.

z. B. heisst es im Ayeen Akbery, übersetzt von Gladwin, Tom.
III. p. 157: «Die Brahminen nennen den Buddha den neunten
Avatár (die neunte Offenbarung des Wischnu); die ihm zuge-
schriebene Religion aber, sagen sie, ist falsch und von einer
andern Person gemacht.» W. Jones nahm daher einen zweiten kühnen Sectirer Buddha an, der unter dem Namen und
Charakter des ersten das ganze System der Brahminen um-
zustossen versuchte, und zu jenem grossen Schisma die Veranlassung gab (vgl. J. H. Harington in den Asiatic Researches Vol. VIII. p. 533). In allen diesen Aeusserungen spricht
sich der religiöse Partheigeist mit der grössten Heftigkeit
aus. Die Buddhisten andrerseits sind keinesweges frei davon.
Bekanntlich haben sie sich auf der Insel Ceylon zur herrschenden Kirche erhoben. Nun erzählen die Cinghalesen (Singha-
lais), die Bekenner des Buddhaismus: vor der von ihnen
vollendeten Eroberung dieser Insel sey sie der Sitz von bösen
Geistern (Dämonen) gewesen — eine Ansicht, die der Glaube
mehrerer Asiaten von den früheren Feinden des Vaterlandes
hegt, und die erst bei den Griechen späterhin unter dem etwas
milderen Namen der *Barbaren* hervortritt. In der Persischen
Sage muss Tachmuras (Tahamurs), der Pischdadier, erst die
bösen Geister bannen, und erst als Div-bend (Geisterbanner)
wird er unbestrittener Gebieter von Iran (s. Malcolm Hist. of
Pers. I. p. 14). Und müssen nicht auch die alten Sachsen in
dem bekannten Eide, bei dem ihnen aufgedrungenen neuen
Glauben, «dem Wodan und Sachsen-Odin und allen *Unholden*,
die seine Genossen sind», entsagen? — Buddha, um zu ihm
zurückzukehren, ist unter dem Namen *Gautemeh* (Gautamah,
Gatuimeh, Gautimo) für die Cinghalesen auf Ceylon derselbe
heilige Charakter, den die Siamesen unter dem Namen Som-
monokodom verehren (Sommono bezeichnet einen *vollkommenen
Heiligen;* vgl. Capitain Mahony in den Asiatic Researches Vol.
VII. p. 32) — und so tritt Buddha in der Sage wie in den
Dogmen unter mehreren Namen auf. Als ein hoher Weiser
und Erfinder sublimer Wissenschaften bekommt er verschiedene

25 *

Prädicate, z. B. *Súrya.* Unter den fünf astronomischen Systemen (Sidd'hantás) heisst eins Súrya‑Sidd'hanta (s. Asiatic Researches Vol. II. p. 391. Vol. VI. p. 540 sqq. [womit man *Heeren's* Ideen verbinde I. 2. p. 459] und endlich Vol. XII. p. 223 sq.). Unter diesem Namen giebt Moore im Hindoos Pantheon eine Abbildung des Buddha.[1] Er sitzt in orientalischer Stellung, mit sieben Häuptern um sich blickend. Auf der Brust und in seiner offenen Hand hat er das in vier kleinere Quadrate eingetheilte Viereck, zu seinen Füssen den Mond. Es verdient bemerkt zu werden, dass auch in der Pythagoreischen Symbolik Hermes als λόγος ἀληϑινός (als *untrügliche Vernunft*) das *Quadrat* führt (s. Plutarch. Quaestt. Symposiacc. IX. p. 1050 Wyttenb. vgl. Meurs. Denar. Pythagor. p. 1362 und jetzt Io. Laur. Lydus de menss. p. 21. Auch Damascius sagt: Ἑρμοῦ δὲ τὸ τετράγωνον).

Die vierte Periode endlich ist die bevorstehende *Periode des Gerichts.*[2] Im zehnten Avatar, am Ende des Cali‑yug, in welchem wir jetzt leben, wird *Calenk,* der *Weltrichter,* herabkommen, zu richten die Lebendigen und die Todten.

Zum Behuf einer *allgemeinen Uebersicht* der Indischen Religion, die wir hier beabsichtigen, reicht dieser Abriss ihrer grossen Perioden oder Yuga's hin. Wer aber nun in die ganze Wildniss der unzähligen Mythen Indiens, ins Einzelne der Verwandlungen und Theophanien, eingehen, oder sich auch vom Grade der Civilisation und namentlich der wissenschaftlichen Cultur der edleren Casten genauer unterrichten will, der muss sich natürlich mit den verschiedenen Systemen der Astronomie und Chronologie der Indier, so wie mit dem, was andere Völker davon melden, bekannt machen. Ich habe zum Zweck eines weiteren Studiums der Indischen Mythologie den bildlichen Darstellungen zwei Blätter beifügen lassen. Das erste liefert den *Indischen Thierkreis* oder das *Sonnensy-*

---

1) S. die Nachbildung auf *unserer Tafel* XXIII. 2. Ausg.
2) S. Görres a. a. O. p. 559.

stem, nach einem Kupferstich in Moore's Hindoos Pantheon nr. 82 (wovon wir unsern Lesern *auf der beigefügten Tafel* XXXI. 2. Ausg. eine Nachbildung liefern). Das zweite zeigt uns Krischna als *Sonne*, daneben den personificirten *Mond*, und die *himmlischen Körper in harmonischen Tänzen um sie herum sich bewegend*,[1]) nach einer Skizze ebendas. nr. 63. s. *unsere Tafel* XXX. 2. Ausg. Vergleichungen mit ähnlichen Ideen des Pythagoras und Plato bieten sich jedem Unterrichteten von selber dar. Deswegen wird aber noch Niemand das Pythagoreische Weltsystem aus Indien ableiten wollen.[2])

Nach den Angaben der Griechen und Römer[3]) gestalten sich die Perioden Indiens so:

---

1) Diese Sitte kannte Lucianus schon. Er sagt (de saltatione §. 17. Vol. V. p. 133 sq. Bip.): „Die Indier beten, wenn sie Morgens aufstehen, die Sonne an, und ohne sie, wie wir thun, durch einen blossen Handkuss zu begrüssen, verehren sie, gegen Morgen gewendet und mit Stille sich in Verfassung setzend, *die Sonne mit Tanz, nachahmend den Tanz des Gottes*" (ὀρχήσει τὸν Ἥλιον ἀσπάζονται — μιμούμενοι τὴν χορείαν τοῦ θεοῦ). — *Burder* (in Rosenmüller's altem und neuem Morgenl. II. §. 229. p. 19 ff.) führt mehrere Beispiele orientalischer Völker an.

2) Die früheren Untersuchungen darüber sind bereits in andern Handbüchern nachgewiesen. Ich verweise nur auf *Maurice* hist. of Hindost. Vol. I. chap. 8. p. 253 sqq. und auf eine neuerlich erschienene Abhandlung von Drummond (in the Classical Journal Vol. XVI. p. 145 sq.), der jenes System den Babyloniern und Aegyptiern als Eigenthum vorbehalten wissen will. Zum Verständniss des beigefügten Indischen Zodiacus gehören nun die Abhandlungen von Will. Jones über das Mondjahr der Indier (the lunar Year of the Hindus, in den Asiatic Researches Vol. III. p. 257 sqq.), und über den Indischen und Arabischen Thierkreis von Colebrooke (on the Indian and Arabian Divisions of the Zodiack by H. T. Colebrooke; ebendas. Vol. IX. p. 323—376). Letzterer hat auch die Begriffe der Indischen Astronomen von dem Fortrücken der Nachtgleichen und den Bewegungen der Planeten erörtert (ebendas. Vol. XII. p. 210—252).

3) Diodor. I. 55. II. 16. III. 60 sqq. Arrian. Indicc. cap. 9. Plin. II. N. VI. 21.

1) Dionysus (Dewanichi) | Myrrhanus
Entwilderer Indiens (d. h. | König der Inder, von Dio-
Panjabs)   nysus überwunden.

2) Funfzehn Menschenalter dazwischen.

3) Hercules (Rama oder Dorsanes, wie auch Hercules Indisch geheissen haben soll — davon im Verfolg beim Hercules).

4) Züge der Semiramis.
Züge des Sesostris.

5) Darius Hystaspis unterwirft[1]) (einen Theil) Indiens.

6) Alexander (Iskander).

Von Dionysus bis auf Alexander zählt Arrianus 153
Könige und 6042 Jahre, Plinius 154 Könige und 6451
Jahre.[2])

Vor Alexanders Zeit nennen orientalische Schriftsteller
mehrere Könige. Ich will davon zum Schluss ein Beispiel
geben, und sollte es auch nur zu einem neuen Beleg dienen,
dass *Götternamen* auch hier von Königen angenommen worden.
Nämlich Ismael Schanschah kennt einen Ishamus den Fünften,
dreihundert Jahre vor Alexander. Dann lässt er auf einander
folgen: Brahmanus; Lasbus oder Bujahor; Ramanus, Porus,
Alexanders Zeitgenossen.[3])

---

1) Herodot. IV. 44.

2) Vgl. *Beck's* Anleitung zur Welt- und Völkergesch. I. p. 220.
zweite Ausg.

3) S. Ismael Schanschah in Historia gentium, bei Assemanni in der
Biblioth. oriental. Tom. III. part. 1. p. 221. Ueber das chronologische
System der Indier, die vier grossen Perioden Yuga's, die Götter- und
Menschenjahre u. s. w. nach Menu's Gesetzen und Bhagavat-gita s. Bent-
ley in den Asiatic Researches VIII. p. 236 sq. und Guigniaut Notes et
Eclairc. p. 625 sqq.

§. 6.

Betrachtung der Indischen Religionslehre.

Hier zeigt sich uns nämlich ein dreifacher Standpunkt, von welchem aus wir diese Lehre zu betrachten haben; der erste ist der des *naiven, alten Naturmythus;* der zweite ist der der *Andacht*, des *religiösen Nachdenkens*, Glaubens und Gewissens; der dritte endlich der *speculative, philosophische.*

Jener erste Standpunkt des naiven Sinnes ist der Standpunkt des Kindes. Das religiöse Element geht zuerst nach Aussen, ist fürs Auge anschaulich und reich an natürlichen Bildern. Wie der Aegyptier über Aethiopien von den Nilkatarakten her das Heil herabkommen lässt, und der Perser von seinem Albordi, so blickt auch der Indier auf seinen Berg Meru hinauf, von wo aus ihm alles Heil in die Thäler herabsteigt. Als nämlich, so lautet der Mythus, die vierzehn Welten, mit der durchgehenden Axe und unten das Gebirge Calaya (d. i. Meru), sich gebildet hatten, da erschien auf seinem Gipfel das Dreieck, die Yoni, und in ihm der Lingam, Schiwalingam, auch Ega sourounam, Gott selbst, genannt, in dem das Wort OUM ist. Dieser Lingam hatte drei Rinden, die äusserste war Brahma, die mittlere Wischnu, die dritte und weichste Schiwa; und nachdem die drei Götter sich davon gelöst, blieb der Stamm im Dreieck allein noch übrig, und Schiwa übernahm seine Obhut (s. Görres Mythengesch. p. 46 ff.). Und dies ist symbolisch dargestellt durch den Triangel in der Lotusblume, und in dem Triangel der Schiwa-Lingam als Zeichen der männlichen Gotteskraft. Man sehe nur bei Moore (the Hindoos Pantheon nr. 32) und daraus auf *unserer Tafel* XXIX. 2. Ausg. die Andeutung davon oben in den offenen Hallen einer Pagode, und daneben das Rind. das wir von

Aegypten her schon als das Bild des materiellen Lebens kennen. Dass aber der Triangel das weibliche Organ vorstellte,
sagen auch Eusebius in der Praepar. evangel. III. p. 60 und
Eustathius in Homer. Iliad. p. 1539 ed. Rom.

Dort im nordwestlichen Theile von Indien, um den Berg
Meru, wurden nun dem Schiwa Phallagogien gefeiert. Davon
kam eine Kunde zu den Griechen; zugleich vernahmen sie
von den alt-Indischen Mythologien etwas, und daraus bildete
sich ihre Sage von der Stadt Nysa, vom Berge Meros ($M\eta$-
$\varrho o\varsigma$) und vom Gotte Dionysus (s. Arriani Exp. V. 1. 2 und
Indica c. 7). Nach ihrer Weise und Eitelkeit wendeten sie
aber, wie immer, die Sache um, und erzählten, wie Dionysus
von Theben aus bis nach Indien gezogen, und in einem wohlthätigen Triumphzuge den Völkern Pflug, Saatkorn, Weinbau
und Gesetze gebracht habe. [1]) Das Nähere hierüber wird im
Verfolg, im dritten Bande, bemerkt werden. Hier nur eine
vorläufige Andeutung: Dionysus ziehet nach Indien (Arrian.
Ind. cap. 5). Bei seiner Rückkunft weihet er dem Apollo
eine Schaale ($\varphi\iota\acute\alpha\lambda\eta$), worauf die Inschrift: «Dionysos, der
Sohn der Semele und des Zeus von Indien her weihet sie
dem Apollo, dem Delphier» ($\varDelta\iota\acute o\nu\upsilon\sigma o\varsigma\ \acute o\ \varSigma\epsilon\mu\acute\epsilon\lambda\eta\varsigma\ \varkappa\alpha\grave\iota\ \varDelta\iota\grave o\varsigma$
$\acute\alpha\pi\grave o\ \rq I\nu\delta\tilde\omega\nu\ \rq A\pi\acute o\lambda\lambda\omega\nu\iota\ \varDelta\epsilon\lambda\varphi\tilde\omega$. Philostrat. Vit. Apollon. II. 9.
p. 57 Olear.). — Nach Griechischer Ansicht muss freilich
Dionysus, dieser so junge Gott (Herodot. II. 52. 145) oder
gar nur Halbgott, dem älteren Apollo seine Huldigung darbringen, und Delphi vermählt nun den bunten rauschenden
Bacchusdienst mit der einfachen alten Sonnenfeier des Apollo.
Aber in Aegypten (Herodot. II. 144) war diese Vereinung
älter, und ging aus der Einheit der ursprünglichen Anschauung hervor. So auch in Indien. Ein Blick auf die achtzehnte
Kupfertafel bei Moore (*unsere Tafel* XXVII. 2. Ausg.) wird
dies anschaulich machen. Hier, auf dem Indischen Olympus,
ist Schiwa-Mahâdêva der Mittelpunkt der ganzen Handlung.

---

1) S. *Nachtrag* I.

Alle Huldigungen der Götter und Geister gelten ihm. Ueber des Meru Gipfel geht die *Sonne* hervor. Das Maul *der Kuh* giesset unten den Urstrom aus. *Die Schaale* des *Ganges* empfängt ihn zuerst. Das heilige Rind, gehörig verziert und mit der Glocke am Halse, blickt zu ihm hinauf. Neben dem thierischen Leben drängt sich das Pflanzenleben hervor. Lotus öffnen im Wasser ihre Kelche, und die gewaltige Palme senkt ihre Blätter beschattend auf den Göttersitz hernieder. Hier sind alle Bilder der materiellen Schöpfung in Einer Anschauung gegeben: *Sonne* und *Sonnenblumen; Wasser* und. *Wasserpflanze* (Lotus, in beiden Qualitäten genommen); der *Dionysische Stier* und die *Kuh* der *Isis - Ceres,* und die Schaale oder das *Weltbecken,* worin sich aus des Thieres Maul das Wasser ergiesst. — Im Griechischen Mythus fährt das Alles nachher aus einander. Jene Inschrift beim Philostratus hat eine Spur der alten Einheit aufbehalten; und wir werden nun verstehen, warum Dionysus, der Herr der feuchten Natur, dem Sonnengott Apollo nach Delphi von Indien her die Schaale bringt. — Uebrigens wird vom Indischen Bacchus im dritten Bande ausführlicher die Rede seyn. Hier will ich mich darauf beschränken, nachzuweisen, wo die *Indischen* Mythen davon zu finden sind. Daraus hat schon Jones im ersten Bande der Asiatischen Untersuchungen p. 207. besonders aber p. 218 ff. Auszüge gegeben, der aber darin irrte, dass er beim *Rama* an den Bacchus dachte, welcher vielmehr mit *Hercules* zu vergleichen war. Richtiger haben nachher Paullinus und Andere den *Schiwa* der Indischen Religionen mit dem Dionysus oder Bacchus der Griechischen zusammengestellt (s. die weitläuftigen Ausführungen'des Paullinus a S. Barthol. im Systema Brahmanicum p. 85 sq. p. 115 sqq.). Auch ist Schiwa's unzertrennlicher Gefährte der an seinem Elephantenkopfe kenntliche Ganêsa (man vgl. *unsere Tafeln* XXVII und XXIX. 2. Ausg.), eine Art von Intelligenz oder Geist, der sich durch seine Erfindungen auszeichnet (s. Fr. Schlegel über die Spr. und Weish. der Ind. p. 123). Wollte ich mich hier auf Parallelen weitläuftig einlassen, so könnte ich an den *Pädagogen* des Bacchus, den Silen, erinnern, der, neben hoher Weisheit des Geistes, am Körper auch Thiertheile trägt. *Pflegevater* oder auch *Vater* heisst aber der Vertraute und Rathgeber der orientalischen Monarchen (s. Rosenmüller's altes und neues Morgenland III. §. 154. p. 213). [1])

Fassen wir dies nun anders, wie es die reinere Theorie der Indier selbst fasste, so ergiebt sich Folgendes: Es giebt *Ein Einiges höchstes Wesen*, das unoffenbart *Parabrahma, Brehm, Paratma, Ram, Bhagavat* [2]) heisst, das durch Beschauung seiner selbst die Welt hervorgebracht, und sich zuerst als *Brahma Birma*, als *Schöpfer*, offenbart hat, sodann als *Schiwa* oder *Mahadeva, Madajo*, sie zerstört, und als *Wischnu* sie von neuem wieder erzeugt (erhält). Symbol des Brahma ist die Erde, des Schiwa das Feuer, des Wischnu das Wasser. Dies sind die *drei grossen Dejotas*, [3]) deren Mutter *Bhavani* ist, [4]) und über deren Entstehung ein dreifacher Mythus erzählt wird. Bhavani, so lautet der gewöhnlichste, in der Freude, geschaffen zu seyn, drückt dieses Vergnügen durch Sprünge und Hüpfen aus; und während dieser Bewegung fallen drei Eier aus ihrem Busen, woraus die drei Dejotas

---

1) Vgl. Guigniaut p. 167, welcher bemerkt, dass Paullinus und Jones den Indischen Ganêsa mit dem Italischen Janus verglichen hatten. Ich verweise hier nur auf das, was ich im *Allgemeinen Theil* S. 56 ff. über den Janus in Bezug auf Vischnu gesagt habe, und was bei Guigniaut p. 166 sqq. weiter über die Indischen Vorstellungen von Ganêsa bemerkt worden.

2) S. Asiat. Res. I. p. 224. Die verschiedenen Beinamen des Brahma nebst ihrer Erklärung giebt Majer, die Religion der Indier als Brahmaismus p. 28. 29.

3) Die bildliche Vorstellung dieser drei grossen Gottheiten liefert (nach Moore in the Hindoos Pantheon) *unser Blatt* XXI. 2. Ausg.

4) Daher sie auch von Mahâdêva, Wischnu, Brahmâ und ausserdem von andern Gottheiten, z. B. von Ganêsa und Indra, verehrt wird. S. das Gemälde bei Moore nr. 32 und davon entlehnt auf *unserer Tafel* XXIX. 2. Ausg.

hervorgehen (s. Polier Mytholog. d. Ind. I. Introduct. p. 145.
155 sq.). Und hierin besteht die *Indische Dreieinigkeit*, die
Trimurti. Das heilige Wort dafür in der heiligen Liturgie, das
kein Indier ausspricht, ist *O'M*, welches aus den Buchstaben
AUM zusammengeflossen ist, und die drei höchsten Gottheiten,
Wischnu, *Schiwa*, *Brahma*, in Einer Chiffre bezeichnet. [1]) Das
Eine höchste Wesen aber heisst *Parabrahma* oder *Brahma*,
d. i. *die Selbstständigkeit*, und hat an sich, als unentäussertes
Urwesen, keine Tempel und keine Abbildungen (s. Asiatt.
Abhandll. IV. p. 36). Daher können Sinnbilder, wie der Lingam, die Yoni, nur Sinnbilder seiner einzelnen Aeusserungen
seyn. Dies ist also *Brehm*, der ewig Eine, welcher Eins
ist mit dem All, der, äusserlich betrachtet, unendliche Gestalten haben würde, dessen Selbst aber keine Gestalt hat, sondern das Schauen ist, das Organ und das Object des Schauens
zugleich, welcher kleiner ist als ein Atom, und grösser als
die Welt, seinem Wesen nach unaussprechlich und undar-
stellbar. [2]) Er ist das ewige, allein wahrhaftig bestehende,

---

1) S. Jones in den Asiatt. Abhandll. I. p. 195 der Deutsch. Ausgabe,
welcher hiermit auch das Aegyptische *ON*, das gewöhnlich für die *Sonne*
gehalten wird, vergleicht. — Die Darstellung der Trimurti oder Dreiheit
in Einem Körper geben wir nach Moore nr. 32 auf *unserm Blatt XXII.*
nr. 1. 2. Ausg. Brahma wird durch vier Köpfe bezeichnet (s. die *beigefügten Tafeln XXI.* nr. 1 und Tab. XXIV. nr. 1, 2. Ausg.). Es sollen die vier Elemente damit angedeutet seyn (Payne Knight on symbol.
lang. p. 189). Vielleicht ist auch an die vier Weltgegenden zu denken.

2) S. Asiatt. Abhandll. Bd. IV. p. 37, wo sich die merkwürdige
Aeusserung eines Brahminen findet: „Wenn man sagt, der Verstand
Gottes ist dem sanften und milden Lichte des Mondes gleich, so wird
dadurch das Wesen deines Geistes, o Gott, nicht ausgedrückt." Guigniaut p. 151 bemerkt hierbei, aus mehreren merkwürdigen Stellen der
Indischen Religionsbücher gehe hervor, dass Brahm oder Brahma im
Neutro von Brahmâ im Masculino mit langer Endsylbe unterschieden
werden muss. Eben so merkwürdig ist die Antwort eines Brahminen,
welche aus Paullinus Syst. Brahm. p. 68 Jones a. a. O. anführt: „*Parabrahma*, Ens nempe illud Supremum et per se existens, ita esse in tribus

in Seeligkeit und Freude sich offenbarende Wesen. Die Welt
ist nur sein Name, sein Bild. Wahrhaftig bestehend ist nur
dieses erste, Alles in sich begreifende Seyn. Alle Erscheinungen haben ihren Grund in *Brahma*; er aber ist weder den
Bedingungen der Zeit noch des Raumes unterworfen; er ist
unvergänglich, die Seele der Welt, die Seele jedes einzelnen
Wesens. — Diese ganze Welt ist *Brahm*, wurde aus *Brahm*,
und wird zuletzt wieder von *Brahm* verschlungen werden. —
Brahm oder die Selbstständigkeit ist die Gestalt der Wissenschaft und die Gestalt der unendlichen Welten. Alle Welten
sind eins mit ihm, aus dessen Willen sie da sind. Dieser
ewige Wille ist eingeboren in allen Dingen. Er offenbart
sich in der Schöpfung, Erhaltung und Vernichtung, in den
Gestalten und Bewegungen des Raumes und der Zeit.[1])

Hierüber erklärt sich der ehrliche Paullinus (Syst. Brahm.
p. 103. vgl. mit Jones in den Asiatt. Abhandll. T. IV. p. 61
Deutsch. Ausg.) im Sinne der Hindus so: «mysterium hoc
tantum est, ut nemo hominum, nec ipsorum adeo spirituum
coelestium illud satis intelligere et explicare possit.» Ueber
das Zusammentreffen Indischer Lehre mit Hauptlehren des
Christenthums spricht schon Is. Casaubonus bei Gelegenheit
des Palladius περὶ Βραχμάνων; s. Casauboniana p. 13. p. 219
sqq. Beweise, dass diese Lehre der Dreieinheit den Pelasgern, den Italischen Völkern und den Scandinaviern bekannt
war, hat sich ein Verfasser im Classical Journal Vol. III. p.

---

illis et in omnibus eorum operationibus, quemadmodum in vase aqua pleno
conspici soleat ab hominibus sol noster visibilis, qui licet in illa aqua,
seu vase, re ipsa non existat, ab omnibus tamen, qui — — conspiciant,
videatur, laudetur et adoretur. Quomodo *ex ovo nata sint omnia*, et hi
tres dii ex illo prodierint" etc. Ueber dieses Weltei auch in der Japa-
nischen Kosmogonie vgl. *Maurice* hist. of Hindost. I. 1. p. 46 sqq. und
dazu die Kupfertafel.

1) Diese in den Veda's enthaltenen Stellen, nebst einigen andern
nicht minder merkwürdigen, giebt Majer, die Rel. der Ind. als Brahmaism.
p. 29 ff.

125 — 132. Vol. IV. p. 89 sqq. und ibid. p. 484 sqq. zu geben bemüht. Lesenswerth sind auch die Bemerkungen von Payne Knight über diese Indische Trimurti (Inquiry on symbol. lang. §. 228 sqq. p. 189 sqq.). Er sieht darin den Uebergang von der Einheit Gottes zur Vielgötterei (§. 229. p. 190). «This triform division, sagt er, of the personified attributes or modes of action of one first cause, seems to have been the first departure from simple theism, and the foundation of religious mythology in every part of the earth.» Nach verschiedenen Zwischenbemerkungen, deren Beleuchtung ich den Theologen und Philosophen überlasse, erkennt er auch die Allgemeinheit dieser Idee an, und fährt so fort: «Hence almost every nation of the world, that has deviated from the rude simplicity of primitive Theism, has had its Trinity in Unity; which, when not limited and ascertained by divine revelation, branched out, by the natural subdivision of collective and indefinite ideas, into the endless and intricate personifications of particular subordinate attributes, which have afforded such abundant materials for the elegant fictions both of poetry and art.»

Hier wird nun die Frage am rechten Orte seyn: Wie war die Indische Lehre ihrem Geiste nach ursprünglich; und wie ist sie jetzt im Glauben der Menge beschaffen? Ursprünglich war sie gewiss höchst einfach. Ihre Bekenner sollten nicht mit metaphysischen Definitionen behelligt werden. Die drei Grundideen der Gottheit: Schöpfung, Erhaltung und Zerstörung, waren lauter Prädicate, welche vom Laufe der Natur und von den Wundern der Schöpfung laut verkündigt werden, und Metaphysik war dazu so wenig nöthig, als zum Verstehen der Grundideen der Religion, wie sie Moses giebt. Aber bei den Indiern brachte das an sich natürliche und unschuldige, anfangs auch blos allegorische Bestreben, jene Prädicate der Gottheit durch Attribute dem Auge darzustellen, die Religion allmählig gänzlich in Verfall (vgl. Paterson und Colebrooke of the origin of Hindu Religion, in den Asiatic Researches

Vol. VIII. p. 44 — 87). — Wenn daher die besseren Brahminen
ursprünglich durch jene Attribute und Bilder nur die *Erinne-*
rung der Menschen an die Gottheit erwecken und erhalten
wollten, so ist diese ursprüngliche Absicht im Laufe der Zeiten ganz in Vergessenheit gerathen; und wenn wir auf das
Ganze der jetzigen Menschheit in Indien sehen, müssen wir
wohl der Versicherung eines Brahminen glauben, der sich
darüber folgendermassen äussert: «Ich habe bemerkt, dass
viele Europäer in ihren Schriften und Reden versuchen, die
Erscheinungen des Indischen Götzendienstes zu mässigen und
zu entschuldigen, und dass sie geneigt sind, sich glauben
machen zu wollen, alle solche Gegenstände der Anbetung
würden von ihren Verehrern nur als *bildliche Darstellungen*
des höchsten Gottes betrachtet. Wäre dies der Fall, so möchte
mir obliegen, mich in eine Untersuchung hierüber einzulassen.
Aber die Wahrheit ist, dass die jetzigen Hindus gar nicht so
über die Sache denken, sondern fest an das Daseyn jener
zahllosen Götter und Göttinnen glauben, deren jedem in seinem Gebiete eine volle, unumschränkte Macht einwohne. Um
diese, nicht aber den wahren Gott, zu versöhnen, sind Tempel
errichtet, und werden gottesdienstliche Gebräuche begangen.
Indessen lässt sich nicht zweifeln, und es ist meine Absicht
zu erweisen, *dass jeder Gebrauch aus der sinnbildlichen Ansicht*
des wahren Gottes entspringt, dass aber Alles dieses jetzt in
Vergessenheit gerathen ist, und dass dessen Erwähnung von
Vielen für Ketzerei gehalten wird» (Ram-Mohuk-Roy der
Brahmine im Monthly Magazine, Juni 1817. p. 391 — 398 und
daraus Deutsch Jena 1817, wo die fernere Erörterung mitge-
theilt ist). — Diese Sätze gelten auch vom Aegyptischen Volks-
glauben, wie er zu Herodotus Zeiten war, im Ganzen gewiss.
In wie fern sie auf die Volksreligionen der Griechen und Römer
Anwendung leiden, wird sich der Leser aus nachherigen
Capiteln unseres Werkes selbst beantworten können.

Für den tiefer forschenden Geist schürzt sich nun der
Knoten, welcher bis in unsere Tage alle Speculation beschäf-

tigt, die Frage nämlich: *Was ist der Grund der Offenbarung*
des ewigen Wesens oder jener Selbstentäusserung? Wir versuchen die Auflösung dieses Problems nach den Veda's und
die weitere Ausführung nach Görres zu geben (s. dessen Mythengesch. II. p. 633 ff. und I. p. 78 — 80 ff. und die dort
angeführte *Upnekhata* Tom. I. p. 305. 315. 395. II. p. 115. 213.
257. 351).

Das Wesen der Wesen, Brehm, ruht ewig selbstständig,
unversehrt und unangerührt, als erhabener Ernst, in seinen
eigenen Tiefen. Aber von aussen hat er sich umgeben mit
der Maya, mit dem freudigen Selbstvergessen, wie mit
einem Mantel oder Kleide. In dieser Maya, womit Brehm sich
selbst umfing, ist Affect, Affect des Schaffens; im Affect aber
ist Liebe, und sofort Schönheit. In Bezug auf sich selbst ist
in der Maya wahres Seyn; in Bezug auf sich selbst hat das
Kunstgebilde der Welt Bedeutung; in Bezug auf das Wesen
der Wesen, auf den Selbstständigen, auf Brehm, nicht, da
ist es Schein, Täuschung, und um den ewigen, hohen Ernst
des Brehm sind die Welten nur Spiele. [1]) Alles Schaffen ist
Spielen der Gottheit, während sie selbst innerlich unverändert
ewig ernst ruhet. Die Welt, in sich betrachtet, ist eine schöne
Welt ($\varkappa\acute{o}\sigma\mu o\varsigma$), eine gelungene Kunstform; dem Ewigen gegenüber gestellt, ist sie nichtig. Oder man fasse es auch so:
a) Das erste *Seyn* vor und über Allem. b) Die *Liebe*, die
das erste Seyn in sich aufgenommen, der es sich hingegeben
hat. Mithin c) *Gott*, geschieden in ein *Liebendes* und in ein
Geliebtes. d) Diese Spaltung ist *der Urbestand der Dinge.*
Die Dinge sind und sind nicht, sie sind nur in der Trennung
und durch sie, sie sind nicht auf dem Standpunkte über der

---

1) *Spielzeuge, Spielwerke.* Auch in der Orphischen Theologie heis-
sen die Welten (und Menschen) $\mathring{a}\vartheta\acute{v}\varrho\mu\alpha\tau\alpha\ \tau o\tilde{v}\ \vartheta\iota o\tilde{v}$, *crepundia dei;*
ein Ausdruck, der sich selbst bei Plato findet, welcher alle lebenden We-
sen $\vartheta\alpha\acute{v}\mu\alpha\tau\alpha\ \vartheta\iota\tilde{\omega}\nu$, spectacula, munera deorum, nennt. S. de Legg.
l. p. 573. p. 644. E. Steph. p. 219 Bekk. und unsern Dionysus I. p. 42.

Trennung. Die Liebe ist Weltmutter, aber was sie geboren hat, ist im blossen Scheine geboren, es ist ein Scheinbild, es sind Zaubergärten, die mit dem Beschwörungsworte wieder in sich selbst versinken. Das Eine aber bleibt: *Brehm, Parabrahma, der Selbstständige.*

Diese speculative Auflösung nimmt die realen Dinge als Kunstgebilde der Liebe im Scheine, mithin ist sie a) *ästhetisch;* b) sie hat sich aber ganz natürlich aus dem ersten *naiven Naturmythus* entwickelt. Hiernach ist die schaffende Gottheit *Welt - Lingam.* Der Grund des Zeugens und Schaffens kann in nichts Anderem liegen, als in der *Liebe;* und davon giebt sich nun die gesteigerte Speculation die angeführte Rechenschaft. In der Philosophie aber wird dies nun nach verschiedenen Momenten ausgebildet, so dass oben an tritt *Parabrahma* als *Selbstbeschauung,* dann *Maya* als *Neigung* und *Täuschung.*[1]) Diese ist die Mutter der *Liebe, Cama,* welche die *Macht, Jotma,* hervorbrachte. Diese beschlief die *Güte, Prakriti,* und erzeugte die *Materie, Mahat* u. s. w.

Also : Parabrahma — Selbstbeschauung.

Maya — Neigung und Täuschung.

Cama — Liebe.

Jotma — Macht.

Prakriti — Güte.

Mahat — Materie.[2])

---

1) Auch diese Idee findet sich in den Kosmogonien der Griechen, bei denen (namentlich bei Hesiodus in der Theogonie vs. 210 ff.) in demselben Sinne die 'Απάτη und Φιλότης nebst 'Ερις, die *Täuschung, Liebe* und *Streit,* vorkommen. Ein Scheinbild ist diese Welt; aber dass sie ist, ist der Liebe Werk. S. meine weitere Auseinandersetzung in den Briefen über Homer und Hesiod an Hermann p. 169.

2) S. die weitere Auseinandersetzung bei Majer, die Religion der Indier als Brahmaism. p. 122 ff.

c) Hier liegt aber auch schon der Keim der Indischen Ansicht des *Lebens* und jener *Beschaulichkeit*, welche alles äussere Seyn vernichtet, und sich in den Schoos der Gottheit zurückversenkt. Deutlicher tritt dieses in der Schöpfungsgeschichte hervor, wie wir alsbald sehen werden. Durch diese Abtödtungs- und Selbstvernichtungslehre aber wird der Geist Indischer Religion einerseits Platonisch und Christlich, andrerseits aber auch Griechisch (im Keime), in so fern durch die Grundidee des von dem Individuellen abstrahirenden Schönen eine Götterwelt möglich wird, die in ästhetischer Vollendung der Kunst Genüge leistet, und das Ideale menschlich erscheinen lässt. Ein Beispiel hiervon ist die Vorstellung der auf dem heiligen Strome (Ganges) wandelnden *Ganga*[1]) (in Majer's mytholog. Wörterb. Tab. II. fig. 2), welche von einer Venus oder Ceres nicht sehr fern steht. Aeusserst liebliche Züge entdeckt man auch in den Abbildungen des *Cama*, des Sohnes der *Maya* und des *Casjapa*, des Gottes der Liebe. Er reitet auf einem Papagei, hält einen Blumenstengel in der Hand, und ist mit Blumenschnüren geziert (s. Majer mythol. Wörterb. Tab. VI. fig. 1 und 2).

---

1) Die Göttin *Parwadi* oder *Bhavani* heisst, als Personification des heiligen Stromes Ganges, *Gaengadevi*, d. h. die *göttliche Ganga*. S. Majer a. a. O. II. p. 165.

§. 7.

Indische Kosmogonie.

Schon Strabo (XV. p. 1039. p. 126 Tzsch.) kennt die
Lehre der Brahmanen, dass das *Wasser Urelement* sey, eine
Lehre, die sie also mit den Aegyptischen Priestern und den
Ionischen Philosophen gemein hatten.   Hiermit stimmt die
Nachricht überein, die Jones in den Asiatt. Untersuchungen
I. p. 197 giebt, dass *alle Indischen* Philosophen das *Wasser*
für das ursprüngliche Element und erste Werk der Schöpfung
halten, doch schiene ihre Lehre von der allgemeinen Fluth
und von der Schöpfung aus dem Anfange der Genesis geborgt
zu seyn.   Hierauf führt er die Worte des Menu über die Bildung des Universums an.[1] «Die Welt, sagt er, war ganz
dunkel, ohne Ordnung und Unterschied, Alles in einem tiefen
Schlafe, bis der selbstständige, unsichtbare Gott fünf Elemente
und andere herrliche Sachen schuf,' und die Finsterniss ganz
zerstreuete.   Hierauf wollte er mannichfaltige Geschöpfe durch
einen Ausfluss aus seiner eigenen Glorie entstehen lassen;
daher schuf er zuerst das *Wasser*, und gab demselben die
Kraft der Bewegung. Durch diese Kraft entstand ein goldenes
Ei,[2] das wie tausend Sonnen glänzt, und in diesem war

---

1) S. jetzt auch *Fr. Schlegel* über die Spr. und Weish. der Indier
p. 274 ff., wo die Indische Kosmogonie nach Menu's Gesetzbuch in der
Uebersetzung wörtlich mitgetheilt ist.

2) Wir erinnern hier nur beiläufig unsere Leser an die Orphische
Lehre von einem *Weltei*, worüber im Verfolg (im dritten Bande) das
Nöthige bemerkt werden wird.

Brahma, der Selbstständige, der grosse Vater aller vernünftigen Wesen, geboren. Das Wasser hiess *Nara*, weil es der Sprössling des *Nera* (oder *Iswara*) war, und Brahma bekam daher den Namen *Narajana*, weil sein erstes *Ajana* oder *Bewegen* auf demselben war. »

« *Das*, *welches ist*, die unsichtbare Ursache, ewig, selbstständig, aber unbemerkt,[1]) ward ein *Masculinum* vom *Neutro*, und wird unter dem Namen *Brahma* von allen Geschöpfen

---

1) Hierbei muss zuvörderst an den oben bemerkten Unterschied des Brahm als Neutrum und des Brahmâ als Masculinum erinnert werden. Sodann bemerke man, dass im Obigen das Urwesen als absolute Einheit und ében dadurch als in sich allgenugsame seelige Einheit vorgestellt ward, eine Idee welche von einer Schule Indischer Philosophen, ja im Bhagavat-Gita selbst, als ethisches Gebot und als Ideal höchster Glückseligkeit praktisch ausgebildet wurde, ganz wie von den Neuplatonikern (s. E. Burnouf in den Mélanges Asiatiques de M. Abel-Rémusat I. p. 454 und vgl. Plotin. III. 9. p. 648 ed. Oxon.). — Wenn wir ferner im Vorhergehenden und im Folgenden lesen, dass Brahm ewig selbstständig und unveränderlich in seinen eignen Tiefen ruht, und doch als Quelle der idealen und der realen Welt vorgestellt wird, so stimmt damit aufs genaueste die Art überein, wie Plotinus und Porphyrius das Ausgehen des Geistes (νοῦς, mens) aus dem absoluten göttlichen Wesen (d. i. aus dem ἀγαϑόν) darstellen. Ersterer sagt (V. 1. p. 487 Basil. p. 906 Oxon.): Was vom ersten Princip ausgehe müsse so aus demselben ausgehend gedacht werden, dass jenes (das erste Princip) dabei keine Bewegung, kein Wollen, Gewähren, kurz überhaupt keine Veränderung erfahre, und während jenes Ausgehens ganz unbewegt (unverändert) verbleibe (αὐτοῦ ἀκινήτου ὄντος): Letzterer (apud Cyrill. contra Iulian. I. p. 32): Der Geist (νοῦς) gehe von Gott als seinem Grunde selbstschöpferisch aus, und zwar vor aller Zeit. Er gehe von Gott aus, aber nicht als seinem zeitlichen Anfang (ἀλλὰ τούτου παρελϑόντος αὐτογόνως ἐκ Θεοῦ, παρελϑόντος δὲ οὐκ ἀπ᾽ ἀρχῆς τινος χρονικῆς), denn der Geist ist zeitlos und allein ewig (ἄχρονος γὰρ ἀεὶ καὶ μόνος αἰώνιος ὁ νοῦς). Ich denke, man wird solche Parallelen, deren ich schon in der ersten und zweiten Ausgabe gegeben, jetzt um so weniger ungehörig finden, da unsere Indischgelehrten selbst zuweilen an die Uebereinstimmung neuplatonischer Lehren mit den Indi-

gepriesen. Nachdem dieser Gott Jahre lang im Ei gewohnt hatte, und über sich nachdachte, so theilte er es in zwei gleiche Theile, und aus diesen Hälften machte er den Himmel und die Erde; in die Mitte versetzte er den feineren Aether, die acht Punkte der Welt und den bleibenden Aufenthalt der Wasser.»

Hierauf führt Jones noch einige merkwürdige Verse des Bhagavat an, die sich auf diesen Gegenstand beziehen, auf welche wir unsere Leser verweisen wollen.

Die Schöpfungsgeschichte selbst haben wir jetzt ausführlich erzählt bei Polier Mytholog. des Ind. T. I. Introduct. p. 163 sqq., wonach sich die verschiedenen Momente so stellen: Am Anfange aller Dinge ruhte das Universum, bedeckt mit Wassern, im Schoosse des Ewigen. *Birmah* (Brahma), die weltbauende Potenz oder Person der Gottheit, schwamm über den *Wassern* auf dem *Lotusblatte*, und sah mit den Augen seiner vier Häupter nichts als Wasser und Finsterniss. Daher seine *Selbstbetrachtung: Woher bin ich? Wer bin ich?* Hundert Götterjahre verharret er in dieser Selbstbeschauung, ohne Nutzen und Erleuchtung seiner Erkenntniss, und es entsteht in ihm grosse Unruhe. Da gelangt die Stimme an sein Ohr: richte dein Gebet an *Bhagavat* (das ewige Wesen). Birmah richtet sich auf, setzt sich auf dem Lotus in contemplative Stellung und denkt über das ewige Wesen nach. Bhagavat erscheint als Mann mit tausend Köpfen. Birmah betet. Dies gefällt dem Ewigen; er zerstreuet die Finsterniss, und öffnet Birmah's Erkenntniss. In dieser Eigenschaft heisst Birmah *Narajan*, d. i. der *Beweger der Wasser*, und so sieht man ihn in der grossen Cisterne zu Catmandu in einem Bilde aus blauem

---

schen erinnern. (Man s. z. B. Herrn Lassen im Rheinischen Museum der Philologie I. p. 171 und Herrn Fr. H. H. Wiudischmann zum Sancara p. 49.)

Marmor[1]) noch heut zu Tage vorgestellt. Als ein Symbol desselben wird noch in den Tempeln von Hindostan, Tibet und Nepal die *Seeblume* oder *Wasserlilie*, *Nymphaea*, der Lotus des alten Aegyptens, verehrt; und ein geborner Nepaleser verbeugte sich vor dieser Pflanze, als er sie beim Eintritt in das Studierzimmer des Präsidenten Jones erblickte.[2]) Denn in dieser Pflanze, bei der jeder Saame, schon ehe er keimt, einige vollkommene Blätter enthält, giebt die Natur die *Präformation* ihrer Producte zu erkennen (s. Jones Asiatt. Abhandll. I. p. 226 der Deutsch. Ausg.). Der Lotus ist Sinnbild der erzeugenden Naturkraft aus Feuer und Wasser. So erscheint er auch auf vielen Indischen Münzen und als Attribut bei allen den Gottheiten, durch welche jener Begriff personificirt wird (s. Paullinus a St. Bartholom. Syst. Brahman. p. 32. 102. 125. 219. 242 sqq.). Daher heisst es im Bhagavat-Gita: *Ewiger* — — ich sehe den schaffenden *Brahma* — In dir thronend über dem Lotus.

Birmah aber, und hiermit beginnt der erste Schöpfungsact der idealen Welt, *sah*, nachdem ihm die Finsterniss zerstreuet und die Erkenntniss geöffnet, *in dem Schauspiel des ewigen Wesens alle unendlichen Gestalten der irdischen Welt, wie begraben in einem tiefen Schlafe.*[3]) — Darauf befiehlt der Ewige weiter: «Birmah, kehre zu deiner Contemplation zurück, und wenn du durch deine strenge Busse und Beschauung die Kenntniss meiner Allmacht erlangt hast, so werde ich dir das Vermögen geben, hervorzubringen und die Welt aus dem *in*

---

1) Hierher gehören die bildlichen Darstellungen bei Moore the Hindoos Pantheon nr. 20 und daraus *unsere Copie* Tab. XXI. nr. 2. 2. Ausg.

2) S. Asiatt. Abhandll. I. p. 197 der Deutsch. Ausg.

3) Dies wäre also ein Daseyn der Welt, *potentiâ*, *non actu*, eine blos *ideale* Schöpfung, die Summe der Präformationen, aus denen die künftigen Dinge werden sollen; eine Vorstellung, die vollkommen mit der Platonischen im Timäus zu vergleichen ist.

meinem Schoosse verborgenen Leben zu entwickeln.« Birmah versinkt abermals in Contemplation, und· betet und büsset hundert Götterjahre hindurch. Nach Ablauf derselben empfängt er (und nun beginnt der zweite Act, die Schöpfung der wirklichen Welt) die Schöpferkraft. Er schafft den grossen Raum, er beschäftigt sich mit den Principien der Dinge, er schafft die sieben Surg's oder Sternensphären, erleuchtet von den strahlenden Körpern der Dejotas, er schafft die Erde (Mirtlok) mit ihren Lichtern, Sonne und Mond, die sieben Patals oder unteren Regionen. Beide zusammen, die Surg's und Patals, bilden die vierzehn Welten der Indischen Kosmologie. — Nun folgt die Schöpfung *beseelter Wesen* — aber zuerst nur *Geister*. Zuerst schuf er den *Lomus*, den grossen Muni, der aber, ganz in Betrachtung und Beschaulichkeit versunken, sich in der Gegend von Ajhudja (Audhée¹)) vergräbt, und dort verharren wird bis· ans Ende der Tage. Als der schaffende Gott, Birmah, sah, dass Lomus von keinem Nutzen für die Welt sey, so schuf er die *neun Rischi's*, begeisterte Wesen, und unter ihnen *Nardmann*, eine hohe, mit den drei Personen der Gottheit in Verbindung stehende Intelligenz, aber auch selbst hinwieder einen Empörung und Zwietracht stiftenden Titan (ähnlich dem Ahriman oder dem Prometheus der Griechen). Aber auch diese Rischi's verfallen alle in sich selbst contemplirend zurück. Nun zeugt Birmah zur Bevölkerung der Welt mit seinem Weibe Sarbutti hundert Söhne, wovon der älteste, Datch, wieder hundert Söhne hatte. Aber auch

---

1) Eine uralte Stadt in Osthindostan oder Hinterindien, der Sitz der ältesten Monarchen des Indischen Reiches, im Flussgebiete des Ganges, am Strome Dewa oder Gagra, d. i. dem göttlichen. Sie ist der Geburtsort des heiligen *Schri Rama*, war vor Alters gross, prächtig und volkreich; und ist noch jetzt wegen der vielen Denkmale des Alterthums sehenswerth; darunter ist besonders merkwürdig *Ssorgadoári*, d. i. der *Himmelstempel*, wo Rama einst alle Einwohner der Stadt mit sich in den Himmel aufgehoben haben soll. S. *Tiefenthaler* I. Tafel 25. nr. 2 und dazu I. Bd. p. 180 ff.

diese Generation bestand nur aus *Dejotas*, d. i. Bewohnern der Surg's oder himmlischen Räume, und aus *Daints*, d. i. Riesen, den Bewohnern der unteren Räume oder Patals, welche also auch nicht zur Bevölkerung der Erde (Mirtlok) gebraucht werden konnten. Da erschuf Birmah aus seinem Munde (und jetzt erst beginnt die Schöpfung der *wirklichen Menschheit*) einen Sohn, *Brehman (Brahman — Priester)*, welchem er die *vier Veda's* gab, die vier Worte (Bücher) seiner vier Munde. Aber Brahman fühlte sich einsam, und fürchtete sich vor den wilden Thieren der Wälder. Da schuf Birmah aus seinem rechten Arme den *Kaettris (Krieger)* und aus seinem linken Arme dessen Weib *Schaterany*. Aber Kaettris, Tag und Nacht auf Beschützung seines Bruders Brahman bedacht, konnte sich nicht nähren. Da erschuf Birmah aus seinem rechten Schenkel den dritten Sohn *Bais*, bestimmt zum Ackerbau, Gewerbe und Handlung, und aus seinem linken Schenkel dessen Weib *Basany*. Als aber diese allein nicht fertig werden konnten mit ihren Geschäften, so schuf Birmah aus seinem rechten Fusse den vierten Sohn *Suder*, bestimmt zu allen niedrigen Knechtsgeschäften, und aus seinem linken Fusse dessen Weib *Suderany*. Das waren die Erzväter der vier Casten, welche die Erde bevölkerten und die vier Veda's empfingen, denen sie nachleben sollten.

Aber Brahman beklagte sich, dass er allein unter seinen Brüdern ohne Gefährtin sey. Da giebt ihm Birmah die Antwort, er solle sich nicht zerstreuen, sondern einzig der Lehre, dem Gebet und Gottesdienst obliegen. Jedoch Brahman beharret auf seiner Bitte; da gab Birmah im Zorne dem Brahman eine *Daintany*, eine Tochter vom Geschlechte der Daints oder Riesen, von welcher nun alle Brahminen abstammen, so dass das ganze Priestergeschlecht einerseits der Abkömmling eines hohen Geistes, andrerseits einer dämonischen Frau ist. Auch anderwärts finden wir Spuren solcher Vorstellungen, so wie in den meisten alten Staaten ähnliche Begriffe von der *Ehe-*

losigkeit, als Erforderniss des Priesters, herrschten, wie hier in Indien, wo auch der Begriff der *Demuth* neben der hohen Vorstellung von der Heiligkeit und Würde der Brahminen nicht zu übersehen ist. Doch über diese Demuth ein Mehreres bei der Ethik, wo von Birmah's Fall und verschiedenen Wiedergeburten die Rede seyn wird.

§. 8.

So war die Welt geschaffen, und die vier von Birmah hervorgebrachten Menschen verbreiteten sich fort und fort auf ihr. Es ist aber die Welt nach Indischer Ansicht in *vier grosse Zeiträume* eingetheilt, in vier Aeonen oder Weltalter, von den Indiern *Yuga's* genannt, [1]) das erste *Crita* oder *Satia-yug*, das des Brahma oder Schöpfers; das zweite *Treta-yug*; das dritte *Dwapara-yug*, beide des Wischnu oder Erhalters; das vierte *Cali-yug*, des Schiwa oder Zerstörers. Die ersteren sind abgelaufen. — Daran schliesst sich die Lehre der Indier von neun bis zehn *ausserordentlichen Verwandlungen* der Gottheit in der Person des *Wischnu*, d. i. der *erhaltenden* und *fürsorgenden Gotteskraft*, so oft wegen überhandnehmender Gottlosigkeit der Menschen solche ausserordentliche Hülfe der Vorsehung nöthig ist. [2]) Es glauben zwar die Hindus unzählige *Avatars*, d. i. solche Herabsteigungen oder besondere Dazwischenkunften der Vorsehung in den Angelegenheiten der Menschen, sie rechnen aber *zehn Hauptavatars* während des ganzen Zeitraums von vier Yuga's oder Weltaltern. Im ersten Avatar [3]) erscheint Wischnu als *Fisch*, im zweiten als *Schildkröte*, im dritten als *Antilope*, im vierten als *männlicher*

---

1) S. Polier Mytholog. des Indous I. Introduct. p. 161 und Guigniaut p. 626 sqq.

2) S. Asiatt. Abhandll. T. II. p. 28 der Deutsch. Ausg. und über das zunächst Folgende Jones ebendas. I. p. 363 ff.

3) Hierbei kann die bildliche Darstellung von drei Avatara's verglichen werden *auf unserm Blatte XXV.* nr. 1. 2. 3. 2. Ausg. — Sehr ausführlich handelt *Maurice* die Avatars ab, und giebt davon bildliche Vorstellungen von B. I. p. 495 bis B. II. p. 504.

Löwe, [1]) im fünften als *Zwerg*, im sechsten als *Paraschri - Rama*, im siebenten als *Rama - Thandra*, im achten als *Pala - Rama* mit der Pflugschaar, [2]) im neunten als *Buddha*, im zehnten als Zerstörer *Calci*.

In dem ersten Avatar, als die Welt im Argen lag, kam die *grosse Ueberschwemmung*, die *Sündfluth*, welche der Gegenstand des ersten Purana oder heiligen Liedes ist, woraus Jones in den Asiatt. Abhandll. I. p. **359** ff. der Deutsch. Ausg.

---

1) K. Ritter, nachdem er (Erdkunde 6. Thl., Asien, S. 688 ff. 2. Ausg., in dem Abschnitt: Das Löwen - und Tiger-Land in Asien) des weiten Kreises gedacht, welchen der Löwe in der Symbolik der verschiedenen Völker des Alterthums einnimmt, und auch die Löwenbenennung für die männlichen Eingeweihten im *Mithras - Dienst* erwähnt hat (vgl. unser *erstes* Capitel), spricht auch von dem häufigen Vorkommen des Löwen in den Indischen Denkmalen und Dichtungen (vgl. A. W. v. Schlegel Indische Biblioth. I. S. 220) und fügt folgende Bemerkungen hinzu: „Die sehr nahe liegende, aber ganz allgemein gebräuchliche Metapher der Sanskritschriften, wie z. B. in der Hitopadesa, nach W. v. Humboldt's Bemerkung, einen Muthigen den Löwen unter den Menschen zu nennen, *die Verkörperung Vischnu's als Narasinhas* (Mannlöwe oder Sinha, sprich Singha oder Singh, woher von Bohlen (Indien II. S. 205) sehr wahrscheinlich den fremdartigen Namen der Aegyptischen *Sphinx* (σφίγξ) mit dem Löwenkörper herleitet), das überall wiederholte Ornament der vier heimischen Hauptthiere in den ältesten Grotten- und Tempel-Sculpturen Indiens, des Löwen mit dem Elephanten, dem Pferd und dem Stier sind wohl hinreichende Fingerzeige, den Löwen einst als heimischen Bewohner ganz Indiens zu betrachten." Was die Elephanten betrifft, so ist es ein bedeutsamer Zug, dass der Indische König Deriades beim Nonnus (Dionysiaca XL. 54) *unsere* Elephanten (ἡμετέρους ἐλέφαντας) sagt. Die schöne Abhandlung A. W. v. Schlegel's (Indische Biblioth. I. 4. S. 129): „Zur Geschichte des Elephanten" ist übrigens unsern Lesern bekannt.

2) Auch Aegypten giebt seinem Osiris oft die Attribute des Ackerbaus. Eben so kannte die alte Attika unter den rettenden Heroen den *Echetlus*, Ἐχετλος oder Ἐχετλαῖος (von ἐχέτη, einem Theile des Pfluges), oder *Pflugmann*, der in der Schlacht bei Marathon mit jenem Werkzeuge den Athenern ihre Feinde hatte erschlagen helfen; s. Pausan. Attic. 32. §. 4. Wir werden unten noch auf denselben zurückkommen.

(vgl. mit Polier Mytholog. des Ind. T. I. Introduct. p. 38 sqq.) Folgendes mitgetheilt hat: «Brahma begab sich am Schlusse der sechsten Manwantara zur Ruhe. Da stiehlt ihm der *Daint Hajagriva* die Veda's. Dies brachte dem ganzen Menschengeschlechte Verderben. Alle wurden böse, ausser den sieben *Rischi's* und *Satjavrata*, König von Dravira. Dieser badete und reinigte sich im Flusse Critamala, und schöpfte Wasser aus einer Schaale. *Wischnu* erscheint darin als *Fisch*, und wächst immer mehr in immer grösseren Gefässen, bis er endlich aus dem Ocean dem Satjavrata die Sündfluth auf den siebenten Tag und seine Rettung mit den sieben Rischi's mit ihren Weibern und den Thierarten verkündigt. Dies geschieht. Nachdem Satjavrata mit jenen Andern in einer Arche gerettet und die Fluth abgelaufen ist, erschlägt Wischnu den bösen Daint, bekommt die Veda's wieder, unterrichtet den Satjavrata darin, und bestimmt ihn zum siebenten Menu, unter dem Namen Vaivaswata.» Jones, welcher a. a. O. p. 361 mit der Genesis Parallelen zieht, vermuthet, dass dieser Menu mit *Nuh*, dem wahren Namen *Noah's*, ein und derselbe sey.

Diese vier Yuga's zusammen haben eine Dauer von vier Millionen und 320000 menschlichen oder 12000 Götterjahren. Beim Ablauf des vierten Yug, in welchem wir leben, tritt das Weltende ein. Schiwa verbindet sich mit Wischnu als Calci, und verbrennt die Welt durch den *Feuerwind*,[1]) allein so, dass bei dieser Zerstörung die Saamen aller Dinge in den Lotus, in die Bärmutter der Bhavani,[2]) aufgenommen werden,

---

1) Dies erinnert uns an den $\pi\varrho\eta\sigma\tau\acute{\eta}\varrho$ des *Heraklitus* (s. unsere Abhandlung de Fato p. 27 und unsern Dionysus p. 79 sqq. und die Hauptstelle des Aristoteles de mundo c. 4), so wie an die Lehre vom *Weltbrande*, die *er* und die *Stoiker* vortrugen. Hieraus aber sofort schliessen zu wollen, dass Heraklitus und die Stoiker aus *Indischen* Quellen geschöpft, wäre eben so unhistorisch, als wenn man mit Jones jede Griechische Gottheit in Indien finden wollte.

2) Jones in den Asiatt. Abhandll. I. p. 215 vergleicht dieselbe mit der *Ilithyia* — *Iuno Lucina* und zugleich *Venus Urania*. Im Aegypti-

woraus eine neue Welt wird. Denn der Lotus ist Symbol
der *ewigen Zeugungskraft*, und wird daher oft mit dem Lingam
verbunden, worüber schon oben das Nöthige bemerkt worden.
Also auch hier die Lehre von der *Fortdauer der Substanz der
Welt beim Wechsel der Formen*, Rückkehr aller Wesen in
die Gottheit, worin alle Dinge ruhen, und die der Anfang,
das Mittel und das Ende aller Dinge ist.

---

schen System muss hierbei *Isis - Athor* verglichen werden. — Da es eine
Grundidee der Indischen Philosophie ist, dass nichts absolut zerstört oder
annihilirt wird, so ergiebt sich daraus, warum ein und derselbe Gott
(Schiwa) als Zerstörer und als Gott der Zeugung und des Lebens vorgestellt wird. — Darauf beziehen sich auch die ihm beigelegten Attribute;
vgl. Payne Knight on symbol. lang. §. 228. p. 189.

§. 9.

Indischer Thierdienst; Verwandtschaft der Indischen und Aegyptischen Religionen.

Obschon die sonderbare Erscheinung des Thierdienstes in den Culten der Aegyptier am auffallendsten hervortritt und dorten erörtert werden wird, so muss doch auch der Indischen Thierverehrung hier kürzlich gedacht werden. Ich theile das Wesentliche nach Paullinus und Kleuker mit;[1]) woran sich einige Betrachtungen anreihen mögen.

« Ausser dem Elephanten, einem Symbol der Klugheit[2]) und Stärke, deren acht die Welt tragen; dem Schwane (Hamsa), auf welchem Brahma fährt; dem rothgelben Adler oder Habicht (Garudha), als Träger des Wischnu; dem Käfer, dessen krumme Hörner und Glanzflügel die Sonne und die Planeten abbilden sollen; dem Raben, der die Seelen der Verstorbenen vorstellt, und dem man täglich Reis streuet; der Schlange, als einem Symbole des Lebens und Attribute mehrerer Gottheiten — lauter bedeutenden Thieren, die man mit einer Art von Ehrfurcht betrachtet — — werden Ochs[3])

---

1) Paullini Syst. Brahman. p. 60. vgl. Kleuker in den Asiatt. Abhandll. Bd. IV. p. 86 — 88. — Payne Knight Inquiry on symbol. lang. p. 189 meint, Schiwa reite auf dem Adler, als dem Bilde der Zerstörung, dem das andere Attribut dieses Gottes, der Lingam, als Bild der Regeneration, entgegenstehe.

2) Daher ihn Ganêsa zum Attribut hat; s. oben.

3) In der Verehrung des Stiergeschlechts kommen fast alle besonders orientalische Religionen überein. Vom Persischen Stier - Cherub mit menschlichem Angesicht (in so weit dem Ebräischen ähnlich, vgl. Züllig die Cherubim - Wagen S. 20 ff.) war im ersten Capitel, bei den Iranischen

und *Kuh* ganz eigentlich verehrt. Jener stellt den Schiwa vor, und hat in Indien so gut ein Fest, wie der Apis in Aegypten es hatte. [1] — Die *Kuh* ist der Bhavani oder Lakschmi, als Allmutter, heilig, deren Bild oder Zeichen man an den Eitern, auf der Zunge, im Munde und am Schwanze derselben finden will. Lakschmi hat die Kuh in den Himmel erhoben. Eine Kuh tödten, zieht unausbleiblich die Todesstrafe nach sich. Beim Schwören und sterbend nimmt man ihren Schwanz in die Hand, wodurch die mühseligen *Wanderungen aus einem Körper in den andern* abgekürzt werden sollen. » [2]

Mit dieser Reinigung im Tode durch das Berühren einer Kuh [3] verbinden wir noch die Notiz von einigen dahin gehörigen und sprechenden Gebräuchen. Nach dem Cärimonial-

---

Symbolen, die Rede. Hier will ich nachträglich an das sonderbare uralte Celtische Steinbild eines geflügelten Stiers mit Stierkopf erinnern, welches man neulich zu Pont-de Veau in Frankreich gefunden hat (s. Zur Gemmenkunde S. 96 und S. 117), und bemerklich machen, wie auch dieses den oberasiatischen durchaus ähnliche Gebilde für eine in unbekannter Vorzeit in die Abendländer geschehene Verpflanzung orientalischer Culte spricht.

1) Wenn Kleuker hierbei sagt: „Auch der Name *Apen* kommt vor, und heisst Pater et progenitor," so hätte er auch noch an die Indische Benennung des heiligen Stieres: Apen *Pascha* erinnern können (s. meine Commentatt. Herodott. I. p. 113); und wir wissen, dass ein heiliger Stier in Aegypten auch *Bacis* hiess, vgl. jetzt Guigniaut I. p. 277 f.

2) Es wird noch an andere Gebräuche in Beziehung auf die Kuh und an Münzen und Sculpturen erinnert, „die einen *Stier* zeigen, *der zwischen seinen Hörnern die Sonne trägt, oder mit seinem Horne das Weltei hervorstösst.*" Dieses Bild kennt auch Japan; s. das Kupfer bei Maurice Vol. I. pl. 2 zu p. 45.

3) Vgl. Paullinus Voyage aux Indes orient. p. 321 der Französ. Ausg. — Hierbei verweise ich meine Leser, in Betreff der Leichengebräuche der Priester, auf eine inhaltsreiche Abhandlung von Carey: An

gesetz der Brahminen ist noch heut zu Tage das Durchkriechen durch die goldene Bildsäule einer Kuh ein Reinigungsmittel, oder eine Art von Wiedergeburt. Neuere erzählen zwei Fälle der Art: Einmal musste sich der König Vira-Martanda-Pala dieser Reinigung unterwerfen, weil er Tempel und Götterbilder verbrannt hatte, und man zeigte noch im Jahre 1787. diese goldene Kuh im Schatze zu Padmana Buram. [1]) Ein andermal machte man diese Zumuthung zween Brahminen, Gesandten des Königs Raghu-Nath Raya oder Ragoba, weil sie auf ihrer Reise über den unreinen Fluss Attock (Attaca) gegangen waren. Die Brahminen versammelten sich, und es war auch von der Reinigung durch die Kuh die Rede. [2])

Wem fällt hierbei nicht von selbst die Aegyptische Legende beim Herodotus (II. 129 sqq.) ein, nach welcher die Tochter des Königs Mycerinus von Saïs, trostlos über eine vom Vater gegen sie verübte Unthat, vor ihrem Tode sich die Gunst erbittet, *in einer vergoldeten Kuh begraben zu werden;* welches auch verwilligt wird, und zu Jahresfesten Veranlassung giebt. — Ich mache im vierten Bande dieses Buches von der angeführten Sage auf merkwürdige Kretensische Mythen Anwendung. Hier aber giebt uns *dieses und anderes Zusammentreffen Indischer und Aegyptischer Religions-Begriffe und Gebräuche* ungesuchten Anlass zu der Frage, ob nun auch zwischen *Indiens und Aegyptens Cult und Religionsglauben ein historischer oder,* bestimmter zu reden, *ein genetischer Zusammenhang statt finde?*

Hierauf ganz kurz zu antworten, so müssen die *inneren* Uebereinstimmungen, wozu die eben bemerkten, aber auch noch viele andere gehören, von den *äusseren Spuren* und *Zeugnissen* unterschieden werden. Unter den inneren Merk-

---

Account of the funeral Ceremonies of a Burman Priest — by W. Carey, in den Asiatic Researches Vol. XII. p. 186 sqq.

1) Paullinus in der Voyage p. 320 sqq.

2) Asiatic Researches Vol. VI. p. 537 sq.

malen werden immer die beiden: Heiligkeit, ja Verehrung gewisser Thiere und zwar zum Theil derselbigen Thiere, sodann die Lehre von der Seelenwanderung, die auffallendsten bleiben. Dazu gehört denn auch noch das gemeinsame Festhalten an gewissen Symbolen, worunter der *Lotus* eines der allgemeinsten ist; der beiderseitigen Verehrung des Lingam-Phallus nicht einmal zu gedenken. Der Aehnlichkeit Indischer und Aegyptischer Baukunst, wenigstens in manchen Stücken, haben wir schon oben erwähnt. Jetzt erinnere ich nur an die auffallend Hindostanische Gesichtsbildung mancher Personen in der Aegyptischen Sculptur und Malerei, z. B. auf Mumienkasten und Mumiendecken.[1]) Unter diesen Umständen wird die Verehrung sehr begreiflich, welche gemeine Indische Soldaten bei Gelegenheit der letzten Feldzüge den Baudenkmalen und der heiligen Bildnerei in Oberägypten bezeigt haben.[2]) Noch mehr aber, wie von der Bildnerei, lässt sich von der Mythologie und Religion der Aegyptier sagen, was ein geistreicher Schriftsteller davon sagt,[3]) «dass sie ihrer ganzen Structur und ihrem Geiste nach sich häufig ganz an die Indischen anzuschliessen scheinen.» Sind doch auch die zwei Hauptgegenstände der Aegyptischen Volksandacht, die grossen Landesgottheiten Osiris und Isis, der Grundidee nach[4]) in der Indischen Religion anzutreffen; indem hier wie dort das Sterben und Wiederaufleben des Volksgottes ein Grundgedanke ist.[5])

---

1) S. Blumenbach's Beiträge zur Naturgeschichte Nr. XVII. p. 130. Ein Mehreres darüber, besonders hinsichtlich der Abbildungen in der Description de l'Egypte, habe ich in den Commentatt. Herodott. Cap. III. S. 28 bemerkt.

2) S. Asiatic Researches Vol. VIII. p. 42.

3) Fr. Schlegel über die Sprache und Weisheit der Indier p. 112.

4) Andern zufolge auch dem Namen nach: als Eswara und Isi; vgl. Jones in den Asiatt. Abhandll. p. 212 ff.

5) Vom Brahma berichtet Baldaeus Folgendes (in Descriptione peninsulae Indicae et Ceylonis p. 438. b.): „dass er jährlich sterbe und wieder

Was die äusseren Gründe eines genetischen Zusammenhangs betrifft, so fehlt es nicht an alten Zeugnissen der westlichen Völker, so wenig als der östlichen, noch an denen der Indier selbst; woraus dann in neuerer Zeit verschiedene Vorstellungsarten sich gebildet haben. Wir wollen sie kürzlich vortragen, ohne zur Zeit noch selbst ein entscheidendes Urtheil abzugeben. Zuvörderst weiss eine Sage von einer Indischen Colonie in Aethiopien. [1]) Aber bei der Unbestimmtheit dieser Ueberlieferung und bei der Weitschichtigkeit des Begriffs Aethiopier, müssen wir die Vorsicht sehr loben, womit sich Heeren [2]) darüber auch noch in der neuesten Ausgabe seines Werkes erklärt hat. Schon bestimmter lauten die Sagen beim Syncellus [3]) und Eusebius, welche auch die Periode bezeichnen, wo Aegypten von Aethiopien her aus Indien eine Colonie empfangen haben soll. Hiermit stimmt nun eine Ueberlieferung in den Schriften der Indier ganz gut zusammen, wonach einer der *drei Ramas*, der das südliche Indien beherrschte, Aegypten erobert und durch Colonien fester an seine Herrschaft geknüpft haben soll. [4]) Hiernach liegt also die Verbindung Indiens und Aegyptens factisch in der Sage

---

auflebe,“ und p. 559. a. „dass er nach Verlauf vieler Jahre sterbe, und hernach wieder lebendig werde.“ Vgl. Jablonski, Opuscc. Vol. II. p. 320 sq.

1) Philostrati Vit. Apollonii VI. 6. p. 253 Olear.: — τινὰ λόγον, ὡς σοφώτατοι μὲν ἀνϑρώπων Ἰνδοί, ἄποικοι δὲ Ἰνδῶν Αἰϑίοπες.

2) In den Ideen über Politik u. s. w. II. p. 390. 540 ff.

3) Syncellus p. 72. 151: Αἰϑίοπες ἀπὸ Ἰνδοῦ ποταμοῦ ἀναστάντες πρὸς τῇ Αἰγύπτῳ ᾤκησαν; vgl. Euseb. nr. 402. — Die Periode ist angeblich die Regierung des Pharao Amenophis; vgl. Marsham Canon. Chr. Saecul. XIII. p. 335.

4) S. Polier Mytholog. des Ind. T. I. Introduct. p. 51 sqq. Nach einer andern Sage soll ein Indischer Stamm die vier Veda's nach Aegypten gebracht haben; s. die Nachweisungen des Grafen Fr. L. zu Stollberg in der Gesch. der Religg. I. p, 340.

Creuzer's deutsche Schriften. I. 3.   27

vor, und zwar auf die bemerkte Weise. Gleichwohl haben neuere Forscher die Sache sich lieber so vorstellen wollen, als ob eine Aegyptische Priestercolonie nach Indien gekommen sey, und dort das System der Veda's erlernt habe. [1])

Mag nun diese oder jene Erklärungsweise vorzüglicher scheinen, bei so vielen inneren und äusseren Verbindungen Indischer und Aegyptischer Dinge wird heut zu Tage wohl Niemand mehr die Vergleichung beider Religionssysteme, Mythen und Symbole für unzulässig halten können. [2])

---

1) Zu dieser Vorstellung neigt sich Jones hin; siehe die Asiatt. Abhandll. I. Bd. p. 237 — 242. Larcher zum Herodot. Vol. II. p. 523 bringt mit diesen Traditionen die Sagen von den Zügen des Bacchus und des Sesostris in Verbindung.

2) Will. Jones in den Asiatt. Abhandll. I. p. 213 schöpfte aus dieser Vergleichung grosse Hoffnungen. „Ich bin versichert,‘ sagt er, dass wir mit Hülfe der Purana's sehr bald alle Gelehrsamkeit der Aegyptier entdecken werden, ohne erst ihre Hieroglyphen entziffern zu dürfen.“ — Nun diese Bestätigung von der andern Seite her möchte doch wohl sehr wünschenswerth bleiben. Man vergleiche noch mit jener Stelle die Aeusserung eines Englischen Schriftstellers (Annales encyclopedd. par Millin, 1818. Decemb. p. 317): „Man braucht nur das zweite Buch Herodots mit den Religionen Indiens zu vergleichen, um sich zu überzeugen, dass die Ureinwohner Aegyptens aus dem Orient gekommen seyen.“

§. 10.

Krischna.

« Krischna,[1]) d. i. *die schwarze Person* oder die neunte[2]) Verwandlung des Wischnu, Krischnavadáram oder Krischnavatar (descensus in personam nigri) genannt. Im Amarasinha heisst er der Starklockige, Gatte der Lakschmi, der Lotusäugige, Feind des Giganten Madhu, Erleger des Königs Kansa, Sohn der Dewgui (Devaci, Dêvakî, Dewedsji, Devegi, Daioky, wie die verschiedenen Schreibarten bei Jones, Sonnerat, Paullinus, Kleuker und Polier erscheinen,[3])), *Bester der Männer*, mit Blumen *bekränzt.* »

« Nach dem Judhischthiravigeam, einem weitläuftigen Werke, worin die Geburt und die Thaten dieses Gottes beschrieben werden, hatte der König Judhu zwei Söhne, den Tredareda und Pandu. Dieser letztere hatte, als er auf der Jagd war, das Unglück, die Tochter eines Heiligen, die als

---

1) Seine Mythologie ist der Inhalt des achtzehnten Puram, des Bhagavat und des Mahabharat; s. Polier Vol. I und daselbst die ausführlichen Excerpte vom fünften Capitel an, welche einen grossen Theil des ersten und zweiten Bandes ausfüllen. Der Kürze wegen gebe ich hier das Wesentlichste nach Paullinus im System. Brahman. p. 144 sqq. und nach Kleuker im vierten B. der Asiatt. Abhandll. p. 66 — 70. Vgl. jetzt Guigniaut I. p. 193. 205 sqq. und daselbst Langlès Monum. I. etc. Klaproth Asiatisches Magazin I. Heeren's Ideen I. 2. p. 478 ff. und Niklas Müller Glauben, Wissen und Kunst der alten Hindus, Mainz 1822 S. 402 ff.

2) Nach Andern die achte, wohin man auch den Pala Rama setzt. In die neunte setzen sie auch sonst den Buddha; vgl. Polier I. p. 395 und Fr. Schlegel p. 285.,

3) Asiatt. Abhandll. I. p. 223. Polier I. p. 406.

27 *

Hindin mit ihrem Manne, einem Hirsche, spielte, mit einem
Pfeile zu verwunden. Zur Strafe musste er sich seiner eigenen Gattin, Namens Cundi (Kunti), enthalten. Diese aber,
eine Tochter des Tredareda, gebar, vermöge eines längst
gelernten magischen Gebets, fünf Söhne. Dagegen hatte
Candari, ihre geschworene Feindin, mit ihrem Sohne Carma,
den sie durchs Ohr geboren hatte, 101 Söhne zur Welt gebracht. Als diese erwachsen waren, und die unächte Geburt
jener fünf erfahren hatten, machten sie ihnen Pandu's Reich
streitig, und eigneten sich ihres Oheims Erbschaft zu. Dies
verursachte [1]) jenen berühmten Pandawenkrieg. Nachdem die
fünf magisch erzeugten Brüder von ihren Vettern auf das
Aeusserste gebracht waren, erscheint Wischnu als Krischna
mit dem Arjuna (Arjoon Polier, Orjun Friedr. Schlegel),
schlägt die Feinde, tödtet den Carma, und setzt die fünf
wieder ein. Nach geendigtem Kriege nimmt Krischna von
ihnen Abschied, und stirbt, von einem Pfeile durchbohrt, an
einem Baume, nachdem er vorhergesagt hatte, dass dreissig
Jahre nach seinem Tode das eiserne Zeitalter (die Kaliyuga)
beginnen, und die Menschen eben so böse als unglücklich
seyn würden.»

«Nach dem Bhagavat-Gita wird Krischna in Madhu (fünf
und zwanzig Meilen von Agra) geboren. Seine Mutter war
Dewaki, Schwester des Königs Kansa, und Wasudewa sein
Vater. Seine Mutter rettete ihn als den jüngsten von sieben
Brüdern allein, deren sechs umgebracht wurden, indem beide
Eltern mit dem Kinde flohen, über einen gefährlichen Fluss
setzten, wobei die Schlange Caliga das Kind gegen Sonnen-
hitze und Regen schützte. Erwachsen tödtete er alle jene
Ungeheuer, die Kansa gegen ihn schickte, und den Kansa
selbst. Nachdem er zahlreiche Beweise seiner Göttlichkeit
gegeben hatte, heirathete er, lebte als Hirt, entwendete But-

---

1) Den Krieg der Kuru's und Pandu's; s. Fr. Schlegel p. 285. Polier Vol. I. chap. VIII. p. 566 sqq.

ter, spielte die Flöte, beschlief **16108** Frauen, führte den Krieg gegen die Kuru's, und wurde, nachdem er diesen beigelegt hatte, von seinem Lehrer, dem Büsser Diwasa, verflucht, und von Beren an einem Baume mit einem Pfeile erschossen. Sechs und dreissig Jahre nach seinem Tode begann die vierte Weltperiode oder Kaliyuga.»

«Paullinus zeigt, dass die bei den Alten¹) vorkommenden Namen der Städte Panda und Madura (d. i. die Colonie Madu), der regio Πανδαύων und der Pandaea als einzigen Tochter des Hercules, wovon das Land den Namen hatte, auf die Fabel von Krischna und den Krieg der Pandawen passe, und schliesst aus Allem, *dass die ganze Fabel astronomisch sey,*²) und *Krischna die Sonne in Verfinsterung* (solem in eclipsi) *bedeute;* dass aber, nach der vielfachen Anwendung, welche die Schriften der Brahmanen vom Systeme des Himmels auf Dinge der Erde machen, jener Mythus auch auf den wahren Krieg der Indischen Könige passe, der tausend Jahre vor das Christliche Zeitalter falle (welches auch Jones annimmt), mithin Krischna auch der Name eines wahren in Madura gebornen Königs sey.»³)

---

1) „Plin. H. N. VI. 16. 20. 23. Arrian. de Exped. Alex. I. 1. Ptolem. Geogr. VII. 10.“

2) „Seine Hauptgründe sind: 1) die Schlange Sessen oder Wasughi verschlingt die Sonne, wenn sie verfinstert wird; diesen Pytho aber tödtete Krischna mit seinen Pfeilen oder Strahlen, und heisst daher auch crinitus (der gelockte). 2) Wie die von Krischna besiegten Pandawen magische Söhne der Sonne heissen, so wurden die ludi Apollinares bei den Römern zum Andenken des siegenden Apollo gefeiert (s. Macrob. Saturnal. I. 17), gerade wie das Indische Fest des Krischna. Dadurch, setzt er hinzu, erklärt sich das Küheweiden des Apollo;“ und so sucht Paullinus (p. 152) andere angeführte Mythen von Krischna aus der Grundidee der Sonne zu erklären. Kleuker findet diese Erklärungsart nicht ganz ohne Wahrscheinlichkeit (a. a. O. p. 70).

3) „Er (Paullinus) bestreitet die Meinung derer, die in der Fabel von Krischna bald dies bald jenes finden, besonders die durch apokry-

«Krischna trägt an der Stirne das Zeichen der Sonne, den Lotus am Halse, unter der Fusssohle und in der flachen Hand das Dreieck oder ein magisches Fünfeck als Zeichen und Princip aller Erzeugung.»

Ueber die Würde, die Krischna in den Systemen und Mythen Indiens behauptet, verdient noch Folgendes bemerkt zu werden: Wenn die zahlreichen Verehrer des Krischna *ihn als Wischnu* selber, und den dritten Rama (Pala-Rama; s. oben) als die achte Incarnation des Vischnu betrachten,[1]) so werden wir einerseits begreifen, wie bald Krischna bald Pala-Rama (s. oben) als die achte Menschwerdung des Wischnu gezählt wird, andrerseits wird es nun einleuchten, warum Krischna bald für eine Gottheit Péré-Brähm ausgegeben,[2]) bald in einer Hoheit dargestellt wird, dass er selber vor Brahma den Vorzug behauptet.[3]) Lesen wir nun die Geburtsgeschichte des Krischna, wie seine Mutter mit zunehmender Schwangerschaft immer schöner wird, wie der Körper von Vater und Mutter in der Geburtsstunde selbst (zu Mitternacht am achten Tage des Mondes im September) von

---

phische Evangelien verfälschte Geschichte Jesu. Dass die Fabel an sich nicht erst aus diesen Evangelien entstanden sey, glaube ich gerne, doch könnte sie daher allerdings einigen Stoff bekommen haben.“ — So weit Kleuker.

1) Polier I. p. 424.

2) Ebenderselbe I. p. 461.

3) Fr. Schlegel p. 307 in einer Anmerkung zu einem Stück des Bhagavatgita: „Hier wird dem Krishno ganz deutlich der Vorzug vor Brohma gegeben. Vom Brohma rühren die Welten der Erscheinung her, in denen Seelenwanderung statt findet, und stets erneute Rückkehr ins Leben, die hier als ein Unglück betrachtet wird. *Krishno ist der Gott der ewigen Einheit und des wahrhaften Wesens.“* — Nach meiner Ansicht ist Krischna auf dieser Stufe der potenzirte Osiris; d. h. er ist Kneph-Agathodämon oder Kronos, in dessen seeliger Tiefe alle Wesen sich wieder vereinigen — aber in so fern er auch mit der ganzen Fülle des Thierlebens umgeben ist, ist er auch der gemeine Osiris.

einer himmlischen Glorie strahlend und durchsichtig, und wie
Krischna endlich mit allen Zeichen des Wischnu und mit
himmlisch schönem Angesicht ans Licht der Welt gebracht
wird,[1]) und ferner alle wunderbaren Umstände seiner ersten
Erscheinung; so werden wir begreifen, wie natürlich die Parallelen mit Christlichen Erzählungen veranlasst wurden. Gewiss werden aber unsere Leser die einsichtsvolle Weise loben,
womit ein ehrwürdiger Theologe[2]) über diese und andere
Aehnlichkeiten sich erklärt hat. — Wenn Paullinus (s. oben)
in diesem Krischna eine *Incarnation* der *Sonne* erblickt (*so*
möchte ich den ganzen Mythus bezeichnen), so verdient dies,
meines Bedünkens, nicht weniger Beifall. Nur muss man sich
wundern, dass Jones,[3]) Paullinus und Kleuker an Griechische
und Römische Gottheiten dabei erinnern, und das näher liegende Aegyptische mit Stillschweigen übergehen. Sehe ich
recht, so haben die Aegyptier in ihren Mythen vom *Osiris* und
Sem-Hercules die Elemente des Krischna vereinigt. An Hercules erinnert Vieles, und dieses ist dem Paullinus nicht entgangen; nur muss es mehr im orientalischen Colorit gesehen
werden. Alsdann tritt die Aehnlichkeit heller hervor. — Aber
Krischna der *schwarze* erinnert in Mehrerem an den *schwarzen*
Osiris. Man denke nur an die Attribute des Krischna: das
Zeichen der *Sonne*, der *Lotus*, das *Dreieck*;[4]) man denke an
die *Heilschlange* (Agathodämon), die den Krischna schützt;
aber auch an den *Todesbaum*, wo er sein Ziel findet. Sodann

---

1) Polier I. p. 413 f. vgl. p. 398 ff.

2) Kleuker (s. vorher, wo er von den apokryphischen Evangelien
redet).

3) Der den Krischna als *Apollo Nomius* (den *Hirten*) nimmt, und
dabei bemerkt, dass *Govinda*, ein Beiwort des Krischna, wörtlich so
übersetzt werden könne (Asiatt. Abhandll. I. p. 227). — Ich widerspreche
keineswegs, und will gerne zugeben, dass bei den Indiern das Prädicat
Hirt ehrenhafter seyn mag, als es bei den Aegyptiern war.

4) Das Dreieck war das Zeichen der Incarnation des Osiris, des
Apis (s. unsere Commentatt. Herodott. I. p. 133).

erwäge man folgende Züge, dass er im Gefolge von Nymphen (Gopias) ist und dass er mit der *Flöte* ihre Tänze begleitet,[1]) dass die Gruppen der *Thiere* um ihn lagern, dass Fruchtbarkeit seinen Fusstritten folgt, und dass er der *Beste* unter den Männern heisst — alle diese und andere Umstände treffen mit dem *Osiris* zusammen. Bedenken wir nun, dass eine Sage den *Krischna* ins neunte Avatara, welches auch dem *Buddha* zugetheilt ist, setzt, so wird es vielleicht nicht unpassend scheinen, wenn wir im Krischna, wie im Osiris, das *Lebensprincip der Leiber*, aber nicht minder auch *die Einigung der Geister* erkennen.

Wie dem Allem aber auch sey: der *blumenliebende, lichtstrahlende Krischna*, als Säugling auf der verherrlichten Mutter Dêvakî Schoosse, wird uns in dem unten beigefügten Bilde[2]) vollkommen deutlich, wie er das Opfer der *Früchte* empfängt, und sich durch die Gruppe der *Thiere* als künftigen Hirten ankündigt.

---

1) Polier I. p. 449 sqq. Vgl. Maurice Vol. I. pl. 3.

2) Nach Moore nr. 59 *unsere Tafel* XXVI. 2. Ausg.

§. 11.

Indische Pneumatologie und Ethik.

Die Indische Pneumatologie beruhet ganz auf dem Kampfe zwischen Materie und Geist, auf einem Dualismus. Es giebt nämlich nach Indischer Lehre eine grosse Zahl von *niederen Geistern, Dejotas*, in zwei Classen: gute, *Dejotas* oder *Sur's* genannt, und böse, *Daints* oder *Assur's* genannt. Sie leben über hunderttausend Jahre, und die Werke der bösen Geister sind es, welche den physischen Weltlauf und die moralische Weltordnung stören, welche auch alle die Bewegungen und Kriege gegen die guten Geister verursacht haben, die den Inhalt der meisten Mythen und epischen Gedichte ausmachen. S. Polier Mytholog. des Indous T. I. p. 198 sqq. vgl. p. 265 und besonders den ganzen zweiten Band.

Wie der Mensch physisch aus dem Leibe des Brahma geworden, haben wir nach dem einen Mythus oben gesehen. Ausserdem hat man noch eine andere Sage, wonach aus Brahma's rechter Seite der erste Mann, aus seiner linken das erste Weib geworden (s. Thomas Maurice ancient history of Hindostan Vol. I. p. 407 — 410). Des Menschen *Seele* hingegen lebt, wie ein Funke, vom Feuer entzündet, in und durch den alle Elemente durchdringenden höchsten Geist. Diese seine Seele ist zweifach, sie ist erstens innere Seele, vernünftiger Geist, *Mahat*, und zweitens Lebensgeist, *Kshetrajnga* oder *Jivatman*, welcher den aus Elementen zusammengesetzten Körper, *Bhutatma*, bewegt. Es kann dies uns an die Triplicität der Seele, welche bekanntlich Plato statuirte, erinnern, nämlich τὸ λογιστικόν (νοῦς, λόγος), das *logische Principium*, die *Vernunft;* τὸ θυμοειδές, das *Princip der Ge-*

müthsbewegung, das *Gefühl*, und endlich τὸ ἐπιθυμητικόν, das *Willens-* oder *Begehrungsvermögen* (s. Cicer. Tuscull. I. 10. Academ. Quaest. II. 39 und daselbst Davisius. Manche Philosophen wollten davon schon Andeutungen im Homerus finden; s. unsere Praeparat. ad Plotin. de pulcritud. p. LXXI sq.). (Mehr genetisch und deutlicher ist folgende Darstellung: Gott bringt aus sich selbst hervor den Geist, die Intelligenz (Mana), die er mit verschiedenen Organen und mit unendlich vielen Formen begabt. Auf sein Geheiss brachte Mana alle Thiere männlichen und weiblichen Geschlechts hervor, und gab ihnen fünf Sinne entsprechend den fünf Elementen; der Mensch empfing als Vorzug das Nachdenken (Manus). — Die grosse Seele oder die Weltseele (Atma, Mahaatma, Paramatma), der Hauch Gottes ist mit Gott und mit allen Wesen vereinigt, athmet in ihnen allen, ist aber doch auch wieder von ihnen verschieden. Diese Weltseele (Atma) wird zur Menschenseele (Djivatma) dadurch, dass sie sich mit Maya verbindet. Die eine ist die grosse, die andere die kleine Welt (μακρόκοσμος, μικρόκοσμος); jene ist die allgemeine, diese die besondere Seele, jene hat Freiheit des Willens, diese trägt das Joch der Nothwendigkeit. Djivatma bewegt den Körper (Bhutatma), der aus fünf Elementen zusammengesetzt ist. Aber die grosse Seele (Atma) ist, wie in der kleinen Einzelseele (Djivatma), so auch im Körper (Bhutatma), aber in diesem wie ein Wassertropfen im Lotuskelche; sie vermischt sich nicht mit ihm, wiewohl sie in ihm ist.[1]) — Es wird aber auch Dsjiva, als vernünftige Seele, von Prána, der sinnlichen Seele, unterschieden, und in einer Indischen Formel (Mandra) heisst es:[2])

« Ja! Prána erhebe sich geordnet. »

«Ja! Dsjiva erhebe sich geordnet. »

« Ja! Mandra (die Rede, der Spruch) erhebe sich geordnet.»

---

1) Guigniaut I. p. 272—274.

2) Paullinus im Syst. Brahman. p. 109. vgl. p. 29.

Zu dieser Indischen Lehre der Vereinigung der Weltseele mit der Menschenseele, wovon es selbst heisst, jene bewohne mit dieser einige Zeit das Herz, und sie theilten ihre Freuden mit einander, bietet eine Stelle des Plotinus[1]) eine ungesuchte Vergleichung dar: «Wir sollen aber, dieweil wir den Körper haben (in diesem Leibe sind), verbleiben in den Wohnungen, bereitet von der Seele, der guten Schwester (ὑπὸ ψυχῆς ἀδελφῆς ἀγαθῆς), welche grosse Macht besitzt, um mühelos künstlerisch zu bilden.» Hier wird ganz nach Indischer Weise die Weltseele als die Bildnerin der Körper, die gute Schwester unsrer Menschenseele genannt.)

Hieraus folgt nun, dass in das Verhältniss seiner zweiten und dritten Seele und des Leibes zum Geiste (zur ersten Seele) die ganze *ethische Leitung* des Menschen gesetzt seyn wird. Brahma ist das Vorbild des Menschen, und aus seiner Geschichte ergiebt sich am besten die Indische Lehre vom *Abfall* und *Rückkehr*. Oder mit andern Worten: Birmah (Brahma), der Schöpfer, ist immanenter Gott, mit dem Weltganzen verbunden. Er ist als Schöpfer einmal, wie Adam Kadmon, der *Urkörper,* und die Menschheit sind Theile seines Riesenkörpers; sodann geistig ist er auch theilhaftig der Mackel und Verunreinigungen der Materie, er nimmt an den Gebrechen der Menschheit Theil, und muss daher auch die Wiedergeburten durchlaufen. Diese Ansicht wird durch mehrere Stellen in den Indischen Religionsschriften bestätigt. Ich füge hier nur eine Stelle aus dem Bhagavatgita, nach Friedr. Schlegel's Uebersetzung (über die Sprache und Weisheit der Indier p. 307), als vollkommen beweisend bei:

---

1) Enn. II. lib. 9. cap. 18. p. 217 Basil. p. 395 Oxon. Ich habe in den Annot. zu dieser Stelle p. 132 auf Herrn Tholuck's Ssufismus p. 232 sq. hingewiesen, der bei Erörterung des Verhältnisses der Atma zur Djivatma diese Stelle des Plotinus anführt, aber nicht ganz genau ist, wenn er ihn die Weltseele die *ältere* Schwester der Menschenseele nennen lässt. Es ist bedeutsamer, dass er sie ihre *gute* Schwester nennet.

Bhogovan

«Es kehret nicht zur Sterblichkeit, die vergänglich, der
Leiden Haus,
Wer mich errcichte, noch zurück, hoch am Ziel der Voll-
kommenheit.
Wiederkehrender Art, Orjun, *sind aus Brohma die Welten all.*
Wer mich erreicht hat, Kuntis Sohn, ist der fernern Geburt
befreit.» [1])

Darum wollen wir jetzt einen Blick auf Brahma's *Fall* und
Wiederversöhnung werfen, weil darin die ganze Indische Ethik
auf historische Weise, unter mythischer Hülle, dargestellt ist,
und uns *Brahma*, der Seelen *Urtypus*, gleichsam in seinem
Beispiele das Wesen der Indischen Ethik klarer und deutlicher
sehen lässt. [2]) Als *Birmah* das Universum geschaffen, so entwendete er einen Theil desselben, um ihn sich ausschliessend
zuzueignen. Allein die beiden andern Dejotas, *Wischnu* und
Mhadajo (Siva-Mahadeva), die von dem höchsten Wesen
mit der Vertheilung des von Birmah, dem dritten Dejota, geschaffenen weiten Raumes beauftragt waren, bemerkten alsobald
seine Untreue. Denn als sie über den *Surg's* oder unsichtbaren,
himmlischen Sphären ihre drei Residenzen bestimmt, *Birmlok*
für Birmah, *Bai-Kuut* für Wischnu und *Keilas* für Mhadajo,
und die niederen Regionen, *Mirtlok*, eingetheilt hatten, und
nun das Ganze besichtigten und massen, fanden sie, dass
ihnen der Platz für die *Unterwelt, Nark,* fehle. Birmah nämlich hatte zu den ihm verwilligten Räumen noch Nark genommen und für sich behalten. Dies merkten die beiden andern

---

1) Es ist von Krischna in Vergleich mit dem geringeren Brahma die
Rede; vgl. Fr. Schlegel's Anmerk. — Ich erinnere hierbei noch an die
Aegyptischen und Orphischen Ideen vom κύκλος ἀνάγκης oder vom fata-
listischen Kreislaufe der Seelen, wovon sie Erlösung wünschen.

2) Wir folgen hier den Angaben bei Polier Mytholog. des Ind. I.
p. 171 ff.

Dejotas, sie stellten ihn zur Rede, nöthigten ihn zum Geständniss seines Raubes, und machten alsdann seine Residenz um so viel kleiner, als der Raub war, den er begangen. Allein diese Züchtigung besserte ihn nicht, sondern stolz darauf, dass er die Veda's, den Spiegel der ewigen Weisheit, offenbart habe, erhob er sich und vermeinte mehr zu seyn, als die beiden andern Dejotas. Auch nach seiner Tochter *Sursety* gelüstete ihn, und ungeachtet sie sich seinen Begehrungen auf alle Weise zu entziehen suchte, so verfolgte sie der lüsterne Birmah auf allen ihren Schritten, und nahm bei jeder Bewegung ein neues Haupt an, bis er deren vier hatte. Da verlässt Sursety, jedes andern Rettungsmittels beraubt, Birmlok und entflieht in den Himmel. Jetzt nahm Birmah, dessen Blicke ihr auch dorthin folgten, ein fünftes Haupt an, welches ihm aber Mhadajo im Zorn über seine Lüsternheit und Sinneslust abhieb.

Diese Anmassung, dieser Hochmuth und diese Fleischeslust mussten dem höchsten Wesen missfallen, und zur Demüthigung seines Stolzes und zur Strafe sinkt die Wohnung des Birmah, Birmlok, aus den himmlischen Sphären in die niederen Regionen, unter den letzten Patal, hinab. Nachdem Birmah aus der ersten Betäubung wieder zu sich gekommen, erwacht sein Gewissen; er geht in sich und überlegt die Quelle seines Unglücks; er empfindet Reue und demüthigt sich vor dem Höchsten, Ewigen und Unsichtbaren; er sucht durch die härtesten Bussen, Fasten und Reinigungen aller Art, zehn Lacks oder tausend Jahre hindurch, Verzeihung und Gnade von ihm zu erhalten. Endlich erscheint ihm Brehm oder der Ewige, und zwar unter dem Namen *Garbparhavi*, d. i. *Bestrafer des Stolzes*, und spricht zu ihm also: «Alles kann ich ertragen, nur deinen Stolz nicht; dies ist das einzige Verbrechen, das ich dir nicht vergebe, und deine freiwillige Busse und Reue von tausend Jahren reicht nicht hin, damit du Verzeihung erhältst. Nur ein Weg ist dir übrig, um sie wieder zu erlangen, nämlich dass du ins Fleisch herabsteigest, und

vier Regenerationen auf der Erde, einmal in jedem der vier
Weltalter, bestehest. Wischnu hat Gnade gefunden vor meinen Augen durch seine Demuth und Busse; ich habe seine
Bitte gewährt, mit mir wieder vereinigt und in der Welt als
ein Theil meines Wesens verehrt und angebetet zu werden.
Gegenwärtig in jedem Dinge, wiewohl unterschieden von
jedem Dinge, habe ich weder Körper noch Formen; ich habe
den Wischnu auserwählt, ihn zu meinem Stellvertreter bestimmt, so dass die, welche ihn anbeten, mich anbeten. Darum sollst auch du, Birmah, ihn anbeten; und die Verehrung
und Andacht, welche du diesem zollst, werde ich ansehen
als mir erwiesen. Darum gebiete ich dir, in den vier Wiedergeburten, zu denen ich dich verdamme, die Geschichte der
Incarnationen des Wischnu zu schreiben und die ganze Folge
seiner wunderbaren Thaten, damit die Nachwelt das Andenken
derselben bewahre, und diesem Theile meiner selbst Verehrung beweise. Du aber, wenn du die erhabenen Thaten des
Wischnu beschrieben, wirst Vergebung deines Verbrechens
erhalten. »

(Hier erscheint, um dies gleich zu bemerken, Birmah offenbar als dem Wischnu und Mhadajo untergeordnet. Denn so wie
er die Schöpfung der Welt beendigt, sind seine Thaten auf der
Erde und anderwärts unbedeutend, sein Einfluss auf die Welt
schwach; die Auslegung der heiligen Bücher, der Veda's,
die er am Beginn der Satya-yug oder des ersten Weltalters
offenbart hat, überlässt er seinen Söhnen, den Brahminen,
und er muss sogar die, welche ihn über den geheimen Sinn
der Veda's befragen, an einen der beiden andern Dejotas
verweisen. Seine Existenz ist auch zweimal kürzer als die
des Wischnu, und viermal kürzer als die des Mhadajo. Nach
Polier Mythol. d. Ind. I. p. 170 sq. Ebendaselbst p. 265 wird
bemerkt, dass auch die Dejotas ihren Lehrer und Meister
haben, der sie in geistigen Dingen unterrichtet und übt, in
den göttlichen Wissenschaften und Symbolen. Nicht minder
die Daints. Diese aber werden von ihrem Lehrer blos in

Beschwörungen magischer Art und in blos menschlichen Wissenschaften unterrichtet. Die verschiedenen Auslegungen dieser Zurücksetzung des Brahma sind von uns oben berührt worden.)

Zuerst erscheint, nach dem Befehle des Ewigen, Birmah in der Satya-yug als ein *Rabe, Cagbossum.*[1]) Er giebt als solcher den *Marcondai-puram*, ein Gedicht, dessen Inhalt der Krieg, welcher zwischen der Bhavani und den Daints, deren Anführer Mekasser ist, in der unsichtbaren Sphäre geführt wird, ausmacht. Dadurch erlangt er grossen Ruhm, so wie nicht minder durch die Erfahrung und Weisheit, die er sich während seines langen Lebens gesammelt, da er die drei ersten Zeitalter gesehen.

Im zweiten Zeitalter, im *Tiraita-yug*, kommt er als ein Mensch, aus der niedrigsten Caste der Tschandal geboren, unter dem Namen *Valmiki*. Hier erscheint er nicht blos von niedriger Geburt, sondern auch von niederer, gemeiner Denk- und Sinnesart, ja als ein durchaus sittenloser, lasterhafter, schlechter Mensch. Er bauet sich im Dickicht des Waldes an einer Landstrasse eine Hütte, er lockt die ermüdeten Wanderer herein, die sich freuen, hier Erholung finden zu können, und die mit Vergnügen die Gaben seiner Gastfreundschaft annehmen; aber nur, um sie meuchelmörderisch im Schlafe zu ermorden und dann zu berauben. Nachdem er schon Jahre lang diese verbrecherische Lebensweise geführt, kehren einst zwei Rischi's bei ihm ein. Auch ihnen will er in der Nacht dasselbe Schicksal bereiten, das schon so viele Andere vorher getroffen. Aber im Moment der Ausführung seines neuen Mordes ergreift ihn ein innerer Schauer und

---

1) *Diese* Periode und Epiphanie des Brahma ist schon von Mehreren mit der des Aegyptischen *Phönix* verglichen worden. Dass Indien ähnliche Mythen hat, wurde von uns schon oben bemerkt. Weiter wagen wir aber auch nichts zu behaupten. Ein Wink mag aber gegeben werden: dass ein Grad der Mithrasmysterien vom *Raben* benannt war.

Schrecken; eine unsichtbare Gewalt hält ihn zurück, und lässt aus seiner Hand die 'mörderische Waffe sinken bei jedem Streiche, den er ausführen will. So wird es Tag. Die Reisenden erwachen, und sehen die Waffe, von der sie den Todesstreich empfangen sollten, sie sehen die Bestürzung und die Angst in den Mienen des Valmiki und ˉdie Furcht vor ihrer Rache. Sie suchen indess sein Vertrauen zu gewinnen, und bringen ihn zu einem freiwilligen Geständniss des scheuslichen Handwerks, das er so lange schon getrieben, und das er nur durch die Nothwendigkeit entschuldigt, für eine zahlreiche Familie sorgen zu müssen, welcher alle Mittel zu ihrer Erhaltung fehlen. Die Rischi's stellen ihn zur Rede, sie bemerken in der Tiefe seiner Seele noch ein besseres Selbst, sie machen ihn auf die Grösse seiner Verbrechen aufmerksam, und es gelingt ihnen, den Bösewicht zur aufrichtigen Reue zu bekehren. Sie legen ihm Busse auf, und so bringt er zwölf Jahre in den strengsten Casteiungen und härtesten selbstgewählten Strafen zu, bis ihm nach Verlauf dieser Zeit die Rischi's wieder erscheinen, und ihm erklären, dass er von nun an ihrer Hülfe nicht mehr bedürfe. Er habe durch seine Demüthigung vor dem höchsten Wesen nicht allein Gnade und Vergebung, sondern auch alle Kenntnisse und Wissenschaften gewonnen; er solle sich nun zurückziehen auf einen Berg oder in eine Höhle, und dort seine Gebete und Busse fortsetzen. So wurde Valmiki ein ganz anderer Mensch, sein Geist erstarkte und erhielt seine Schöpferkraft wieder. Er legte die dunkelen Stellen der Veda's aus, und erklärte sie mit so viel Leichtigkeit denen, die ihn darum befragten, dass Alle in Erstaunen und Verwunderung geriethen, und nicht begreifen konnten, auf welche Weise ein vorher so unwissender und niedriger Mensch der Erleuchtetste aller Sterblichen geworden sey. Aber Valmiki, gebessert und zu demüthig, um sich selbst das Verdienst einer solchen Veränderung beizumessen, gesteht ihnen, dass er der ins Fleisch gekommene Birmah sey, verdammt, um seinen Stolz zu büssen, zu einer viermaligen Wiedergeburt im Fleisch in der Folge der Zeiten. Und jetzt wird er ein begeisterter Sänger. Nach dem Befehl des Allmächtigen besingt er die vier ersten Incarnationen des Wischnu, welche in dem Satya-yug statt gefunden, und die zwei ersten im Tiraita-yug, deren Augenzeuge er gewesen war. Dann dichtet er den Ramayan, ein Gedicht, welches die siebente Herabkunft des Vischnu auf Erden enthält.

Im dritten Zeitalter, im *Dwaper-yug*, erscheint Birmah zum drittenmal, und zwar als ein Wunderkind *Bajas*, geboren von seiner Mutter Johngandhary, vier Stunden nach der Umarmung eines Rischi. Kaum hatte er das Licht der Welt erblickt, so war er schon mündig geworden und der Hülfe seiner Mutter nicht mehr bedürftig. Er trennte sich von ihr, jedoch mit dem Versprechen, ihr so oft zu erscheinen, als es ihr nöthig seyn würde, und zieht sich in einen Wald zurück, um hier ungestört sich allein dem Nachdenken überlassen zu können. Dort findet ihn sein Vater, ein alter weiser Rischi, und unterrichtet ihn in jeglichem Wissen. Ausserordentlich sind die Fortschritte, die er macht. Er wird der Verfasser des Mahabhârata, Bhagavat und anderer Gedichte, welche sein Bestreben, die Befehle des Höchsten aufs genaueste zu erfüllen, so wie seine hohe Weisheit verrathen. Er wird endlich zum Propheten Muny, und erlangt grossen Ruhm, wiewohl er auch hier, in dieser dritten Wandelung, noch nicht ganz frei von Leidenschaften und Sinneslust ist.

Im vierten Weltalter, im *Cali-yug*, erscheint endlich Birmah zum letztenmal, als *Calidasa*, von armen Eltern geboren, ohne Erziehung und Bildung, in tiefer Unwissenheit; [1])

---

1) Guigniaut (I. p. 235) bemerkt hierzu mit Recht, dass die Einflechtung des Calidasa und des Wikramaditya in diese mythische Geschichte von Brahma's Verkörperungen ein Kennzeichen sind, dass diese Incarnationen-Historie einen relativ neueren Ursprung verräth. Ueberhaupt enthalten diese, ohne Zweifel aus einem Purana entlehnte Erzählungen

so dass man es wie ein Wunder ansah, als er die wahre Lage der heiligen Stadt Ajudjah (Audhée), welche der Rajah Bickermajit oder Wikramaditya wiederherstellen wollte, entdeckte. Dieser *Bickermajit* war der berühmte Monarch, der zu Anfang dieser Periode lebte, der Künste und Wissenschaften vorzüglich liebte und pflegte, Sänger an seinem Hofe besoldete, und durch sie die verlorenen Gedichte des Valmiki wiederherzustellen wünschte. Allein Niemand wollte sich zu diesem schweren Geschäfte verstehen, bis Calidasa auftrat, und die Werke in ihrem eigenen Versmaass und Rhythmus wiederherstellte. Darüber gelangte er zu grosser Gunst und hohem Ansehen beim Rajah und an dessen Hofe. Doch nun ward Neid sein Loos. Seine Feinde suchten ihn zu vertreiben, sie verläumdeten ihn beim Rajah, als habe er dessen Gunst und Vertrauen gemissbraucht und ihn getäuscht, und warfen den Verdacht auf Calidasa, dass er die Gedichte des Valmiki entwendet habe. Allein Calidasa tritt als ein unbekannter Brahmine auf, und sagt: falls die Gedichte des Valmiki unächt seyen, so sollten sie, auf Stein niedergeschrieben, im Ganges untergehen; wären sie aber ächt, so sollte der Stein auf der Oberfläche des Wassers schwimmen. Und es bestand der Sänger die Probe, er gelangte so wieder zu seinen vorigen Würden am Hofe; sein Ruhm mehrte und verbreitete sich überall, und seine Feinde wurden zu Schanden gemacht.

Seitdem ist Birmah wieder hinaufgestiegen und wohnet in den himmlischen Regionen, als Repräsentant des Ewigen. Dies also ist Birmah's Fall, Rückkehr, Sündhaftigkeit, Bekehrung und neue Erhöhung.

Diese Wandelungen des Birmah sind ganz anders zu fassen, als die des Wischnu, welche von Gott selber veranstaltete,

---

ziemlich grosse Abweichungen von derjenigen, welche Sonnerat (I. p. 285 sqq.) und Andere aus dem Bagavadam entnommen haben (vgl. Guigniaut p. 228).

wunderbare Incarnationen sind. Weil nämlich die Welt jeden Moment in Gefahr wäre, in das Chaos zu versinken, wenn sich Gott ihrer nicht annähme, so muss das rettende Princip aus der Gottheit, Wischnu, selber in der Welt erscheinen, und sie immer wiederherstellen. Dies sind die *Incarnationen,* vermittelst welcher die grossen Dejotas, Wischnu besonders, sterbliche Leiber anziehen und Sterbliches leiden, Hinabsenkungen Gottes ins Fleisch aus dem Triebe der Barmherzigkeit. Hingegen die Wandelungen des Birmah sind *Regenerationen,* wie sie jeder Mensch zu bestehen hat, der zu Gott kommen will. Das bessere Selbst, das Göttliche im Menschen, gelanget durch die Regenerationen und Metensomatosen, welche die natürlichen Entwickelungen des Menschen sind, vermöge welcher er aus Körpern in Körper geht, zuletzt zu Gott, seiner Quelle, zurück.[1]) Im ewigen, absoluten Wesen, Parabrahma, sind nach Indischer Anschauung gesetzt zwei Kräfte oder Aeusserungen; die eine ist die *Centripetalkraft, vis conservatrix,* hypostasirt als *Wischnu,* d. h. die Gottheit äussert sich zwar, allein was von ihr ausgeht, bleibt doch der Neigung nach in ihr, und alle Emanation sucht wieder zu dem zurückzukehren, wovon sie emanirt ist. Dies ist das Lob des Wischnu, dies sein Vorzug vor Brahmâ, dass er in Gott geblieben. Aber es zeigt sich auch in der Gottheit eine entgegengesetzte Kraft, die *Centrifugalkraft, vis effectrix, vis emanans,* welche personificirt Brahmâ ist. — Gott setzt sich mit Erschaffung der Welt ausser Gott, er geht aus sich heraus, es ist in ihm gleichsam die Tendenz, die Richtung von sich weg, aus sich heraus zu treten, sich zu entäussern. Jede solche Entäusserung ist aber eben dadurch schon ein minus von Gott; daher ist eben diese schöpferische Kraft (personificirt als Brahmâ) die geringere, und die ihr entgegengesetzte, welche eben derselben das Gleichgewicht hält, die resorbirende (personificirt als Wischnu), die edlere. Wenn

---

1) S. Polier Mythol. des Ind. I. p. 176 sqq.

Gott den Entschluss fasst, sich zu entäussern, aus Liebe, damit auch das Andere gesetzt sey, und wenn er so eine Welt aus sich schafft, so bringt es auch seine Barmherzigkeit und Güte mit sich, der Welt, seiner Schöpfung, sich wieder anzunehmen. Hiernach wird es uns wohl verständlich werden, wie Brahmâ und Wischnu Brüder sind, und doch jener der geringere, unedlere ist. In Brahmâ ist eben der *natürliche* — aber auch sündhafte (nach der Sprache des N. T. ὁ ψυχικὸς ἄνϑρωπως) — und der *wiedergeborene Mensch* aufgestellt. Er ist ein Bild des Menschen selbst, der, wie Brahmâ, aus Gott gekommen (eine Emanation Gottes) ist, welcher, indem er ins Fleisch tritt, niederen Trieben und Regungen und jeglicher Sinneslust sich hingiebt, der auch, ungeachtet ein göttlicher Funke, ein göttlicher Geist in ihm wohnt, bis an das Aeusserste sittlichen Verfalls kommen kann. Aber im Menschen selbst wohnt auch die Kraft des Wischnu, welche ihm in seinem vernünftigen Geiste gegeben ist, so dass er nie das Höchste verläugnen kann. Die Vernunft wird doch ihre Rechte geltend zu machen wissen, und sey es auch auf dem Gipfel der Verbrechen und Laster. Der Mensch wird umkehren vom Bösen, und der, welcher der Fluch der Menschheit war, wird der Seegen derselben; in ihm erwachen hohe Erkenntnisse, er bringt ewige Erzeugnisse hervor, er wird Prophet und Sänger. So ist Brahmâ auch der *wiedergeborene* Mensch, und in ihm ist also, wie schon oben bemerkt, der natürliche Mensch und sein Verfall in Sünden und Laster, aber auch der wiederkehrende, sich bessernde Mensch und seine Rückkehr zu Gott, gegeben.[1]

---

1) Ich mache hierbei selbst meine Leser auf die Einreden aufmerksam, die Herr Nik. Müller (Wissen, Glauben und Kunst der alten Hindus S. 411 ff.) gemacht hat. Der Französische Uebersetzer meines Buchs hat dagegen meiner Auffassungsweise den Vorzug mit Ausdrücken gegeben, die hier abzuschreiben mir nicht ziemen würde (Guigniaut Notes et Eclairciss. I. p. 632). Ich lasse dem würdigen Verfasser des genannten Werks seine Ansichten unangefochten, will auch weiter nichts zur Un-

Niemand wird hierbei den *scharfen* und *durchschauenden* Geist der Indischen Ethik verkennen. *Stolz* ist der Grund des Falles seeliger Geister; *Abtödtung seiner selbst* die unerlassliche Forderung, die an jeden Menschen ergeht, und zwar eine Abtödtung sowohl dem Leibe als dem Geiste nach. In letzterem Betracht ist sie Vergessen aller Individualität, *Verzichten auf alles Selbstische;* und dies wird dann Indisch nationell

---

terstützung der meinigen beibringen, als die trockene Antwort eines Hindu selbst, der auf die Verwunderung eines Engländers, dass er in seinen Gebeten den Brahmâ hintanzusetzen scheine, kurzweg erwiederte: *I am Brahmâ.* Dagegen will ich jetzt kürzlich auf eine andere Seite hinweisen, die uns diese mythische Verkörperungsgeschichte des Brahmâ darbietet. Niemand wird nämlich in Abrede stellen, dass in dieser Historie ein Indischer Nationalglaube durchscheine: der Schöpfer der Welt sey auch der Schöpfer der grossen Geisteswerke, welche die verschiedenen Perioden der Literatur verherrlicht und verewigt haben. Darauf beruht die Indische Betrachtungsart, wonach selbst die epischen Gedichte als theologische genommen und als ein heiliger Kanon betrachtet werden, der den niederen Casten, besonders den Paria's vorenthalten wird. Auch diese Ansicht scheint sich den Griechen mitgetheilt zu haben. Die Hellenische Volkssage sprach von einem Pythagoras-Apollon, wie die Indische von einem Valmiki-Brahmâ, und liess den Pythischen Propheten in mehreren Perioden und Personalitäten auf Erden erscheinen. Späterhin, als jene mystische Seelenwanderungslehre im Volksbewusstseyn verdunkelt worden, sprach die Reflexion sich über jenen wunderbaren Weisen so aus: „Dass jedoch des Pythagoras Seele von des Apollon Regierung abhängig, sey es nun als beständige Begleiterin (συνοπαδόν), oder auf eine andere und noch vertrautere Weise diesem Gotte verbunden, unter die Menschen herabgesendet worden, möchte nicht leicht jemand in Zweifel ziehen."[1])

---

1) Iamblich. de vita Pythag. I. 8. p. 24 Kiessl. Ueber die Seelenwanderungslehre bemerkt W. v. Humboldt in A. W. v. Schlegel's Indischer Bibl. II. p. 360: „Diese Indische Lehre von der Seelenwanderung, in Verbindung mit jenseitigen Strafen und Belohnungen, hat viele Aehnlichkeit mit der Pythagorischen, wovon wir in einer

zu der Lehre vom Tode,[1]) als dem Eingange zum wahren Leben, und von der höchsten Seeligkeit schon in diesem Leben, wenn die Contemplation das Bewusstseyn (Schauen) der Gottheit an die Stelle des Selbstbewusstseyns setzt. Diese Beschaulichkeit und Ekstase. ist also nicht blos ein physischer Zustand, eine Art von Rausch aus Enthaltsamkeit, sondern eine ethische Vollendung und Selbstentäusserung, und, kühn zu sprechen (wie wohl Griechische Philosophen thaten — wovon im Verfolg), eine Deification,[2]) wenn man sie nicht nach den gewöhnlichen Erscheinungen der Indischen Gaukler (Jongleurs), sondern nach dem Geiste der Indischen Lehre betrachtet.

Und hiermit hängt auch die Lehre von *Belohnung* und *Bestrafung nach dem Tode*, von der *Seelen Unsterblichkeit* und von der *Seelenwanderung* zusammen, welche nach mehreren

---

1) Sollte nicht auch zu jener Lehre vom Tode, zu der Verachtung desselben, indem der Indier gleichgültiger, ja mit mehr Freude dem Tode entgegensieht, als jeder andere Asiate oder Europäer, der physische Umstand beigetragen haben, dass alle Krankheiten, die in Indien dem Leben sein Ziel setzen, grösstentheils einen sehr leichten Tod bringen, und die Indier fast ohne alle Schmerzen, Verzuckungen und Verzerrungen der Gesichtszüge u. s. w. sterben? (S. Wahl Erdbeschreibung von Ostind. II. p. 159.)

2) Vgl. hierzu die Anmerkung des Französischen Uebersetzers I. p. 281 sq.

---

berühmten Stelle des Pindar die flüchtigen Umrisse, jedoch nicht ohne eine gewisse *lyrische Verschwommenheit*, abgezeichnet sehen. " Hierin zeigt sich schon der Einfluss der Dichter auf die Lehre, von denen sie endlich gänzlich verdrängt worden wäre, hätten nicht die Mysterien Sätze daraus aufbehalten. Uebrigens kam diese Lehre auch in die gnostischen Systeme der Manichäer, Karpokratianer und des Basilides, und zwar theils unmittelbar, wie es scheint, aus Indien, theils aus den Schriften mancher Pythagoreer und des Plato (s. meine Anmerk. zum Plotinus II. 9. p. 125).

Angaben Griechischer Schriftsteller ihren Ursprung in Indien gehabt haben soll. Pausanias nämlich (Messeniaca cap. 32. §. 4) bemerkt, die Magier der Indier und die Chaldäer hätten zuerst die Unsterblichkeit der Seele gelehrt. Man sehe Davisius zu Cicer. Tuscull. I. 16, welcher mehrere Stellen der Alten gesammelt hat, und dem auch die eben angeführte Stelle des Pausanias nicht entgangen ist. Es könnte zwar nach Herodotus II. 123, welchem, wie Wesseling zu dieser Stelle bemerkt, Clemens von Alexandrien und Andere folgen, scheinen, als wenn dort behauptet würde, dass die Aegyptier zuerst die Lehre von der Unsterblichkeit vorgetragen hätten. Allein der Sinn dieser Stelle, welche ich in den Commentatt. Herodott. I. cap. II. §. 24 ausführlicher behandelt habe, ist vielmehr der, dass die Aegyptier zuerst die Lehre von der Unsterblichkeit der Seele mit der andern von der Seelenwanderung verbunden hätten.[1]) Auch Palladius in der Schrift περὶ τῶν Βραχμάνων legt den Brahminen die Lehre von der Seelenunsterblichkeit bei; und Casaubonus führt unter andern Lehren auch diese zum Beweise an, dass die Indische Religion mit dem Christenthume sehr genau übereinstimme; s. Casauboniana p. 13. coll. p. 219 sqq.

Die Seelenwanderung selbst hat drei Grade, nach verschiedenen Körpern: Steinen, Pflanzen, Thieren, und ein Zurückversetztwerden in diesen oder in einen andern Körper, bis der Mensch wieder rückwärts seine frühere Natur erreicht hat; und die überirdische Seeligkeit besteht, nach dem System der Vedanti, eben in dem *gänzlichen Verlust des Bewusstseyns*, wobei aber *das Bewusstseyn des göttlichen Ursprungs bleibt*, also *im Versinken in die Gottheit.*[2]) Erst der Tod ist der Eingang zum wahren Leben nach Brahmanischer Lehre (s. Strabo XV.

---

1) Mithin wird von Herodotus wenigstens den Aegyptiern nur die Lehre von der *Seelenwanderung*, als zuerst von ihnen aufgestellt, nicht aber die Entdeckung der Seelenunsterblichkeit, beigelegt.

2) S. Jones in den Asiatt. Abhandll. I. p. 235 der Deutsch. Ausg.

p. 1039). Daher auch der Glaube, dass das Ertrinken im heiligen Ganges die Seele, gereinigt von allen Flecken, in den Schoos der Gottheit führt. [1]) S. Jones in den Asiatt. Abhandll. IV. p. 63 der Deutsch. Ausg. und dort Paullinus System. Brahman. p. 104.

---

[1]) Ueber diese Vorstellung vom *Ganges, dessen Wasser von Sünden reinige* und alle Mackel abwasche, und über die daraus entstandenen Gebräuche der Indier *s.* vorzüglich Wahl Erdbeschr. von Ostindien II. p. 390 ff.

§. 12.

So wie hier die Volksmoral der alten Hindus ganz und gar die Localfarben der Landesreligion an sich trägt, so behauptet sie auch in andern Vorschriften theils den allgemein morgenländischen, theils den speciell Indischen Charakter. Menu's Gesetzbuch, das Epos und das Drama geben dazu sprechende Belege. So werden z. B. als Bedingungen der ewigen Glückseeligkeit angegeben: erstens das Erzeugen eines Sohnes rechtlicher Weise; sodann das Lesen der Veda's auf gesetzmässige Art; endlich das Vollbringen der Opfer nach besten Kräften. [1]) Dagegen zeigt die Sittenlehre der Indier bald grosse Originalität und wahrhafte Tiefe, wie namentlich im Bhagavat-Gita, bald eine reinmenschliche Sinnesart und eine Liebenswürdigkeit, die alle Herzen gewinnt. Man betrachte nur z. B. den Hauptsatz, der dem Drama Nalus zum Grunde liegt: Durch Pflichtleiden und Weibestreue wird selbst der Böse (Kali) überwunden. [2]) Die treue Damajanti ist die Personification dieser Lehre. Um ihren Besitz haben selbst die Götter geworben. Aus Liebe hat sie den sterblichen Nala gewählt, und nun belohnen sie ihn auch durch Verleihung ausserordentlicher Gaben.

Im Chor der Götter weilet nicht der Neid. [3]) Ferner wählte der Indier die Thierfabel oder den Apolog ($\alpha\tilde{\iota}\nu\circ\varsigma$),

---

1) Menu's Gesetzbuch Cap. VI. 36 sqq. verglichen über den Seegen durch Kinder IX. 137 und Kosegarten zum Nala S. 210.

2) a. a. O. S. 179.

3) Plato im Phaedrus p. 247. A: φθόνος γὰρ ἔξω χοροῦ θείου ἵσταται. vgl. den Timaeus p. 29. D. — oder, wie es auch heisst: ἔξω θείου λόγου.

um sittliche Wahrheiten anschaulich und eindringlich zu machen. Wir wollen an einem Beispiele aus der Hitopadesa sehen, wie der Indier auf diese Weise *moralische Freiheit, Muth zum Rechtthun* und *Macht des Beispiels* darzustellen suchte (nach dem Kalila und Dimna aus Sapientia Indorum ed. Starck. sect. X. p. 414 — 416). «Einst war ein Schakal (ϑώς[1])). Er lebte unter seinen Verwandten, Füchsen und andern reissenden Thieren, aber auf besondere Weise. Er vergoss kein unschuldiges Blut, frass kein Fleisch. Da wurden die übrigen Thiere ungehalten, und sagten zu ihm: deine Lebensweise gefällt uns ganz und gar nicht. Deine Tugenden bringen dir keinen Gewinn, und du darfst nicht länger unter uns seyn, da du deine Weise höher achtest, als die unsrige. Da antwortete der Schakal: eure Gemeinschaft und euer Umgang soll mich nicht zum Uebelthun verleiten. Denn nicht *Zeit* und *Gelegenheit*, nicht *Ort* und *Umgang*, bringen Sünden hervor, sondern *des Herzens Neigungen und Werke.* Zum andern: bin ich mit euch gleich dem Leibe nach verwandt, so bin ich doch dem Geiste und Gemüthe nach fern von euch und fremd. So sprach der Schakal, beharrete in seiner Sanftmuth und Tugend, und ward bald deshalb allerwärts gepriesen.»

Ein ganzes System der Ethik, *Niti Sastra* genannt, ist noch vorhanden, wie wir aus Jones Bericht ersehen (siehe Asiatt. Abhandll. I. p. 21 der Deutsch. Ausg.).

Dieser Charakter spricht sich auch in den Vorstellungen und Darstellungen der höchsten Religionswahrheiten aus, namentlich in den Gebeten, Hymnen und Sprüchen über Gott und sein Wesen, wozu die Veda's viele Belege liefern können,

---

Vgl. Plotin. II. 9. p. 393 und die Anmerkung zu den Worten: ὅτι μὴ ϑέμις φϑόνον ἐν τοῖς ϑεοῖς εἶναι (Annott. p. 132 ed. Oxon.).

1) Ueber diese, auch den Aegyptiern heilige Thierart vgl. unsere Commentatt. Herodott. I. p. 163, wo auch die Meinung des La Croze (Hist. Christ. Ind. lib. VI. p. 426) berührt ist, wonach der ganze Aegyptische Thierdienst Indischem Ursprungs wäre.

die den stillen und einfachen Geist derselben hinlänglich beurkunden. Hier nur eine Probe aus dem weisen Jadschur
Veda:[1])

« Der Anfang der Gebete des *Sarwamedha (Allopfer)*. »

« Feuer ist's (die Ursache), die Sonne ist's: so die Luft, so
ist es der Mond — so auch dieser reine Brahma, und
diese Wasser, und dieser Herr der Geschöpfe. »

« Augenblicke (und andere Zeitmaasse) sind hervorgegangen aus der glänzenden Person, die Niemand begreifen
kann, oben, rings und in der Mitte. »

« Von Ihm, dessen Glorie so gross ist, giebt es kein Bild.
Er ist es, der gefeiert wird in verschiedenen heiligen
Weisen. Eben Er ist der Gott, der alle Regionen
durchgeht, Er der Erstgeborne. Er ist es, der in dem
Leibe ist, Er, der geboren ist, und Er, der gezeugt
werden wird. Er im Besonderen und im Allgemeinen
verharret bei den Personen. »

« Er, vor welchem nichts geboren war, und der alle Wesen
wurde; Er selbst der Herr der Creaturen mit sechszehn
Gliedern. Erfreut durchs Schaffen schuf Er drei Lichter,
Sonne, Mond, Feuer. »

« Welchem Gott sollten wir Opfer darbringen, als Ihm, der
den flüssigen Himmel und die feste Erde machte; geistig
betrachtend, während sie verschönert werden durch Op-
ferungen und bestrahlt von der Sonne, aufgegangen über
ihnen. »

« Der Weise betrachtet dieses geheimnissvolle Wesen, in
dem Alles besteht ewiglich, ruhend auf dieser einzigen
Stütze. »

« In Ihm ist die Welt verschlungen; von Ihm geht sie aus.
In Geschöpfen ist Er verflochten und eingewebt mit ver-

---

1) Nach Colebrooke und Bopp im Anhang zu der Schrift: Ueber
das Conjugationssystem der Sanskritsprache S. 280. In den *Nachträgen*
werden Stellen aus dem Rig-Veda gegeben werden.

schiedenen Gestalten des Seyns. Möge der Weise, welcher mit der Bedeutsamkeit der Offenbarung umgeht
(vertraut ist), eifrig preisen dieses unsterbliche Wesen,
das geheimnissvoll Seyende und dessen verschiedenen
Aufenthalt. »

«Wer seine drei Zustände kennt (Schöpfung, Dauer und
Zerstörung), welche in Geheimniss verhüllet sind —
(der ist weise —).»

«Dieser (Ewige), in welchem die Götter Unsterblichkeit
erlangen, während sie verharren in der dritten himmlischen Region, ist unser anbetungswürdiger Vater, und
die Vorsicht, welche alle Welten lenkt.»

Wie also im Ethischen der Indier so glücklich die Natur
beobachtete, und in ihr die grossen sittlichen Wahrheiten
darzustellen wusste, eben so gelang ihm dies im Theoretischen, indem er die grössten Religionsgeheimnisse gleichsam
substantialisirte durch Naturtypen, und zwar auf eine höchst
treffende Weise. So war von jener Indischen (pantheistischen)
Grundanschauung, Gott ist Alles, in ihm ist Alles, ausser ihm
ist die Welt und doch wieder in ihm, alle Wesen kommen
aus ihm und fallen in seinen ewigen Schoos wieder zurück,
also von diesem beständigen *Emaniren* und *Resorbiren* aller
Dinge, der *Aswatha-Baum* ein natürliches Bild und Symbol.
Es ist dieser Baum, welcher auch *Pipal, Pipala*¹) (*Ficus
religiosa* Linn.) heisst, der Indische Feigenbaum, der in ganz
Indien heilig ist und bei allen Pagoden und Tempeln gepflanzt
wird. Er hat herzförmige Blätter, vorn zugespitzt und bei
dem leisesten Winde zitternd. Seine Haupteigenschaft besteht
aber darin, dass von den Aesten Schösslinge bis auf den
Boden herabgehen, wo sie wieder Wurzel schlagen, und von
da zu einem neuen Baume aufwachsen. Dies mag wohl zu
folgendem Mythus Veranlassung gegeben haben: Brahma war

---

1) S. Majer mytholog. Wörterb. I. p. 134 und Wahl Erdbeschr. von
Ostind. II. p. 788.

einst gestorben (d. i. die schöpferische Kraft war erloschen,
Gott schuf nicht mehr), und die Schöpfung war der Sorge
des Wischnu (d. i. der erhaltenden Kraft) anvertraut. Dieser
sann darauf, den Brahma wieder zu erwecken. Darum nimmt
er ein Blatt des Aswathabaumes, und schwimmt in der Gestalt eines kleinen Kindes, an der grossen Zehe seines Fusses
saugend, darauf über das Milchmeer so lange, bis Brahma in
einer Tamarablume[1]) aufs neue aus seinem Nabel hervorkommt,
und neue Welten schafft, so dass ein *ewiger Kreislauf* des
Werdens und Vergehens statt findet. — Dass dieser Baum
wegen seiner Eigenschaften als Symbol des *ewigen Wiedergebärens*, der *Wellewigkeit*, betrachtet ward, zeigt auch folgendes Gleichniss aus dem Bhagavat-Gita (s. Majer mythol.
Wörterb. I. p. 135 und dort das Asiat. Magazin Bd. II. p.
459): «Das unvergängliche Wesen ist gleich dem Baume
Aswatha, dessen Wurzel in der Höhe ist, die Aeste aber
sind niedrig, und seine Blätter die Veda's. Seine Zweige,
die von den drei Eigenschaften abstammen, und deren kleinste
Sprossen die Objecte der Sinnenorgane sind, verbreiten sich
theils aufwärts, theils abwärts. An den Wurzeln, welche
sich abwärts in die von Menschen bewohnten Regionen ver-

---

1) S. Majer a. a. O. und daselbst Sonnerat Reise nach Ostindien I.
p. 147 und daraus die Abbildung bei Majer Tab. V. fig. 2. — Wir geben
eine ähnliche mythische Scene nach Moore the Hindoos Pantheon nr. 2
in *unsern Blättern* Tab. XXIV. nr. 1. 2. Ausg., wo Wischnu und Lakschmi auf einer vielköpfigen Schlange ruhen, während Brahma aus dem
Nabel des ersteren in einer Blume erscheint. In *unserer Tafel* XXI.
nr. 2. 2. Ausg. erscheint Narayana in jener kinderhaften Lage, die der
Mythus bezeichnet. Hierbei darf ein kosmogonisches Bild nicht unbemerkt bleiben, welches Holwell (Merkwürdige Nachrichten von Bengalen,
Deutsch von Kleuker, Tab. I) bekannt gemacht hat. Die ausführliche
Beschreibung muss bei ihm selbst (p. 277 ff.) nachgelesen werden. Ich
bemerke nur, dass nach Holwell's Erklärung dort Brum d. i. Brehm oder
Parabrahma selbst auf einem *Betelblatte* (dem auf unserem Bilde sehr
ähnlich) über den Wassern schwimmt, während Brahma, Wischnu und
Schiwa ihn anbeten.

breiten, kann man weder seine Form, noch seinen Anfang, noch sein Ende, noch seine Aehnlichkeit finden.» Man vergleiche mit dieser Stelle des Bhagavat-Gita eine andere aus eben demselben, welche wir p. 97. 98 der zweiten Ausgabe mitgetheilt haben, so wie das Weitere (nach Herder's Uebersetzung in der Vorwelt p. 46), wo Krischna folgendermassen spricht:

«Ich bin der Schöpfung Geist, ihr Anfang, Mittel und Ende,
In den Naturen das Edelste stets von allen Geschlechtern,
Unter den Himmlischen Wischnu, die Sonne unter den
Sternen,
Unter den Lichtern der Mond, von Elementen das Feuer,
Meru unter den Bergen,[1]) das Weltmeer unter den Wassern,
Ganga unter den Strömen, *Aswatha unter den Bäumen*,
König in jeglicher Art der Menschen und aller Lebendigen,
Unter den Schlangen bin ich die ewige Schlange, der Weltgrund » u. s. w.

Nachträglich gebe ich jetzt einen gedrängten Auszug aus der vortrefflichen Abhandlung K. Ritter's: «Der Indische Feigenbaum, Asvattha (Ficus Indica) — der Buddhabaum (Ficus religiosa, der Pipapala, der Tschalada u. s. w.)» (in der Erdkunde B. IV. 2. Th. 6. S. 656 ff. 2. Ausg.) und füge einige Bemerkungen bei. Es sind nämlich in dieser heiligen Flora unter Anderm zwei Bäume zu unterscheiden: 1) Ficus Indica, die Banjane, der *Brahmanenbaum* mit den Luftwurzeln, der Feigenbaum der Gymnosophisten zu Alexanders d. Gr. Zeit, wie noch heute der Baum der Yogis, der *Asvhatta* der Veda's (s. vorher), der Peralu der Malabaren. Die wesentlichste

---

1) Vgl. Bhagavat-Gita ed. A. W. de Schlegel. Bonn. 1823. Lect. X. sl. 23. 25 und über das Geographische Karl Ritter's Erdkunde, Asien, Band I. S. 12 f. Dass nicht blos bei Asiatischen Völkern, sondern auch bei den Griechen Berg und Landesgott zuweilen identisch waren, werde ich im Abschnitt vom Zeus der Hellenen zeigen.

Eigenheit dieses Baumes kannte schon Theophrast (Hist. Plant. I. 7. 3. p. 24 ed. Schneid. vgl. IV. 4. 4). «Dieser Baum senkt, sagt er, die Triebe hinunter, bis sie an die Erde reichen und Wurzeln schlagen, und rings um ihn ist ein zusammenhängender Kreis von Wurzeln, die den Hauptstamm nicht berühren, sondern von ihm abstehen.» Es treibt nämlich die Banjane horizontale Zweige aus ihrem Stamme, die sich sehr weit ausbreiten, und unfähig ihr eignes Gewicht zu tragen, Luftwurzeln zur Erde herabsenken, die den Boden erreichen, festwurzeln, und ihnen so zu Säulen und Stützen werden. Die Blätter sind bis 5 Zoll lang und $3\frac{1}{2}$ Zoll breit; die kleinen rothen feigenartigen Früchte dienen nur den Vögeln und Affen zur Nahrung,

2) Ficus religiosa, der heilige *Buddhabaum*, arbor Zeilanica religiosa, ohne jene Luftwurzeln, aber ausgezeichnet durch seine in der leisesten Luft zitternden Blätter. Er scheint den Macedoniern unbekannt geblieben zu seyn. [1]

Der Indische Pantheismus, die Philosophie und die Poesie haben nun beide Baumarten der höchsten Verehrung geheiligt, aber den einen Baum die Brahmanen, den andern die Buddhisten. «Dem Brahmadiener, dem Anhänger Vischnu's und Shiva's, der in der ganzen Natur die zeugende Kraft, zumal des letztern, Mahadeva's, des grossen Gottes im Symbole des Ling (Phalas im Sanskrit, phallus) verehrt, ist der *Asvattha*, der von den Zweigen durch zahllose Luftwurzeln wieder in die Erde schlägt, der Baum der Verjüngung, des ewigen Wiedergebärens, *der Baum des Lebens, der Wiedergeburt der Weltewigkeit*, unter dessen Schatten er daher am liebsten, und,

---

1) Die neueste und zwar colorirte Abbildung der Zweige, Blätter, Früchte u. s. w. beider Baumarten findet sich in Guimpel und Schlechtendal Abbildung und Beschreibung aller in der Pharmacopoea Borussica aufgeführten Gewächse III. 13. Berlin, 1836. nr. 276. 277 — eine Nachweisung, die ich meinem geehrten und mit der antiken Flora vertrauten Amtsgenossen Professor *Dierbach* verdanke.

wic er meint, am gesegnetsten seinen Aufenthalt nimmt. » —
Der andern Art, der Ficus religiosa, ohne Luftwurzeln, aber
mit herzförmigen Zitterblättern, bringen die Anhänger der
Buddhalehre ihre Huldigungen dar. Er war zuerst das Bild
des furchtsam *zitternden Greises*, daher in der Sakuntala (Act.
6) mit dem malerischen Beinamen Tschaladala, von tschala,
zittern, und dala, das Laub, bezeichnet. Nachher ward er
zum Symbol *der immerdar bewegten Welt* gemacht. Auch kommt
im Upnekhat (II. p. 322 ed. Anquetil) ein *Weltbaum* vor, und
es heisst dort unter Anderm: «Mundus arbor est et stabilis non
manet, et folia illius semper in motu sunt.» In Betreff des
Asvatthabaumes (der Ficus Indica) bemerkt Ritter, mit Verweisung auf eine Abhandlung von Noehden (Transactions of
the Asiat. Society London I. 1. p. 119 — 128): «Auch die
moderne Wissenschaft und Poesie hat den eigenthümlichen Charakter seiner Verzweigung (Quot rami tot arbores) symbolisch
hervorgehoben; die Asiatische Societät in London hat dies zum
Motto und sein Abbild, als Symbol ihrer Wirksamkeit, zum
Gesellschaftssiegel erkoren, und Milton (Paradise lost IX. vs.
1099) hat diesen Baum besungen.» — So weit Ritter.

Ich füge hinzu: auch der neuplatonischen Philosophie muss
der Baum überhaupt als Bild dienen, um die Ideen der *kosmischen Einheit*, des *Weltorganismus* und des nie erlöschenden
Lebensprincips zu veranschaulichen. Es wird nicht uninteres-
sant seyn, zwei Stellen des Plotinus mit jenen Aussprüchen
Indischer Philosophen und Poeten zu vergleichen. In der
ersten Stelle[1]) heisst es: «Denn das, in welches Alles (auf-
geht) ist Princip, worin Alles zugleich und Alles im Ganzen.
Gehen doch jegliche Dinge aus ihm hervor, während es selbst
inwendig verbleibet, wie aus einer in sich selbst stehenden
Wurzel. Diese aber (die Dinge) entspriessen zu einer getheilten Vielheit, jegliche ein Bild von jenem an sich tragend;
so doch, dass hier ein Anderes im Andern geworden. Und

1) Enn. III. libr. 3. cap. 7. p. 502 Oxon.

es befinden sich diese Sprösslinge näher an der Wurzel, jene hingegen, ins Weitere treibend, gehen auseinander und bis zu den Aesten, Zweigen, Früchten und Blättern. Und ein Theil verbleibet immerfort (dasselbe), ein anderer dagegen *wird* immerfort (nämlich) die Früchte und die Blätter. Und die immerfort *werdenden* Theile haben die oberen Gesetze (Bildungstriebe, τοὺς ἐπάνω λόγους) in sich, *eben als wollten sie selbst kleine Bäume seyn* (οἷον μικρὰ δένδρα βουληθέντα εἶναι).» In der zweiten Stelle[1]) sagt er: «Oder denke dir das Leben eines grossen Baumes, durch alle Theile desselben hindurchdringend, während das Princip bleibet, und sich nicht durch das Ganze verbreitet, weil jenes seinen Sitz hat in der Wurzel. Es verleihet sonach dem Baume das ganze, das viele Leben; selber bleibet es jedoch, weil es nicht ist ein Vieles, sondern des Vielen (Lebens) Princip. Und das ist kein Wunder; oder man dürfte sich auch wundern, wie des Lebens Vielheit aus der Nicht-Vielheit geworden, und wie die Vielheit nicht geworden wäre, wenn nicht vor der Vielheit gewesen was nicht Vielheit war.» — — «Denket daher Jemand der Pflanze Eins und des Thieres Eins und der Seele Eins und das Eine des All, so nimmt er jedesmal in Gedanken das Mächtigste und das Ehrwürdige.» — Zum Schluss bemerke ich dass auch die Früchte des Indischen Feigenbaums zum Beispiele dienen mussten, um philosophische Lehrsätze anschaulich zu machen. In einer Schrift der Vedanti-Philosophen findet sich folgende Stelle: «Frugem fici Indicae illinc affer: en tibi eam, o venerabilis; finde eam; fissa est, o venerabilis; quid hic vides? Subtilia illa grana; eorum unum finde; fissum est, o venerabilis; quid hic vides? Prorsus nihil, o ve-

---

1) III. 8. 9. p. 646 Oxon. — Es wird hierbei zu bemerken nicht überflüssig seyn, dass Plotin, nachdem er die Schule des Ammonius besucht hatte, sich auch mit dem Studium der Indischen und der Persischen Philosophie beschäftigt hatte (Porphyr. de vita Plotini. III. p. LI ed. Oxon.).

nerabilis. Cui ille: quam subtilitatem conspicere non potes, ex ea subtilitate magna haec ficus surgit; crede, o bone.»¹)

 Die Emanationen und Incarnationen der Gottheit durch alle Aeònen hindurch, woraus das weit ausgesponnene Gewebe von Mythen sich entwickelt, welche den Inhalt der grossen Kosmogonien und epischen Gedichte, der Purana's, des Ramayan, um nur an diese zu erinnern, ausmachen, diese heiligen Religionsgeschichten, stellte die Tempelarchitektur und Tempelsculptur an ihren Wänden in unzähligen Reliefs und Bildern dar — gleichsam in verkörperten Mythen, heiligen Geschichten in Stein. — Dies beurkunden noch jetzt dem Auge die Grottentempel von Elephante und Ellora. Hierher gehören auch die Vereinigungen zweier Gottheiten in Einem Körper, besonders einer männlichen und einer weiblichen. Diese Compositionen sind in der Indischen Tempelsymbolik nicht selten. Als ein Beispiel davon habe ich eine solche Darstellung nach Moore den Abbildungen zu meinem Werke beifügen lassen. Hier sehen wir den Schiwa und die Parwati in engster Vereinigung und durch ihre Attribute charakterisirt.²) Wir erinnern zum Beweise, dass dies schon früh so war, unter An-

---

1) S. Windischmanni Sancara, sive de Theologumenis Vedanticorum. Bonn. 1833. p. 184 sq. — Zu den Sagen von Wunderbäumen Indiens, welche in der Römischen Kaiserzeit bei Griechen und Römern umliefen, giebt der neulich aufgefundene Iulius Valerius (aus dem 3. oder 4. Jahrh. nach Chr.) einen neuen Beitrag. S. Iulii Valerii res gestae Alexandri Macedonis translatae ex Aesopo Graeco ed. Angel. Mai. Mediol. 1817. III. 39—41, wo, nach Griechischen Quellen, welche der Alexandriner Aesopos benutzte, fabelhafte Dinge von männlichen und weiblichen, der Sonne und dem Monde heiligen Orakelbäumen erzählt werden, welche jedoch, symbolisch und mythisch genommen, zum Theil einen sehr guten Sinn haben; worüber im Capitel von der Aegyptischen Religion das Weitere bemerkt werden wird.

2) S. *unsere Tafel* XXIV. nr. 2. 2. Ausg.

derm an die Vorstellung des Brahma als Hermaphroditen, die wir beim Porphyrius (apud Stobaeum in Eclog. phys. I. 4. §. 56. p. 145 Heeren.) lesen. Er war abgebildet als ein Riese mit vielen Köpfen, deren jeder eine Krone trug. Auf der einen Seite war er männlich, auf der andern weiblich, und der ganze Körper mit unzähligen Symbolen umgeben. S. das Nähere bei Jones in den Asiatt. Abhandll. T. IV. p. 44 sqq. der Deutsch. Ausg.[1]) vgl. A. W. v. Schlegel Ind. Biblioth.II.S. 462.

Die eben bemerkten Erscheinungen führen von selbst auf gewisse allgemeine Vergleichungen der orientalischen Bildnerei und derjenigen, die der Occident von den Griechen empfangen hat. Obwohl ich nun darüber das Nöthige schon im Allgemeinen Theil bemerkt habe, so müssen hier von jenen Grundsätzen doch noch einige Anwendungen auf die Darstellung der *Indischen* Gottheiten und Genien gemacht werden.[2])

Hier, im Gebiete der Kunst, sehen wir nun schon Indien auf einem ganz andern Wege als Griechenland. In Indien ist der Charakter der Symbolik das *Bedeutsame*, im Gegensatz gegen das Poetische, Plastische und Schöne, und bei der ganzen Indischen heiligen Bildnerei (was auch vom Mythus gilt) ist die, freilich von Wenigen gefasste Grundidee vorherrschend, dass die heiligen Bilder (Symbole und Mythen) nur *Erinnerungen* sind an das Wesen des Ewigen, dessen Bild viel besser *im reinen Denken* wohnt und *im Herzen der*

---

1) Anschaulich wird diese Beschreibung zum Theil durch die noch vorhandenen Abbildungen, wohin auch *unsere Tafeln* XXI. XXVII. XXIX. 2. Ausg. gehören.

2) Man vergleiche damit die Betrachtungen von Payne Knight an Inquiry on the symbol. lang. §. 231 sqq. p. 192 sqq., der mit Recht den ausschweifenden und dem Schönen entfremdeten Charakter der Indischen Bildnerei, Malerei und Architectur von dem scharfen Castendespotismus, von der natürlichen Furchtsamkeit und Sanftheit des Volkes, von dem Geiste ihrer überschwänglichen und nicht sowohl auf das *Handeln* als aufs *Büssen* Werth legenden Religion und deren frühem Verfall durch die Schuld der Brahminen, ableitet.

Frommen. Es zeigt sich demnach ein scharfer Gegensatz dieser *Innerlichkeit* der Religion der Indier gegen die *Aeusserlichkeit* (plastische Gestalt) der Griechischen, wenn wir letztere nämlich schon auf dem Wege zu ihrer Selbstständigkeit betrachten; und da die Symbole nur Erinnerungen sind, nicht Abbilder, wie die Griechischen Götterbilder, so wird nicht das Schöne gesucht, sondern das möglichst *Erschöpfende.* Dies zeigt sich auch zuvörderst in dem *Ueberfluss* und *Reichthum* ihrer Symbolik, besonders ihrer *Götterattribute.* Unzählige Beiwerke hat jeder ihrer Götter, jedoch keines bedeutungslos; jeder Kopf, jeder Arm, jeder Fuss und so fort hat seine besondere Bedeutung, und die ganze Geschichte des Gottes liegt in Symbolen, so dass wir gewiss die Behauptung wagen können, es habe kein Volk der Erde seine Religion so ausführlich symbolisirt, wie das Indische. Andrerseits zeigt sich dies auch an der *Ungenügsamkeit* der Indischen Symbolik, d. h. *sie will Alles sagen,* das Weltall soll in den Bildern der grossen Götter *ganz und in jeder Beziehung* vor Augen gestellt werden. Daher denn die vielköpfigen, vielarmigen, wunderbar grotesken Götterbilder, wie, um aus Unzähligem nur einige Beispiele anzugeben, die Vorstellung der *Trimurti* oder *Dreieinheit,* in den Asiatt. Abhandll. Bd. IV. tab. IV. fig. 3 d. Deutsch. Ausg., ferner *Ganêsa* (der Gott der Weisheit) mit dem Elephantenkopfe, ebendaselbst tab. XV, oder auch mit dem Elephantenrüssel, in Majer's mytholog. Wörterb. tab. II.[1]) Hierher gehört auch die eben berührte alte Abbildung des Brahma als Hermaphrodit, ferner die des Wischnu, welcher auf einer zusammengerollten Schlange schläft. Noch sonderbarer aber ist die, wo Wischnu als Fisch das Gesetzbuch aus dem Grunde des Meeres heraufholt, als Schildkröte die sinkende Erde unterstützt, als Riese den Eber bändigt und

---

1) Man vergleiche die Copien mehrerer Vorstellungen der Art von den Bildern bei Moore, auf den *unserem Buche beigefügten Tafeln* XXII. nr. 2 (Trimurti), XXIX. nr. 5 und XXVII. 2. Ausg. (Ganêsa).

dergl. mehr (s. die Abbildungen in dem vierten Bande der Asiatt. Abhandll. tab. VI. VII). ¹)

Maass aber ist das ewige Gesetz aller Schönheit; *Unmaass* bringt das Abentheuerliche, Seltsame und Ungeheuere hervor. Da also das Symbol in Indien einzig dem Bedeutsamen diente, so erscheint es *unschön*, oft *ungeheuer* und *furchtbar;* was ebenfalls vom Charakter des Indischen Mythus als Regel, wiewohl mit gewissen Einschränkungen, gelten kann. Denn, wie wir schon oben an einigen Beispielen nachgewiesen, auch den Indiern fehlte es , nicht an Lieblichkeit, Zartheit²) und feinem Sinn in manchen Bildwerken, so wie vorzüglich in ihrer Mythologie. Aber jener Geist des Ungenügsamen waltete doch im Ganzen stets in der Indischen Kunst vor, welche auch durch andere Verhältnisse und Umstände dazu bestimmt wurde. Man erwäge nur die strenge Scheidung der Stände durch die Eintheilung in Casten, das Verhältniss des weiblichen Geschlechts, das Klima, welches den Menschen zur Ruhe lockt und eine Bewegungslosigkeit und Unthätigkeit

---

1) Vgl. *unsere Abbildungen* XXV (drei Avatara's) und XXIV. 2. Ausg. (Wischnu und Lakschmi auf der vielköpfigen Schlange).

2) Drei Beispiele mögen zum Beleg hinreichen: *Ganga* als junge Frau von gefälliger Bildung, mit der einfachen Blume in der Hand auf dem Strome wandelnd, oft abgebildet; sodann der *fliegende Genius* auf *unserer Tafel* XXII. nr. 2. 2. Ausg.; endlich *Dêvakî* mit dem *Krischna* an ihrer Brust, in einer Fülle von Blumen und Bäumen, auf *beigefügter Tafel* XXVI. 2. Ausg. Aus diesen und andern Beispielen einfacherer Kunstdarstellungen mag der Leser urtheilen, ob Payne Knight (a. a. O. p. 192 sq.) doch nicht etwas zu stark sich ausdrückt, wenn er sagt: „Hence, like the ancient *Aegyptians*, they (the *Hindoos*) have been eminantly succesfull in all works of art, that require only methodical labor an manual dexterity, but have never produced any thing in painting, sculpture or architecture *that discovers the smallest trace or symptom of those powers of the mind, which we call taste and genius;* and of which the most early and imperfect works of the *Greeks* always show some downing."

erzeugt, welche das leichte Leben dort wohl gestattet; ferner das beständige Liegen, eben durch die klimatischen Verhält-nisse veranlasst, die Verhüllung, wie sie der strengere Orient überall eingeführt hat. Beides aber, Ruhe bei beständigem Lie-gen, und Verhüllung sind Gegensätze der Kunst, welche freie Bewegung, Thätigkeit und Nacktheit fordert. — Wenn der Indier daher in Absicht auf Bedeutsamkeit, Reichthum der Ideen und beschauliche Tiefe über dem Griechen steht, so muss er, was Kunst betrifft, gegen diesen weit zurücktreten; und die einzelnen glücklichen Bilder seiner Religion, die ihn dazu hätten führen können, ergriff der Indier nicht, eben aus jener Richtung seiner Phantasie zum Bedeutsamen, Mystischen und Beschaulichen, weil er aus überschwänglicher Frömmig-keit nichts aufgeben konnte was er noch ahnete am ewigen Wesen, und weil selbst durch das Ungeheure und Groteske der Götterbilder sein Sinn nicht gestört wurde.

Nachträge.

Vorwort.

Schon bei der ersten Bearbeitung dieses Capitels habe ich jenen wilden Wald der Indischen Mythen und Kosmologien möglichst zu meiden gesucht, und bei dieser neuen habe ich, und hoffentlich zum Dank der Leser, noch Einiges dieser Art, was mit dem Organismus der Götterlehre nicht zu sehr verwachsen ist, ausfallen lassen. Diese Nachträge sind zuvörderst einer genauern Bezeichnung unseres jetzigen Standpunkts auf diesem Literatur- und Religionsgebiete gewidmet. Sodann sollen hier einige Proben aus den unverwerflichsten älteren Religionsurkunden der Hindus mitgetheilt werden; wobei ich mir die eigenthümliche Aufgabe gestellt habe, Griechische Mythen, Symbole, Religionslehren und Philosopheme mit den Indischen zu vergleichen. Endlich will ich hier gleich von vornherein eine Hauptfrage wieder aufnehmen: ob nämlich und auf welchen Wegen selbst aus dem äussersten Orient Glaubens- und Cultuselemente in die Abendländer und insbesondere zu den Griechen und Italiern gekommen sind. Ich befolge bei dieser letzten Erörterung die im *Allgemeinen Theil* dieser dritten Ausgabe gewählte Methode, und gehe von einem concreten Falle, von der Untersuchung der Abkunft einer bestimmten Hellenischen Gottheit aus.

I.

Der Indische Dionysos; Verbreitungswege seines Cultus bis zu den Westvölkern. — Die Indischen Priester- und Heiligenclassen nach Griechischen und Römischen Berichten. Ein Blick auf Chinesische Lehrsätze.

Nachtrag zu §. 2 und §. 6.

Im vorhergehenden zweiten Capitel §. 6 heisst es: «Dort im nordwestlichen Theile von Indien, um den Berg Meru, wurden dem Schiwa Phallagogien gefeiert. Davon kam eine Kunde zu den Griechen; zugleich vernahmen sie etwas von der alt-Indischen Mythologie, und daraus bildeten sie ihre Sage von der Stadt Nysa, vom Berge Meros (Μηρός) und vom Gotte Dionysos (Arriani Exped. V. 1. 1. 2 und Indica cap. 7). Nach ihrer Weise und Eitelkeit wendeten sie aber, wie immer, die Sache um, und erzählten, wie Dionysos von Theben aus nach Indien gezogen sey u. s. w.» Im dritten Bande (S. 118. 2. Ausgabe) hatte ich unter Anderm weiter bemerkt: «Andere leiteten jene Sage (vom Indischen Zuge des Thebanischen Dionysos) gar von einer Schmeichelei gegen den Ueberwinder des Orients Alexander den Gr. her. Euripides in den Bacchantinnen (14 — 18), also fast hundert Jahre vor Alexanders Zuge, lässt den Dionysos schon nach Indien wandern u. s. w.» Dagegen lässt sich Herr A. W. v. Schlegel (Ind. Biblioth. II. S. 209 f.) also vernehmen: «*Alexanders Einbildungskraft hat die Mythologie mit dem Zuge des Bacchus nach Indien bereichert*, welchen später die Poesie und

die bildende Kunst wetteifernd verherrlichten. Unter allen
Dichtern der frühern Zeit hat Euripides den Bacchus am weitesten geführt: dennoch macht er Baktrien zum letzten Ziel
seiner Züge, ohne Indien im mindesten zu erwähnen. Ich bin
hier in dem Falle einem von mir hochverehrten Gelehrten
widersprechen zu müssen. Meine Behauptung fällt von selbst,
sobald die Erwähnung der Bacchischen Eroberung Indiens
aus irgend einem Dichter, der vor Alexander dem Gr. gelebt,
auch nur als Fragment ans Licht gebracht wird. Aber ich
bin ziemlich sicher davor, da schon mein Gewährsmann Eratosthenes keine solche Stelle kannte. Ich erlaube mir, diejenigen, welche der Sage ein mystisches und orakelmässiges
Ansehen zueignen, aufmerksam darauf zu machen, dass wir
hier das Beispiel einer Sage haben, welche in *einem ganz
historischen Zeitalter durch den Einfluss eines einzigen Mannes
entstanden*, sich an die ältesten Dichtungen angeschlossen
hat.» In der Anmerkung heisst es weiter: «*Creuzer's Symbolik*
2. Ausg. S. 118. 119.' Es ist nicht genau, wenn Herr Creuzer
sagt, Euripides lasse den Dionysos nach Indien wandern.
Selbst Herodot, der diesen Namen so weit ausdehnt, begreift
Baktrien nicht mit darunter. Asien ist dem Dichter, wie er
selbst sagt, der Theil von Kleinasien, wo Griechen unter
Barbaren angesiedelt waren. Die Behauptung, jene Sage
rühre von einer Schmeichelei gegen Alexander den Grossen
her, wirft Herr Creuzer weit weg. Sie war schon vor Arrian
vorgebracht worden, der sie gläubiger als Eratosthenes zu
widerlegen sucht. *Ich schreibe jene Sage nicht ganz der Schmeichelei zu*, aber diese hatte doch gewiss ihren grossen Antheil
daran. »
Diese freundliche Einrede eines so berühmten Gelehrten
verdient die grösste Achtung, und so werde ich sie auch behandeln. Statt ihm also einen Ausspruch Heyne's[1]) entgegen-

---

1) Ad Apóllodor. p. 232 ed. secund. „Partem forte fabularum suppe-
ditarunt similes fabulae per Asiam propagatae; latius autem nomen Indiae

zustellen, wonach die Geographie der Poeten und der Mythen
nicht so genau zu nehmen ist, will ich gleich vornherein
gestehen, dass ich von Bayer's Worten ¹) einen nicht genauen
Gebrauch gemacht hatte. Ich darf und will selbst nicht verschweigen, dass Herr v. Schlegel eine ähnliche Ansicht eines
berühmten Archäologen für sich hätte anführen können ²) und
neuerlich die Autorität eines grossen Geographen für sich gewonnen hat. Herr Karl Ritter sagt nämlich (Erdk. Asien.
Band IV. 1. S. 450): «An den Namen knüpfte sich die *neuer-
dachte Fabel* von des Dionysus Zuge, oder des Indischen
Bacchus, bei den schmeichelnden Geschichtschreibern Alexanders an u. s. w.» Ja beide Gelehrte hätten noch den scharfsinnigen Fréret für sich anführen können, welcher eigentlich
zuerst die Meinung des Eratosthenes ausgebildet hat (Mém.
de l' Acad. des Inscript. T. XXIII. p. 226 sqq.). Von einem
solchen Euhemeristen war nichts Anderes zu erwarten. Gegen ihn erklärt sich aber Saintecroix (Examen crit. des Hist.
d' Alexandre p. 390 ed. sec.). Er giebt sein Urtheil in folgenden Worten ab: « Les voyages de Bacchus aux extremités
de l' Asie ne sont pas non plus dus aux Macédoniens qui

---

in mythicis regnat et de Asia omni remotiore. Exornata res inde ab
Alexandri expeditione ad Indum." Wo also Asiatische Sagen als Grundlagen jener von des Dionysos Zuge nach Indien und nur Ausschmückungen
derselben seit Alexander angenommen werden. P. Wesseling ad Diodor. II. 38. p. 151 ist derselben Meinung.

1) Historia regni Bactriani I. 1: „Virtus gentis (Bactriorum) ita
celebrata fuit, ut in fabulis quoque poetae ex Bactriis debellatis gloriam
quaererent. Primus illorum in numero, quod sciam, Euripides fuit, cum
Bacchas suas in scena produceret. Polyaenus vero auctores habuit locu-
pletiores (Strateg. I. 1), qui, vero an falso obscurum, Dionysum, *Indis
devictis*, in Bactrios movisse proderent."

2) Zoëga's zu den Bassirilievi antichi di Roma I. 7. p. 51 von
Welcker: „Aber gewiss ist, dass die Eroberungen des Makedoniers
Antrieb gaben, Indien als Haupttheil in die Dionysische Fabel einzu-
führen;"

accompagnoient Alexandre, puisqu' on les retrouve dans une tragédie d'Euripide (in der obigen Stelle), qui florissoit un siècle avant l'arrivée de ce prince aux Indes. Toutes ces histoires concernant Bacchus et Hercule, contráires à la tradition mythologique, ne sont donc pas de l'invention des soldats macédoniens; *mais il en ont faussement appliqué les détails à certains lieux de la haute Asie et de l'Inde.* Voila sans doute ce que Strabon (XV. p. 15 Tzsch.) a vóulu faire entendre; autrement il se contrediroit.» Von einem gewissen Widerspruche mit sich selbst möchte Strabo dennoch nicht frei seyn. Denn in der angeführten Stelle schreibt er ja ganz wie Eratosthenes jene Dionysische Zugsgeschichte der Schmeichelei gegen Alexander zu, und wenn jener (XV. p. 10 Tzsch.) selbst die von Euripides (a. a. O.) gepriesenen Fahrten des Dionysos bis nach Baktrien hin für unglaubwürdig und fabelhaft erklärt hatte, so sagt er ja (Strabo XI. p. 443 Tzsch.) geradezu: «Der Feldzug des Dionysos und Herakles gegen die Inder hat ganz das Ansehn einer später entstandenen Mythendichtung.» Dagegen sucht derselbe Strabo (I. p. 129) gegen denselben Eratosthenes den Satz, dass im hohen Alterthume grössere Reisen als in historischer Zeit gemacht worden, durch das Beispiel vom Zuge des Bacchus und Hercules geltend zu machen. — Ob Strabo durch die Volkssage zu dieser Inconsequenz verleitet worden, lasse ich dahin gestellt seyn. Auf den Arrianus übte diese Sage, als religiöse Tradition, eine grosse Gewalt aus. Nachdem er Alexanders Ankunft in Nysa und die Erbauung dieser Stadt durch Dionysos nach Ueberwindung der Inder gemeldet, beschwichtigt er seinen Zweifel über diesen Zug eines Lydischen oder Thebanischen Dionysos durch den Ausspruch, man müsse so alte Mythen nicht zu scharf untersuchen, und selbst unglaubliche Sagen verlören das Unglaubliche, wenn die Gottheit damit verflochten sey (Exped. Alex. V. 1. 2). Im Verfolg widerspricht er der Behauptung des Eratosthenes, dass jene Sagen vom Zuge des Dionysos aus Schmeichelei gegen Alexander auf übertriebene

Weise ausgestreuet worden, erklärt aber, dass er sie auf sich beruhen lasse (ibid. III. 1 — 4. p. 125 ed. Krüger.). Hieraus ergiebt sich zuvörderst, dass Arrian sich wohl anders ausgedrückt haben würde, hätte er dieselben Sagen bei seinen Hauptführern, beim Aristobulus und Ptolemaeus angetroffen; aber auch andrerseits, dass der Mythus von dem Indischen Feldzuge des Bacchus *alt* und mit dem religiösen Glauben an die wunderbare Macht und Herrlichkeit dieses Halbgottes aufs innigste verwebt war, und dass mithin Arrianus nicht aus individueller Religiosität, sondern im Sinne des altreligiösen Volksglaubens dem Eratosthenes widersprach, und in so weit zu widersprechen Recht hatte.

Eben so merklich zeigt sich die Macht altheiliger Volkssage in mehreren Aeusserungen des Herodot. Dieser Geschichtschreiber kennt Mythen und Culte, die er als Dionysische bezeichnet, in Meroe (II. 29) bei den Aethiopiern, Makrobier genannt, (III. 97. II. 146) bei den Arabern, in den Zimmetländern (III. 111)[1] — und dennoch wagt er nicht dem Hellenischen Mythus vom Thebanischen Dionysos dem Sohne der Semele geradezu zu widersprechen. Nachdem er desselben

---

1) Hier ist es doch wohl das Natürlichste, mit Heeren (Ideen I. 2. S. 252) *Indien* zu verstehen, und wenn Herodotus die Sage vernahm, dorten sey Dionysos erzogen worden, so zeigt sich hierin die älteste Kunde von einem wahrhaft Indischen Dionysus. Den Mythus vom Indischen Zuge des Bacchus, obwohl er ihm nicht unbekannt seyn konnte, berührt er nicht, ohne Zweifel weil er zu viele Spuren von der orientalischen Herkunft der Bacchischen Culte auf dem Wege seiner Forschungen angetroffen hatte. Dies letztere geht aus der gleich folgenden Stelle (II. 146) unwidersprechlich hervor. — Und nachdem Böttiger schon vor vielen Jahren das Wahre der Sache kurz und treffend ausgesprochen, hätte man nicht erwarten sollen, dass heut zu Tage eine neue Beweisführung nöthig werden würde. „Der Zug des Dionysus ist nicht, wie Voss muthmasst, erst bei erweiterter Länderkunde bis Indien erweitert worden; nein der Gott kam ursprünglich von Indien; er ist auf dem Berge Nysa in Arabien erzogen, er ist der Stierköpfige." Böttiger Vasengemälde III. S. 97, vgl. S. 104.

gedacht (II. 145), fährt er fort (146): «Von diesen beiden
Meinungen kann nun ein jeglicher annehmen, was ihm am
glaubwürdigsten scheint; ich habe mein Urtheil darüber vor-
gelegt. — Nun sagen aber die Hellenen, dass Zeus den Dionysos, alsbald er geboren, in seine Hüfte eingenähet und ihn
gebracht gen Nysa, das da lieget oberhalb Aegypten in Aethiopien — ; — Es ist mir also offenbar geworden, dass die
Hellenen ihre (des Herakles, Pan und Dionysos) Namen
später erfahren, denn die der andern Götter, und von der
Zeit an, dass sie dieselben erfahren, rechnen sie ihre Entstehung.»

Der Widerspruch der Sagen von des Dionysos Herkunft
legt sich offenkundig im Berichte eines Autors dar, welcher
bei vielem Fabelhaften doch manche aus alten Quellen ge-
schöpfte Nachrichten mittheilt, und den gerade in dieser Sache
selbst Wesseling (zum Diodor II. 38. p. 151) anzuführen nicht
verschmähet. Philostratus nämlich (Vit. Apollon. II. 9. p. 57
Olear.), nachdem er die Abweichung der Indischen Erzählungen von der Griechischen bemerkt hat, sagt nun weiter:
«Denn wir glauben der Thebaner sey zu den Indern gezogen.[1]) — Die Inder um den Kaukasus und am Kophenes, er
sey als ein Assyrischer Einwanderer gekommen.[2]) Hingegen
die ferneren Inder vom Indus bis zum Ganges hin behaupten,

1) — $\grave{\varepsilon}\pi'$ $'I\nu\delta o\grave{v}\varsigma$ $\grave{\varepsilon}\lambda\acute{\alpha}\sigma\alpha\iota$, wofür die Schellersheimische Handschrift
hat: $\grave{\varepsilon}$. $'I.$ $\grave{\varepsilon}\lambda\vartheta\acute{o}\nu\tau\alpha$, obschon unmittelbar zwei Participia folgen.

2) In einer Stelle des Herodot (I. 131), welche Herr A. W. v. Schlegel
(Ind. Biblioth. II. p. 316) wegen grammatischer Genauigkeit in der
Flexion fremder Namen belobt, wird gesagt, die Perser hätten den Cultus
der Venus Urania (Mylitta) von den Assyrern gelernt, und da ebendort
berichtet wird, dieselbe Gottheit heisse bei den Arabern Alitta oder Alilat
(vgl. III. 8), in letzterer Stelle aber, dass bei den Arabern Dionysos
mit dieser Gottheit die Verehrung theile, so liesse sich vermuthen, da
jene Venus-Urania nach Herodot (a. a. O.) die Persische Göttin Mithra
ist, es sey mit jenem Assyrischen Venusdienst auch ein Bacchischer
Baalscultus in die Persische Religion gekommen. Wie dem aber auch

Dionysos sey der Sohn des Flusses Indus, und jener Theba-
nische, dessen Schüler, habe den Thyrsus angenommen, sich
den Orgien ergeben und ausgesagt, er sey Sohn des Zeus,
habe in des Vaters Hüfte ($\mu\eta\varrho\tilde{\omega}$) bis zur Geburtsreife gelebt; [1])
daher, der Name des Berges Meros ($M\eta\varrho\acute{o}\varsigma$) und Nysa sey
darauf mit Setzlingen des Weinstocks, die man aus Theben
mitgebracht, bebauet worden.» Wer kann in diesem wunderlichen Indisch-Hellenischen Mosaik das Bestreben späterer
Poeten oder Sophisten verkennen, beiden Völkern halb und
halb nach dem Munde zu reden, und nachdem die orgiastischen
Culte des Morgenlandes weltkundig geworden, dem Griechisch-
Thebanischen Bacchus doch eine Art von Selbstständigkeit zu
retten? In den verschönernden Zuthaten zu Alexanders Indischem Feldzuge, wie in den Uebertreibungen von dem Zuge
des Xerxes gegen Griechenland, wie in der unstreitig sehr
alten Volkssage von dem in Hellas gebornen und nach Indien
und von dort zurück gewanderten Dionysos — in allen diesen
Dichtungen verräth sich der Griechische Nationalcharakter
und jene unvertilgbare Eitelkeit, selbst auf Kosten der Wahrheit dem Griechischen Namen Ruhm zu bereiten. Uebte doch
dieses Bestreben selbst auf edle Geister und ehrenfeste Gelehrte
seinen Einfluss. Man denke nur an so manche Vorwürfe,
welche Plutarchus dem Werke des Herodotus (de malignitate
Herodoti) blos aus dem ganz naiv eingestandenen Grunde
macht, dies und jenes hätte die Nationalehre dem Geschichtschreiber zu sagen verbieten sollen. Nirgends aber trifft die
Hellenen jenes: et quidquid Graecia mendax audet in historia
mehr als eben in den Geschichten der Bacchischen Religionen;
und in gerechter Würdigung solcher Entstellungen sagt ein

---

seyn mag, in keiner Persischen Gottheit zeigt sich mehr Annäherung an
das Indische und Bacchische, als im Mithras; weshalb in der Folge
auch die Sabazien sich so innig mit dem Mithrasdienste verbanden.

1) — $\varkappa\alpha\grave{\iota}\ \tau o\tilde{v}\ \pi\alpha\tau\varrho\grave{o}\varsigma\ \dot{\varepsilon}\mu\beta\iota\acute{\omega}\eta\ \mu\eta\varrho\tilde{\omega}$. Cod. Schellersh. richtiger:
$\tau\tilde{\omega}\ \tau.\ \pi.\ \dot{\varepsilon}.\ \mu.$

sehr besonnener und gemässigter Meister der Alterthumskunde:[1]) «Iam vero res in vulgus nota, Graeculis quamlibet
auram, quoslibet susurros, quibus accedere sibi nomen spera-
verant, gravissimi testimonii instar fuisse. — Unde tot eorum
lites de Iove *aut Baccho apud se natis educatisque* etc.» Ich
selbst kann meine niemals wankend gewordene Ueberzeugung
anjetzt mit den Worten eines unbefangenen und scharfsinnigen
Kritikers aussprechen:[2]) «Dass der Dionysosdienst ein Asiatischer sey, ist ausser allem Zweifel. Fast buchstäblich sprechen dies aus seine Abstammung vom *Kadmos* und seine Einkehr
als neuer Gott in Griechenland von dem siegreichen alle Völker
bezwingenden Zuge aus Indien. Denn dass die wunderbar
Alles in einander spielende und verwebende Mythologie ihn
unter andern auch in Theben geboren werden lässt, zeigt
weiter nichts an, als dass der Asiatische Stamm, der diese
Gottheit nach Griechenland gebracht hatte, in Theben wohnte,
und, dort nun einheimisch, wie gewöhnlich auch die Scene
seiner Mythen dort suchte. Eben darum war es dann auch
nöthig, den Dionysos, den *ein alter Mythos aus dem fernen
Indien kommen liess*, erst von Theben aus dorthin zu schicken,
und so seine Einkehr in eine triumphirende Wiederkehr zu
verwandeln. Den Namen *Dionysos* betreffend, so war *Nysos*
oder *Nys* der einfache Name des Gottes;[3]) und *Nysa* hiessen
mehrere Städte Asiens, wo er theils nach der wandelbaren

---

1) Eckhel D. N. V. III. 138, mit Anführung einer ähnlichen Aeusserung des ältern Plinius H. N. VIII. 88.

2) Des seel. Buttmann in der Abhandlung: Mythische Periode vor
der Sündfluth (im Mythologus I. B. S. 172 f.).

3) Man muss im Verfolg bei Buttmann (a. a. O.) selbst nachlesen,
wie er diesen Nysos mit Nuh, Nuch ($N\tilde{\omega}\chi o\varsigma$) Nooch, Noach und folglich
mit Noah dem Erzvater als identisch darzustellen sucht, und wie er in
einer andern Abhandlung (I. 5. p. 72 ff.) sich über Indiens uralten Flor,
die grosse Fluth in den Indus- und Ganges-Ländern (in der Mosaischen
Urkunde), über den Ursitz der Vorfahren der Ebräer vor der Fluth, über

Sage geboren seyn, theils sie auf seinen Zügen gegründet
haben sollte. Aber auch die beiden ersten Sylben des Namens
gelten für Griechische Form, seine Gottheit und göttliche Abkunft auszudrücken. Eine Notiz im Etymologicum Magnum
aber berechtigt uns, auch diesen Theil des Namens schon in
Asien zu suchen. Eine Ionische Nebenform, heisst es, war
Δεόννσος und Δεύννσος, und der Grammatiker lehrt uns, dass
einige dies daher leiteten, weil er in Indien geherrscht habe,
Δεῦνος aber auf *Indisch* der *König* heisse. Bekanntlich heisst
dewen auf Indisch Gott, welches Wort mit Deus, mit Ζεύς und
mit Διός einerlei ist.»

Ich habe selbst schon in der 2. Ausgabe dieses Buchs
(III. S. 124) von diesem Zeugniss des gedachten Grammati-
kers oder vielmehr seines gewichtigern Gewährsmannes Juba
Gebrauch gemacht.[1]) Ebendaselbst hatte ich die dem Bast
(a. a. O.) mitgetheilten Belehrungen zweier Indischgelehrten
benutzt, wonach aus dêva und Nicha Devanichi und somit
das Griechische: Διόννσος entstanden sey. Anjetzt darf ich
aber nicht verschweigen, dass K. Ritter (Erdk. 5. Theil S. 450,
Asien, 2. Ausg.) sagt: «Ein Devanisi, d. i. ein Devas oder Gott
dieses Namens, existirt im Sanskrit nicht.» Auf welcher Autorität dieser Ausspruch auch beruhen mag, so wird das Zeugniss
der Alten, dass δεῦνος auf Indisch König hiess und dass die
Samier den Dionysos Δεύννσος nannten, dadurch nicht im

---

die durch diese letztere verursachte grosse Auswanderung und endlich
über das Auftreten der Völker in Mesopotamien und Chaldäa nach der
Fluth sich verbreitet.

1) Aus dem Zonaras (Lex. Gr. p. 478. vgl. Cod. Paris. nr. 2667 bei
Bast ad Gregor. Corinth. p. 882), füge ich jetzt bei, erfahren wir, dass
die Benennung Δεύννσος in Samos üblich war: Δεύννσος ὁ Διόννσος — — —
τοῦ ἰ τραπέντος εἰς ι, γίνεται Δεύννσος, οὕτω γὰρ Σάμιοι προφέρουσι (Zonar.
und Cod. Paris. προφέρονται), καὶ συναιρέσει Ἰωνικῶν (Zonar.: συναιρέσει δὲ
Ἰωνικῇ) Δεύννσος, ὡς Θεόδοτος, Θεύδοτος· ἐνίοτε δὲ (leg. cum Bast. ἔνιοι. δὲ)
αὐτὸν Δεύννσον ὀνομάζεσθαι φασιν, ἐπειδὴ ἐβασίλευε Νύσσης (ἐβασίλευσε Νύσσης).
κατὰ γὰρ τὴν τῶν Ἰνδῶν φωνὴν δεῦνος ὁ βασιλεύς.

Geringsten berührt. Die von Buttmann angenommene einsylbige Benennung des Gottes (Nys) findet sich bei den Griechen nicht mehr vor; sie erklärten die letzten Sylben dieses Namens von der Nysa seiner Amme[1]) oder seinem Geburtsort, oder einer Stadt, die er gebaut haben sollte. Die andere Sage, dass ein Dionysos, des Nilus Sohn, seine Amme Nysa (Nyssa) getödtet, ist in diesem Werk (III. S. 135 f.) von der Sonne erklärt worden, welche das Ziel des Thierkreises überwindet, und durch ihren Jahreslauf die Zeit vernichtet. Jetzt will ich nur bemerken, dass in diesem Gebiete des Sonnengottes auch von zwei Zielen zweier Sphären, vielleicht der Ober- und der Unterwelt, Erwähnung geschah, etwa mit Beziehung auf den Dionysus als Nachtgott (Δ. νυκτέλιος) oder den Gott der Unterwelt (Δ. ᾅδης, χθόνιος).[2])

---

1) Etymol. magn. und Etymol. Gud. in Διόνυσος. Die Nysa oder Nyssa kannte schon der alte Dichter Terpander als ernährende Nymphe des Dionysos-Sabazios, des Sohnes des Zeus und der Persephone. Io. Laur. Lydus de menss. p. 82. p. 198 Röther.: Τέρπανδρός γε μὴν ὁ Λέσβιος Νύσσαν λέγει τετιθηνηκέναι τὸν Διόνυσον κ. τ. λ. und der seel. Böttiger (Amalthea III. S. VII) hat von diesem Zeugniss unbedenklich Gebrauch gemacht; Lobeck dagegen (Aglaopham. I. p. 305 sq.) will kaum diesen ersten Theil der Worte des Lydus als Zeugniss des Terpander gelten lassen, weil schon in den ersten Jahrhunderten die Gedichte des T. bis auf die letzte Spur verdunkelt gewesen. Es konnte ja aber Lydus, der so viel Belesenheit in älteren Schriftstellern zeigt, eine solche Notiz, wie so viele andere, gar wohl aus der dritten oder vierten Hand haben.

2) Etymolog. Gud. p. 147. Διονύσιος θεός (lies Διόνυσος θ.), παρὰ τὸ τὰς δύο νύσσους (l. νύσσας) τῶν κέντρων ὁρίζειν. Die Variante Νύσα und Νύσσα ist so ständig in den Texten, dass sie nicht immer auf Verschiedenheit der Aussprache oder auf Schreibfehlern beruhet. Berg, Stadt und Amme hiess wohl Nysa, und es ist auch von einem Vater des Dionysos die Rede, der Nisos (Nysos?) geheissen (Cic. de N. D. III. 23). Wenn aber Amme und Berg der Geburt den Begriff des Ziels (der νύσσα, meta) einschliessen, muss wohl Nyssa (Νύσσα) geschrieben werden. Noch will ich bemerken, dass die Handschrift des Io. Laur. Lydus de menss. p. 200 Röther. den Dionysos wirklich einen Sohn des Nysos (Νύσου) nennt; aber

Als Sonne ward Dionysos besonders bei den Thrakern verehrt. [1]) Aber auch anderwärts, namentlich in Asien, in Italien und selbst bei den Römern. [2]) In dieser Bedeutung lernen wir ihn aus manchen Griechischen und Grossgriechischen Vasenbildern anschaulich kennen.

In demselben Hauptartikel des Etymolog. M. geht unmittelbar eine andere Erklärung des Namens Διόνυσος vorher, wonach Aristodemos [3]) diesen Gott vom Iuppiter Pluvius ausgiessen lässet. Dass diese Erklärungsart aus alten Mythen und Dichtern hervorgegangen, können wir aus einer Stelle des alten Logographen Pherekydes und des Akademischen Philosophen Antiochos schliessen. Sie sagen, dieser Gott sey deswegen Διόνυσος genannt worden, weil er vom Zeus (ἐκ Διός) auf die Bäume (νύσας) geflossen. Denn, fügen sie bei, die Bäume nannten sie νύσας. Es folgt noch eine weitere Erklärung von der Erde Isis und ihrem Bruder Osiris, nach den Hellenen, Dionysos, dem von Zeus (ἐκ Διός) auf die Erde fliessenden Sohne des Donners. [4]) Dionysos, berichtet

mons Nisus steht in Handschr. des Mythogr. III. s. Bode ad scriptt. rer. Myth. Not. p. 158.

1) Macrob. Saturnal. I. 18. vgl. Lobeck Aglaoph. p. 290.

2) Io. Laur. Lyd. de menss. p. 196 Röther. Darauf gründet sich eine andere Etymologie dieses Namens. Etymolog. Magn. p. 251 Lips. — ἢ παρὰ τοῦ δάους δαόσυνος· καὶ τροπῇ τοῦ ᾱ εἰς ῑ· παρὰ γὰρ Ἠλείοις ὁ αὐτὸς τῷ ἡλίῳ νομίζεται· ἵν’ ᾖ ὁ δαίων, ὁ τοῦ δάους (ὅ ἐστι πυρὸς ἢ φωτὸς) αἴτιος. Daraus muss das Etym. Gud. p. 148 ergänzt werden: — τοῦτ’ ἔστιν τοῦ ᾱ εἰς ῑ τραπέντος, vielleicht auch corrigirt, denn es hat παρὰ γὰρ Δηλίοις; denn dass bei den Eleern Dionysos als Sonne verehrt worden, ist höchst wahrscheinlich (Symbolik III. S. 87. 2. Ausg.), ob bei den Deliern weiss ich nicht.

3) Vermuthlich der Thebaner; s. Valckenaer ad Schol. Euripid. Phoeniss. vs. 1120.

4) Ich kann diese Stelle jetzt correcter und vollständiger mittheilen als in der 2. Ausg. (Symb. III. S. 123.) Scholiast. Aristidis in Panathen. p. 100 ed. Frommel. p. 313 ed. Dindorf. — δηλοῖ δὲ ὁ Φερεκύδης, καὶ μετ’

Plutarch,[1]) werde Hyes (Ὕην) genannt, als Herr der feuchten Natur und als derselbe Gott, welchen die Aegyptier Osiris nennen, denn Hellanikos scheine auch Hysiris (Ὕσιριν), statt Osiris, von den Priestern gehört zu haben. Hyes, bemerkte Klidemus im Exegeticus,[2]) ist ein Beiname des Dionysos, dieweil wir ihm die Opfer verrichten zur Zeit wann der Gott regnet; Pherekydes nennt die Semele: Hye (Ὕην) und die Ammen des Dionysos Hyaden (Ὑάδας). Aristophanes aber führt den Hyes unter den fremden Göttern auf; oder, wird weiter bemerkt, Dionysos heisse Hyes, weil der Gott bei seiner Geburt geregnet habe.

Fassen wir nun diese bisher berührten Vorstellungen von Zeus zusammen, so reihen sie sich so aneinander, wie sie in

---

ἐκεῖνον Ἀντίοχος (vielleicht der Akademiker von Askalon), λέγοντες καὶ διὰ τοῦτο κεκλῆσθαι Διόνυσον, ὡς ἐκ Διὸς ἐς νύσας ῥέοντα· νύσας γὰρ, φησὶν (vielleicht φασὶν), ἐκάλουν τὰ δένδρα· εἶτ' ἐπεξίασι φυσικώτερον (al. φυσικωτέρως) τῷ λόγῳ λέγοντες Ἴσιν μετωνομάσθαι τὴν γῆν, ἀπὸ τῆς περὶ τὴν θέσιν τῆς κατὰ μέσον ἰσότητος, ταύτης δὲ ἀδελφὸν Ὄσιριν καθ' Ἕλληνας καὶ Διόνυσον τὸν ἐκ Διὸς εἰς γῆν ῥεόμενον Βρόντου παῖδα (βροντόπαιδα), τὸν Ὧρον τὶν ἄρειον ἠδύκαρπον.

1) Plutarch. de Isid. et Osir. XXXIV. p. 493 sq. Wyttenbach. mit dessen Aumerkk. p. 218 sq. vgl. Hellanici Fragg. p. 113 Sturz. ed. alt.

2) Etymol. M. 775. p. 702 ed. Lips. Photii Lex. ed. Dobr. p. 532 sq. Lips. Suidas II. p. 3676 Gaisford. vgl. Vales. ad Maussac. in Harpocrat. p. 101. Valcken. ad Phoeniss. vs. 654 sqq. Pherecyd. Sturzii p. 108 sqq. ed. alter. Meineke ad Euphorion. XIV, p. 66 sq. Nach Hesychius und Photius war Hyes ein Beiname des Sabazios (Sabos); Sabazios wird aber bald Juppiter bald Bacchus bald ein Sohn des Bacchus, endlich auch Lunus (ὁ Μήν) genannt, und Hyes wird beim Hesych. durch Ζεὺς ὄμβριος erklärt. Nach Eumelos war Zeus in Lydien geboren, und auf dem Gipfel des Tmolus zeigte man einen Ort, die Geburtsstätte des Iuppiter Pluvius (Γοναὶ Διὸς ὑετίου), späterhin Deusion (Δεύσιον) genannt. Io. Laur. Lyd. de menss. p. 96. p. 228 Röth. vgl. Lobeck im Aglaophamus p. 628 und p. 1046 sqq. und Jablonski Opuscula ed. Te Water II. p. 67 sq. und III. p. 74. Daher erklärt sich, warum Aristophanes den Hyes zu den fremden Gottheiten zählte.

einer priesterlichen Lobrede auf diesen Gott sich wirklich neben einander finden. «Dieser, heisst es dort,[1]) ist Herrscher, Inhaber der Burgen, der (in Blitz und Donner) Herabsteigende, der Regnende, der Himmlische, der hohe Oberste.» Von dem Gotte der Berge und Höhen geben uns Münzen Anschauungen, so wie von dem himmlischen, siegreichen, so z. B. eine von Prusa am Bithynischen Olymp, wo der Gott auf dem Throne sitzend die Weltkugel mit der Siegesgöttin auf der Hand träget;[2]) von diesem Berge selbst, von dem auf ihm entspringenden Horisios und von der Vegetation, die er hervorbringt, giebt uns eine jüngst erst bekannt gemachte Münze ein deutliches und liebliches Bildchen.[3]) Von dem in Donner und Blitz herabsteigenden Juppiter ($Z\varepsilon\dot{\upsilon}\varsigma$ $\varkappa\alpha\tau\alpha\iota\beta\acute{\alpha}\tau\eta\varsigma$) ausführlich zu handeln ist nach der darüber erschienenen gelehrten Monographie[4]) überflüssig. Der aus dem Feuer und Wasser des Himmels entsprungene und auf die Bäume herabfliessende Dionysos, wie er oben genannt wurde, ist als solcher, dann aber auch als Herr der Natur in ihrer bunten Mannigfaltigkeit, als Urheber der Pflanzungen und der ge

---

1) Aristidis hymn. in Iovem p. 15 Cant. p. 11 Dindorf.: $o\dot{\upsilon}\tau o\varsigma$ $\beta\alpha\sigma\iota$$\lambda\varepsilon\dot{\upsilon}\varsigma$, $\pi o\lambda\iota\varepsilon\dot{\upsilon}\varsigma$, $\varkappa\alpha\tau\alpha\iota\beta\acute{\alpha}\tau\eta\varsigma$, $\dot{\upsilon}\acute{\varepsilon}\tau\iota o\varsigma$, $o\dot{\upsilon}\varrho\acute{\alpha}\nu\iota o\varsigma$, $\varkappa o\varrho\upsilon\varphi\alpha\tilde{\iota}o\varsigma$.

2) Mit der Umschrift $\Pi\varrho o\upsilon\sigma\alpha\varepsilon\tilde{\iota}\varsigma$ $\varDelta\iota\alpha$ $\text{'}O\lambda\acute{\upsilon}\mu\pi\iota o\nu$ bei Mionnet II. p. 479. nr. 375.

3) Numismata antiqua inedita ed. M. Pinder. Berolin. 1834. p. 27: „Mons arboribus obsitus, cuius vertici incumbit vir barbatus sinistram urnae imponens, unde fons defluit. Infra $\Pi\varrho o\upsilon\sigma\alpha\acute{\iota}\omega\nu$." S. daselbst tab. II. nr. 2.

4) Petri Burmanni $Z\varepsilon\dot{\upsilon}\varsigma$ $K\alpha\tau\alpha\iota\beta\acute{\alpha}\tau\eta\varsigma$ sive Iupiter Fulgerator in Cyrrhestarum Numis. Leidae 1734. Eine Münze dieser Syrischen Landschaft mit dem Kopfe des Antoninus Pius besitzt unsere Universitätssammlung (s. I. A. Brummeri Prolusio continens Recensionem Graecorum aliorumque veterum numorum. Heidelberg. 1836. p. 27, woraus ich die Beschreibung der Kehrseite gebe: „$\delta\iota o\varsigma$ $KATAIBATOT$ $KTPP\eta\sigma\tau\omega\nu$. Iupiter rupi insidens ad sinistram fulmen, dextra hastam tenens, ante pedes aquila. AE. 6. cf. Eckhel D. N. V. III. 260. Rasche I. 2. p. 1167. b. Mionnet V. 135. nr. 6.").

sammten Vegetation in einer ganzen Reihe von Beinamen bezeichnet; von denen wir einige hervorheben, die einen fremden, orientalischen und selbst Indischen Ursprung verrathen. [1]) Hierher gehöret zuvörderst der aus den Asiatischen Culten herstammende ὕης, den wir in den zunächst oben erörterten Zeugnissen mit dem βροντόπαις zusammengestellt gesehen haben; worin also der Sohn des Regens und des Donners gegeben ist. Besonders muss unsere Aufmerksamkeit auf das in der Aufschrift eines unter den Orphica stehenden Anrufs (Hymn. Orph. XLVII [46]) vorkommende Epitheton gerichtet seyn. Er heisst dort nämlich περικιόνιος, der umsäulete oder von Säulen umgebene. Das Alter und die Autorität dieses Beinamens wird uns durch die Stelle eines Chors in den Phönizerinnen des Euripides verbürgt,[2]) wo es heisst, kaum habe aus des Zeus Umarmung Semele den Bromios (Dionysos) geboren, so habe ein Gewinde von grünenden Epheuranken das Kind mit seinem umschattenden Laube umkleidet; wozu ein alter Schriftsteller bemerkt, in der durch den Blitz in Brand gerathenen Kadmeerburg habe der plötzlich hervortreibende Epheu die Säulen des Gemachs umranket, und durch seine dichte Umschattung dem Neugebornen das Leben erhalten; daher sey Dionysos bei den Thebanern der Umsäulete (περικιόνιος) genannt worden. [3]) Dabei weiset ein grosser neuer Ausleger auf die Aegyptische Sage hin,

---

1) Von jenen Beinamen nur einige: ὕης, besonders in Vorderasien, und dann unter den mystischen Formeln; πυρίσπορος (Hymn. Orph. XLV. [44] 1, wonach der Accent in Steph. Thes. I. p. 243 Lond. zu corrigiren ist. Io. Laur. Lydus de menss. p. 292 und Moser ad Nonnum p. 216), εἰραφιώτης (von einem Gelehrten in der Zeitschr. für die Alterthumswissenschaft 1836. p. 1055 f. von εἴρα (ἴρα) und φίω, φύω, φῖτυ, hergeleitet), der die Erde bepflanzet, δενδρίτης, εὐανθής, φλοιός (φλιύς) der Früchteerzeuger (Lobeck Aglaopham. p. 402 und p. 1046).

2) Euripid. Phoeniss. vs. 651 sqq.

3) Mnaseas ap. Scholiast. Phoeniss. ad vers. 652.

wonach der Körper des Osiris von einem mächtigen Erika-
Stamme umwachsen worden, eine Sage die von den Phöniciern
und Syrern auf ihren Naturgott Adonis übergetragen[1]) und
in der Weise ausgebildet war, dass man diesen Gott aus dem
Pflanzenreiche von der Myrte entwachsen dachte, und bei
seiner Todtenfeier das Bild seines Leichnams mit der üppig-
sten Vegetation der morgenländischen Flora zu umgeben pflegte.
Dass mit den Dionysien und Adonisfeiern diese Vorstellungen von dem Gotte des *Pflanzenlebens* auch zu den Griechen
übergegangen waren, beweisen nicht nur die ganz Asiatischen
Adonisfeste, sondern auch die Lauberhütten, in die man die
Bilder des Dionysos zu setzen pflegte.[2]) Was aber für unsere
Erörterung die Hauptsache ist, — es war den Griechen *ein
aus Pflanzen und Bäumen hervorgewachsener Dionysos* bekannt.
Wäre die Anwendung der Münzkunde auf die Mythologie
bisher nicht so sehr vernachlässigt worden,[3]) so hätte man
sich davon augenscheinlich überzeugen können. Ein Haupt-
schauplatz der Culte des Zeus und des älteren Dionysos war
bekanntlich Kreta und die Städtemünzen dieser Insel zeigen
uns den sogenannten Indischen Bacchus, z. B. eine ganze
Reihe derer von Sybritia.[4]) Eine Münze von Phästos auf

---

1) Valckenaer ad Phoeniss. a. a. O. Heyne ad Apollodor. II. p.
103 ed. alter. und Wyttenbach ad Plutarch. de Isid. et Osir. p. 191.

2) Photii Lex. Gr. p. 449 Dobr. ed. Lips. Σκιάς· ἀναδενδράς —
Σκιάς καὶ σκιάδιον, ἐν ᾧ ὁ Διόνυσος κάθηται. οὕτως Εὔπολις. vgl. Hesych.
p. 1210 Albert. und Hemsterh. ad Polluc. VII. 174. p. 813.

3) Es versteht sich, nicht von *allen* Archäologen. Eine rühmliche
Ausnahme machte der verstorbene Payne Knight; in dessen Fusstapfen
neuerlich ein anderer Britte Herr Thomas Burgon getreten ist. Man s.
dessen schöne Abhandlung: An Inquiry into the motive which influenced
the Ancients in their choice of the various Representations, which we
find stamped on their Money (in the Numismatic Journal by J. Y. Aker-
man, London. 1836. September nr. XVIII).

4) Eckhel D. N. V. II. p. 320 sqq. Mionnet II. p. 298 sqq. vgl. den
herrlichen Indischen Dionysos mit der Diota in der Hand in Mionnet's
Supplemens IV. pl. XI. nr. 3.

Kreta beschreibt ein berühmter Französischer Numismatiker[1])
so: «Jeune homme nu assis sur un tronc d'arbre, à gauche,
tenant un coq sur la cuisse gauche. Revers: *ΦΑΙΣΤΙΟΝ.*
Boeuf bondissant, à droite.» Eckhel schon etwas genauer:
«Vir nudus sedens, d. gallum tenet, inde porta, ut videtur, (?)
pone arbor, et *superne virgulta dependentia.*» Nun betrachte
man das Münzbild selbst, und man wird sich sofort überzeugen, dass dieser Jüngling weder auf noch neben einem Baum-
stamme, sondern *in* dem Stamm eines auseinander gespaltenen
Baumes sitzt, dessen Aeste und Zweige ihn von zwei Seiten
und von oben umschatten. Ob der Vogel, den er in der Hand
hält, ein Hahn ist, möchte auch noch die Frage seyn. Auf
einer Münze von Gortyna auf derselben Insel sitzt in einem
ähnlich gespaltenen Baume, unter dem ein Stier hervorblickt,
eine Jungfrau, deren Kniee ein Adler mit ausgebreiteten Flügeln umschattet.[2]) Demnach könnte der Vogel in der Hand
des Jünglings auf jener Münze von Phästos auch ein Adler
seyn. Man weiss ja, wie wenig genau und grossartig die
Adler auf manchen Griechischen Münzen dargestellt sind. Ein
Adler ist auch auf dem Basrelief der Galeria Giustiniani zu
sehen, worauf die Erziehung des Dionysos vorgestellt ist;[3])

---

1) Mionnet II. p. 289. nr. 247. Eckhel D. N. II. p. 317 und die Abbildung der Münze bei Mionnet Suppl. IV. pl. X. nr. 2.

2) Eckhel II. p. 312. Mionnet II. p. 279. nr. 164; aber auch hier nicht:
„près d'un tronc d'arbre" sondern wie Eckhel richtiger beschreibt:
„Virgo *insidens* trunco arboris *ramosae.*" Mionnet lässt sie gar auf
dem Kopfe des Stieres sitzen. Es ist Europa, vom Zeus als Adler um-
fangen. Auf des Gottes Gestalt, unter der er sie entführt hatte, weiset
deutlich genug der unter dem Baume liegende Stier hin. — Jetzt sehe ich,
dass K. O. Müller in den Denkmälern der alten Kunst Taf. XLI. nr. 186
eine ähnliche Silbermünze von Gortyna auf Kreta (nach Combe tav. VIII.
nr. 11) hat abbilden lassen, und die Jungfrau richtig auf die Europa, so
wie Adler und Stier auf Juppiter bezogen.

3) Abgebildet vor dem Titelblatte von Böttiger's Amalthea 1. vgl.
dessen Vorrede zu Band III. S. VI f.

aber auch andere Vögel sind darauf zu sehen; und es ändert
nichts, wenn der Vogel in des Jünglings Hand auch ein Hahn
wäre. Vögel aller Art flattern und singen ja in den Hainen
zur Zeit, wann mit dem Frühling Dionysos vom Aethiopischen
Nysa wieder auf den Lydischen Tmolus kommt.[1]) Der Stier
aber auf diesen Kretischen Münzen ist auch nicht ein Sinnbild
der fetten Weiden jener Insel, wie Eckhel sich von Pellerin hatte
einreden lassen,[2]) sondern auf der von Gortyna, wie gesagt,
der Stier des Zeus, und auf der von Phästos der Dionysische
Stier. Da dieses Thier ein Symbol der Erde ist, und es auf
dieser letztern stössig vorgestellt ist (bos cornupeta), so kann
man dabei an die Verse des Orphikers im Anruf an den *Säu-
lenumwinder* Dionysos[3]) denken, der:

— « abwendend gestillt der Erde gewaltigen Aufruhr,
als aufflammende Glut ringsum erschüttert das Erdreich,
unter des Blitzstrahls Wucht. »

Nach dieser Auffassung ist nämlich Dionysos περικιόνιος als
activ mit diesem Epitheton bezeichnet, als habe er das brennende Kadmeerhaus durch um dessen Säulen herumgelegte
Weinstöcke wunderbar vor dem Einsturz gesichert, während
ihn der ältere Mythus bei Euripides und Mnaseas passiv mit
jenem Namen belegt, weil durch plötzlich ihn umrankende
Epheuzweige dem jungen Gotte das Leben gerettet worden.
Auf jener Münze von Phästos erkenne ich aber *den aus einem
Baume hervorgegangenen Dionysos*, mag man ihn nun lieber
δενδρίτης oder περικιόνιος nennen wollen. Ganz deutlich zeigt
uns den aus einem Baumstamm erstehenden Dionysos ein ge-
schnittener Stein bei Vivenzio;[4]) es ist nämlich gar kein
Grund da, diesen bärtigen, ernsten und mit dem Diadem als

---

1) Himerius Orat. III. 6. p. 436 Wernsdorf.

2) Pellerin III. p. 74.

3) Orph. h. XLVII. (46) vs. 3 — 5 nach Dietsch.

4) Achat bei Vivenzio Gemme antiche Rom. 1809. nr. VIII und im
Bilderheft zur 2. Ausg. der Symbolik Taf. XXXIX. nr. 2.

Gott und Herrscher gezierten Mann Osiris-Helios zu nennen,
denn er hat ganz die Gestalt und das Ansehen, wie der ältere
(Indische) Dionysos auf den Münzen von Kreta.

Mit einem Dionysos περικιόνιος in activer und passiver
Bedeutung kommen wir nun endlich auf Indischen Boden zurück. Bacchus nämlich, berichtet Philostratus,[1]) hatte sich

---

1) Philostratus de Vit. Apollon. II. 8. Der Text des Olearius (p.
57) giebt: — ὃ δὴ (ἱερὸν) Διόνυσον ἑαυτῷ φυτεῦσαι δάφναις περιεστηκυίαις
κύκλῳ, τοσοῦτον περιεχούσαις τῆς γῆς, ὅσον ἀπόχρη ναῷ ξυμμέτρῳ, wo
die Schellersh. Handschrift mit allen übrigen auf περιεχούσης beharrt, und
ausserdem νεῷ giebt. — Der Mythographus Vatic. III. 12. 4. p. 245 ed.
Bode hat im Artikel vom Bacchus: „Iovis femori insutus fingitur et inde
progenitus, quia, ut refert in Cosmographia Martianus (VI. 695. p. 562
ed. Kopp.), est in quadam regione urbs Nysa Libero patri sacra, mons-
que Merus Iovi sacer; unde et ipsum, inquit, fabula est, e Iovis femore
(μηροῦ) procreatum. Apud Remigium tamen legimus, Nysam montem
esse Indiae, in quo hodie quoque Liberi, inquit, feruntur esse crepundia etc.“ So hatte also das Mittelalter noch Kunde von einem fort-
dauernden Indischen Bacchuscult (d. i. Schivadienst); von dem Indischen
Ursprung des Dionysusdienstes hatte auch das Alterthum Kunde und
Diodor (III. 63. p. 232 Wessel.) hat sie aus älteren Quellen aufgenommen mit dem bemerkenswerthen Zusatz, dass die Inder noch zu seiner
Zeit des Gottes Geburtsstätte nachwiesen. Daher manche Forscher sich
nicht scheueten, einen scharfen Widerspruch gegen die Griechische Na-
tionalsage auszusprechen, wie Plinius (H. N. VI. cap. 21. §. 23. p. 321
Hard.) und vermuthlich also seine Griechischen Gewährsmänner. — Curtius
(VIII. 10. 12) lässt sich so vernehmen: „Sita est (urbs Nysa) sub radicibus
montis, quem Meron incolae appellant. Inde Graeci mentiendi traxere
licentiam, Iovis femine (statt femore, bestätigt durch gute Codd. des
Martianus Capella und von Kopp aufgenommen; s. dessen Note p. 562)
Liberum patrem relatum.“ Herr Welcker (im Nachtrag zur Aeschyl.
Trilogie S. 190 und in den Annali dell' Instit. archeolog. di Roma II.
p. 246) tadelt diejenigen, die an die zweite Geburt des Dionysos aus der
Hüfte des Zeus nicht glauben wollen, und nimmt an, durch μηρός sey die
Hitze (μαῖρα) angedeutet, deren Sohn Bacchus sey; — eine Etymologie,
die eben so viel Werth hat als so viele andere der Griechen selbst, die
Eine Seite vom Wesen des Gottes aufgefasst haben. Hier müssten wir
also an den Feuersohn (πυριγενής, πυρίσπορος, s. Moser zum Nonnus p.

auf dem Indischen Berge Nysa selbst ein Heiligthum [in der
Weise eingerichtet, dass er Lorbeerbäume im Kreise um seine
Bildsäule herumpflanzte, um die er Epheu- und Weinstöcke
in die Erde senkte, und so eine von allen Seiten umrankte
Laubhütte bildete, die dem Regen wie den Winden undurch-
dringlich war.

Der so kritische Sanskritgelehrte Wilson hat neuerdings
die Aufmerksamkeit der Alterthumsforscher auf die Dionysiaca
des Nonnus gelenkt.[1]) Weil nämlich Jones dieses Gedicht
mit dem Ramajana, Wilford mit dem Maha-Bharata verglichen hatte, so stellte Wilson eine neue Vergleichung an, um
das Indische in dem Griechischen Werke genauer aufzufinden.
Das Resultat ist, dass er dem Wilford Manches zugiebt, unter
Anderm *dass der Griechische Deriades (Δηριάδης) aus dem
Indischen Durjodhanas im Maha-Bharata entstanden sey*, meint
aber der gelehrte Grieche in Aegypten habe nur durch das
Band des zwischen Indien und Aegypten getriebenen See-
handels einige wenige genaue Berichte über Indische Sagen
und Länder erhalten. Diese Uebereinstimmung zweier des
Indischen so kundigen Gelehrten über eine der Hauptpersonen
jenes Griechischen Epos verdient zu weiteren Untersuchungen
über die Parthie der Dionysiaca vom 21. bis zum 40. Gesange,
d. h. der Periode vom Auftreten jenes Indischen Deriades bis
zu seinem Tode benutzt zu werden. Ich will jetzt nur

---

216) denken. Aber, wenn er weiter an die Indische Sage von der Geburt der Kaufleute und Reichen aus Brahma's Hüfte erinnert, so will sich
doch eine solche Geburtsstätte für einen Gott, zumal für einen so heiteren,
sorgenfreien Gott der Natur, nicht wohl schicken. Uebrigens könnte man
des Dionysos Geburt aus der Hüfte sich selbst als einen Indischen Mythus
denken, wenn der Berg Meru selbst der gebährende Gott ist (s. oben
Cap. II. §. 12 gegen das Ende).

1) S. Asiatic Researches Vol. XVII. p. 617 sqq.: Remarks on the
portion of the Dionysiacs of Nonnus relating to the Indians by H. H.
Wilson; vgl. Herrn Ewald in den Götting. gel. Anzeigen 1836. nr. 153.
S. 1523.

bemerken, dass, abgerechnet die grossen Dichterfreiheiten,
wonach z. B. Griechische Personen und Dinge auf Indische
Schauplätze verlegt werden, gerade in dieser Deriadee viele
alte und zum Theil orientalische Mythen enthalten sind. Hier
mögen einige Beispiele folgen, die mit unserer Betrachtung
des *Regen-Zeus* und des *Pflanzen-Dionysos* in unmittelbarem
Zusammenhange stehen: (Dionysiaca XXI. 55) Ambrosia
(Indisch Amrita) fesselt den Lykurgos mit Weinranken (*καὶ
χλοεροῖς δεσμοῖσι κατάσχετος ἄγριος ἀνήρ*); — Der Hain
des Deriades am Flusse Hydaspes[1]) so dicht bewachsen, dass
kein Guss vom Iuppiter Pluvius hineindringen kann (XXI.
331 sq.: *οὐ χύσις ἠερόφοιτος ἐδύσατο δάσκιον ὕλην ἐκ Διὸς
ὑέτοιο*); — Die Indische (*καὶ Ἰνδώη περ ἐοῦσα*) Hamadryade
verlässt den Deriades, und ergreift die Parthei des Dionysos,
weil dessen Vater, der grosse Regenbringer Zeus (*πατὴρ
μέγας ὑέτιος Ζεύς*, XXII. 99 sqq.) unablässig mit himmlischen
Regentropfen ihre Bäume erfrischet; sie will vom Bacchus die
Sorgen lösenden Weinstöcke haben, um sie in ihre Haine zu
verpflanzen[2]) (XXII. 97 sqq. und 277 sqq.). Auf das
Schlachtfeld, worauf Dionysos und Deriades gegen einander
kämpfen, fällt Früchte erzeugender Regen und Schnee herab
(*ὄμβρου καρποτόκοιο καὶ αἱμαλέου νιφέτοιο*); und so liessen
sich aus dieser Parthie des Gedichtes eine ansehnliche Menge
Indischer Localfarben zusammenbringen.

Vergleichen wir nun die bisher zusammengestellten. *Griechischen* Mythen und Sagen mit dem Bilde, das uns die *Indi-*

---

1) Ὑδάσπης, wobei die Griechen an ὕδωρ Wasser und bei der Endung:
-ασπης, nach dem Orientalischen, wie Choaspes, an das Ross dachten.
Indisch Vitastâ, welches der *pfeilschnelle* erklärt wird, aber auch Vâhudâ,
woraus sein heutiger Name Bahut entstanden (s. A. W. v. Schlegel Ind.
Biblioth. II. S. 303 f.). vgl. K. Ritter Erdkunde, Asien, IV. 1. S. 454.

2) Indien kennt einen Weingott. Er heisst Suradevas, und wird
von den Siva- und Brahmadienern verehrt (s. K. Ritter Erdkunde, Asien,
IV. 1. S. 469).

schen Religionsbücher von ihrem Lande und Landesgotte geben, nur in wenigen Grundzügen:[1]) « Der Continent der Erde wird unter dem Bilde einer Lotusblume (Nymphaea nelumbo, nelumbium; Padma im Sanskrit) gedacht, welche auf der Fläche des Ocean schwimmt. Beide, die flüssige und die feste Form, sind als die Principe des Bildenden und des Gebildeten, oder des Erschaffenden und des Gewordenen, nur wiederum ein zusammengehöriges Ganze. Vischnus (d. i. der Durchdringer), der schaffende und der erhaltende Gott in der Indischen milderen Lehre, welche Wasser und Luft als die ersten Grundkräfte annahm, und diese häufig mit dem heilbringenden Princip der Sonne unter dem Bilde Krishna's identificirte, wird ruhend oder thätig gedacht.»[2]) « In der Mitte dieser symbolischen Lotusblume, der Padma, der Erdwelt, erhebt sich der Fruchtknoten, Pistill, *Meru* genannt als das Hochland der Erde; umher stehen die Befruchtungswerkzeuge u. s. w. » — «Ardschunas, der die Gottheit um Auskunft, wer sie sey, befragt, und von ihr in Allem den Bericht vom Grössten und Erhabensten erhält, hört von ihr, *dass unter den Gipfeln der Hochgebirge der Erde sie selbst Meru sey.* »[3]) — « Hinter dem Himalaya (d. i. Wohnung des Schnees, Schneegebirge) liegen

---

1) K. Ritter Erdkunde, Asien, Band I. S. 5. 6 ff. nach dem Mahabharata, Ramayana und andern Indischen Werken und nach den Berichten der Reisebeschreiber.

2) Dionysos, gewöhnlich mit Siwa identificirt (wie Rama mit Herakles), wird von Stuhr (Die Religionssysteme des Orients S. 138) mit Krischna zusammengestellt. Dagegen unterscheidet Lassen (Rheinisch. Museum für Philologie I. S. 174) wohl richtiger so: „*Hercules* qui dicitur, Indis est *Vishnus* vel potius *Crishnas, Dionysus,* ut constat, *Sivas.*"

3) Bhagavat-Gita ed. A. W. a Schlegel X. 23. 25: „*Mêrus inter cacumina ego* — inter montes Himalayas." Also Pflanzenpistill, Berg — der Gott selbst. — So erwächst Osiris oder Horus in einem Tempelbilde von Kefft (Koptos) aus dem Lotuskelche und ist mit den Blättern ganz umschattet (Descript. de l'Egypte Antiquités III. pl. 1. nr. 9. vgl. das Bilderheft zur Symbolik Taf. XVII. nr. 2. 2. Ausg.).

die beiden andern Bergreihen, Hemakûta, d. i. Berge von
goldglänzenden Gipfeln (hema Gold und kuta Gipfel), und der
beste der Berge ist kein anderer als der schwerzugänglichste,
erhabenste Sitz der Götter, des tausendäugigen Herrschers,
des Indra (von ind herrschen), des Mächtigen, der den Regen in Schauern herabschickt *(Iuppiter pluvius)*,[1]) der Berg-
spalter, *der Donnergott*, der seinen Bogen, sobald er die
gewaltigen Blitzespfeile versendet hat, als Regenbogen (In-
drâyudha, d. h. Indra's Waffe) den Sterblichen zeigt; der
Belohner heiliger Werkthätigkeit. Es sind überhaupt die
höchsten, noch heute für besonders heilig gehaltenen und
mühsam bepilgerten Höhen des schneereichsten Hochgebirgs,
welche bei den Gebirgsbewohnern Kailasa (von kil kalt seyn),
das *Paradies Siva's* oder *die Versammlung der Götter* überhaupt
heissen, um die erhabenste Gruppe der Alpenseen und hinter
den unzugänglichsten Quellen der Ganges- und Indusströme.»
— Aus diesem Hymnus des Veda (Ritsch genannt) ist, wie
mir ein Sanskritgelehrter Freund gütigst berichtet, im Epos
Mahabharata eine interessante mythische Episode gebildet
worden, die uns den Indra, oder den Indischen Iuppiter
Pluvius in Handlung vorstellt, wie er mit seinen Blitzstrahlen
Vritra trifft, um den fruchtbaren Regen daraus hervorzu-
locken.[2])

---

1) S. Vasitheae hymnus in Deum Pluvium in Rig-Vedae Specimen
ed. Fr. Rosen p. 23. Ich werde im *Nachtrag* III einige Proben aus diesen
aus dem Indischen übersetzten Hymnen des Ritsch-Veda, nach Rosen's
Probeschrift mittheilen.

2) Herr Eug. Burnouf meldete mir nämlich unterm 22. December
über diese Episode: „Un épisode du Mahâbhârat dont le sujet est la lutte
de *Indra* avec *Vritra*. Ce sujet qui appartient aux *antiquités les plus
reculés de la mythologie indienne* est une belle scène, dont les traits
fondamentaux sont empruntés au *Veda* et notamment au Ritch, où j'ai
lu, pendant que j'etais à Londres, d'admirables hymnes relatifs aux
combats du Jupiter indien contre Vritra, qui dans ces hymnes est le
nuage primitif que le dieu frappe de sa foudre pour en faire sortir la

Betrachten wir endlich die *Verwandlungen* des Dionysos, die er theils unter den Händen der ihn überfallenden Titanen, theils und besonders in den Kämpfen mit dem Inder Deriades durchläuft.[1]) Wenn wir ihn in diesen Scenen die Natur von Feuer und Wasser, die Gestalten von Löwe, Panther, Eber, Stier, Schlange annehmen, und sich in verschiedene Baumarten, Fichte, Platane, Weinstock verwandeln sehen, so wird man darin zunächst eine Erweiterung der Verwandlungen des Proteus in der Odyssee[2]) erkennen; und ich stimme dieser Annahme vollkommen bei, sage aber, dass beim Homer ein Laut Aegyptischer und Asiatischer Mythen von Götterverwandlungen sich vernehmen lasse, beim Nonnus aber eine vollständigere Bilderreihe, theils aus den Indischen Avatara's, theils aus den Indisch-Griechischen Attributen des Siva, Vischnu, Krischna und des Dionysos und den Mythen von ihm entlehnt, vor unsern Augen sich entfalte.

pluie fecondante.“ Einer seiner Schüler, ein Deutscher Landsmann aus Karlsruhe, Herr Holzmann wird uns eine Ausgabe dieser Episode liefern, wovon sich sein Lehrer viel Ehre für den Herausgeber und viel Gewinn für die Mythologie verspricht. — Dass übrigens die Inder den Iuppiter, Pluvius (ὄμβριον Δία) nebst dem Ganges verehrten, bezeugt Strabo (XV. 69. p. 149 Tzsch.) mit Berufung auf ältere Geschichtschreiber.

1) Nonni Dionysiaca VI. 176 sqq. XXXVI. 295 sqq. XL. 42 sqq.

2) Odyss. IV. 417 sq. 456 sqq. — Auch der Mythus von *Orpheus* und *Eurydice* ist unter andern Namen den Indern bekannt, und kommt schon im Mahabharata vor. Der grosse Veteran der orientalischen Literatur Silvestre de Sacy (im Journal des Savans Octobr. 1833. p. 583) erklärt sich darüber so: „Peut-être un jour on pourra savoir, si les avantures d'*Orphée et Eurydice* ne sont qu'une imitation de celles de *Rourou* et de *Pramadvira*, ou si la Grèce a fourni à l'Inde le type primitif de ce recit du Mahabharata, recit qui pourrait bien n'être dans son origine qu'une allegorie.“ Ich schliesse den dritten Fall nicht aus, dass zwei so geistreiche Völker, wie die Inder und die Griechen, unabhängig von einander eine solche Allegorie erfunden haben könnten; obschon, wenn Bacchus ein Indischer Gott ist, auch dieser Mythus von dem Sänger und Verkün-

Ich denke, diese Erörterungen werden hinreichen, um unbefangene Leser von der Wahrheit der zwei Sätze zu überzeugen, einmal, dass Dionysos ursprünglich eine alt-Indische Gottheit sey; sodann, dass in den Bacchischen Culten, Namen, Mythen und Bildern bei den Griechen und Italiern sich manche Elemente des Indischen Pantheismus in seiner alten Naturform erhalten haben.

Ueber die *Wege, welche der Dionysosdienst aus Indien bis in die Abendländer genommen haben möchte,* kann ich nun schon viel kürzer seyn. Meines Erachtens lassen sich in den Berichten der Alten drei unterscheiden, ein südlicher über die Indischen und Persischen Meere, über Arabien, Aegypten zu den Phöniciern bis zu den Griechen hin; ein mittlerer über Babylonien und Mesopotamien in die kleinasiatischen Länder bis zum Mittelmeer und ein nördlicher über Medien, Kolchis und das schwarze Meer. Den ersten, wohl wichtigsten, betreffend, so eigne ich mir dankbar einige Hauptsätze meines gelehrten Freundes Karl Ritter an. [1]) In dem Abschnitte betitelt: Aelteste Kenntniss von Indien durch dessen Verkehr mit den Abendländern in einer vorhistorischen Zeit, auf dem Wege des Friedens, bemerkt er: «Dass schon in *vorhistorischen* Zeiten ein Verkehr zwischen Vorderasien und Indien bestand, haben Will. Jones, Heeren und Robertson, drei gefeierte Historiker, überzeugend dargethan, durch die Nachweisung der frühesten Verbreitung der Indischen Waaren (vorzüglich Edelsteine, Perlen, Elfenbeinputz, [2]) Gewebe, Ge-

---

diger dieses Gottes ursprünglich Indien angehört. Es hängt hier viel davon ab, welches Zeitalter die Abfassung des Mahabharata zu setzen ist.

1) In der Erdkunde, Asien, Band IV. Abtheilung 1. S. 435 ff. der 2. Ausg.

2) Hierbei erinnere ich an A. W. v. Schlegel's Aeusserung in der Abhandl.: Zur Geschichte des Elephanten (Ind. Biblioth. I. S. 137): „Dass ein alter Handelsweg von Indien aus nach den Abendländern geführt habe, vielleicht

würze, Rauchwerk), selbst bis in den Westen und Norden Europa's, ehe man dort den Namen des Landes erfuhr, aus dem sie gebracht wurden. Zu diesen Beweisen für das sehr hohe Alter des Handels wie auch des *Ideenverkehrs*, zwischen Indien und der Westwelt, hat die *Sprache* neue hinzugefügt. Verschiedene *Sanskritische* Namen von Waaren sind selbst in das *Hebräische* und *Griechische* in ältester Zeit aufgenommen. » — Ferner (S. 440): « *Phönicier* und *Araber* waren wohl die ältesten Vermittler des Verkehrs mit Indien zur See, aus dem Arabischen und Persischen Meerbusen (Tylos und Aradus jetzt Bahrain); denn die erstern, dem Tribus der Araber nahe verwandt, lebten in ältester Zeit, wohl noch weniger geschieden von ihnen am Erythräischen Meere in ihren Ursitzen (Herodot. I. 1. VII. 89), bis sie, nach ihren eignen Aussagen, wie Herodot berichtet, von da erst in ältester Zeit, durch Syrien nach der Phönicischen Küste fortrückten, und sofort bald weite Seefahrten begannen. Zu diesen waren sie unstreitig auch vorgeübt genug, wenn sie, was freilich nicht ausdrücklich gesagt wird, schon früher Städtegründer und Schiffer am Arabisch-Indischen Meere gewesen waren u. s. w.» Darauf wird (S. 441) an die Benennung Yavanas (Javan Genesis X. 2. Ezech. 27. 14, Ἰάονες [1]) Aeschyl. Pers. 176 Ionier) erinnert, womit die alten Indier westlich von ihnen wohnende

---

später über Kolchis und das schwarze Meer, will ich nicht läugnen. « Vorher hat er nämlich bemerkt, dass Elfenbein schon in den Homerischen und einmal in den Hesiodeischen Gesängen vorkomme.

1) Ich bemerke hierzu aus Buttmann's Abhandlung, betitelt: „Mythische Verbindungen von Griechenland mit Asien" (im Mythologus II. S. 180): „Also war Ἰασοι einer der Volks- oder Stammnamen des Pelasgisch-Argeischen Völkergemisches; wofür man denn auch in patronymischer Form sagte Ἰασίδαι. Nach Allem diesem denke ich den Sprach- und Alterthumskenner leicht zu überzeugen, dass dieses Ἰασος weiter nichts ist als eine Nebenform des bei andern Stämmen in der Form Ἴων gangbarer und bekannter gewordenen einen Haupt-Stammnamens der Griechischen Nation. Jedermann weiss, dass die alte Form auch dieses Namens

Völker, Perser, Araber und Griechen bezeichneten, worunter die Perser und Araber die Indischen Waaren bei ihnen holten. Endlich (S. 443): «Schon nach Arrians Periplus (p. 17 ed. Hudson.) schiffen *Indische Kaufleute* bis Aden in Arabien (Azania). — Mit ihnen mögen frühzeitig ausser Indischen Waaren auch *Indische Gebräuche und mancherlei religiöse Ideen* westwärts gewandert seyn.» — Dieser südliche Weg ist denn auch für den Dionysoscult nicht zu verkennen, wenn wir nur den Angaben des Herodotus nachgehen, wo er von einem Dionysos im Zimmetlande, in Meroe, im andern Theil Aethiopiens und in Arabien spricht,[1] und wenn wir vorzüglich darauf merken, dass Melampus die Bacchischen Gebräuche, die er vom Tyrier Kadmos empfangen,[2] der aus Phönicien nach Böotien gekommen, zu den Hellenen gebracht habe;[3] wenn wir nur bei den übrigen Mythen der Griechen vom wandernden Dionysos immer die Sache umkehren, nämlich in der Richtung von Osten nach Westen hin. — Der mittlere Weg durch Vorderasien ist schon hinlänglich durch die zu Anfang angeführte Stellen des Euripides in den Bacchantinnen (initio) und anderer Schriftsteller angedeutet, und wenn hier Lydien als die Geburtsstätte des Bacchus genannt wird, so sehen wir aus dessen Nachbarlande Phrygien die Sabazischen

---

eigentlich ist Ἰάων, Ἰάονες, woraus die alte orientalische Benennung dieses Volkes *Javan* entstanden ist.

1) Herodot. II. 29. III. 8. III. 97. (II. 146.) III. 111.

2) Herodot. II. 49.

3) Ein Vasenbild bei Micali (Monumenti de' popoli Italiani pl. LXXIII. 2) zeigt einen Dionysos von zwergartiger, dicker und runder Gestalt, worin Micali eine Copie der Patäken erkennt, wie die Phönicier sie auf ihren Schiffen als Schutzgötter hatten, und wie Herodot (III. 37) ähnliche in Aegypten sah. Wenn Raoul-Rochette (Journal des Savans 1836. Juin p. 346) dieses Bild lieber einen Phönicischen Kabiren nennen möchte, so macht dies keinen Unterschied, da nach einem gewissen System Dionysos auch zu den Kabiren gezählt wurde.

Gebräuche mit neuen Gesängen und mit dem Flötenspiele kommen.[1])

Wegen des nördlichen Weges beziehe ich mich auf das was schon im ersten Capitel dieser neuen Ausgabe über die vorhistorische Kunde der Griechen von Medien, Persien und andern oberasiatischen Ländern, besonders nach Buttmann's Untersuchungen bemerkt worden ist. Befragen wir aber auch hier den Vater der Geschichte, so weiset er uns Bacchusculte am Dnieper (Borysthenes), bei den Gelonen, bei den Satren in Thracien und so weiter nach.[2]) Wollte man aus der Erzählung Herodot's (IV. 78) vom Scythenkönig Skyles, der von den anwohnenden Griechen den Cult des Dionysos angenommen hatte, schliessen, der Bacchusdienst sey überhaupt erst durch die Ionischen Colonien in diese nördlichern Länder eingeführt worden, so spricht dagegen, um von den Sagen über Orpheus nicht zu reden, die classische Stelle des Homerus vom Thrakischen Nysa und von den Verfolgungen, welche die Ammen des rasenden Dionysos durch den dortigen König Lykurgos zu erleiden hatten.[3]) — Wie der Gott, so der Cult. Das waren also uralte Orgien, die mit dem Bacchusdienst aus dem Morgenland gekommen waren.

Ueber die *Priester- und Philosophen-Classen* aus Griechischen Berichten Kunde zu gewinnen wäre unmöglich, wenn einer der neuesten Geschichtschreiber der Philosophie Recht hätte.[4])

---

1) Symbolik III. S. 154 ff. 2. Ausg.

2) Herodot. IV. 79. 108. VII. 111. Die Stadt Olbia oder Olbiopolis am Borysthenes hatte ja ihren frühern Namen Sabia ($\Sigma\alpha\beta\iota\alpha$) vom Phrygischen und Thracischen Sabos oder Sabazios, wie dorten Bacchus genannt ward (Herodot. IV. 79. p. 428 ed. Baehr. mit meiner Anmerkung).

3) Iliad. VI. 130 sqq.

4) Herr Heinr. Ritter sagt nämlich (Gesch. der Philosophie I. S. 66): „Die Griechen lehren uns so viel als nichts über die Inder" und

Um von früheren Versuchen, die von der ganz entgegengesetzten Ueberzeugung ausgegangen sind,[1]) nicht zu sprechen, können wir ihm jetzt eine in demselben Sinne unternommene Monographie eines trefflichen Sanskritgelehrten[2]) geradezu entgegenstellen. Ich werde diese Abhandlung bei den folgenden kurzen Ueberblicken zu Grund legen, und sie mit Anmerkungen unter dem Texte begleiten.

Wenn von den Indischen Geistlichen und Philosophen die Rede ist, brauchen die Griechen gewöhnlich die zwei Namen: Gymnosophisten (*Γυμνοσοφισταί*) und Brahmanen (*Βραχμᾶνες*). Von diesem ersten Namen geht Herr Lassen aus, und bemerkt, dass einige Griechische Schriftsteller unter dem Namen der Gymnosophisten die Brahmanen und die Samanäer begreifen, andere dagegen die Gymnosophisten in einem engeren Sinne nehmen, namentlich der Lateinische Platoniker Appuleius.[3])

---

im Verfolg: „So ist es ja auch mit den Griechischen Erzählungen von den Persern u. s. w." Geben uns doch Aristoteles, Theopompus, Plutarchus die erwünschtesten Aufschlüsse über Hauptsätze Persischer Glaubenslehre und Philosopheme, die einer der grössten Kenner alt- und neu-Persischer Sprachen E. Burnouf noch ganz neuerlich zu würdigen gewusst hat (s. das 1. Cap. über die Arienische Religion).

1) Von Bayle, Kortholt, Brucker, Deguignes (in den Mémoires de l'Acad. des Inscript. Tom. XXVI. p. 770 sqq.), Mignet (ebendas. T. XXXI. sur les anciens philosophes de l'Inde p. 100 sqq.) u. A.

2) *Christ. Lassen* De nominibus, quibus a veteribus appellantur Indorum philosophi (im Rheinischen Museum für Philologie von Welcker und Näke I. S. 170 — 190). — Hiernach wird Herr H. Ritter seinen S. 115 ausgesprochenen Satz: „Es ist nämlich nicht leicht zu sagen, was für Leute die Pramnen, die Garmanen oder Sarmanen, oder auch (?) Samanäer gewesen seyn mögen u. s. w." zurücknehmen. — Wir sind schon arm genug an Griechischen Quellenschriftstellern auf diesem Gebiete; durch solche Behauptungen sollen wir aber noch ärmer gemacht werden als wir sind.

3) Florida II. 15. p. 56 ed. Bosschae. Ich setze die Worte hierher, weil sie von einigen Herausgebern mit Unrecht verstümmelt worden wa-

Strabo [1]) hingegen braucht statt des zuerst angeführten Namens das Wort Γυμνῆται, wozu er die von ihm anderwärts angeführten Garmanen rechnet; die von Andern als Gymnosophisten Bezeichneten nennt er Philosophen, [2]) zu welchen er nicht nur die Brahmanen sondern auch die Garmanen und die Pramnen, die gegen die Brahmanen Opposition machen, hinzurechnet. Jene Namensunterschiede beziehen sich zugleich auf den Cultus. Es muss nämlich bemerkt werden, dass bei den Indern die Verschiedenheit in der äusserlichen Verehrung derselben Gottheit mit Abweichungen in der religiösen Ueberzeugung und in Folge derselben mit Abweichungen in den philosophischen Systemen zusammenhängt. Die Namen Philosophen und Gymnosophisten sind ganz allgemein, und umfassen Brahmanen und andere Philosophirenden in Indien, auch solche die weder im Religionsglauben noch im Philosophiren mit den Brahmanen übereinstimmen. Der Grund aber, warum, der Hauptführer des Strabo und Anderer, [3]) Megasthenes jene

---

ren: — „atque inde Brachmanas: hi sapientes viri sunt, Indiae gens est; eorum ergo Brachmanum Gymnosophistas adisse (Pythagoram).“ Man vgl. Bosscha in der Note a. a. O. — Der oben schon erwähnte Iulius Valerius (Res gestae Alexandri M. III. 17) leitet ausführliche Gespräche des Alexander mit den Indischen Weisen folgendergestalt ein: „Gymnosophistae Brachmanes Alexandro homini dicunt.“

1) Strabo XV. p. 151 sqq. ed. Tzsch. (Vol. VI.)

2) Gelegentlich bemerkt, wie Diodorus II. 40. p. 153 Wessel.

3) Megasthenes (Μεγασθένης) ward gegen 304 vor Chr. vom König Seleucus an den Hof des Königs der Prasier gesendet und lebte in der Residenz desselben Palibothra (Παλίβοθρα, Indisch Pataliputra) mehrere Jahre. Die Frucht dieses Lebens unter den Indern war eine Indische Geschichte in 4 Büchern. Der Name jenes Oberkönigs (Maharadja) war bisher allgemein Sandrocottus (Σανδρόκοττος) geschrieben, bis ihn A. W. v. Schlegel (Ind. Biblioth. I. S. 246. vgl. II. 175 und 301) aus einer Handschrift des Athenaeus in Σανδρόκυπτος verbesserte, und auf das Indische Chandra-gupta, d. i. Mondbeschützer, zurückführte. Ueber Megasthenes s. Strabo XV. 37. p. 80 Tzsch., Moser ad Nonn. p. 194 und K.

Personen lieber Philosophen als Priester nennet, liegt darin, weil alle zur Brahmanencaste Gehörigen in ihrer Jugend in dem ganzen Kreis der Brahmanen-Wissenschaften und somit auch in der Philosophie unterrichtet werden, die wenigsten von ihnen aber priesterliche Geschäfte als Lebensberuf verrichteten. Ein anderer Gewährsmann des Strabo [1]) bezeichnet die Brahmanen mit der Benennung Sophisten. Wenn aber Herr Lassen glaubt, Megasthenes habe den Namen Gymnosophisten noch nicht gekannt, sondern er komme erst beim Plinius [2]) und Plutarch [3]) vor, so glaube ich aus zwei Stellen unmittelbarer Schüler des Aristoteles, also zweier Zeitgenossen des Megasthenes, das Gegentheil erweisen zu können. [4])

Ritter Erdk. Asien. IV. 1. S. 482 und 508. Bei dem Namen jenes Indischen Königs lassen uns die Handschriften des Philostratus de V. Apoll. II. 20. p. 71 im Stich. Es heisst dort: βασίλεια δὲ εἶναι ἀνδρός, τὴν Πώρου ποτὲ ἀρχὴν ἄρχοντος. Weil ältere Ausgaben Μανδρὸς hatten, so war man auf die Vermuthung: Σανδροκόττου gerathen. Aber der Cod. Schellersh. und Photius (Biblioth. p. 325 Bekkeri) beharren auf ἀνδρός. — Neuerlich hat Dindorf im Athenaeus I. p. 18, d. nach mehreren Codd. Σανδρόκυττον edirt (s. dessen Nott. und Addenda und vgl. Phylarchi Fragg. ed. Lucht. p. 94).

1) Nearchus ap. Strab. XV. 66. p. 141 Tzsch. Aus des Nearchus Bericht über sie, so wie daraus, dass Curtius VIII. 9. 31 sie sapientes, Weise, nennet, sollte man vermuthen, dass Nearch das Wort σοφισταὶ im älteren guten Sinne genommen, so wie Herodot dasselbe wahrscheinlich vom Orpheus (II. 49) und ungezweifelt vom Pythagoras (IV. 95) und vom Solon (I. 29) gebraucht hat. Arrianus dagegen (Exped. VI. 16. 5. p. 163 ed. Krüger.) scheint es in dem durch die Sokratiker in Gebrauch gekommenen Sinne zu nehmen, denn man merke auf die Worte: καὶ τῶν Βραχμάνων οἳ δὴ σοφισταὶ τοῖς Ἰνδοῖς εἰσιν — ὑπὲρ ὧν ἐγὼ τῆς σοφίας, εἰ δή τίς ἐστιν, — δηλώσω.

2) H. N. VII. 2.

3) Vita Alexandr. cap. 74.

4) Theophrastus Hist. Plant. IV. 5. p. 131 ed. Schneider. spricht von einem Baume (man vermuthet von der Musa paradisiaco Linn.), dessen Früchte die Indischen Weisen als Nahrungsmittel gebrauchen: καὶ χρῶνται τροφῇ τῶν Ἰνδῶν σοφοὶ καὶ μὴ ἀμπεχόμενοι. So rieth schon Salmasius

Die Angabe des Josephus,[1]) dass Kalanen ein allen Indischen Philosophen gemeinsamer Name gewesen sey, hat keinen andern Grund, als den, dass der berühmte Indische Philosoph und Begleiter Alexanders des Grossen, der eigentlich Sphines hiess, sich beim Grüssen des Wortes calyana zu bedienen pflegte (für das Griechische χαίρειν erklärt), und, von den Griechen von καλὲ mit dem Namen Κάλανος bezeichnet, wegen seines selbstgewählten Feuertodes als das Muster eines Philosophen in der Sage fortlebte.

Die Griechen brauchen den Namen Brahmanen in einem von dem Indischen Sprachgebrauch verschiedenen Sinn. Unter den vier Casten der Indischen Nation ist die priesterliche die der Brahmanen, die sich aber selbst wieder durch die Zahl und Namen der von ihnen verehrten Gottheiten, der Glaubenslehren und durch die verschiedene Lebensweise unterscheiden; woraus die verschiedenen Secten derselben entstanden

---

Exercitt. Plinn. p. 298 statt οἱ σοφοὶ καὶ ἀπεχόμενοι und so hat buchstäblich die vortreffliche Handschrift von Urbino bestätigt (s. Vol. V. p. XXII. ed. Schneider.). In dieser Bezeichnung aber ist schon der Begriff der Gymnosophisten genau gegeben. Den Namen selbst aber hat sein Mitschüler Klearchos. Diogenes Laert. Prooem. §. 9. (vgl. Verraert Diatribe de Clearcho Solensi p. 36.) Κλέαρχος δὲ ὁ Σολεὺς — καὶ τοὺς Γυμνοσοφιστὰς — φησίν. — Die Aethiopischen Gymnosophisten werden beim Philostratus so beschrieben (de V. Apoll. VI. 6):— γυμνοὺς δὲ ἱστάλθαι κατὰ ταὐτὰ τοῖς εἰληθεροῦσιν Ἀθήνῃσι (so muss mit dem Cod. Schellersh. gelesen werden). Dies wird durch die Hauptstelle (III. 15) deutlich, wo ihre Kleidung mit der Attischen ἐξωμίς verglichen wird. Ihre Tracht besteht also blos in einer leichten Weste, die die Schultern nicht bedeckt, wie die derjenigen, die sich der freien Luft und der Sonne aussetzen. Ueber ihre Mahlzeiten vgl. man ebendaselbst III. 28, wo der eben angeführte Codex den Vorschlag des Herrn Boissonade (ad Heroica p. 350 ἐπειδ' ἂν δὲ ἱκανῶς ἴχωσι) vollkommen bestätigt.

1) Ioseph. contr. Apion. I. p. 484. Plutarch. Alexandr. cap. 74. Auch Suidas p. 1955 Gaisford. sagt dem Palladius nach, welcher auch im Artikel Βραχμᾶνες seine Quelle ist, κάλανος sey ein jeder σοφὸς von den Indern genannt worden.

sind. Das Leben der Brahmanen ist nach dem verschiedenen Alter in mehrere Stufen (Stationen, àsrama's genannt) eingetheilt. Die erste Stufe von der Kindheit an bis zum 37. Jahre. Sie heissen Brachmarinen, d. h. die ein theologisches Leben führen. Sie leben in der Einsamkeit der Wälder, wo sie von ihren Lehrern in den heiligen Schriften und andern Wissenschaften unterrichtet, den Religionsgeboten gemäss, ein keusches Betragen beobachten. Obschon die Griechen sie unter ihrem Eigennamen nicht kennen, so beschreibt sie doch Megasthenes, dessen Angaben aus Manu's Gesetzbuch [1]) Licht erhalten. Der zweite Grad ist der der Hausväter, gârhapatya genannt. Kinderzeugen ist bei den Indern Religionspflicht; welches mit dem Todtendienst und dem Glauben zusammenhängt, dass die frommen Vorfahren in den oberen Regionen nur dann verbleiben können, wenn ihren Geistern von ihren Nachgelassenen die im Ritus vorgeschriebenen Opfer gebracht werden. Die dritte Stufe beginnt mit dem eintretenden Alter. Alsdann soll sich der Brahmane aller Lebenssorgen entschlagen, seine Frau zur Versorgung dem Sohne übergeben, in die Einsamkeit der Wälder sich zurückziehen, und hier, von wilden Früchten und Kräutern ernährt und mit der geringsten Kleidung zufrieden allen Wechsel der Jahrszeiten mit Gleichmuth ertragend, sich einzig der Betrachtung des höchsten Wesens und der Lesung der heiligen Offenbarungsschriften widmen. Dieser Grad heisst vanaprasthâna und die dazu Gehörigen Vanaprastha's, d. h. Waldbewohner. [2]) Von diesem Grade ist der vierte, Sannyasa, d. h. Ablegung genannt,

---

1) Mânava Darma Sastra III. 1.

2) Augustin. de Civ. Dei XIV. 17 mit den Noten von Lud. Vives: „Per opacas quoque Indiae solitudines quum quidam nudi philosophantur" und: „arborum corticibus intecti" und Manu's Gesetzbuch VI. 6: Sein Gewand sey eine schwarze Antilopenhaut oder ein Kleid von Rinde; und im Ramayana (I. sl. 30) sagt der Weise (Muni) Valmiki, nachdem er für das Bad am Flusse Tamassa eine passende Stelle gefunden, zu seinem

nicht wesentlich verschieden. Nämlich der Brahmane im höheren Greisenalter und nahe am Ziele seines Lebens soll jetzt alle andere Gedanken ablegen, und einzig und allein danach trachten, wie er seine Seele, gereinigt von allen aus dem irdischen Leben ihr anklebenden Makeln, mit der Gottheit, aus der sie ausgegangen, wieder vereinigen könne. Was die Griechen und namentlich Megasthenes von den Indischen Weisen berichten beweiset, dass bei ihnen der Name Brahmanen auf die beiden ersten Stufen beschränkt war, die Sarmanen oder Garmanen aber, deren sie gedenken, mit dem dritten und vierten Grad der Brahmanen zusammenfallen. Hierbei billigt Lassen die Verbesserung im Texte des Clemens Alex. [1]) aus dem des Strabo: Ὑλόβιοι statt Ἀλλόβιοι, schlägt aber dagegen ferner vor, im ersteren aus dem letzteren Σαρμᾶνας statt Γαρμᾶνας zu schreiben. Auf jeden Fall kann man mit hoher Wahrscheinlichkeit annehmen, dass die Griechen und Römer unter dem Namen Sarmanen diejenigen gemeint haben, die

---

Schüler: „Schön ist dies Heiligthum, eben gut von Wasser und fein von Sand. Und ich will deshalb hier baden in des Tamassa Fluthen jetzt. Das Rindekleid hole herbei, von der Hütte, komm schnell zurück." (S. Kosegarten zum Nala S. 288 ff.)

1) Strabo XV. 59. p. 121 Tzsch. und p. 127. Clemens Alex. Stromatt. I. p. 359 Pott. Nach dem Indischen wird diese Classe Sramana genannt, welches die Griechen den Gesetzen ihrer Sprache gemäss ändern mussten. Der Indische Name wurde auch so ausgesprochen, dass er mit einem Z anfing, wie der Eigenname Ζαρμανοχίγας (Strabo XV. p. 157) beweiset, dessen erster Theil von Σαρμάναι kommt. Es hätte also im Nicolaus Damascenus (s. Supplementa ad N. D. p. 64 ed. Orell.) nicht getrennt, und geschrieben werden sollen Ζαρμάνος Χήγαν. Im Philostratus (V. Apoll. I. 18. p. 22) haben alle Handschriften, auch Cod. Schellersh., Βραχμᾶνές τε καὶ Ὑρκάνιοι, welches letztere Olearius in Γερμᾶνες geändert hat, Rhoer (ad Porphyr. de Abst. p. 358) setzt an die Stelle des letzteren Wortes Ὑλόβιοι, weil auch beim Strabo (XV. p.127) die Ὑλόβιοι in diesem Verzeichniss der Philosophen genannt werden (vgl. G. Ioseph. Bekker. Specimen Philostrat. p. 60 sq.).

von den Indern dem dritten und vierten Grade der Brahmanen
zugezählt wurden; dass Megasthenes aber den vierten Grad
vom dritten nicht unterschieden, ist nicht zu verwundern, da
der Unterschied mehr im Namen wie in der Sache bestand.
Nur darin zeigt sich eine Abweichung, dass derselbe Schriftsteller die Aerzte zu den Sarmanen rechnet;[1]) welche von
den Indern in eine Mittelclasse zwischen den Brahmanen und
Sarmanen gestellt waren.[2]) Aber eine andere Stelle des
Strabo, oder welchem Gewährsmann er dabei folgt, lässt
vermuthen, dass Megasthenes dabei an Brahmanen gedacht,
die sich mit magischen Heilmitteln, mit-Beschwörungen und
Verfertigung von Amuleten abgaben.[3]) Diese Aerzte werden
von Megasthenes zu den strengsten Asceten gezählt, die durch
Uebung und Magie übermenschliche Dinge zu vollbringen im
Stande sind, die heut zu Tage bei den Indiern als Yogi's[4])
bezeichnet werden.

---

1) Strabo XV. 60. p. 127. Tzsch.

2) Manu's Gesetzbuch X. 8. 47.

3) Strabo XV. 70. p. 152 Tzsch. Man sollte vermuthen, bemerke
ich hierbei, Nonnus habe aus derselben Quelle geschöpft. Denn so wie
hier ihre Beschäftigung mit Naturphilosophie und Astronomie von ihren
Gegnern als eitel und prahlerisch gerügt wird; so erscheinen sie bei
diesem Dichter als eine Art von Allwissenden, die das Innere jedes
Fremden auf den ersten Blick durchschauen (Dionysiaca XXIV. 162 sqq.).
Es heisst ferner von den Brahmanen: Sie sind unbekleidet (γυμνοὶ γὰρ
γεγάασι), vermögen aber durch ihre Beschwörungen den Lauf der Gestirne
einzuhalten (XXXVI. 345 sqq.); und was besonders' zu bemerken ist, so
wird von ihnen gerühmt, dass sie durch ihre Zauberformeln die schwersten
Wunden heilen können (XXXIX. 358).

4) Vgl. Kosegarten zum Nala. Von dem schweren Begriff Yoga
wird in einem der folgenden Nachträge das Ergebniss der neueren Untersuchungen kürzlich mitgetheilt werden. — Uebrigens zeigen sich in China
ähnliche Gymnosophisten bei den Tao sse oder den Anhängern der Vernunft: C. Fr. Neumann bemerkt in der Einleitung zum Lehrsaal des Mit-

Hierauf fasst Herr Lassen (p. 181 sq.) das Resultat seiner
bis auf diesen Punkt geführten Untersuchungen zusammen:
Die von den Alten sogenannten Sarmanen sind Indische Anachoreten und zwar sowohl solche, die nachdem sie einen Theil
ihres Lebens in der menschlichen Gesellschaft zugebracht, sich
in die Waldungen zurückziehen, um sich ganz der Philosophie
zu widmen, als auch Jünglinge, die von dem zartesten Alter
an dieser Zucht und Unterweisung in der Contemplation sich
unterworfen haben; endlich auch solche, welche die magischen,
durch standhafte Beschaulichkeit, wie sie glauben, erworbenen
Kräfte auf die Heilung der Krankheiten praktisch anwenden.
Wenn die Alten Jünglinge und in der Welt lebende Männer
jener ersten und zweiten Stufe zum priesterlichen Stande der
Brahmanen zählen, so widerspricht diese Beschränkung der
Indischen Sprache und Castenverfassung; denn auch Personen
jenes dritten und vierten Grades hören darum, als Anachoreten
und Waldbewohner, nicht auf Brahmanen zu seyn; da ein
Inder in der Caste, worin er geboren ist, sein ganzes
Leben verbleibt. Doch nähern sich einige Griechische
Schriftsteller in einzelnen Stellen dem Indischen Sprachge-
brauch. [1])

---

telreichs, München 1836. S. 12: „Ihre Weisen zogen und ziehen sich
zurück von den Geschäften und dem ganzen äusserlichen bürgerlichen
Leben. In den Höhlen der Berge und in dem Dickicht der Wälder führen
sie ein Einsiedlerleben, und sinnen und forschen über die höchsten Auf-
gaben des menschlichen Geistes, über die Ursache aller Ursachen, über
die Entstehung des Universums, über Tod und Leben. Die Abstraction
von der äusserlichen Sinnenwelt gilt ihnen für das Höchste, und durch
sie, wird behauptet, erlangt man eine Einsicht in das Wesen der Dinge.
Philosophische Speculation im eigentlichen Sinne des Worts findet sich
blos bei den Tao sse."

1) Z. B. Aristobulos beim Strabo XV. p. 129 Tzsch. und ein Unge-
nannter ebendaselbst (XV. p. 151 sq.), der die Brahmanen in Bergbewohner, Gymneten und Politiker (πολιτικούς, d. h. in Städten lebende und
Theilnehmer an der bürgerlichen Gesellschaft) eintheilt.

Den Brahmanen waren, nach Strabo's Bericht, [1]) die Pramnen entgegengesetzt, die als streitsüchtige und gern widersprechende Philosophen geschildert werden. Der Sanskritgelehrte, dem ich hier folge, erklärt den Namen aus dem Indischen *pramâna, demonstratio.* Wird die erste Sylbe des Worts verlängert (*prâmâna*), so bezeichnet es einen der sich der Demonstration bedient. Derselbe Gelehrte glaubt, dass mit diesen Pramnen eine Schule von Skeptikern bezeichnet sey, deren es bei den Indern mehrere gab. Sie machten in ausgedehnterem Sinn von der Demonstration Gebrauch als die orthodoxen Secten, die einen letzten Grund aller Philosophie annahmen, der auf Offenbarung des höchsten Wesens an die Menschen beruhend, nicht weiter demonstrabel sey; zu welchen offenbarten Worten Gottes die Veda's gehören, die über alle menschliche Beweisführung hinausgehen. [2]) Dagegen die Prâmâna's nehmen als höchstes Princip die menschliche Vernunft an, und da ihnen die Demonstration das Oberste ist, so werden sie richtig mit diesem Namen bezeichnet; so wie sie von den Indern auch haituca's genannt werden, d. h. Leute, die von allen Dingen Gründe angeben wollen (Rationalisten). Die Brahmanen erklären diese Prâmâna's von ihrem religiösen Standpunkt aus für Skeptiker, weil sie die uralte Offenbarungswahrheit in Zweifel ziehen. Herr Lassen ist anzunehmen geneigt, dass die von Strabo beschriebenen Pramnen zu der dialektischen Schule, Nyâya genannt, gehörten.

---

1) Strabo XV. 70. p. 151 sq. Tzsch.: Φιλοσόφους τε τοῖς Βραχμᾶσιν ἀντιδιαιροῦνται Πράμνας, ἐριστικοὺς τινας καὶ ἐλεγκτικοὺς κ. τ. λ. Stuhr (die Religionssysteme des Orients S. 191) lässt den Strabo auch dies auf die Auctorität des Megasthenes berichten, aber Lassen (p. 183) richtiger: „nescio quem sequutus rerum scriptorem Strabo etc.;" denn Strabo berichtet bald aus Megasthenes bald aus Nearchos, Aristobulos, Nikolaos u. A. Stuhr erklärt nach Wilks das Wort Pramaua in der Bedeutung eines Büssers.

2) Und daher vom Gesetzgeber (Manu XII. 94) für Apramêya, d. i. nicht demonstrabel erklärt werden.

Ueber die Samanäer (Σαμαναῖοι) giebt uns ein Zeitgenosse der Antonine einen ziemlich ausführlichen Bericht. [1])
Dass sie zu der Religion des Buddha gehören, hatten schon
A. W. v. Schlegel und v. Bohlen anerkannt. Es kommt, um
sie von andern Secten, namentlich von den Sarmanen zu unterscheiden, hauptsächlich auf folgende Züge in ihrer dort
gelieferten Schilderung an. Es sind keine einsame Waldbewohner, wie die aus der Priestercaste der Brahmanen aus-
geschiedenen Asceten, die Sarmanen, sondern sie bewohnen
königliche Gebäude und heilige Haine [2]) gemeinsam, und versammeln sich zum Gebete nach dem Tone der Glocken; zwei
noch heut zu Tage bei den Buddhistischen Geistlichen bemerk-
bare Eigenheiten, die auch nach Art der Mönche in Klöstern
beisammenwohnen, und die selbst auf ihren Wanderungen die
Glocken mitnehmen; ferner heisst es von den Brahmanen, [3])
sie seyen alle Eines Stammes und leiteten sämmtlich von
Einem Vater und von Einer Mutter ihre Abkunft her; hingegen seyen die Samanäer nicht von ihrem Geschlecht, [4]) sondern aus der ganzen Nation zusammenerlesen. Hierin bestand
die Grundlage der Reformation des Buddha, dass er die
Castenunterschiede des Brahmanischen Gesetzes aufhob, und
Menschen aller Casten den Eintritt in den Verband und in das
geistliche Leben seiner Secte frei gab. Der Name Sarmanen
zeigt eine Sanskritform: Sramana, dagegen der der Samanäer
eine Form des Palidialekts: Sammana; doch bedienten sich
die Buddhisten der beiden Indischen Dialekte, während in den

---

1) Bardesanes apud Porphyr. de Abstin. IV. 17. p. 355 sqq. ed. Rhoer.
vgl. De Buddhaismi origine atque aetate definiendis tentamen. Regiomonti
1827. Stuhr S. 191 f. und Lassen a. a. O. p. 184 sqq., welchem Letzteren
ich auch hier folge.

2) Porphyr. a. a. O. p. 359.

3) Porphyr. a. a. O. p. 356.

4) — οὐκ εἰσὶ τοῦ γένους αὐτῶν (vielleicht ταὐτοῦ, seyen nicht von
Einem und demselben Geschlecht).

Schriften der Brahmanen allein der Sanskritdialekt der herrschende ist. Clemens Alex. der zuerst den Namen Buddha anführt,[1]) nennt die Samanäer auch Semnen, und da er sie, von den Gymnosophisten, von denen die Sarmanen eine Classe sind, unterscheidet, so ergiebt sich auch daraus, dass Sarmanen und Samanäer von einander verschieden sind. Dass schon vor Christi Geburt Buddhistische Lehren auch in Baktrien und in den angränzenden Ländern verbreitet waren, erhellet aus der Nachricht,[2]) die uns philosophirende Samanäer in Baktrien nennet; Sinesische Reisebeschreiber fanden sie dort in den ersten Christlichen Jahrhunderten; aber auch Brahmanen fanden sich nicht wenige um dieselbe Zeit[3]) ebendaselbst.

Das Historische über die Person des *Buddha* und Schicksale seiner Religionsbekenner kann ich jetzt nicht bündiger als mit den Worten unsers grossn Deutschen Geographen[4]) berichten, welche ich wiederum mit einigen Anmerkungen begleiten werde: — « Auch tritt ihr (der Buddhisten) Name, ihre Lebensweise, ihre Verehrung des Sripada oder Prabat, d. i.

---

1) Clemens Strom. I. p. 359 Potter.: εἰσὶ δὲ τῶν Ἰνδῶν οἱ τοῖς Βούττα πειθόμενοι παραγγέλμασιν, ὃν δι' ὑπερβολὴν σεμνότητος εἰς Θεὸν τετιμήκασι. In einer Abschwörungsformel der zur orthodoxen Kirche zurückkehrenden Manichäer lesen wir Βουδᾶς, auch wohl Βουδδᾶς, dem Indischen näherkommend (s. zum Plotinus Vol. III. p. 119 Oxon.). Samana's heisst die Gleichbleibenden.

2) Des Alexander Polyhistor beim Cyrillus adv. Iulian. Tom. VII ed. Aubert. Dass ich mich so bestimmt ausdrücke, dazu berechtigt mich Suidas (p. 180 Gaisf.), woraus zu ersehen, dass dieser Alexander zu Sulla's Zeit in Rom lebte.

3) Buddhisten in Baktriana u. s. w. kennen Chinesische Reisebeschreiber (Abel-Rémusat im Nouveau Journal Asiatique 1831. p. 237); — Brahmanen in Baktrien Eusebius (Praep. Evang. VII. 10).

4) Karl Ritter's in der Erdkunde, Asien, Bd. IV. 1. S. 492; wo noch bemerkt wird, dass Megasthenes noch keine Kenntniss von dieser religiösen Secte erhalten habe; aber er nenne auch vieles Andere nicht.

Buddha - Fusstapf, schon unverkennbar im Herodot (I. 101.
III. 100. IV. 82 und 109) auf. Im Arrian (Indica cap. 8)
wird er (Buddha) auch in einer Regentenreihe genannt u. s.
w. Das Datum seines Todes geht aber als des einer *historischen Person* bis in die Mitte des zehnten Saec. bis 950 vor
der Christlichen Aera zurück. Die geordnete Kirchengeschichte
der Buddhisten, aus der Literatur vieler Asiatischen Völker
über Hinter - Indien, Mittel - Asien bis China und Japan in
neuerer Zeit mühsam erforscht, geht wie die Regierungsjahre
ihrer Patriarchen fort (s. Asien Bd. III. S. 1161). Zu Alexanders Zeit geht der erste bekehrte König auf Ceylon zu
Buddha's Lehre über.» [1]) — «Noch bedeutungsvoller für alt -
Indische Geographie wird diese Landschaft im Süden Patali-
putras, dadurch, dass *Gautamas* mit dem Beinamen *Buddhas*,
des *Weisen*, der Sohn des Sudhodanos, Königs von Magadha,
hier seinen merkwürdigen Schauplatz als Reformator des ältesten Indischen Religionssystemes fand, der als solcher — wie
Palästina von Juden und Christen, Mecca von Mohammedanern
vom Niger bis zum Hoangho, die schneeigen Kailasa - Höhen
und heiligen Stromquellen und Prayagas von Brahmanischen

---

1) Ebendaselbst S. 510 ff. — Ueber die verschiedeuen Entwickelungen und Verbreitung des Buddhaismus, selbst bis nach Java, muss jetzt
das vom seel. Herrn Wilh. von Humboldt hinterlassene Werk: Ueber die
Kawi-Sprache auf der Insel Java. Erster Bd. Berlin 1836, besonders im
zweiten Theil S. 60 ff. zu Rath gezogen werden. — Wie der Indische
Sakyamuni, so wird der Chinesische Lieul, bekannter unter dem Namen
Lao - tseu (Lao - tse) von den Anhängern der Vernunft, wie eine Secte
der Chinesen heisst, als Mensch und als Gott betrachtet. Als Mensch
lebte er im sechsten Jahrhundert vor Chr. Geb. und starb 523 vor Chr.
im 81. Jahre seines Alters; als Gott wird er mit der Entstehung des
Himmels und der Erde als gleichzeitig betrachtet, und von ihm erzählt,
dass er im Laufe der Jahrhunderte mehrmals auf Erden erschienen sey;
wie denn auch diesem Religionssysteme die Lehre von der Metensomatose
zum Grunde liegt (s. Abel-Rémusat Mémoire sur Laotseu. Paris 1823.
p. 2 sqq. und vgl. C. Fr. Neumann im Lehrsaal des Mittelreichs S. 14 ff.
und S. 37. Note 46).

Hindus — so von Buddhisten aus Mittel - und Hinter-Asien bis
von China und Japan her (wo Magadha, Makata bei Birmanen, bei Chinesen Mo-ki-to heisst) besucht ward und noch
wird, wo er von der Familie Sakya abstammend, mehr unter
dem Familiennamen *Sakyamuni* (Chekiamuni, oder Schigemuni,
bei Tübetern und Mongolen) bekannt ist u. s. w. »
— « Diese Gegend von *Süd - Behar*, oder *Magadha*, in
urältester Zeit durch Ausbildung der Magadhi- und Prakrit-
Sprachen, wie der Nagara- und Pali-Schriftcharaktere, eben so
merkwürdig, *wie durch den Einfluss dortiger Speculationen der
Brahmanen und Buddha's auf die Philosophie der Griechen,
zumal der Pythagoreischen und anderer Schulen,*[1]) stand in frühern Jahrhunderten, durch die umgebenden Nationen und den
seitdem veränderten Weltverkehr der Völker, in dem mächtigsten Reiche der Prasier,[2]) in dem *Mittelpunkte antiker
Cultur*, recht eigentlich auf der passendsten Stelle, um einem
Reformator des strengen Brahmasystemes in das wirkliche

---

1) H. T. Colebrooke on the Philosophie of the Hindus Part. IV. 1827
in Transactions of the Roy. Asiat. Society Vol. I. p. 558 etc.

2) „Sed omnium in India prope, non modo in hoc tractu, potentiam
claritatemque antecedunt Prasii. Plin. H. N. VI. 22." vgl. Arriani Ind.
cap. X und dazu Schmieder p. 59—62. vgl. Mannert Geogr. der Gr. und
Römer V. 1. S. 100 ff. Nicolai Damasc. Fragg. p. 146 ed. Orell., wo
Πραῦσιοι geschrieben ist; denn es giebt ausserordentlich viele Abweichun-
gen dieses Namens: Πράσιοι, Πραίσιοι, Βραίσιοι, Βρίσιοι u. s. w., ja sogar
Verwechselungen mit Πέρσαι (s. Wesseling ad Diodor. XVII. 93. p. 233,
Schneider und Jacobs ad Aeliani H. A. p. 173. p. 446 und p. 510. Vol. II.
ed. Iacobs.). Πράσιοι hat Strabo XV. 36. p. 80 Tzsch. Der oben schon
angeführte Iulius Valerius beschreibt diesen Indischen Königssitz, den er
Prasiaca nennt; nämlich Alexander schreibt in einem Brief an Aristoteles
(Res gestae Alexandri M. III. 23. p. 157 ed. Mediol.): „His denique pe-
netratis *Prasiacae* (Andere fehlerhaft: Phasiacae) supervenimus, quae
civitas regia quaedam Indiae cluit." etc. Die Sagen von der Gründung
der Stadt Palibothra (Pataliputra) hat aus Indischen Urkunden Herr
H. Brockhaus herausgegeben Leipz. 1835. Man vgl. *desselben* Katâ
Sarit sâgara; die Mährchensammlung des Soma Deva Leipz. 1837.

Weltleben Eingang und weite Verbreitung zu verschaffen. Von hier gingen unmittelbar die Verbindungen südwärts bis Ceylon, nordwärts bis Kaschmir, und die Handelswege von der Malabarküste ostwärts über das gefeierte Udschayini (das Emporium Ozene bei Ptolemäus VII. 1 f. 172), wo die Buddhalehre starken Anhang gewann; durch das Binnenland herüber kreuzten sie sich hier mit ihnen zur Residenz Palibothra und zum Bengalischen Meerbusen. So wurde es, in einer solchen geographischen Weltstellung (analog dem Kapernaum am Wege des Galiläer Meers, an den Grenzen Zabulon und Naphthalim (Matth. IV. 13), zur Verbreitung des Evangeliums unter die Völker der Heiden Vorder-Asiens, wo die grosse Handelsstrasse hindurchzog), dem Königssohne Sudhonas und der Maya (d. h. Täuschung in der philosophischen Sprache der Vedanti) [1]) unstreitig damals leichter als anderswo Eingang mit seinen freien rationellen Ansichten gegen das streng abgeschlossene Brahmagesetz zu finden, wodurch er die Unterschiede der Casten vernichtete, die Brahmanen-Hierarchie in ihrer innersten Schutzwehr angriff, ihren Sturz durch Einführung eines Priesterstandes, zu dem jedermann Zutritt haben konnte, hervorrief, woraus sich freilich ein Kampf entzünden musste, der zu den *grössten, welthistorischen der Völkergeschichten* der Erde gehörte.»

Hierbei hebe ich nur noch Einen Punkt aus, der mit unserer ganzen Erörterung zusammenhängt. Wenn Karl Ritter, wie wir gesehen haben, sich in dem Satze, dass die Indische Philosophie auf die ältere Griechische, namentlich die Pythagoreische Philosophie einen bedeutenden Einfluss gehabt habe, dem grossen Sanskritgelehrten Colebrooke anschliesst, so lässt sich dagegen Heinrich Ritter [2]) also vernehmen: «In der Geschichte der ältesten Griechischen Philosophie ist nun durchaus keine

---

1) D. h. dem Sakyamuni-Buddha.

2) Geschichte der Philosophie I. S. 122 f.

Spur eines solchen Einflusses zu finden, auch ist es nicht unwahrscheinlich, dass die Indische Philosophie in der uns bekannten Gestalt nicht vor der höchsten Blüthe der Griechischen Philosophie sich ausgebildet habe. — Colebrooke hat versprochen, künftig zu' zeigen, dass die Inder Lehrer der frühern Griechischen Philosophen gewesen seyen, besonders des Pythagoras, und in der That, das Argument, dessen Schema er schon mitgetheilt hat, ist nicht übel angelegt. Es soll nämlich gezeigt werden, die Indische Philosophie habe grössere Verwandtschaft mit der ältern, als mit der spätern Griechischen Philosophie, und da es nicht wahrscheinlich sey, dass die Griechen in der Zeit zwischen den frühern und spätern Philosophen-Schulen ihre Philosophie den Indern mitgetheilt hätten, so soll daraus gefolgert werden, dass vielmehr die Inder den Griechen Philosophie mitgetheilt hätten. Es kommt bei diesem Schlusse nur darauf an, zu zeigen, dass die Verwandtschaft in der angegebnen Art wirklich statt finde, und zwar in einem Grade, welcher nicht aus der Verwandtschaft aller Völker abgeleitet werden kann u. s. w.» — Hoffentlich wird Herr H. Ritter mir nicht zutrauen, dass ich mit später Volkssage den Pythagoras zu den Indern wandern und dort sich seine Philosophie holen lassen will.[1]) Aber, wenn, wie oben gezeigt worden, in vorhistorischer Zeit Dionysische Lehren und Culte bis zu den Griechen auf verschiedenen Wegen fast gewiss gelangt sind, so konnten in historischer Zeit auf denselben Wegen auch Indische Philosopheme zu den Griechen kommen. Ich will hier bei den Pythagorischen stehen bleiben. Eine Pythagorische Schule war mit den Orphischen[2]) und Aegyptischen und mit den Dionysischen Lehren so im Einklang, dass Herodot alle diese Dogmen für identisch nehmen konnte.

---

1) Wie es bei Appuleius z. B. heisst Florid. II. 15. p. 56 Bossch. „eorum ergo Brachmanum Gymnosophistas adisse (Pythagoram ferunt).“

2) Herodot. II. 81. vgl. Valckenaer zu Euripid. Hippolytus vs. 952. p. 266 mit den Anmerkk. zum Herodot a. a. O. und zu II. 49.

Creuzer's deutsche Schriften. I. 3.   32

Hier zeigt sich also schon eine Verbindungsstrasse Indischer und Griechischer Religion, und zwar über Aegypten — wodurch die übrigen oben angegebenen nicht ausgeschlossen werden. Was aber die *Verwandtschaft* Indischer und Griechischer Lehreinrichtungen und Lehren selbst betrifft, so erkennen ja schon Strabo's Gewährsmänner dieselbe ausdrücklich an.[1]) Die Lehrordnungen der Inder stimmen auch in charakteristischen Zügen mit den Pythagorischen überein, z. B. in dem den Jüngern vorgeschriebenen Stillschweigen;[2]) in der von den Schülern abgeforderten Rechenschaft über ihr Tagwerk;[3]) in der Zulassung der Frauen zum Studium der Philosophie;[4]) in der Enthaltung von thierischer Nahrung;[5]) endlich in der Lehre von der Seelenwanderung, wie überhaupt in mehreren Sätzen über das Leben im Körper und in, den

---

1) Strabo XV. p. 124 — 126; selbst mit Plato's Lehren.

2) Megasthenes ap. Strab. XV. 59. p. 122 Tzsch.

3) Appuleius Florid. II. 15. p. 56 Bossch.

4) Nearchus ap. Strabon. XV. 66. p. 141 Tzsch. συμφιλοσοφεῖν δ᾽ αὐτοῖς καὶ γυναῖκας. vgl. Porphyr. de Abstin. IV. p. 358 Rhoer.; nämlich bei denjenigen Indischen Lehrern, die Nearch als Weise (σοφισταί) bezeichnet; wogegen die Frauen von den Brahmanen zum Philosophiren nicht zugelassen wurden (Strabo XV. p. 124).

5) Strabo VII. 5. p. 353 Tzsch. Iamblich. de Vit. Pyth. XVII. 68 giebt die Gründe an: πρὸς δὲ τούτοις ἐμψύχων ἀποχὴν πάντων καὶ ἔτι βρωμάτων τινῶν ταῖς ἐπειρίαις τοῦ λογισμοῦ καὶ εἰλικρινείας ἐμποδιζόντων κατέδειξεν (Πυθαγόρας) τοῖς ἑταίροις (wo die Codd. ἐπερίαις, ἐπιγρίαις haben, Kiessling p. 144 εὐαγείαις vorschlägt, Wyttenbach auf dem Rande meines Exemplars wahrscheinlicher: ἐπινοίαις). vgl. Philostrat. de Vit. Pyth. VII. 12. p. 347 Olear., wobei zugleich die Abstammung der Pythagorischen Weisheit aus Indien bemerkt wird. Ohne auf diese Nachricht, deren Quelle wir nicht kennen, viel Gewicht legen zu wollen, halte ich doch für bemerkenswerth, dass noch die Neuplatoniker, die so viel Pythagorisches angenommen hatten, sich dem Studium der Indischen und Persischen Philosophie widmeten, namentlich Plotin (Porphyr. de Vit. Plot. III. p. 51).

Ansichten vom Tod.[1]) Dies sind doch wohl grossentheils sehr individuelle und markirte Züge, so dass sie an thatsächliche Kennzeichen ($\tau\varepsilon\varkappa\mu\acute{\eta}\rho\iota\alpha$) angränzen.

---

1) Strabo XV. p. 124 sqq. Zum Schlusse hier noch einige Andeutungen der Spuren, besonders sprachlichen, worin Neuere eine Fortpflanzung des Buddhismus westwärts bis in die fernsten Abendländer zu verfolgen gesucht haben: Die Budier ($Bo\acute{v}\delta\iota o\iota$) des Herodot (I. 101. vgl. Steph. Byzant. p. 235), ein Medischer Volksstamm, worin K. Ritter (Erdk. II. p. 896. 799. 902) nicht weniger, wie in den daneben genannten Magiern, einen Priesterstamm vermuthet und zwar in jenen ersteren einen Buddhistischen; — Die Stadt Budea ($Bo\acute{v}\delta\varepsilon\iota\alpha$, Stephan. a. a. O.) in Phrygien; — Die beiden Städte, Budea oder Budeon ($Bo\acute{v}\delta\varepsilon\iota\alpha$, $Bo\acute{v}\delta\varepsilon\iota o\nu$) genannt, die eine in Thessalien, die andere in Böotien; Der Heros Budeos ($Bo\acute{v}\delta\varepsilon\iota o\varsigma$), der Sohn des Argos; Die Budea ($Bo\acute{v}\delta\varepsilon\iota\alpha$), die Mutter des Erginos und vielleicht Eine Person mit der Buzyge, der Tochter des Lykos (Heyne Obss. in Iliad. XVI. 572 mit dem Supplem. Vol. VII. p. 788. vgl. das Folgende); — Der Aeginetische Heros Budion, der Oenone Vater (Pythaenetus in Aegineticis ap. Tzetz. Schol. in Lycophron. vs. 175. p. 446 Müller.: — $\dot{\alpha}\pi\dot{o}$ $O\dot{\iota}\nu\acute{\omega}\nu\eta\varsigma$ $\tau\tilde{\eta}\varsigma$ $Bo\nu\delta\acute{\iota}\omega\nu o\varsigma$ $\vartheta\nu\gamma\alpha\tau\varrho\acute{o}\varsigma$, vgl. C. O. Müller. Aeginetica p. 8 sq. und p. 140); — Die Thessalische Pallas-Athene (Minerva) Budea (Tzetz. ad Lycophron. vs. 359. p. 562: — $\dot{}A\vartheta\eta\nu\tilde{\alpha}\nu$ $\tau\dot{\eta}\nu$ $Bo\acute{v}\delta\varepsilon\iota\alpha\nu\cdot$ — $Bo\acute{v}\delta\varepsilon\iota\alpha$ $\gamma\dot{\alpha}\varrho$ $\dot{\eta}$ $\varphi\varrho\acute{o}\nu\eta\sigma\iota\varsigma$, $\ddot{o}\tau\iota$ $\tauo\dot{v}\varsigma$ $\beta\acute{o}\alpha\varsigma$ $\dot{\alpha}\varrho\acute{o}\tau\varrho\omega$ $\varkappa\alpha\dot{\iota}$ $\zeta\nu\gammao\tilde{\iota}\varsigma$ $\dot{\nu}\pi o\delta\acute{\varepsilon}\varepsilon\iota$ $\varkappa\tau\lambda.$ wo also die Athene-Budea aus dem Griechischen abgeleitet und mit der Buzyge identificirt wird); — Butes und die Butaden ($Bo\acute{v}\tau\eta\varsigma$, $Bo\nu\tau\acute{\alpha}\delta\alpha\iota$ in Athen, Hesych. I. p. 755 Alb.), worüber K. Ritter (in der Vorhalle S. 408) sich so erklärt: — „Nur dadurch allein hebt sich der vielfache Widerspruch, dass Butes, später als Ahnherr der Butadischen Phratrie oder des *Priestergeschlechtes,* früher als *Heros* und vordem als *Gott,* der Eine, galt, welcher zu gleicher Zeit, *wie Buddha-Vischnu, aus den Wassern hervorgehend,* als androgynischer Awatar, im Erechtheus der wohlthätige Landesvater, Mann-Fisch (Schlangenfüssler), im Herakldisch-männlichen Wesen zum Poseidon (vielleicht auch Butes wohl einst genannt; wie sein Sohn, $Bo\acute{v}\tau o\nu$ $\tauo\tilde{\nu}$ $\Pi o\sigma\varepsilon\iota\delta\tilde{\omega}\nu o\varsigma$ $\nu\acute{\iota}\acute{o}\varsigma$) ward, [die Stelle heisst im Etymol. M. p. 210 Heidelb. p. 191 Lips. vollständig so: — $o\tilde{\nu}\tau\omega$ $Bo\acute{v}\tau\eta\varsigma$, $Bo\acute{v}\tau o\nu$, $Bo\nu\tau\acute{\iota}\delta\eta\varsigma$, $\tauo\tilde{\nu}$ $\Pi o\sigma\varepsilon\iota\delta\tilde{\omega}\nu o\varsigma$ $\nu\acute{\iota}\acute{o}\varsigma.$ Man vgl. auch vorher unter $Bo\nu\tau\acute{\alpha}\delta\alpha\iota$] als weiblicher Gott in die männliche Pallas Athene sich umbildete, der die Butaden darum den Schirm trugen, weil sie auch Minerva Budea war und hiess, nämlich die aus den Wassern hervorge-

Ich beschliesse diese Bemerkungen mit einer Vermuthung: Nämlich wenn man an den Pythagorischen Frauenchor denkt, und vom Nearchos bezeugt findet, die Indischen Frauen hätten mit den Weisen gemeinschaftlich philosophirt, dagegen aber von einem andern Geschichtschreiber: die Brahmanen hätten die Weiber von der Philosophie ausgeschlossen; ferner wenn man die Wendung erwägt, welche in der Griechischen Sage der Seelenwanderungslehre auf die Person des Pythagoras gegeben wird, dass er zu wiederholtenmalen und in sehr verschiedenen Perioden auf Erden erschienen, so möchte man sich zu der Meinung hinneigen, es seyen besonders Buddhistische Ordnungen und Lehrsätze im Pythagorischen Leben und Lehren aufgenommen worden.

Hier möchte es wohl an seinem Platze seyn, auch von der Uebereinkunft *Chinesischer Lehrsätze* mit *Griechischen* etwas zu sagen. Ich werde aber vielmehr einen grossen Sinologen sprechen lassen. S. Mémoire sur la vie et les opinions de *Lao - tseu*, philosophe Chinois du VIe Siècle avant notre ère, qui a professé les opinions communement attribuées à Pytha-

---

gangene Erdenmutter, die Jungfrau, die Sonne, Kore, welche im Pontisch-Thrakischen Norden zur Thetis, am Tanais zur Mäetis ward." (Man vgl. ebendaselbst S. 8. 164 ff. 432 ff.); — Der Indische Dreiverein von Saraswati, Lakschmi und Bhavani in dem sogenannten Sakti - Trimurti oder in der Dreiheit göttlicher Kräfte, in einem Bilde, das, wenn es anders ächt ist, unwillkührlich an das Auftreten der Pallas-Athene, der Aphrodite und der Hera vor dem Paris erinnert (s. Guigniaut Explicat. des planch. I. p. 4. nr. 17 zu pl. III); — Die Budinen (*Βουδῖνοι*) jenseits des Don (Herodot. IV. 21. vgl. Ritter's Vorhalle S. 25 f. 30. 153 ff.); endlich die Ueberreste Buddhistischer Bildwerke, welche Britische Gelehrte neuerlich in Irland nachweisen zu können glauben (s. The round towers of Ireland or the History of the Tuath-De-Danaans for the first time unveiled; by H. O' brieu. Second edit. London und Dublin 1834. p. 466 sqq.); — welches Alles ich hier in flüchtigen Umrissen anzudeuten mich beschränken muss.

gore, à Platon et à leurs disciples; par M. *Abel-Rémusat* (in den Mémoires de l'Institut de France Vol. VII und besonders abgedruckt Paris 1823 und in des Verfassers Melanges Asiatiques Vol. I). Der Verfasser stellt (p. 51 sq.) folgende Ergebnisse seiner Untersuchungen der Lehren des Lao-tse auf: «Je résume en peu de mots les traits les plus remarquables de la doctrine de Lao-tseu. Ce philosophe, né dans une des provinces centrales de la Chine, à la fin du VIIe siècle avant notre ère, admet pour premier principe de toutes choses, comme les Platoniciens et les Stoïciens, la *raison*, être sublime, indéfinissable, qui na de type que lui même. Comme Platon, il donne à cet être un nom qui signifie la raison et la pàrole.[1]) Comme Pythagore, il rattache la chaine des êtres à la monade, à l'être existant seul et par lui même. Comme Platon, il voit dans le monde et dans l'homme une copie de l'archétype divin. Comme Pythagore et la plupart des anciens philosophes Grecs, il croit les ames des émanations de l'éther, qui vont s'y réunir à la mort; et de même que Platon, il refuse aux méchans la faculté de se réunir à l'ame universelle. Comme Salluste,[2]) il imagine entre les deux principes, l'intelligence et la matière, un lien d'harmonie qui est la vapeur unissante, le souffle de vie, l'ame universelle. Comme les Platoniciens, il oppose l'état primitif de l'intelligence divine avant la naissance du monde à son état actuel depuis le débrouillement du chaos et depuis qu'elle a pensé et créé l'univers. Comme eux encore, il compose une triade mystique et suprême, soit de trois temps de Dieu, soit de ses principaux attributs ou modes

---

1) Plato und die Platoniker nennen vielmehr das erste und oberste Princip, oder das Absolute: τὸ πρῶτον, auch τὸ ἕν, besonders auch τὸ ἀγαθόν. Dagegen ist ihnen der λόγος erst das zweite Princip (s. meine Prolegomena ad Plotinum I. p. XXVI sq.). Der Verf. vergleicht nämlich das Chinesische Tao mit λόγος (s. S. 24 sq.).

2) Dieser Philosoph hat fast Alles dem Plotinos abgeborgt (s. Annot. in Plotin. II. 1. 2 und III. 2. 4).

d'action; et cette triade ineffable, il la désigne par un nom pris des livres saints et qui n'a sa racine que dans la langue Hébraïque.¹) Et toutes ces idées sont, à la Chine, si non particulières à Lao-tseu, au moins fort éloignées de celles qui constituent la doctrine commune, la philosophie morale de Confucius. Ces traits de ressemblance, et tant d'autres qu'on pourrait citer, ne nous semblent pas pouvoir être attribués au hasard. — Ces analogies sont trop frappantes, trop positives, trop multipliées, pour qu'on puisse y voir autre chose que les effets d'une communication. »²)

1) Dieses bezieht sich auf das heilige Trigramma, womit Lao-tse das Tao oder das absolute oder höchste Wesen bezeichnete: *J-hi-wei* oder J H V, welche Charaktere nicht der Chinesischen sondern einer fremden Sprache angehören. Abel-Rémusat leitet sie nämlich, übereinstimmend mit mehreren Jesuiten-Missionären, aus dem Ebräischen Jehova, Jao oder vielmehr Iawe her (s. p. 44 sqq.). Theodoretus (haerett. fabb. compend. V. 3. p. 393 Schulze): Τὸ δὲ Ἀϊὰ, τὸν ὄντα. τοῦτο καὶ ἀνεκφώνητον ἦν παρ' Ἑβραίοις, Σαμαρεῖται δὲ Ἰαβαὶ (Ἰαβὲ, Ἰ α ή) αὐτὸ λέγουσιν, ἀγνοοῦντες τὴν τοῦ ῥήματος δύναμιν. Silvestre de Sacy nimmt das *Aïa* für das Ebräische אֶהְיֶה, *sum, ich bin.* Abel-Rémusat erklärt sich die Uebertragung des Ebräischen heiligen Gottesnamens auf das höchste Princip eines Chinesischen Systems durch die Annahme, dass ein Chinesischer Philosoph im sechsten Jahrhundert vor Chr. G. nach Persien und nach Syrien gereiset sey (p. 13), und Herr C. Fr. Neumann (Einleit. zum Lehrsaal des Mittelreichs S. 16), obschon er jene Ableitung des *J-hi-wei* aus dem Ebräischen dahin gestellt seyn lässt, bemerkt demohngeachtet: „Auffallend ist es in der That, dass Lao kim nach dem einstimmigen Zeugniss seiner Chinesischen Biographen gegen das Ende seines Lebens nach Ta tsin, d. h. nach den westlichen Gegenden, reiste, um nie wieder in sein Vaterland zurückzukehren. Ein sicherer Aufschluss über diese Laute: J Hi und Wei, aus welcher Sprache und von welcher Nation sie entlehnt wurden, würde uns über den Zusammenhang der Religion Lao's (d. i. des Lao tse, des Meisters der Tao sse, vgl. S. 37) mit denen des Westens belehren, und für die ganze Geschichte der Civilisation China's von der grössten Wichtigkeit seyn. "

2) S. die vorhergehende Anmerkung am Schluss. — Hier mag noch eine Bemerkung über den Zusammenhang von Lehrsätzen des Lao tse

mit der Cabbala und dem Gnosticismus folgen: „Vor dem Chaos (sagt Lao tseu bei Abel-Rémusat p. 94 sqq.), welches früher war als die Geburt des Himmels und der Erde, war nur ein einziges Wesen, unendlich, still, unveränderlich und immer thätig; das ist die Mutter des Universum. Ich weiss seinen Namen nicht, aber ich bezeichne es durch das Wort *Vernunft* (raison). Der Mensch hat sein Vorbild in der Erde, die Erde im Himmel, der Himmel in der Vernunft, die Vernunft in sich selbst.“ Hierin findet Herr Matter (Histoire critique du Gnosticisme I. p. 88) ganz cabbalistische und gnostische Vorstellungen, und betrachtet den Lao tseu als einen Vorläufer der Cabbala und der Gnosis, mit dessen Ideen die Juden vielleicht während des Exils in Ober-Asien bekannt geworden seyen. Abel-Rémusat hatte bei diesen Sätzen des Chinesischen Lehrers schon selbst (a. a. O.) an die Potenzen $\sigma\iota\gamma\grave{\eta}$, $\sigma o\varphi\iota\alpha$, an die *Feruers*, die *Ideen* und die *Aeonen* erinnert. Ich erinnere hierbei an die Beschreibung der *Weisheit* im biblischen Buche dieses Namens Cap. VII. vs. 17 ff.

II.

Gegenwärtiger Zustand der Indischen Literatur, besonders hinsichtlich der Geschichte Indischer Religion und Philosophie.

Nachtrag zu §. 3.

Habe ich im Vorhergehenden an mehrern Beispielen zu zeigen gesucht, welche Erläuterungen Indischer Glaubenslehren, Culte und Religionssecten Griechische und Römische Schriftsteller gewähren, so kann ich die Aufgabe dieses II. Nachtrags einem grossen Sanskritgelehrten überlassen. Herr *Eugène Burnouf* ist nämlich so freundlich gewesen, meine die Indische Quellenkunde betreffenden Fragen einer ausführlichen Antwort zu würdigen,[1]) die ich meinen Lesern am besten mit seinen eigenen Worten mittheile, so dass ich meinerseits in den Anmerkungen nur die näheren Literarnotizen beifüge:

«Vous avez deja parfaitement vu que les *mythes* si colorés et si développés de l'Inde étaient à l'égard de quelque chose qui devait les avoir précédé, comme des amplifications, resultant du travail d'une imagination puissante occupée à tirer les conséquences les plus variées de quelques principes féconds. Cet état anterieur est tout entier ou àpeuprès dans les *Védas;* mais les Védas nous sont encore inconnus, sauf les fragments publiés par Rosen.[2]) Comme Vous avez ce livre entre les mains, je n'en dirai qu'une chose, c'est qu'on peut le regar-

---

1) In einem Brief aus Paris vom 23. Juni 1836.

2) *Rig-Vedae* Specimen. Edidit *Frid. Rosen.* Londini impensis Ioannis Taylor 1830. 4to. Original-Text mit wörtlicher Lateinischer

der comme donnant une idée nette de la partie poétique des
Védas. Or cette partie poétique est en même temps la partie
religieuse (J' entends de la religion *exterieure*); puisque les
fragments de poesies ne sont exactement autre chose que des
prières aux divinités naturelles qui forment le fonds propre de
l' ancien systeme religieux des Indiens. Voila pourquoi on les
appelle *Mantra* par opposition aux *Brâhmana*, ou aux fragments philosophiques, qui représentent la doctrine interieure
et qui sont attachés à chaque Veda, fragments dont on a fait
des réunions et des classifications dont quelques parties nous
sont deja connues, sous le titre commun de *Oupanichad.*[1])

C' est encore parceque les *Mantras* ou hymnes ou prières
appartiennent en propre au système exterieur que les Commentateurs Indiens appellent cette partie des Védas la
base du *Karma* ou des oeuvres et par *Karma* on entend
l' oeuvre religieuse, ou tant se qui touche à la religion con-
sidérée comme pratique et extérieure. Sans doute les
fragments de Rosen ne s' étendent pas bien loin. Mais

Uebersetzung. ⸺ Der Uebersetzer folgt hauptsächlich Colebrooke's berühmter Abhandlung über die Veda's im 8. Bande der Asiatic Researches
(s. das Prooemium des Herrn Rosen p. 4. vgl. Heeren in den Götting.
gelehrt. Anzeigen 1832. Nr. 5; wo dieser hochverdiente Veteran über den
Zuwachs zur Indischen Quellenkunde bis zum gedachten Jahre Bericht
erstattet). Ich werde im III. *Nachtrag* einige Proben aus Rosen's Specimen mittheilen.

1) Nicht Oupnek'hat, wie die oben schon angeführte Ausgabe des
Anquetil Duperron betitelt ist; (s. Fr. H. H. Windischmann Praefat. ad
Sancar. p. XIII sq.). — Ausserdem ist erschienen: Oupanichats, Theologie des Véda's; Texte sanscrit, traduit en Francais par L. Poley,
Paris, Livr. I et II. 4to und ebendaselbst: Vedanta-Soutras, Philosophie
des Véda's par L. Poley 4to. — Ich will hier sogleich den Titel der
Windischmannischen Arbeit hierhersetzen, da bald nachher davon die Rede
ist: *Frid. H. H. Windischmanni Sancara* sive de Theologumenis Vedan-
torum. Bonnae 1833. 8vo. Das Jahr zuvor erschien ebendaselbst: *Gym-
nosophista,* sive Indicae philosophiae documenta. Collegit, edidit, enar-
ravit *Chr. Lassen.* Vol. I. fasc. 1. Bonnae 1832. 4to.

comme j'ai lu à Londres **100** pages environ du **1** Volume du Rig-veda que prépare cet excellent et habile Rosen, je puis Vous affirmer que son *Specimen* donne une idée parfaite du caractère de cette partie du Veda. Seulement quand on aura le text, on saura de combien de noms on appellait le soleil, sous combien on adorait le feu, sous quelles denominations la terre, l'eau, l'athmosphère etaient invoquées. Mais ce seront toujours les mêmes notions d'une simplicité primitive, toujours les vastes membres de ce grand *Purucha* ou de cet *esprit-homme-monde*, qui est l'expression à la fois philosophique et plastique (passez moi le mot) du pantheisme indien. Pour rattacher tous ces membres au corps au quel ils appartiennent, pour retrouver la vie qui les anime, il faudrait posséder une traduction des Upanichads; on y verrait même plus que le mot du Système Védique chanté dans le Mantra; on y trouverait encore les Solutions diverses des differentes écoles; on entrerait par là dans le developpement philosophique d'un ancien thême religieux, qui a, je crois, été pris dans l'origine au propre. Ici encore nous n'avons que des fragments, mais ces fragments sont plus nombreux que ceux que nous possédons des Mantra. Il faut citer en première ligne l'excellent traité de *Windischmann* le fils, sur Sankara; On peut faire usage avec la plus grande sécurité de tous le textes des Upanichads qu'il a cités, il y en a de vraiment admirables et de tout a fait concluants sur le caractère propre de la plus ancienne philosophie brahmanique. Il y a aussi d'utiles éclaircissements à prendre dans les *Fragments of the Veds* traduits par *Rammohun Roy* et publiés a Londres d'après l'edition de Calcutta.[1]) Mais ce bon brahmane qui était un peu charlatan poussait à l'unité, et sous ce rapport il faut se défier de ces traductions. *Anquetil Duperron* a, dans ces derniers temps,

---

1) Translation of several principal Books, Passages and Texts *of the Veds* and of some controversial Works on *Brahmanical Theology*, by Rajah *Rammohun Roy*. Second Edition. London 1832.

obtenue plus de créance: pour son Upnek'hat; on s'est apperçu qu'il avait traduit avec la fidelité la plus scrupuleuse; c'est un livre dont on peut faire usage, quand il est possible de l'entendre, quand il n'y perce pas quelques interpolations musulmanes. Le traité de *vans Kennedy* est a tout prendre un livre interéssant,[1]) mais malheureusement bien inégal. L'auteur a peu compris les documents qu'il avait sous les yeux. Je n'ai pas la confiance complette qu'il ait partout traduit ou fait traduire avec la plus grande exactitude, j'en juge par quelques parties du Bhâgavatapurana, dont je suis occupé depuis quelques années et que je reprends en ce moment. C'est cependant un livre qu'il faut consulter pour les fragments nombreux des *Pourânas* qu'il contient. Nulle part encore on n'avait vu une réunion aussi considerable de textes religieux indiens; et quant à la manière dont les interprète l'auteur, elle lui appartient en propre; chacun est libre de l'admettre ou de la repousser; dailleurs si Kennedy se trompe, on peut toujours s'en appercevoir, car je le crois de bonne foi.

Reste enfin le *Manu;* mais les parties religieuses en sont peu nombreuses. Il me parait cependant qu'elles répondent plutot au système de Védas qu'a celui des Pourânas. Manu est le code des ages antérieures; cela se voit aux efforts que font ses commentateurs pour le concilier avec les pratiques actuelles. Ses dieux sont les puissances naturelles, comme dans le Véda; le developpement *pouranique* n'y a pas encore pénétré. C'est un bien beau livre, à coté des Védas, que nous ne connaissons pas encore, et des poemes epiques, comme le *Mahâbhárata* et le *Ramayan,* que nous ne pourrons manquer

---

1) Researches into the nature and affinity of ancient and *Hindu-Mythologie,* by *vans Kennedy.* London 1831. Das Wesentlich-Verdienstliche dieses Werks sind also die Auszüge aus den Purana's. Dagegen hat der Verf. zum Theil sonderbare Ansichten, und sein Standpunkt ist entfernt von dem Deutscher Sprach-Alterthumsforscher und Mythologen.

de connaître bientôt. Il faut Vous servir plutôt du *Haughton* ¹)
que de toute autre édition. La traduction de *Jones* a un cachet
antique de simplicité qui approche de l' original. »

---

1) *Manava Dharma Sastra*, or the Institutes of *Menu* ed. by *Gr.
Ch. Haughton* London 1825. 2 Voll. 4to. — Ueber Manu's Gesetzbuch
hat v. Chezy im Journal des Savans 1831. p. 18 sqq. mit Hinsicht auf die
Mosaische Gesetzgebung und auf den Culturzustand der uralten Inder
einige Betrachtungen angestellt, in der Anzeige von: Manava Dharma-
sastram, Lois de *Manou*, publiées en sanscrit avec des notes contenant
un choix de variantes et de scholies, par *Aug. Loiseleur*. I. Vol. Paris
1830. Von dem Herausgeber erschien später eine Französische Uebersetzung: *Lois de Manou* traduites du Sanscrit et accompagnées des notes
explicatives, par *A. Loiseleur*. Paris 1833. — Aber wenn Herr Burnouf
das Gepräge antiker Einfachheit an der Uebersetzung des edlen Jones
mit Recht rühmt, so muss von des Herrn Loiseleur Uebersetzung das
gerade Gegentheil gesagt werden; — so sehr ist letztere manchmal in
einen fast ans Komische anstreifenden modernen Ton verfallen; und es
scheint unmöglich, durch das Organ einer solchen Sprache sich den Ein-
druck des hohen Alterthums zu verschaffen, dessen Geist aus jenen Gesetzen spricht. — Uebrigens vergleiche man auch des Herrn Ewald Bericht
in den Götting. gelehrt. Anzeig. 1833. Nr. 141 — 143.

III.

Die Veda's, Grundzüge der ältesten Lehre, Proben von Ton und Art.

Nachtrag zu §. 3.

Was nun zuvörderst jene Mantra's betrifft, so sind sie in der That nichts anders als Anrufungen und Gebete an die natürlichen Dinge, deren Anblick und Empfindung die Bewunderung des Menschen rege machen und ihn seine Abhängigkeit von ihnen fühlen lassen, das Firmament, Sonne, Mond, Feuer, Wasser u. s. w.;[1]) und wir treffen also in diesen uralten Indischen Liturgien dieselben Gegenstände des Cultus an, welche uns die Alten auch bei den Persern und Griechen nachweisen.[2]) In Betreff dieser Indischen Anrufungen entsteht nun sogleich die Frage, ob und in wie weit jene natürlichen Wesen, die in jenen Hymnen besungen werden, verkörpert wurden. Einer der neuesten Geschichtschreiber der Philosophie äussert sich darüber so:[3]) «In den ältesten Theilen der Weda's

---

1) Colebrooke in den Asiatic Research. VIII. p. 398: „It may be here sufficient to observe, that *Indra*, or the firmament, fire, the sun, the moon, water, air, the spirits, the atmosphere and the earth, are the objects most frequently addressed etc."

2) S. Herodot. I. 131. Plato Cratyl. p. 397. c. vgl. oben den Allgemeinen Theil dieses Werks Einleit. S. 4 ff. und das vorhergehende erste Capitel dieses Besonderen Theils.

3) Heinr. Ritter Geschichte der Philosophie I. S. 98.

herrscht die Naturreligion, d. h. die Naturkräfte, welche am
meisten den Menschen mächtig oder auffallend sich erweisen,
wie die Gestirne und die Elemente, werden als Götter verehrt;
von Verkörperung des Göttlichen in menschliche Gestalt ist
dagegen nicht die Rede.» Allein schon in Mantra's des Rig-
Veda, welcher bekanntlich zu den ältesten gehört, zeigt jene
Neigung zum Anthropiziren sich eben so bemerklich, wie wir
sie bei den ältesten Griechen nachgewiesen haben, obwohl,
eben wie bei diesen, noch frei von weiteren mythologischen
Entfaltungen, wie die Purana's sie mit sich bringen.¹) So
werden wir z. B. in den unten mitzutheilenden Proben aus
dem Rig-Veda das Feuer (Agnis, den Feuergott) nennen
hören: König, Wagenlenker, Götterversammler, Sohn der
Stärke, Opferer, reicher Gott, u. s. w.

Aber neben jener kindlich-naïven Einfalt dieser Aeusserungen eines uralten Naturdienstes tritt sofort entschieden
hervor die Ahnung der Einheit eines grossen kosmischen
Geistes und Leibes zugleich, jene allgemeine Beseelung aller
Dinge,²) jener durchgreifende Pantheismus, der seinem Wesen
nach philosophisch und plastisch zugleich, wie ihn im vorigen
Nachtrage Burnouf glücklich bezeichnet, alle unter den mannigfaltigsten Namen angerufenen Naturkräfte und Naturelemente als die riesigen Glieder des grossen Purucha, d. i.
des Einen, Geist, Mensch und Welt zugleich, verehret; kurz
ohngefähr so, wie die spätere telestische Poesie der Griechen
ihren Pan³) darstellte: — — «Pan ist das Weltall,

---

1) Colebrooke a. a. O.: „Every line (of the prayers contained in the
Véda) is replete with allusions to mythology. Not a mythology which
avowedly exalts deified heroes (as in the *Purana's*); but one *which
personifies the elements and planets* etc.“

2) H. Ritter Gesch. der Philos. I. S. 99 und 128.

3) Orphica, hymn. XI (10) 1 — 3, nach der Uebersetzung von
Dietsch.

Himmel zugleich und Meer und allbeherrschende Erde,
Und unsterbliche Glut; denn dies sind die Glieder vom Pane. »
Dieses ist im Allgemeinen das Thema dieser in Kindesunschuld
gesprochenen Gebete an die Natur in ihren Erscheinungen und
Kräften. Wer will nun sagen, wie und in welchem Sinne es
zuerst variirt worden sey. Die jenen Gebeten und Anrufungen
(Mantra's) angehängten Brâhmana's verrathen schon sehr
verschiedene Wendungen. Da hören wir vom Wasser, aus
dem alle Dinge geworden, vom Weltei, woraus die Wesen
hervorgegangen, so wie von der Decomposition eines Urleibes
(Brahma), in die Geschlechter der Menschheit, d. h. nach
Indischer Ansicht in die Casten Bharata's (Indiens) vertheilet.
Vorherrschend ist besonders, dass ich so spreche, die vege-
tabile Auffassungsart, wonach die Welt und die ihr inwohnen-
den drei Weltmächte (die drei grossen Dejota's) im Kelche
des Lotus ihre Geburtsstätte haben, und wonach die Momente
aller realen Erscheinungen in pflanzenartiger Entwickelung
vorgestellt sind, wie wir aus dem zweiten Capitel und aus
dem ersten Nachtrag dazu ersehen. In so weit dabei die
männliche Potenz vorwaltet, kann man von dem Urcultus eines
Indischen Bacchus-Siva sprechen, wie der Französische Bearbeiter dieses Werkes thut:[1] « Cette antique religion des
Brahmanes était donc une sorte de panthéisme, enté appare-
ment sur les idées dominantes et fondamentales de la religion
populaire qui, selon toute vraisemblance, ne fut autre, dans
son origine, *que le culte de Siva-Mahadeva, le grand Bacchus
ou le Bacchus indien.* Vint ensuite la doctrine de l'emanation
qui rendit raison du monde physique et des personifications
populaires, épura, compléta le système, et en fit l'une des
plus grandes créations de l'esprit humain. Alors seulement
on commença à distinguer le monde d'avec sa cause suprême,
la matière d'avec l'esprit; mais, dans nombre de passages
les plus sublimes et probablement les plus anciens de Védas,

---

[1] Guigniaut in einer Note unter dem Text I. p. 154.

on retrouve le caractère primitif de cette religion fondée sur la nature, dans un invincible tendance au panthéisme qui fut son origine. On pourrait ajouter que la doctrine des Védas tout entière, et dans son plus haut développement, n'est encore qu'un panthéisme rationnel et philosophique combiné avec le monothéisme le plus pur, le plus idéal, le plus absolu qui se puisse concevoir.» — Es gab aber auch eine andere Ansicht, welche das *weibliche* Princip als vorwaltend setzte, und in ihm die Kraft der männlichen Gottheit erkannte. Daher jene Trennung von Hindu-Secten, in solche, welche das weibliche, und in die, welche das männliche Wesen derselben Gottheit verehren.[1]) Entschieden aber kündigt sich in bestimmten Stellen, Mythen und Bildern der Glaube an die *mannweibliche* Natur der Gottheit aus.[2]) Eine Hauptstelle der Art begleitet der neueste Schriftsteller über diese Religionen[3]) mit folgenden Betrachtungen: «Schärfer, wie in den vorher angeführten Stellen tritt in dieser letzteren[4]) die Vorstellung von der ursprünglichen *Mannweiblichkeit* des göttlichen Wesens hervor. *Es herrscht im Einzelnen überhaupt keine bestimmte systematische Uebereinstimmung in den Ansichten der Wedas.* Im Allgemeinen zwar spricht sich in ihnen, in einer pantheistisch makrokosmisch-mikrokosmischen Auffassungsweise, in welcher eine in die Natur hineingeschaute Geisterwelt verehrt wird, überall derselbe Geist aus; die Welt

---

1) H. Ritter Gesch. der Philos. I. S. 130. vgl. Colebrooke Asiat. Res. VII. p. 280.

2) Asiat. Res. VIII. p. 404.

3) P. F. Stuhr Die Religions-Systeme der heidnischen Völker des Orients S. 75.

4) Nämlich bei Colebrooke As. Res. VIII. p. 404. Ich bemerke hierbei, im System der Sivadiener wäre dies ein Wesen wie die mannweibliche Mise der telestischen Poesie der Griechen, von der es (Orphic. XLII. 4) heisst:

„Männlich und weiblicher Form, zweileibiger Löser Iakchos" (διφυῆ λύσειον Ἴακχον).

wird nur geachtet als ein, in der Entfaltung der göttlichen Wesensfülle Entstandenes, an welchem im Ganzen, wie in allem Einzelnen das Wesen der Gottheit sich abspiegele, und demselben als innerer Bestand einwohne. [1]) Allein in Rücksicht auf die Vorstellung von dem Hervorgehen des Mannigfaltigen aus dem Einen, der Welt aus dem Geiste Gottes, so wie von den verschiedenen vermittelnden Entwicklungsstufen der Schöpfung, sind in den Weda's die Ansichten nicht auf eine zusammenhängende Weise zu einem bestimmten Lehrbegriffe geordnet.» [2])

Wir dürfen uns daher nicht wundern, dass auch bei der weiteren Entwickelung und Vergeistigung der Lehre sich viele Verschiedenheiten zeigen. Das Wesentliche ist, dass wir bemerken, wie die vielen und vielnamigen Gottheiten der Veda's in der höheren Theologie auf drei zurückgeführt werden, die aber auch wieder in Einen Gott aufgehen. Dies wird besonders klar und bestimmt ausgesprochen im Anfang des Index zu Rig-Veda, auf die Auctorität der Niructa und der Veda's selber: «Der Gottheiten, heisst es dorten, [3]) sind einzig und allein Drei; ihre Orte sind die Erde, die mittlere Region (der Luftraum) und der Himmel; [sie sind] nämlich das Feuer, die Luft und die Sonne. Sie werden einzeln genommen als die Gottheiten der mysteriösen Namen [4]) bezeichnet,

---

1) Asiat. Res. VIII. p. 426. 432. 444. 475. Transact. of the royal Asiatic Society II. p. 35. Translat. of several books of the Veds by Rajah Rammohun Roy p. 74. Manu XII. 118 — 122. Windischmann Sancara p. 146.

2) Asiatic Researches Vol. VIII. p. 442.

3) Colebrooke Asiatic Research. VIII. p. 396 sq.

4) Bhur, Bhuvah und Swar, d. i. die Erde, die Luft und die Himmel. Man nennt diese Namen die Vyáhriti's (s. Manu's Gesetzb. Cap. II. vs. 76); sie stehen gewöhnlich vor der Gayatri, welche mit dem mystischen Pronomen *tad* (das höchste Wesen) beginnt; vor diesen Namen geht das heilige Monosyllab *Oum* voraus, welches auch Prana heisst; Correlata in

und Prajápati, der Herr der Creaturen, ist die Collectiv-Gottheit von ihnen (d. h. die sie alle drei in sich als in die Einheit aufnimmt). Die Sylbe *O'm* (Oum, Aum) spricht jede der drei Gottheiten aus (d. h. jede Gottheit der drei Welten wird durch O'm bezeichnet); sie gehört dem an, welcher den höchsten Ort bewohnt (Paraméshthi); der unendlichen Einheit (Brahma); dem Gotte (Deva); der über Alles waltenden Seele (Ad'hyatma). Die übrigen Gottheiten, welche die drei Regionen bevölkern, sind Theile (Ausflüsse) der drei Götter, denn sie werden auf mannigfaltige Weise benannt und beschrieben mit Bezug auf ihre verschiedenen Thätigkeiten. Aber in Wahrheit (wirklich) giebt es nur eine Gottheit die grosse Seele (Mahán átmá), welche die Sonne (Surya) genannt wird, denn die Sonne ist die Seele aller Wesen.» [1]) Jene Dreiheit von Göttern wird ebenfalls unter verschiedenen Namen aufgeführt und, mit verschiedenen Prädicaten belegt, unter verschiedenen Eigenschaften vorgestellt; so z. B. unter drei Namen des öffentlichen Cultus, heisst es in den Veda's: Vischnus wohne in der Eigenschaft der Wesenheit (Sattwa), Brahmâ in der der Irdischheit (Raja), Rudras (Siva) in der der Finsterniss (Tama). [2]) Hier sind also die

dieser theologisch-philosophischen Sprache sind: *tad* (*Er*, d. i. das unoffenbarte Wesen), *sat* (d. i. das durch die Schöpfung offenbarte Wesen), und *asat* (Non ens, das Nichtwesen) d. h. die Phänomene oder die Welt der Erscheinungen (s. Colebrooke a. a. O. p. 397. vgl. Guigniaut Notes et Eclaircirc. I. p. 601 sq.).

1) Colebr. und Guign. a. a. O. Statt der Sonne wird zuweilen auch das Feuer (Agnis), zuweilen die Luft (Vayu) mit der grossen Seele identificirt. Wenn Colebrooke bemerkt, die alte Religion der Hindu's habe nur Einen Gott anerkannt, so macht er dabei darauf aufmerksam, dass in diesem Monotheismus jedoch Geschöpf und Schöpfer nicht gehörig unterschieden seyen. — Wir werden sagen: Es war ja eben auch ein pantheistischer Monotheismus.

2) Guigniaut in einer Anmerkung zum Text I. p. 239; worüber man die Erläuterung Wilh. v. Humboldt's Ueber Bhagavat-Gita S. 30 ff. zu Rath ziehen muss.

drei grossen Götter und ihr Collectivum, die Weltseele, nicht mehr als Elemente und als Naturtheile, sondern als qualitative Abstractionen aufgefasst. Die Vergeistigung stellt sich als vollendet dar in Sätzen wie folgende: «In dem Verstande (Vernunft, intellect) ist jegliches Ding gegründet; die Welt ist des Verstandes Auge, und Verstand ist seine Gründung. Vernunft (intelligence) ist (Brahma) das grosse Eine;»[1]) ferner wenn das höchste Wesen als *Vernunft, Wahrheit* und *Rede* bezeichnet wird; oder wenn es heisst:[2]) «Brahma, welcher Vernunft ist mit Glückseeligkeit, ist der beste Weg (zur Zufriedenheit) für den edelmüthig sich Hingebenden, der ihn kennet und befestigt bleibt (in Aufmerksamkeit).» — Hier stehen wir schon auf dem Boden der *Ethik;* denn durchgängig werden in den Veda's die Vorschriften der Moral aus dem Locus de Deo als praktische Folgerungen abgeleitet. In Gesprächen eines Sohnes mit seinem Vater, eines Schülers mit seinem Lehrer, in Versammlungen von Weisen werden Fragen aufgeworfen über das Wesen der Gottheit und, wenn die verschiedenen Antworten gefallen und nach Beseitigung unrichtiger Vorstellungen, der Begriff mit Anerkennung Aller endlich festgestellt ist, wird unmittelbar daraus die allgemeine Maxime oder der oberste Grundsatz für alle Handlungen des Lebens gezogen. So findet z. B. in dem Gespräch eines Vaters mit seinem Sohne der letztere als Endergebniss der Fragen und Antworten: Brahm sey Glückseeligkeit.[3]) Auch auf diesem praktischen Gebiete geben sich mannigfache Differenzen als

---

1) Colebrooke a. a. O. VIII. p. 427.

2) A. a. O. und p. 448: „Brahme, who is intellect with [the unvaried perception of] felicity is the best path [to happiness] for the generous votary, who knows him, and remains fixed [in attention]." — Sätze, die an den Ausspruch des Evangeliums (Joh. XIV. 6) erinnern: „Ich bin der Weg, die Wahrheit und das Leben."

3) Asiat. Res. VIII. p. 454 sq. vgl. VIII. p. 463 sqq. und H. Ritter Gesch. der Philosoph. I. S. 128 ff.

Lehrmeinungen der verschiedenen Schulen kund, und das Gespräch des Brahmanen Mandanis mit Onesikritos giebt gerade zum ebenerwähnten Resultat der zuletzt angeführten Unterredung einen Beleg für eine entschiedene Differenz des Moralprincips. Mandanis sagt nämlich: «Die beste Lehre sey die, welche Lust (ἡδονὴν) und Unlust (λύπην) aus der Seele verbanne. Unlust aber sey von Arbeit (πόνος) verschieden, jene der Seele feindlich, diese ihr befreundet. Sie (selbst) pflegten die Körper an Arbeit zu gewöhnen, damit die Vernunftkräfte gestärkt würden; wodurch sie auch die Ausbrüche der Zwietracht zu dämpfen und für Alle Rathgeber zur Wohlfahrt im öffentlichen und im Privatleben zu werden im Stande wären.» [1]) — Also auch hierin zeigt sich, dass nicht thatenloser Quietismus die Lehre und Gewohnheit aller Indischen Schulen war; wie wir denn auch im vorigen Nachtrag aus Griechischen Berichten ersehen haben, dass Gymnosophisten sich von ihren Schülern Rechenschaft über ihr Tagewerk haben geben lassen. Im Bhagavat-Gita herrschen dieselben Grundsätze der Pflicht rüstiger Thätigkeit.

Ich lasse nun einige Stellen aus dem Rig-Veda folgen, zuerst aus Rosen's Specimen nach dessen wörtlicher Lateinischer Uebertragung aus dem Sanskrit, der ich eine Deutsche Uebersetzung und einige Anmerkungen beifüge; sodann einen Hymnus nach Colebrooke's Englischer und Bopp's daraus entlehnter Deutscher Uebersetzung:

Baradvaja's Hymnus auf Aurora.
Rosen p. 7.
vs. 2. Formam revelas splendida Aurora Dea radians luminibus.

1) Strabo XV. p. 716. p. 138 sq. ed. Tzsch. vgl. H. Ritter a. a. O. Diese ethische Ansicht jenes Brahmanen stimmt mit den Sätzen Plotin's

vs. **3.** Ut heros telis feriens repellit hostes, ita ipsa celeriter
 fugat tenebrarum quasi turbas.

vs. **5.** Tu invehere equis, invicta Aurora: divitias adfers ad
 usum,
 Tu, coeli filia, Dea, quae matutina prece colenda,
 admiranda es.

vs. **6.** Tuam ad lucem et aves linquunt domicilium et homines
 cibo fruentes:
 Prope versanti largiris multas opes, diva Aurora, cul-
 tori mortali.

Die Gestalt enthüllest Du glänzende Aurora Göttin strahlend
 durch Lichter.

Wie ein Held[1]) mit Pfeilen treffend die Feinde zurück-
 drängt, also scheuchet sie schnell gleichsam der Finsterniss wüste Schwärme.[2])

Du fährest auf Rossen einher, unüberwindliche Aurora,
 bringest Reichthümer zum Nutzen;

Du Tochter des Himmels, Göttin, die Du durch Morgengebet
 zu verehren, zu bewundern bist,

Bei Deinem Lichte verlassen die Vögel ihr Lager[3]) und die
 Speise geniessenden Menschen:

Dem, der Dir nahe, verleihest Du viele Güter, göttliche Aurora, dem sterblichen Verehrer.[4])

Des Atreyas Hymnus auf Agnis.

p. 11.

vs. **2.** Agnis Deorum arcessitor, quem hominis liberalis, pii,
 litantis

---

zusammen I. 4. 2. ὅτι ἡδονὴ πάθος ἐστί und VI. 7. 26. p. 1312 sqq.: ἡ ἡδονὴ
οὐκ αὐταρκες.

1) Der Psalmist (XIX. 6) vergleicht die Sonne mit einem Helden.

2) Vgl. Orphica, hymn. in Auroram LXXIX. 4. 5.

3) S. Orphica LXXIX. 10. 11. vgl. Sophoclis Electra vs. 17—19.

4) S. Orphica a. a. O. vs. 6 und vs. 11.

Sacrificia assequuntur oblationesque gloriam confe-
rentes;

vs. 3. Quem infantis instar parvuli gignunt ligna attrita,
Sospitatorem mortalium hominum; Agnim pie colendum.

vs. 4. Aegre prehenderis suboles quasi serpentium,
Magnas qui comburis sylvas.

p. 13.

vs. 7. Illam nobis Agnis, vir potentissime, abundantiam
adfer.

Is propulsato hostes, is nos nutrito, estoque ad cibi im-
petrationem adiutor.

Itaque es in proeliis nobis auxilio.

Agnis Berufer der Götter,[1]) den des edelmüthigen, frommen,
wohlopfernden Menschen

Opfer erreichen und die Ruhm erwerbenden Spenden;

Den einem kleinen Kinde gleich [2]) erzeugen geriebene
Hölzer,

Den Heiland der sterblichen Menschen, den fromm zu ver-
ehrenden Agnis.

Schwer bist Du zu greifen gleichsam die Brut der kriechen-
den (Schlangen);

---

1) In einem folgenden Hymnus auf denselben Feuergott Agnis heisst
es: „is properet ad *invitandos deos.*“ Liegen etwa hierbei Vorstellungen
zum Grunde, den Orphischen und Pythagorischen ähnlich, wonach der
Feueräther als der gemeinsame Wohnsitz der Götter gedacht, das Urfeuer
die Wache des Zeus genannt, und Hestia-Vesta als in der Mitte desselben wohnend und verbleibend gedacht wurde? S. Platon. Phaedr. p. 246.
e. mit den Auslegern. Aristoteles de coelo II. 13. Orphica hymn. LXXXV.
2, wo es von der Hestia heisst:
„welche die Mitte bewohnt des Hauses der ewigen Glutkraft.“

2) Wie das Italisch-Pränestinische Feuerkind, am Feuerheerde von
einem in der Mutter Schoos gefallenen Funken erzeugt, und mit Vulcan's
Hilfe seine Wundergeburt durch ein das ganze Volk umströmendes Feuer-
meer beweisend (Servius ad Aeneid. VII. 678 sqq.; Interprr. Virgilii Vaticani l. l. und Mythographus Vaticanus II. 184).

Der Du grosse Wälder verbrennest.[1])

Jenen Ueberfluss bring' uns[2]) Agnis, mächtiger Mann.

Er vertreibe die Feinde, er ernähre uns, und sey unser
Helfer zur Erlangung der Speise.

Also komme Du in den Schlachten uns zu Hilfe.

Des Visvamitras Hymnus auf die Sonne.

vs. 2. Eam libens accipe laudem meam; desiderantem visita
mentem,
Vir amans veluti mulierem.

p. 15.

vs. 3. Qui omnes perspicit res atque conspicit,
Is nobis Sol tutor esto.

vs. 4. Illam splendidi Solis praeclaram lucem meditamur,
Qui mentes nostras ducere velit.

vs. 5. Splendidi Solis nos, cibum desiderantes, supplicatione
Adorabilis donum precamur.[3])

Dieses mein Lob empfange gern; den sehnenden Geist be-
suche, wie ein liebender Mann das Weib.

Der alle Dinge durchschaut und erschaut,[4])

Dieser Sonnengott sey unser Hort.

Dieses herrliche Licht des glänzenden Sonnengottes bedenken wir,

Der unsere Geister leiten wolle.[5])

---

1) Orphica hymn. in Vulcanum LXVII. 5. παμφάγι, πανδαμάτωρ.

2) Orph. hymn. LXXXV. 7. „Hauche dem Glücke Gedeihen" (ὄλβον
ἐπιπνείουσα).

3) Diesen Hymnus hat auch Herr Bopp Ueber das Conjugationssystem der Sanskritsprache S. 273, nach der Englischen Uebersetzung Colebrooke's, Deutsch mitgetheilt.

4) Orphica hymn. in Solem VIII. 14. vgl. Homeri hymn. in Cerer.
vs. 69 sq.

5) Orph. VIII. 16, wo Helios (der Sonnengott) ganz auf ähnliche
Weise, wie hier, geistig und sittlich aufgefasst, und Zeiger der Gerech-

Der glänzenden Sonne, der anbetungswürdigen Gabe er-
bitten wir, nach Speise verlangend, mit Flehen.

Des Vasisthas Hymnus auf Agnis.

vs. 3. Ille Agnis nostras opes paratas custodito undecunque,
Et nosmet ipsos servato a delicto.

vs. 4. Novum nunc hymnum Agni, coelorum accipitri, cano.
Opes multas dato nobis.

vs. 5. Cuius fulgor gratus est visui, veluti divitiae patri filios
habenti,
Agnis, dominus sacrificii ardentis.

Jener Agnis bewahre unsere erworbenen Güter allerseits,
Und uns selbst behüte er vor dem Vergehen.¹)
Einen neuen Hymnus singe anjetzt ich dem Agnis, der
Himmel Falken,²)
Viele Güter gebe er uns;
Dessen Schimmer angenehm ist dem Gesicht, gleichwie Reich-
thümer dem Söhne habenden Vater,
Agnis, der Herr des brennenden Opfers.

---

tigkeit (δεῖκτα δικαιοσύνης) angeredet wird; Ideen, welche der ältern
Lehre von Staat, Gesetz und Recht zum Grunde liegen. (Man s. z. B.
Cicero de Legg. I. 7 sqq.)

1) Orphica h. LXXXV. 4.

2) Rosen bemerkt: „Coeli accipiter dicitur ignis, credo, quia *fumus*
celeriter in coelum escendit. Accipitris imagine uti solent, ubi aliquid
velox depingunt.“ Auch im oben berührten Mythus vom Sohne des Vul-
canus dem blinzelnden Caeculus ist die Ursache und Wirkung von Feuer
und Rauch genealogisch aufgefasst, aber auf andere Weise. Der Indische Ausdruck Falke des Himmels könnte aber vielleicht auch in Verbindung stehen mit der Vorstellung der feurigen, in die Sonne blickenden
Himmelsvögel der Persischen Bildnerei und Bildersprache.

Desselben Hymnus auf Agnis.

p. 21.

vs. 1. Cum laude vobis Agnim et cum veneratione roboris
filium voco.

Dilectum sapientissimum regem, bonum sacrificem, universi nuncium immortalem.

vs. 2. Is iungat splendidos omnia tutantes equos, is properet
ad invitandos deos, multum vocatus,

Bene laudatus, venerandus faustus, divitiarum praecel-
lens thesaurus inter homines.

Mit Lob ruf' ich euch Agnis und mit Ehrfurcht, den Sohn
der Stärke,[1])

Den geliebten, den sehr weisen König, den guten Opferer,
des All unsterblichen Boten.

Er schirre an die glänzenden Alles beschützenden Rosse, er
eile die Götter einzuladen,[2]) der viel gerufene,

Der wohl gelobte, der verehrungswerthe, der glückliche, der
Reichthümer vortrefflicher Schatz unter den Menschen.

p. 23.

vs. 5. Tu, Agnis, es domicilii dominus, tu sacrifex in nostro
sacrificio.

Tu sacerdos omnium exoptatissime, sapiens; immola et
fruere optimo.

vs. 6. Da divitias supplici, o fausta peragens: tu enim divitiarum largitor es.

In nostro sacrificio diligentem fac omnem sacerdotem, et
qui cultor Tui est, eius auge felicitatem.

---

1) Orphica h. LXXXV. 1.

2) S. oben des Atreyas Hymnus auf Agnis vs. 2 und die Anmerkung
dazu. Uebrigens hat diese Schilderung des mit Rossen fahrenden Feuergottes nicht allein mit alttestamentlichen Dichterstellen sondern auch mit
den Persischen Schilderungen des Mithras Aehnlichkeit.

Du, Agnis, bist des Wohnsitzes Herr,[1]) Du Opferer bei
    unserer Opferhandlung.
Du Priester, von allen der erwünschteste, Weiser; opfere
    und geniesse des Besten.
Gieb Reichthümer dem Flehenden, o Glückliches Vollbringen-
    der: denn Du bist der Reichthümer Geber.
Bei unserm Opfer mach fleissig jeglichen Priester, und wer
    Dein Verehrer ist, dessen Glück vermehre.

Des Vasishtha Hymnus auf den Regengott.

vs. 1.   Pluvium laudate, coeli filium, propitium:
     Is nobis cibum dato.
               p. 25.
vs. 2.   Qui prolem herbarum vaccarumque efficit et equarum,
     Pluvius, atque mulierum.
Den Regengott lobet, des Himmels Sohn, den gnädigen;
Der gebe uns Speise.[2])
Der das Geschlecht der Kräuter, der Kühe hervorbringt, auch
    der weiblichen Rosse, der Regengott, auch der Weiber.

An den Agnis.

vs. 1.   Holocausto divitem deum et divinis cantibus
     Sacrificiisque clare lucentem venerabundi nos colimus
       Agnim.
Mit dem Brandopfer preissen wir ehrfurchtsvoll den reichen
       Gott,
Mit göttlichen Gesängen und mit Opfern den hellleuchtenden
       Agnis.

---

1) Orphica h. LXVII. 8; wo es vom Hephästos heisst: „Jegliches
Haus und jegliche *Stadt* ist, jegliches Volk Dein."

2) Orphica h. XXI. 1 und 7. Er wird auch in diesen Mantra's der
tausendäugige Herrscher und Indra genannt, der den Regen in Schauern
herabsendet, der Donnergott, der Bergespalter (vgl. Orphica h. XIX. 9 und
19). Im *Nachtrag* I ist aus einer schriftlichen Mittheilung E. Burnouf's

In demselben Rig-Veda ist noch auszuzeichnen ein Hymnus (Mantra), worin Vatsch (Rede, Sprache, Wort), Ausfluss der Sonne und wirksame Kraft des Brahma, sich selbst als die hohe allgemeine Weltseele preiset.[1] «Ich schweife (wandle) mit den Rudra's, mit den Vasu's, mit den Adytia's, mit den Visvadeva's. Ich halte aufrecht die Sonne und das Meer (Mitra und Varuna), das Firmament (Indra) und das Feuer und die beiden Aswins. Ich stütze den Mond (Soma, Lunus), den Zerstörer (der Feinde) und (die Sonne genannt) Twashriti, Pushan oder Bhaga. Ich verleihe Reichthum dem redlichen Gelober, der Opfer verrichtet, Gaben darbringt, und Genüge leistet (den Gottheiten). — Ich, die ich die Königin bin, die Verleiherin des Reichthums, die Besitzerin von Wissenschaft und Erste von denen, welche Verehrung verdienen, die die Götter geben, allgemein, allgegenwärtig und durchdringend alle Wesen. Wer Nahrung geniesset durch mich, so wie wer sieht, athmet, höret durch mich, doch mich nicht kennet, ist verloren. Höret denn das Wort das ich ausspreche: Ich erkläre dies selbst, die ich verehrt werde von Göttern und Menschen. Ich mache stark, wen ich erwähle, ich mache ihn Brahma (vollkommen, heilig) und weise.

Für Rudra (Siva) spanne ich den Bogen zu tödten den Dämon Feind von Brahma, für das Volk führe ich Krieg (gegen seine Feinde), und ich durchdringe Himmel und Erde.

---

bemerkt worden, dass aus diesem und ähnlichen Hymnen der Veda's eine schöne Episode im Mahabharata gebildet worden, wo Indra, als Zeus κεραύνιος und ὑέτιος (pluvius), die Urwolke Vritra mit seinem Blitze trifft, und den fruchtbaren Regen aus ihr hervorlockt.

1) Englisch aus dem Sanskrit übersetzt von Colebrooke in den Asiat. Res. VIII. p. 402 sq.; daraus Französisch von Guigniaut Notes I. p. 602 sq.; Deutsch von Bopp (Conjugat.-System S. 291 f.); woraus ich diesen Gesang mittheile. Letzterer bemerkt, dass nach der nordindischen Aussprache Vatsch den Laut von Votsch haben, und so dem Lateinischen vox ziemlich entsprechen würde.

Ich trug (gebar) den Vater im Haupte dieser allgemeinen Weltseele, und mein Ursprung ist in der Mitte des Meeres, und deshalb durchdringe ich alle Wesen und berühre diesen Himmel mit meiner Form. [1])

Ursprünglich zeugend alle Wesen gehe ich vorüber gleich dem Lufthauch; ich ober diesem Himmel, über diese Erde hinaus, und was der Eine Grosse ist, das bin Ich. «

Ist in diesem Hymnus *des Worts* die Identität des Realen und Idealen so zu sagen handgreiflich, so wird dem Einsichtigen doch auch in den andern Gesängen die gegenseitige Durchdringung von Leib und Geist, die allenthalben herrschend ist, nicht entgangen seyn. — Dass die Sonne, im Cultus der alten Indier so sehr hervortretend,[2]) zur Intelligenz wird, zeigt sich auch in der Aegyptischen Religion, wo Neith-Isis, das Urwesen, Gebärerin der Sonne heisst, wie in der Griechischen Athene, welche Lichtquelle und der personificirte Geist ist. — Aber in der Art wie die Veda's *Feuer, Geist* und *Wort* identificiren beurkundet sich besonders die ursprüngliche Verwandtschaft der *Iranisch-Zoroastrischen* Lehren mit den *Indischen*, oder gewinnt vielmehr eine neue Bestätigung.

1) „Himmel oder Firmament ist der Vater und der Himmel ist gezeugt vom Geiste (nach andern Stellen der Veda's); dessen Geburt wird deshalb in das Haupt des höchsten Geistes (der Weltseele) gesetzt. "

2) Wie die Veda's beurkunden, und Clemens Alex. Protrept. p. 22 Pott. schon bemerkte. Aber nicht weniger Mondsverehrer waren die Inder. Man darf nur an ihre Herogonie der Mond- und der Sonnenkinder denken, wie denn auch im alt-Athenischen Göttersystem Pallas-Athene als Mondgottheit die Sonnenpotenz Apollo patricius neben sich hat. Kaum braucht nun wohl noch erinnert zu werden, dass der Mond eben so vergeistigt worden wie Sonne, Feuer u. s. w. Ein Rückblick auf den am Schlusse mitgetheilten Hymnus der Vatsch wird Jeden davon überzeugen.

IV.

Ueber die Upanischad's oder die Vedanta-Lehre.

Nachtrag zu §. 3.

Dass der menschliche Geist im alten Indien sich in den verschiedensten Systemen der Philosophie versucht und dass man seit Jones dieselben mit den verschiedenen Griechischen zu vergleichen gesucht hat, ist allgemein bekannt.[1]) Hier kann nur von der philosophischen Entwickelung die Rede seyn, welche Indiens älteste Denker dem als Offenbarung wörtlich genommenen religiösen Thema oder dem Ganzen der in den Veda's enthaltenen Offenbarungs-Sätze gegeben haben. Aber auch hiervon können in diesem Nachtrag nur einige *Grundideen* ausgehoben und mit etlichen Bemerkungen begleitet werden.

Es ist erwiesen, dass in sehr alter Zeit schon Brahmanen philosophirt haben, und dass die in alter einfacher Sprache geschriebenen Upanischad's als Urkunden davon zu betrachten sind. Die Anfänge der Vedantischen Lehre gehen also weit hinter das Zeitalter Alexanders des Gr. zurück, aber die Bereicherungen und Veränderungen, die sie erfahren, liegen im Dunkel. Ferner, obschon nach Christi Geburt die Vedantische Schule ungemein blühend war, und damals besonders einen sehr ansehnlichen Zuwachs an Literatur erhielt, so sind die Upanischad's selbst lange vor dieser Zeit geschrieben. Sie sind jünger als die drei alten Veda's, aber älter als Alexan-

---

1) Vgl. Guigniaut Notes et Eclairciss. I. p. 574.

ders Indischer Feldzug, und die Vedanta-Lehre, welche aus
den Upanischad's geflossen ist, wird schon in Manu's Gesetzen
erwähnt; und wie die Sanskritsprache überhaupt einen philosophischen Charakter hat, so finden sich in den Upanischad's
viele Ueberbleibsel der ältesten Sprachformen.¹) In der Vedanta-Philosophie werden drei Perioden unterschieden: Die
erste, in welcher die Upanischad's geschrieben worden, kann
als die mystische bezeichnet werden, weil damals der Geist
der Vedantiker der Betrachtung und innerlichen Beschaulichkeit zugewendet war. Die zweite, die philosophisch-exegeti-
sche, weil während derselben die Lehrer hauptsächlich bemüht
waren das von den älteren Weisen Ueberlieferte auszulegen
und in einer philosophischen Ordnung vorzutragen. Die dritte,
die rationale, ganz in dem Sinne, wie wir diese Bezeichnung
noch heute brauchen, eine Richtung welche sich bis auf unsere
Tage erhalten; wie denn Ram-Mohun-Roy ein Vedantiker ist.²)

Eintheilung dieses Abrisses: Erstens, Definition und Zweck
des Vedanta; Hilfsmittel, Wesen und Wirksamkeit der wahren
Erkenntniss. Zweitens, Gott und sein Verhältniss zur Welt.
Drittens, Einheit des menschlichen Geistes mit Gott, und der
mannigfaltige Zustand des ersteren, so lange er mit dem Körper bekleidet ist.³)

---

1) S. *F. H. H. Windischmanni* Sancara Cap. II. B. p. 49 sqq. p.
80 sq. p. 87; welcher fleissigen Schrift ich, nach Herrn E. Burnouf's Rath,
hier hauptsächlich folge. Zu den oben im Texte stehenden Sätzen vgl.
man auch den letzten Abschnitt des *Nachtrags* I zu diesem Capitel und
was dort nach Strabo und andern Alten und nach Herrn *Lassen* über die
Indischen Lehrer und Asketen bemerkt worden. Hierher gehört auch
folgendes Werk: *Die Philosophie der Hindu. Vaedanta-Sara von Sa-
dananda,* sanskrit und teutsch zum erstenmal übersetzt und mit Anmerkungen und Auszügen des Râma Krishna Tirtha begleitet von Dr. *Oth-
mar Frank.* München und Leipzig 1835. 4to.

2) Windischmann Cap. II. p. 88. Ueber den Brahmanen Rammohun
Roy vergleiche man das Urtheil E. Burnouf's, oben *Nachtrag* II.

3) Windischm. Cap. III. p. 89.

Mit dem Worte *Upanischad* wird Wissenschaft bezeichnet, die das einzig und allein des Wissens würdige Wesen zu ihrem Gegenstande hat. Wer dieses Wesen (Brahma) erkannt und erlangt hat, wird von Alter und Tod befreit. Die Upanischad's bewirken durch ihre Lehre hauptsächlich, dass sie den Geist von den irdischen Dingen abziehen, ihn der höchsten Gottheit zuwenden, mit wahrer Erkenntniss erfüllen, und von der Seelenwanderung befreien. Ihre Lehrsätze in Eine Sammlung vereinigt werden *Vedanta* genannt. Daher kann die Vedantische Philosophie mit vollem Recht das Verlangen nach der Erkenntniss des Brahma bezeichnet werden. Aus dem Worte *das Brahma* ergeben sich, schon der blossen Herleitung nach, die Bedeutungen des Ewigen, Reinen, Vernünftigen, Befreiten, Allwissenden, Allmächtigen;[1]) dass aber Brahma sey ist Allen bekannt und wird von Allen geglaubt, weil Alle ein Selbst haben, denn ein Jeder begreifet seine eigne Existenz. — Die Vedantiker unterscheiden eine doppelte Wissenschaft, eine niedere und eine höhere. Jene besteht in der Kenntniss der heiligen Bücher (der Veda's) und derjenigen Wissenschaften, die sich darauf (auf die heiligen Bücher) beziehen; diese letztere (die höhere) heisst die reine Wissenschaft des höchsten Wesens, wodurch der menschliche Geist zugleich seinen göttlichen Ursprung und seine göttliche Natur erkennet. Ueber den Werth der äusseren Religionsübungen erklärt sich eine dieser Urkunden so: «Im Zeitalter des Tetrayuga sind die Werke der Frömmigkeit sehr erweitert worden; daher muss man zwar die Opfer verrichten, ohne ihnen jedoch ein zu grosses Gewicht beizulegen. Den Opfernden führen zwar die Strahlen der Sonne bis zum Himmel des Indra hinauf; diejenigen aber, welche meinen, die Opferspenden seyen das Vollkommenste, werden, verblendet von einer falschen Lehre und Frömmigkeit, von den Banden des Todes nicht befreit, geniessen im Himmel nur eine kurze Freude, werden wiederum

---

1) Ebendaselbst Cap. III. A. p. 90 *sqq.*

geboren und sterben wieder. Eine ewige Glückseeligkeit erreichen blos die, welche der Kenntniss des Brahma theilhaftig geworden. Die Beobachtung der Gesetze, Opfer, Spenden, das andächtige Lesen der Veda's und die Wissenschaft Alles dessen, was damit zusammenhängt, haben nur einen propädeutischen Werth, in so weit sie den Geist des Schülers für die Wahrheit empfänglich machen.[1] — Zur vollkommenen Erkenntniss wird zuvörderst erfordert: Unterscheidung des Ewigen (des Brahma) und des Nichtewigen; daher in den Upanischad's die Weisen auch als die unterscheiden Könnenden bezeichnet werden. Sodann Entschlagung; daher es das höchste Lob des Weisen ist, wenn er ein aller weltlichen und vorübergehenden Dinge sich Entschlagender genannt wird. Ferner: Gleichmuth ($\dot{\alpha}\pi\dot{\alpha}\vartheta\varepsilon\iota\alpha$, aequanimitas). Endlich Abziehung der Sinne von allen äusserlichen Dingen und damit verbundene andächtige Betrachtung.[2]

Alle Indischen Schulen nehmen drei Wege zur Erkenntniss an: sinnliche Wahrnehmung (Erfahrung); Schlussfolgerung; Offenbarung (Tradition); zu welchen drei Wegen Einige noch einen vierten, den der Vergleichung hinzurechnen. — Dass durch die Sinne wahre Erkenntniss nicht erlangt werden könne, darüber sind Alle einverstanden. Aber auch discursives Denken und Schlussfolgerung können uns nicht zur Erkenntniss der höchsten Gottheit führen; einzig und allein durch Ueberlieferung (Lehre) und durch das Hören (des Lehrvortrags) lässt sie sich erlangen, d. h. dadurch, dass der Lehrer dem Schüler die durch Tradition gegebene wahre Auslegung

---

1) Ebendaselbst p. 96 — 100. Hiermit verdient die Lehre der Platoniker von den viererlei Tugenden verglichen zu werden. Sie unterschieden nämlich in aufsteigender Ordnung von unten anfangend: politische Tugenden, reinigende, Tugenden der schon ganz geläuterten Seele, und endlich vorbildliche oder Muster-Tugenden (s. Plotin. I. 2, $\pi\varepsilon\varrho\grave{\iota}$ $\dot{\alpha}\varrho\varepsilon\iota\tilde{\omega}\nu$. vgl. Prolegomena ad Plotin. p. XXVII und Annotatt. p. 6 ed. Oxon.).

2) Ebendas. p. 100 — 104.

der heiligen Schriften mittheilt. Daher das grosse Ansehn der
Lehrer in Indien; daher die Verehrung der Schüler gegen sie;
daher der grosse Fleiss der Letztern und die unzähligen Beispiele der grössten Aufopferungen, die sie um den Preis der
Belehrung sich gefallen lassen. — Brahma offenbaret sich
selbst und giebt sich in den heiligen Schriften zu erkennen;
diese Bücher werden jedoch nicht verstanden, so lange der
Geist des Menschen nicht von allen weltlichen Wünschen und
Begierden gereinigt und durch das göttliche Licht erleuchtet
ist. Die Vedantiker aber lehren: Gott erwähle diejenigen, von
denen er erkannt seyn, und die er zu der ewigen Vereinigung
mit sich zurückführen wolle; und diese Religionsphilosophie
bekennet sich mithin zu einer entschiedenen Prädestinationslehre. [1])

---

1) Mit den im Vedanta kurz zuvor angegebenen Erfordernissen zur
vollkommenen Erkenntniss des Ewigen und zur Vereinigung mit ihm
vergleiche man was die Platoniker auf ähnliche Weise von denselben lehren;
wie sie z. B. als erste Bedingung die Reinigung ($\varkappa\acute{\alpha}\vartheta\alpha\varrho\sigma\iota\varsigma$ Plotin. I. 2. 3. 4. I.
6. 5) setzen; wie sie sodann die Hilfe des Lehrers, und die durch ihn zu
bewirkende geistige Hebammenkunst ($\mu\alpha\iota\epsilon\upsilon\tau\iota\varkappa\acute{\eta}$) in Anspruch nehmen;
weiter von der Bildung durch Liebe reden ($\dot{\epsilon}\varrho\omega\tau\iota\varkappa\acute{\eta}$); ingleichen von der
Vernunft ($\lambda\acute{o}\gamma o\varsigma$), von der Intelligenz ($\nu\acute{o}\eta\sigma\iota\varsigma$) und von der Metaphysik
($\delta\iota\alpha\lambda\epsilon\varkappa\tau\iota\varkappa\acute{\eta}$, s. Procli Commentar. in Platon. Alcib. pr. cap. 10. p. 27 sqq.
und Annot. in Plotin. I. 3. p. 12 sqq.). Eine vollkommene Uebereinstim-
mung mit der Vedantalehre (und auch mit Bhagavat-Gita, s. W. v. Humboldt über die Bhagav.-Gita S. 36) zeigt sich aber in folgenden Sätzen
der Platoniker: Durch Anwendung der Vernunft, durch Schlüsse und
überhaupt durch discursives Denken lässt sich Gott (das Gute an sich
$\tau\grave{o}$ $\mathring{\alpha}\gamma\alpha\vartheta\acute{o}\nu$) nicht erkennen, und auf diesem Wege findet für den
Menschen keine Vereinigung mit ihm statt; sondern Gott theilet sich dem
Menschen, der durch Reinigung ($\varkappa\acute{\alpha}\vartheta\alpha\varrho\sigma\iota\varsigma$) und selbstthätige Verähnlichung
mit Gott ($\dot{o}\mu o\acute{\iota}\omega\sigma\iota\varsigma$ $\pi\varrho\grave{o}\varsigma$ $\Theta\epsilon\acute{o}\nu$) sich dazu empfänglich und würdig gemacht
hat, selber mit durch eine geistige Gegenwart ($\pi\alpha\varrho o\upsilon\sigma\acute{\iota}\alpha$. Plotin. p. 760.
D. E. F. vgl. Prolegomm. ad Plotin. p. XXVII). Dagegen zeigt sich
aber auch wieder die grösste Verschiedenheit dieses Platonismus von der
Vedantalehre; — denn von jener Prädestinationstheorie der letzteren

Creuzer's deutsche Schriften. I. 3.   **34**

Die *Wirkung der wahren Erkenntniss* erheben die Vedantiker mit den herrlichsten Lobsprüchen: Sobald unser Geist
Gott erkennet, überwindet er Tod und Sünde, und, von aller
irdischen Liebe und Begierde befreit, verwandelt er sich in
sein eignes Wesen, d. i. in Gott. Auch erlangt er nicht blos
die Vollkommenheit, ferner nicht sündigen zu können, sondern
vernichtet auch die Strafen der ärgsten Verbrechen; wogegen
aber auch die Belohnungen frommer Handlungen von denjenigen verachtet werden, welche Gott wahrhaft erkennen. —
Wie des Webers Kamm im Feuer von allen Fasern des Gewe-
bes gereinigt wird, so werden seine Sünden gereinigt. —
Wie die ins Weltmeer sich ergiessenden Flüsse darin untergehen, — so der Weise; Wer das höchste Brahma weiss,
wird Brahma. — Die Welt ist der Inbegriff alles dessen, was
ausserhalb des Menschen erscheint. Diese Erscheinung ist
ideal, und hängt ganz von dem Menschen ab. Freiwillig kann
der Mensch in verschiedene Welten, d. i. in verschiedene
Ideen der äusseren Dinge eingehen; mithin ist die Welt der intellectuelle Ort des menschlichen Geistes. Je höhere Erkenntniss
dieser erlangt, desto höher ist der Ort; der höchste aller Orte
ist das Brahma; daher es auch Ort heisst. — Wer die wahre
Erkenntniss hat, für den ist der Tod die vollkommene Befreiung. Wenn andere fromme und weise Menschen nach dem Tode
zwar Glückseligkeit erlangen, aber nicht die vollkommene,
und wenigstens zu Einer Wanderung der Seele gezwungen

---

weiss der erstere durchaus nichts. Schliesslich verdient bemerkt zu
werden, dass eine Personification der *Reinigung* (καθαρισμός) in den
Indischen wie in den Iranischen Religionsschriften vorkommt. In den
Veda's wird nämlich ein göttliches Wesen apâm naptri angerufen, welches
auch im Vendidadsade als naptar apanm vorkommt, und nach der Zend-
lehre das Urwasser zu seyn scheint. Von diesem Persischen Wesen ist
das in den Büchern der Makkabäer genannte Νέφθαρ herzuleiten (Maccab.
I. 36), welches ebenfalls Reinigung bedeutet (s. Burnouf Comm. sur le
Yaçna, Add. p. CLXXX und Benfey und Stern Ueber die Monatsnamen
einiger alten Völker. Zweiter Excurs S. 204. 209 ff.).

werden, so wird dagegen der wahrhaft Erkennende im Augenblicke des Todes ohne alle Wanderung im Brahma verschlungen. Der Zustand des wahrhaft Erkennenden, so lange er in diesem Leben weilt, ist Befreiung von allen Sünden als Folge der Reinheit der Erkenntniss; gänzliches Verschlossenseyn gegen alle äussere Dinge, die für Nichts geachtet werden; endlich das freudigste Bewusstseyn der Einheit mit Gott.[1]

Wesen des Brahma und Ursprung der Welt. Das Daseyn Gottes, lehrten die Vedantiker, bedürfe keiner Beweise, sey auch über alle menschliche Demonstration erhaben. Gott lebt und spricht in uns, und schon mit dem Nennen seines Namens wird sein Daseyn von einem Jeden verstanden. — Obschon Brahma seinem Wesen nach intelligent ist, kann doch das Wort Licht von ihm gebraucht werden, nämlich als von der Ursache der Erleuchtung der ganzen Welt. — Gleichwie eine Masse Salz, nicht die äussere nicht die innere, sondern die ganze Masse des (Salz-) Geschmackes ist, also ist jener Geist, nicht der innere nicht der äussere, sondern der ganze die Masse der Intelligenz. — Brahma wird nicht in dem Sinne Seyend (ens) genannt, in welchem alle Dinge *sind*, die wir in der Welt sehen. Im Gegentheil, wird das Wort *Seyn* im gemeinen Verstande genommen, so sagen die Vedantiker, Brahma sey nicht,[2] er sey aber $\kappa\alpha\tau'\ \dot{\epsilon}\xi o\chi\dot{\eta}\nu$. Ausser *diesem* Seyn wird dem Brahma die Seeligkeit und das Denken (oder Leuchten) beigelegt; auch wird es das absolut-Grosse genannt. Dieses reinste und nur mit seiner eignen Grösse zu messende Wesen ist jedoch nicht nur die Ursache (der Grund) sondern auch die Substanz der Welt. Die Kosmogonie des Vedanta setzt in Gott erstens ein Verlangen zu schaffen,

---

1) Windischm. Sancara p. 115—127. Jenes in das Brahma selbst Verschlungen- oder Aufgelöst-Werden ist das Gott-Werden ($\vartheta\epsilon o\tilde{v}\sigma\vartheta\alpha\iota$), welches einige Platoniker, z. B. Damascius, behaupteten (s. Iamblich. de Myster. Aegypt. II. 2 mit der Anmerkung von Gale).

2) Plotin. III. 8. p. 352. B. p. 647 sq. ed. Oxon. vgl. Plato de Republ. VI. p. 509. p. 320 ed. Bekker.

zweitens ein durchs Wort bewirktes Schaffen; drittens, dass
Gott sowohl die wirkende als die substantielle Ursache der
Welt sey: — Im Anfang war der Geist dieses Eine und nichts
Anderes ausser ihm. Dieser Geist aber hegte Verlangen; ich will
Welten schaffen; dieser hat sie geschaffen, die ätherische, die
leuchtende, die sterbliche, die Wasserwelt. Beim Schaffen bestimmte ihn keine äussere Ursache; er bringet die Welt gleichsam spielend hervor; die Hervorbringung der Welt gehört zum
Wesen Gottes, und sie wird ohne äussere Hilfsmittel zu Stande
gebracht. — Die Welt wird durch Worte geschaffen; welche
Worte im Vedanta als geheimnissvolle angegeben werden. —
Dass Gott nicht blos die wirkende Ursache der Welt sey,
sondern auch die substantielle, ergiebt sich zuvörderst daraus,
weil von der Schöpfung immer wie von einer Zeugung geredet wird; sodann auch, weil davon in Bildern die Rede ist,
die auf die Vorstellung einer substantiellen Ursache hinweisen:
Wie aus einem stark brennenden Feuer tausende von Funken
ausgehen, so tausende von Creaturen aus Gott. — Aus ihm
wird geboren der Geist, der Verstand und alle Sinne, der
Himmel, der Wind, das Licht, das Wasser und die Erde,
die Trägerin Aller. Sein Haupt ist Feuer, seine Augen Sonne
und Mond; die Himmelsgegenden seine Ohren; seine Stimme
die geöffneten Veda's; der Wind ist sein Odem; das Herz
das All; zu seinen Füssen die Erde; denn Er ist der innere
Geist aller Creaturen. — Folglich ist Brahma der *Makrokosmus*.
In diesem Sinne heisst es auch: Gleichwie die Spinne Fäden
aussendet, und wieder in sich aufnimmt; wie auf der Erde die
Kräuter wachsen; wie aus dem Menschen Haare und Nägel,
so wird aus dem Unvergänglichen das All geboren. — So
wird das Weltganze auch mit einem Gewebe verglichen,[1])
dessen Grundfaden und Weber Gott selbst ist. Nicht minder

---

1) In einer Indischen *Nexula*, mitgetheilt in den Annals of oriental
Literature, London 1821. p. 290—296, singt ein Brahmanenschüler: „Hier
(in der Unterwelt) sind zwei jugendliche Mädchen, Tuch webend jeg-

beweisen die von den Vedantikern vorgebrachten Correlatio-
nen von einem Haufen Thones zu den thönernen Artefacten,
von einer Masse Goldes zu den goldenen Geräthen u. s. w.,
dass bei ihnen die Vorstellung Gottes, *als der materiellen
Causalität der Welt*, die herrschende war. Die Einwendungen
anderer Schulen dagegen suchten sie hauptsächlich durch
ihren Idealismus zu widerlegen; indem sie lehrten, diese ganze
Welt und ihre Thätigkeit habe keine Realität; real sey nur
die höchste Gottheit; Alles übrige sey nur ein aus Täuschung
hervorgebrachtes Schattenbild, welches verschwinde, wenn
wir zur wahren Erkenntniss gelangen. Den praktischen Folgerungen, welche die Gegner aus diesem Systeme zogen,
suchten die Vedantiker gleichfalls auf verschiedenen Wegen
auszuweichen, ohne jedoch allen Inconsequenzen entgehen zu
können. In der wahren Erkenntniss, sagten sie endlich, findet
keine Theilung des Brahma Statt; doch giebt es einen Standpunkt des Nichtwissens mit einer relativen Realität, auf welchem Brahma unter mannigfaltigen Gestalten verehrt wird,
und die heiligen Bücher selbst spielen manchmal mit solchen
Vorstellungen, doch so, dass sie in andern Stellen das wahre
Wesen des Brahma offenkundig beschreiben. Diese Verschiedenheit kann endlich auch so ausgeglichen werden: Gott
verwandelt sich (was aber Unwissenheit ist) aus freiem
Willen selbst, und nimmt den Schein der Mannigfaltigkeit an.
Auf diese Weise ist er selbst die Ursache aller Werke, und
weil dies Verlangen nach Veränderung immer fortdauernd ist,

---

licher Art, ewig hervorbringend weisses und schwarzes, ewiglich zum
Daseyn führend die Welten und was sie bewohnt." Dieser Mythus ist
aus dem Indischen Leben entlehnt, denn Nonnus (Dionysiaca XXVI.
170 ff.) beschreibt die ausserordentliche Schnelligkeit, womit Indische
Frauen zu weben verstehen. Diese, so wie viele andere Verse des
Nonnus, sind dem Gedichte Bassarica des Dionysios nachgebildet (s.
Stephan. Byzant. unter Δαρσανία und dazu Berkel p. 288 — Herr Gräfe
hat im Nonnus a. a. O. aus Handschriften gegeben Ἀρσανίην — und v.
Uwaroff in der Schrift: Nonnos von Panopolis p. 63).

so folgt, dass auch die Schöpfung fortdauernd sey, und es kann nur relativ von einem Anfang die Rede seyn. Nach der eingetretenen Mannigfaltigkeit sind die Werke der Einzelnen, aus Unwissenheit vollbracht, die Ursache der mannigfaltigen Zustände. Durch Erkenntniss wird aber diese Ursache zernichtet; denn das Ganze ist Täuschung und ein Phantasma; das Brahma allein *ist* wahrhaftig. [1])

Die Natur des Menschen. Wisse, dass der Geist der Herr des Wagens ist, der Leib aber der Wagen; Wisse, dass die Vernunft der Wagenführer ist, der Verstand der Zügel; die Sinne nennt man die Rosse, ihre Objecte den Weg; die Verbindung des Geistes, der Sinne und des Verstandes nennen die Weisen: den Geniessenden. Wer aber keine Einsicht sondern immerdar einen blöden Verstand hat, dessen Sinne sind nicht gehorsam, wie böse Rosse dem Führer; wer aber Einsicht hat und einen immer sanftmüthigen Verstand, dessen Sinne sind gehorsam, wie gute Rosse ihrem Führer. [2]) — So lange der Geist in diesem Leben die der menschlichen Vernunft eigene, mit Verdoppelung behaftete Unwissenheit [3]) nicht ablegend, jenen festen und immer sehenden Geist nicht erreichet, so dass er sagen könne: *ich bin Brahma,* so lange dauert der Zustand des in diesem Leben befangenen Geistes. Wenn er aber ausgeschieden aus dem mit Doppelheit behafteten Verbande des Leibes, des Verstandes und der Vernunft, aus

---

1) Windischm. Sancara p. 127 — 159.

2) An die ähnliche Allegorie vom Wagenführer und von den verschiedenartigen Rossen in Platon's Phaedrus werden sich die Leser von selbst erinnern.

3) Niemand wird die $\delta\iota\pi\lambda\tilde{\eta}$ $\check{\alpha}\gamma\nu o\iota\alpha$ des Sokrates und der Platoniker mit dieser doppelten Unwissenheit der Vedantiker verwechseln (Plato de Legg. IX. p. 863, c. d. e. Proclus in Platonis Alcibiad. pr. p. 8 sq. 102. 189. Olympiodor. in eundem p. 98 und p. 124). — Was unter der letzteren verstanden wird, ergiebt sich aus dem Zusammenhang und letztlich auch aus der Zusammenstellung vom Zustand des Wachens, des Traumes und des traumlosen Schlafes.

den heiligen Büchern erinnert wird: Du bist nicht den Ver-
änderungen dieser Welt unterworfen, sondern jenes Wahre,
jener Geist, der reine Intelligenz ist; — dann erst, wenn er
den festen und immer schauenden Geist erkannt, wird er, aus
diesem Leibe ausgeschieden, in jenen Geist verwandelt. —
Der welcher das höchste Brahma weiss wird Brahma. —
Dieser mein Geist wohnet in meinem Herzen feiner als ein
Waizen-, Reis- oder Senftkorn; dieser mein Geist im
Herzen ist vorzüglicher als die Erde, vorzüglicher als der
Luftkreis, vorzüglicher als der Himmel, vorzüglicher als diese
Welten. — Der Lebenshauch (der Lebensodem) ist unter
allen Sinnen der oberste. — Der Mensch kann seiner Natur
nach in diesem Leben in folgende Zustände gelangen: den
des Wachens, des Träumens und den der vollkommenen Ruhe.
Im wachen Zustande geht unser Geist aus uns gleichsam
heraus, unterscheidet uns von Andern, ganz und gar der
Einheit vergessend; im Schlafe zieht er sich zwar in sich
selbst zurück, waltet aber gänzlich vor, und schaffet durch
Einbildungskraft neue Welten in uns; im ruhigen Schlummer
endlich kehren wir zur wahren Einheit mit Gott zurück. Im
traumlosen Schlafe wird der Lebensgeist einfach; dann gehet
in den Lebensgeist (d. i. in das Brahma selbst) die Sprache
zurück mit allen ihren Namen, das Auge mit allen Formen,
das Ohr mit allen Tönen, der Verstand mit allen Einbildungen.
Gleichwie die, welche ein Grundstück nicht kennen, über einen
darunter vergrabenen Schatz von Gold hinweggehen, ohne
ihn zu finden, so wandern alle diese Creaturen täglich in jene
Welt des Brahma, und finden nicht. — Es kehret aber der
menschliche Geist aus der vollkommenen Ruhe und aus der
Vereinigung mit dem Brahma in das thätige Leben deswegen
zurück, weil er die Unwissenheit noch nicht von sich abgethan.[1]) Wenn aber der Weise unablässig denkt, dass er mit

---

1) Vgl. Plotin. III. 8. 2. III. 8. 4. III. 8. 10 und besonders VI. 9.
11. p. 1409 sq. ed. Oxon.

der höchsten Gottheit Eins sey, und so vermittelst unaufhör-
licher Betrachtung (Beschaulichkeit) die äusserlichen Dinge
gleichsam vernichtet, alsdann erlangt er schon während
dieses Lebens jenen Zustand der Freiheit, welcher sich
durch gänzliche Sündlosigkeit, durch höchste Lauterkeit der
Erkenntniss, durch das wonnevolle Bewusstseyn der Einheit
mit Gott u. s. w. kund thut. — Der Zustand der Seelen unmittelbar nach dem Tode ist sehr verschieden: des Weisen,
unmittelbare und ewige Vereinigung mit Brahma; der ausgezeichnet Frommen, Genuss hoher Seeligkeit in der Welt des
Brahma, jedoch Rückkehr in die Seelenwanderung in einem
neuen Weltalter. Die übrigen, welche blos die gemeinen
Gesetzesgebote beobachtet haben, und mit nur mittelmässiger
Tugend begabt sind, wandern mit einem aus den Sinnen und
feinen Elementen, besonders aus Wasser zusammengesetzten
Körper in den Mond,[1]) und werden, nach empfangenen Belohnungen, wiederum in dieser Welt geboren. Die Sünder
werden in der Unterwelt gestraft, und wandern nachher wiederum in Körper ein.

---

1) Hier trifft die Vedantalehre in einer ganz bestimmten Ansicht mit
der Aegyptischen, Orphischen und überhaupt mit der Griechischen My-
sterien-Lehre zusammen (s. Orphica hymn. IX. 6, wo die Göttin des
Mondes Beförderin der Geburt, $\lambda o \chi \epsilon i \eta$, genannt wird. So wie es beim
Io. Laur. Lydus IV. 53. p. 244 Roether. ausdrücklich heisst: „Das
Princip der Geburt ist der Mond" vgl. ebendas. III. 5. p. 89. Daher
auch in den Lebenssphären und Altersstufen der Kreis des Mondes
der erste und der des neugebornen Kindes ist; s. Proclus in Platon. Alcib. pr. cap. LXVIII. p. 196. ed. Francof.). — Auch was in den unmittelbar folgenden Stellen der Vedantiker bei Windischmann (p. 175 sq.)
von der Wanderung der Seelen durch die Elemente und die Sphären des
Himmels in menschliche und thierische Körper und von dem Wege der
Götter und der Sterblichen u. s. w. gesagt wird, sind zum Theil freilich
Vorstellungen, die mit Manichäischen Lehrsätzen Aehnlichkeit haben, im
Grunde aber schon in den alt-Aegyptischen Religionen vorkommen. (Man
s. nur Herodot II. 123 und vgl. vorläufig den Allgemeinen Theil dieses

Da das eigentliche Mysterium der Vedantalehre in der Einheit des Menschengeistes mit Gott besteht, so ergiebt sich daraus nothwendiger Weise, dass die Entwickelung des Menschen dieselbe ist, welche im ganzen Weltall wahrgenommen wird, d. i. dass Brahma im Menschen, als in dem Mikrokosmus, dem Brahma im Universum, als im Makrokosmus, entspreche. Daher jene Aeusserungen von Sonne, Mond, Luft u. s. w. im menschlichen Herzen; daher jener beständige Parallelismus der Theile des Menschen mit den äusseren Dingen, obwohl verschieden vorgestellt, doch in allen Indischen Schulen auf dem Satz beruhend, dass die fünf Sinne eben so vielen Elementen zu vergleichen seyen. Wie aber in der äussern Welt den verschiedenen Elementen verschiedene Götter vorstehen, so werden auch die Sinne von diesen Gottheiten regiert, und weil sie den Menschen in der Seelenwanderung begleiten, so wird uneigentlich gesagt: die Menschen wandern nach dem Tode zu diesen Gottheiten. Um aber nachtheiligen Folgerungen zu entgehen, mussten die Vedantiker zu der Einschränkung ihre Zuflucht nehmen: Obschon der Mikrokosmus das Bild des Makrokosmus in sich vorstelle (repräsentire), so falle dieser mit jenem doch nicht ganz zusammen. Mehrentheils suchten sie diese Schwierigkeiten durch absoluten Idealismus zu lösen.[1]

Ueber den Geist der Vedantalehre hat ganz neuerlich ein philosophischer Forscher ausführlich motivirte Urtheile gefällt. Ich will zum Schlusse einige seiner Hauptsätze ausheben:

«Es kann jedoch im Wedanta, dem wesentlich die Vergötterung des Weltalls eignet, von einer eigentlichen Weltüberwindung nicht die Rede seyn. Die Weltüberwindung ist dem Geiste nach, der im Wedanta herrscht, keine eigentliche Erlösung der Seele von der Macht der Welt. Sie besteht

---

Werks VIII. S. 137 ff., und das zunächst folgende Capitel über die Culte der Aegyptier.)

1) Windischm. Sancara p. 159—179.

vielmehr in einer Zurückgezogenheit des geistigen Lebens
vom Aeusseren auf das Innere, welchem Inneren auch nur
wieder Bedeutung gegeben wird in engster Beziehung auf
das Leben des Weltalls » u. s. w.¹) — «Folgerecht mussten
Grundansichten solcher Art zu finsteren sittlichen Ansichten
führen. Denselben nach ist es der Weltgeist, der die Menschen sündigen lässt; der Weltgeist ist es, der durch unsere
Sinne handelt, der den Willen bestimmt, zur Wollust reizt,
und jede Begier in der Seele des Menschen anregt » u. s. w.²)
— «Dem Geiste des Wedânta's fehlt, bei dem völligen Ver-
sunkenseyn des Bewusstseyns in das Leben der Natur und des
Alls, das wahrhafte Wesen ächter Liebe.»³) — Diesen letzteren Vorwurf hat man auch derjenigen Griechischen Philoso-
phen-Familie gemacht, die wir die Alexandrinisch-Platonische
nennen; dem Systeme selbst aber und auch, in Absicht auf
Gesinnung und Leben, dem Haupte derselben Plotinus, gewiss
mit dem grössten Unrecht.

---

1) P. F. Stuhr Die Religions-Systeme — des Orients S. 88.

2) Stuhr a. a. O. S. 89 und daselbst Journal Asiatique Tom. III. p.
75 ff. und Windischmann Sancara p. 114. 116.

3) Stuhr a. a. O. S. 89.

V.

Hauptsätze der Theologie und Ethik, besonders nach der Bhagavat-Gita.

Nachtrag zu §. 3.

Oben ist zum Text im angeführten dritten Paragraphen angegeben worden, wo man die Literatur der epischen Gedichte Indiens beisammen finden kann. Hier trage ich das Nöthíge über die berühmte Episode des Mahábhárata [1]) die Bhagavat-Gita in der unten stehenden Anmerkung nach. [2])

---

1) Von andern früher herausgegebenen Stücken dieses Epos ist im Vorhergehenden hier und dort die Rede gewesen, z. B. vom Nalus (vgl. auch Guigniaut Notes et Eclairciss. I. p. 616). Sie haben im Ganzen wenige mythologische Wichtigkeit. Das Gegentheil gilt von der Episode: Der Kampf des Indra mit Vritra, deren Bekanntmachung wir entgegen sehen (s. die briefliche Nachricht des Herrn E. Burnouf in unserm *Nachtrag* I).

2) The Baguat Geeta, or Dialogues of Kreeshna and Arjoon, by Wilkins, London 1785 und 1809 4to; Französisch von Parvaud, Paris 1787. Deutsch im 1. Bande der Züricher Sammlung Asiatischer Originalsprache; ferner von Fr. Mayer in Klaproth's Asiatischem Magazin, Weimar 1802; — Bruchstücke gaþen Herder und Friedr. Schlegel (s. oben). — Eine tiefere Einsicht in diesen epischen Dialog gewannen wir erst durch: Bhagavat-Gita, id est Θεσπέσιον μέλος; — Textum recensuit etc. *Aug. Guil. a Schlegel*, Bonnae 1823 gr. 8vo (mit einer Lateinischen Uebersetzung des Herausgebers); ferner: Ueber die Bhagavat-Gita. Mit

Wenn zwischen den Veda's und der Vedanta-Philosophie Manu's Gesetzbuch einerseits in der Mitte steht, so zeigt andrerseits das letztere manche Ideenverwandtschaft mit der Bhagavat-Gita. Diese haben die neuesten Erklärer dieser Episode zum Theil nachgewiesen. Ich begnüge mich ein einziges Beispiel auszuheben. Bei Erörterung des schweren Begriffs Puruscha[1]) bemerkt W. v. Humboldt:[2]) «Nach einer spielenden Vorstellungsweise (von welcher die Bhagavat-Gita durchaus frei ist) werden Götter und Naturwesen in einzelne Theile des menschlichen Körpers vertheilt. Dann heisst es: aber sie alle beherrscht der höchste Geist, er der feiner als ein Atom ist (eine Bezeichnung, die auch in unserm Gedicht vorkommt) und den einige die ewige Gottheit nennen (Brahma). Wie nun aber sein Schaffen beschrieben wird, kommt es ganz mit der eben geschilderten Art überein:[3])

Bezug auf die Beurtheilung der Schlegelschen Ausgabe im Pariser Asiatischen Journal. Aus einem Briefe von Herrn Staatsminister *von Humboldt* in *A. W. v. Schlegel's* Indischer Bibliothek, zweit. Band S. 218 ff. und S. 328 ff. (mit einer Vorerinnerung und mit Anmerkungen des *Herausgebers*). Endlich: Ueber die unter dem Namen Bhagavat-Gita bekannte Episode des Mahabharata. Von *Wilhelm von Humboldt* (zwei Vorlesungen in der Berliner Akademie der Wissenschaften). Berlin 1826. 4to. — Da hiernach dem Leser so treffliche Hilfsmittel zur Einsicht ins Ganze' zu Gebot stehen, so kann ich mich hier auf Aushebung einiger *Hauptgedanken* beschränken; wobei ich hauptsächlich diesen *beiden letztern* Führern folge, und mir selbst nur einige Hindeutungen auf Sätze Griechischer Philosophen erlauben werde.

1) Eugène Burnouf's Auffassung dieses Begriffs s. oben *Nachtrag* II.

2) Ueber Bhagavat-Gita S. 26.

3) Manu's Gesetzbuch XII. 124. Ich füge die Englische Uebersetzung Haughton's (Vol. II. p. 426) bei, welche in einigen Punkten von der Deutschen abweicht, und prosaischer ist: „It is He, who, pervadings all beings in five elemental forms, causes them by the gradations of birth, growth, and dissolution, to revolve in this world [until they deserve beatitude] like the wheels of a car.“

Er alle Wesen, durchdringend sie[1]) mit fünffach vertheiltem
Stoff,
Flammenrad[2]) gleich, stets dreht wälzend in Geburt, Wachs-
thum, Untergang. »

Aber mit dem Indischen Epos ist der menschliche Geist schon auf
einer ganz neuen Bildungsstufe angelangt. Vortrefflich ist diese
von dem neuesten Schriftsteller über die morgenländischen Religionen[3]) bezeichnet: «Auf der Bildungsstufe des geistigen Lebens, wie dieselbe sich ausspricht an den Weda's und den Ge-
setzbüchern des Manu, zeigt sich der Geist fast völlig noch im
Naturbewusstseyn versunken, und nur erst in der, durch die Dichter des Ramajana und Mahabharata gewonnenen Bildung hat
sich der Geist hervorgerungen zu einem freieren selbständigeren
Daseyn in sich. Von eingekörperten Geistern zwar ist aller-

---

1) Mit dieser Vorstellung von dem in der immerfort bewegten und
sich wandelnden Welt immanenten Weltgeiste verdient eine ähnliche des
Plotin (IV. 4. p. 794 Oxon.) verglichen zu werden; und ähnliche Ansichten dieser Philosophen, des Atticus, Amelius, Porphyrius und Iamblichus
lernt man aus Proclus über Platon's Timäus p. 131 sq. kennen (vgl.
meine Annot. in Plotin. p. 233).

2) „Wörtlich, wie im tschakra. So wird nämlich die Scheibe, oder
das Rad genannt, aus welchem oben und zu jeder der beiden Seiten
Flammen ausgehen, und das ein häufiges Attribut Vischnus und Krischnas
in Gemälden und auf Bildwerken ist. Ausserdem bedeutet tschakra auch
überhaupt ein Rad, und auch ein solches, und ohne Flammen, trägt Vischnus
bisweilen. Das eigentliche, mit Flammen versehene tschakra scheint immer als eine Scheibe ohne Speichen abgebildet zu werden.“ Den
Flammenzirkel des Krischna habe ich nach Langlès, Guigniaut und N.
Müller unter Nr. 21 der *Bildwerke* mitgetheilt. — Ein Rad mit sechs
Speichen kommt in der oben erwähnten Indischen νεκυία vor (s. Annals
of oriental Literature p. 291 sqq.). Das Rad hatte auch in der Griechischen Bildnerei verschiedene Bedeutungen (s. K. O. Müller's Handbuch
der Archäologie S. 662. 2. Ausg.). Ueber die symbolische Bedeutung des
Rades hatte Dionysius der Thracier ein eignes Buch geschrieben (Clemens Alex. Stromatt. V. 8. p. 672 Potter.).

3) Stuhr Die Religionssysteme des Orients S. 95 f.

dings auch schon in den Weda's die Rede; keinesweges jedoch von Göttern, die auf Erden hinabgestiegen wären, um hier als Menschen in der Menschenwelt unter Menschen zu wohnen. Auch Andeutungen auf die Vorstellung von einer Heroenzeit kommen so wenig bei Manu, wie in den Weda's vor. Es sind nur Geister des Alls, von denen in der Ahnung das Bewusstseyn sich umschwebt fühlt. Wohl zwar hat sich die Vorstellung von grossen Geisterfürsten, den Manu's, die in göttlicher Schutzherrlichkeit den verschiedenen Kreisläufen der Zeiten vorstehen, schon entwickelt; doch zu bestimmterer Entfaltung mannigfaltigerer Vorstellungen von den einzelnen Richtungen des im Kampfe der Menschengeschichte sich bewegenden sittlichen Lebens ist es nicht gediehen, da die Heroenzeit, von der die Dichter des Ramajana und des Mahabharata sangen, noch nicht geschaffen war.» — In der That stellen sich im Indischen Epos schon vermenschlichte Götter dar. Indra z. B., ursprünglich ein Naturwesen, das Firmament und die physische Himmelskraft, die sich in Blitz, Donner u. s. w. äussert, erscheint in diesen Heldengedichten als ein menschlicher Götterkönig; und wenn wir auf die frühere Götterlehre der Veda's, des Manu und der Vedantalehre zurückblicken, so könnten wir bei den Indern wohl auch zuerst eine Religion des Magismus, sodann eine hieratische Poesie, ferner eine Physiogonie und Theogonie und endlich einen vollendeten Anthropismus nachweisen, wie wir dies bei den Griechen gethan haben.[1]) Man hüte sich aber, solche Parallelen zu weit auszudehnen. Denn auf der andern Seite offenbaren sich die grössten Verschiedenheiten zwischen der Hellenischen und der Indischen Poesie. Zuvörderst war letztere in jeder ihrer Entwickelungen weit tiefer mit der Philosophie verwachsen, als die erstere. Sodann, was namentlich auch das Epos betrifft, so behauptet dieses in Indien einen der ganzen religiösen

---

1) Siehe unsern *Allgemeinen Theil* S. 8 ff.; S. 21 ff.; S. 68 ff.; S. 73 ff.

Denkart und der gesammten Mythologie eigenthümlichen Cha-
rakterzug, dass nicht eigentlich Heldenthaten die göttliche
Würde verleihen, sondern die höchsten Opfer,[1]) oder auch
Büssungen und Ertödtung der irdischen Leidenschaften. Es
sind also diese Heldengedichte keine menschlich-weltlichen
Aristien, wie die Homerischen, sondern sie behalten etwas
Orphisches d. h. Alt-theologisches an sich; wie dann die unter
Orpheus Namen umgehenden, Griechischen Argonautica diesen
Priestersänger in so weit in den Vordergrund stellen, dass
er durch Verrichtung telestischer Opfer die der ganzen Hel-
denschaar drohenden Gefahren abwenden, und einen erwünsch-
ten Ausgang der Unternehmung herbeiführen kann.

Was nun die *Bhagavat-Gita* insbesondere betrifft, so hat
schon der Herausgeber der ersten Englischen Uebersetzung[2])
seine Bewunderung dieses Gedichts ausgesprochen. Er sagt
nämlich unter Anderm: «Ohne Bedenken erkläre ich den Geeta
für ein Werk von besonderer Originalität, das in Absicht auf
Erhabenheit der Conception, des Räsonnements und des Ausdrucks kaum seines Gleichen hat, und das sich von allen
Religionen der Welt dadurch unterscheidet, dass seine Theologie mit der Christlichen Heilslehre so genau harmonirt, und
die Grundlehren derselben so nachdrucksvoll erläutert.» Ein
geistreicher Deutscher Kenner der Indischen Literatur[3]) äussert sich kurz aber bedeutsam so darüber: «Es ist dieses
didaktische Gedicht ein beinah vollständiger kurzer Inbegriff

---

1) Vgl. H. Ritter Geschichte der Philosophie I. S. 100 f.

2) Warren Hastings in der Zueignungsschrift der Uebersetzung von
Wilkins (s. Abhandlungen über Asien von *Will. Jones*, übersetzt von
Kleuker. Band II. S. 25 ff.). Mit Recht hat auch Herr Niklas Müller in seinem
Werke: Glauben, Wissen und Kunst der alten Hindu's S. 404 auf dieses
Urtheil von W. Hastings aufmerksam gemacht.

3) Friedr. Schlegel über die Sprache und Weisheit der Indier S.
286. Vgl. W. v. Humboldt Ueber die Bhagavat-Gita S. 1. Anmerk.
1, wo er den Reichthum an philosophischen Ideen an diesem Gedicht
rühmt.

des Indischen Glaubens, und steht als solcher in hohem Ansehn. »

Den Anlass, Eingang und Inhalt giebt W. v. Humboldt
in fruchtbarer Kürze also an:

«Der Gott Krischnas, die eigentliche und vollständige
Incarnation Vischnus, begleitet, nach der Dichtung des
Maha-Bharata, den Ardschunas, den dritten und vorzüglichsten, eigentlich vom Gott Indras gezeugten Sohn Pandus,
als Wagenlenker, in den Kampf gegen die nah mit ihm verwandten Söhne des Königs Dhritaraschtras. Als Ardschunas
in den Schaaren der Feinde sein eignes Geschlecht, seine
Religionslehrer und Freunde erblickt, geräth er in Zweifel,
ob es besser sey, dass er die, ohne welche das Leben selbst
keinen Werth für ihn haben würde, besiege, oder von ihnen
besiegt werde, verfällt in zaghaften Kleinmuth, lässt Bogen und Pfeil sinken, und fragt Krischnas um Rath. Der
Gott ermuntert ihn aus philosophischen Gründen zum Kampf,
und es entspinnt sich zwischen ihnen im Angesicht beider
Heere ein Gespräch, das in 18 Gesängen (etwa 700 Distichen)
ein vollständiges philosophisches System durchläuft. »[1] «Die
beiden Hauptsätze, um welche sich das in dieser Dichtung
enthaltene System dreht, sind, dass der Geist, als einfach
und unvergänglich, seiner ganzen Natur nach, von dem zusammengesetzten und vergänglichen Körper geschieden ist,
und dass von dem nach Vollendung Strebenden jede Handlung
ohne alle Rücksicht auf ihre Folgen, und mit völligem Gleichmuth über dieselben, vorgenommen werden muss. »[2] Ueber

---

[1] Ueber die Bhagavat-Gita zu Anfang. — Stuhr (Die Religionssysteme des Orients S. 122) drückt sich über denselben Gegenstand so aus:
„Krischnas eröffnet dem Ardschunas den Blick in ein über die Natur
erhabenes Reich freier Geistigkeit, in welchem nicht mehr, wie in der
Natur, nach den Gesetzen der den Daseynsformen geeigneten Beschaffen-
heiten das Leben in blinder Nothwendigkeit sich enfalte u. s. w. “

[2] W. v. Humboldt ebendaselbst S. 3.

das religiöse und theologische Princip dieses poetischen Dialogs bemerkt Stuhr:[1]) «In Krischnas bestehen zwar alle Wesen; er jedoch, sein eigenes Selbst, ist, wie dasselbe überhaupt nicht in der Verschiedenartigkeit besteht, nicht zugleich auch in ihnen. Diese feine Unterscheidung ist es, die die Lehre der Bhagawad Gita im Gegensatze zur Lehre der Weda's macht, um sowohl von der, im strengen Sinne die Vergötterung des Alls predigenden, Lehre sich los zu sagen, als dabei zugleich auch die Vorstellung von der Allmacht des als Weltordners im Weltall waltenden göttlichen Geistes festzuhalten.»

So viel im Allgemeinen. Ich beschliesse diese Andeutungen, indem ich fortfahre, noch einige Grundgedanken dieser Religionsphilosophie mit den eigenen Worten W. v. Humboldt's und A. W. v. Schlegel's mitzutheilen: „*Krischnas Lehre ist Yoga-Lehre.*" — «Das Wort yôga ist ein wahrer Proteus: es gehört schlaue Gewalt dazu, es unter seinen geistigen Verwandlungen zu fesseln, damit es uns Rede stehe, und seine Orakel verkündige. Ich habe nach allen Seiten herumgesonnen, und nichts unversucht gelassen. Ich gerieth sogar auf den Gedanken, auf die Ableitung zurückzugehen, und wo es den mystischen Sinn hat, etwa coniugium mit einem Beiworte dafür zu setzen. Doch erschien mir diess gar zu befremdlich und stöhrend.» Dies bezieht sich auf folgende Bemerkung: «Unter den Stellen, wo Yoga eine mystische Thatkraft anzeigt, kann ich (X. 7) die von vibhûti durch maiestas nicht billigen. — Herr Langlois macht auf den allerdings sehr klaren und richtigen Unterschied eines yôgin und eines yukta aufmerksam. Er thut aber Ihrer Uebersetzung unrecht, wenn er sagt, dass beide Wörter immer durch devotus gegeben seyen. An Stellen, wo der Unterschied, welcher Ihnen gewiss nicht entgehen konnte, vorzüglich wichtig wird, übersetzen Sie das erstere devotioni initiatus (z. B. VI. 15) und das

---

letztere intentus (z. B. IX. 22) oder umschreiben es auf andere Weise u. s. w.» — «yukta, iunctus; yukti, iunctio.» — «Yoga ist ein von der Wurzel yudsch, vereinigen, binden, dem Lateinischen *iungere*, gebildetes Nomen, und drückt die Verknüpfung eines Gegenstandes mit dem andern aus. Darauf lassen sich alle vielfachen abgeleiteten Bedeutungen des Worts zurückführen. Im philosophischen Sinne ist *Yoga* die beharrliche Richtung des Gemüths auf die Gottheit, die sich von allen andern Gegenständen, selbst von den innern Gedanken zurückzieht, jede Bewegung und Körperverrichtung möglichst hemmt, sich allein und ausschliessend in das Wesen der Gottheit versenkt, und sich mit demselben zu verbinden strebt. Ich werde den Begriff durch Vertiefung ausdrücken, denn ist auch jede Uebertragung eines aus ganz eigenthümlicher Ansicht entspringenden Ausdrucks einer Sprache durch ein einzelnes Wort einer andern mangelhaft, so bleibt doch die Insichgekehrtheit das auffallendste Merkmal, an dem man den *Yogi*, d. h. den dem Yoga sich Widmenden und in demselben Begriffenen erkennt. Auch liegt in dem Ausdruck der Vertiefung die mystische, dem Yogi eigne Gemüthsstimmung, die, wo das Wort absolut gebraucht ist, am natürlichsten auf die Endursach aller Dinge bezogen wird. Durch die Richtung auf die Gottheit geht der Begriff in den der Frömmigkeit (II. 61. VI. 47. IX. 14), durch das ausschliessende Hingeben an einen Gegenstand in den der Weihung, Widmung über, und eignet sich von diesen beiden Seiten für den Lateinischen *devotio* und die von diesem in den neuern Sprachen abgeleiteten u. s. w.» [1]

---

1) S. W. v. Humboldt über die Bhag. S. 32 f. und in Schlegel's Indischer Bibliothek Band II. S. 253 und A. W. v. Schlegel ebendaselbst II. S. 257 und S. 340. Weil nämlich der Begriff des Yoga eines der unterscheidenden Merkmale dieser Philosophie ist, so hatte sich der Lateinische Uebersetzer der Bhagavat-Gita alle ersinnliche Mühe gegeben, diesem Begriffe allenthalben sein volles Recht widerfahren zu lassen. Darauf

«Wie Lampe, frei von Windwehen, nicht sich regt, dess
Gleichniss ist
der Vertiefte, der, festsinnig, vertieft in Selbstvertiefung
sich.

---

beziehen sich obige Erörterungen der Französischen Kritik, der Deutschen
Epikrise und die Bemerkungen des Herrn v. Schlegel als des Uebersetzers.
In Betreff des Griechischen ist vielleicht folgende Bemerkung an ihrem
Orte: Da die Deutsch-Griechischen Wörterbücher uns zumuthen, für
Vertiefung vorlieb zu nehmen mit: σύννοια, oder mit φροντίς, oder auch
mit μέριμνα, so wird man sich wohl nach etwas Befriedigenderem umsehen
müssen. Nun will ich zwar keineswegs behaupten, dass die philosophische Sprache selbst der Platoniker ein das Indische Yoga völlig erschöp-
fendes Wort habe; aber doch wohl solche, die approximativ demselben
entsprechen. Dahin gehört zuvörderst das bei Plato, Philo, Plotin und
bei andern Philosophen so oft vorkommende προςβολή, auch προςβολή τῆς
διανοίας (s. zu Plotin. p. 198. Vol. III. Oxon.), sodann: ἐπιβολή, ἐπιβολή
ἀθρόα, ἐπιβολή νοῦ, ἐπιβ. τῆς ἐννοίας, ἐπιβολή τῆς διανοίας (s. ibid. p. 74 sq.
und p. 197 sq.). Dieses Wort ist in mancher Beziehung mit der Platonischen συναυγεία oder σύγκρασις dem Begriffe nach verwandt, d. h. mit dem
Begriff vom Zusammentreffen des Sehstrahls (Platon. Timae. p. 45. Plutarch. de inscript. Delph. p. 390. B. C. Nemesius de nat. hom. VII. p. 180
Matth. vgl. Schneider zu den Eclogg. physicc. p. 246). Auch θεωρία wird
von den Platonikern und Kirchenvätern oft von einer in die Tiefe der
Dinge an sich gehenden Beschaulichkeit gebraucht (s. Plotin. III. 8 und
dazu Annot. p. 195). — Aber immer noch fehlt uns ein Wort für das gene-
relle *Vertiefung*, wie Humboldt für Yoga am angemessensten findet. Ein Zeitwort hätten wir an ἐμβαθύνειν, denn wirklich braucht dies ein Griechischer
Autor im philosophischen Sinn: Anonymus de vita Pythagorae cap. 14.
p. 62 (am Iamblichus und Porphyrius de vita Pyth.): τινὲς εἰς τὸν Ἀρι-
στοτέλους νοῦν οὐκ ἐμβαθύνοντες, Einige, die in die Tiefe des Aristotelischen
Geistes nicht eindringen, sich nicht darin *vertiefen* können. Auch ein
Adjectiv hätten wir in βαθύνοος βαθύνους (Antholog. Gr. I. 13. p. 113
ed. Iacobs.): τὸν βαθύνουν, ψυχὴν τε νόημά τε θεῖον ἔχοντα (vom Nestor)
und zwar auch im philosophischen Sinne: Hesych. I. 1188 Alb.: Ἐμβαθι-
νοὺς (vielmehr: ἐμβαθινοῦς)· σεσοφισμένους, σοφούς (woselbst aus Cyrillus angeführt wird: ἐμβριθῆ νοῦν· στερεὸν καὶ ἔμφρονα λογισμόν, also
den *Festen* und *in Gedanken Vernünftigen*). Dies würde dem *Yogi* so
ziemlich entsprechen. Für das substantivische *Yoga* müssten wir aus den

Da, wo, gehemmt, des Geistes Denken durch der Vertiefung Uebung ruht,
wo allein durch sich selbst sein Selbst schauend in sich,
der Mensch sich freut,
endlose Wonne, fühlbare dem Geist nur, übersinnliche
kennet, und stätig ausdauernd, niemals von ewger Wahrheit wankt,
wo, dies erreichend, nicht Andres er achtet diesem vorzu-
ziehn,
und wo Unglück nicht, auch schweres, erschüttert mehr den
Stehenden,
diese, des Schmerzgefühles Lösung, wisse, Vertiefung wird
genannt.
In Vertiefung der Mensch muss so vertiefen, sinnentfremdet,
sich
tilgend jeder Begier Streben, von Eigenwillens Sucht erzeugt,
der Sinne Inbegriff bändgend mit dem Gemüthe ganz und
gar.
So strebend, nach und nach ruh' er, im Geist gewinnend
Stätigkeit,
auf sich selbst das Gemüth heftend, und irgend etwas den-
kend nicht;
wohin, wohin herumirret das unstät leicht bewegliche,
von da, von da zurückführ' er es in des innern Selbsts
Gewalt.

Glossen das Wort $\beta\acute{\alpha}\vartheta\upsilon\nu\sigma\iota\varsigma$ nehmen, und seine physische Bedeutung metaphysisch wenden; oder wir müssten uns die Freiheit nehmen,
nach der Analogie von $\varepsilon\H{\upsilon}\nu\sigma\iota\alpha$, $\delta\acute{\upsilon}\varsigma\nu\sigma\iota\alpha$ und dergleichen, $\beta\alpha\vartheta\acute{\upsilon}\nu\sigma\iota\alpha$ oder
treffender $\grave{\varepsilon}\mu\beta\alpha\vartheta\acute{\upsilon}\nu\sigma\iota\alpha$ zu bilden. — Schliesslich bemerke ich noch, dass
man für die von Humboldt im Vorhergehenden (p. 28 f.) entwickelten Ei-
genschaften, die hier vorkommen: Sattwa, *Wesenheit*, und Radschas,
Irdischheit, wenn auch keine ganz erschöpfende Substantiva, so doch
Charakteristiken dieser geistigen Zustände bei den Platonikern findet
(s. z. B. Plotin. III. 8. p. 635 sq. ed. Oxon.).

Den Vertieflen, Stillsinngen der Wonnen höchste dann besucht,
Dem Irdischheit die Ruh nicht stört, den reinen, gottge-
wordenen. »[1])
« Aber dennoch begünstigt Bhagavat-Gita nicht die Uebung des Vertiefens als fortdauernde und beständige eines
ganz müssigen, nur beschaulichen Lebens. — Es wird als
Wahn geschildert, durch Nichtsthun das Streben der irdischen
Kräfte nach Handlung und Wechsel aufhalten zu wollen, und
die Forderung wird gemacht, dass jeder die Aufgabe lösen
soll, nach den Satzungen seines Standes zu handeln, aber,
ohne Rücksicht auf den Erfolg, sich mit dem Geiste über
demselben zu erhalten. »[2]) — « Als Nachdenken[3]) und Wahr-
heitsforschung geht Krischnas Lehre sichtlich von dem Grundsatz aus, dass die reine Wahrheit, diejenige, welche die
Dinge an sich erkennt oder ahndet (tattwa), nicht auf dem
Wege discursiven und raisonnirenden Verstandes gefunden
werden kann,[4]) dass man dazu das Gemüth vorbereiten, von

---

1) v. Humboldt's Uebersetzung der Verse VI. 19—27 der Bhagavat-Gita.

2) Derselbe S. 36. Auf diesen Standpunkt suchte auch der Brahmane
Mandanis sich und Andere zu stellen, nach dem Gespräch, wovon uns
Strabo Bericht gegeben, mit dem Griechen Onesikritos (s. Strabo XV.
p. 138 sq. Tzsch. vgl. oben *Nachtrag* III, über die *Veda's*). — Ueber die
Wonne und den Gleichmuth (ἀπάθεια) dessen, der in seiner Seele die
Gegenwart Gottes empfindet, lesen wir ähnliche Stellen in Manu's Gesetzbuch, besonders am Schluss. Hier nur Eine (XII. 125 nach Haughton
p. 427): „Thus the man, who perceives in his own soul the supreme
soul present in all creatures, acquires equanimity toward them all, and
shall be absorbed at last in the highest essence, even that of the Al-
mighty himself."

3) W. v. Humboldt ebendas. S. 36 f.

4) Vgl. oben *Nachtrag* IV über Sancara und dazu in einer Anmerkung die Parallele mit denselben Ansichten Plotin's und anderer Alexandrinischer Philosophen.

allem Unreinen und Kleinlichen läutern, die Erkenntniss in
ihm herrschend machen, und dann das innere Wahrheitsge-
fühl beleben, den Geist auf den Punkt richten muss, in dem
das Ich mit den Dingen an sich, als auch zu ihnen gehörend,
zusammenhängt. Durch das Anerkennen der Einerleiheit alles
Geistigen und der Individualität (prithaktva) als der eigentlichen Schranke im Menschen, macht diese Lehre eine sehr
bestimmte Scheidung des Endlichen vom Unendlichen.»

«Es scheint sogar, als würde die Wahrheit, als ursprüng-
lich in den Menschen gelegt, und nur nach und nach in
Vergessenheit eingeschläfert betrachtet. Wenigstens sagt
Ardschunas, als ihn Krischnas am Ende des Gesprächs fragt,
ob ihm nun die feste Erkenntniss gekommen sey:
Verschwunden ist der Irrthum mir, *Erinnerung gekehrt* durch
Dich,
Des Zweifels ledig, fest bin ich, und will vollbringen was
Du sagst.» [1])
— «Glaube, Erkenntniss, Vertiefung und jede andere See-
lenübung aber haben zum höchsten Ziel die Befreiung der
Nothwendigkeit neuer Geburt nach dem irdischen Tod. Der
Mensch kann durch Wiedergeburt in edlere und glücklichere
Wesen übergehen (Bhagav. G. VI. 41 f.), er kann in den
Zwischenzeiten himmlische Freuden geniessen (IX. 20 f.);
aber das letzte Ziel ist das gänzliche Hinaustreten aus diesem
ewig rollenden Wechsel wiederkehrenden Entstehens, die
Lösung von den Banden der Geburt (II. 51) — — die Fä-
higung zur Gottheit zu werden (XIV. 26), die Verwandlung
in die Gottheit.» [2])

1) A. a. O. S. 37. Die beiden Verse stehen Bhagav. G. XVIII. 73.
Dem kundigen Leser wird dabei die Sokratische ἀνάμνησις von selbst
einfallen (s. z. B. Plato's Menon p. 81 sqq.). Plotinus (p. 391, A. p. 472,
E.) sagt noch ähnlicher dem Indischen Ausdruck: τὸ ἐξ ἀναμνήσεως θεᾶ-
σθαι τὰ ὄντα, vermittelst des Wiedererinnerns die Dinge an sich schauen.
2) Ebendas. S. 38 f. — An ähnliche Orphische Vorstellungen von
dem κύκλος ἀνάγκης oder dem fatalistischen Kreislauf (Fragmenta Orphica

p. 499 ed. Hermann.) habe ich schon oben erinnert, wie auch an das ϑιοῦσϑαι, Gott-werden, nach der Lehre einiger Platoniker oben *Nachtrag IV* zu denselben Lehrsätzen der Vedantiker. Aber ein wesentlicher Unterschied der Yoga-Lehre von dem System der Vedantiker besteht darin, dass jene in ihrem innersten Wesen auf die Nothwendigkeit *sittlicher Freiheit* gegründet ist, während diese auf der *Prädestinationslehre* beruht. (S. v. Humboldt über die Bhagav. G. S. 44 und vgl. oben *Nachtrag IV*.)

VI.

Ein Blick auf den Buddhismus.

Nachtrag zu §. 5.

Obschon am Schlusse des *ersten Nachtrags* dieser Gegenstand berührt wurde, so geschah dies doch einerseits nur in Bezug auf die alt-Griechischen Nachrichten von den Samanäern (Σαμαναῖοι), welche Buddhisten waren, andrerseits mehr auf historische Weise in Betreff der Person des Buddha und der äussern Schicksale seiner Lehre. Ich widme aber dieser uralten und noch bestehenden Weltreligion[1]) noch eine kurze Schlussbetrachtung, da ich glücklicher Weise in den Stand gesetzt worden bin, die Ergebnisse der Untersuchungen desselben tiefen Forschers meinen Lesern mittheilen zu können, der auch im vorhergehenden Nachtrag über die Bhagavat-Gita mein Hauptführer war.[2]) Demgemäss werde ich auch hier einige seiner Hauptsätze zum Grunde legen, und daran Stellen aus etlichen andern neuesten Schriften und einige Anmerkungen anreihen.

---

1) So muss man doch wohl eine Religion nennen, zu welcher sich 192 Millionen Seelen bekennen (s. Klaproth im Nouv. Journal Asiatique V. p. 307 sq.).

2) Wilh. von Humboldt Ueber die Kawi-Sprache auf der Insel Java. Berlin 1836. 4to, besonders das *Erste Buch*, Ueber die Verbindungen zwischen Indien und Java. Ich verdanke die Kenntniss dieses wichtigen vom seel. W. v. H. nachgelassenen Werkes der gütigen Mittheilung seines Bruders des Herrn Alexander von Humboldt, dem ich für dieses Geschenk hiermit öffentlich meinen Dank abstatte.

Zuvörderst ein Wort über den *Namen* und den damit zu
verbindenden *Begriff: Budh* bezeichnet den Zustand des *Er-
wachtseyns*, d. h. der *innern* Erweckung, und *Buddha* heisst
der *Erweckte.* [1]) — Ueber die *Quellen* und *Erläuterungen* der
Buddhalehre sagt W. v. H.: [2]) «Das Erheblichste und Zu-

---

1) S. Eug. Burnouf Yaçna I. p. 373; wozu Stuhr (Relig. Syst. des
Orients S. 159) bemerkt: „Indem man allerdings sagen kann, dass das
Wort Buddha einen Weisen bedeute und das Wurzelwort Budh die Weisheit, darf man jedoch nie dabei vergessen, dass die Beziehung der Vorstellung auf *sittliche Gesinnung* dabei die herrschende ist." — Ich
bemerke hierbei eine bildliche Bezeichnungsart. Nach der Vedantalehre
wird der Zustand des traumlosen tiefen Schlafes als die Rückkehr zur
Einheit mit Gott vorgestellt (s. oben *Nachtrag* IV und daselbst Windischmann Sancara p. 160 sqq.); die Buddhistische Vorstellung und Bezeichnung entspricht vollkommen der Platonischen (s. Platon. Timae.
p. 52. p. 64 Bekker. vgl. Aristoteles de Anima II. 1. p. 22 Sylburg.).
Philo Iud. Quis rer. div. sit heres p. 510 Mang.: „Der Schlaf der Vernunft·
ist das Erwachen der Sinnlichkeit, und die Erweckungen des Denkens
sind der Sinnlichkeit Erlöschen und Unthätigkeit," ein Gedanke, den er
öfter wiederholt. Plotin. III. 6. 6. p. 310. A. p. 565 Oxon.: „Was der
Sinnlichkeit angehört ist der schlummernden Seele; denn so viel von der
Seele im Körper ist, so viel schläft. Aber die wahre Erweckung ist die
wahre Auferstehung der Seele vom Körper, nicht mit dem Körper" und
vorher p. 561, wo von der Entfernung sinnlicher Erscheinungen und Leidenschaften durch die Philosophie die Rede ist: „Wie wenn einer die
Traumbilder zu verscheuchen sich bestrebend die mit Traumgesichten
spielende Seele in den Zustand des Wachens versetzet." In allen solchen
Stellen der Platoniker und der platonisirenden Kirchenväter kommt in
speculativer und moralischer Bedeutung die ἐγρήγορσις oder γρήγορσις mit
jener *Erweckung* der Buddhisten überein.

2) Ueber die Verbindung zwischen Indien und Java S. 296, mit Verweisung auf Journal Asiatique VII. 150, wegen der zuletzt angeführten
Abhandlung. — Ganz anders Herr Stuhr S. 158: „Deshalb ist auch das,
was Abel-Rémusat über die Buddhaische Lehre vorträgt, stets nur mit
der grössten Vorsicht zu benutzen, weil seine Untersuchungen zum grossen Theil auf die Erforschung des metaphysischen Systems der Buddhai-
schen Lehre gerichtet sind, und er dabei vorzugsweise an den Ansichten
der *Chinesischen Philosophen*, die *für seinen Zweck* ihm gerade dienen

verlässigste, was man bisher über die innere Lehre des
Buddhismus in verschiedenen Gegenden kennt, beruht auf
mehreren höchst wichtigen im Pariser Asiatischen Journal

---

konnten, sich gehalten hat." Aber ganz im entgegengesetzten Sinn hat
sich Abel - Rémusat über den relativen Werth der Quellen des Buddhismus
ausgesprochen; z. B. im Journal des Savans 1831, Mai, p. 257; wo es
unter Anderm heisst: — „Mais des recherches toutes récentes donnent
l' esperance qu' on pourra enfin en puiser les dogmes, non plus dans les
traductions chinoises, mongoles ou tibétaines, mais dans les textes sanscrits eux mêmes. — C' est une époque nouvelle, pour cette étude; — et
dorénavant les notions relatives à la doctrine bouddhique, qui auront été
recueillies dans les livres des Chinois ou des Tartares, pourront et
devront être controlées sur les temoignages plus authentiques que four-
niront les originaux conservés dans l' Inde." Mag also auch mein ver-
ewigter Freund bei seinen früheren Forschungen über die Buddha - Lehre
oft genöthigt gewesen seyn, sich an Chinesische Quellen zu wenden, so
wird man diesem umfassenden Gelehrten doch so viel Unterscheidungsgabe
zutrauen, dass er, keine der Quellen verschmähend, nicht einseitig diese Lehre
aufgefasst haben werde. Ueber seine letzten Arbeiten höre man W. v.
Humboldt (a. a. O. S. 96): „Wenn man den kurzen Abriss der Arbeit
liest (Nouv. Journ. Asiat. VII. 495), welche *Abel - Rémusat* über den
Buddhismus herauzugeben im Begriff stand, so bewundert man den Umfang
derselben, und fühlt zugleich doppelt, wie unersetzlich der Verlust dieses
Mannes auch in dieser Hinsicht ist. Denn er vereinigte in dem ausge-
zeichnetsten Grade die tiefsten, gründlichsten und ausgedehntesten Sprach-
und Geschichtskenntnisse mit der Gabe, auch sehr verwickelte Thatsachen
auf fruchtbare Resultate zurückzuführen, und dem glücklichsten Talente
lichtvoller und anziehender Darstellung." Da gleich im Verfolg (S. 97)
„das aus dem Anfang des fünften Jahrhunderts herstammende Chinesische
Werk, welches Abel - Rémusat übersetzt hatte und an dessen Herausgabe
er durch den Tod verhindert wurde, der Fo - koue - ki" erwähnt wird,
so will ich schliesslich bemerken, dass es im vorigen Jahr unter folgendem Titel erschienen ist: *Foë Koue ki; Relation des royaumes Bouddhi-
ques; voyage dans la Tartarie, dans l' Afghanistan et dans l' Inde,
exécuté vers la fin du IVe siècle par Chïsa Hian; traduit du chinois et
commenté par Abel-Rémusat; ouvrage posthume, revu, complété et aug-
menté d' éclaircissements nouveaux, par MM. Klaproth et Landresse.*
Paris 1836. 4to mit einer Karte und vier Kupfertafeln.

abgedruckten Abhandlungen *Abel-Rémusat's* und *Klaproth's*, einer Darstellung der Buddha-Lehre in China durch Deshauterayes, Hodgson's oft im Obigen angeführten Nachrichten über den Buddhismus in Nepal,[1]) Schmidt's so überaus gehaltvollen zwei Vorlesungen in der Petersburger Akademie,[2]) Colebrooke's[3]) Darstellung der Buddha-Lehre in Indien, als sie sich noch im Kampfe mit der Brahmanischen befand, und endlich auf den von Upham, als Nachtrag zu den drei grossen Ceylonischen Geschichtsbüchern, herausgegebenen Buddhistischen Tractaten.[4]) Hodgson's, Colebrooke's und Schmidt's

---

1) In den Transactions of the royal Asiatic Society of Great Britain Vol. II. vgl. darüber Abel-Rémusat im Journal des Savans 1831. p. 257 sqq.

2) Welche noch Abel-Rémusat mit verdienter Achtung angeführt hat im Nouv. Journal Asiat. VII. 495. Man vgl. auch Schmidt Forschungen im Gebiete der älteren religiösen Bildungsgeschichte der Völker Mittelasiens. Petersburg 1824 und Schmidt Ueber die Verwandtschaft der gnostisch-theosophischen Lehren mit dem Buddhaism. Leipz. 1828.

3) Transact. of the Asiatic Soc. of Great Britain I. p. 558—566.

4) The history and doctrine of *Buddhism*, popularly illustrated, with notices of the Kappooism, or demon worship, and of the Bali or planetary incantations of Ceylon, embellished with 43 lithographic prints from original singalese designs, by *Edward Upham*. London 1828. gross 4to. — In einer Recension dieses Werks im *Universel* 1830. nr. 11. p. 164 heisst es unter Anderm: „Avec M. *Creuzer* il (M. Upham) identifie Chakia-muni avec l' *Hercule* indien des Grecs et avec la lune.“ — Nun lese man aber die Symbolik I. S. 375 und S. 579. 2. Ausg., um sich zu überzeugen, dass ich nicht den Herakles sondern den *Hermes* (Mercurius) mit Schakiamuni verglichen hatte, wie auch Fr. Schlegel (Sprache und Weish. der Indier S. 123) gethan. Jetzt mag mein seeliger Freund, der grosse Sinologe Abel-Rémusat für mich sprechen (Journal des Savans 1822. p. 228), wo er bemerkt: Die historische Frage über Buddha könne keiner Ungewissheit weiter unterliegen. Diejenigen, die von mehreren Buddhas sprechen, reden in einem philosophischen oder mythologischen Sinne. Buddha ist der Genius des Planeten *Mercur;* er ist auch die *Weltseele* oder *die höchste Intelligenz.* Es hat einen Buddha in der

Arbeiten gehören, wenn auch die letztere unmittelbar aus Tartarischen Schriften gezogen ist, dem Systeme an, welches sich ursprünglich auf Sanskrit-, nicht auf Pali-Schriften gründet, eine Bemerkung, welche ich hier nur der Genauigkeit wegen, nicht in der Absicht mache, zu behaupten, dass dieser Unterschied der Sprache der Schriften auch einen in dem inneren Systeme mit sich führt. Der Colebrookische Aufsatz ist nur aus den Widerlegungen der Gegner der Buddhisten gezogen.»

Entstehung des Buddhismus: «Dass der Buddhismus in Indien selbst, in dem mittleren, an den Ufern des Ganges entstanden ist,[1]) und dass er sich erst von dem Brahmanismus, in der inneren Lehre durch die *Verwerfung der Wêda's,* in der äussern durch die *der Casteneintheilung,* trennte, ist nach dem heutigen Stande dieser Forschungen keinem Zweifel unterworfen. Sowohl die Annahme eines vor-Brahmanischen, als eines ursprünglich ausser-Indischen Buddhismus bedarf

---

gegenwärtigen Periode der Schöpfung gegeben; es hat einen andern in der vorhergehenden gegeben; es wird einen in einer künftigen geben. Aber alle diese Wesen sind nicht Menschen; ihr Name bezeichnet einen Gott. Der einzige Gesetzgeber Buddha, derjenige, womit es die Geschichte zu thun hat, ist der Sohn des Sutadannah, während seines Lebens Schakia genannt, auch Muni oder Einsiedler, und von seinen Anhängern nach seinem Tode zur Würde eines Gottes erhoben. Das ist der Muni, fährt Abel-Rémusat fort, dessen Geburt *mitten unter den Indiern* mir eben so sicher bewiesen scheint, als die irgend einer andern berühmten Person Hindostans. — Hierbei erinnere ich auch an A. W. v. Schlegel's Aufsatz in der Indischen Bibliothek (I. S. 252 ff.), *Wodan* und *Buddha* überschrieben; welche von Manchen angenommene Identität der Verfasser bezweifelt. Eine History of the *Buddhism* von *H. Wilson* findet sich in *J.* Crawfurd's Mission to Siam ch. XIII. p. 360 sqq. Die Schrift des Herrn von Bohlen de Buddhismi origine et aetate ist oben am Schluss von *Nachtrag* I angeführt worden.

1) W. v. Humboldt a. a. O. S. 290 mit Verweisung auf das Nouv. Journal Asiat. VII. p. 239.

keiner Widerlegung mehr. » [1]) — « In der Buddha-Lehre
selbst aber unterscheiden sich durch die Periode, in welche
der Stifter der Lehre gesetzt wird, und worin ein Unterschied
von ungefähr 400 Jahren liegt, zwei Zweige derselben. Die
Buddhisten auf Ceylon, im Königreich der Barmanen und
überhaupt in dem grössten Theile der Halbinsel jenseits des
Ganges rücken die Geburt Buddha's um den genannten Zeitraum näher an den Anfang unserer Zeitrechnung, als die in
Tibet, China und bei den Mittel-Asiatischen Völkern. [2]) —
Ein anderer wichtiger Unterschied aber liegt in der Sprache
der bei ihnen als heilig geltenden Bücher. Die von Ceylon
nach der Halbinsel jenseits des Ganges übergewanderte Lehre
gründet sich auf Schriften in der *Pali-Sprache*, die in andern
Ländern Buddhistischen Glaubens, namentlich in Nepal, auf
Sanskritische. Ursprünglich waren jedoch auch die in Pali verfassten gewiss gleichfalls aus Sanskritischen entnommen, und
die erste Grundlage aller Buddhistischen Schriften und Ter-
minologie bleibt immer das Sanskrit. » [3]) Die *Grundzüge der
Buddha-Lehre* gebe ich nach der Skizze des Französischen
Beurtheilers von Upham's Werk [4]) und füge in einigen Anmerkungen die Ergebnisse der neuesten besonders Deutschen

1) Dieser letzte Satz bezieht sich auf die von einigen Neueren
vorgetragene Meinung, dass es einen primitiven Buddhismus, eine vor
dem Brahmanismus in Indien nicht allein entstandene und über viele
Länder der Erde verbreitete Urreligion gegeben habe; worüber man in
der Kürze Guigniaut's Notes et Eclaircissements I. p. 657 sqq. nachlesen
kann.

2) Nach Klaproth's Entdeckungen; s. Nouv. Journ. Asiat. V. p. 310.
vgl. auch seine tableaux hist. de l' Asie 62. Anmerk. „Die beiden angeblichen Geburtsjahre sind nämlich 1027 für China und 628 für Ceylon.
Die letztere Jahrzahl stimmt mit der Annahme überein, dass Buddha
(Sakyamuni) 543 im 85. Jahre seines Alters (Essai sur le Pali 56) von
der Erde verschwand."

3) Vgl. Schmidt Mem. der Petersburg. Akademie I. 43. 44.

4) Im Universel 1830. nr. 11. p. 164.

Forschungen bei. «Le Bouddhisme suppose comme le Brahmisme[1]) une série perpetuelle de creations et de destructions du monde. Cette croyance, purement metaphysique, n'admet pas l'existence d'un être suprême;[2]) il est remplacé par

1) Hier muss sogleich sowohl auf die Differenz der Buddhisten-Philosophie ihrem Geiste und ihrer Form nach, als auch auf die Negation eines Grundartikels der Brahmanen-Lehre aufmerksam gemacht werden: „Die Weisheit, bemerkt Stuhr (a. a. O. S. 159), wonach die rechtgläubigen Bauddha's trachten, besteht nicht in Vernunfterkenntniss, sondern in einem geheiligten Zustand der Gesinnung. Hierin liegt der Grund, dass im Allgemeinen die Philosophie der rechtgläubigen Bauddha's sich mehr dialektisch und skeptisch, als Waffe zur Widerlegung dogmatisch aufgestellter Behauptungen ihrer Gegner, als speculativ ausgebildet hat. (S. 163) — Dass die Bauddha's, indem sie ihr System aus dem Brahmanischen herausbildeten und davon ablösten, die Brahmanische Vorstellung von dem Trimurti aufgeben mussten, dies liegt ganz in dem Charakter ihrer Lehre. Denn die Vorstellung von dem Trimurti schliesst wesentlich den Gedanken von einer göttlichen Weltschöpfung in sich, und hebt sich ohne diesen Gedanken, den die Bauddha's in ihrer Weltbetrachtung von sich stiessen, in sich selbst auf."

2) Man hat hier schroffe Gegensätze von einem allgemeinen *Atheismus* und eben solchem *Theismus* gegeneinander gestellt, ohne die verschiedenen Buddhisten-Secten in verschiedenen Ländern zu unterscheiden, oder auch die feineren Bestimmungen des Begriffs Existenz gehörig zu beachten. Jedoch widerstrebt ein Daseyn Gottes im Sinne der Christlichen Religionsphilosophie dem Wesen des Buddhismus, und, nach den Resultaten der neuesten Forschungen, muss man Abel-Rémusat's Behauptung eines Theismus der Buddhisten fallen lassen. W. v. Humboldt (a. a. O. S. 297) sagt: „Das von Schmidt entwickelte Mongolische System nimmt gar keine persönliche Gottheit, als Urheber des Weltalls an, sondern das Immaterielle, keiner Veränderung Unterworfene, das wahre Seyn Ausmachende, jedoch von allem besonderen Seyn Geschiedene, also ein Etwas ohne Persönlichkeit, ist, dieser Vorstellungsweise nach, das Höchste in der Reihe der Dinge (s. auch Klaproth Nouv. Journ. Asiat. V. p. 310 und Pallas II. 75). — Auch von Ceylon bezeugt Davy (Account of Ceylon 188), dass die dortigen Buddhisten nicht an ein höchstes, selbstständiges und ewiges Wesen, den Schöpfer und Erhalter des Weltalls glauben. In dem von Upham (Mahâvansi III. 138 f.) mitgetheilten Inbegriff der

l' espase lumineux qui renferme en soi tous les germes des êtres futurs. Mais cet espace lumineux n' est pas la région la plus haute du monde; au dessu est placée une troisième région qui est éternelle et indestructible; c' est là que réside la cause. primitive de la destruction du monde périssable. L' existence est regardée par les Bouddhistes comme le veritable mal, car tout ce qui existe est sans réalité et seulement un produit de l' illusion qui trompe les sens. Pendant que

---

Lehre Gautama's lautet die Antwort auf die Frage, ob das höchste Wesen auch Schöpfer des Himmels und der Erde sey? bestimmt folgendergestalt: ein höchstes Wesen wird geleugnet, und Alles geht von der Natur aus. Gäbe es einen Schöpfer, so würde die Welt nicht untergehen, sondern durch ihn unversehrt erhalten werden. Aber die Regierung des Himmels und der Erde ist zuerst Buddha anvertraut, nach ihm (im Range nämlich) herrscht Sagampati (jagatpati Weltherrscher), Mahâ Brahmâ, und nach diesen die Götter in ihren verschiedenen Classen;" Behauptungen, die mit den Annahmen Abel-Rémusat's (Nouv. Journ. Asiat. VII. 263) in nicht abzuleugnendem Widerspruch stehen. — (S. 298) „Es ist der ganzen Buddhistischen Ansicht gemäss, das oberste Wesen in durchgängiger Ruhe, die welterschaffende Thätigkeit Andern überlassen zu denken. — Der den Buddhisten von ihren Gegnern gegebene Name Nâstika's, *Läugner des Daseyns*, bezieht sich zwar mehr auf den Unglauben an ein Daseyn nach dem Tode (Transact. of the Asiat. Soc. of Gr. Brit. I. 558), aber nach der Ansicht des ganzen entwickelten Systems zu schliessen, scheint es nicht auf eine oberste Gottheit zu führen. Doch möchten die Anhänger wohl ihre Meinung von ihren Widersachern mangelhaft und entstellt vorgetragen finden." (Man vgl. unsern Verf. S. 165, wo er den Vorwurf des Atheismus des Buddhistischen Lehrbegriffs geradezu ablehnt.) — Jene Ruhe des obersten Wesens nähert sich sehr den Sätzen mancher Sophisten und der Epikureer (Plato de Legg. X. p. 885, b. und p. 900 sqq. Hippodamus ap. Stob. Floril. XLIII. Vol. II. p. 127 Gaisf. Cic. de Nat. Deor. I. 17. III. 31. Plotin. p. 213, F. p. 406, F.). Nach der Darstellung der Buddhistischen Ethik (s. Stuhr S. 190 f. und daselbst Transact. of the liter. Soc. of Bombay III. p. 532. Kennedy p. 242. 428. vgl. Ramayana ed. A. W. a Schlegel. Bonn 1829. praef. p. 56) wäre diese im Princip der Lust (ἡδονή, τέλος Gell. N. A. IX. 5) ebenfalls mit der Epikureischen Moral zusammengetroffen.

toutes les parties intellectuelles, dispersées dans la matière, depuis la plus haute région lumineuse jusqu' aux régions infernales, se dépouillent de ce qu' elles ont contracté de matériel, se purifient, se perfectionnent et finissent par se réunir, l' esprit universel, indestructible qui conserve tout pendant un temps incalculable, reste dans le repos, jusqu' à ce que les loix du *damata* ou destin nécessitent une creation nouvelle, de la quelle sont cependant exceptés les êtres qui, en se depouillant totalement de la matière, sont devenus Bouddhas et restent plongés dans le *nirvâna* ou l' éternité du néant, état opposé à celui de l' existence dans la matière. Ces êtres sejournent dans la région indestructible située au dela de l' espace lumineux. C' est pour conserver le souvenir de la vraie doctrine, et pour rendre les hommes capables de la suivre, que ces bien heureux descendent de temps en temps sur la terre, se revêtissent d' un corps, et se montrent aux hommes. Les principaux d' entre eux ne paroissent qu' une fois; ce sont les Bouddha's proprement dits; les autres nommés Boddhisattva, se manifestent plusieurs fois dans differentes incarnations, jusqu' à ce qu' ils atteignent le rang des premiers pour ne plus se montrer dans le monde. Ces êtres parfaits exercent un empire absolu sur leur ennemi, qui est la matière, et sur ses formes séduisantes. [1]) Disposant en maitre de *maya* ou l' illusion qui trompe les sens par ses métamorphoses, ils la peuvent détruire à volonté, ou se servir d' elle pour opérer le salut du genre humain. C' est de cette manière que s' effectuent toutes les incarnations des Bouddhas; leurs ames descendent sous la forme de rayons lumineux, et prennent un corps sous l' enveloppe de *maya*. Ils ne font rien sans un dessein spécial;

---

1) Lauter Ideen, die von Manichäern und andern Gnostikern entlehnt, und bald mit Jüdischen, bald mit Persischen, mit Christlichen u. a. Lehren vermischt, in verschiedenen mehr oder minder originellen Systemen verarbeitet worden sind (s. Plotin. adversus Gnosticos, II. 9. p. 358 sqq. und die Annott. p. 118 sqq.).

leurs opérations ne sont jamais violentes, elles ne restreignent nullement le libre arbitre des êtres inférieurs, qui sont enchainés par la matière, et pour le salut desquels ils sont descendus.

Dans l' âge actuel du monde quatre Bouddhas ont déja paru; le dernier d' entre eux était Chakia-mouni ou Gautama; un cinquième doit encore venir avant la destruction de ce monde; c' est le Bouddha Maitri ou Maitari. La secte de Ceylan et de l' Inde au dela du Gange l' annonce pour l' an 4457 de notre ère, époque à la quelle finira la période de 5000 ans qui devait suivre la mort de Chakia-mouni.» Ueber die *Wirkungen des Buddha-Systems* äussert sich der oft von mir angeführte Gelehrte[1]) so: «Man muss freilich gestehen, dass, was anfangs eine philosophische Lehre war, und eine erleuchtete menschenfreundliche Reform des ausschliesslichen, herrschsüchtigen und von vielen Seiten verderblichen Brahmanenthums beabsichtigte, da, wo es selbst herrschend wurde, zu einem Gewebe gehaltloser Formeln und Cärimonien herabsank, oder sich in eine unverständliche Mystik verlor. Allein es bleibt auch auf der andern Seite gewiss, dass eben diese Lehre ganz rohe und ungebildete Völkerstämme zu grösserer Menschlichkeit und Gesittung führte. Es lässt sich daher wohl behaupten, *dass der Buddhismus die Civilisation bis auf einen gewissen Punkt erhebt, dann aber der Bildung jeden höheren und freieren, selbst allen phantasiereichen Aufschwung verwehrt, den sie Religionsideen verdanken könnte.* Wirklich scheint dies der Zustand aller Länder, in welchen die Buddha-Lehre Wurzel gefasst hat, und wo nicht, wie in China, wissenschaftliche Cultur schon viel früher und aus ganz andern Ursachen hervorgegangen war.»

---

1) W. v. Humboldt a. a. O. S. 95 f., mit Verweisung auf Schmidt in den Mem. der Petersb. Akad. I. 3. p. 254 und auf Klaproth im Nouv. Journ. Asiat. V. 306 sq. und in den Tableaux hist. de l' Asie 62. 63.

Symbolik der Buddha-Lehre. Hierüber hat **W. v. Hum-**
boldt die ausführlichsten Nachrichten gegeben, besonders in
Bezug auf Java und andere Indische und ausser-Indische
Länder, die man bei ihm selbst nachlesen muss. Sie bestehen
grössten Theils in Werken der Architektur und der Sculptur.
Hier nur Einiges: «Die Abbildungen Buddha's kommen theils
als einzelne Statuen, theils mit andern Gruppen auf Basreliefs,
in allen Ueberresten Indischer Baukunst und Sculptur vor. —
Die Stellen aber, wo diese Bilder am häufigsten und auf eine
Weise vorhanden sind, aus der sich ihre Bedeutung am klar-
sten ergiebt, sind die Tempeltrümmer von Brambana und
Boro-Budor.» [1]) — *«Allen Vorstellungen Buddha's liegt ein
durch die Lehre bestimmter und nach und nach geheiligter Typus*

---

1) W. v. H. Ueber die Verbindungen zwischen Indien und Java
S. 116. Ich bemerke hierbei: Mehrere Gelehrte hatten die Vermuthung
aufgestellt, weil sie in Pagodenbildern des Buddha eine Aethiopische
Physiognomie zu erkennen glaubten, Buddha sey ein Aethiopier von Meroe,
und habe seine Religion von Abessyniens Küsten nach Hindostan gebracht;
denn die Alten hätten unter dem Namen Indien auch Aethiopien verstanden. Dagegen hat Abel-Rémusat (im Journal des Savans 1822. p. 125
sqq.) unter Anderm die einhellige Genealogie geltend gemacht, worin
alle Buddhisten, wenn gleich noch so sehr getrennt und in Religionsmeinun-
gen sich widersprechend, übereinstimmen: dass Buddha in Hindostan
geboren sey. — Dass im Gegentheil von Indien aus eine Colonie nach
Aegypten gezogen sey, ist in neuerer Zeit ausser Zweifel gesetzt worden. Die Uebereinstimmung der alten Aegyptier und der Inder hat von
Bohlen besonders nachgewiesen. Auch die Aehnlichkeit mancher Götterbilder beider Völker ist anerkannt (vgl. von Minutoli's Reise S. 248 f.
und jetzt J. L. Ideler in den Berlin. Jahrbb. für wissensch. Kritik 1837.
S. 266 f.). Herr Ideler bemerkt unter Anderm: „Jones zeigte den Indern
ein Isisbild, welches sie sogleich mit freudigem Erstaunen als Naturgöttin
anerkannten, und ähnliche Bemerkungen sind nicht blos in neuerer Zeit
vielfältig wiederholt, sondern auch im Alterthume schon gemacht worden,
s. Philostrat. vit. Apollon. III. 3. “ Dort ist von einer zweifarbigen (weiss
und schwarz) Indierin die Rede; zuletzt heisst es: ἱϱοῦται δὲ ἄϱα τῇ
Ἀφϱοδίτῃ Ἰνδῇ τοιαύτη (cod. Schellersh. richtiger ι. δ. ἄϱα τ. Ἀ. Ἰνδῇ
τι.), καὶ τίκτεται τῇ Θεῷ γυνὴ ποικίλη, καθάπεϱ ὁ Ἄπις Αἰγυπτίοις.

zum Grunde.» — «Obgleich an den Buddha-Bildern wohl Alles symbolisch bedeutsam ist, so liegt dieser Charakter doch vorzugsweise in der Haltung der Hände. Das Herauskehren ihrer Flächen, ob es gleich nicht allgemein ist, spielt darin eine vorzügliche Rolle, und hängt vermuthlich mit der auch aufwärts gekehrten Lage der Fusssohlen zusammen. Noch jetzt dürfen die Priester in Butan nicht anders, als in der sitzenden Stellung der Buddha-Bilder, und die beiden Hände umgewandt auf den Schenkeln ruhen lassend schlafen.» Auch scheint die Vierzahl dem Buddha symbolisch zugeeignet gewesen zu seyn: «In den Tempelhöhlen von Salsette, wo die Buddha-Bilder so sehr häufig an den Wänden vorgestellt sind, sagt Salt ausdrücklich, dass der Heilige doch nur in vier Stellungen erscheint. Gerade auch vier, und zwar durch die Haltung der Hände sich unterscheidende Stellungen erwähnt Buchanan-Hamilton von den stehenden Buddha-Bildern bei den Barmanen.»[1] — Schon Clemens von Alexandria, der die Samanäer Σεμνοί nennt (es waren aber Buddhisten), berichtet, dass sie eine Pyramide verehren, unter welcher, ihrem Glauben nach, Gebeine eines Gottes ruhen.[2] — Also ein Reliquien-Dienst. Einen solchen beurkunden die in Buddhistischen Ländern hie und dort vorhandenen sogenannten *Dagop's*, d. h. jene zur Aufbewahrung oder Verbergung eines Heiligthums bestimmte öffnungslose steinerne Gebäude, nicht zu Lebenszwecken eingerichtete, sondern für Jahrtausende verschlossene Denkmäler, entweder von fester und durchaus

---

1) W. v. H. a. a. O. S. 124—127. — Diese Stellung wird durch die Abbildung zu diesem Capitel nr. 17 deutlich werden; auch wird man dort das Viereck in einer Hand Buddha's erblicken. Vom Tetragon wird in diesem Buche mehrmals noch die Rede seyn. In mehreren Grottentempeln Hindostans kommen Buddhistische Bildwerke vor.

2) W. v. H. a. a. O. S. 157. vgl. oben *Nachtrag I* gegen das Ende und daselbst Lassen im Rheinischen Museum I. 187 sq. Die Stelle des Clemens steht Stromm. I. 3. p. 539 Potteri.

compacter Masse, oder auch ganz oder zum Theil hohl, je
nachdem das im Dagop aufbewahrte Heiligthum darunter begraben, oder im Inneren desselben in einem eignen dazu
eingerichteten Gemache aufgestellt wurde.[1]) Unser Verfasser
findet in diesen Gebäuden eine *typische Idee* oder *eine bildliche
Vorstellung des Wesens der Buddha-Lehre*, welche er folgendergestalt entwickelt:[2]) «Das allgemeine Streben der
Menschen und Geister überhaupt soll in der Erhebung zum
höchsten von allem Einzelnen geschiednen, aber eben dadurch gehaltvollsten Seyn bestehen, in der Auslöschung aller
andern menschlichen Begierden und Bestrebungen, in dem
vollkommenen Heraustreten aus der endlichen und irdischen
Verwicklung und Verwirrung. Ich habe schon im Vorigen
angedeutet, wie das Javanische Monument von einer zahllosen Menge von Verzierungen zur Einfachheit übergeht,
und komme jetzt hierauf zurück. Nach Erskines Bemerkung sind in den Felsenhöhlen die dem Dagop am nächsten
stehenden Pfeiler roh und unverziert, also in bestimmtem
Contrast mit den entfernter stehenden, reich mit Bildwerk
geschmückten. — Verlassen wir nun die Welt und die End-
lichkeit, und nähern wir uns dem darüber erhabenen auch
im symbolischen Bildwerk schmucklosen und einfachen Gipfel, so nimmt der Buddha-Lehrbegriff, ob er gleich, meiner
Ueberzeugung nach, durchaus nicht ein atheistischer genannt
werden kann, doch, wie wir ihn in den meisten Gegenden und
in seiner eigentlichen Gestalt kennen, keinen persönlich anzube-
tenden Gott an. Das Höchste ist das Sùnya, die Leerheit,
zugleich aber, oder vielmehr, wie Schmidt sehr gut gezeigt
hat, die eigentliche Fülle oder Realität, das darum, weil es
Alles ist, nichts einzeln in sich unterscheidende Seyn.[3]) Die

---

1) W. v. H. a. a. O. S. 144 f.

2) A. a. O. S. 165 f.

3) Mem. der Petersb. Akad. I. 95—98.

Leerheit, so wie die Compactheit der Dagop's ist ein natürliches Bild dieses Sûnya. Aber auch wo Adi-Buddha, also
ein individuelles höchstes Wesen, an die Spitze des Systems
gestellt wird, wie in Nepal, passt das Symbol nicht minder
gut. Denn Adi-Buddha wird nie gesehen, er ist blos Licht. [1]
Er wird also nur in der Gestalt des Lichtes offenbart, und
seine Flamme soll ewig in der Halbkugel seines Chaitya in
Nepal brennen. [2] Wir haben also hier eine bestimmte Deutung des verschlossenen Inneren der Halbkugel der Dagop's,
die auch da anwendbar ist, wo ein höchstes Wesen angebetet
wird. Eine Stelle eines von Hodgson mitgetheilten Buddhistischen Gebetes passt gewissermassen vollkommen auf unser
Monument. Möge Dich, heisst es, der Inbegriff der fünf
Buddha's behüten, der für die Erhaltung des Menschengeschlechts das Eine Licht schuf. Der Inbegriff der fünf Buddha's ist Adi-Buddha selbst, da sie nur Entfaltungen von ihm
ausmachen, und man scheint hiernach wohl berechtigt, sie in
den fünf Abbildungen, und die Flamme ihres Urwesens in der
Halbkugel des Javanischen Denkmals zu erblicken. Es stimmt
sowohl hiermit, als mit der Annahme des höchsten Seyns ohne
persönliche Gottheit, überein, dass man in Ländern Buddhistischen Glaubens Capellen findet, welche blos Bilder von
Heiligen in Priesterkleidung, gewöhnlich in anbetender Stellung, ohne irgend ein Bild der Gottheit selbst enthalten. [3]
Auch Abel-Rémusat, und gerade an der Stelle, [4] wo er die
Buddha-Lehre als eine ganz theistische schildert, giebt zu,
dass im östlichen Asien der Dienst der Heiligen die Anbetung
der Götter fast verwischt habe. — Das Sûnya ist aber nicht
blos eine metaphysische Idee. Es entspricht demselben in der
Buddhistischen Architektonik des Weltgebäudes die erste,

---

1) Transact. of the Asiatic Soc. of Gr. Brit. II. 238.
2) Asiat. Researches XVI. 460. Anmerk. 6.
3) Asiat. Res. VI. 295.
4) Nouv. Journ. Asiat. VII. 264.

oberste, aus vier Abtheilungen bestehende Welt ohne Gestalt und Farbe.'» [1])

Eine merkwürdige Ergänzung von **W. v.** Humboldt's Erörterungen über die *Dagop's* der Buddhisten liefert jetzt ein Aufsatz des Herrn *Karl Ritter* in den Monatsberichten der Berliner Akademie der Wissenschaften, betitelt: *Die Stupa's oder die architektonischen Denkmale an der grossen Königsstrasse zwischen Indien, Persien und Baktrien;* woraus ich die hierhergehörigen Ergebnisse meinen Lesern zum Schlusse mittheilen will. Es ist nämlich von gemauerten Thürmen die Rede, deren *symbolische Architektur* durch methodische Aufräumung eines desselben (eines Tope von Manikyala), zusammengenommen mit Zeugnissen der Schriftsteller, ausser Zweifel gesetzt worden ist. «Sie liegen in fünf Hauptgruppen vertheilt, so weit sie bis jetzt aufgefunden wurden, nämlich in Peschawer, in den Klybergen, um Jellallabad, um Kabul und auf der Ebene von Beghram. Man kann ihrer schon über hundert nachweisen, und ihre Zahl wird sich sicher mit dem Fortschritt der Entdeckung noch unendlich mehren. — Viele tausende von *Münzen* der verschiedensten Art sind in ihnen und den Schuttumgebungen schon aufgefunden. — Diese genannten Constructionen ziehen sich bis in das Gebirgsthal von Bamiyan, das durch seinen zahlreichen *Höhlenbau*, zu beiden Seiten des drei Stunden langen Felsthales, und durch die *beiden in Berg gehauenen Colosse* (einer 120 Fuss hoch) von neuem, am Schluss dieser Monumentenreihe und als Schlüssel 'des bedeutendsten Hindu Khu-Passes nach Balkh, die Aufmerksamkeit der Forscher auf sich ziehen muss; zumal, da seine Denkmale bisher allen so unverständlich geblieben waren, wie es diese *Mauerthürme* bis jetzt noch blieben; nur dass hier offenbar eine *Culturstrasse, seit der Makedonier Zeit,* durch sie bezeichnet ist, von welcher bisher die Geschichte

---

1) Mem. der Petersb. Akad. I. 1C1. Auch das Sanskritische S'ùnyan bedeutet zugleich *Himmel*, Aether.

durchaus keine Rechenschaft zu geben im Stande war. —
Wir führen hier, nach den schon von Andern angestellten
numismatischen Untersuchungen nur an, dass die in den Tope's
von Manikyala gefundenen *Münzen* in die verschiedensten
Arten zerfallen: in Römische, Sassanidische, Baktrische mit
Griechischen Legenden, in sogenannte Skytho-Indische mit
Griechischen, und Pehlvi oder Nagari Legenden, und Indische
mit Nagari oder unbekannten Inschriften.» (S. 4 f.) Ueber
den *Namen* heisst es (S. 9 f.): «*Tupo*, *Sutupo*, oder *Sutheou-
phu* u. a. Chinesische Sprachformen, erkennen Abel Rémusat
und Klaproth als die Umschreibung des Sanskritischen *Stúpa*
(nach H. Wilson's Sanskrit-Dictionair „*a heap*, *a pile of
earth*" womit Bopp übereinstimmt) an, was dem Begriff des
Tumulus entspricht. — Im Namen *Tope Manikyala*, nach Mas-
son's Bemerkung, aber, aus dem längst bekannten Gebrauche,
ihrem Buddha (Shakya-Mani) wie andern Frommen die
Würde des „*Mani*" oder „*Herrn*" beizulegen, mit der localen
Endbezeichnung *kyala*, ergiebt sich hiernach die Bezeichnung,
welche so viel als *Tumulus, Stätte des Herrn,* oder *heilige Stätte,*
in gewissem Sinne *heiliges Grab* bezeichnet.» (S. 12 ff.) «So
haben wir noch folgende zwei positive Thatsachen aufzuführen,
welche dieses architektonische Räthsel vollkommen lösen: nämlich das Buddhistische Dogma von der Hinfälligkeit des menschlichen Leibes, das symbolisch in die Architektur überging, und
die analogen Bauwerke der kürzlich wieder entdeckten antiken
Capitale in den Wildnissen des centralen Ceylon's. Dem Fa
Hian, der nach dem Jahr 400 seine Pilgerreise auch bis in
Buddha's Vaterland, Magadha, fortsetzte, um dort alle Stationen des Religionsstifters kennen zu lernen, ward am Gan-
gesufer, unter andern, auch die Stelle gezeigt, wo Buddha
einst seinen Schülern predigte über: ««den Unbestand der
Dinge, die Hinfälligkeit des Lebens, über den Schmerz und
über den Vergleich des menschlichen Leibes mit der *Wasserblase*, der, wie diese, aus den vier Elementen bestehend,
gleich schnell vergehe.»» Dieser Text der Predigt ward das

Lieblingsthema eines die irdische Hülle betreffenden ascetischen Philosophems, das nicht blos Legende seyn konnte, weil dessen gewichtvolle Bedeutung, auf sinnige Weise, in den Kirchenstyl der Buddhistischen Architektur schon seit einem halben Jahrtausend vor Fa Hian's Zeit übergegangen war. In den Singhalesischen Annalen, dem Mahavamsa nämlich, ist umständlich von des frommen Helden und Königs Dutu Gameny (150 Jahr vor Chr. Geb.) colossalem Prachtbaue des *Dagoba* (d. h. der *Körperverbergende*, nach W. v. Humboldt's Sprachuntersuchung, aus dem Pali und Sanskrit) *Ruanwelly*, *zur Aufnahme der Buddhareliquien* die Rede, die von aussen geschlossen wurden, zu denen nur für die Priester ein verborgener unterirdischer Gang blieb. Der Bau wurde in neun Etagen aufgeführt, und der König befahl, ihn mit einem Dombau „„*in Form einer Wasserblase, nach oben, zu schliessen.*"" Die Anwendung dieser priesterlichen Form finden wir nun in den antiken Ruinen der alten Capitale Ceylon's, die schon Ptolemäus im zweiten Jahrhundert nach Chr., genau ihrer Lage nach, unter *Anurogrammum* (jetzt *Anu raja pura*, d. h. *Pura*, die Stadt, was mit *grammum* identisch ist, des *Raja Anu*) beschreibt, und die erst im Jahr 1829 von Chapmann, in den dichtesten Wäldern der Insel, entdeckt sind, wieder, wo noch heute sieben solcher colossalen Dagop-Baue, um die Terassen der *Bogahas*, oder *heiligen Feigenbäume*, sich wirklich in *Blasengestalt*, sogar einer bis zu 160 Ellen hoch, erheben, und *den Tope's am Indus und Kabulstrom ganz analoge Bauwerke* in antiker Einfachheit darstellen. »

\` — (S. 14) «Das Räthsel der *Tope's* oder *Stupa's* in Kabulistan, welche demnach identisch mit den *Dagop's* in Ceylon und den *Sutupo's* von Fa Hian, wie mit den heutigen *Tha's* in China sind, scheint hiedurch völlig gelöst. Es sind in der That, wie W. v. Humboldt die von ihm auf Java näher erforschten Dagop's, so charakteristisch wie scharfsinnig, aus wenigen vorliegenden Daten bezeichnete, jene öffnungslosen, zur Aufbewahrung oder Verbergung eines Heiligthums bestimmten Massen; nicht innerlich zu Lebenszwecken eingerichtete Gebäude, sondern für Jahrtausende geschlossene Denkmäler. Was diesem scharfsinnigen Forscher aber damals noch nicht bekannt seyn konnte, die Tope's am Indus, wie der colossale Bau von Manikyala, verbergen, unter der Form der Wasserblase, noch im Innern geheimnissvoll den Thurm mit den neun Etagen, dessen Ausbau Dutu Gameny, zu seiner Zeit, auch schon anbefahl. Diese Etagen, welche in allen ostasiatischen Bauwerken analoger Art sich bald so, bald anders wiederholen, bezeichnen aber die *Nidána's* oder die geistigen Lebensstufen, die verschiedenen sogenannten *Existenzen* (auch Buddhistische Himmel), welche die fromme Erhebung der Seele, nach der Buddhistischen Kirchenlehre, hindurchgehen muss, um in das *Nirwána* oder in die Ewigkeitsgedanken einzugehen; jede dieser Stufen ist durch besondere Arten der Weihungen in den aufgefundenen Fundorten bezeichnet. In dem Tope von Manikyala sehen wir demnach, den vergänglichen, irdischen Leib (die Wasserblase), mit der sich durch verschiedene Existenzen steigernden Seele des Frommen (dem Etagenthurm) innerhalb der Lebenszeit, gleichsam die Metaphysik und Moral dieser Buddhistischen Dogmatik noch vereinigt in einer und derselben Form symbolischer Architektur.» Der Zeit nach gehören diese Bauwerke sehr verschiedenen Perioden an; die älteren gehen mindestens bis ins sechste Jahrhundert vor Chr. Geb. zurück. — Aus den ferneren Ableitungen des Herrn Ritter hebe ich weiter nichts aus als diese Notiz (S. 17): «Denn unter den minutiösen Pretiosen und kleinen Metallfiguren im Innern jener aufgefundenen Reliquienkammern, finden sich nicht nur die Formen der Tope's, en miniature, wiederholt, sondern auch die Schirm-Ornamente als Schmuck der Deckel dieser kostbaren Metallbüchsen, oder der *Karanduas*, d. h. der Behältnisse, in denen Reliquien mancherlei Art eingeschlossen, noch immer im Kleinen wie im Grossen unter demselben Schirmdach stehen.»

Da Herr K. Ritter sich im Verfolg über die Verpflanzung dieser Symbole bis in die Westländer verbreitet hat, so will ich meinerseits blos *fragen*, ob nicht demzufolge eine neue Erörterung verdienten: 1) die Nachrichten der Alten von den Grabmälern des Alyattes und des Porsenna;[1] sodann 2) die so abweichenden Erklärungen der Griechen und Römer über die Bedeutung der *bulla*, als Halsanhängsel der Etruskischen und dann auch der Römischen Knaben, und ob unter diesen verschiedenen Deutungen nicht diejenige sich am Ende als die wahrscheinlichste herausstellen möchte, welche die am Halse solcher Etrurischen Knaben hängende metallene *Wasserblase* auf den Mond, auf die sublunarische Welt[2] und demnach auf die irdische und vergängliche Existenz bezog?

Ich glaube dieses Capitel über Indiens Religionen nicht besser beschliessen zu können als mit den Worten eines geistreichen und gemüthvollen Sanskritgelehrten:[3] «Ce genie de l'Inde, si méditatif et si insouciant, que la speculation paroit avoir de bonne heure éloigné du positif, et détaché des interéts materiels de la vie.»

---

1) S. meinen Excurs zu Herodot. I. 93. Vol. I. p. 924 sq. ed. Baehr. mit Inghirami Monimenti Etruschi Ser. VI. tav. F. 6, wo die fünf Kegel auf dem Grabmal des Alyattes und die umbellae oder *Schirme* auf dem des Porsenna anschaulich dargestellt sind.

2) Plutarchi Quaest. Romann. CI. p. 288. B. Vol. II. p. 178 ed. Wyttenb. Man vergleiche *die Abbildungen* zu dieser Symbolik Tab. XLIX. 2. Ausg. Das feuchte Element war auch bei Orphikern und Platonikern das Sinnbild der sublunarischen Sinnenwelt und des vergänglichen Lebens.

3) E. Burnouf im Journal Asiatique VI. p. 106.

Angabe der Abbildungen

zum dritten Heft.

Nr. 1. Zweige, Blätter und Früchte zweier in Indien heiliger Bäume, der Ficus religiosa und der Ficus Indica, nach Guimpel's und Schlechtendal's Abbildungen zur Pharmacopoea Borussica. Bd. III. Heft XIII. Taf. 276 und 277.

Nr. 2. Parasacti-Bhavani, Mutter der Trimurti mit drei in ihrem Busen liegenden Eiern; den Busen bildet eine Lotusblume; das Ganze umschliesst ein Dreieck; nach Niklas Müller's Glauben, Wissen und Kunst der alten Hindus. Mainz 1822, bei Guigniaut Pl. II. nr. 13.

Nr. 3. Trimurti (Dreieinheit) in Einem Körper mit drei Häuptern; alte Statue bei Moore Hindu Pantheon, tab. 82 und Guign. pl. II. nr. 14.

Nr. 4. Trimurti in drei Personen dargestellt, die aus einer Lotusblume hervorgehen, deren Stengel auf dem über den Wassern schwebenden Weltei ruht; nach N. Müller, bei Guign. pl. II. nr. 15.

Nr. 5. Trimurti dargestellt durch drei Sonnen, die von drei Aesten Eines Baumes getragen werden; nach N. Müller, bei Guign. pl. II. nr. 16.

Nr. 6. Siva-Mahadéva-Iswara auf dem Berge Cailasa (Meru), neben ihm Parvati-Bhavani-Isani, empfangend die

Huldigung aller Gottheiten, des Vischnu, Brahma, Ganesa (mit dem Elephantenkopf) u. A.; oben die Sonne und ein Palmbaum, unten der Stier Nandi im Gewässer des Ganges, woraus Lotusblumen hervorragen.

Nr. 7. Viṣchnu Vatapatrastha, d. i. Vischnu auf dem Blatte des Vata oder Aswattha-Baumes, als kleines Kind; nach Moore's Hindu Panth. tab. 20 etc.

Nr. 8. Vischnu-Narâyana liegend auf einem Lager von Lotus, getragen von der grossen Schlange Ananti. Aus seinem Nabel erwächst eine Lotusblume, welche den Brahma in ihrem Kelche trägt; zu Vischnu's Füssen sitzt seine Gattin Lakschmi; aus Moore's Hind. Panth. tab. 7.

Nr. 9. Matsyavatara, erster Avatar, oder erste Incarnation des Vischnu, in einen Fisch-Menschen; nach Moore tab. 48. cf. Collection de Sami nr. 1 und Guigniaut pl. IX sqq.

Nr. 10. Kurmavatara, zweiter Avatar, oder Incarnation des Vischnu in einen Schildkröte-Menschen; nach Moore ibid.

Nr. 11. Varahavatara, dritter Avatar, Vischnu als Mensch mit dem Kopf eines Ebers; nach Moore ibid.

Nr. 12. Narasinhavatara, vierter Avatar, Vischnu als Mensch-Löwe; ibid. (vgl. Sonnerat pl. 39) Collect. de Sami nr. 4.

Nr. 13. Varmanavatara, fünfter Avatar, Vischnu als Brahmane in Zwerggestalt; Collect. de Sami nr. 5.

Nr. 14. Parasu-Rama, sechster Avatar, Vischnu als ein Brahmane mit einer Axt bewaffnet; Collect. de S. nr. 9.

Nr. 15. Sri-Rama oder Rama-Tsandra, siebenter Avatar, Vischnu aus dem Hause der Sonnenkönige, sitzend auf einem Ruhebette neben seiner Gattin Sita, empfängt die Huldigungen seines Bruders Lakschmana, des Hanuman und noch eines andern Affenfürsten; Collect. de. S. nr. 68.

Nr. 16. Krischna, achter Avatar des Vischnu, als Kind von seiner Mutter Devaki gesäugt (nach einer andern

Deutung: Buddha von der Maya gesäugt); nach einem Gemälde bei Moore Hindu Panth. tab. 59.

Nr. 17. Buddha, neunter Avatar des Vischnu, in einer
Capelle, nachdenkend, auf einem, eine Art von Muschel bildenden mit Lotusblumen u. s. w. reichverzierten Throne
sitzend, mit dem Halbmond auf seiner Stirne und mit dem
Viereck in seiner linken Hand; nach Nikl. Müller, bei Guigniaut pl. XIII. nr. 111.

Nr. 18. Calki-avatara, zehnter Avatar, Vischnu als
künftiger Weltzerstörer mit einem Pferdekopf und mit Schwert
und Schild; Collect. de Sami nr. 12.

Nr. 19. Bala-Rama oder Balabhadra, Incarnation des
Vischnu (nach Andern — des Siva) mit der Pflugschaar in
der Hand; Collect. de S. nr. 8.

Nr. 20. Krischna im Lehramte, einer seiner Schüler vor
ihm stehend mit gefalteten Händen; Collect. d. S. nr. 11 (bis).

Nr. 21. Krischna, Erhalter und Beschützer der Welt,
in einem doppelten Viereck (Octogon) umschlossen von einem
Zirkel, dessen Umfang mit Thieren und Flammen besetzt ist;
Langlès Monumens de l'Hindostan, I. p. 117. N. Müller tab.
I. nr. 78.

Nr. 22. Lakschmi Pâdmâlaya, d. i. Bewohnerin des Lotus,
aus ihren Händen himmlischen Segen auf die Erde herabgies-
send; N. Müller tab. III. 102.

Nr. 23. Prithivi, die Göttin der Erde, mit Krone und
Schleier, auf einer Lotusblume sitzend; N. Müller tab. III. 103.

Nr. 24. Mohani-Maya, die täuschende Schönheit, (Incarnation des Vischnu) die amrita (Ambrosia) den Asura's
raubend; N. Müller III. 106.

Nr. 25. Indra (Iuppiter Pluvius) auf Wolken fahrend,
neben ihm ein Elephant und der wachsame Hund; unten Aruna
auf dem Sonnenwagen; N. Müller ibid. 147.

Nr. 26. Agni, der Gott des Feuers, das Haupt mit Flammen umgeben, auf einem Widder sitzend; Collect. de Sami
nr. 97.

Nr. 27. Varuna, Pratscheta, Appadeva, der Gott des Wassers auf einem Krokodil, die Peitsche und den Yoni-lingam, oder das Amritagefäss in den Händen haltend; N. Müller I. 81.

Nr. 28. Ganga-Luna, die Göttin der Gewässer, die Lotusblume in der Hand haltend; nach N. Müller II. nr. 188.

Nr. 29. Maya-Bhavani, eingehüllt in den Schleier der Vorbilder der Wesen, dessen Gewebe sie bildet; N. M. tab. I. nr. 8.

Nr. 30. Cama, die Liebe, hervorbringend Yotma, die Stärke, dargestellt als Kind auf seinem Köcher sitzend, woraus ein Löwe hervorspringt; darunter eine Biene; N. M. I. 11.

Nr. 31. Die drei Welten ruhend auf einer Schildkröte und diese auf der Schlange, dem Bilde der Ewigkeit; Elephanten tragen die zweite und die dritte Welt; N. M. tab. I*.

Nr. 32. Bärtiger Kopf des Indischen Bacchus, oder des Dionysos in älterer Weise; Kehrseite der knieende und mit einem Bogen zielende Hercules; Münze in Grossilber von der Insel Thasos (vgl. Mionnet Descript. de Médailles Grecques et Rom. Recueil des planches; pl. LV. nr. 5 und K. O. Müller's und Oesterley's Denkmäler der alten Kunst Taf. VIII. nr. 31) — in einer Heidelberger Sammlung.

Nr. 33. Silbermünze von Naxos; Vorderseite der Kopf des Indischen Bacchus mit der Mitra; Kehrseite Silenus eine Diota (zweihenkelige Weinkanne) emporhebend. Zinkabdruck in einer Heidelb. Sammlung (vgl. Millin Gal. mytholog. pl. LX. nr. 252 und K. O. Müller's und Oesterley's Denkmäler d. a. Kunst Taf. XLII. nr. 195).

Nr. 34. Bacchus im siegreichen Kampf gegen den Indischen König Deriades; Vasenbild in der Sammlung der Gräfin Laval (s. Millin Gal. mythol. pl. LXXXVIII. nr. 236 und das Titelkupfer zu Nonni Dionysiaca ed. Fr. Graefe).

Anmerkung. Zoëga Bassirilievi weiset auf einem Sarkophag einen auf einer Biga vor dem Dionysos fliehenden Deriades nach — I. 7. p. 54 Welcker's Deutsch. Ausg.

Nr. 35. Silbermünze des Indischen Königs Demetrios; Vorderseite der Kopf des Königs mit der Exuvie eines Elephanten statt des Helms; Kehrseite, der junge Hercules einen Epheukranz sich um das Haupt windend; nach K. O. Müller's und Oesterley's Denkmälern d. a. K. Taf. LIII. nr. 247. a.

Nr. 36. Indischer Triumphzug des Bacchus (Basrelief an einem Sarkophag bei Zoëga, Bassirilievi antichi I. 7 (vgl. Millin Gal. Mythol. I. pl. LXI. nr. 237).

Inhalt.

Zweites Capitel.

Von den

Religionen Indiens.

Seite

§. 1. Einleitung. 353

§. 2. Quellen und zwar Griechische und Römische. . . . 361

§. 3. Indische Quellen. 364

§. 4. Uebersicht der Indischen Baudenkmale. 378

§. 5. Von den verschiedenen Indischen Religionsperioden. . 380

§. 6. Betrachtung der Indischen Religionslehre. 391

§. 7. Indische Kosmogonie. 402

§. 8. Fortsetzung. 409

§. 9. Indischer Thierdienst; Verwandtschaft der Indischen
und Aegyptischen Religionen. 413

§. 10. Krischna. 419

§. 11. Indische Pneumatologie und Ethik. 425

§. 12. Einkleidung der Moral in Bilder; Allegorie und Kunst. 441

Nachträge.

Vorwort. 455

I. Der Indische Dionysos; Verbreitungswege seines Cultus
bis zu den Westvölkern. — Die Indischen Priester- und
Heiligenclassen nach Griechischen und Römischen Berichten. Ein Blick auf Chinesische Lehrsätze. . . . 456

II. Gegenwärtiger Zustand der Indischen Literatur, besonders hinsichtlich der Geschichte Indischer Religion und
Philosophie. 504

III. Die Veda's, Grundzüge der ältesten Lehre, Proben von
Ton und Art. 509

IV. Ueber die Upanischad's oder die Vedanta-Lehre. . . . 525

V. Hauptsätze der Theologie und Ethik, besonders nach der
Bhagavat-Gita. 539

VI. Ein Blick auf den Buddhismus. 552

Angabe der Abbildungen. 571

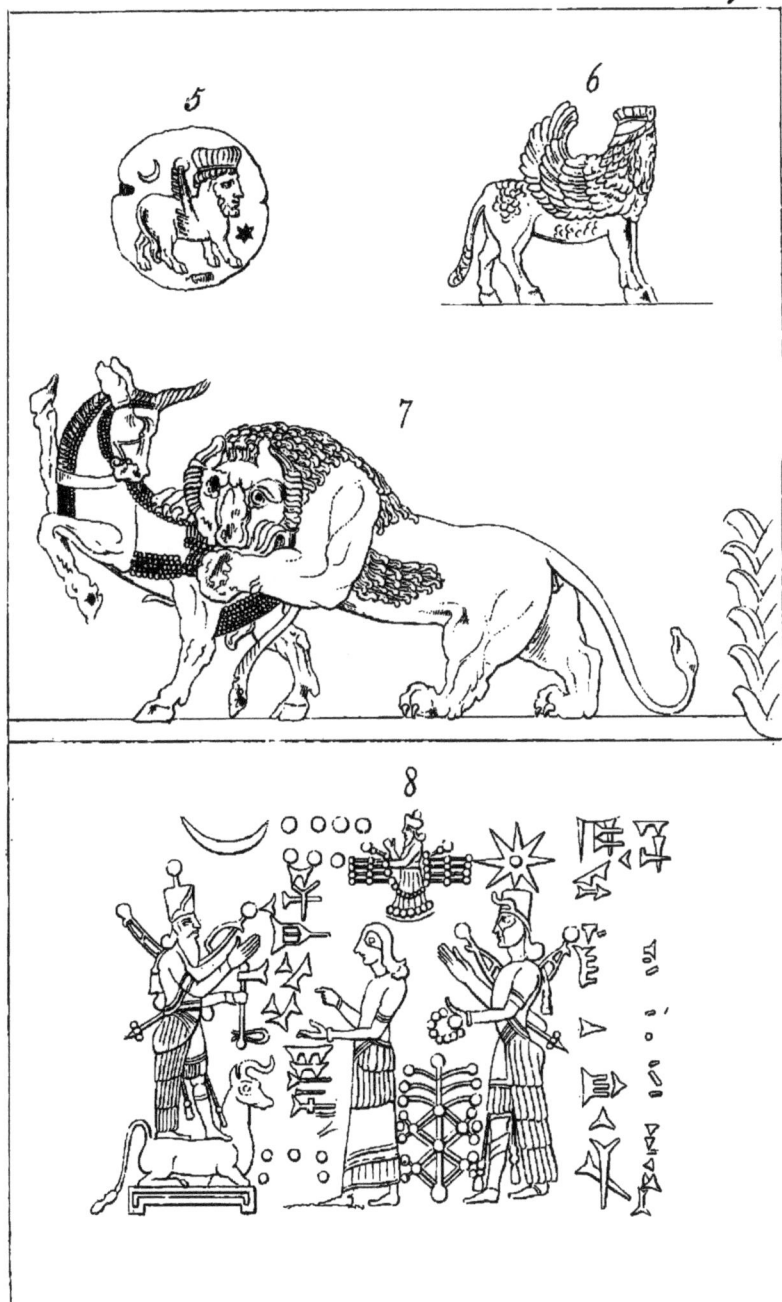

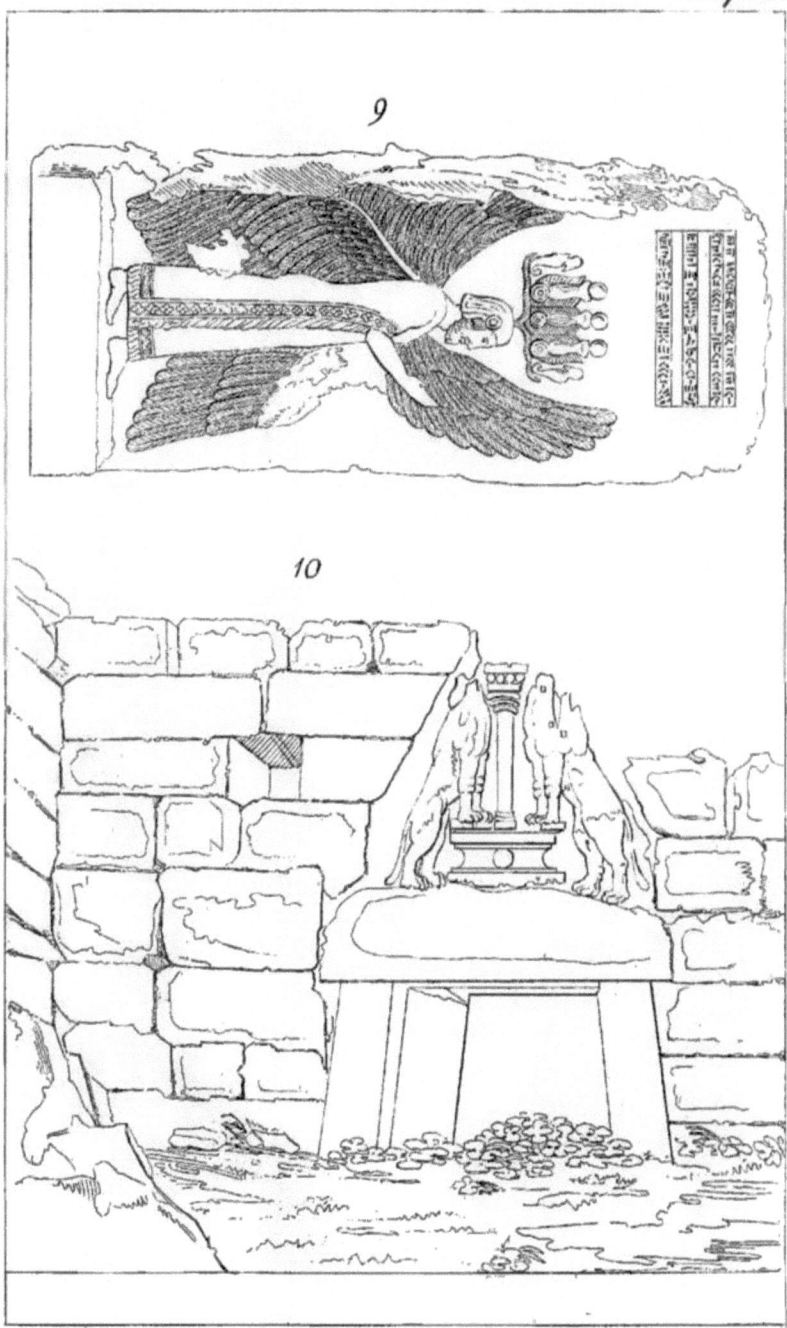

9

10

11

12

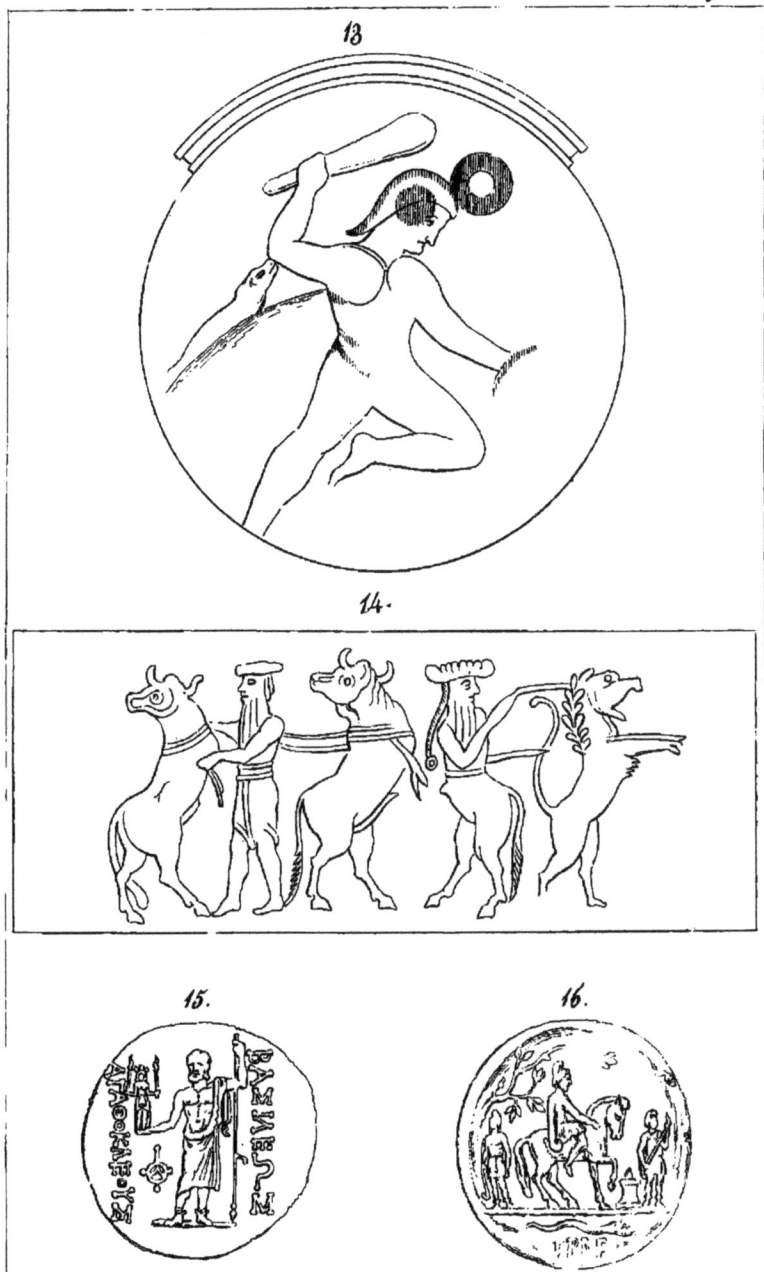

13

14.

15.

16.

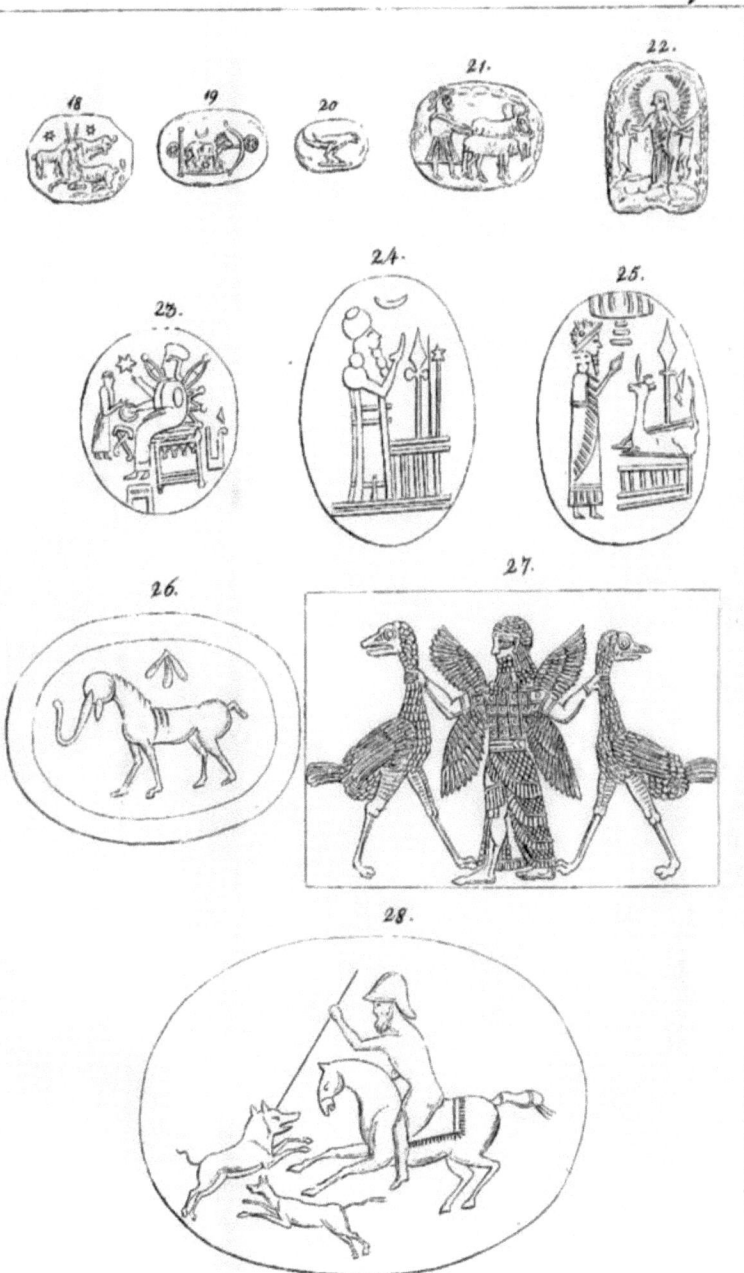

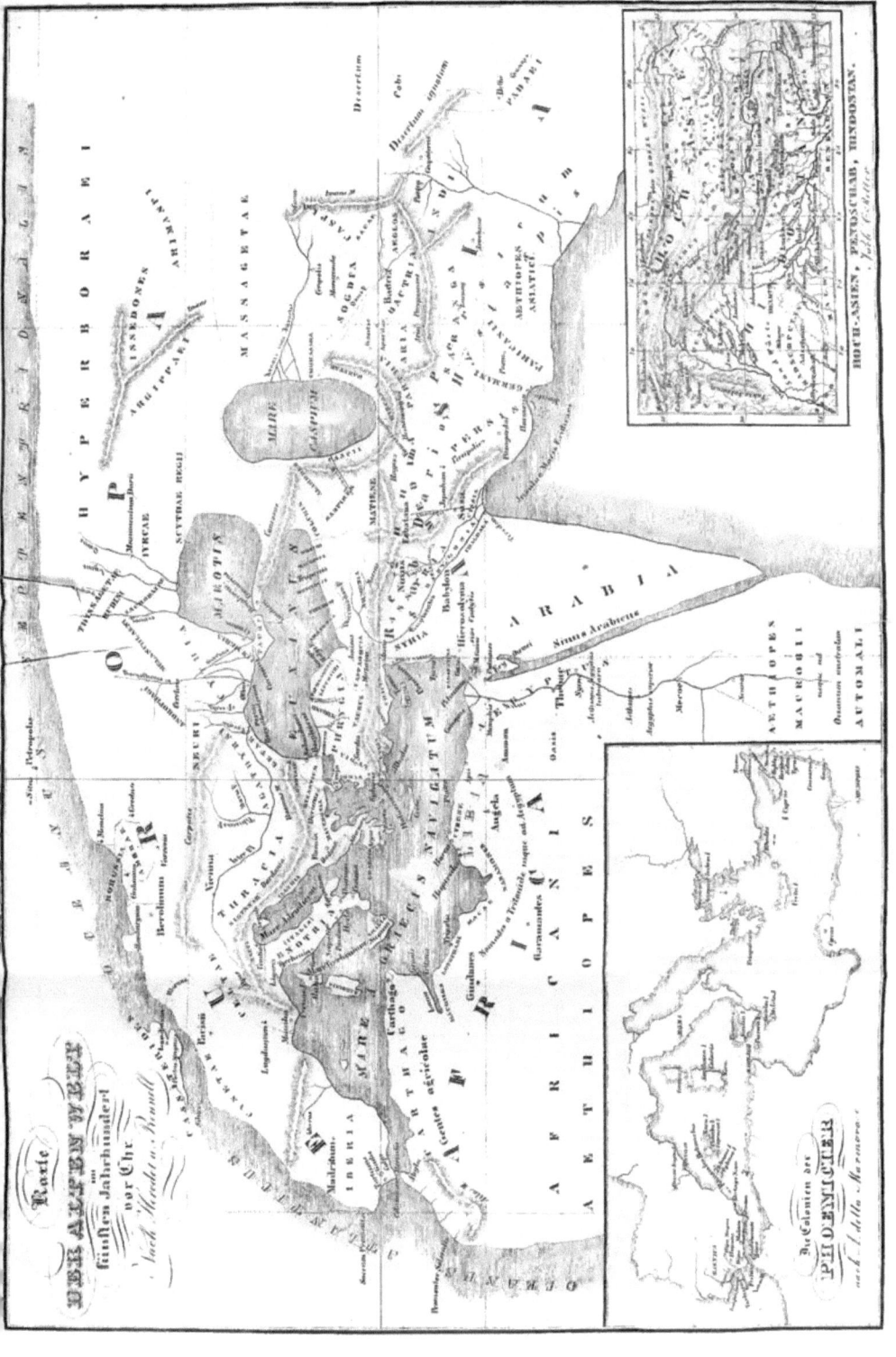

1.
Ficus religiosa

2.
Ficus indica

2.

4.

5.

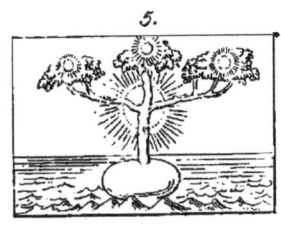

3.

6.

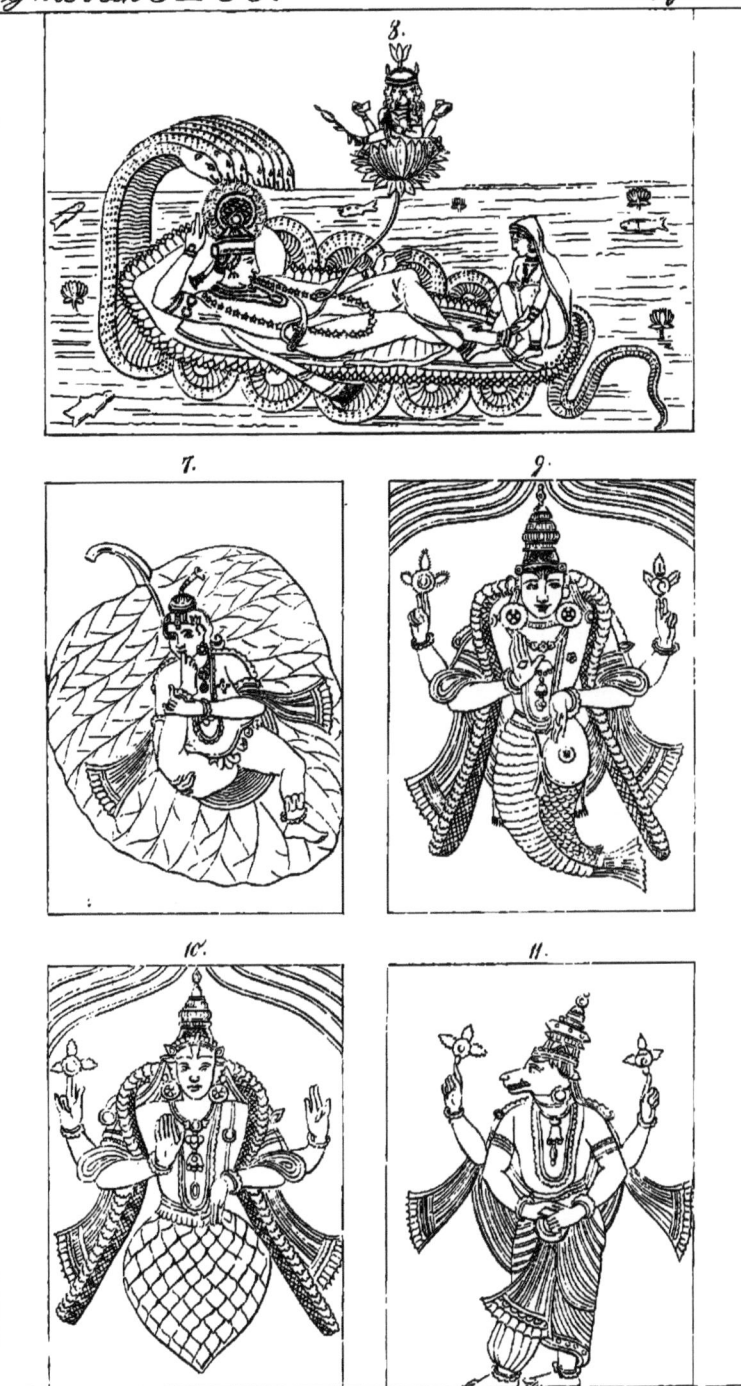

15

12.   13.   14.

19   20.   18

17

21.

22.

16

23.

24.

25ᵇ

25.ᵃ

26.

27.

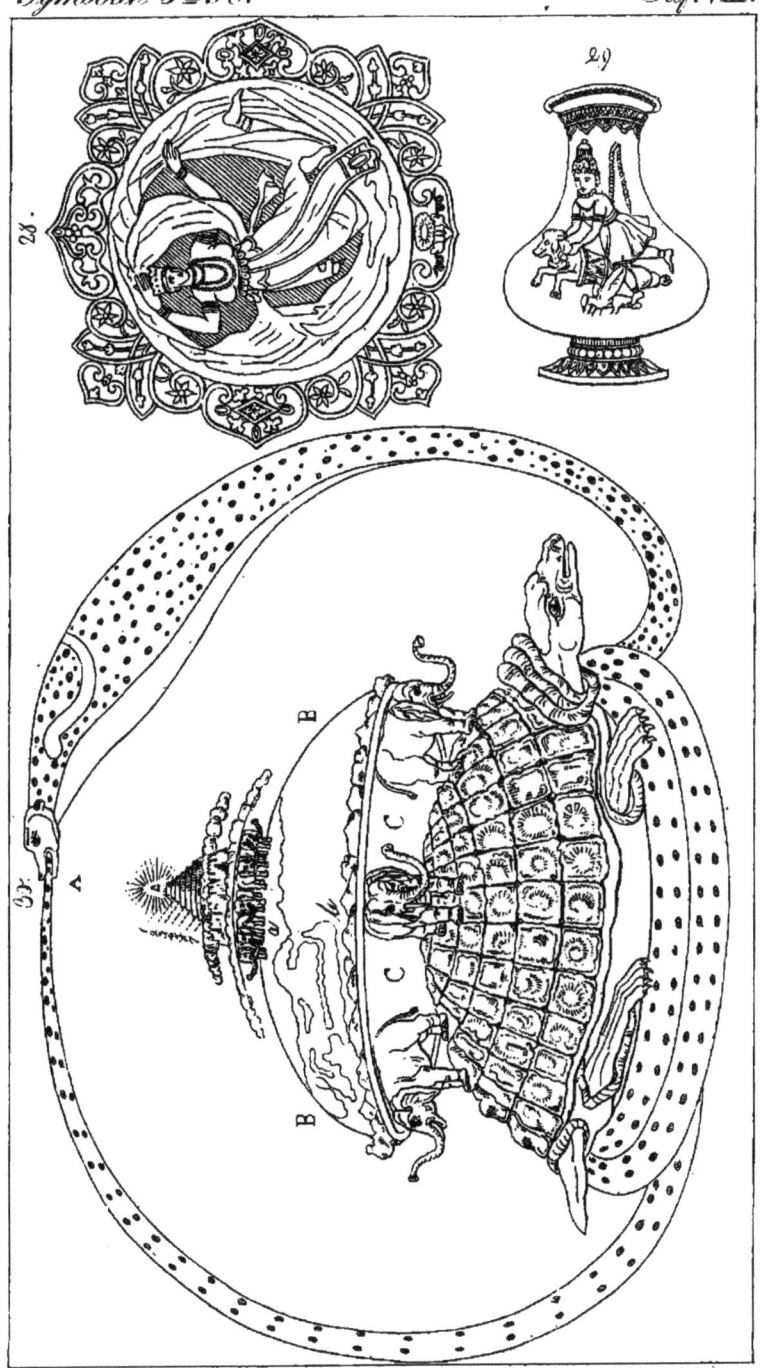

31.

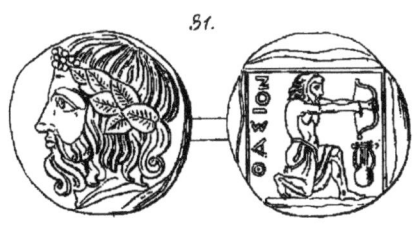

32.

33.

35.

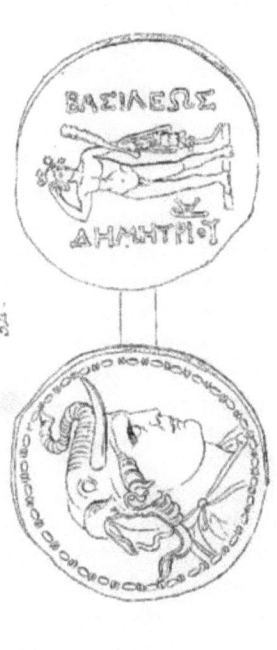

34.